Uni-Taschenbücher 725

D1672180

UTB
FÜR WISSEN
SCHAFT

Eine Arbeitsgemeinschaft der Verlage

Birkhäuser Verlag Basel · Boston · Stuttgart
Wilhelm Fink Verlag München
Gustav Fischer Verlag Stuttgart
Francke Verlag München
Harper & Row New York
Paul Haupt Verlag Bern und Stuttgart
Dr. Alfred Hüthig Verlag Heidelberg
Leske Verlag + Budrich GmbH Opladen
J. C. B. Mohr (Paul Siebeck) Tübingen
R. v. Decker & C. F. Müller Verlagsgesellschaft m. b. H. Heidelberg
Quelle & Meyer Heidelberg
Ernst Reinhardt Verlag München und Basel
K. G. Saur München · New York · London · Paris
F. K. Schattauer Verlag Stuttgart · New York
Ferdinand Schöningh Verlag Paderborn · München · Wien · Zürich
Eugen Ulmer Verlag Stuttgart
Vandenhoeck & Ruprecht in Göttingen und Zürich

Jean-Jacques Rousseau

Diskurs über die Ungleichheit
Discours sur l'inégalité

Kritische Ausgabe des integralen Textes

Mit sämtlichen Fragmenten und ergänzenden Materialien nach den Originalausgaben und den Handschriften neu ediert, übersetzt und kommentiert

von Heinrich Meier

Ferdinand Schöningh

Paderborn   München   Wien   Zürich

Heinrich Meier, geb. am 8. 4. 1953 in Freiburg i.Br., studierte Philosophie, Politische Wissenschaft und Soziologie in Freiburg i. Br. Monographie über die Politische Philosophie Rousseaus.

CIP-Kurztitelaufnahme der Deutschen Bibliothek

Rousseau, Jean-Jacques:
Diskurs über die Ungleichheit = Discours sur l'inégalité /
Jean Jacques Rousseau. Mit sämtl. Fragm. u. erg. Materialien
nach d. Orig.-Ausg. u. d. Hs. neu ed., übers. u. kommentiert von
Heinrich Meier. — Krit. Ausg. d. integralen Textes.
— Paderborn; München; Wien; Zürich: Schöningh, 1984.
   (UTB für Wissenschaft: Uni-Taschenbücher; 725)
   Einheitssacht.: Discours sur l'inégalité
   ISBN 3-506-99204-X
NE: Meier, Heinrich [Hrsg.]; UTB für Wissenschaft /
Uni-Taschenbücher

© 1984 by Ferdinand Schöningh at Paderborn. Printed in Germany.

Herstellung: Ferdinand Schöningh, Paderborn.

Einbandgestaltung: Alfred Krugmann, Stuttgart.

ISBN 3-506-99204-X

Inhaltsverzeichnis

Vorwort IX

Rousseaus *Diskurs über die Ungleichheit* — Ein einführender
Essay über die Rhetorik und die Intention des Werkes
Von Heinrich Meier XXI

Anhang zur Zensur LXXVIII

Hinweise zur Textgestaltung LXXXVI

Hinweise zum Kommentar LXXXIX

  I. KRITISCHE AUSGABE DES DISCOURS SUR L'INÉGALITÉ .   1

    Dédicace à la République de Genève 8
    Widmung an die Republik Genf 9

    Préface 42
    Vorwort.. 43

    Avertissement sur les notes 62
    Hinweis zu den Anmerkungen 63

    Question de l'Académie de Dijon 64
    Frage der Akademie von Dijon 65

    Discours sur l'origine et les fondemens de l'inégalité
    parmi les hommes [Exorde] 66

    Diskurs über den Ursprung und die Grundlagen der
    Ungleichheit unter den Menschen [Exordium] 67

    Première partie 76
    Erster Teil 77

    Seconde partie 172
    Zweiter Teil 173

    Notes 274
    Anmerkungen 275

II. FRAGMENTE

Fragment d'un brouillon du Discours sur l'inégalité.
Première version — Manuscrit de Genève 386
Fragment eines Entwurfs zum Diskurs über die Un-
gleichheit. Erste Fassung — Manuskript Genf 387

Fragment d'une version intermédiaire du Discours sur
l'inégalité. Manuscrit de Neuchâtel 396
Fragment aus einer Zwischenfassung des Diskurses über
die Ungleichheit. Manuskript Neuchâtel 397

Fragment d'une version intermédiaire du Discours sur
l'inégalité. Manuscrit de Paris 404
Fragment aus einer Zwischenfassung des Diskurses über
die Ungleichheit. Manuscrit Paris 405

Fragments préparatoires au Discours sur l'inégalité.... 412
Vorbereitende Fragmente zum Diskurs über die Ungleichheit 413

III. MATERIALIEN — BRIEFE, KRITIKEN, ANTIKRITIKEN

Lettre au Pasteur Jean Perdriau 426
Brief an den Pastor Jean Perdriau 427

Lettre de M. Philopolis 450
Brief von M. Philopolis 451

Lettre de J. J. Rousseau à Monsieur Philopolis 460
Brief von J. J. Rousseau an Herrn Philopolis 461

Lettre de J. J. Rousseau au Mercure de France 478
Brief von J. J. Rousseau an den Mercure de France ... 479

Observations de Charles-Georges Le Roy 482
Bemerkungen von Charles-Georges Le Roy 483

Le Discours sur l'inégalité dans „Les Confessions" ... 490
Der Diskurs über die Ungleichheit in den „Bekennt-
nissen" 491

Register der Personen 495

Register der Begriffe und Sachen 499

FÜR WIEBKE

Vorwort

Die vorliegende Ausgabe des *Discours sur l'origine et lesn fodements de l'inégalité parmi les hommes* entstand aus der Absicht, „Rousseaus philosophischstes Werk" (Leo Strauss) in einer Edition zu präsentieren, deren Sorgfalt der philosophischen Bedeutung des Buches gerecht wird und diese für den einen oder anderen Leser, der Rousseaus Œuvre lediglich ein „historisches Interesse" zubilligen mag, allererst sichtbar werden läßt. Neben einer kritischen Edition des integralen französischen Textes, sämtlicher Fragmente und einer Reihe zusätzlicher Materialien, Briefe, Kritiken und Antikritiken, enthält sie eine um größtmögliche Genauigkeit bemühte deutsche Neuübersetzung, einen ausführlichen Kommentar sowie ein umfangreiches Vokabular. Es handelt sich damit um die umfassendste Ausgabe des *Discours sur l'inégalité*, die bisher veröffentlicht wurde, und um die erste zweisprachige, französisch-deutsche Paralleledition, die Rousseaus Schrift in ihrer authentischen Anordnung, ungekürzt und im vollständigen Wortlaut wiedergibt.[1]

---

[1] Die zweisprachige Ausgabe, die Kurt Weigand in der „Philosophischen Bibliothek" veranstaltete (J. J. Rousseau: *Schriften zur Kulturkritik*, Hamburg, 1955, ⁴1983), gibt den *Discours* stark gekürzt in einer modernisierten Version der postumen Ed. 1782 wieder. Beinahe 20% von Rousseaus Text hat der Herausgeber gestrichen. Die gesamte *Dédicace* (S. 8—41 unserer Edition), ferner Rousseaus *Avertissement sur les notes* (S. 62—63), *Question* (S. 64—65), *Note I* (S. 274—275), *Note III* (S. 278—283) und das Herzstück von *Note X* (S. 326 bis 339). Die Streichung der *Widmung an die Republik Genf*, in der Rousseau seine politische Konzeption zum erstenmal skizziert und die ein integraler Bestandteil des Werkes ist, begründet Weigand damit, daß er „statt dessen für das bisher in Deutschland noch nicht vorliegende Kapitel ‚De la société générale' der ersten Fassung des Contrat social Platz" schaffen wollte (p. 318). Zu den gravierenden Eingriffen und Kürzungen, die nirgendwo angegeben werden, heißt es lapidar: „Von den Anmerkungen Rousseaus zum zweiten Discours ist nur weggefallen, was entweder reine Zitation oder naturwissenschaftlich indiskutabel ist" (p. 318). Zu den „naturwissenschaftlich indiskutablen" Passagen zählt u. a. die im wörtlichen Verstande zentrale Aussage des

Die kritische Edition der französischen Texte, die in diesem
Band vereinigt sind, geht mit Ausnahme des kurzen Ausschnitts
aus den *Confessions* von S. 490/492 durchweg auf die Handschriften und Originalpublikationen zurück. Im Falle des *Discours*
selbst wurden die Erstausgabe von 1755 und die postume, von
Rousseaus Nachlaßverwaltern Paul Moultou und Paul Du Peyrou
1782 in Genf veröffentlichte Edition der *Collection complète des oeuvres
de J. J. Rousseau* zugrunde gelegt, da sowohl das Manuskript des
Discours als auch das Handexemplar mit den Korrekturen und
Ergänzungen Rousseaus, auf das sich Moultou und Du Peyrou
gestützt haben, verschollen ist. In den zahlreichen Neuauflagen,
die zu seinen Lebzeiten erschienen waren, hatte Rousseau den
Discours nicht verändert. Der Satz meiner Edition folgt originalgetreu der Anordnung und der Orthographie der Erstveröffentlichung. Die Einfügungen und die übrigen Abweichungen der
Ed. 1782 werden in den Fußnoten exakt ausgewiesen bzw. mitgeteilt. Gegenüber der ersten und bislang einzigen historisch-kritischen Ausgabe des *Discours*, die Jean Starobinski im dritten Band
der *Œuvres complètes* innerhalb der „Bibliothèque de la Pléiade"
(OCP) besorgte und die auf den gleichen Editionsprinzipien beruht, konnte der Text in mehr als vierzig Fällen verbessert werden.[2]

---

ganzen Anmerkungsteils (cf. S. 336 ff und FN 409). Da *Dédicace*, *Avertissement*
und *Question* ganz fehlen und die Anmerkungen Rousseaus entgegen dessen
ausdrücklicher Anweisung (da andernfalls „alles verdorben würde", S. 63,
FN 73) unter den Text gesetzt oder — noch dazu in variierenden Schrift-
größen — zwischen den Haupttext eingeschaltet sind, kann sich der Leser
von der authentischen Konzeption des Werkes und Rousseaus sorgsam er-
wogener Anordnung kein Bild mehr machen.
[2] Die Irrtümer im Text und die übersehenen Varianten sind von unter-
schiedlichem Gewicht. Neben inhaltlich bedeutsameren (cf. die FN 48, 84,
121, 142, 208, 223, 362, 370 zum *Discours*) sind zahlreiche geringfügige Abweichungen nicht mitgeteilt worden. Da in anderen Fällen auch kleinste
Änderungen der Ed. 1782 präzise angegeben sind, ist nicht zu vermuten, daß
Varianten etwa deshalb nicht vermerkt wurden, weil sie Jean Starobinski
zu unbedeutend erschienen (cf. z. B. FN 24, 153, 259 oder FN 217 einerseits,
FN 218 andererseits). Wiederholt folgt der Text der *OCP* stillschweigend
Ed. 1782, obwohl ausdrücklich Ed. 1755 als autoritative Grundlage in An-
spruch genommen wird (cf. FN 101, 117, 142, 208, 223, 229, 297, 312, 349,
370, 405, 408, 410, 421, 443). Die Pioniertat der Pléiaden-Ausgabe, die der
Rousseau-Forschung seit 20 Jahren als wichtiges Arbeitsinstrument dient,

Teil II enthält alle Fragmente zum *Discours sur l'inégalité*, die dem Herausgeber bekannt geworden sind. Die Manuskripte aus Genf, Neuchâtel und Paris werden zum erstenmal vollständig und mit allen Varianten veröffentlicht. Dies geschieht aus zwei Gründen: Zum einen vermag die peinlich genaue Transkription der Handschriften, die es dem Leser erlaubt, sich ein präzises Bild vom Original zu machen und die einzelnen Schritte der Niederschrift minutiös zu verfolgen, aufschlußreiche Einblicke in die Arbeitsweise Rousseaus zu gewähren. Zum anderen sind die drei Fragmente aus zwei früheren Fassungen des *Discours* inhaltlich von eminenter Bedeutung. Das erste, das in Genf archiviert wird, umfaßt eine knappe Skizze zur Genealogie der Religion und eine massive Auseinandersetzung mit der geistlichen Gewalt der Priester; das dritte, das, in Paris verwahrt, einer Reinschrift des *Discours* von der Hand eines Schreibers entstammt und autographe Korrekturen Rousseaus aufweist, enthält scharfe Angriffe gegen den Absolutismus, die Rousseau in der Schlußredaktion unterdrückt hat. Die beiden Seiten des Pariser Manuskriptes waren schon bei der Erstpublikation im Jahre 1959 durch R. A. Leigh zweifelsfrei einer *Version intermédiaire* des *Discours* zuzuordnen, da sie mit dem definitiven Wortlaut über weite Strecken übereinstimmen. In den vier Seiten des Genfer Manuskriptes, bei dem es sich um einen mit zahlreichen Einfügungen und Streichungen übersäten Entwurf Rousseaus handelt, findet sich hingegen kein Satz, der in den *Discours* aufgenommen worden wäre. Es ließ sich daher bis vor wenigen Jahren nicht mit Sicher-

---

soll damit keineswegs geschmälert werden. Die Zusammenstellung der korrigierenden Hinweise innerhalb der Fußnoten, die sich jeweils auf die letzte, 1975 erschienene durchgesehene und ergänzte Auflage der *OCP* beziehen, mag die Berichtigung der Versehen und Ungenauigkeiten in einer zukünftigen revidierten Fassung erleichtern: Zum *Discours* siehe FN 19, 27, 44, 48, 69, 82, 84, 87, 93, 101, 114a, 117, 121, 136, 138, 142, 151, 162, 174, 178, 199, 208, 218, 223, 224, 229, 297, 304, 312, 342, 349, 362, 370, 376, 396, 400, 405, 408, 410, 421, 428b, 443, 444. Zu den anderen Texten, soweit sie in den *OCP* enthalten und dort kritisch ediert sind, vergleiche S. 387, FN 5, S. 388, FN 7, S. 390, FN 19, S. 391, FN 24, S. 392, FN 30, S. 393, FN 36, S. 406, FN 16, 18, 19, S. 410, FN 24, 27, S. 422, FN 37, S. 451, FN 2, S. 452, FN 3, 4, 5, S. 454, FN 6, S. 455, FN 9, S. 458, FN 14, S. 482, FN 1, S. 484, FN 6.

heit nachweisen, daß der brisante Text tatsächlich für den *Discours sur l'inégalité* bestimmt war, vor allem blieb ungewiß, wo innerhalb des Werkes er ursprünglich seinen Ort haben sollte. Eine völlig neue Lage entstand, als 1965 ein weiteres Fragment auftauchte, das von der Bibliothèque de la ville de Neuchâtel erworben wurde. Es entstammt derselben *Version intermédiaire*, der das Pariser Manuskript zugehört, und umfaßt wie dieses zwei Seiten. Da es neben einem Abschnitt, der in die endgültige Fassung des *Discours* aufgenommen wurde, den größten Teil des Genfer Manuskriptes in Reinschrift wiedergibt, stellt es eine Art *missing link* zwischen dem Genfer und dem Pariser Manuskript dar. Das *Manuskript Neuchâtel* belegt, 1.) daß die Kritik der Priester und des „Aberglaubens" aus dem Genfer Manuskript in der Tat im Rahmen des *Discours* veröffentlicht werden sollte, 2.) daß die *Zwischenfassung* sie noch in voller Schärfe enthielt und 3.) daß Rousseau überdies die Absicht hatte, sie direkt den beiden resümierenden Schlußabschnitten vorausgehen und damit die Schrift insgesamt in ihr gipfeln zu lassen, so wie er acht Jahre später die Kritik der „Priesterreligion" und die Auseinandersetzung mit dem Christentum dem zweitletzten Kapitel des *Contrat social* vorbehielt.[3] Es ist gewiß kein Zufall, daß die beiden Blätter aus der Reinschrift der *Version intermédiaire*, die Rousseau unter seinen Papieren aufbewahrte und die der Öffentlichkeit mehr als zwei Jahrhunderte unbekannt geblieben sind, beredtes Zeugnis ablegen von der Selbstzensur, die sich der Verfasser mit Rücksicht auf die politischen und die religiösen Gewalten seiner Zeit auferlegt hat.

Der II. Teil wird abgerundet durch vierzehn verstreute Notizen und Entwürfe Rousseaus, die mit einiger Wahrscheinlichkeit aus der Zeit der Arbeiten am *Discours* zu datieren oder zumindest in seinem thematischen Umkreis zu verorten sind. Bei mehreren der unter dem Titel *Vorbereitende Fragmente* zusammengefaßten Bruchstücke (2, 6, 7, 8 und 9) ist die Zugehörigkeit offenkundig, da sie unmittelbar an Passagen des *Discours* anknüpfen. Bei ande-

---

[3] Weshalb die jüngste Auflage der *OCP* aus dem Jahre 1975, die um mehrere Nachträge erweitert wurde, das bedeutsame *Manuskript Neuchâtel* weder enthält noch erwähnt, entzieht sich meiner Kenntnis.

ren geben die Fundstellen Hinweise. Ausschließlich auf inhaltliche Gesichtspunkte stützt sich die Aufnahme von drei Texten (11, 13, 14), die Streckeisen-Moultou 1861 erstmals veröffentlichte, ohne daß die Autographen Rousseaus bisher wieder aufgefunden werden konnten. Unberücksichtigt blieben dagegen solche Fragmente, die zwar, was die in ihnen behandelten Gegenstände angeht, an den *Discours* erinnern, jedoch erkennbar einer anderen Schrift Rousseaus zuzuordnen sind.

Unter den ergänzenden Materialien des III. Teils sei hier lediglich die *Lettre au pasteur Jean Perdriau* hervorgehoben, die in keine der bisherigen Ausgaben des *Discours* aufgenommen wurde. Der sehr vertraulich gehaltene Brief Rousseaus verdient besondere Beachtung, weil er (1) den politischen Hintergrund der so häufig mißverstandenen und weit unterschätzten *Widmung an die Republik Genf* beleuchtet. Rousseaus Antwort an seinen Landsmann Perdriau, der ihn gedrängt hatte, die *Dédicace* nicht zu publizieren, läßt keinen Zweifel daran, daß der Citoyen de Genève ein sehr deutliches Bewußtsein davon hatte, welches Politikum seine *Widmung* darstellte, welcher Zündstoff in einigen ihrer scheinbar harmlos-konventionellen Wendungen und beiläufigen Aussagen lag. Vor allem zeigt sie, daß Rousseau, als er dem *Discours* das Lob auf die Republik Genf voranstellte, dies nicht tat, weil er sich über die wirkliche Verfassung seiner Vaterstadt Illusionen hingegeben hätte. (2) Die *Lettre à Perdriau* ist außerdem insofern von erheblichem Interesse, als sie einiges Licht auf Rousseaus Selbstverständnis als politischer Theoretiker und auf seine Auffassung von den Pflichten und den Maßstäben wirft, an denen sich der Autor eines politisch-philosophischen Werkes als Philosoph und als Bürger zu orientieren hat. (3) Ein genauer Vergleich des Briefes, der Perdriau zuging, mit der Reinschrift eines Entwurfes, die Rousseau zurückbehielt, läßt erkennen, mit welcher Umsicht Rousseau die *Lettre à Perdriau* verfaßte. Wenn man hinzunimmt, daß dem uns vorliegenden Entwurf des Briefes zumindest eine noch frühere Fassung vorausgegangen sein muß, und wenn man berücksichtigt, daß das Schriftstück ausdrücklich nicht zur Veröffentlichung bestimmt war, so kann man aus der Lektüre der *Lettre à Perdriau* eine erste Vorstellung von Rousseaus

Kunst des sorgfältigen Schreibens gewinnen. Wer sich die Mühe macht, die Varianten durchzugehen, die in den Fußnoten ohne Ausnahme angegeben sind, wird sich davon überzeugen können, daß Rousseau keineswegs „durch seine Gefühle zu Unbesonnenheiten verleitet", mit „Überschwenglichkeit" und „Eifer" schreibt — auch dort nicht, wo es auf den ersten Blick so scheinen mag oder wo er selbst vorgibt, ebendies zu tun.

Die deutsche Übertragung versucht die französischen Texte so wortgetreu wiederzugeben, wie das innerhalb der Grenzen, die die deutsche Sprache setzt, möglich ist. Der deutschsprachige Leser kann, soweit er sich auf eine Übersetzung stützen muß, zu einer angemessenen eigenen Interpretation des *Discours* nur dann gelangen, wenn die Sorgfalt der Übertragung derjenigen des Originals entspricht. Dazu gehört etwa, daß die Übersetzung die komplizierten Satzgefüge und langen Perioden Rousseaus nicht um einer vermeintlich „größeren Lesbarkeit" willen zerstört, daß sie nicht den Ehrgeiz hat, Rousseaus Stil durch ein Variieren des Ausdrucks „verbessern" zu wollen, wenn Rousseau selbst den Ausdruck nicht variiert, daß sie Vieldeutiges nicht zu Eindeutigem verkürzt oder gar Dinge, die dem Übersetzer unwichtig erscheinen, unterschlägt. Vor allem gehört dazu, daß sie die deutsche Wiedergabe des tragenden französischen Vokabulars (nicht nur was die Substantive, sondern auch was die korrespondierenden Adjektive und Verben anbelangt) konsequent durchhält, so daß der Leser die sprachlichen Verweisungszusammenhänge auch im deutschen Text nachzuvollziehen vermag und er sicher sein kann, daß es Rousseau ist, der von *Natur* und *natürlich*, von *Vernunft* und *vernünftig*, von *Gott* und den *Göttern* spricht und nicht etwa bloß der Übersetzer. Die Genauigkeit von Roger D. Masters' amerikanischer Ausgabe des *Discours*[4] war das — nicht erreichte — Vorbild meiner Übertragung. Ein anderer amerikanischer Rousseau-Kenner und hervorragender Übersetzer hat die Grundmaxime, von der ich mich leiten ließ, so prägnant ausgedrückt, daß die entsprechende Stelle im Wortlaut angeführt sei: „The translator of a great work should revere his text and recognize that there

---

[4] Roger D. Masters (Ed.): J. J. R. *The First and Second Discourses*, New York, 1964.

is much in it he cannot understand. His translation should try
to make others able to understand what he cannot understand,
which means he often must prefer a dull ambiguity to a brilliant
resolution. He is a messenger, not a plenipotentiary, and proves
his fidelity to his great masters by reproducing what seems in
them to the contemporary eye wrong, outrageous, or incom-
prehensible, for therein may lie what is most important for us.
He resists the temptation to make the book attractive or relevant,
for its relevance may lie in its appearing irrelevant to current
thought. If books are to be liberating, they must seem implausible
in the half-light of our plausibilities which we no longer know
how to question. An old book must appear to be old-fashioned,
and a translator cannot lessen the effort required of the reader;
he can only make it possible for the reader to make that effort."[5]

Inspiriert von dieser hermeneutischen Grundhaltung, haben
während der letzten 25 Jahre einige der besten Köpfe in den USA
ihre Arbeitskraft darauf verwandt, die wichtigsten philosophischen und politischen Schriften Rousseaus in zuverlässigen Übersetzungen vorzulegen.[6] In Deutschland sind wir davon noch weit
entfernt.[7] Was den *Discours sur l'inégalité* angeht, so kann man ohne
Übertreibung feststellen, daß die Leser, die ihre Kenntnis des

---

[5] Allan Bloom (Ed.): J. J. R. *Emile or On Education*, New York, 1979,
p. VII/VIII.

[6] Neben den in FN 4 und 5 angeführten Editionen von Masters und Bloom
sind zu nennen: Allan Bloom (Ed.): J. J. R. *Politics and the Arts. Letter to
M. d'Alembert on the Theatre*, Glencoe, Ill., 1960. Roger D. Masters (Ed.):
J. J. R. *On the Social Contract with Geneva Manuscript and Political Economy*,
New York, 1978. Charles E. Butterworth (Ed.): J. J. R. *The Reveries of the
Solitary Walker*, New York, 1979.

[7] Karl Heinz Broecken hat 1974 die vorhandenen Übersetzungen als
„teilweise recht unzulänglich" bzw. als „weitgehend unbrauchbar" charakterisiert („*Homme*" und „*Citoyen*", Köln, 1974, p. 244). Im Falle des *Discours
sur l'inégalité* haben die beiden Ausgaben, die Henning Ritter (J. J. R. *Schriften*,
Bd. I, München, 1978) und Dietrich Leube/Eckhart Koch (J. J. R. *Sozial-
philosophische und Politische Schriften*, München, 1981) seitdem veröffentlichten,
keine grundlegend neue Lage geschaffen. Beide basieren auf der alten Übersetzung von Moses Mendelssohn aus dem Jahre 1756, wobei Ritter den Text
Mendelssohns, der Rousseau über weite Strecken mehr paraphrasiert als wortgetreu übersetzt, nahezu unverändert wiedergibt, während Leube/Koch ihn
stärker verändert, dabei aber nicht in allen Fällen verbessert haben.

Werkes allein auf eine deutsche Übersetzung gründeten, sich
bisher nur ein sehr ungefähres Bild von der philosophischen
Bedeutung des *Discours* machen konnten. Die Unachtsamkeiten,
denen Satzteile und gelegentlich ganze Sätze zum Opfer fielen,
das Durcheinandermengen von Begriffen, die Rousseau unterschieden hat, etwa des *bürgerlichen* und des *zivilisierten Menschen*
(*homme civil* und *homme civilisé*), des *natürlichen Gesetzes*, des *Ge-*
setzes der Natur und des *Naturrechts* (*loi naturelle, loi de nature, droit*
naturel), die anderen Übersetzungsfehler, die bei einem Vergleich
mit dem Original unmittelbar ins Auge springen, so wenn *état*
civil zu „bürgerliche Gesellschaft" und *société civile* zu „zivilisierte
Gesellschaft", *inégalité d'institution* zu „institutionelle Ungleichheit" bzw. „Ungleichheit der Stände" und die Fähigkeiten, die
der Mensch nach Rousseau *en puissance* hatte (S. 134) kurzerhand
zu den „Fähigkeiten des Menschen" werden, wenn im deutschen
Text vom „Gesetz" statt von der Gerechtigkeit, vom „Recht"
statt von der Gewalt, von „Frömmigkeit" statt von Rechtschaffenheit, vom „Recht des Stärkeren" statt vom Gesetz des Stärkeren die Rede ist, — auf all das kann hier nicht näher eingegangen
werden. Der Leser mag selbst ermessen, was ihm entgeht, wenn
ihm an einer entscheidenden Stelle des *Discours* der *homme sociable*
als der „zivilisierte Mensch" präsentiert wird (cf. S. 268 und FN
336). Ich beschränke mich auf vier Beispiele, um zu veranschaulichen, wie kleine Eingriffe und scheinbar unbedeutende Ungenauigkeiten des Übersetzers die Möglichkeiten des Lesers zur
eigenen Interpretation beschneiden können: Wenn *raison* im Deutschen abwechselnd als *Vernunft* und als *Verstand* erscheint und der
Übersetzer noch dazu jeweils an den Stellen, an denen Rousseau
Kritisches zur *raison* sagt (cf. z. B. S. 148), auf „Verstand", „Ur-
teilskraft" oder einen anderen Begriff ausweicht, weil er sich
offenbar nicht vorzustellen vermag, daß Rousseau hier in der Tat
die *Vernunft* meinen könnte, dann hat der Leser keine Gelegenheit, sich seine eigenen Gedanken über Rousseaus Vernunft-
Begriff zu machen. Wenn *amour-propre* (Eigenliebe) mit „Selbst-
sucht" übertragen wird, findet der Leser vielleicht den „Moralisten Rousseau" im *Discours* wieder, schwerlich aber wird er
dem Philosophen folgen können, für den die *Eigenliebe* (schon

begrifflich als eine Form der Liebe, als ein „Gefühl der Bevorzugung" ausgewiesen) vor allem anderen ein *anthropologisches* Konzept, eine grundlegende *philosophische* Bestimmung in der Analyse der Sozialität und in der Rekonstruktion der Menschwerdung des Menschen ist. Wenn dort, wo Rousseau vom *ardeur d'élever sa fortune relative* des Menschen spricht (S. 208) der Übersetzer nur den „Eifer ihr (!) Vermögen zu vergrößern" konstatiert und das Wort *relative* beiseite läßt, dann bleibt der Kern der Aussage, das spezifisch „Rousseausche" in ihr, nämlich der Zusammenhang mit dem *amour-propre*, den Rousseau als ein wesentlich relatives, über den vergleichenden Bezug auf andere vermitteltes Gefühl begreift, verborgen. Wenn in der so „dunklen" Passage im letzten Abschnitt von Anmerkung IX (S. 320) *leur premier père* ohne jede Not mit „ihre ersten Ahnen" oder „ihre ersten Väter" — also im Plural statt im Singular — wiedergegeben wird, dann kann der Leser kaum darauf kommen, daß Rousseau sich auf Adam, auf den Genesis-Bericht bezieht, was der erste Schritt wäre, um die wichtige Stelle angemessen interpretieren zu können und ihre „Dunkelheit" zu erhellen.

Die vorliegende Übersetzung wurde wieder und wieder durchgesehen und in den einzelnen Formulierungen lange erwogen. Ich bin mir jedoch darüber im klaren, daß sie verbesserungsfähig ist. Jeder Vorschlag, der dazu beiträgt, sie wortgetreuer und treffender zu machen, ist mir daher willkommen. Das Vokabular zum *Discours*, an Hand dessen für die aufgenommenen Wörter — soweit nicht ausdrücklich anderes vermerkt wurde — alle Verwendungen im französischen (und deutschen) Text nachgeschlagen werden können, erleichtert es dem Leser, sich auch über die deutsche Wiedergabe genauer zu orientieren und diese selbst zu überprüfen.[8]

---

[8] Das französische Vokabular — es ist das erste, das im Rahmen einer Rousseau-Edition überhaupt veröffentlicht wird — wurde unter inhaltlichen Gesichtspunkten zusammengestellt. Der linguistisch interessierte Leser sei zusätzlich auf die Publikation von Léo und Michel Launay: *Index-Concordance du Discours sur les sciences et les arts et du Discours sur les origines* (!) *de l'inégalité*, Genf-Paris, 1981, 463 S. (darin Index des 2. *Discours* p. 59—380) hingewiesen. Launays Index erfaßt (nahezu) alle Wörter — beispielsweise auch *il, et, ou* —, er ist also erheblich umfangreicher als das Begriffsregister am Ende dieses

Der Kommentar hat eine streng dienende Funktion. Er versucht, einen schwierigen und anspruchsvollen Text durchsichtiger zu machen, indem er über die philosophischen und politischen Kontroversen unterrichtet, in die der *Discours* eingreift, indem er auf Positionen hinweist, gegen die sich Rousseau wendet oder auf die er sich positiv bezieht, indem er Sachverhalte erläutert, die der Verfasser bei seinem Publikum als bekannt voraussetzt. Wenn darüberhinaus innerhalb des Werkes Zusammenhänge aufgezeigt und Dinge ans Licht gehoben werden, die zu bemerken eine große Vertrautheit mit Rousseaus Schrift zur Voraussetzung hat, so geschieht dies nicht in der Absicht, den Leser auf eine bestimmte Deutung festzulegen, oder zu dem Zweck, ihm im voraus abzunehmen, was nur er selbst zu leisten vermag. Es geschieht ganz im Gegenteil, um ihn zu ermuntern, Rousseaus Rede sehr genau zuzuhören, es geschieht, um ihm vor Augen zu führen, daß der *Discours* eine gründliche Beschäftigung reich und mit vielfältigen Entdeckungen belohnen kann, kurz: es geschieht, um den Leser zu der sorgfältigen Lektüre anzuregen, die das Werk verdient. Einer zusammenhängenden Interpretation können und wollen die Erläuterungen, die in den Fußnoten gegeben werden, ebenso wenig vorgreifen wie einer eingehenden Auseinandersetzung mit den philosophischen Prinzipien des *Discours*. Beides bleibt einer eigenen Publikation vorbehalten. In Anbetracht der Tatsache, daß die meisten Werke, die im Kommentar angeführt werden, in deutschen Übersetzungen nicht zugänglich und andere für unsere Zwecke zu ungenau übertragen sind, werden die fremdsprachigen Zitate ins Deutsche übersetzt. Die wünschenswerte zweisprachige Präsentation mußte aus Platzgründen unterbleiben.

Mit der Beendigung eines Buches, das den Verfasser über Jahre in Atem gehalten hat, sind vielerlei Freuden verbunden. Eine und nicht die geringste liegt darin, daß sie Gelegenheit gibt, den Personen und Institutionen Dank zu sagen, die auf die eine oder

---

Bandes. Für den philosophisch Interessierten hat er freilich den Nachteil, daß es sich um ein reines Wörterverzeichnis handelt. So findet man dort etwa *homme* und *civil* und *sauvage*, nicht aber *homme civil* oder *homme sauvage*, *loi* und *naturelle*, nicht aber *loi naturelle*.

andere Weise zu seiner Entstehung beigetragen haben. Wertvolle Anregungen, Hinweise und Einsichten verdanke ich der amerikanischen Edition des *Discours*, die Roger D. Masters 1964 veröffentlichte, und dem im selben Jahr erschienenen französischen Kommentar von Jean Starobinski[9], ferner der älteren Studie von Jean Morel zu den „Quellen" des *Discours*[10] und schließlich den neueren Monographien von Roger D. Masters, Karl Heinz Broecken, Victor Goldschmidt und Marc F. Plattner.[11] Ich hoffe, meinen Dank dadurch abstatten zu können, daß meine Edition ihrerseits Anregungen, Hinweise und Einsichten zu vermitteln vermag, die dem Leser andernorts nicht zuteil werden. Daß ich den Deutungen der genannten Autoren in vielerlei Hinsicht nicht zustimme, daß ich in mir zentral erscheinenden Fragen zu anderen Ergebnissen gelangt bin, mindert das, was ich von ihnen und in der Auseinandersetzung mit ihren Argumenten gelernt habe, in keiner Weise. Dasselbe gilt für die Arbeiten von Leo Strauss, denen das vorliegende Buch mehr verdankt, als sich in einem Vorwort sinnvoll zum Ausdruck bringen läßt. Wenn es, zehn Jahre nach seinem Tode, als eine deutsche *Hommage* an diesen großen Lehrer und wahren Philosophen verstanden werden sollte, werde ich dem nicht widersprechen.

Die Transkription der Fragmente und Briefe in Teil II und III sowie die Reproduktion der Faksimiles auf S. 384, 424 und 449 wurden durch das freundliche Entgegenkommen der Bibliotheken ermöglicht, in deren Besitz sich die Handschriften befinden. An erster Stelle seien die Bibliothèque de la ville de Neuchâtel und M. René Marti genannt, der mir beim Auffinden zahl-

---

[9] Starobinskis Erläuterungen zum *Discours* finden sich in *OCP* III, p. 1285 bis 1389.

[10] J. Morel: *Recherches sur les sources du Discours de J. J. Rousseau sur l'origine et les fondements de l'Inégalité parmi les hommes*, Lausanne, 1910. (Zugleich in *AJJR*, Bd. V veröffentlicht.)

[11] R. D. Masters: *The Political Philosophy of Rousseau*, Princeton, 1968. K. H. Broecken: *„Homme" und „Citoyen". Die Entstehung und Bedeutung der Disjunktion von natürlicher und politischer Erziehung bei Rousseau*, Diss. Köln, 1974. V. Goldschmidt: *Anthropologie et politique. Les principes du système de Rousseau*, Paris, 1974. M. F. Plattner: *Rousseau's State of Nature. An Interpretation of the Discourse on Inequality*, DeKalb, 1979.

reicher, in der Rousseau-Literatur teilweise falsch bezeichneter
Blätter behilflich war und der auf alle Fragen stets bereitwillig
Auskunft gab. Hervorragende Fotokopien stellten mir ferner die
Bibliothèque publique et universitaire de Genève, die Biblio-
thèque nationale, Paris, und die Bibliothèque de la Sorbonne
(Bibl. Victor Cousin), Paris, zur Verfügung. Die Schweizerische
Landesbibliothek, Bern, die Bibliothèque publique, Genf, die
Bibliothèque cantonale et universitaire, Freiburg/Schweiz, und
die Stadtbibliothek Winterthur zeigten sich bei der Beschaffung
seltener Publikationen des 18. Jahrhunderts, die über den Leih-
verkehr nicht zu erhalten waren, außerordentlich hilfsbereit.

Professor Wilhelm Hennis gab mir 1975 den ersten Anstoß,
mich zu einer langen Entdeckungsreise in die Politische Philosophie Rousseaus aufzumachen. Dem editorischen Unternehmen,
das sich daraus unerwartet entwickelte, begegnete er mit derselben
Aufgeschlossenheit, die ihn als Lehrer auszeichnet. Die Studien-
stiftung des deutschen Volkes, deren Stipendiat ich von 1973 bis
1983 war, half mir unter ihrem Generalsekretär Dr. Hartmut
Rahn in einer schwierigen Lage tatkräftig und unbürokratisch.
Zu besonderem Dank bin ich Dr. Bernhard Pfahlberg und
Dr. Volker Werb verpflichtet, bei denen ich im Ferdinand Schöningh Verlag für meine Anliegen und Wünsche stets ein offenes
Ohr fand. Sie haben nicht nur die Konzeption dieses Bandes,
einschließlich des äußerst aufwendigen Satzes, ohne jeden Ab-
strich akzeptiert, sondern auch die Verwirklichung des ganzen
Projektes durch ihre Großzügigkeit und ihr ungewöhnliches
Verständnis überhaupt erst möglich gemacht. Daß sie während
der sieben Jahre, die ich an der Edition des *Discours sur l'inégalité*
gearbeitet habe, nie die Geduld mit mir verloren, rechne ich ihnen
hoch an. Was immer die Vorzüge der vorliegenden Ausgabe
sein mögen, keiner wäre denkbar geworden, ohne die Bereit-
schaft des Verlages, dem Herausgeber freie Hand zu lassen und
ökonomische Erwägungen dem Wunsch nach einer sorgfältigen
Edition hintanzustellen.

Heinrich Meier

Ottoschwanden im Schwarzwald, Oktober 1983

Rousseaus Diskurs über den Ursprung und die Grundlagen der Ungleichheit unter den Menschen

Ein einführender Essay über die Rhetorik und die Intention des Werkes

Von Heinrich Meier

> „Den Gleichen Gleiches, den Ungleichen Ungleiches — *das* wäre die wahre Rede der Gerechtigkeit: und was daraus folgt, Ungleiches niemals gleich machen." Nietzsche: *Götzendämmerung*, Aph. 48.

Rousseaus *Diskurs über die Ungleichheit* ist von der großen Mehrzahl der Leser, die das Buch in den vergangenen zwei Jahrhunderten gefunden hat, als ein *Diskurs gegen die Ungleichheit* gelesen worden. Die historische, politische und öffentliche Wirkung der Schrift wurde wesentlich durch den Eindruck bestimmt, Rousseau mache sich in ihr, vor allem andern, zum glühenden Verfechter der „natürlichen Gleichheit" und zum leidenschaftlichen Kritiker der Ungleichheiten, die unter den Menschen anzutreffen sind. Ein Eindruck, der sich bei der ersten Lektüre des *Diskurses* zu bestätigen scheint und der jedenfalls insofern nicht auf einem bloßen Mißverständnis beruht, als die Art und Weise, in der die meisten Leser Rousseaus Buch verstanden haben, durchaus dem Verständnis nahekommt, das Rousseau selbst bei ihnen zu erreichen beabsichtigte. Die Absicht, von den „meisten Lesern" in einer bestimmten Art und Weise verstanden zu werden, eine öffentliche, unmittelbar politische Wirkung zu erzielen, ist indes nur eine Intention, die Rousseau mit dem *Discours sur l'inégalité* verfolgte, und sie ist erklärtermaßen nicht seine vornehmste. Rousseau war außerdem, wie er im *Discours* andeutet und in den *Dialogues* später ausdrücklich festgestellt hat, für seinen Teil entschieden der Ansicht, daß die erste und einmalige Lektüre nicht hinreichen werde, um zu einem angemessenen Verständnis seiner

Schriften zu gelangen.[1] Und den *Confessions* können wir entnehmen, daß wir uns, wenn wir uns mit dem *Diskurs über die Ungleichheit* befassen, auf ein Werk einlassen, das nach dem Urteil seines Autors „in ganz Europa nur wenige Leser fand, die es verstanden, und keinen unter diesen, der darüber sprechen wollte."[2]

Wenn der *Diskurs über die Ungleichheit* nur wenige Leser fand, die ihn verstanden, so hat Rousseau seinerseits keinen Zweifel daran gelassen, daß er ihn von vornherein für „die Wenigen", für „jene, die zu verstehen wissen", für „eine sehr kleine Zahl von Lesern" geschrieben hatte.[3] Oder genauer gesagt, der *Discours* wendet sich an zwei sehr verschiedene, an zwei ungleiche Adressaten: Rousseau richtet seine Rede[4] an die wahren Philosophen, die er als seine alleinigen Richter anerkennt, zugleich ist er sich aber der großen Zahl der Zuhörer, die sie vernehmen werden und die er mit ihr erreichen kann, wohl bewußt. Der Ungleichheit der Adressaten korrespondiert deren ungleiche Ansprache. Den Philosophen werden andere Gegenstände zu erwägen gegeben als den gemeinen Lesern.[5] Was den Vielen dunkel und rätselhaft erscheinen muß, kann den Wenigen Einblick in die grundlegenden Prinzipien der Schrift gewähren und sie veranlassen, deren kühnste Gedanken zu denken. Die Konzeption des *Diskurses über die Ungleichheit* selbst setzt von allem Anfang an eine fundamentale Ungleichheit voraus. Eine Ungleichheit, die aus der geistigen Ungleichheit der Menschen resultiert, mithin aus einer Ungleichheit, die von Rousseau in letzter Instanz als eine natürliche bestimmt wird.[6] Für das angemessene Verständnis des Buches, seiner Rhetorik und seiner

---

[1] Siehe S. 62, FN 73.

[2] In diesem Band S. 492.

[3] *Lettre à Jean Jallabert* vom 30. 3. 1755, *CC* III, p. 115; cf. FN 8 und 10 sowie S. 62/63, FN 73.

[4] Cf. S. 72 ff. Zur Doppeldeutigkeit von *Discours* (Diskurs/Rede) siehe S. 4, FN 1.

[5] Cf. S. 170 und FN 213.

[6] S. *Discours*, S. 66 und 270/272; cf. *Erster Discours*, p. 29; *Réponse au Roi de Pologne*, p. 39, 41; *Lettre à Grimm*, p. 64; *Lettre à Le Cat*, p. 102; *C.S.* I, 9, p. 367; *Emile*, I, p. 247, 266, II, p. 324, IV, p. 537; *OCP* I, p. 1123; *Confessions*, I, p. 5.

Intentionen, bedeutet dies, daß die geschichtlich wirkungsmäch-
tigste und noch immer weit verbreitete Einschätzung, der *Discours sur l'inégalité* sei in erster Linie ein moralischer, um nicht zu
sagen ein moralisierender Traktat zur Beförderung des Egalita-
rismus, mehr dazu angetan ist, den Zugang zum zentralen Kern
des Unternehmens, das Rousseau darin beginnt, zu verstellen als
ihn zu erschließen. Über den Wunden, die der Biß der „Moral-
Tarantel Rousseau" geschlagen hat, ist die philosophische Substanz
des „Systems Rousseau" allzu leicht aus dem Blick geraten.

I

Die theoretische Einsicht in die fundamentale Ungleichheit
der Menschen findet ihren sinnfälligen Ausdruck im exoterisch-
esoterischen Doppelgesicht, das den *Diskurs über die Ungleichheit*
von Grund auf charakterisiert. Mit der „Kunst des sorgfältigen
Schreibens", der bewußt verhüllenden Darstellung, dem Sprechen in Abbreviaturen und verschlüsselten Hinweisen, trägt
Rousseau der prinzipiellen Problematik einer öffentlichen Verhandlung philosophischer und wissenschaftlicher Gegenstände
Rechnung, die aus der Ungleichheit der Menschen erwächst und
die er selbst, beginnend mit dem *Discours sur les sciences et les arts*,
in immer neuen, das Spannungsverhältnis von Philosophie und
Gesellschaft umkreisenden Erörterungen mit großer Eindringlichkeit ans Licht gehoben hat.[7]

Im *Préface d'une seconde lettre à Bordes*, das Rousseau im Herbst
1753, unmittelbar bevor er die Arbeit am *Diskurs über die Ungleichheit* aufnahm, verfaßt, selbst jedoch nie veröffentlicht hat, schreibt
Rousseau: „Nur nach und nach und stets für wenige Leser habe
ich meine Ideen entwickelt. Nicht mit mir bin ich dabei schonend
umgegangen, sondern mit der Wahrheit, um sie *sicherer weiterzugeben* und um sie *nützlich zu machen*. Oft habe ich mir viel Mühe
gegeben, es so einzurichten, daß in einem Satz, in einer Zeile, in
einem *wie zufällig hingeworfenen* Wort, das Ergebnis einer langen
Folge von Reflexionen beschlossen war, oft wird die Mehrzahl
meiner Leser meine Reden (discours) schlecht verbunden und

---

[7] Vergleiche die grundsätzliche Erörterung des Gegenstandes durch Leo
Strauss: *Persecution and the Art of Writing*, Glencoe, 1952, >. 22—37.

beinahe gänzlich unzusammenhängend gefunden haben müssen,
da sie den Stamm nicht wahrnahmen, dessen Zweige ich ihnen
nur zeigte. *Aber es war genug für jene, die zu verstehen wissen, und
zu den anderen habe ich niemals sprechen wollen.*"[8] Was Rousseau hier
über den Charakter der philosophischen Veröffentlichungen andeutet, die dem *Discours sur l'inégalité* vorausgingen, gilt für den
Discours, von dem er im Rückblick der *Confessions* sagt, er habe
in ihm seine Prinzipien zum erstenmal „vollständig entwickelt"[9],
um nichts weniger. Drei Jahre nach dem Erscheinen des *Discours*
steht im Vorwort zur *Lettre à d'Alembert*, der ersten Schrift
Rousseaus, die sich, obschon sie an einen Philosophen adressiert
ist, explizit „an das Volk" wendet, zu lesen, es handele sich in ihr
für Rousseau „*nicht mehr* darum, zur kleinen Zahl, sondern zur
Öffentlichkeit zu sprechen; noch darum, *die anderen zum Denken
zu veranlassen*, sondern mein Denken deutlich zu erklären."[10]
Mit dem *Discours sur l'inégalité* „spricht" Rousseau unstreitig „zur
kleinen Zahl"; im *faire penser les autres* macht er sich die Grundmaxime jeder exoterischen Darstellung zu eigen.[11]

Gleichwohl hat Rousseaus *Discours* nicht einen, er hat erkennbar
zwei Adressaten. Und das nicht nur in jenem allgemeinen Sinne,
in dem der Verfasser einer jeden öffentlich verbreiteten Schrift
berücksichtigen muß, daß seine Publikation, über den „eigentlichen Adressaten" hinaus, prinzipiell von allen gelesen werden
kann, die des Lesens mächtig sind. Im Falle des *Discours* kommt
vielmehr hinzu, daß die Doppelung der Adressaten der Doppelung der Intentionen entspricht, die dem Buch zugrunde liegt.
Der *Discours* ist zuerst und als Ganzes eine Rede an die Wenigen.
Er wendet sich an Philosophen vom Schlage eines Platon oder
Xenokrates, und ohne Frage ist er für die jungen oder zukünftigen Philosophen bestimmt, die sich unter den „Zuhörern" befinden mögen.[12] Ausdrücklich aber „spricht" er auch „zu den

---

[8] *OCP* III, p. 106. Hervorhebungen nicht im Original.

[9] In diesem Band S. 490.

[10] *Lettre à d'Alembert*, p. 8. Hervorhebungen nicht im Original.

[11] Siehe FN 7. Vergleiche beispielsweise: „Il ne s'agit pas de faire lire, mais
de faire penser." Montesquieu: *De l'esprit des lois*, XII, 20.

[12] Exordium S. 72 ff; cf. Leo Strauss: *Persecution and the Art of Writing*, p. 36.

Vielen". Zu den Bürgern von Genf, zum Menschen, „aus welchem Land er auch sei", zum ganzen „Menschengeschlecht", schließlich sogar zu jenen Wilden, denen sich nicht einmal „die himmlische Stimme vernehmlich gemacht hat."[13] Jenseits aller bloßen Redefiguren und unbeschadet des Pathos, das hier nicht zufällig ins Spiel kommt, hat die emphatische Ansprache eines zweiten Adressaten von eigenem Gewicht ihren Grund darin, daß der *Discours* ein entschieden philosophisches und zugleich ein im prägnanten Sinne, seinem Gegenstand wie seiner Intention nach politisches Buch ist. Die Ebene, auf der sich die philosophische Realanalyse bewegt, die Rousseau in ihm leistet, wird überlagert von der polemischen Darstellungsebene, auf der das kritische Potential von Rousseaus Politischer Philosophie zur Entfaltung kommt. Das virtuose Hin- und Herwechseln zwischen den beiden unterschiedlichen und für das adäquate Verständnis beider sorgsam zu unterscheidenden Ebenen macht das zentrale, alles verklammernde Moment in der komplizierten Rhetorik aus, die den *Discours* insgesamt bestimmt. Ohne eine Überprüfung der Lobeserhebungen und der Verurteilungen, der Appelle und der Ermahnungen, der einprägsamen Bilder und der plastischen Entgegensetzungen, die der polemischen Darstellungsebene entstammen, anhand der konkreten Bestimmungen, die Rousseau auf der Ebene der philosophischen Realanalyse entwickelt, läuft der Leser Gefahr, Gefangener von Parolen zu bleiben und der Rhetorik des *Discours* zu erliegen, wo erst die Einsicht in deren polemischen Sinn zu den Sachen selbst führte. Allenfalls *einer* Intention der Schrift kann er auf diese Weise wirklich gerecht werden.

Die Unterscheidung der polemischen Darstellungsebene und der Ebene der philosophischen Realanalyse fällt mit der exoterisch-esoterischen Ambiguität des Buches nicht zusammen. Sie ist nur eines, wenngleich ein besonders wichtiges, der rhetorischen Elemente, die ihm sein Doppelgesicht verleihen. Doch die politisch-polemische Bestimmung des *Discours*, die zum philosophischen Anliegen des Werkes hinzutritt, verschärft die generelle Problematik, die die „Kunst des sorgfältigen Schreibens" erforderlich macht; sie gibt ihr eine zusätzliche Brisanz angesichts

[13] Widmung, S. 8 ff, Exordium S. 74, Anmerkung X, S. 318.

der historischen Umstände, unter denen das Buch konzipiert wurde und unter denen es seine unmittelbare Wirkung entfalten sollte. Wenn wir Rousseaus Schreibweise gerecht werden, ihre Stilmittel und Kunstgriffe wahrnehmen und richtig einordnen wollen, müssen wir uns daher mit der konkreten geschichtlichen Ausprägung des allgemeinen Spannungsverhältnisses zwischen Gesellschaft und Philosophie befassen, die die Rhetorik des *Discours* zur Voraussetzung hat.

Das Erste, was wir uns zu vergegenwärtigen haben, ist die Tatsache, daß der *Diskurs über die Ungleichheit* unter Bedingungen der Zensur geschrieben wurde oder, präziser formuliert, daß es für seinen Verfasser allen Grund gab, bei der Niederschrift die einschneidenden Konsequenzen zu bedenken, die ihm aus der Veröffentlichung erwachsen konnten. Die politischen Gegebenheiten, unter denen der *Discours* entstand, mußten Rousseau allein daran hindern, ohne Umschweife zu reden und seine Prinzipien offen darzulegen. Vor jeder grundsätzlichen Erwägung, jeder darüber hinausreichenden theoretischen Einsicht geboten massive praktische Zwänge, vorsichtig zu Werke zu gehen. Soweit der Geltungsanspruch der tradierten religiösen Dogmen und die Legitimität der bestehenden politischen Ordnung in Frage gestellt, die sensibelsten Gegenstände im Verhältnis zwischen Philosophie und Gesellschaft berührt wurden, sah sich Rousseau den gleichen Beschränkungen und Gefahren gegenüber, denen sich die Philosophen vor ihm ausgesetzt und unterworfen gesehen hatten: der Verweigerung der Druckerlaubnis, Streichungen oder Verstümmelungen des Textes von seiten des Zensors, dem Verbot und der Beschlagnahmung des Buches durch die Obrigkeit, schließlich, in Rücksicht auf die persönliche, öffentliche wie private Existenz, staatlichen Maßnahmen und gesellschaftlichen Pressionen vielfältiger Art, bis hin zur offenen Verfolgung durch die politischen und religiösen Autoritäten. (Siehe dazu den ANHANG ZUR ZENSUR am Ende dieses Essays.)

Was der Leser des 20. Jahrhunderts sich allererst in Erinnerung rufen und bewußt machen muß, wenn er sich mit den Schriften eines Montesquieu oder Buffon, eines Diderot oder Rousseau ernsthaft auseinandersetzen will, war für die Zeitgenossen ein

offenes Geheimnis. Sie wußten, daß die Bücher dieser Autoren immer auch im Blick auf die Sorbonne, den Generalstaatsanwalt, das *Parlement de Paris* geschrieben worden waren.[14] Die Zensur macht die List, die Verstellung, das indirekte Aussprechen zum Erfordernis. Solange es Philosophen gibt, die ihre Philosophie öffentlich mitteilen, solange bedienen sie sich der exoterisch-esoterischen Darstellungsweise, wenn es gilt, sich, die Person wie die Sache, gegen die Intoleranz der Gesellschaft zu schützen, in der sie leben und in der sie ihre Philosophie entwickeln. Die Kunst des sorgfältigen Schreibens eröffnet einen Weg, unter Bedingungen der Zensur beides miteinander zu vereinen: „ein gutes Buch zu schreiben und der Verfolgung zu entgehen."[15]

---

[14] Zu Diderot und Buffon vergleiche die Hinweise, die im ANHANG gegeben werden. Was Montesquieu betrifft, so sei hier lediglich daran erinnert, daß nicht nur die *Lettres persanes* (Köln, in Wahrheit: Amsterdam, 1721) und die *Considérations* (Amsterdam, 1734), sondern auch das heute gemeinhin als besonders maßvoll angesehene Hauptwerk *De l'esprit des lois* (Genf, 1748) anonym und außer Landes erschien. Die *Nouvelles ecclésiastiques* und andere kirchliche Organe attackierten den *Esprit des lois* aufs heftigste. Der Heilige Stuhl verurteilte das Buch offiziell und setzte es 1751 auf den Index. Die Zensur der Sorbonne, für die zwei verschiedene Entwürfe vorgelegt wurden, betraf zunächst 13 dann 17 Punkte. Die kirchlichen Reaktionen sind dokumentiert bei Charles-J. Beyer: *Montesquieu et la censure religieuse de l'Esprit des lois* in *Revue des sciences humaines*, April/Juni 1953, p. 105—131. Zu Montesquieus Schreibweise cf. Thomas L. Pangle: *Montesquieu's Philosophy of Liberalism*, Chicago, 1973, insbes. p. 11—19.

[15] „Je tâcherai [...] de faire un bon livre, et d'éviter la persécution" antwortet Aristide seinem Mentor Cléobule in Diderots *La promenade du sceptique* (*O.C.* II, p. 82), nachdem ihn Cléobule eindringlich vor den Gefahren gewarnt hat, die dem Philosophen daraus erwachsen, wenn er über Gegenstände der Religion und der Politik schreibt. Der *Discours préliminaire* des Werkes, das selbst ein prominentes Opfer der zeitgenössischen Zensur geworden ist (das Manuskript der *Promenade*, das 1747 entstand, wurde von der Polizei beschlagnahmt, die erste Veröffentlichung datiert aus dem Jahre 1830), gehört zu den bemerkenswertesten Texten, die von einem Philosophen der Moderne zur Frage der Zensur und dem Erfordernis der esoterischen Schreibweise verfaßt worden sind (p. 78—84). Die Aufgabe, die Aristide formuliert, ergibt sich konsequent aus den beiden folgenden Schlüsselstellen des Dialogs: *Cléobule*: „La religion et le gouvernement sont des sujets sacrés auxquels il n'est pas permis de toucher. Ceux qui tiennent le timon de l'Eglise et de l'Etat seraient fort embarrassés s'ils avaient à nous rendre une bonne raison

Zu ihren charakteristischen Stilmitteln zählen u. a. das Abgeben
allgemeiner Erklärungen und förmlicher Bekenntnisse, die für
alles Weitere inhaltlich folgenlos bleiben; das Kritisieren von
Doktrinen, Institutionen und Personen in Gestalt von Lobeserhebungen, die erkennbar überzogen und ungerechtfertigt sind
oder die unter Hinweis auf Taten und Umstände ausgesprochen
werden, welche die Berechtigung der rühmenden Erwähnung
gerade fragwürdig erscheinen lassen; schließlich das explizite
Vertreten von Positionen, die miteinander unvereinbar sind und
deren Unvereinbarkeit dem Autor nicht verborgen geblieben
sein kann, will man nicht annehmen, daß er zu sehen und zu
bedenken nicht imstande war, was dem gemeinen Leser ins Auge
springt. Bücher, die sorgfältig geschrieben sind, sind für Leser
geschrieben, die sorgfältig zu lesen verstehen. Und sofern die
exoterisch-esoterische Darstellungsweise als *Kriegslist* erfolgreich
sein soll, muß sie nicht nur den Verfasser wirksam schützen,
sondern außerdem *als Kriegslist* zu durchschauen sein und wenigstens von einem Teil des Publikums als solche durchschaut
werden. In Zeiten unverhüllter Intoleranz sind die Voraussetzungen dafür günstiger als in Zeiten großer Liberalität, denn
die Zensur fördert nicht allein die Kunst des Schreibens, sie
erzieht auch zur genaueren Lektüre, sie spornt zum Weiter- und
Selberdenken an, sie übt das „Lesen zwischen den Zeilen" ein.[16]

du silence qu'ils nous imposent; mais le plus sûr est d'obéir et de se taire, à
moins qu'on n'ait trouvé dans les airs quelque point fixe hors de la portée de
leurs traits, d'où l'on puisse leur annoncer la vérité" (p. 78). *Aristide* : „Impo-
sez-moi silence sur la religion et le gouvernement, et je n'aurai plus rien à
dire" (p. 81). — Es kann wohl keinem Zweifel unterliegen, daß die Gegenstände, die im Dialog zwischen Cléobule und Aristide berührt werden, in
den Gesprächen der Freunde Diderot und Rousseau — vor und nach Diderots
Inhaftierung im Zwinger von Vincennes — eingehend erörtert worden sind.
[16] „Pour un lecteur moderne, le déchiffrement est parfois difficile, car
l'énigme a sa clef dans certaines conventions courantes à l'époque et oubliées
aujourd'hui." Paolo Casini und John S. Spink in ihrer Einleitung zu Diderots
Essai sur le mérite (*O.C.* I, p. 278). — Die philosophisch eindringlichste Untersuchung der gesamten Thematik, die in diesem und dem vorangegangenen
Abschnitt zur Sprache kommt, hat Leo Strauss vorgelegt. Vergleiche neben
Persecution and the Art of Writing auch die knappe Darstellung *On a Forgotten
Kind of Writing* in *What Is Political Philosophy.* New York, 1959, p. 221—232.

Den Zeitgenossen, denen Zensur und Verfolgung aus eigener Anschauung vertraut sind, fällt es leichter, deklamatorische Rückversicherungen richtig einzuordnen, widersprüchliche Aussagen, die ihnen in den Schriften bedeutender Autoren begegnen, auf eine verborgene Absicht hin zu befragen, und den Grund für gedankliche Inkonsequenzen nicht zuerst im vermeintlichen Unvermögen des Verfassers zu suchen. Die Nachwelt hingegen wird, wie Diderot in seinem vertraulichen *Commentaire sur Hemsterhuis* vorausschauend notierte, von den Widersprüchen der Philosophen frappiert sein, „deren Ursache ihr unbekannt sein wird."[17]

[17] François Hemsterhuis: *Lettre sur l'homme et ses rapports, avec le commentaire inédit de Diderot*. Ed. Georges May. New Haven, 1964, p. 513. Diderot fährt fort: „Les Eumolpides firent admettre et rejeter alternativement les causes finales par Aristote. Ici Buffon pose tous les principes des matérialistes; ailleurs il avance des propositions tout à fait contraires. Et que dire de Voltaire, qui dit avec Locke que la matière peut penser, avec Toland que le monde est éternel, avec Tindal que la liberté est une chimère, et qui admet un Dieu vengeur et rémunérateur? A-t-il été inconséquent? Ou a-t-il eu peur du docteur de Sorbonne? Moi, je me suis sauvé par le ton ironique le plus délié que j'aie pu trouver, les généralités, le laconisme, et l'obscurité. Je ne connais qu'un seul auteur moderne qui ait parlé nettement et sans détour; mais il est bien inconnu." Damit endet der Kommentar, den Diderot 1773/74 in einem Exemplar der *Lettre sur l'homme* notierte und Hemsterhuis zu dessen ausschließlich persönlichem Gebrauch übersandte. Zu Beginn schreibt Diderot: „Monsieur, Je vous renvoie votre ouvrage avec mes observations, dont vous ferez l'usage qui vous plaira. Je crois qu'il serait prudent que vous les copiassiez de votre main sur un autre exemplaire et que vous brûlassiez celui-ci. Quel que soit le parti que vous preniez, j'exige de votre probité et sur votre honneur que vous ne les communiquiez à personne sans exception" (p. 41). Obwohl Hemsterhuis Diderots Ratschlag, das Buch zu verbrennen, nicht befolgte, blieb Diderots Text mehr als hundertachtzig Jahre lang unbekannt, bis er von G. May in einer Privatbibliothek durch Zufall entdeckt und 1964 erstmals publiziert wurde. In den für die Öffentlichkeit bestimmten Schriften äußert sich Diderot weit vorsichtiger als im *Commentaire sur Hemsterhuis*. Sein programmatischer Artikel zum Stichwort *Encyclopédie* etwa weist die Leser der *Encyclopédie* in verschlüsselter Form auf die Notwendigkeit hin, bei der Lektüre der Werke antiker wie moderner Philosophen, die *Encyclopédie* selbst nicht ausgenommen, zwischen den Zeilen zu lesen: „L'intolérance, le manque de la double doctrine, le défaut d'une langue hiéroglyphique et sacrée perpétueront à jamais ces contradictions, et continueront de tacher nos

II

Die verhüllende Schreibweise, das indirekte Aussprechen, die
kunstvolle Rhetorik, die Rousseau im *Discours sur l'inégalité* auf-
bietet, sind bis zu einem gewissen Grade durch die äußeren Bedingungen erzwungen, unter denen die Schrift veröffentlicht
wurde. Als Kriegslist verstanden, stehen sie nicht weniger im
Dienste der politisch-polemischen als in dem der philosophischen
Intention des Buches. Im Hinblick auf beide Intentionen ist es
erforderlich, „zwischen den Zeilen zu lesen". Aber wird damit
nicht willkürlichen Auslegungen Tür und Tor geöffnet? Woher
nehmen wir die Gewißheit, daß wir in den Text nicht Dinge
hineinlesen, die in ihm nicht nur nicht ausgesprochen, sondern
die von Rousseau gar nicht intendiert sind? Auf welches methodische Rüstzeug können wir bei einem solchen Unterfangen
überhaupt zurückgreifen? Die beste Methode, die wir haben, um
zu einem angemessenen Verständnis und zu einer konsistenten
Interpretation des *Discours* zu gelangen, besteht darin, ihn genau
und mit der ganzen Aufmerksamkeit zu lesen, deren wir fähig
sind. Dazu gehört, daß wir den Fingerzeigen, den Anspielungen
und den Querverweisen nachgehen, die uns der Autor an die
Hand gibt, daß wir Zitate im Kontext des Originals überprüfen,
daß wir nichts vorschnell als bloße Redensart oder Äußerlichkeit
abtun, daß wir bei Wendungen, die vertraut klingen, nicht von
vornherein unterstellen, sie seien von Rousseau auch im ver-
trauten Sinne gebraucht, daß wir Ungereimtheiten nicht ohne
Umstände der Flüchtigkeit des Verfassers zuschreiben, daß wir
ein „wie zufällig hingeworfenes Wort" erst einmal als nicht zufällig ansehen. Wenn das Buch sorgfältig geschrieben ist, wird
eine sorgfältige Lektüre keine willkürliche Auslegung erlauben.
Es liegt dabei in der Natur der Sache, daß über das adäquate
Verständnis eines Werkes, das dazu bestimmt ist, die Leser selbst
„zum Denken zu veranlassen", am Ende keine allgemein appli-

---

plus belles productions. On ne sait souvent ce qu'un homme a pensé sur les
matières les plus importantes. Il s'enveloppe dans des ténèbres affectées; ses
contemporains mêmes ignorent ses sentiments, et l'on ne doit pas s'attendre
que l'*Encyclopédie* soit exempte de ce défaut" (*O.C.* VII, p. 258).

zierbare Regel, keine „Gewißheit" verbürgende Methode, sondern allein die Kraft des gedanklichen Arguments entscheiden kann.

Das heißt nicht, daß wir, wenn wir „zwischen den Zeilen lesen", allein auf unser hermeneutisches Geschick zurückgeworfen wären. In einer ganzen Reihe von Fällen können wir etwa Zeugnisse von Zeitgenossen für unsere Interpretation heranziehen und fruchtbar machen. Insbesondere die Gegner und Kritiker Rousseaus kommen hier in Betracht, da sie, anders als seine Freunde, keinen Grund hatten, über das, was sie als Kriegslist durchschauten, den Mantel des Schweigens zu breiten. Von einem kaum zu überschätzenden Wert sind für uns außerdem zwei Fragmente aus einer Reinschrift des *Discours*, die in der Schlußredaktion der Selbstzensur des Verfassers zum Opfer fielen. Die verhüllende Darstellungsweise Rousseaus läßt sich an ihnen detailliert belegen, und darüber hinaus ermöglichen sie uns, die Auslegung verschiedener Stellen des definitiven Textes anhand zusätzlicher Materialien zu überprüfen, die der Öffentlichkeit mehr als zwei Jahrhunderte unbekannt geblieben waren. Wir verfügen somit über Hilfsmittel, die es uns erleichtern, uns mit Rousseaus Kunst des Schreibens vertraut zu machen und uns in den *Discours* einzulesen. Drei Beispiele mögen dies verdeutlichen.

Rousseau eröffnet den zweitletzten Abschnitt des Exordiums mit dem häufig zitierten Satz „Beginnen wir also damit, daß wir alle Tatsachen beiseite lassen, denn sie berühren die Frage nicht" (S. 70). Bedeutet das, daß wir die gesamte Rekonstruktion des Naturzustandes, die Rousseau anschließend im Ersten Teil vorlegt, als eine bloß fiktive, wissenschaftlich „nicht ernst gemeinte" Projektion, als einen idealisierten Gegenentwurf zur Wirklichkeit und nichts weiter zu verstehen haben? Eine solche Auslegung steht nicht nur in krassem Gegensatz zu Rousseaus eigenem, mit Nachdruck erhobenem Anspruch, im *Discours*, anders als seine Vorgänger, mit dem Zurückgehen auf den Naturzustand erstmals Ernst gemacht, in der Tat „bis an die Wurzel gegraben" zu haben, sie ist auch schwerlich mit Rousseaus Bemühen zu vereinbaren, die Darstellung des „wahren Naturzustandes" durch eine beträchtliche Anzahl naturwissenschaftlicher, ethologischer

und ethnologischer Belege, mithin durch Tatsachen zu erhärten[18]; und schließlich widerspricht sie expliziten Aussagen, die sich an anderen Stellen des *Discours* finden, etwa wenn gegen Ende des Ersten Teils im Blick auf den Naturzustand selbst als von einer „real gegebenen Tatsache" die Rede ist oder wenn Rousseau wiederholt betont, die zentralen Ergebnisse seiner anthropologischen und historischen Untersuchungen *bewiesen* zu haben.[19] Welcher Art sind dann aber die „Tatsachen", von denen Rousseau im Exordium spricht, um welche „Frage" handelt es sich im angeführten Satz und worauf bezieht sich das „also", mit dem Rousseau den neuen Abschnitt beginnt? Im unmittelbar vorangegangenen Absatz hatte Rousseau erklärt, „daß, wenn man den Schriften Moses' den Glauben schenkt, den ihnen jeder christliche Philosoph schuldet, man leugnen muß, daß die Menschen, selbst vor der Sintflut, sich jemals im reinen Naturzustand befunden haben" (S. 70). Aus dem Kontext, in dem die so oft mißverstandene „methodische Ankündigung" Rousseaus steht, geht deutlich genug hervor, auf welche *causa* das „also" verweist, weshalb Rousseau erklärt, „alle Tatsachen beiseite lassen" zu wollen. Der anschließende Vergleich der eigenen Untersuchungen mit jenen, „welche unsere Naturwissenschaftler alle Tage über die Entstehung der Welt machen", stellt den wissenschaftlichen Anspruch von Rousseaus Unternehmen klar und gibt dem zeitgenössischen Leser außerdem einen gezielten Hinweis auf die Bedingungen der Zensur, denen Rousseau bei der Darlegung seiner „hypothetischen Schlußfolgerungen" Rechnung zu tragen hat.[20] „Die Religion befiehlt uns zu glauben, daß, da Gott selbst die Menschen unmittelbar nach der Erschaffung aus dem Naturzustand herausgenommen hat, sie ungleich sind, weil er gewollt

---

[18] Vergleiche insbesondere die Anmerkungen III, IV, V, VI, VII, VIII, X und XII. Beachtung verdient in diesem Zusammenhang auch, daß sich dreizehn der insgesamt neunzehn Anmerkungen des *Discours* auf den Ersten Teil beziehen, in dem Rousseau die „Hypothese" des Naturzustandes entwickelt. Der Widmung und dem Vorwort sind je eine, dem Zweiten Teil vier Anmerkungen zugeordnet.

[19] S. 166, FN 206, S. 168, FN 212, S. 270, FN 337 und 338.

[20] Cf. S. 71 f, FN 83.

hat, daß sie es seien, aber sie verbietet uns nicht, Vermutungen, die allein aus der Natur des Menschen und der Wesen, die ihn umgeben, hergeleitet sind, darüber anzustellen, was aus dem Menschengeschlecht hätte werden können, wenn es sich selbst überlassen geblieben wäre. Das ist es, was man mich fragt und was ich mir in diesem Diskurs zu untersuchen vornehme." Tatsächlich fragte „man" dies Rousseau keineswegs. Im Konjunktiv formuliert, spricht Rousseau die Frage aus, die dem *Discours* im allgemeinsten Verstande zugrunde liegt. Er präsentiert sie von vornherein als Alternative zu dem, was „die Religion uns zu glauben befiehlt". Und es kann keinem Zweifel unterliegen, daß es sich bei ihr um ebendie Frage handelt, von der er zu Beginn des Abschnitts gesagt hat, sie werde von den „Tatsachen" nicht berührt.[21] Sobald untersucht werden soll, „was aus dem Menschengeschlecht hätte werden können, wenn es sich selbst überlassen geblieben wäre", kann man nicht nur, sondern muß man die „Tatsachen" beiseite lassen, an die sich „jeder christliche Philosoph" zu halten hat, die „Tatsachen", die „die Religion uns zu glauben befiehlt": die Tatsachen der Offenbarung im allgemeinen und der *Genesis* im besonderen.

Rousseaus unbestimmte Rede von „den Tatsachen" dient ihm einerseits als formale Rückversicherung gegenüber der Sorbonne und seinen klerikalen Kritikern. Sie ist jedoch weit davon entfernt, einer „Versöhnung" seines anthropologischen Ansatzes mit der Orthodoxie Vorschub zu leisten.[22] Die Rückversicherung

---

[21] Victor Goldschmidt verkennt diesen Sachverhalt, wenn er „Commençons donc par écarter tous les faits, car ils ne touchent point à la question" als Schlußsatz des *vorangegangenen* Absatzes zitiert und darüber hinweggeht, daß Rousseau die *question*, von der die Rede ist, in dem Absatz, den „Commençons donc …" *einleitet*, präzise benennt: „Voilà ce qu'on me demande …". (*Anthropologie et politique. Les principes du système de Rousseau*, Paris, 1974, p. 126 f.)

[22] Das zeigt bereits die apodiktische Formulierung „Die Religion *befiehlt* uns zu glauben, daß, da Gott selbst die Menschen unmittelbar nach der Erschaffung aus dem Naturzustand herausgenommen hat, sie ungleich sind, weil er gewollt hat, daß sie es seien …" Rousseau konnte die Differenz zwischen der christlichen Auffassung — oder dem, was er dafür ausgibt — und der Position des *Discours* kaum schärfer herausstellen. Cf. S. 72 f, FN 85.

enthüllt präzise dadurch, daß sie als bloße Rückversicherung erkennbar wird, ihren polemischen Sinn. Da die Zeitgenossen die Tatsachen, von denen Rousseau spricht, unschwer als die biblischen Tatsachen verstehen konnten (was dem Schutz der formalen Rückversicherung keinen Abbruch tut), erlaubt die allgemeine Formulierung Rousseau andererseits, dem aufmerksamen Leser bereits im Exordium anzuzeigen, daß er bei der Darstellung alles dessen, was folgen wird, von der Lehre der jüdisch-christlichen Offenbarungsreligion nicht nur absieht, sondern daß er überzeugt ist, von ihr mit gutem Grund absehen zu können.

Rousseau beginnt damit, daß er alle biblischen Tatsachen beiseite läßt. In Anmerkung IX kommt er auf den brisanten Gegenstand der Offenbarungsreligion zurück, um dort in einer gemeinhin als „dunkel" apostrophierten Passage die antibiblischen Implikationen seiner Konzeption des Naturzustandes, den Gegensatz, der zwischen dem Bericht des *Discours* und jenem der *Genesis* besteht, noch zu unterstreichen. Rousseau läßt die biblischen Tatsachen nicht nur beiseite, sondern er begreift und stellt die Entwicklung der menschlichen Art in einer Weise dar, die mit den biblischen Tatsachen unvereinbar ist.[23] Der Verfasser des *Diskurses über die Ungleichheit*, der sich einen Platon und einen Xenokrates zu Richtern wählt, ist eines ganz gewiß nicht: ein Autor, der „den Schriften Moses' den Glauben schenkt, den ihnen jeder christliche Philosoph schuldet."

Daß es im Horizont des Sprachgebrauchs der Zeit durchaus naheliegend war, an der erläuterten Stelle Rousseaus „Tatsachen" als die biblischen Tatsachen zu identifizieren, läßt sich nicht nur mit einer analogen, Rousseau wohlvertrauten Verwendung des Wortes an prominentem Ort bei Condillac belegen[24], sondern auch an den Reaktionen der frühesten Kritiker des *Discours* ablesen, die ausdrücklich und mit großer Selbstverständlichkeit die „Tatsachen" der Bibel und der Theologie gegen die „Hypothesen" Rousseaus ins Feld führen.[25]

---

[23] Siehe S. 318/320 und FN 386, 388 und 389.

[24] Siehe S. 118, FN 150.

[25] Der Pater Castel hält Rousseau entgegen: „Vous direz des systêmes, des hypotheses; voilà des faits, voilà l'histoire même", und er bezieht diese

Das zweite Beispiel betrifft eine jener Textstellen, über die wir leicht hinweglesen, weil sie uns kaum mehr herausfordern und uns deshalb, an ihnen selbst genommen, nicht zum Nachdenken zwingen. Im Rahmen einer ausführlichen Diskussion der Ursprünge der politischen Gesellschaften kommt Rousseau im Zweiten Teil des *Discours* auf die Frage zu sprechen, ob die Legitimität der Regierung auf eine „freiwillige Errichtung der Tyrannei" oder auf einen Vertrag gegründet werden kann, „der nur eine der Parteien verpflichtete, in dem man der einen Seite alles und der anderen nichts übertrüge." In die Argumentation zur Sache fügt Rousseau eine bemerkenswerte, die Entwicklung des Gedankens selbst nicht befördernde „Abschweifung" ein: „Dieses hassenswerte System ist, selbst heute, weit davon entfernt, das der weisen und guten Monarchen und vor allem das der Könige von Frankreich zu sein, wie man aus verschiedenen Stellen ihrer Edikte ersehen kann, und insbesondere aus der folgenden Passage einer berühmten Schrift, die im Jahre 1667 im Namen und im Auftrag von Ludwig XIV. veröffentlicht wurde:

Tatsachen ausdrücklich auf die christliche Lehre, auf das, was die Bibel über den ursprünglichen Menschen sagt, was Moses und Jesus Christus, die Religion und die Kirche uns sagen, „ohne daß irgendein anderer, und wäre er ein Engel, das Recht hätte, uns anderes darüber zu sagen" (*L'homme moral*, Lettre III). In derselben Lettre III seiner Streitschrift erklärt Castel: „C'est l'origine de la société que vous voulez nous donner, Monsieur. Encore Moïse nous la donne-t-il, non par des systêmes et par une philosophie physique, mais par une maniere simple d'histoire et par voie de fait." Auch an vielen anderen Stellen spricht Castel von „Tatsachen", wenn er sich auf den Bericht der *Genesis* bezieht (cf. u. a. Lettre VII, XIV, XV). — Jean de Castillon, dessen *Gegen-Discours* Maupertuis gewidmet ist und der, anders als Castel, selbst dem philosophischen Lager zugerechnet werden kann, läßt in verschiedenen Passagen seines Buches erkennen, daß er Rousseaus Ankündigung, alle Tatsachen beiseite lassen zu wollen, auf die biblischen oder theologischen Tatsachen bezieht: „Il falloit écarter tous les établissemens humains, dont on cherchoit l'origine: mais il falloit conserver tous les faits de la nature. Et si la raison prouvoit que Dieu a créé plusieurs hommes: que c'est lui qui a faits les uns rois, les autres sujets, les uns magistrats, les autres peuple, les uns nobles ou riches, les autres roturiers ou pauvres, faudroit-il négliger ces faits, et fonder le droit naturel sur une hypothese que les lumieres naturelles convaincroient de faux?" (p. 141). Cf. auch den Wortgebrauch p. 150.

Man sage also nicht, der Souverän sei den Gesetzen seines Staates nicht untertan, denn der entgegengesetzte Satz ist eine Wahrheit des Völkerrechts, welche die Schmeichelei manchmal attackiert hat, die die guten Fürsten aber stets als eine schützende Gottheit ihrer Staaten verteidigt haben. Wieviel legitimer ist es, mit dem weisen Platon zu sagen, die vollkommene Glückseligkeit eines Königreichs bestehe darin, daß einem Fürsten von seinen Untertanen gehorcht wird, daß der Fürst dem Gesetz gehorcht und daß das Gesetz recht und stets auf das Gemeinwohl gerichtet ist" (S. 236). Bemerkenswert ist dieser Einschub deshalb, weil in ihm zum ersten und einzigen Mal innerhalb des *Discours* von den Königen von Frankreich die Rede ist und weil hier und nur hier der Name Ludwig XIV. fällt. Rousseau erwähnt den Sonnenkönig, die Verkörperung der absoluten Monarchie schlechthin, genau in dem Abschnitt, in welchem er den weitreichendsten, den philosophisch entscheidenden Angriff gegen die Legitimität der absoluten Monarchie unternimmt und, indem er den freiwilligen Verzicht der Untertanen auf ihre Freiheit als denkbare Legitimitätsgrundlage verwirft, noch die äußerste Möglichkeit, die absolute Herrschaft „mit rein menschlichen Mitteln" zu legitimieren, bestreitet. Mit der Passage, die er aus „einer berühmten Schrift" zitiert, welche „im Namen und im Auftrag von Ludwig XIV. veröffentlicht wurde", stellt Rousseau die Autorität des absolutesten unter allen Monarchen, die Frankreich regierten, in den Dienst einer radikalen Kritik des Absolutismus. Ludwig XIV. wird gleichsam als Kronzeuge gegen die Doktrin ins Feld geführt, nach welcher der König über den Gesetzen steht, *rex legibus solutus est.*

Der Wiedergabe des Zitates aus dem Jahre 1667 — es ist das längste im Text des *Discours* überhaupt — liegt indes mehr zugrunde als die Absicht, den Sonnenkönig gegen die Apologeten des Absolutismus auszuspielen, mehr als der Einfall, sie „in seinem Namen" der „Schmeichelei" zu zeihen. Denn mit der „berühmten Schrift", deren Titel Rousseau verschweigt, hat es eine besondere Bewandtnis. Rousseau bezieht sich auf einen anonymen Traktat, der in königlichem Auftrag die fragwürdigen Besitzansprüche zu rechtfertigen versuchte, die Ludwig XIV. auf die katholischen Niederlande erhob; er zitiert aus einer Publikation, deren zweifel-

hafter Ruhm aufs engste mit der Vorbereitung des Devolutionskrieges von 1667/68 verbunden war. Das Zitat, in dem vom „Völkerrecht" und von der „vollkommenen Glückseligkeit eines Königreichs" die Rede ist, verweist stillschweigend auf den ersten Eroberungskrieg, den Ludwig XIV. führte; das scheinbare Lob erinnert an Taten und Handlungen, die sehr im Gegensatz zu den feierlichen Formeln und Deklamationen stehen, wie man sie in den „Edikten der Könige von Frankreich" nachlesen kann.

Rousseau ist nicht der erste Autor, der sich des *Traité des Droits de la Reine très chrétienne sur divers Etats de la Monarchie d'Espagne*[26] als eines willkommenen Instruments im Kampf gegen den Absolutismus bedient. Die polemische Verwendung des Werkes hatte 1754 bereits eine illustre Vorgeschichte, so daß der *Traité*, als Rousseau aus ihm zitierte, nicht nur im Hinblick auf die Rolle, die er mehr als achtzig Jahre zuvor bei der Vorbereitung des Krieges gegen Spanien gespielt hatte, eine „berühmte Schrift" war. Algernon Sidney, dessen *Discourses Concerning Government* Rousseau im Zweiten Teil mehrere Textstellen fremder Autoren entnommen hat, bringt den *Traité* innerhalb einer dezidierten Kritik der absoluten Monarchie ins Spiel. Barbeyrac verweist in seinem Kommentar zu Pufendorfs *Le droit de la nature et des gens* auf Sidney und gibt verschiedene Passagen aus dem *Traité* wörtlich wieder, darunter exakt die Stelle, die Rousseau später in den *Discours* übernimmt. In beiden Fällen wird der Leser auf den Zusammenhang mit dem Devolutionskrieg und auf den apologetischen Charakter des *Traité* aufmerksam gemacht.[27] Einer breiteren Öffentlichkeit wurde die „berühmte Schrift" während der innenpolitischen Krise der Jahre 1753—1754, in denen Frankreich die bis dahin heftigsten Auseinandersetzungen zwischen König und *Parlement* erlebte, bekannt. Das *Parlement de*

[26] Die Urheberschaft wird verschiedenen Personen zugeschrieben, darunter Antoine Bilain und Guy Joly. Chaperlain und Charles Perrault sollen den Text auf Anordnung Colberts durchgesehen haben. Der offiziöse Charakter des *Traité*, der von der Imprimerie Royale veröffentlicht wurde, steht außer Frage.

[27] Cf. Sidney: *Discourses*, II, 30, p. 235; frz. Ausg. t. II, p. 237 f; Pufendorf: *Droit de la nature*, VII, 6, § 10, note 2.

Paris berief sich im 5. Paragraphen der langen und großes Aufsehen erregenden *Remontrance* vom 9. April 1753 gegenüber Ludwig XV. auf das „Werk, das im Auftrag Ihres hehren Urgroßvaters verfaßt und gedruckt" worden war, um die eigene Stellung als *pouvoir intermédiaire* zwischen dem Monarchen und seinen Untertanen mit einem Zitat aus dem „königlichen Dokument" zu untermauern.[28] Ludwig XV. weigerte sich, die *Remontrance* überhaupt entgegenzunehmen. Dem allgemeinen Publikum wurde sie indes gleich in zwei Ausgaben zur Kenntnis gebracht, die das *Parlement* verbreiten ließ. Der Konflikt zwischen König und *Parlement* war noch nicht beigelegt, als im Oktober 1753 die Herausgeber der *Encyclopédie* in den *Errata* des dritten Bandes dieselbe Passage des *Traité*, die der Pariser Gerichtshof in seiner *Remontrance* Ludwig XV. entgegengehalten hatte, anführten, um den Artikel *Autorité politique* zu „rechtfertigen", der 1752 das vorübergehende Verbot der *Encyclopédie* ausgelöst hatte.[29] Der *Traité* war im Laufe des Jahres 1753 zu einer Waffe der französischen Innenpolitik geworden, und die Enzyklopädisten verstanden sich darauf, mit ihr umzugehen.[30]

---

[28] „Un ouvrage, composé et imprimé par les ordres de votre auguste bisaïeul, établit que: *La loi fondamentale de l'Etat forme une liaison réciproque et éternelle entre le Prince et ses descendants, d'une part, et les sujets et leurs descendants, de l'autre, par une espèce de contrat qui destine le Souverain à régner et les peuples à obéir . . . engagement solennel dans lequel ils se sont donnés les uns aux autres pour s'entr'aider mutuellement*." (*Remontrances du Parlement de Paris aux XVIII*e *siècle*, Ed. J. Flammermont, Paris, 1888, I, p. 522.)

[29] Das Zitat aus dem *Traité* wird folgendermaßen eingeführt: „En un mot, nous n'avons prétendu, dans notre article *Autorité*, que commenter et développer ce passage tiré d'un ouvrage imprimé par ordre de Louis XIV. et qui a pour titre *Traité des droits* . . ." (Diderot: *Œuvres politiques*, Ed. Vernière, p. 7.) Sechs Jahre später bemerkt d'Alembert nicht weniger ironisch im Vorwort seiner *Mélanges de littérature*, die Mitarbeiter der *Encyclopédie* seien von ihren Gegnern angeklagt worden, unter anderen schlimmen Dingen „mit dem mächtigsten unserer Könige und mit dem obersten Gerichtshof des Königreiches" die Ansicht zu vertreten, „daß die legitime Autorität auf den zwischen dem Souverän und seinen Untertanen geschlossenen *Vertrag* gegründet ist."

[30] Es ist gewiß kein Zufall, daß Jaucourt in seinem *Encyclopédie*-Artikel zum Stichwort „Despotismus" genau dasselbe Zitat aus dem *Traité* verwendet, das Rousseau im *Discours* gebraucht. Der IV. Band der *Encyclopédie*,

Die ganze Ironie der „Abschweifung" von S. 236 wird erkennbar, sobald man weiß, was sich hinter der „berühmten Schrift" verbirgt, auf die Rousseau die Aufmerksamkeit des Lesers hinlenkt. Um ihren polemischen Sinn zu durchschauen, bedarf es freilich keiner zusätzlichen Informationen oder langwierigen Nachforschungen. Er erschließt sich einem schon, wenn man nur einen Augenblick darüber nachdenkt, was Rousseau zur Unterstützung seiner Aussage anführt, das „hassenswerte System" des Despotismus sei „selbst heute" „weit davon entfernt, das der weisen und guten Monarchen und vor allem das der Könige von Frankreich zu sein." Daß das „hassenswerte System", gegen das Rousseau die Könige von Frankreich förmlich absetzt, um sie gerade dadurch allererst mit ihm in Verbindung zu bringen, nicht das ihre ist, das könne man, so lautet Rousseaus einziger Beleg, „aus verschiedenen Stellen ihrer Edikte ersehen." Von ihrem Handeln gegenüber den Bürgern, von der Praxis der Gesetzgebung, von den Grundsätzen ihrer Politik ist mit keinem Wort die Rede. Rousseau formuliert vorsichtig, präzise und überlegt. Er drückt seine Kritik auch durch das aus, was er nicht ausspricht.

Die *Version intermédiaire* des *Discours* enthält eine von Rousseau später gestrichene kurze Passage, die sich wie eine Erläuterung zu unserer Stelle ausnimmt. Den Kontext bildet die Beschreibung der Heraufkunft der absoluten Monarchie oder des Despotismus, die mit geringfügigen Änderungen in die veröffentlichte Fassung übernommen wurde. Rousseau schildert, wie die „Oberhäupter, erblich geworden, sich daran gewöhnten, ihre Magistratur als einen Familienbesitz zu betrachten, sich selbst als die Eigentümer des Staates anzusehen, dessen Beamte sie anfangs nur waren, ihre Mitbürger ihre Sklaven zu nennen, sie wie Vieh unter die Zahl der Dinge zu rechnen, die ihnen gehörten, und sich selbst Götter-

---

der Jaucourts Beitrag enthält, erschien im Oktober 1754, zur gleichen Zeit als Rousseau das Manuskript des *Discours* dem Verleger Rey übergab. Man darf wohl annehmen, daß Diderot, d'Alembert, Jaucourt und Rousseau nicht nur jeder für sich und unabhängig voneinander sehr genau sahen und wußten, wie sich der *Traité* politisch einsetzen ließ, sondern daß sie sich über die einschlägigen Stellen auch austauschten.

gleiche und Könige der Könige zu nennen." Während der publizierte Text hier abbricht, geht Rousseau in der *Zwischenfassung* noch einen Schritt weiter: „Danach wurden die alten Phrasen vom Gemeinwohl, vom Interesse des Volkes und die althergebrachten Staatsmaximen beibehalten, um in den öffentlichen Edikten als Eingangsformeln ihren Dienst zu tun, aber jene Maximen, die den Staat in die Person des Herrn hineinverlegten und dessen untergeordneten Interessen das ganze Volk opferten, waren die einzigen, die man in den Ratskollegien gelten ließ" (S. 404). Man braucht keine gewagten Spekulationen darüber anzustellen, weshalb Rousseau diesen Satz wieder gestrichen haben mag. Angesichts des allgemein geläufigen Ausspruchs von Ludwig XIV. *L'Etat c'est moi* liegt seine Brisanz auf der Hand. Gänzlich „untragbar" muß er jedoch erscheinen, wenn man ihn zu dem hinzunimmt, was Rousseau in seiner „Abschweifung" von Seite 236 über die „Edikte" der Könige von Frankreich und „insbesondere" über die „berühmte Schrift", die „im Namen und im Auftrag Ludwig XIV. veröffentlicht wurde", geschrieben und aus der letzteren zitiert hat. Beide Stellen konnten schwerlich in ein und demselben Buch publiziert werden.[31]

Das Pariser Manuskript der *Version intermédiaire* bestätigt das Ergebnis, zu dem man gelangt, wenn man hermeneutisch zur Entfaltung zu bringen sucht, was Rousseau in dem von uns herangezogenen Textabschnitt des *Discours* „zwischen den Zeilen" zu verstehen gibt. Und der Jesuitenpater Louis-Bertrand Castel[32] dokumentiert in seiner Streitschrift *L'homme moral opposé*

---

[31] Möglicherweise hat Rousseau die „Abschweifung" von S. 236 erst eingefügt, nachdem er die Passage in der *Zwischenfassung* gestrichen hatte, um die allzu deutliche Anspielung auf Ludwig XIV. innerhalb seiner scharfen Kritik des Despotismus durch einen versteckteren und weniger gefährlichen Angriff gegen den Monarchen zu ersetzen. Denkbar ist auch, daß Diderot oder ein anderer Freund Rousseau in diesem Sinne beraten und ihn auf das Zitat aus dem *Traité* hingewiesen hat. Vergleiche dazu S. 492, FN 5.

[32] L.-B. Castel (1688—1757) war Mitglied der Akademien von Bordeaux und Rouen sowie der Royal Society in London. Er schrieb u. a. einen *Traité de physique* (1724), eine *Mathématique universelle* (1728) und eine *Optique des couleurs universelle* (1728). Daneben publizierte er während einer dreißigjährigen Mitarbeit am *Journal de Trévoux* mehr als dreihundert Beiträge in dem jesui-

à l'homme physique de M. R., die er 1756 als Widerlegung des *Discours* erscheinen ließ, daß es selbst einem Leser, der nicht eben sehr dazu disponiert war, Rousseaus Ironie nachzuvollziehen und aufzunehmen, keineswegs schwerfiel, in der dem äußeren Anschein nach lobenden Erwähnung der Könige von Frankreich jedenfalls ein Manöver der Tarnung und der Verstellung zu erkennen, ohne daß er die mindeste Ahnung von dem hätte haben können, was im veröffentlichten Wortlaut des *Discours* bereits redaktionellen Eingriffen des Autors zum Opfer gefallen war.[33]

Auf den gravierendsten Fall Rousseauscher Selbstzensur, der sich für den *Discours sur l'inégalité* nachweisen läßt, stoßen wir bei der Lektüre des zweiten Fragments, das uns aus der *Version intermédiaire* erhalten geblieben ist. Das in Neuchâtel archivierte Manuskript der *Zwischenfassung*, das erst vor wenigen Jahren ent-

---

tischen Organ. Er ermutigte Rousseau bei dessen ersten Gehversuchen in der Pariser Gesellschaft, führte ihn 1742 in die Salons der Mme de Broglie und der Mme Dupin ein („On ne fait rien dans Paris que par les femmes") und sah in ihm einen Schützling, dem er den Weg zu einer vielversprechenden Karriere ebnen könnte (cf. *L'homme moral*, Lettre 1 und *Confessions*, VII, p. 283 und 287 f). Die Polemik, mit der der Jesuitenpater 1756 auf den *Discours* antwortete, ist von schneidender, kaum zu überbietender Schärfe. Gleichwohl versichert Castel in der ersten Lettre des *L'homme moral*, daß er, wenn er den *Discours* „Punkt für Punkt" und „so solide wie es mir möglich sein wird, widerlege", von einem „wahren Eifer" für Rousseaus beseelt, „von der größten Freundschaft" für ihn erfüllt sei: „Ich möchte ihn *bekehren*, wenn man mir den Ausdruck durchgehen läßt, ja, zu Gott, zur Kirche, zum König, zu Frankreich, den Wissenschaften, den Künsten, zur Gesellschaft, zur Humanität bekehren, alles Dinge, von denen ich weiß, daß er Talente für sie hat."

[33] „Pour prouver cela [d. i. daß das „hassenswerte System" weit davon entfernt ist, das der guten Monarchen und vor allem das der Könige von Frankreich zu sein] il ne cite qu'un passage tiré d'un édit de Louis le grand, qu'on sait bien n'être pas le meilleur de nos Rois pour ceux de la religion de M. R., depuis la révocation surtout de l'édit de Nantes. Il insiste au reste fort peu ou point du tout sur l'édit cité, et tout de suite il y reprend des forces pour revenir contre la monarchie qu'il confond avec le despotisme et la tyrannie, contre l'autorité, la société, l'humanité, toutes choses contre lesquelles il s'escrime, comme on dit, à bras raccourci, et avec d'autant plus de confiance qu'il croit par cette prémunition d'un passage unique sans preuve ni discussions, s'être mis à couvert contre la société et l'autorité légitime qu'il brave en face et sans aucun vrai ménagement." (Lettre XXVIII.)

deckt wurde, hat in der Kritik der geistlichen Gewalt nicht nur einen zumindest ebenso brisanten Gegenstand zum Thema wie das Pariser Manuskript aus derselben Reinschrift in der Kritik des Absolutismus. Es enthüllt außerdem — was wir zuvor weder wissen noch vermuten konnten —, daß Rousseau ursprünglich beabsichtigte, den *Discours* in einem massiven Angriff auf die Priester und den „Aberglauben" kulminieren zu lassen.

Unmittelbar vor den beiden resümierenden Schlußabschnitten des Zweiten Teils zeichnet Rousseau in wenigen Sätzen die Heraufkunft einer „neuen Art von Ungleichheit" nach, „die — ohne durch die Natur begründet zu sein, ja nicht einmal durch die Konvention, sondern einzig und allein durch chimärische Meinungen — zugleich die am wenigsten vernünftige und die am meisten gefährliche von allen war. Es trat eine Spezies sonderbarer Menschen auf, die sich als Interpreten der unbegreiflichen Dinge und — ohne deren Geheiß und ohne deren Einwilligung — als Diener der Gottheit ausgaben und das Menschengeschlecht ihren Entscheidungen zu unterwerfen beanspruchten" (S. 396). Die Schärfe, in der Rousseau die geistliche Gewalt der Priester attackiert, steht der Entschiedenheit, mit der er sich acht Jahre später im zweitletzten Kapitel des *Contrat social* gegen die *religion du prêtre* wendet, um nichts nach. Die Priester werden als „Todfeinde der Gesetze und ihrer Diener" charakterisiert; sie beförderten nicht nur die Despotie der weltlichen Herrscher, sondern arbeiteten auf die Installierung eines noch weit umfassenderen Despotismus hin: „Stets bereit, die unrechten Usurpationen des höchsten Magistrats zu autorisieren, um dessen legitime Autorität selbst leichter usurpieren zu können, brachten sie es, indem sie stets von spirituellen Rechten sprachen, so weit, daß die Güter, das Leben und die Freiheit des Bürgers nur so lange in Sicherheit waren, als er sich ihrer Willkür überantwortete" (S. 398).

Gerade die Ungleichheit, die Rousseau „die am wenigsten vernünftige und die am meisten gefährliche von allen" nennt, bleibt in der endgültigen Fassung des *Diskurses über die Ungleichheit* ohne jede Erwähnung oder ausdrückliche Erörterung. Mit ihr wird im veröffentlichten Text die einzige Stelle ausgespart, an der Rousseau in Andeutungen eine Genealogie der Religion

umreißt: „Durch viele neue Verbindungen, durch die lange Gewohnheit, zu betrachten und zu reflektieren, erwarb die menschliche Vernunft schließlich den Grad an Vollkommenheit, dessen sie fähig war, und an ihren Grenzen angelangt, suchte sie diese zu überschreiten; und beinahe von den Tieren ausgehend, wollte der Mensch sich bald über die Engel erheben. Kaum hatte er jene erhabenen Wahrheiten entdeckt, die die wahre Grundlage der Gerechtigkeit und der Tugend sind und deren Erkenntnis seine wahrhafte Größe ausmacht, als er den Anspruch erhob, die Mysterien zu durchdringen, die seine Intelligenz übersteigen."[34] Menschliche Selbstüberschätzung, Hybris, so gibt Rousseau zu verstehen, liegt den partikularen religiösen Kulten, Dogmen und Praktiken zugrunde. Eine „hochmütige Neugierde" verleitete den Menschen, sich in einen — vermeintlich übernatürlichen — Bereich vorzuwagen, in dem er „nach Irrtümern über Irrtümern in die schändlichsten Verirrungen verfiel. Daraus gingen die Astrologie, die Gaukeleien der Wahrsagekunst, die Magie *und die anderen vorgeblich übernatürlichen Phantastereien* hervor, die die Schande der Vernunft, die Zuflucht der unzufriedenen Geistesschwachen und den Triumph der Betrüger ausmachen."[35]

Während die Entwicklung der Religion und der Vorstellung von den Göttern, die Errichtung der „Götzenbilder" und die Entstehung des „Aberglaubens" im veröffentlichten Text des *Discours* mit Schweigen übergangen werden[36], kommt die politische Kritik, die Rousseau in der *Version intermédiaire* an den Priestern, am religiösen Fanatismus und an der Religion als einem Instrument zur Sanktionierung despotischer Herrschaft übt, auch in der definitiven Fassung zum Ausdruck. Freilich nicht in

[34] Manuskript Genf, S. 386.

[35] Manuskript Neuchâtel, S. 396. Hervorhebung nicht im Original. Während Rousseau im Genfer Ms. noch von les autres rêvéries surnaturelles spricht, steht in der Reinschrift les autres rêveries prétendues surnaturelles zu lesen.

[36] Zu Rousseaus Rede von der „Offenbarung" in der *Zwischenfassung* (S. 128) vergleiche Anmerkung X, S. 318 ff und die spätere Kritik der Offenbarung, die Rousseau im *Emile* den Savoyischen Vikar aussprechen läßt (IV, p. 610).

ähnlich gebündelter Form und nicht an einem derart hervor-
gehobenen Ort, sondern in vorsichtiger Dosierung und auf subtile Weise in den Text eingearbeitet. Von „götzendienerischen und
ehrgeizigen Priestern, die über die Völker durch den Aberglauben
und über die Oberhäupter durch den Schrecken herrschen"
(S. 398), ist nirgendwo mehr die Rede, dagegen nimmt Rousseau
in der *Dédicace* die „seltene Ausnahme", als die er die Genfer
Pastoren unter den Priestern darstellt, zur Gelegenheit, kontra-
stierend auf „die fürchterlichen Maximen jener geweihten und
barbarischen Männer" zu verweisen, „für die die Geschichte mehr
als ein Beispiel liefert und die, um die vorgeblichen Rechte Gottes,
das heißt ihre eigenen Interessen, hochzuhalten, um so weniger
mit dem menschlichen Blut geizten, als sie sich schmeichelten,
daß das ihre immer respektiert würde."[37] Sind bereits die Angriffe
auf die Priester in ein „positives Umfeld" gestellt, so ist die kühnste Kritik der Religion, die der *Discours* in politischer Rücksicht
enthält, ein weiteres Mal in das Gewand eines scheinbaren Lobes
gekleidet. Rousseau beschließt mit ihr eine „Abschweifung"[38],
in der er dem aufmerksamen Leser die theoretische Unhaltbarkeit
der „Hypothese" vom Regierungsvertrag vor Augen führt.
Nachdem er dargelegt hat, daß der Regierungsvertrag, der der
„allgemeinen Meinung" zufolge der politischen Herrschaft zugrunde liegt, seiner Natur nach „nicht unwiderruflich sein
könnte" und beide Parteien, das Volk nicht weniger als die
Regierenden, stets das Recht hätten, den Vertrag aufzukündigen,
erklärt Rousseau, daß „die fürchterlichen Zwiste, die unendlichen
Unordnungen", welche die „gefährliche Gewalt" des Volkes,
seiner „Abhängigkeit entsagen" zu können, „notwendigerweise
nach sich zöge, mehr als alles andere zeigen, wie sehr die menschlichen Regierungen eine solidere Basis benötigten als die bloße
Vernunft und wie notwendig es für die öffentliche Ruhe war, daß
der göttliche Wille eingriff, um der souveränen Autorität einen
heiligen und unverletzlichen Charakter zu geben, der den Unter-

---

[37] S. 34. Cf. *Discours*, FN 37, 38, 39, außerdem S. 12 mit FN 15.
[38] Vergleiche den letzten Satz des Abschnitts: „Aber folgen wir dem Faden
unserer Hypothese" (S. 246).

tanen das unheilvolle Recht nahm, über sie zu verfügen." Rousseau fährt fort: „Wenn die Religion nur dieses Gute für die Menschen vollbracht hätte, wäre dies genug, daß alle sie lieben und annehmen müßten — selbst mit ihren Mißbräuchen, da sie noch mehr Blut erspart, als der Fanatismus vergießt" (S. 246). Mit dem Hinweis darauf, „wie notwendig es war, daß der göttliche Wille eingriff", wenn man der „allgemeinen Meinung" folgen und als Fundament des Politischen Körpers einen Vertrag zwischen dem Volk und seinen Oberhäuptern annehmen will, führt Rousseau die Konzeption des Regierungsvertrages so gründlich wie nur möglich ad absurdum.[39] Mehr als diese demonstrative Funktion, die das Lob der Religion im unmittelbaren Kontext, in dem es ausgesprochen wird, erfüllt, ist in unserem Zu-

---

[39] Rousseau bedient sich der „Hypothese" des Regierungsvertrages als eines Darstellungsmittels, ohne sie sich selbst zu eigen zu machen. Den Nachweis ihrer theoretischen Unhaltbarkeit führt Rousseau mit denselben Argumenten, deren er sich später im *Contrat social* bedient, um den Regierungsvertrag explizit zu verwerfen (cf. *Discours*, FN 265, 295, 296, 299, 300, 302, 303, 328). Ein „Widerspruch" zwischen der Position des *Discours* („zwei Verträge") und jener des *Contrat social* („ein einziger Vertrag") besteht nur so lange, als der Leser die Darstellungsebene und die Ebene der philosophischen Realanalyse im *Discours* nicht unterscheidet. Wie wenig die Konzeption, für die Rousseau die „allgemeine Meinung" in Anspruch nimmt, von der zeitgenössischen Öffentlichkeit im übrigen akzeptiert wurde, wie sehr man sich mit ihr bereits an der Grenze des politisch gerade noch Vertretbaren bewegte, zeigt ein Blick auf die Reaktionen, die Diderots Artikel *Autorité politique* 1752 auslöste (cf. ANHANG, FN 5). Für die „aufmerksamen Leser" macht Rousseau im *Discours* hinreichend deutlich, daß und wie weit er über Diderots bereits „kühne" Konzeption hinausgeht. Als er es sieben Jahre später für jedermann sichtbar zum Ausdruck bringt, liefert er seinen Verfolgern eine Handhabe (eine neben anderen). Der Genfer Staatsanwalt Tronchin bezieht sich 1762 in der Begründung, die er für das Verbot und die öffentliche Verbrennung des *Contrat social* vorträgt, ausdrücklich darauf, daß Rousseau das Verhältnis zwischen dem Volk als dem uneingeschränkten Souverän und den Regierenden als dessen „Treuhändern" im Sinne einer Kommission, einer nicht umkehrbaren Unterordnung begreift: „Les lois constitutives de tous les gouvernements lui [Rousseau] paraissent toujours révocables; il n'aperçoit aucun engagement réciproque entre ceux qui gouvernent et ceux qui sont gouvernés; les premiers ne lui paraissent que des instruments, que les peuples peuvent toujours changer ou briser à leur gré." (Ed. Viridet, p. 15, s. S. 440, FN 62a.)

sammenhang von Interesse, was Rousseau mit ihm über die politische Rolle der Religion der Sache nach aussagt und in welcher Art und Weise er an der herangezogenen Stelle die Religion selbst ins Spiel bringt.

Daß alle die Religion „lieben und annehmen müßten", begründet Rousseau nicht mit deren Wahrheit oder universellen Verbindlichkeit, sondern damit, daß die Religion für die Menschen Gutes vollbringt oder jedenfalls Gutes für sie vollbracht hat. Die Nützlichkeit, die „genug wäre", um die Religion annehmen zu müssen, wird belegt durch das positive Resultat, zu dem man gelangt, wenn man die Vor- und die Nachteile der Religion gegeneinander aufrechnet, „da sie noch mehr Blut erspart, als der Fanatismus vergießt." Am selben Ort, an dem Rousseau die Religion im Hinblick auf ihre Bedeutung als Ordnungsmacht lobend erwähnt, erinnert er an ihre „Mißbräuche" — etwa an die Verfolgungen, die in ihrem Namen geschehen, an die Zwietracht, die sie sät, an die Gefährdung, die sie für den Frieden und die Einheit des Gemeinwesens darstellt. Rousseau kommt auf die Religion zu sprechen, indem er sie förmlich als Garant gegen die „fürchterlichen Zwiste, die unendlichen Unordnungen" der Bürgerkriege feiert; mit dem Hinweis auf den Fanatismus aber ruft er dem Leser am Ende ins Gedächtnis, daß die Religion selbst eine von deren fatalsten Ursachen ist.[40] Damit nicht genug. Das Gute, das die Religion nach Rousseaus Urteil für die Menschen vollbracht hat, besteht darin, daß sie „den Untertanen das unheilvolle Recht nahm, über die souveräne Autorität zu verfügen", was nicht mehr und nicht weniger bedeutet, als daß sich der eigentliche Gegenstand, auf den sich Rousseaus „Lob der Religion" bezieht, bei näherem Hinsehen als ein flagranter Verstoß gegen die Prinzipien des Politischen Rechts herausstellt, die Rousseau andernorts explizit vertritt.[41] Die Religion autorisierte die Usurpation der souveränen Autorität durch die Oberhäupter — das ist der sachliche Kern von Rousseaus Aussage und der zen-

---

[40] Im Manuskript Genf erklärt Rousseau, daß die Priester „das Volk . . . mitunter zur Rebellion antrieben, um ihre Macht zu erproben" (S. 392). Cf. ferner *Discours*, S. 12 mit FN 15, S. 34 mit FN 37, 38, 39.

[41] S. *Discours*, FN 302 und 305; cf. *C.S.* I, 6, 7; II, 1, 2; III, 1, 18.

trale Punkt der unausgesprochenen Kritik, die sich in ihr verbirgt. Jean de Castillon sah sich durch das „Lob", das Rousseau der Religion spendet, zu der folgenden „Berichtigung" veranlaßt: „Die Religion autorisiert nicht die Tyrannei. Der göttliche Wille gibt der souveränen Autorität einen heiligen und unverletzlichen Charakter; aber er sichert die souveräne Autorität nicht jenen zu, die sie mißbrauchen. Die Zwiste, selbst die Kriege, die manchmal aus diesen Prinzipien entstehen, sind erträglicher als die Verheerungen des Despotismus: Und das Königreich, das den Bürgerkriegen am meisten ausgesetzt gewesen ist, ist dasjenige, das sich der besten Regierung erfreut."[42]

III

Rousseau hat den *Discours sur l'inégalité* in den *Confessions* diejenige unter allen seinen Schriften genannt, in der seine Prinzipien „mit der größten Kühnheit, um nicht zu sagen Verwegenheit zu erkennen gegeben sind".[43] Das heißt freilich nicht, daß die Verwegenheit des Buches offen zutage läge. Die drei Textbeispiele, auf die wir näher eingegangen sind, um das „Lesen zwischen den Zeilen" am konkreten Gegenstand einzuüben, haben gezeigt, daß die kunstvolle Rede, in der Rousseau seine Prinzipien zu erkennen gibt, „verwegener" ist, als sie auf den ersten Blick erscheinen mag. In ihrem ganzen Ausmaß erschließt sich die Kühnheit des *Discours* allein über ein sorgfältiges Studium seiner Rhetorik. Rhetorische Elemente bestimmen sein Gesicht mehr als das irgendeiner anderen theoretischen Schrift Rousseaus. Die Unterscheidung zwischen den „Richtern" und den „Zuhörern" des *Discours* wäre hier ebenso zu nennen wie die *discours dans le Discours*, die Reden, die Rousseau in den Gang der Darstellung eingefügt hat, und manches andere, worauf im Kommentar der vorliegenden Ausgabe hingewiesen wird. In keinem anderen Buch von Rousseau spielen das Ineinandergreifen und das Hinundherwechseln zwischen der Ebene der philosophischen Analyse und der Ebene der polemischen Präsentation eine ähnliche Rolle.

---

[42] Castillon: *Discours*, p. 186; cf. p. 243: „La guerre civile est préférable à l'esclavage." Vergleiche *C.S.* III, 9, note.

[43] *Confessions*, IX, p. 407.

Keines hat eine vergleichbar bedeutungsvolle politisch-philo-
sophische „Topographie" vorzuweisen wie der *Discours sur
l'inégalité*, der in Frankreich verfaßt, vom savoyischen Chambéry
her datiert und in Amsterdam veröffentlicht, förmlich der Republik Genf zugeeignet ist, aber im „Lyzeum von Athen" den
Philosophen „vorgetragen" und von dort aus dem „Menschengeschlecht" zu Gehör gebracht wird.[44] Keines verfügt über eine
derart verwickelte äußere Form, einen so vielgliedrigen Aufbau,
wobei alle Einzelteile, aus denen sich der *Discours* zusammensetzt,
fest in die Rhetorik der Schrift als ganzer eingebunden sind und
darin ihre je besondere Funktion erhalten: angefangen beim
Frontispiz, das Rousseau für das Buch gewählt hat, über den
Titel, das Motto, die Widmung, das Vorwort, den Hinweis zu den
Anmerkungen, die Frage der Akademie von Dijon, die dem
„eigentlichen" *Discours* unmittelbar vorangestellt ist, über das
Exordium, den Ersten und den Zweiten Teil, bis zu den neunzehn
Anmerkungen, die nicht weniger als ein Drittel des gesamten
Textes ausmachen.[45]

Es liegt eine doppelte Folgerichtigkeit darin, daß die Schrift,
in der Rousseau die Prinzipien seiner Philosophie mit der größten
Kühnheit zu erkennen gibt, zugleich seine rhetorischste Schrift
ist. Denn die Rhetorik Rousseaus hat den Konflikt zwischen
Philosophie und Gesellschaft, der die öffentliche Darlegung philosophischer Prinzipien zu einem kühnen und gefährlichen Unternehmen macht, in zweifacher Weise zur Voraussetzung. Zum
einen ist sie die Antwort auf die geschichtliche Wirklichkeit
dieses Konfliktes in Gestalt der Zensur und der politischen Verfolgung, die Rousseau um die Mitte des 18. Jahrhunderts vorfand
und mit der er sich praktisch auseinanderzusetzen hatte. Zum
anderen aber ist sie das Ergebnis einer philosophischen Reflexion,
die das Spannungsverhältnis, das zwischen Philosophie und Gesellschaft besteht, in seiner allgemeinen Notwendigkeit denkt
und theoretisch begründet. Die Rhetorik, die Rousseau entfaltet,
dient ihm einesteils zu Zwecken der Kriegslist, als Waffe, die er

---

[44] Cf. *Discours*, FN 5, 12, 41, 88.
[45] Cf. *Discours*, FN 1, 3, 4, 6, 12, 41, 42, 70, 73, 74, 91, 209, 212, 214, 216,
240, 340, 409, 456, 463.

zur Beförderung seiner politisch-polemischen Absichten einsetzt, und als Schutz, mittels dessen er sich gegenüber den staatlichen und kirchlichen Gewalten seiner Zeit bedeckt hält. Insoweit ist sie durch äußere, geschichtlich besondere Umstände bedingt. Andernteils trägt sie eben den Prinzipien Rechnung, die Rousseau zu erkennen geben will, das heißt sie ist auch — und darin liegt ihre für das Verständnis Rousseaus sehr viel weiterreichende Bedeutung — eine Konsequenz seines philosophischen Systems.

Für den Verfasser des *Discours sur les sciences et les arts*, der die korrumpierenden Auswirkungen der „Wissenschaften und der Künste" auf die Sitten der Völker, vor allem aber die fatalen Folgen ihres Fortschritts und ihrer zunehmenden Popularisierung in Rücksicht auf die politische Tugend des Bürgers mit einer Eindringlichkeit aufzeigte und ins Bewußtsein rief, wie dies kein anderer Philosoph im Jahrhundert der Aufklärung vor oder nach ihm getan hat, war die Frage, in welcher Form und in welchem Umfang er die Grundsätze seiner Philosophie mitteilen sollte, von Anfang an weit mehr als nur eine Frage des taktischen Kalküls. Von der Preisschrift des Jahres 1750 bis in die spätesten Veröffentlichungen und Entwürfe seines Alterswerkes hinein wird die politische Kritik, der Rousseau die Wissenschaften und die Philosophie unterzieht, in letzter Instanz durch die philosophische Einsicht bestimmt, daß die Philosophie und die Wissenschaften eine ernste Gefahr für das gute Gemeinwesen darstellen. Eine Gefahr, die nicht von dieser oder von jener Philosophie, sondern von der Philosophie als Philosophie ausgeht, von dem Bemühen, Meinung durch Erkenntnis zu ersetzen, und die die Gesellschaft, deren Lebenselement die Meinungen und der Glaube sind, im allgemeinen betrifft, die die gesunde Gesellschaft jedoch, welche nur so lange zu bestehen vermag, wie der Glaube, die Meinung und die Tugend ihrer Bürger sie gesund erhalten, im Unterschied zur korrupten Gesellschaft an ihr selbst bedroht. Ein Philosoph, der seine Politische Philosophie nicht zuerst als *politische Philosophie* begreift, der sie nicht als eine Philosophie konzipiert, die vor allem anderen im Dienste der Selbstbehauptung der Philosophie steht und sich vom Interesse an der Abwehr oder der Eindämmung des Politischen leiten läßt, sondern der sich dem

Politischen zuwendet, weil er in der politischen Existenz des
Bürgers eine Form geglückter menschlicher Existenz erkennt,
und der das gute Gemeinwesen von hier aus, im Hinblick auf die
besondere anthropologische Bedeutung und Würde des Politischen zum zentralen Gegenstand seiner Politischen Philosophie
macht, steht damit vor einer grundsätzlichen Schwierigkeit:
Wenn, wovon Rousseau überzeugt war, die Republik, das legitime
Gemeinwesen, das seinen Gliedern unter Bedingungen der „Soziabilität" ein „Leben in Übereinstimmung mit sich selbst", ein er-
fülltes, nicht depraviertes Dasein als Bürger eröffnet, wenn diese
Republik nur Bestand haben kann auf der Grundlage fraglos
geltender Sitten, Traditionen und Meinungen, aus denen sich das
Bewußtsein ihrer nationalen Einheit und Besonderheit speist,
wenn sie unverzichtbar eines harten Kernes gesellschaftlicher
Grundüberzeugungen und „durch die Gesetze autorisierter heiliger Dogmen" bedarf, auf denen die politische Freiheit und die
konventionelle Gleichheit in ihrem Innern aufbauen und beruhen,
dann droht die Politische Philosophie, die die Voraussetzungen
des guten Gemeinwesens ans Licht hebt, um auf ihre Weise, mit
den Mitteln der Philosophie, einen Beitrag zu seiner Verwirklichung zu leisten, die Erfüllung ihrer Aufgabe selbst in Gefahr
zu bringen. Philosophisch ist dieses Dilemma nicht aufzulösen.
Die theoretisch erkannte Gefahr kann nur praktisch entschärft
werden, und der Autor, der sie erkannt hat, muß sie nach Kräften
zu entschärfen suchen, will er sich seiner eigenen Erkenntnis
gewachsen zeigen. Rousseau wählt dafür den Weg der sorgsam
ausgefeilten und politisch überlegt eingesetzten Rhetorik.

In den philosophischen Schriften der Jahre 1750—1753, deren
eigentliches Herzstück das alles verknüpfende Thema der In-
kompatibilität von Philosophie bzw. Wissenschaft und Gesellschaft ist[46], ziehen die scharfen Angriffe, die Rousseau als Bürger,

---

[46] Vergleiche dazu Leo Strauss: *On the Intention of Rousseau* in *Social Research*,
XIV, 1947, p. 455—487, wieder abgedruckt in M. Cranston, R. S. Peters
(Eds): *Hobbes and Rousseau*, New York, 1972, p. 254—290, insbes. p. 267—269,
272—276, 283/284, eine grundlegende Studie zum *Discours sur les sciences
et les arts*, auf die hier ein für allemal verwiesen sei. Siehe auch *Natural Right
and History*, Chicago, 1953, p. 256—263 und 288/289.

vom Standpunkt der Gesellschaft aus gegen die Wissenschaften und die Philosophie vorträgt, die Aufmerksamkeit in einem solchen Maße auf sich, daß das philosophische Problem, das Rousseau verhandelt, den meisten Lesern gar nicht deutlich zum Bewußtsein kommt. Die Kritik, die der *Citoyen de Genève* an der Philosophie und den Philosophen übt, liest sich an manchen Stellen wie eine Verurteilung der Philosophie *tout court*. Die Differenzierungen, die Rousseau vornimmt, treten dagegen beinahe ganz in den Hintergrund.[47] Dasselbe gilt für die Einwände, die er als Philosoph und um der Philosophie willen gegen die Vorurteile erhebt, die in der Gesellschaft wie unter den Philosophen zugunsten der Philosophie anzutreffen sind. Rousseau läßt sich von seiner ursprünglichen philosophischen Einsicht leiten, wenn er die Öffentlichkeit auch und gerade in den Publikationen, die sich an die „wahren Philosophen", an die „kleine Zahl" jener wenden, „die zu verstehen wissen", nachdrücklich vor den Wissenschaften, vor der Philosophie und vor den Philosophen warnt. Er handelt den von ihm selbst erhobenen Forderungen gemäß, wenn er den Zugang zu seiner Philosophie mit rhetorischen Mitteln erschwert und, soweit es bei ihm steht, darauf hinwirkt, daß nur die, die die Kraft in sich fühlen, allein und ohne fremde Hilfe in die Fußstapfen der großen Philosophen und Wissenschaftler zu treten, sich dem Studium der Wissenschaften oder der Philosophie verschreiben.[48] Besonders sinnfällig kommt die prohibitive Funktion seiner Rhetorik in einer Auslegung des Frontispizes des *Discours sur les sciences et les arts* zum Ausdruck, die Rousseau 1752 einem Kritiker entgegenhält. Das Kupfer, das Rousseau selbst ausgewählt hatte, zeigt in der linken oberen Bildhälfte Prometheus, der mit einer Fackel in der Hand von einer Wolke herabsteigt; in der Bildmitte ist eine menschliche Gestalt zu erkennen, die auf einem Steinsockel steht, das Gesicht Prometheus zugewandt; von der anderen Seite nähert sich, niedriger als die beiden übrigen Figuren stehend, ein Satyr. Die Legende *Satyr, tu ne le connois pas.* verweist auf eine

---

[47] Cf. S. 148 und FN 186.
[48] Cf. *Discours sur les sciences et les arts*, p. 29.

exakt bezeichnete Anmerkung Rousseaus, die das folgende Zitat
aus einer „alten Fabel" enthält: „Der Satyr wollte das Feuer
küssen und umarmen, als er es zum erstenmal sah; doch Prometheus rief ihm zu: Satyr, du wirst dem Bart an deinem Kinn
nachweinen, denn das Feuer brennt, wenn man es berührt." Die
Fackel des Prometheus versinnbildlicht nach Rousseaus Deutung
die Fackel der Wissenschaften, die dazu geschaffen ist, die großen
Genies zu entflammen; der Satyr, der auf das Feuer zuläuft, um
es zu umarmen, stellt die gemeinen Menschen dar, die sich, durch
den Glanz der Literatur und der Wissenschaften verführt, unbesonnen dem Studium hingeben; der Prometheus aber, der die
hommes vulgaires vor der Gefahr warnt — und der, wohlverstanden,
die Fackel für die *grands génies* in Händen hält — steht für niemanden anders als für Rousseau selbst.[49] Diese Selbstauslegung ist
Rousseaus letztes Wort in der langen Kontroverse um die Preisschrift von 1750, deren „Paradoxe" ihn über Nacht einer breiteren
Öffentlichkeit bekannt gemacht hatten. Sie erhellt nicht nur
schlaglichtartig das Selbstverständnis des Genfer Philosophen,
sondern sie führt darüberhinaus gleichsam autoritativ an einem
außerordentlich kennzeichnenden Beispiel vor, wie Rousseaus
verhüllende Darstellungsweise zu entschlüsseln ist, was der Leser
zu beachten hat, wenn er durch und über die Rhetorik des Autors
zu den „Sachen selbst" vorstoßen will.[50]

---

[49] „J'aurois cru faire injure aux Lecteurs, et les traiter comme des enfans,
de leur interpréter une allégorie si claire; de leur dire que le flambeau de
Prométhée est celui des Sciences fait pour animer les grands génies; que le
Satyre, qui voyant le feu pour la première fois, court à lui, et veut l'embrasser,
représente les hommes vulgaires, qui séduits par l'éclat des Lettres, se livrent
indiscrétement à l'étude; que le Prométhée qui crie et les avertit du danger,
est le Citoyen de Geneve. Cette allégorie est juste, belle, j'ose la croire sublime." *Lettre à Lecat, OCP* III, p. 102. Rousseaus Selbstinterpretation steht
auf der letzten Seite seiner letzten Erwiderung im Streit um den *Discours sur
les sciences et les arts.*

[50] Die Allegorie des Frontispizes, die Rousseau 1752 als „so klar" bezeich-
net, ist im *Ersten Discours* dem Eröffnungssatz des Zweiten Teiles zugeordnet:
„C'étoit une ancienne tradition passé de l'Egypte en Grèce, qu'un Dieu ennemi
du repos des hommes, étoit l'inventeur des sciences*." Die Fußnote, die
Rousseau hinzufügt, lautet: „*On voit aisément l'allégorie de la fable de
Prométhée; et il ne paroît pas que les Grecs qui l'ont cloué sur le Caucase, en

War Rousseau schon in den Veröffentlichungen, in denen er seinen Lesern „nur die Zweige", nicht aber den „Stamm" seines Systems gezeigt hatte, mit der Wahrheit „schonend" umgegangen, „um sie sicherer weiterzugeben und um sie nützlich zu machen", so bedurfte das ungleich gefährlichere Unternehmen des *Discours sur l'inégalité*, in dem Rousseau „bis an die Wurzel" gräbt, einer sorgfältigeren rhetorischen Absicherung als alle vorangegangenen Schriften. Und dies nicht nur im Hinblick auf die Zensur. Ein Werk, das den Versuch wagt, mit philosophischen Mitteln die Fundamente des „Politischen Körpers" freizulegen, die Grundlagen der Ungleichheit, der Moral, des Rechts und des Eigentums zu untersuchen, ja, die geschichtliche Menschwerdung des Menschen zu rekonstruieren, muß auch und vor allem gemessen an den Grundsätzen, die Rousseau bei der Behandlung der Preisfrage von 1749, in einem „Corollarium" seines Systems[51], zu erkennen gab, gefährlich genannt werden. Die Rhetorik des *Diskurses über die Ungleichheit* hat somit eine doppelte Aufgabe: Den Philosophen soll sie vor der Gesellschaft, die Nichtphilosophen aber soll sie vor der Philosophie schützen.

Was für die Rhetorik des Werkes im allgemeinen gilt, gilt für die Selbstzensur, die sich der Verfasser auferlegt, im besonderen. Nach Rousseaus Verständnis muß der Autor einer philosophi-

---

pensassent gueres plus favorablement que les Egyptiens de leur Dieu Teuthus. ‚Le satyre, dit une ancienne fable, voulut baiser et embrasser le feu, la premiere fois qu'il le vit; mais Prometheus lui cria: Satyre, tu pleureras la barbe de ton menton, car il brûle quand on y touche'. C'est le sujet du frontispice" (p. 17). Der Schlußsatz des Plutarchs *Moralia* (86F) entlehnten Zitats hat einen zweiten Teil, den Rousseau nicht anführt: „. . . car il brusle quand on y touche: mais il baille lumiere et chaleur, et est un instrument servant à tout artifice, pourveu que l'on en sache bien user." (*Œuvres morales*, Übers. Amyot, Genf, 1601, p. 342.) Wie man sieht, setzt Rousseau voraus, daß „die Wenigen", für die das Buch geschrieben ist, die „alte Fabel" entweder sehr genau kennen oder das Zitat bei Plutarch/Amyot im Kontext nachschlagen, daß sie außerdem, wenn sie „selbst denken", zu dem Ergebnis kommen, daß Rousseau sich das Urteil „der Griechen" nicht zu eigen macht und daß er keineswegs als *homme vulgaire* über die Wissenschaften und die Philosophie spricht, auch wenn er sich am Ende der Schrift förmlich unter die „gemeinen Menschen" einreiht („Pour nous, hommes vulgaires . . ." p. 30.).

[51] *Préface d'une seconde lettre à Bordes, OCP* III, p. 106.

schen Veröffentlichung nicht nur gedrängt durch äußere Not-
wendigkeiten, sondern zuallererst aus der Verantwortung heraus,
die ihm als Philosoph und als Bürger zukommt, sein eigener
Zensor sein. Ein Anspruch, dem Rousseau für seine Person in
der Überzeugung genügt, niemals einen strengeren Zensor haben
zu können.[52] Die Leser, die Rousseau als Philosoph erreichen, die
er „zum Denken veranlassen" will, haben daher die „grundsätzliche" Selbstzensur, die sich an den Inhalten und Postulaten
seiner Philosophie orientiert, bei der Lektüre nicht weniger sorgfältig zu bedenken als die „taktisch" ausgerichtete, die der Verfolgung des Verfassers vorbeugen soll. So ist etwa das auffällige
Schweigen, mit dem Rousseau im *Discours* die Entstehung der
Religion übergeht, schwerlich allein auf die zeitgenössischen Be-
hinderungen der freien Rede zurückzuführen. Sehr viel mehr
spricht dafür, daß Rousseau die Genealogie der Gottesvorstellung,
des Jenseitsglaubens und des Sakralkultes einmal mit Rücksicht
auf die religiösen Fundamente der Republik, deren Bürger er ist,
zum anderen aber im Hinblick auf eine zukünftige Verwirklichung des guten Gemeinwesens ausspart, die notwendig an die
Geltungskraft einer *religion civile* gebunden sein wird. Diese
Gesichtspunkte mögen selbst noch bei Rousseaus Entscheidung
eine Rolle gespielt haben, die — systematisch betrachtet — sehr
viel weniger gefährliche Kritik der „Priesterreligion" nicht in
der Schärfe und der Allgemeinheit der *Version intermédiaire* in den
definitiven Text zu übernehmen.[53] Wie Rousseau am Ende der
Rekonstruktion, die die historische Entwicklung des Menschen
vom Naturzustand bis zur bürgerlichen Gesellschaft der Gegenwart nachzeichnet, zu verstehen gibt, erwartet er von den „aufmerksamen Lesern", daß sie die Lücken, die im Bericht des
Discours offen geblieben sind, die „dazwischenliegenden Positio-

---

[52] *Lettre à Perdriau*, S. 442.

[53] Wenn Rousseau seine Kritik der *religion du prêtre* sieben Jahre später im
Contrat social (IV, 8) veröffentlicht, ist das Wagnis, was die Zensur anbetrifft,
kein geringeres. Im Hinblick auf die Postulate seiner Politischen Philosophie
ergibt sich jedoch dadurch eine erheblich veränderte Lage, daß Rousseau der
Auseinandersetzung mit der Priesterreligion und dem Christentum die Pro-
klamation „positiver Dogmen" einer *religion civile* unmittelbar folgen läßt.

nen", die er übergangen hat, selbst ausfüllen bzw. ergänzen werden.[54] Die exoterisch-esoterische Konzeption des Werkes steht und fällt mit der Voraussetzung, daß diejenigen, „die zu verstehen wissen", bei ihrem Nachdenken über die verhandelten Gegenstände die Selbstzensur des Autors als Möglichkeit immer mit in Rechnung stellen, daß sie selbst die Gründe erwägen, die Rousseau veranlassen könnten, die Kühnheit des Buches in bestimmten Punkten abzumildern oder zu überspielen[55] und anderes ganz auszublenden.

Soweit die Rhetorik des *Discours* dem Schutz des Autors dient[56], soweit sie zu Zwecken der List eingesetzt wird und als List verstanden werden soll, fügt sie sich in eine Praxis ein, die unter den *philosophes* des 18. Jahrhunderts allgemein verbreitet war. Sehr viel anders liegen die Dinge dagegen, insofern sich Rousseaus verhüllende Schreibweise aus einer prinzipiellen philo-

---

[54] *Discours*, S. 264. Zu den auffälligsten „Lücken" im Bericht des *Discours* gehört, daß Rousseau mit keinem Wort auf die Herrschaftsverhältnisse und die Gesetze oder die verbindlichen Regeln, Tabus usw. innerhalb der *société sauvage* eingeht. Vergleiche dazu *C.S.* IV, 8, erster Satz. Siehe auch, *Discours*, FN 264, 270, 328.

[55] Als Beispiel sei lediglich die philosophisch offenkundig unhaltbare Ableitung der „Geistigkeit der Seele" genannt, die Rousseau auf S. 100/102 gibt. Voltaire bemerkt in seinem Exemplar des *Discours* zu dieser Stelle „voila une assez mauvaise métaphisique" (*Voltaire's Marginalia on the Pages of Rousseau*, Ed. Havens, p. 6). Zu den Dogmen, die Rousseau im Rahmen der *religion civile* für unerläßlich hält, gehört u. a. der Glaube an ein zukünftiges Leben nach dem Tode. Vergleiche dazu die Erläuterungen und Hinweise des Kommentars. Siehe auch Leo Strauss: *Natural Right and History*, p. 265.

[56] Ende 1753, zu der Zeit als Rousseau die Arbeit am *Discours* aufnahm, war in Frankreich ein Haftbefehl gegen ihn ausgestellt, allerdings nicht vollstreckt worden. Anlaß war Rousseaus *Lettre sur la musique française*, die in Frankreich große Proteststürme hervorrief, weil Rousseau in ihr die italienische Oper der französischen vorgezogen hatte. — Der Marquis d'Argenson notiert unter dem 16. 4. 1753 in seinem Tagebuch: „Jean-Jacques Rousseau, de Genève, [. . .] dit que les gens de lettres doivent faire ces trois voeux: pauvreté, liberté et vérité. Cela a indisposé le gouvernement contre lui; il a témoigné ces sentiments dans quelques préfaces; sur cela, on a parlé de lui dans les cabinets, et le Roi a dit qu'il ferait bien de le faire enfermer à Bicêtre. S.A.S. le comte de Clermont a ajouté que ce serait encore bien fait de l'y faire étriller. L'on craint ces sortes de philosophes libres." (*Journal et Mémoires*, Ed. Rathery, Paris, 1865, Bd. VII, p. 457.)

sophischen und ethischen Forderung herleitet, insofern seine
Rhetorik die unterschiedliche Ansprache von Philosophen und
gemeinen Lesern nicht in pädagogisch-propädeutischer, sondern
in politisch-programmatischer Absicht zum Ziel hat. Der Gegensatz zur „Philosophie der Aufklärung", der hier zum Tragen
kommt, ist denkbar tiefgreifend. Rousseau widerspricht den
Hoffnungen, Meinungen und Vorurteilen des *siècle des lumières*,
das in ihm den schärfsten philosophischen Kritiker fand, bis zur
Art und Weise, in der er die theoretischen Prinzipien mitteilt,
die seiner Kritik der Aufklärung zugrunde liegen. Anders als
Diderot, den wesentlich pragmatische Erwägungen bestimmten,
in „Allgemeinheiten, lakonische Kürze und Dunkelheit" des
Stils auszuweichen, ist die exoterisch-esoterische Darstellung für
Rousseau selbst Teil und Ausdruck seiner philosophischen Position. Überaus deutlich wird die Kluft durch die Forderung, „die
Philosophie populär zu machen", markiert, die Diderot um die
Jahreswende 1753/54 in den *Pensées sur l'interpretation de la nature*
erhebt.[57] Rousseau, der nie einen Zweifel daran gelassen hatte,
daß er in dieser Frage entschieden anderer Auffassung war als
sein langjähriger Freund, versäumt nicht, im *Discours* noch einmal
ausdrücklich zu bekräftigen, wie sehr er davon überzeugt ist,
daß die Völker sich nicht damit „abgeben" sollten zu „philosophieren".[58] Die Differenzierung zwischen Philosophen und ge-

---

[57] „Hâtons-nous de rendre la philosophie populaire. Si nous voulons que
les philosophes marchent en avant; approchons le peuple du point où en sont
les philosophes. Diront-ils qu'il est des ouvrages qu'on ne mettra jamais à
la portée du commun des esprits? S'ils le disent, ils montreront seulement
qu'ils ignorent ce que peuvent la bonne méthode et la longue habitude."
(XL, *O.C.* IX, p. 69) Vergleiche dazu die Aussagen Rousseaus im *Ersten
Discours*, p. 28 ff.

[58] Anmerkung X, S. 342. In der *Dernière réponse* hatte Rousseau geschrieben:
„J'ai déjà dit cent fois qu'il est bon qu'il y ait des Philosophes, pourvû que
le Peuple ne se mêle pas de l'être" (p. 78). Zwei Seiten danach leitet Rousseau
eine Fußnote, in der er zum erstenmal davon spricht, daß der Mensch „von
Natur aus gut" sei, mit dem Hinweis ein: „Cette note est pour les Philosophes;
je conseille aux autres de la passer" (p. 80, note). Cf. außerdem *Réponse au roi
de Pologne*, p. 39, 41; *Lettre à Grimm*, p. 64 („J'ai dit que la Science convient à
quelques grands génies; mais qu'elle est toûjours nuisible aux Peuples qui la
cultivent."); *Préface de Narcisse*, p. 970/971.

meinen Lesern, die im *Discours sur l'inégalité* nachdrücklicher hervorgehoben wird als in irgendeinem anderen Werk Rousseaus[59], ist für Rousseau keine vorläufige, lediglich durch die aktuellen Gegebenheiten bedingte Unterscheidung, die historisch zu überholen wäre. Er legt sie seinen philosophischen Schriften ganz im Gegenteil gerade als ein Autor zugrunde, der „über sein Jahrhundert hinaus leben will".[60] In der Querelle des Anciens et des Modernes ist Rousseau mit den Alten der Ansicht, daß die Philosophie für die Gesellschaft ihrer Natur nach bedrohlich, daß die Wahrheit gefährlich und daß die Unterscheidung zwischen Philosophen und Nichtphilosophen unaufhebbar ist, weil die Menschen von Natur aus ungleich sind.[61]

IV

Es liegt kein Widerspruch darin, wenn ein Philosoph, in dessen Denken die natürlichen Ungleichheiten unter den Menschen — der Individuen wie der Ethnien, der Geschlechter wie der Lebensalter — eine bedeutende Rolle spielen, als entschiedener Kritiker der allein auf Konvention beruhenden, von der Gesellschaft eingerichteten, unnatürlichen Ungleichheiten auftritt, wenn er die politische oder gesellschaftliche Ungleichheit überall dort eindringlich auf ihre Legitimation hin befragt, wo sie mit der natürlichen Ungleichheit „nicht im gleichen Verhältnis einhergeht"

---

[59] Rousseau deutet in seinem *Avertissement sur les notes* an, daß den 19 Anmerkungen des *Discours* eine besondere Funktion im Hinblick auf die Unterscheidung der beiden Adressaten der Schrift zukommt. Vergleiche dazu S. 64, FN 73 und Roger D. Masters: *The Political Philosophy of Rousseau*, Princeton, ²1976, p. 106 ff.

[60] Cf. *Discours sur les sciences et les arts*, p. 3.

[61] Vergleiche neben den Hinweisen der FN 6 und 58 *Réponse au roi de Pologne*, p. 46, note; ferner *C.S.* II, 7 und II, 12. — Als Rousseau von einem Briefpartner im Jahre 1762 die Preisfrage einer *Société économique de Berne* vorgelegt wird "Est-il des préjugés respectables qu'un bon Citoyen doive se faire un scrupule de combattre publiquement?", antwortet Rousseau: „Si j'avois à traiter vôtre [...] question, je ne vous dissimulerai pas que je me déclarerois avec Platon pour l'affirmative; ce qui surement n'etoit pas vôtre intention en la proposant. Faites comme l'Académie Françoise, qui se garde bien [de] mettre en problême les questions Sur lesquelles elle a peur qu'on ne dise la vérité." (*CC* X, p. 186, 227.) Cf. *OCP* IV, p. 967 f u. 994, note sowie *Rêveries*, IV.

(S. 270). Es fällt auch nicht schwer, eine Antwort darauf zu geben, welche Gründe den Autor eines Werkes, dessen gesamte Konzeption die Unterscheidung von Philosophen und Nichtphilosophen voraussetzt, bewogen haben mögen, die menschengemachte Ungleichheit in den korrumpierten Gesellschaften Europas mit einer solchen Schärfe anzugreifen, daß über der Attacke gegen die „Ungleichheit der Stände"[62] die philosophische Brisanz des Buches in den Hintergrund tritt und das theoretische System, in dem die vorgetragene Kritik ihren Ort hat und die Polemik ihr Maß erhält, für die „gemeinen Leser" kaum erkennbar wird. Rousseaus Entscheidung schließlich, sich mit dem *Discours sur l'inégalité* an einen „zweiten Adressaten" von eigenem Gewicht zu wenden, um in öffentlicher Rede auf die Veränderung der bestehenden politischen und gesellschaftlichen Ungleichheit hinzuwirken, stimmt bruchlos mit der politisch-polemischen Intention der Schrift insgesamt überein, die, im weitesten Verstande, darauf hinzielt, „die Tenne freizufegen", das „alte Material" nach Kräften aus dem Wege zu räumen, damit danach „ein gutes Gebäude" errichtet werden kann[63], ein Gemeinwesen, in dem alle Bürger gleichberechtigte Glieder des Souveräns sind und die gesellschaftlichen Ungleichheiten in letzter Instanz der Verfügungs- und Gestaltungsmacht des Souveräns unterstehen. Welche philosophische Reflexion aber liegt Rousseaus politischem Plädoyer für die bürgerliche Gleichheit zugrunde? Welche theoretischen Einsichten bestimmen ihn, die Verwirklichung der politischen Existenz des Citoyen, die Eudämonie des bürgerlichen Lebens der Vielen in der Identität der Nation zum Fluchtpunkt seiner Politischen Philosophie zu machen? Was veranlaßt ihn, das gute Gemeinwesen, anders als die Alten, nicht länger aus der Perspektive der philosophischen Existenz und im Hin-

---

[62] Daß der *Discours* von einem großen Teil der Öffentlichkeit in diesem Sinne aufgenommen und verstanden wurde, schlägt sich selbst in der falschen Wiedergabe seines Titels *(Discours sur l'inégalité des conditions — Diskurs über die Ungleichheit der Stände)* nieder (cf. S. 65, FN 74; S. 447, S. 493, FN 5). Malesherbes spricht gar vom „discours de Jean Jacques Rousseau sur l'égalité des conditions" *(CC* III, p. 118).

[63] Cf. S. 226.

blick auf deren besondere, anthropologisch oder metaphysisch begründete Auszeichnung zu denken? Wie kommt er dazu, den *bios politikos* (der Möglichkeit nach) als sich selbst genug, ohne eine notwendige Zuordnung zum *bios theoretikos*, das heißt von einer sehr viel fundamentaler anzusetzenden „Gleichheit" her zu begreifen?

Alle diese Fragen, die sich aus dem Nachdenken über die Rhetorik des *Discours sur l'inégalité* ergeben, münden ein in Fragen nach den philosophischen Prinzipien des Rousseauschen Systems. Da Rousseau diese Prinzipien seinem eigenen Zeugnis zufolge im *Discours sur l'inégalité* „vollständig entwickelt" hat, setzt ein angemessenes Verständnis der Rhetorik des *Discours* eine genaue und zusammenhängende Interpretation der Schrift als ganzer voraus. Das ist weit mehr als in diesem Essay geleistet werden kann oder versucht werden soll. Er will lediglich das Bewußtsein dafür schärfen, daß der Weg zum Herzen des Werkes bei dessen Oberfläche beginnt. Eine Skizze des anderen Endes mag es dem Leser erleichtern, die Linien auszuziehen und sich eine Vorstellung davon zu machen, wohin man gelangen kann.

„Wenn man die natürliche Verfassung der Dinge betrachtet, scheint der Mensch offensichtlich dazu bestimmt, das glücklichste der Geschöpfe zu sein; wenn man nach dem derzeitigen Zustand urteilt, erscheint die menschliche Art als die bedauernswerteste von allen." Die tiefe Kluft zwischen den natürlichen Möglichkeiten des Menschen einerseits und der historischen Wirklichkeit seines depravierten Daseins andererseits, die Rousseau in einem Fragment pointiert zum Ausdruck bringt (S. 418), ist die große Herausforderung, mit der sich Rousseaus Philosophie auseinandersetzt. Im Zentrum dessen, was Rousseau nicht müde wurde, als „mein System" zu bezeichnen, steht eine Denkfigur, die die beschriebene Kluft anthropologisch radikal ernst nimmt und aus ihr die entscheidende Fragestellung für den theoretischen Zugriff auf die Probleme der *condition humaine* gewinnt. Wir nennen sie im folgenden die Konzeption der Anthropologischen Differenz, ein Theorem, das sich an den in der Geschichte der Art realisierten und lebensgeschichtlich realisierbaren optimalen Möglichkeiten der menschlichen Natur orientiert und deren

Verlust, Verschüttung, Verfehlung als Depravation, Entstellung
oder Entfremdung des Menschen begreift.

Die Anthropologische Differenz zu denken heißt, von der
Depravationsbereitschaft der menschlichen Natur auszugehen.
An dem Ort, an dem Rousseau zum erstenmal von seinem „traurigen und großen System, der Frucht einer wahrhaftigen Untersuchung der Natur des Menschen, seiner Fähigkeiten und seiner
Bestimmung" spricht, kommt er im selben Atemzug auf die
spezifische Gefährdetheit des Menschen zu sprechen, betont er,
„wie sehr zu fürchten steht, daß wir dadurch, daß wir uns über
unsere Natur erheben wollen, unter sie zurückfallen."[64] Im *Discours sur l'inégalité* zeigt Rousseau, daß ebendie Fähigkeit, die den
Menschen von den übrigen Lebewesen grundlegend unterscheidet,
die Perfektibilität, die die historische Entwicklung aller anderen
allein dem Menschen zukommenden Fähigkeiten ermöglicht,
zugleich die „wahrhafte Quelle seines Elends und seiner Not"
ist (S. 490). Die Perfektibilität begründet die Differenz zwischen
Mensch und Tier und die Anthropologische Differenz in eins.
Die geschichtliche Menschwerdung des Menschen und der Prozeß
seiner Deformation, der ihn „auf die Dauer zum Tyrannen seiner
selbst und der Natur macht" (S. 104), sind anthropologisch
gleichursprünglich. Aber sie sind nicht identisch. Die Kritik des
depravierten Daseins setzt die natürliche Möglichkeit eines nicht
depravierten Daseins des Menschen voraus. Die Anthropologische Differenz zu denken heißt daher, die Frage nach den Bedingungen geglückter menschlicher Existenz zu stellen. Ihre Bedeutung reicht weiter, als es auf den ersten Blick scheinen mag:
Wenn die Selbsterkenntnis des Menschen zu der Einsicht führt,
daß die Übel, mit denen er behaftet ist, sein eigenes Werk sind,
daß „wir es nicht ohne Mühe fertig gebracht haben, uns so unglücklich zu machen", wenn sich herausstellt, daß die Natur dem
Menschen ein Leben in Übereinstimmung mit sich selbst nicht
verwehrt, daß sie ihn nicht schlechter behandelt hat, als die
anderen Lebewesen, oder wenn der „Nachweis" gelingt, daß der

---

[64] *Préface d'une seconde lettre à Bordes, OCP* III, p. 105. Rousseau gebraucht
das Wort *système* dort auf zwei Seiten nicht weniger als fünfmal.

Mensch von Natur aus gut ist, dann kann die Natur „gerechtfertigt" werden (S. 300). Der Bestimmung der Anthropologischen
Differenz kommt sowohl für die Selbsterkenntnis des Menschen
als auch für die „Rechtfertigung der Natur" eine Schlüsselfunktion
zu. In Rücksicht auf beide ist es erforderlich, daß das, was der
Mensch „aus seinem eigenen Grundbestand hat", von dem unterschieden wird, „was die Umstände und seine Fortschritte seinem
anfänglichen Zustand hinzugefügt oder an diesem verändert
haben." Beide setzen voraus, daß wir dahin gelangen, den Menschen „durch all die Veränderungen hindurch, welche die Folge
der Zeiten und der Dinge in seiner ursprünglichen Verfassung hat
hervorbringen müssen", so zu sehen, „wie ihn die Natur geformt
hat." Beide machen es notwendig, den *homme de l'homme* mit dem
homme naturel zu vergleichen (S. 42/490). Die Anthropologische
Differenz zu denken heißt, auf die nicht entstellte Natur des
Menschen zurückzugehen.

Rousseau versucht diese Aufgabe im Ersten Teil des *Discours*
über eine detaillierte Rekonstruktion des „wahrhaften", „ersten",
„anfänglichen" Naturzustandes der menschlichen Art zu lösen.
Er entkleidet den Menschen „aller übernatürlichen Gaben", die
er „hat empfangen können" und „aller künstlichen Fähigkeiten",
die er „nur durch langwierige Fortschritte hat erwerben können",
um ihn so zu betrachten, wie er „aus den Händen der Natur hat
hervorgehen müssen" (S. 78). Der Zustand, den er beschreibt,
ist der Zustand eines solitären Wesens, das weder über Sprache
noch über Vernunft verfügt, das keine Vorstellung von Gott
oder von moralischen Pflichten noch irgendeinen Begriff von
Recht, Eigentum oder Herrschaft besitzt und dem das Bewußtsein
des Todes unbekannt ist. Das Leben des natürlichen Menschen,
das Rousseau nachzeichnet, ist mithin das Leben eines Tieres.
Rousseau rekonstruiert den Naturzustand der menschlichen Art
erstmals ausdrücklich und mit allen Konsequenzen als einen
tierischen Zustand.[65] Er gräbt damit nicht nur tiefer als die

---

[65] Siehe insbesondere S. 96, 104, 106, 160, 174, 334, 336, 348, 350, 362, 370.
Die kühnste, die längste und die zentrale Anmerkung des *Discours* hat Rousseau
der Aussage „Der wilde Mensch . . . wird also mit den rein tierischen Funktionen beginnen" (S. 104) hinzugefügt.

Philosophen vor ihm, die, wenn sie die Grundlagen der Gesellschaft untersuchten, „alle die Notwendigkeit gefühlt haben, bis
zum Naturzustand zurückzugehen", ohne indes jemals bei diesem
„angelangt" zu sein (S. 68). Er führt das Unternehmen seiner
Vorgänger nicht nur radikal zu Ende, um die Ergebnisse, zu denen
er gelangt, gegen sie zu wenden. Wenn seine Darstellung der Entwicklung des Menschen bei der *condition animale* beginnt, kommt
darin ein entscheidender Perspektivenwechsel zum Ausdruck:
Rousseau begreift den Menschen in seiner Animalität bevor er ihn
als Nicht-Tier oder Untier begreift, er sieht ihn im Horizont
der Gemeinsamkeiten, die ihn mit den anderen Lebewesen verbinden[66], und betrachtet von dort aus die Unterschiede, die
ihn von diesen trennen. Der Mensch ist Teil der Natur. Mit seiner
Erhebung über die Natur ist von Anbeginn an die Gefahr der
Überhebung verbunden. Er macht sich zum Tyrannen seiner
selbst, indem er sich zu ihrem Tyrannen macht. Er wird ihr untertan, indem er sie sich zu unterwerfen sucht.[67] Seine Depravation
ist die große Wunde der Natur. Vor diesem Hintergrund mag es
weniger „befremdlich" erscheinen, wenn Rousseau das Maß
für die menschliche Existenz nicht länger aus der Orientierung
an dem zu gewinnen sucht, was den Menschen von den anderen
Lebewesen unterscheidet, sondern in der Zurückwendung auf
das, was vor dem Aufbrechen der Differenz im Menschen wie
zwischen Mensch und Natur Bestand hatte; wenn er nach der
tragenden Schicht fragt und angesichts ihrer Gefährdung durch
den Fortschritt des menschlich Besonderen den Blick auf das
übergreifende natürliche Allgemeine richtet.

Derselbe Perspektivenwechsel, der Rousseau dazu führt, den
Naturzustand des Menschen als einen Zustand der Animalität zu
rekonstruieren, veranlaßt ihn, mit den Naturzustandstheorien
seiner Vorgänger in einer zweiten denkbar grundsätzlichen Hinsicht zu brechen. Rousseau konzipiert den Naturzustand nicht als
immer schon notwendig auf seine Überwindung verwiesenen,
negativ auf den bürgerlichen Zustand bezogenen Ausgangspunkt

---

[66] Vergleiche die Bedeutung, die Rousseau der *sensibilité*, der Empfindungsfähigkeit, beimißt (S. 58).

[67] Siehe u. a. S. 78, 92, 104, 194, 206, 300 ff.

einer zielgerichteten Entwicklung, sondern er sucht in ihm einen Zustand auf, in dem die Menschen „ewig" hätten bleiben können (S. 166). Der Naturzustand, den der Erste Teil des *Discours* beschreibt, genügt sich selbst, es gibt keine endogenen Faktoren, die über ihn hinaustrieben, es ist keine Teleologie am Werk, die sein Ende und den schließlichen Übergang zur bürgerlichen Gesellschaft festlegte, seine Statik erscheint von potentiell unbegrenzter Dauer. Zufälle, äußere Ursachen, „die auch niemals hätten entstehen können", waren dafür verantwortlich, daß die Menschen sich vom *état d'animalité* entfernten. Rousseau untersucht den Naturzustand als den *natürlichen* Zustand des Menschen. Zum *Anfangs*zustand wird der natürliche Zustand erst im Licht der stattgehabten historischen Entwicklung. Die „Vermutungen", die Rousseau über ihn aufstellt, sind „allein aus der Natur des Menschen und der Wesen, die ihn umgeben, hergeleitet" (S. 72). Da der natürliche Zustand durch kontingente Umstände zu einem „geschichtlichen" geworden ist, hängt seine Kenntnis nicht von den „ungewissen Zeugnissen der Geschichte" ab. Im kontrastierenden Vergleich mit den wesentlich geschichtlichen Stadien und Ereignissen, die den Naturzustand und den bürgerlichen Zustand der Gegenwart miteinander verbinden, kann Rousseau den natürlichen Zustand so dem bürgerlichen unmittelbar gegenüberstellen und im Blick auf beide als von zwei „real gegebenen Tatsachen" sprechen (S. 168). Wie ernst die Gleichzeitigkeit des Ungleichzeitigen gemeint ist, auf die hin Rousseau die Darstellung des Naturzustandes angelegt hat und von der sie methodisch ausgeht, macht die im wörtlichen Sinne wie in Rücksicht auf ihre Bedeutung für den anthropologischen Ansatz des *Discours* insgesamt zentrale Aussage des Anmerkungsteils deutlich. Rousseau gibt dort zu verstehen, daß er das Fortbestehen des natürlichen Zustandes in der Zeit ausdrücklich für möglich hält. Nach exakteren Untersuchungen, läßt er den Leser wissen, könnte sich herausstellen, daß es sich bei verschiedenen Lebewesen, die von Reisenden unter den Bezeichnungen Pongos, Mandrills, Orang-Utans als Tiere beschrieben wurden, in Wahrheit um authentische wilde Menschen handelt, die bis zum heutigen Tag im Naturzustand der Art verharrten (S. 336).

Die Statik des Naturzustandes beruht auf der Autarkie des natürlichen Menschen, dessen Bedürfnisse und dessen Vermögen, sie zu befriedigen, sich in einem Zustand des Gleichgewichts befinden. Ein Gleichgewicht, das nicht durch paradiesische Fülle, sondern dadurch ermöglicht wird, daß die Bedürfnisse des solitären *homme sauvage* über das physisch Notwendige nicht hinausreichen. „Phantasiebedürfnisse" bleiben ihm unbekannt, weil die Einbildungskraft ihm „nichts ausmalt". Psychisch ist er sich selbst genug, weil er zu seinesgleichen keinerlei individualisierte Beziehungen unterhält, weil ihm die Gefühle der Bevorzugung, die Liebe, das Streben nach Anerkennung oder der Wunsch zu herrschen fremd sind. Die animalische Beschränktheit, die der Selbstgenügsamkeit der Individuen zugrunde liegt, sorgt dafür, daß die natürlichen Ungleichheiten aus sich heraus auch auf der Ebene der Art keine Dynamik in Gang setzen: Was immer ein Einzelner erfinden oder entdecken, was immer er im Laufe seines Lebens erwerben oder ansammeln mag, geht mit ihm wieder unter. Mangels Kommunikation und Überlieferung kommt es zu keiner Akkumulation von Wissen oder einer nennenswerten Anhäufung materieller Güter. Alle Individuen beginnen von Generation zu Generation mit ihren Anstrengungen stets auf einem gleichen Niveau. Die Autarkie der solitären Existenz bewirkt so, daß die von Natur ungleichen Menschen *sub specie naturae* gleich behandelt werden und in einem fundamentaleren Sinne, als Untertanen allgemeiner Gesetze, Gleiche sind: Alle können ihre individuellen Fähigkeiten gleichermaßen zur Entfaltung bringen, aber für alle gelten dabei die engen Grenzen, die der Entwicklung der menschlichen Fähigkeiten gesetzt sind, solange sie außerhalb jeder Vergemeinschaftung erfolgt. Alle unterstehen ohne Unterschied dem Gesetz des Stärkeren, das in der „natürlichen Ordnung" entscheidet und die Konflikte regelt, jedoch — solange die natürlichen Voraussetzungen für die solitäre Lebensweise selbst gegeben sind — keine Herrschaftsverhältnisse zu begründen vermag und so alle in der Unabhängigkeit erhält. Für alle schließlich hat das strenge Gesetz der Selektion unverbrüchliche Gültigkeit. Die Natur geht mit den Menschen des Naturzustandes „präzise so um, wie das Gesetz Spartas

mit den Kindern der Bürger umgegangen ist: Sie macht diejenigen stark und robust, die über eine gute Verfassung verfügen, und läßt alle anderen zugrundegehen" (S. 80).

Der Mensch des statischen, weil autarken und autarken, weil animalisch beschränkten Naturzustandes ist gut. Er ist gut im Sinne einer Wohlgeratenheit — im Hinblick auf seine biologische Lebensfähigkeit, seine vitale Gesundheit und seine durch keine Entzweiungen zerrissene, mit sich selbst wie mit der Natur einige Existenz. Er ist ferner in dem Verstande gut, daß er moralisch unschuldig oder unverantwortlich ist, weil er diesseits von Gut und Böse in einer Welt der Naturereignisse lebt, in der alles nach der „natürlichen Ordnung" geschieht. Und schließlich ist er gut, weil er nicht böse ist. Das Bösesein des Menschen erwächst wesentlich aus seiner Schwäche, und zwar aus jener Schwäche, die in seiner Abhängigkeit von einem fremden Willen, von anderen Personen, von deren Meinungen, Absichten und Gefühlen beschlossen liegt. Der Wilde des solitären Naturzustandes aber ist nicht schwach und abhängig, sondern stark und unabhängig. Er genügt sich selbst. Seine Begehren und seine Fähigkeiten halten einander die Waage. Vom Geist der Herrschaft ist er ebenso weit entfernt wie vom Geist der Knechtschaft, der *amour-propre*, die über den vergleichenden Bezug auf andere Lebewesen vermittelte Eigenliebe, „spricht nicht zu seinem Herzen", er kennt kein Ressentiment. Da er „sich selbst als den einzigen Zuschauer, der ihn beobachtet, als das einzige Wesen im Universum, das Interesse an ihm nimmt, als den einzigen Richter über sein eigenes Verdienst ansieht, ist es nicht möglich, daß ein Gefühl, welches seine Quelle in Vergleichen hat, die er nicht anzustellen vermag, in seiner Seele aufkommen kann."[68] Haß und das Verlangen nach Rache, Stolz und Geringschätzung, Eifersucht und Mißgunst sind ihm fremd. Sein Verhalten wird

---

[68] Anmerkung XV, S. 370. Auf die weitreichenden theologischen Konsequenzen, die Rousseaus Begriff des Gut- und des Böseseins des Menschen, seine Analyse des *amour-propre* und seine Herleitung des Ressentiments aus der Abhängigkeit von bzw. aus der Entgegensetzung zu einem fremden Willen haben, kann hier nicht eingegangen werden. Anmerkung XV ist geeignet, den Leser darüber „selbst" nachdenken zu lassen.

durch den unmittelbaren *amour de soi*, das natürliche Gefühl der
Selbstliebe, bestimmt. So können die Menschen im Naturzustand
„einander viele wechselseitige Gewalttätigkeiten zufügen, wenn
es ihnen irgendeinen Vorteil einträgt" (S. 370), ohne sich
gegenseitig zu korrumpieren, ohne daß sie ihre fundamentale
Unabhängigkeit einbüßen, das Beisichselbstsein, das sie gut sein
läßt.

Der solitäre Wilde ist gut, aber ist kein „menschlicher" Mensch.
Die Menschwerdung des Menschen setzt den Verlust des unmittelbaren Beisichselbstseins voraus. Die Entwicklung der Fähigkeiten, die der natürliche Mensch *en puissance*, der Möglichkeit
nach, besitzt, ist daran gebunden, daß seine physische und psychische Selbstgenügsamkeit historisch aufgebrochen wird. Um
sich zu „vervollkommnen", muß der Mensch seine natürliche
Vollkommenheit einbüßen. Zu einem Wesen, das über Vernunft,
Sprache, Moral verfügt, kann er nur dadurch werden, daß die
Menschen in Abhängigkeit geraten, dadurch, daß sie soziabel
werden. Rousseau zeichnet die Genealogie der Soziabilität im
Zweiten Teil des *Discours* nach, wo er — im Blick auf die andere
„real gegebene Tatsache", den bürgerlichen Zustand der Gegenwart, in dem „alle unsere Fähigkeiten entwickelt" sind — den
geschichtlichen Prozeß aufzuhellen versucht, in dessen Verlauf
der *homme naturel* sich in den *homme de l'homme* verwandelte.
Sein „Bericht" führt vom solitären Naturzustand über die ersten
losen und begrenzten Zusammenschlüsse zu einer „Herde"
oder einer „Art von freier Assoziation", die Gründung und die
Unterscheidung der Familien als Ergebnis einer „ersten Revolution", die Entstehung der wilden Gesellschaften, die Herausbildung besonderer, durch Sitten und Charaktere geeinter Nationen, über die „große Revolution", die die Metallurgie und der
Ackerbau hervorbrachten, bis zur Einrichtung der politischen
oder bürgerlichen Gesellschaften, die dem *bellum omnium contra
omnes* ein Ende setzt, welches aus der Aufteilung des Grund und
Bodens, der Arbeitsteilung und der schließlichen Aufspaltung
der Gesellschaft in die feindlichen Lager der Reichen einerseits
und der Armen andererseits hervorging. Eine „hypothetische
Geschichte der Regierungen", die Rousseau in einen „Ausblick"

auf die Heraufkunft des Despotismus münden läßt, schließt sich daran an. Es ist hier nicht der Ort, um auf Rousseaus Darstellung im einzelnen einzugehen. Wir beschränken uns auf zwei Punkte, die für das Verständnis der zugrundeliegenden Prinzipien von besonderem Interesse sind.

Die tiefgreifendste Veränderung, die der Mensch im Laufe seiner Geschichte erfährt, seine Entwicklung von einem solitären zu einem soziablen Wesen, ist aufs engste mit der Entstehung der Gefühle der Bevorzugung verknüpft. Wenn der solitäre Wilde sich selbst und seinen Bedürfnissen den „Vorzug" vor allem übrigen gibt, so geschieht dies spontan, nichtreflexiv, ohne einen vergleichenden Bezug auf andere Individuen. Der natürliche Mensch läßt sich von seinem *amour de soi* leiten, er folgt dem „einfachen Antrieb der Natur". Die Gefühle der Bevorzugung dagegen setzen das Anstellen von Vergleichen voraus, sie erfordern die Unterscheidung des Besonderen vom Allgemeinen, das Bewußtwerden des Eigenen in der Auseinandersetzung mit dem Anderen. Sie sind an Fähigkeiten gebunden, deren Ausbildung einen „unermeßlichen Zeitraum" in der Geschichte der Art beansprucht. Mit ihnen aber ist der entscheidende Schritt in der Genese der Soziabilität vollzogen. Die *sentiments de préférence* — Rousseau nennt an erster Stelle die Liebe und die Eifersucht, welche „mit der Liebe erwacht", — brechen die psychische Autarkie des anfänglichen, tierischen Naturzustandes auf. Die ersten individualisierten Beziehungen sind die ersten personalen Abhängigkeiten. Die Aktionen und die Reaktionen des andern erscheinen nicht mehr als reine Naturereignisse. Sie werden im Horizont der Bevorzugung, des eigenen Interesses und des eigenen Urteils interpretiert und bewertet. Jeder beginnt „die anderen zu beachten und selbst beachtet werden zu wollen", er schätzt andere und möchte seinerseits geschätzt werden. „Sobald die Menschen sich wechselseitig zu schätzen begonnen hatten und die Vorstellung der Achtung in ihrem Geist gebildet war, beanspruchte jeder, ein Recht darauf zu haben, und es war nicht mehr möglich, es irgend jemandem gegenüber ungestraft daran fehlen zu lassen" (S. 188). Schätzen heißt einschätzen, die Geringschätzung ist mit der Hochschätzung gesetzt. Die indivi-

dualisierten Beziehungen, die aus den Gefühlen der Bevorzugung, aus Liebe und Eifersucht, aus der Eigenliebe, aus Stolz und Neid, hervorgehen, sind affektiv nicht mehr indifferent und moralisch nicht mehr unschuldig. Sie werden über die Meinung vermittelt, und die Meinung „der anderen" in Gestalt der Achtung, der öffentlichen Wertschätzung, schafft die erste moralische oder soziale Ungleichheit. Das Streben nach Ansehen, der Wunsch, geachtet, anderen vorgezogen zu werden, ist die Verinnerlichung dieser Ungleichheit, ihre Hereinnahme in das Denken und Fühlen des Menschen selbst, mit ihm beginnt sich das Zentrum seiner Existenz nach außen zu verlagern, bis der soziable Mensch, am Ende seiner Entwicklung angelangt, ganz vom *amour-propre* bestimmt, „immer außer sich", schließlich „nur in der Meinung der anderen zu leben weiß" und er „sozusagen aus ihrem Urteil allein das Gefühl seiner Existenz bezieht" (S. 268).

Die Soziabilität zeigt das gleiche Janusgesicht, das der Geschichte des Menschen insgesamt eignet. Sie eröffnet ihm Möglichkeiten, die ihn „weit über die Natur hinausheben" und sie setzt ihn eben damit der Gefahr aus, unter die Natur zurückzufallen. Sie macht die Einzelnen abhängig, aber sie verhilft ihnen zugleich dazu, ihre Individualität in nicht gekannter Weise zur Entfaltung zu bringen. Der vergleichende Bezug auf andere und die Vermittlung über die Meinung, die die Existenz des soziablen Menschen bestimmen, nehmen ihm die Unmittelbarkeit und die Verhaltenssicherheit des solitären Wilden, aber sie lassen ihn auch dessen tierische Beschränktheit abstreifen. Sie begründen die Möglichkeit seiner Erziehung und Bildung, jedoch nicht minder die seines völligen Außersichseins. Die Auswirkungen der Eigenliebe, der in der Logik der Soziabilität die Schlüsselrolle zufällt, sind ebenso ambivalent, wie die Meinung ambivalent ist, an der sie sich orientiert, und die Einbildungskraft, durch die sie aktiviert wird. Ihre Energie kann in den Dienst der höchsten wie in den der niedrigsten Sache gestellt werden. Wir verdanken dem *amour-propre*, „was es an Bestem und was es an Schlechtestem unter den Menschen gibt: unsere Tugenden und unsere Laster, unsere Wissenschaften und unsere Irrtümer, unsere Eroberer und unsere Philosophen" (S. 256).

Der Perspektivenwechsel, der in seiner Konzeption des Naturzustandes zum Ausdruck kommt, befähigt Rousseau, den Verlust und den Gewinn, die neuen Freiheitschancen und die erhöhten Risiken, Fortschritt und Dekadenz in der historischen Entwicklung mit größter Schärfe zusammenzusehen und beide Seiten auf der Grundlage seiner anthropologischen Prinzipien in ihrem inneren Zusammenhang zu begreifen und zu analysieren. Insbesondere versetzt er Rousseau in die Lage, die Rückwirkungen aufzuzeigen, die das „Außenverhältnis" des Menschen zur Natur für das „Binnenverhältnis" der Menschen untereinander hat.[69] Sie werden nirgendwo auffälliger sichtbar als im Gefolge der durch die Metallurgie und den Ackerbau heraufbeschworenen „großen Revolution", die die wichtigste Zäsur in der Geschichte des *homme sociable*, die Gründung der politischen Gesellschaft, nach sich zieht: An die Stelle der abgeholzten Wälder traten „lachende Felder, die mit dem Schweiß der Menschen getränkt werden mußten und in denen man bald die Sklaverei und das Elend sprießen und mit den Ernten wachsen sah" (S. 196). Die Dialektik von Herrschaft und Knechtschaft nimmt — im Verhältnis von Mensch zu Natur wie in dem von Mensch zu Mensch — ihren Anfang mit der Verfolgung und Durchsetzung von *préférences*, partikularen, über den *goût*, die *opinion*, die *imagination* vermittelten Gesichtspunkten. Der Zwang, den die Menschen der Natur zufügen, indem sie ihr durch den Ackerbau, durch kontinuierliche Arbeit die Vorlieben aufzwingen, die am meisten nach ihrem Geschmack sind[70], schlägt sich nieder in den Besitzverhältnissen, die aus der Bestellung des Landes entstehen, er zeugt sich fort in der Konkurrenz der Eigentümer und der Habenichtse und im „fortwährenden Konflikt", der sich zwischen dem Recht des Stärkeren und dem Recht des ersten Besitznehmers erhebt. Erst der Prozeß der Zivilisation, der durch die neolithische Revolution ausgelöst wird, verleiht den Leidenschaften und den Abhängigkeiten der Menschen die materielle Gewalt, die die Errichtung der bürgerlichen Gesellschaft unaus-

---

[69] Siehe dazu als Ankündigung für alles Spätere S. 176.
[70] S. 144; cf. S. 78.

weichlich macht. Menschliche Kunst muß der Natur zu Hilfe
kommen, um den „entsetzlichsten Kriegszustand" zu beenden.
Die „natürliche Ordnung", die in diesem Entwicklungsstadium
der menschlichen Fähigkeiten das Überleben der Art nicht mehr
zu gewährleisten, deren Ruin nicht länger zu verhindern vermag,
wird durch eine gesellschaftliche Rechtsordnung suspendiert. Die
„Gleichheit", die zwischen den von Natur ungleichen Menschen
im natürlichen Zustand *sub specie naturae* bestand, löst eine von
Menschen gestiftete, auf Konvention gegründete Gleichheit ab:
Alle Mitglieder der politischen Gesellschaft werden gleichermaßen dem menschlichen Gesetz unterworfen, alle tragen fortan
die Ketten des bürgerlichen Zustandes, der die natürliche Freiheit
„unwiederbringlich" zerstört. Es ist möglich, diesen Zustand
„legitim zu machen", aber es ist unmöglich, den Menschen, die
in ihm leben, die Ketten selbst abzunehmen.[71]

Rousseaus Rekonstruktion der Menschwerdung und der Geschichte der bürgerlichen Gesellschaft sucht weder ein verlorenes
„Ideal" wiederzugewinnen noch ein wie immer geartetes Golde-
nes Zeitalter aufzuspüren.[72] Der Naturzustand war kein idyl-

---

[71] Siehe FN 265, 314, 391.

[72] Vergleiche S. 288, FN 353. — Im letzten Abschnitt des Exordiums,
in dem sich Rousseau mit einem emphatischen *discours dans le Discours* an den
Menschen, „aus welchem Lande er auch sei", wendet, kommt Rousseau
darauf zu sprechen, daß der Leser das Zeitalter suchen würde, von dem er
wünschte, die Art wäre bei ihm stehen geblieben, daß er außerdem „vielleicht
rückwärtsgehen können" möchte und daß dieses Gefühl zur Kritik der Zeitgenossen werden müsse (S. 74). Rousseau tut alles, um diesem Gefühl Nahrung
zu geben, wenn er — ehe er dem Leser das düstere Bild der Folgen vor Augen
stellt, welche die „große Revolution" in der Geschichte der Menschheit
heraufbeschwören wird, — das Zeitalter der *société sauvage* als die „glücklichste und dauerhafteste Epoche" preist und sie den „besten Zustand für
den Menschen" nennt (S. 192). Für das angemessene Verständnis der Stelle
ist die sorgfältige Unterscheidung der Darstellungsebene und der Ebene der
philosophischen Analyse im *Discours* unerläßlich. Wir beschränken uns auf
fünf Hinweise. (1) Wie Rousseau im unmittelbar vorausgegangenen Textabschnitt ausführlich dargelegt hat, sind in dem Zustand, den er anschließend
als den „besten für den Menschen" bezeichnet, die „Racheakte schrecklich
und die Menschen blutgierig und grausam" (S. 190). Der Leser, der die konkreten anthropologischen Bestimmungen der verschiedenen Entwicklungs-

lisches Paradies[73] und der historischen Entwicklung des menschlich Besonderen aus dem natürlichen Allgemeinen liegt kein Sündenfall zugrunde. Wenn Rousseau sich im Zweiten Teil des *Discours* darum bemüht, „die verschiedenen Zufälle zu betrachten

---

stufen bedenkt, kann sich ein eigenes Urteil über deren Qualität bilden (cf. Rousseaus Charakterisierung des anfänglichen Naturzustandes auf S. 136 und 190, siehe auch S. 422). (2) Im „besten Zustand für den Menschen" sind noch nicht „alle unsere Fähigkeiten entwickelt" (S. 206), hierzu bedarf es des Eintretens eines „unheilvollen Zufalls". Das Lob der *société sauvage* unterstreicht so die antiteleologische Konzeption der Rousseauschen Geschichtsrekonstruktion. (3) Die Charakterisierung der Epoche der wilden Gesellschaft, die eine heidnische Epoche ist, als die „wahrhafte Jugend der Welt" (S. 194), enthält die unverwechselbarste Referenz innerhalb des Buches auf Lukrez' *De rerum natura*, auf die als „atheistisch" verfemte „Vorlage" des *Discours*, die nirgendwo namentlich erwähnt wird. (Vergleiche dazu Anfang und Ende von Anmerkung XVI.) (4) Rousseaus Eloge auf den „besten Zustand für den Menschen" wird durch Anmerkung XVI, die auf sie bezogen ist und die ihrerseits das Sujet für das Frontispiz des ganzen Werkes enthält, in einer Weise hervorgehoben, wie dies für keine andere Passage der Schrift der Fall ist. Anmerkung XVI endet mit der Rede eines Hottentotten, der dem „Gepränge" der europäischen Zivilisation „für immer" entsagt und sich für sein „ganzes Leben von der christlichen Religion lossagt" (S. 378). Rousseau setzt dieser Rede des Wilden — es handelt sich um den letzten *discours dans le Discours* — nicht mehr als den Hinweis „Siehe das Frontispiz" hinzu. (5) Während Rousseau dem Menschen des bürgerlichen Zustandes auf der polemischen Darstellungsebene zumeist den soziablen Wilden, den Hottentotten, den Kariben oder den Indianer und nicht etwa den „Orang-Utan" gegenüberstellt und er hier die Unterscheidung zwischen dem solitären und dem soziablen Wilden häufig absichtsvoll verwischt, läßt seine philosophische Analyse keinen Zweifel daran, daß die anthropologisch tiefgreifendste Veränderung die Entwicklung vom solitären zum soziablen Menschen ist. Rousseau verwendet das Adjektiv *sociable* exakt dreimal im *Discours*: Indem der Mensch *soziabel* wird, wird er *Sklave* (S. 92), wird er *böse* (S. 166), weiß er nur mehr *in der Meinung der anderen zu leben* (S. 268). Alle diese Bestimmungen sind untrennbar miteinander verbunden. Sie bezeichnen ein und dieselbe Sache.

[73] Wie weit Rousseaus Darstellung des Naturzustandes, den solitäre Autarkie, animalische Beschränktheit, Auseinandersetzungen um die Subsistenz, das Gesetz des Stärkeren und die natürliche Selektion charakterisieren, vom Gemälde eines idyllischen Paradieses entfernt ist, wird besonders augenfällig, wenn man sie mit dem Bild vergleicht, das der Abbé Talbert, dem der erste Preis im Wettbewerb der Akademie von Dijon zugesprochen wurde, vom ursprünglichen Zustand des Menschen entwirft: Nach Talberts Schilderung herrschen vor dem Sündenfall allgemeine Freundschaft und Wohlgefäl-

und zusammenzubringen, die imstande waren, die menschliche Vernunft zu vervollkommnen, indem sie die Art verdarben, ein Wesen böse zu machen, indem sie es soziabel machten, und den Menschen und die Welt von einem so entfernten Stadium schließlich bis zu dem Punkt hinzuführen, an dem wir sie sehen" (S. 166), so dient dieses Unterfangen auf der Ebene der philosophischen Realanalyse einer angemessenen Bestimmung der Anthropologischen Differenz. Die Ambivalenz des geschichtlichen Wandels, der in je unterschiedlichen Rücksichten als Vervollkommnung oder als Verfall, als Fortschritt oder als Korruption erscheint, wird von Rousseau nicht zu einer Bewegung des Niedergangs verkürzt. Wenn er im Blick auf das Ganze des historischen Prozesses, aus dem der „freie, vervollkommnete, mithin korrumpierte Mensch"[74] hervorgegangen ist, den Akzent auf den Verlust, die Verfehlung, die Entstellung legt, so kommt darin zum Ausdruck, daß sie „für uns" das Erste, das Dringlichste, das Bedrückendste geworden sind.[75] Mit der Erweiterung der humanen Möglichkeiten

---

ligkeit, die Menschen zeichnen sich aus durch Tugenden, Liebe zur Pflicht, sie verfügen über Erkenntnis ohne Irrtum, sie sind gut, nicht jeder für sich, sondern alle für einander. „Fait pour connaître, l'homme connaissait sans erreur; il n'avait à craindre ni ténèbres ni fausses lumières. Il voyait ce qui était bon, ce qui était juste; sa fin, ses devoirs lui étaient présent et ne perdant point de vue son but, il pouvait marcher sans s'égarer. Le coeur n'était point en contradiction avec l'esprit. Celui-ci montrait la route, l'autre la suivait. Le penchant vers le bien était le seul qu'il connût, la vertu était son centre." (Talberts *Discours* ist abgedruckt in Roger Tisserand: *Les concurrents de J. J. Rousseau à l'Académie de Dijon pour le prix de 1754*, Paris, 1936, p. 137—151. Cf. p. 138/139).

[74] Siehe S. 362, FN 447.

[75] Im *Contrat social*, in dem Rousseau, ausgehend von den philosophischen Prinzipien, die er im *Discours sur l'inégalité* grundgelegt hat, eine Antwort auf die Frage versucht, wie die „Ketten" des bürgerlichen Zustandes „legitim gemacht" werden können, setzt Rousseau den Akzent — dem Gegenstand des Werkes entsprechend — anders, ohne der Sache nach die mindeste Veränderung vorzunehmen, wenn er erklärt: Obgleich der Mensch sich im bürgerlichen Zustand mancher Vorteile begibt, „die er von der Natur erhalten hat, gewinnt er dafür so große andere, übt und entwickelt sich seine Fähigkeiten, erweitern sich seine Vorstellungen, veredeln sich seine Gefühle, erhebt sich seine ganze Seele so sehr, daß er, *wenn ihn die Mißbräuche dieses neuen Zustandes nicht häufig unter jenen erniedrigten, von dem er ausgegangen ist*, ohne

wächst die Gefahr der schlechten Wirklichkeit. Mit der fort-
schreitenden Naturbeherrschung und der zunehmenden Selbst-
domestikation des Menschen wird das depravierte Dasein für
immer mehr Individuen immer wahrscheinlicher. Es wird wahrscheinlicher, aber es wird nicht notwendigerweise zum universellen Schicksal alles dessen, was Menschenantlitz trägt. Erst
dadurch, daß die Menschen soziabel werden, werden sie böse.
Wenn sie soziabel geworden sind, sind sie darum jedoch nicht
allesamt und jederzeit oder wesentlich böse. Umgekehrt gilt:
Errungenschaften, die für einzelne aufgrund ihrer besonderen
Fähigkeiten und Eigenschaften eine ungeheure Bereicherung
bedeuten, können fatale Auswirkungen für die Völker und für
die Art als ganze haben. Was für Sokrates gut ist, ist es noch
lange nicht für Athen oder für die Menschheit. Während die Entwicklung der Einsicht und Aufgeklärtheit bei den Völkern mit
der Entwicklung der Laster „stets im selben Verhältnis" einhergeht, trifft dies für die Individuen keineswegs zu — eine Unterscheidung, die sich aus der natürlichen Ungleichheit der Menschen
ergibt und die Rousseau nach seinem eigenen Urteil „stets sorgfältig vorgenommen" hat, wohingegen „keiner" von jenen, die ihn
angegriffen haben, sie „jemals zu begreifen vermocht hat."[76]
    Die geschichtliche Entwicklung, die durch natürliche Ereig-
nisse, durch Veränderungen in der Umwelt des solitären Wilden
ausgelöst wurde, hat das ursprüngliche Gleichgewicht des Naturzustandes zerstört, sie hat den Menschen jedoch nicht der Möglichkeit beraubt, zu einer geglückten Existenz zu gelangen,
weder in den Epochen vor der „ersten" und vor der „großen
Revolution", Epochen, in denen sich eine neue Balance im Verhältnis zwischen Mensch und Natur einstellte, noch nachdem ein
„unheilvoller Zufall, der sich zum allgemeinen Nutzen niemals
hätte ereignen sollen," (S. 194) jenen Prozeß in Gang setzte, der
zur Einrichtung der bürgerlichen Gesellschaft führte. Die Ent-

---

Unterlaß den glücklichen Augenblick preisen müßte, der ihn ihm für immer
entriß und der aus einem stupiden und beschränkten Tier ein intelligentes
Wesen und einen Menschen machte." (*C.S.* I, 8. Hervorhebungen nicht im
Original.)
    [76] *Lettre à Christophe de Beaumont*, p. 967. Vergleiche S. 194 und FN 241.

wicklung der menschlichen Fähigkeiten macht die politische
Gesellschaft, die Gesetze und die Regierung in der Geschichte
der Art von einem bestimmbaren „Augenblick" an zu einem
zwingenden Erfordernis. Doch die politische Gesellschaft muß
weder zwangsläufig und unrettbar dem Despotismus anheim-
fallen, in dem Rousseaus „hypothetische Geschichte der Regierungen" kulminiert, noch muß sie überall und unheilbar zu einer
Gesellschaft der Partikularinteressenten verkommen, in der das
„Sklavenwort Finanz" den Ton angibt, Sein und Scheinen zwei
völlig verschiedene Dinge sind, der Geist der Herrschaft und
der Knechtschaft die Beziehungen der Menschen imprägniert,
Konformismus und Spannungslosigkeit die politischen Tugenden
erlahmen lassen und die allgemeine Konkurrenz der Egoismen
einerseits, die Auswechselbarkeit, die Mediokrität und die Händler-
gesinnung, die das öffentliche Leben kennzeichnen, andererseits,
den Bürgern die Identifikation mit dem Ganzen, mit der gemeinsamen Sache, mit der Republik verwehren. Die depravierte Existenz des Bourgeois, der „immer im Widerspruch mit sich selbst,
immer zwischen seinen Neigungen und seinen Pflichten schwan-
kend", weder für sich noch für andere gut zu sein vermag[77], ist
nicht ohne politische Alternative. Die bürgerliche Gesellschaft
kann ihren Mitgliedern die Eudämonie einer politischen Existenz
eröffnen. Sie kann im guten Gemeinwesen eine Form gewinnen,
die es dem Bürger erlaubt, sich in der Totalität der Nation wiederzufinden. Sie kann seine Eigenliebe dem Gemeinwohl dienstbar
machen und vermittels der Vaterlandsliebe sogar in eine „erhabene Tugend" verwandeln. Sie kann zwischen ihm und seinen
Mitbürgern das Band der Sozialfreundschaft knüpfen und es durch
öffentliche Erziehung, nationale Feste, die Pflege der Sitten und
der gemeinsamen Traditionen festigen. Sie kann ihn von persön-
licher Herrschaft freihalten, indem sie ihn allein der Herrschaft
des allgemeinen Willens unterstellt, an dem er selbst teilhat.
Kurz, die politische Gesellschaft kann den Menschen in einen
Citoyen verwandeln, der seine Identität als untrennbares Glied

---

[77] Rousseau führt den Begriff des *Bourgeois* in seiner anthropologisch und
politisch prägnanten Bedeutung im ersten Buch des *Emile* ein (p. 249/250).

eines unverwechselbaren Politischen Körpers verwirklicht und erfährt, der den anderen Citoyens als ein nach strengem Recht Gleicher gegenübertritt und dessen Rang sich ausschließlich „nach den wirklichen Diensten" bemißt, die er dem Staat erweist (S. 382). Das gute Gemeinwesen ist an natürliche und historische Voraussetzungen, an das Zusammentreffen verschiedener günstiger Umstände gebunden, die nicht an jedem Ort und zu jeder Zeit gegeben sind oder durch menschliche Kunst nach Belieben geschaffen werden können. Daher bleibt es die Ausnahme. Sparta und Rom bezeugen indes für die Vergangenheit, daß es nicht nur der Welt der theoretischen Entwürfe entspringt, sondern als Ergebnis politischer Tat geschichtliche Gestalt angenommen hat. Die Republik Genf weist darauf hin, daß eine Annäherung an die „legitime Einrichtung" in der Gegenwart nicht unmöglich ist[78], und der zukünftigen Verwirklichung eines „guten Gebäudes" kann die Philosophie — auch sie ein Resultat des „Fortschritts oder der Korruption" in der Geschichte der Menschheit — zumindest den Boden bereiten.[79]

[78] Die *Dédicace à la République de Genève* hat neben dieser demonstrativen Funktion, die der in Genf ähnlich dem Sparta Lykurgs Zeugnis dafür ablegt, daß der Prozeß des Niedergangs, der Fortschritt in den Despotismus nicht ohne Alternative war oder ist, zwei weitere Aufgaben innerhalb der Gesamtkomposition des *Discours*. Einmal dient die Adresse, in der sich der *Citoyen de Genève* J. J. Rousseau an seine Genfer Mitbürger wendet, um die republikanischen Maximen seines Vaterlandes vor aller Welt zu rühmen, dem Verfasser als Kunstgriff, in dessen Schutz er das politisch brisanteste Prinzip des Buches, die Souveränität des Volkes, vortragen kann (cf. S. 10, FN 12). Zum anderen verfolgt Rousseau mit der *Dédicace* die Absicht, auf die Verhältnisse in seiner Heimatstadt selbst politisch einzuwirken (cf. den Kommentar zur *Dédicace* und zur *Lettre à Perdriau*). Der Versuch der politischen Einflußnahme hat seinerseits eine über die geschichtliche Aktualität hinausreichende theoretische Bedeutung, insofern er zeigt, welche Aufgabe Rousseau der Politischen Philosophie im Hinblick auf die politische Praxis eines konkreten Gemeinwesens zuweist und wie er die Rechte und die Pflichten begreift, die der Philosoph als Bürger gegenüber seiner Nation hat.

[79] Rousseau deutet mit seinen Hinweisen auf die positive politische Funktion, die der Philosophie in der Zukunft zukommen kann, zugleich an, woraus die „Kühnheit" des *Discours*, gemessen an den Grundsätzen seiner eigenen Politischen Philosophie, ihre Rechtfertigung bezieht. Vergleiche S. 58, 60 und 224 mit S. 250 und 262.

Die Natur hat den Menschen nicht schlechter behandelt als die anderen Lebewesen. Eine Untersuchung der Geschichte der Art am Leitfaden der Anthropologischen Differenz zeigt, daß dem solitären Wilden des anfänglichen Naturzustandes ein nicht depraviertes Dasein ebenso möglich war, wie es dem Kariben, dem Hottentotten oder dem Indianer offensteht, der in der wilden Gesellschaft lebt. Im bürgerlichen Zustand ist es dem Citoyen erreichbar, der über die Identifikation mit dem *moi commun* zu einem Leben in Übereinstimmung mit sich selbst gelangt, aber nicht weniger den Liebenden, die sich ineinander wiedererkennen und inmitten einer entfremdeten Gesellschaft zu einer neuen Autarkie, zu einer Ganzheit hinfinden, die ihr Zentrum in sich trägt, oder dem Philosophen, der seine Selbstgenügsamkeit in der kontemplativen Existenz eines *promeneur solitaire* am Rande der Gesellschaft verwirklicht. Allen Formen nicht depravierten Daseins ist gemeinsam, daß sie — auf der Grundlage der Entfaltung sehr unterschiedlicher Fähigkeiten — die Ausbildung von Identität erlauben. Ihre konkrete Ausprägung muß für Sokrates eine andere sein als für Cato, für Lykurg eine andere als für Diogenes. Die Möglichkeiten sind weit gespannt, weil das „Menschengeschlecht eines Zeitalters nicht das Menschengeschlecht eines anderen Zeitalters ist" und weil die Menschen von Natur aus ungleich sind. Die geglückte Existenz eines Hottentotten unterscheidet sich von der eines Spartaners, die eines Genfers von der eines „Orang-Utans". Sie treffen sich jedoch alle in der Grundbestimmung des Beisichselbstseins. Das Beisichselbstsein ist nach Maßgabe der jeweiligen Vermögen und Umstände ein andereres, aber kein „niedereres" oder „höheres", es hängt nicht davon ab, daß sich „alle unsere Fähigkeiten" in der Geschichte entwickelt haben. Die historische Vervollkommnung des Individuums ist in dieser Rücksicht nur eine scheinbare.[80] Die Entwicklung vom *homme naturel*, der in der Unmittelbarkeit des Gefühls seiner gegenwärtigen Existenz lebt

---

[80] Vergleiche den Eröffnungssatz von S. 206, der sich auf die Zeit nach der „großen Revolution" bezieht, mit der Aussage von S. 194. Siehe ferner Rousseaus Rede an die Wilden in Anmerkung IX, S. 318. Cf. Rousseaus Rat an die „Barbaren und Fischesser" in *C.S.* II, 11.

und sein Genügen findet, zum *homme de l'homme*, der über Vernunft, Moralität und historisches Bewußtsein verfügt, beruht auf keinem Sündenfall. Ebensowenig aber behebt sie einen „Mangel" oder ist sie ein heilsgeschichtliches Erfordernis. Die Natur wäre auch „gerechtfertigt" gewesen, wenn die Menschen ewig in ihrem natürlichen Zustand verblieben wären. Die Anthropologische Differenz ist so, ohne daß sie deshalb irgend etwas von ihrem Gewicht für uns verlöre, *sub specie naturae* zurückgenommen in die Unschuld des Werdens.

Der *Discours sur l'inégalité* ist entschieden das Werk eines Philosophen. Nicht nur weil die Moralität in ihm nicht als eine unbefragte oder unbefragbare Voraussetzung, sondern als ein zu erforschender Gegenstand oder als ein Problem betrachtet wird. Er erweist sich vor allem darin als das Werk eines Philosophen, daß in ihm die Philosophie selbst zur Frage wird ehe sie Antwort gibt.

Anhang zur Zensur

Die Zensur im engeren Sinne, die von Staats wegen verfügte Prüfung jedes Buches durch einen Zensor, war für die Autoren unter dem *Ancien régime* eine vergleichsweise niedrige Hürde. Zumindest gilt dies für die Jahre 1750—1763, in denen das französische Buchwesen Lamoignon de Malesherbes unterstand. Zwar durfte nach dem Code von 1723 kein Buch in Frankreich gedruckt oder verbreitet werden, ohne daß eine billigende Stellungnahme des Zensors vorlag und der zuständige Magistrat die offizielle Druck- bzw. Vertriebserlaubnis erteilt hatte. In der Praxis genügte jedoch gewöhnlich bereits das Einholen einer „stillschweigenden Genehmigung" und die Aufnahme des Titels in das sogenannte „Verzeichnis im Ausland gedruckter Bücher, deren Verkauf in Frankreich gestattet ist". Die Großzügigkeit und das taktische Geschick Malesherbes' im Umgang mit den vorgesetzten Dienststellen ließen die förmliche Zensur während seiner Amtszeit als *Directeur de la librairie* zu einer eher stumpfen Waffe werden. Oft blieben die negativen Gutachten der staatlich beauftragten Zensoren — um 1750 waren es insgesamt 79 an der Zahl — wirkungslos.[1] Das bedeutet jedoch nicht, daß die begehrte *permission tacite* ohne Schwierigkeiten zu erlangen gewesen wäre. Die Amtsführung Malesherbes' zeichnete sich nicht nur durch Toleranz und Wohlwollen gegenüber den Autoren aus, sie wurde ebenso durch politische Vorsicht und eine abwartende Zurückhaltung bestimmt. Viele Anfragen und Ersuchen von Verlegern blieben so lange unbeantwortet, bis sich eine Ent-

---

[1] Cf. *Lettre à Perdriau,* S. 440. — Über die Zensur i. e. S. während der Ära Malesherbes unterrichten ausführlich die Monographie von Edward P. Shaw: *Problems and Policies of Malesherbes as Directeur de la librairie in France (1750—1763),* New York, 1966 und in gedrängter Form der Beitrag *Censorship and Subterfuge in Eighteenth-Century France* desselben Verfassers in Charles G. S. Williams (Ed.): *Literature and History in the Age of Ideas. Essays on the French Enlightenment. Presented to George R. Havens.* Ohio, 1975, p. 287—309.

scheidung erübrigt hatte, weil das fragliche Buch mittlerweile im Ausland veröffentlicht worden war, oder bis die gewünschte Genehmigung ohne Risiko erteilt werden konnte, weil die öffentliche Reaktion auf die ersten, illegal erschienenen Exemplare glimpflich ausfiel und keine Weiterungen zu erwarten standen. Im Falle von Rousseaus *Discours sur l'inégalité* gestattete Malesherbes nach eingehender Prüfung der Druckfahnen die Lieferung von „zunächst" nicht mehr als 100 Exemplaren nach Paris. Die Entscheidung über die weiteren 1 400 Stück, für die Rousseaus Amsterdamer Verleger Rey in mehreren Schreiben an Malesherbes eine Einfuhrerlaubnis erbeten hatte, behielt er sich dagegen erst einmal vor.[2]

Blieb die Zensur, die dem Erscheinen eines Buches vorausging, ohne sonderliche Schrecken für den Verfasser, so war die Zensur im weiteren, umfassenden Verstande, die Gesamtheit der Druckmittel und Zwangsmaßnahmen, die nach der Veröffentlichung von staatlicher wie kirchlicher Seite verhängt und eingesetzt werden konnten, sehr ernst zu nehmen. Ihre Bandbreite reichte von der Exkommunikation bis zur Einlieferung in die Bastille. Der Urteilsspruch der Theologischen Fakultät der Sorbonne, der die offizielle kirchliche Zensur oblag, zwang manchen Autor zum förmlichen Widerruf. Bücher, die mit der religiösen und der politischen Orthodoxie nicht übereinstimmten, waren wiederholt heftigen Attacken einflußreicher klerikaler Organe, allen voran der jansenistischen *Nouvelles ecclésiastiques* und der jesuitischen *Memoires de Trévoux*, ausgesetzt, deren Kampagne nicht selten mit dem Verbot der inkriminierten Schrift durch das *Parlement de Paris* endete. Der Pariser Gerichtshof verfügte auch die öffentliche Verbrennung ketzerischer Bücher durch den Scharfrichter, er ordnete die Konfiszierung aller im Buchhandel auffindbaren Exemplare an oder stellte Haftbefehle gegen die Verfasser aus. Der *Conseil d'Etat* konnte jederzeit die früher erteilte Druckerlaubnis des *Directeur de la librairie* widerrufen oder einem Verleger das königliche Privileg entziehen. Wie die Reaktion der verschiedenen Institutionen im einzelnen ausfiel, wurde ebenso

---

[2] Vergleiche *CC* III, p. 108—111, 118, 122, 126—128, 131, 135.

durch die aktuelle politische Lage oder die besondere inner-
kirchliche Konstellation wie durch unabsehbare Zufälligkeiten,
persönliche Idiosynkrasien und partikulare Machtinteressen bestimmt. Das Zusammenspiel von *Sorbonne*, *Parlement de Paris*
und *Conseil d'Etat* ließ sich daher im vorhinein schwerlich kal-
kulieren. Vom öffentlich ausgesprochenen Tadel einer Schrift
wegen ihres „irreligiösen", „dem Christentum widersprechen-
den" oder „die Grundlagen der Monarchie untergrabenden"
und „aufrührerischen" Inhalts bis zur Verhaftung ihres Urhebers
war es nur ein kurzer Schritt.

Am Beispiel der Erfahrungen, die sein Freund Diderot während
der gemeinsamen Pariser Jahre mit den politischen und religiösen
Gewalten machte, konnte Rousseau die Maschinerie der Zensur
aus nächster Nähe kennenlernen. Gleich die erste philosophische
Schrift Diderots, die *Pensées philosophiques*, wurden auf Anordnung des *Parlement de Paris* am 7. 7. 1746 verboten und öffentlich
verbrannt. Diderot hatte das Buch 1746 vorsorglich ohne Autor-
und Verlagsangabe publiziert; als Erscheinungsort stand auf der
Titelseite Den Haag zu lesen, tatsächlich war es von Laurent
Durand in der Rue Saint-Jacques in Paris verlegt worden. Im
Falle der *Bijoux indiscrets* (1748) und der *Lettre sur les aveugles*
(1749) bediente sich Diderot derselben Vorsichtsmaßnahmen.
Diesmal jedoch ohne Erfolg. Die Behörden verfügten bald über
vertrauliche Informationen, wen die als materialistisch und
atheistisch angeprangerte *Lettre sur les aveugles* zum Verfasser hatte
und wo sie gedruckt worden war. Am 24. 7. 1749 erschienen zwei
Polizeibeamte in Diderots Wohnung, um eine Haussuchung
durchzuführen. Die „der Religion, dem Staat oder den Sitten
zuwiderlaufenden" Manuskripte, die sie unter Diderots Papieren
suchten, konnten die Beamten zwar nicht finden, doch die *Lettre
de cachet*, die sie bei sich trugen, brachte Diderot auf unbestimmte
Zeit in den Zwinger von Vincennes — die Bastille war bereits
überfüllt gewesen. Nach langen Verhören gestand Diderot
schließlich, der Verfasser der *Pensées philosophiques*, der *Bijoux
indiscrets* und der *Lettre sur les aveugles* zu sein, was er zuvor unter
Eid beharrlich bestritten hatte. Er erklärte die Bücher zu „Exzessen" seines Geistes und verpflichtete sich, künftig nichts der-

gleichen mehr zu veröffentlichen. Wiederholte Eingaben der Verleger der *Encyclopédie*, die geltend machten, daß das finanziell lukrative Vorhaben der *Encyclopédie*, für das sie 1746 ein königliches Privileg erhalten hatten, ernstlich gefährdet sei, wenn Diderot als der wichtigste Herausgeber für die Realisierung des Unternehmens ausfallen sollte, erreichten im November 1749, daß Diderot nach 102 Tagen aus der Haft entlassen wurde. Als die ersten beiden Bände der *Encyclopédie* im Juni 1751 und im Januar 1752 erschienen waren, erging am 7. 2. 1752 ein *Arrêt du Conseil d'Etat du Roi*, der ihre weitere Verbreitung untersagte.[3] Das Verbot zielte in erster Linie auf den von Diderot verfaßten Artikel *Autorité politique*, der die Herrschaftsbefugnis des Monarchen auf einen Regierungsvertrag mit dem Volk zurückführte und sie als „durch die Gesetze der Natur und des Staates begrenzt" darstellte.[4] Daß Diderot im zweiten Teil des Artikels scheinbar dem Gottesgnadentum das Wort redete und im offensichtlichen Widerspruch zu den Prinzipien, die er eingangs entwickelt hatte, gegen Ende den rückhaltlosen Gehorsam der Untertanen selbst gegenüber einem „ungerechten Fürsten" forderte, konnte weder den Staatsrat des Königs noch die Journalisten der *Memoires de Trévoux* und der *Nouvelles ecclésiastiques* oder die anderen klerikalen Kritiker, die Diderots Artikel in den nächsten zwanzig Jahren als Beispiel für die Gefährlichkeit der Ideen der *Encyclopédie* heranzogen, darin beirren, daß Diderot Maximen verfocht, „die darauf hinzielten, die königliche Autorität zu zerstören und den Geist der Unabhängigkeit und der Auflehnung zu be-

---

[3] Im *Arrêt du Conseil d'Etat du Roi, qui ordonne que les deux premiers volumes de l'ouvrage intitulé*, Encyclopédie [...], *seront et demeureront supprimés* vom 7. 2. 1752 wird zur Begründung des Verbots u. a. ausgeführt: „Sa Majesté a reconnu, que dans ces deux volumes on a affecté d'insérer plusieurs maximes tendantes à détruire l'autorité royale, à établir l'esprit d'indépendance et de révolte, et, sous des termes obscurs et équivoques, à élever les fondements de l'erreur, de la corruption des mœurs, de l'irréligion et de l'incrédulité: Sa Majesté, toujours attentive à ce qui touche l'ordre public et l'honneur de la religion, a jugé à propos d'interposer son autorité, pour arrêter les suites que pourraient avoir ces maximes si pernicieuses répandues dans cet ouvrage; à quoi voulant pourvoir." (Diderot: *O.C.* V, p. 37.)

[4] Diderot: *Œuvres politiques*, Ed. Vernière, p. 13.

gründen."[5] Das Verbot von 1752 markierte nur eine Etappe im
langen Kampf um die Publikation der *Encyclopédie*, der Diderot
bis zum Erscheinen des letzten Bandes im Jahre 1772 noch bevorstand.[6]

Zwei weitere Fälle staatlicher bzw. kirchlicher Zensur, die
1752 und 1753 großes Aufsehen erregten, waren Rousseau aus
unmittelbarer Anschauung und genauer Kenntnis der näheren
Umstände wohl vertraut. Der eine stand in engem Zusammenhang mit dem vorübergehenden Verbot der *Encyclopédie* und betraf den bis dahin nahezu gänzlich unbekannten Abbé Jean-Martin
de Prades. In den anderen war der wissenschaftlich renommierte
und als *Intendant du Jardin du Roi* seit Jahren in königlichen Diensten stehende Georges Leclerc de Buffon verwickelt.

In der Chronik der Ereignisse, die der siebenundzwanzigjährige
Abbé de Prades mit seiner Doktorthese *A la Jerusalem céleste*
auslöste, sind die charakteristischsten Maßnahmen der zeitgenössischen Zensur gebündelt und beinahe vollzählig anzutreffen. Am
18. November 1751 trug de Prades seine *thèse* an der Sorbonne
vor. Die Theologische Fakultät nahm sie offiziell an, doch einige
Tage später war von einem Skandal die Rede. Der Abbé, durchaus
ein Mann der Kirche und kein *philosophe*, hatte längere Passagen
aus dem *Discours préliminaire* der *Encyclopédie* zitiert und nach
dem Urteil einflußreicher kirchlicher Kreise überhaupt viel zu
große geistige Anleihen bei den Enzyklopädisten gemacht.
Einige Theologen vermuteten sogar, daß Diderot der eigentliche
Verfasser der Arbeit sei und daß man es mit einer tückischen
Provokation der Kirche zu tun habe. Sie sahen sich in ihrem Verdacht zusätzlich bestärkt, als der zweite Band der *Encyclopédie*,
der am 25. Januar 1752 erschien, einen Beitrag des Abbés zum
Stichwort *Certitude* enthielt. Am 27. Januar lag der Fakultät
eine Zensur der *thèse* vor, die insgesamt zehn Punkte betraf.

---

[5] Cf. FN 3. — Eine nützliche Dokumentation der zeitgenössischen Reaktionen enthält der Aufsatz von John Lough *The Article Autorité Politique* in
J. Lough: *Essays on the Encyclopédie of Diderot and d'Alembert*, London, 1968.
p. 424—462.

[6] Vergleiche dazu Jacques Proust: *Diderot et l'Encyclopédie*, Paris, 1962,
p. 58—79 und John Lough: *The Encyclopédie*, London, 1971, p. 17—38.

Die tadelnden Qualifizierungen der beanstandeten Abschnitte reichten von „den Materialismus begünstigend" über „blasphemisch" bis zu „die Grundlagen der christlichen Religion zerstörend".[7] Kurz darauf verurteilte der Erzbischof von Paris, Christophe de Beaumont, in einem *Mandement* die Doktorarbeit und ihren Verfasser. Am 11. Februar erhob der Generalstaatsanwalt d'Ormesson Anklage gegen den Abbé. Einen Tag später wurde das Verbot der *Encyclopédie* bekanntgegeben. Gleichzeitig erging ein Haftbefehl gegen de Prades, der sich seit dem 5. Februar auf den Ländereien des Marquis d'Argenson[8] versteckt hielt und in letzter Minute nach Holland fliehen konnte, von wo er nach Potsdam an den Hof Friedrich des Großen gelangte. Das *Parlement de Paris* verfügte die öffentliche Verbrennung der *thèse*, die am 22. März auch noch durch eine Bulle des Papstes verdammt wurde. Im September 1752 meldete sich schließlich der Bischof von Auxerre, ein prominenter Jansenist, mit einer 266 Seiten starken *Instruction pastorale* zu Wort[9], die nicht nur den Abbé aufs schärfste verurteilte, sondern zugleich die Sorbonne und die Jesuiten wegen ihrer ursprünglichen Fahrlässigkeit und wegen mangelnder Entschiedenheit im Umgang mit den Gegnern des katholischen Glaubens attackierte. Ausführlich setzt sich der Bischof mit der *Encyclopédie*, insbesondere mit Diderots *Autorité politique* auseinander; Buffon wird der Ungläubigkeit geziehen; die *Instruction* holt zu einem Schlag gegen die ganze „moderne Philosophie", gegen „Sensualismus" und „Materialismus", „Deis-

---

[7] Abgedruckt in Diderot: *O.C.* IV, p. 294—296.

[8] Der Marquis d'Argenson, von 1744—1747 Außenminister Ludwig XV., notiert sich am 12. 2. 1752 in seinem Tagebuch: „Malheur aux ennemis des jésuites! L'inquisition française augmente d'étendue et de pouvoir; la bigoterie courtisane va y donner bien une autre croissance [...]. Malheur [...] aux honnêtes gens tranquilles, sains de cœur et d'esprit, mais qui ne maîtriseront pas assez leur langue sur la philosophie et sur la liberté!" (*Journal et Mémoires*, VII, p. 106.)

[9] Daniel-Charles-Gabriel de Thubières de Caylus: *Instruction pastorale de monseigneur l'évêque d'Auxerre, sur la vérité et la sainteté de la religion méconnue et attaquée en plusieurs chefs par la thèse soutenue en Sorbonne, le 18 novembre 1751.* 1752, in–8°, 266 S.

mus" und „Atheismus" aus. Diderot antwortete mit einer unverzüglich entworfenen Gegenschrift, die er als *Suite de l'apologie de
M. l'abbé de Prades ou réponse à l'instruction pastorale de Mgr. l'évêque
d'Auxerre. Troisième partie* mit der falschen Ortsangabe *à Berlin*
im Oktober 1752 veröffentlichen ließ, wobei es ihm so gut ge-
lang, die Fiktion glaubhaft zu machen, der Abbé selbst habe die
ironisch abgefaßte, in der Sache jedoch sehr bestimmte Erwiderung geschrieben, daß ihn jetzt, anders als im Falle der
Doktorthese elf Monate zuvor, keiner seiner Gegner für den
Urheber hielt.

Die Reaktionen, denen sich Buffon nach der Veröffentlichung
der ersten drei Bände seiner *Histoire naturelle* konfrontiert sah,
haben nichts von der äußeren Dramatik der Repressalien, die
gegen den namenlosen Abbé ergriffen wurden. Sie sind darum
nicht weniger aufschlußreich. Die *Nouvelles ecclésiastiques* eröffneten
am 6. und 13. Februar 1750 den langen Reigen der kirchlichen
Angriffe gegen die *Histoire naturelle*. Sie sahen in Buffons Werk
einen geschickt verhüllten Versuch, die Grundlagen des Christentums zu untergraben. Besonders gefährlich erschien ihnen, daß
Buffon den Menschen in eine Reihe mit den Tieren stellte und
allzusehr vernachlässigte, daß Gott den Menschen als sein Ebenbild erschuf. Auf allgemeine Kritik stieß Buffons *Théorie de la
terre* bei der Geistlichkeit, da die in ihr vorgetragenen „Hypothesen über die Entstehung der Welt" mit dem Bericht der
Genesis offensichtlich unvereinbar waren. Die Sorbonne kam in
ihrer Zensur der *Histoire naturelle* zu dem Ergebnis, daß das Werk
„Prinzipien und Maximen enthält, die denen der Religion nicht
entsprechen." In einem Brief vom 15. 1. 1751 wurde Buffon
davon unterrichtet, welche Stellen die Fakultät im einzelnen be-
anstandete. Buffon antwortete am 12. 3. 1751 mit einer Reihe
von „Erklärungen" zu den von der Zensur gerügten Aussagen,
außerdem versicherte er, den Brief der Sorbonne zusammen mit
seiner Erwiderung dem nächsten Band der *Histoire naturelle* voranzustellen. Als der vierte Band 1753 erschien, konnte das Publikum
gleich zu Beginn von Buffons Widerruf lesen: „Ich erkläre, daß
ich keinerlei Absicht gehabt habe, dem Text der Schrift zu
widersprechen (...) und daß ich alles das aufgebe, was in meinem

Buch die Entstehung der Erde betrifft, und im allgemeinen alles, was dem Bericht Moses' widersprechen könnte."[10]

Buffon handelte nach dem Grundsatz *Il vaut mieux être plat que pendu*.[11] An keiner der beanstandeten Passagen nahm er in den zahlreichen Neuauflagen, die die ersten drei Bände erlebten, jedoch die mindeste Veränderung vor. Die Sorbonne gab sich mit der förmlichen Erklärung Buffons zufrieden, die *Memoires de Trévoux* lobten im Dezember 1753 seinen Widerruf, die *Nouvelles ecclésiastiques* dagegen griffen Buffon erneut scharf an[12]: „Welche Schande für die Fakultät (...), einer solchen Erklärung Beifall zu spenden. Wenn er uns glauben machen will, daß er niemals etwas anderes als redliche Absichten gehabt hat, als er sich vom Bericht Moses' in so grober Weise entfernte, so heißt das zu wollen, daß alle Welt angeführt werde, wie das Wrack namens Sorbonne angeführt worden ist." Die jansenistischen Redakteure benötigten, wie man sieht, keinen besonderen „Schlüssel"[13], um den Sinn von Buffons Erklärung zu verstehen.

---

[10] Buffon: *Œuvres philosophiques*, Ed. Piveteau, p. 108. Siehe S. 71/72, FN 83.

[11] So Buffon in einem Brief an den Präsidenten de Brosses vom 14. 7. 1760. (*Œuvres complètes*, Paris, 1884/1885, XIII, p. 114). — Am 23. 6. 1750 hatte Buffon im Blick auf die ersten drei Bände, den Beginn der *Histoire naturelle* an den Abbé Le Blanc geschrieben: „J'espère [...] qu'il ne sera pas question de le mettre à l'index et en vérité j'ai tout fait pour ne pas le mériter et pour éviter les tracasseries théologiques, que je crains beaucoup plus que les critiques des physiciens ou des géomètres" (*op. cit.*, p. 70).

[12] Vergleiche die Ausgaben vom 26. 6. 1754, p. 101—104 und vom 3. 7. 1754, p. 105/106.

[13] De Brosses spricht davon, daß Buffon ihm den Schlüssel zum Verständnis seiner „Erklärungen" gegenüber der Sorbonne gegeben habe: „Il m'a donné la clef de son quatrième volume, sur la manière dont doivent être entendues les choses dites pour la Sorbonne." (Zit. bei Jean Piveteau: *La pensée religieuse de Buffon* in Roger Heim (Ed.): *Buffon*, Paris, 1952, p. 128.) Zur Bedeutung der Frage der Zensur für das Verständnis von Buffons Œuvre vergleiche die Einleitung, die Jacques Roger seiner kritischen Edition von Buffons *Les Epoques de la nature*, Paris, 1962, vorangestellt hat, insbesondere p. LXXIII—LXXV und XCVIII—XCIX.

Hinweise zur Textgestaltung

Die vorliegende kritische Edition des *Discours sur l'inégalité* basiert auf der Amsterdamer Erstausgabe von 1755 (Ed. 1755–1) sowie auf der ergänzten und teilweise veränderten postumen Ausgabe, die Paul Moultou und Paul Du Peyrou 1782 in Genf veröffentlichten (Ed. 1782). Durchweg verglichen wurde ferner die im Jahr der Erstausgabe erschienene 2. Auflage (Ed. 1755–2), in der die zahlreichen Druckfehler von Ed. 1755–1 zu einem großen Teil korrigiert sind. Für den Satz des Textes, der in Anordnung und Orthographie originalgetreu Ed. 1755–1 folgt, diente ein Exemplar aus der Fürstlichen Hofbibliothek Donaueschingen, für die Bestimmung der Varianten von Ed. 1782 und für die Korrekturen nach Ed. 1755–2 dienten Exemplare, die sich im Besitz des Herausgebers befinden, als Vorlage. Soweit es sich bei den Varianten von Ed. 1782 um Ergänzungen, Einfügungen einzelner Wörter, Sätze oder Abschnitte handelt, sind diese aus Gründen der Lesbarkeit in den fortlaufenden Text integriert, jedoch stets durch entsprechende Fußnotenziffern präzise gekennzeichnet und im Apparat als Einschübe ausgewiesen. Alle anderen Varianten, Veränderungen oder Streichungen in Ed. 1782 werden in den Fußnoten mitgeteilt.

Korrekturen der Orthographie und der Interpunktion von Ed. 1755–1 wurden nur in einigen wenige Fällen vorgenommen, in denen dies erforderlich schien, um Mißverständnissen vorzubeugen, und für die sich außerdem anhand des sorgfältiger gesetzten Textes von Ed. 1755–2 belegen läßt, daß damit lediglich Irrtümer der Erstausgabe berichtigt wurden. Wo immer der Text vom Wortlaut der Ed. 1755–1 abweicht, wird dies im Apparat angegeben. Davon ausgenommen bleiben allein die Korrekturen, die dem Leser von 1755 schon in den Errata der Erstausgabe genannt wurden, sowie die weiter unten aufgeführten geringfügigen Texteingriffe, mit deren Wiedergabe die Fußnoten nicht belastet werden sollten, da ihnen keinerlei inhaltliche Bedeutung zukommt.

Abweichungen, die sich im Vergleich mit dem Text der Pléiaden-Ausgabe, der ersten und bisher einzigen historisch-kritischen Edition des *Discours*, ergeben, werden nur vermerkt, soweit sie die Varianten des kritischen Apparates oder Auslassungen und inhaltlich relevante, jedoch nicht ausgewiesene Eingriffe bzw. Irrtümer im Text der *OCP* betreffen (vgl. dazu Fußnote 2 des Vorworts). Ein Anspruch auf Vollständigkeit wird dabei in keiner Weise erhoben.

Beschreibung der zugrunde gelegten Editionen

Edition 1755–1:

DISCOURS | *SUR L'ORIGINE ET LES FONDEMENS* | *DE L'INEGALITE' PARMI LES HOMMES.* | Par JEAN JAQUES ROUSSEAU | *CITOYEN DE GENÈVE.* | Non in depravatis, sed in his

quae bene secundum / naturam se habent, considerandum est quid sit na- / turale.
ARISTOT: Politic. L. 2. / Vignette: Sitzende Freiheit, links signiert *S. Fokke
sc.* / *A AMSTERDAM,* / Chez MARC MICHEL REY. / *MDCCLV.* /
In–8⁰ [II]–LXX–[II]–262 Seiten und 2 nicht numerierte Seiten für *Errata* und
Avis pour le relieur. Auf der Titelseite sind die Zeilen DISCOURS / Par JEAN
JAQUES ROUSSEAU / Chez MARC MICHEL REY / rot gedruckt. Die
Legende des Frontispizes lautet: Il retourne chez ses Egaux. *Voyez la Note
13. p. 259.* Das Frontispiz ist links mit *C. Eisen inv.* und rechts mit *D. Sornique
sculp.* signiert. Die erste Seite der Dédicace zeigt das Wappen von Genf, das
von P. Soubeyran gezeichnet und von S. Fokke gestochen wurde.

Edition 1755–2:

Titel wie für Edition 1755–1 beschrieben. Die Vignette ist etwas kleiner und
nicht signiert. In–8⁰ [IV]–LXX–[II]–262–[II] Seiten. (Ohne *Errata* und
Avis.) Das Frontispiz ist eine Kopie desjenigen von Ed. 1755–1, jedoch ohne
Signatur. Die Legende lautet: Il retourne chés ses Egaux. *Voyez la Note
13. p. 259.* Die erste Seite der Dédicace zeigt ebenfalls das Wappen von Genf.
Der Text wurde neu gesetzt, aber in der Anordnung — bei geringfügigen
Verschiebungen einzelner Wörter und Satzteile — seitenidentisch mit
Ed. 1755–1. Die in den Errata von Ed. 1755–1 angegebenen Korrekturen
wurden bis auf eine ausgeführt, zahlreiche andere Druckfehler sind ebenfalls
beseitigt. Dafür haben sich einige neue eingeschlichen.

Edition 1782:

DISCOURS / *SUR L'ORIGINE* / ET LES / FONDEMENS DE L'IN-
ÉGALITÉ / *PARMI LES HOMMES.* / PAR / J. J. ROUSSEAU, / *CITO-
YEN DE GENEVE.* / Non in depravatis, sed in his quae bene secundum
naturam se habent, considerandum est quid sit naturale. / *ARISTOT.* Politic.
L. I. / in: COLLECTION / *COMPLETE* / DES ŒUVRES / *DE* / J. J.
ROUSSEAU, / Citoyen de Geneve. / TOME PREMIER. / Contenant les
ouvrages de / *Politique.* / A GENEVE. / *M.DCC.LXXXII.* / Seite 1—243.
Ohne Vignette, Frontispiz und Wappen der Republik Genf. Einfarbiger Titel.
Auf die Veränderungen und Ergänzungen des Textes wird von den Heraus-
gebern Moultou und Du Peyrou nicht hingewiesen.

Texteingriffe

Innerhalb des gesamten Textes wurde die Groß- und Kleinschreibung von
Etat/état korrigiert. Während die nahezu willkürliche Groß- und Kleinschreibung von Ed. 1755–1 in allen übrigen Fällen unangetastet blieb, erschien hier eine einheitliche, deutliche Unterscheidung der Begriffe *état*
(i. S. von *Zustand, Lage, Stand*) und *Etat (Staat)* angezeigt, um Verwechslungen vorzubeugen, zumal schon die Errata von Ed. 1755–1 die General-
anweisung enthalten: *à plusieurs reprises: état lisés Etat,* und Ed. 1755–2 wie
Ed. 1782 im angegebenen Sinne korrigieren (*Etat* für *Staat, état de Nature,*

bzw. *état de nature* für *Naturzustand* etc.). Nicht beibehalten, sondern überall geändert wurde die Schreibweise *&* und *&c* für *et* und *etc*, die sich in Ed. 1755–1, Ed. 1755–2 und Ed. 1782 durchgängig findet.

Auf der Grundlage von Ed. 1755–2 habe ich außerdem die folgenden Verbesserungen vorgenommen: Seite 8, Zeile 2 Il y a→il y a / S. 16, Z. 22 sous qu'elles → sous quelles / S. 34, Z. 11 au rang, de nos meilleurs Citoyens, ces zélés, depositaires → au rang de nos meilleurs Citoyens, ces zélés dépositaires / S. 38, Z. 16 d'émenti → démenti / S. 82, Z. 8 des-armés → desarmés / S. 88, Z. 18 les fatigues, et → les fatigues et / Z. 19 les chagrins, et → les chagrins et / S. 138, Z. 11 nétranglât → n'étranglât / S. 180, Z. 28 n'aquirent → naquirent / S. 186, Z. 18 autre non moins doux et → autre, non moins doux, et / S. 194, Z. 19 Le travail → le travail / S. 202, Z. 7 fond → fonds / S. 204, Z. 7 Le Laboureur → le Laboureur / S. 218, Z. 7 nouvelle forces → nouvelles forces / S. 226, Z. 1 n'étoyer → nétoyer / S. 228, Z. 10 Apologue; → Apologue: / S. 228, Z. 15 c'est afin . . . Maître kursiv gesetzt (nach Ed. 1782) / S. 258, Z. 22 *gravidae que* → *gravidaeque* / S. 294, Z. 20 Un Indien → un Indien / S. 316, Z. 32 I'ai → J'ai / S. 332, Z. 16 Dans dans un → Dans un / S. 338, Z. 1 rapporter-là dessus → rapporter là-dessus / S. 366, Z. 2 le moindres → les moindres / S. 380, Z. 3 je suis bien bien aise → je suis bien aise. (Die Pléiaden-Ausgabe verfährt in nahezu allen Fällen ebenso, ohne auf die Korrekturen hinzuweisen.)

Numerierung der Anmerkungen

Die neunzehn Anmerkungen des *Discours* sind in der Erstausgabe nicht von 1 bis 19 durchnumeriert, vielmehr wurden 15 arabische Ziffern und die Buchstaben a, b, c, d vergeben, und zwar in dieser Reihenfolge: 1, 2, 3, a, 4, 5, d, 6, 7, 8, 9, 10, b, 11, 12, 13, c, 14, 15. Diese Bezeichnung der einzelnen Anmerkungen geht nicht auf ein Versehen zurück, da sie auch im neu gesetzten Text von 1755–2 und den darauffolgenden Ausgaben zu Rousseaus Lebzeiten beibehalten wurde (einschließlich der Anordnung a–d–b–c!). Ed. 1782 numeriert die Anmerkungen dann von 1 bis 19 durch. Um Verwechslungen mit den Fußnoten des kritischen Apparates und des Kommentars auszuschließen, wurden für Rousseaus Anmerkungen in der vorliegenden Ausgabe lateinische Ziffern verwandt. Die Anmerkungen I, II, III, V, VI, VIII, IX, X, XI, XII, XIV, XV, XVI, XVIII, XIX entsprechen also den Anmerkungen 1, 2, 3, 4, 5, 6, 7, 8, 9, 10, 11, 12, 13, 14, 15, die Anmerkungen IV, VII, XIII und XVII den Anmerkungen a, d, b, c der Ed. 1755. Eine Erklärung für die auffällige und außergewöhnliche Bezeichnung und Reihenfolge, die Rousseau für die Anmerkungen des *Discours* gewählt hat, steht bisher offenbar aus. (Der Briefwechsel mit Rey gibt keinen Aufschluß darüber, ob äußere, zufällige Umstände eine Rolle gespielt haben.) Allerdings haben die früheren Editoren des *Discours* den Leser auf den eigentümlichen Sachverhalt auch nirgendwo aufmerksam gemacht.

Hinweise zum Kommentar

Die Übersetzungen fremdsprachiger Texte und Zitate, die in diesem Band enthalten sind, wurden vom Herausgeber nach den jeweils angegebenen Quellen ins Deutsche übertragen.

Die Abkürzungen *S* für *Seite* und *FN* für *Fußnote* sind ausschließlich Querverweisen innerhalb der vorliegenden Edition vorbehalten. Für alle anderen Publikationen werden die Abkürzungen *p* und *n* verwendet. Der Hinweis: *cf. Lettre à Perdriau*, S. 426 oder: *s. Confessions*, S. 490 verweist also auf S. 426 bzw. S. 490 unserer Ausgabe. *Cf. Confessions, IX, p.* 407 bezieht sich dagegen auf das IX. Buch der *Confessions*, Seite 407 in *OCP*, Band I.

Abkürzungen und Siglen

AJJR = *Annales de la Société Jean-Jacques Rousseau.* Genf.

CC = *Correspondance complète de Jean Jacques Rousseau.* Edition critique, établi et annotée par R. A. Leigh. Genf/Banbury/Oxford, 1965 bis 1982, 40 Bände.

OCP = Jean-Jacques Rousseau: *Œuvres complètes.* Edition publiée sous la direction de Bernard Gagnebin et Marcel Raymond, Paris, *Bibliothèque de la Pléiade,* 1959—1969, 4 Bände.

Streckeisen-Moultou (1861) = *Œuvres et correspondance inédites de J. J. Rousseau,* publiées par M. G. Streckeisen-Moultou. Paris, 1861.

Vaughan (1915) = *The Political Writings of Jean-Jacques Rousseau.* Ed. by C. E. Vaughan. Cambridge, 1915, 2 Bände. Reprint: Oxford, 1962.

Launay (1971) = Rousseau: *Œuvres complètes,* Ed. Michel Launay. Paris, 1971, Band 2.

Schriften Rousseaus, die im Kommentar zitiert werden

Institutions chymiques (ca. 1747), postum veröffentlicht. (*AJJR*, XII, 1918/19, p. 1—164 und XIII, 1920/21, p. 1—178.)

Discours sur les sciences et les arts (Erster Discours), 1750. (*OCP* III, p. 1—30.)

Observations sur la réponse qui a été faite a son Discours (Réponse au roi de Pologne), 1751. (*OCP* III, p. 35—57.)

Lettre à M. Grimm sur la réfutation de son Discours par M. Gautier, 1751. (*OCP* III, p. 59—70.)

Dernière réponse, 1752. (*OCP* III, p. 71—96.)

Préface de Narcisse, 1753. (*OCP* II, p. 957—974.)

Economie politique, 1755. (*OCP* III, p. 241—278.)

Lettre à Voltaire du 18. 8. 1756. (*CC* IV, p. 37—50.)

Lettre à Mr. d'Alembert sur les spectacles, 1758. (Ed. critique M. Fuchs, Lille/ Genf, 1948.)

Essai sur l'origine des langues où il est parlé de la mélodie et de l'imitation musicale (ca. 1753—1761), postum. (Ed. critique Charles Porset, Paris, ³1976.)

Julie ou la Nouvelle Héloïse, 1761. (*OCP* II, p. 1—793.)

Extrait du projet de paix perpétuelle de l'abbé St. Pierre, 1761. (*OCP* III, p. 563 bis 589.)

Que l'état de guerre naît de l'état social (ca. 1756—1758), postum. (*OCP* III, p. 601—616.)

Du contrat social ou Essai sur la forme de la république. Prémière version. Manuscrit de Génève. *(C.S.M.G.)* (ca. 1756—1760), postum. (*OCP* III, p. 281 bis 346.)

Du contrat social ou Principes du droit politique (C.S.), 1762. (*OCP* III, p. 347 bis 470.)

Emile ou de l'éducation, 1762. (*OCP* IV, p. 239—869.)

Lettre à M. Christophe de Beaumont, 1763. (*OCP* IV, p. 925—1007).

Lettres écrites de la montagne, 1764. (*OCP* III, p. 683—897.)

Projet de constitution pour la Corse (1765), postum. (*OCP* III, p. 901—950.)

Discours sur la vertu la plus nécessaire au héros (1751), 1768. (*OCP* II, p. 1262 bis 1274.)

Les confessions (1764—1770), postum. (*OCP* I, p. 1—656.)

Considérations sur le gouvernement de Pologne (1771—1772), postum. (*OCP* III, p. 951—1041.)

Rousseau juge de Jean Jacques. Dialogues (1772—1776), postum. (*OCP* I, p. 657 bis 992.)

Les rêveries du promeneur solitaire (1776—1778), postum. (*OCP* I, p. 993—1099.)

Fragments politiques (FP), postum. (*OCP* III, p. 473—560.)

Editionen anderer Autoren, die im Kommentar mit verkürzten Titelangaben zitiert werden

Jean Barbeyrac: *Jugement d'un anonyme sur l'origine de cet abregé. Avec des réflexions du traducteur* in: Pufendorf: *Devoirs de l'homme*, Bd. 2, p. 193—280

Buffon: *Histoire naturelle, générale et particulière.* Paris (Imprimerie Royale), 1749—1804, 44 Bände, in-4⁰

Buffon: *Œuvres philosophiques.* Ed. Jean Piveteau. Paris, 1954

Jean-Jacques Burlamaqui: *Principes du droit naturel.* Genf (Barillot et Fils), 1748, 2 Bände, in-8⁰. [Erste Ausgabe: 1747, in-4⁰.]

Jean-Jacques Burlamaqui: *Principes du droit politique*, o. O. u. J. (Genf, Barillot et Fils, 1751), in-4⁰

Condillac: *Œuvres philosophiques*. Ed. Georges Le Roy. Paris, 1947, 3 Bände

Richard Cumberland: *Traité philosophique des loix naturelles*. Ed. Jean Barbeyrac. Amsterdam (Pierre Mortier), Paris (Huart), 1744, in–4⁰. [Das lateinische Original *De legibus naturae* erschien 1672 in London.]

René Descartes: *Discours de la méthode*. Ed. Etienne Gilson. Paris, ⁵1976

Denis Diderot: *Œuvres complètes*. Paris (Editions Hermann), 1975 ff. [14 Bände sind bisher erschienen.]

Denis Diderot: *Œuvres philosophiques*, Ed. Paul Vernière, Paris (Garnier), 1964

Denis Diderot: *Œuvres politiques*, Ed. Paul Vernière, Paris (Garnier), 1963

Hugo Grotius: *Le droit de la guerre et de la paix*. Ed. Jean Barbeyrac. Leiden (Au dépens de la Compagnie), 1759, 2 Bände, in–4⁰. [Die erste Ausgabe erschien 1724 in Amsterdam, das lateinische Original *De jure belli ac pacis* 1625 in Paris.]

Thomas Hobbes: *The English Works*. Ed. William Molesworth. London, 1839. Reprint: Aalen, 1966, 11 Bände

Thomas Hobbes: *Opera Latina*. Ed. William Molesworth, London, 1839, Reprint: Aalen, 1966, 5 Bände

Thomas Hobbes: *Leviathan*. Ed. Michael Oakeshott, Oxford, o. J.

John Locke: *Two Treatises of Government*. Ed. Peter Laslett, Cambridge, ²1970

John Locke: *An Essay Concerning Human Understanding*. Ed. Alexander Campbell Fraser, Oxford, 1894, Reprint: New York, 1959, 2 Bände

Bernard Mandeville: *The Fable of the Bees or Private Vices, Publick Benefits*. Ed. F. B. Kaye, Oxford, ²1957, 2 Bände

P. L. Moreau de Maupertuis: *Œuvres*, Lyon, 1768, Reprint: Hildesheim, 1965—1974, 4 Bände

Montaigne: *Essais* in *Œuvres complètes*. Ed. Albert Thibaudet et Maurice Rat. Paris (Bibliothèque de la Pléiade), 1962

Samuel Pufendorf: *Le droit de la nature et des gens, ou Système générale des principes les plus importans de la morale, de la jurisprudence et de la politique*. Ed. Jean Barbeyrac. Basel (Emanuel Thourneisen) 1750, 2 Bände, in–4⁰. [Die erste Ausgabe erschien 1706 in Amsterdam, das lateinische Original *De jure naturae et gentium* 1672 in Lund.]

Samuel Pufendorf: *Les devoirs de l'homme et du citoyen, tels qu'ils lui sont prescrits par la Loi Naturelle*. Ed. Jean Barbeyrac. London (Jean Nourse), 1741, 2 Bände, in–12⁰. [Die erste Ausgabe erschien 1707 in Amsterdam, das lateinische Original *De officio hominis et civis* 1673 in Lund.]

Reglement de l'illustre médiation pour la pacification des troubles de la République de Génève. Genf (Ches les Frères de Tournes), 1738, in–8⁰, 29 Seiten

Algernon Sidney: *Discourses Concerning Government*. The Third Edition. London (A. Millar), 1751, in–folio, Reprint: London, 1968. Verglichen wurden außerdem die erste und die zweite englische Ausgabe: London

(Booksellers of London and Westminster), 1698, in–folio, und London (J. Darby), 1704, in–folio.

Algernon Sidney: *Discours sur le gouvenement*. Traduits de l'anglois par P. A. Samson. Den Haag (Louis et Henri Van Dole), 1702, in–12⁰, 3 Bände

Baruch de Spinoza: Opera. Ed. C. Gebhardt. Heidelberg, 1925, 4 Bände

Zeitgenössische Rezensionen, Kritiken und Gegenschriften zu Rousseaus Discours sur l'inégalité

Elie Fréron: *L'Année Littéraire*, Amsterdam-Paris, 1755, Tome VII, Lettre VII, p. 145—167. [Rezension des *Discours*.]

Melchior Grimm: *Correspondance littéraire, philosophique et critique*, 15. 7. 1755. Ed. Maurice Tourneux, Paris, 1878, Bd. III, p. 53—58. [Rezension des *Discours*.]

Bibliothèque des Sciences et des Beaux-Arts, Paris (Haag), Oct., Nov., Dec. 1755, Article septième, p. 407—440, Janv., Février, Mars 1756, Article dixième, p. 173—206. [Rezension mit längeren Auszügen aus dem *Discours*.]

Jean de Castillon: *Discours sur l'origine de l'inégalité parmi les hommes. Pour servir de réponse au Discours que M. Rousseau, Citoyen de Géneve, a publié sur le même sujet.* Amsterdam (J. F. Jolly) 1756, in–8⁰, XXXII–368 Seiten. [Die Titelseite vermerkt über den Verfasser: *Professeur en Philosophie et Mathématique à Utrecht, et Membre des Académies Royales de Londres, Berlin, et Gottingue, etc. etc. etc.* Die ausführlichste und die bei weitem gewichtigste zeitgenössische Auseinandersetzung mit Rousseaus *Discours*.]

Père Louis-Bertrand Castel: *L'homme moral opposé à l'homme physique de Monsieur R***. Lettres philosophiques où l'on réfute le déisme du jour.* Toulouse, 1756, in–12⁰, 257 Seiten. Wiederabgedruckt in *Collection complète des Œuvres de J. J. R.*, Ed. Genève, 1782, Supplément, in–8⁰, Bd. V. p. 114—370; Ed. Aux Deux-Ponts, 1784, in–12⁰, Bd. V, p. 85—257, [Scharfe Polemik aus katholischer Sicht in Form von zweiundvierzig Briefen an Rousseau. Um das Auffinden der Zitate in den verschiedenen Ausgaben zu erleichtern, wird jeweils nach den kurzen und übersichtlichen Briefen zitiert.]

I. Kritische Ausgabe
des
Discours sur l'inégalité

Il retourne chez ses Egaux
Voyez la Note XVI. p. 376

Er kehrt zurück zu seinesgleichen
Siehe Anmerkung XVI. S. 377

DISCOURS

SUR L'ORIGINE ET LES FONDEMENS DE L'INEGALITE' PARMI LES HOMMES.

Par JEAN JAQUES ROUSSEAU
CITOYEN DE GENÈVE.

Non in depravatis, sed in his quæ bene secundum naturam se habent, considerandum est quid sit naturale. ARISTOT. Politic. L. 2.

A AMSTERDAM,

Chez MARC MICHEL REY.

MDCCLV.

¹ Die Übersetzung *Abhandlung* trifft weder die literarische Form des *Discours*, noch macht sie den Verweisungszusammenhang transparent, der im französischen Titel anklingt. Rousseaus *Discours* ist kein in Bücher, Kapitel und Paragraphen gegliederter, schulmäßiger *Traité*; er steht in der philosophischen Tradition der sich bescheidener gebenden, der äußeren Gestalt nach freieren, diskursiven Darstellung, zu deren prominentesten Beispielen der *Discours de la méthode* von Descartes gehört. (Descartes hat seine eigene Unterscheidung zwischen *Traité* und *Discours* in einem Brief an Mersenne vom März 1637 erläutert; cf. Ed. Gilson, p. 79.) — *Discours* heißt im Französischen außerdem und zuallererst *gesprochene Rede*, eine Doppeldeutigkeit, die sich Rousseau zunutze macht, wenn er im Exordium sagt, daß er sich vorstellen will, er befände sich im Lyzeum von Athen, wiederholte die Lehren seiner Meister und „hätte einen Platon und einen Xenokrates zu Richtern und das Menschengeschlecht zum Zuhörer." Rhetorische Elemente, die Differenzierung zwischen Richtern und Zuhörern, das Ansprechen unterschiedlicher Adressaten, das Wechseln zwischen verschiedenen Ebenen der Analyse und der Präsentation, bestimmen den Charakter des *Discours* in hohem Maße. Ein besonderes Augenmerk verdienen innerhalb seiner virtuosen Rhetorik die *discours dans le Discours*, die Reden, die in den Gang der Darstellung eingeflochten sind. Auf den letzten dieser *discours* bezieht sich und verweist das Frontispiz, das Rousseau für das Werk gewählt hat, von dem er in den *Confessions* sagt, es sei von allen seinen Schriften diejenige, in der seine Prinzipien „mit der größten Kühnheit, um nicht zu sagen Verwegenheit zu erkennen gegeben sind" (IX, p. 407).

² Wie der *Discours sur les sciences et les arts* (Erster Discours), der 1750 preisgekrönt worden war und seinen Verfasser über Nacht berühmt gemacht hatte, so hatte auch der *Discours sur l'inégalité* (Zweiter Discours) eine Preisfrage der Académie de Dijon zum Anlaß seiner Entstehung. Siehe dazu FN 74 und S. 490 ff.

³ Der *Discours sur l'inégalité* ist die erste Schrift, in der Rousseau seinem Namen offiziell *Bürger von Genf* als Titel hinzusetzt. Der *Erste Discours* war zunächst mit der Angabe *Par un Citoyen de Genève* ohne Rousseaus Namen erschienen, und in einer 1751 publizierten Genfer Edition heißt es lediglich: *Par Mr. Rousseau, Genevois.* In anderen Schriften vor 1754 findet sich hinter dem Namen der Zusatz *de Genève*, der Rousseau in dieser Zeit noch zur Unterscheidung von dem damals bekannten Dichter Jean-Baptiste Rousseau dient. *Citoyen de Genève* dagegen ist ein Titel, den zu führen Rousseau erst nach der Wiedererlangung der Genfer Staatsbürgerschaft im Jahre 1754 berechtigt war. Mit der Bezeichnung *Bürger von Genf*, die von nun an auf den Titelseiten der Werke zu lesen steht, von denen er glaubte, daß sie seinem Vaterland „Ehre machen könnten" (*OCP* II, p. 27), weist sich Rousseau als Mitglied des Genfer Souveräns aus.

⁴ *Nicht in depravierten Dingen, sondern in jenen, die sich in einem guten Zustand gemäß der Natur befinden, muß man betrachten, was natürlich ist. Politik*, 1254 a 36—38, Buch I, 5. In Ed. 1755 war *L[ivre] 2* als Stelle genannt, Ed. 1782 enthält die korrekte Angabe *L[ivre] 1*. — Das Motto, das Rousseau für den *Discours* gewählt hat, gibt einen programmatischen Hinweis auf das zentrale

Diskurs[1]
über den Ursprung und die
Grundlagen der Ungleichheit
unter den Menschen[2]

von

JEAN-JACQUES ROUSSEAU

BÜRGER VON GENF[3]

Non in depravatis, sed in his quae bene secundum naturam se
habent, considerandum est quid sit naturale.

ARISTOTELES, Politik, I[4]

AMSTERDAM

MARC MICHEL REY[5]

MDCCLV

Bemühen seiner eigenen Politischen Philosophie, wie es die Kritik an der seiner Vorgänger präzise zusammenfaßt, die nicht vom „wahren Naturzustand" ausgingen und ihren Theorien nicht den „natürlichen Menschen" zugrunde legten. Stellt Rousseau mit dem Zitat aus der *Politik* Aristoteles in gewissem Sinne gegen die Modernen, so macht der *Discours* von der ersten Seite des Vorworts an deutlich, daß Rousseau sich von Aristoteles grundlegend unterscheidet, was die Bestimmung des Zustandes, den man als *der Natur gemäß* anzusehen hat, selbst betrifft. Während für Aristoteles die Natur Telos, Endzweck, Ziel und Vollendung einer Sache ist (*Politik*, I, 1252 b 30—1253 a 1, cf. *Physikvorlesung*, 193 b und 194 a 27—33), muß sie nach Rousseau über ein Aufsuchen der Ursprünge, ein Zurückgehen auf die „ersten Bewegungen", eine Erforschung des Anfänglichen freigelegt werden. Damit, daß Rousseau das, *was natürlich ist*, genetisch begreift und bestimmt, wendet er das Motto kritisch gegen Aristoteles selbst: Augenfällig sichtbar wird dies gerade in der Frage, die Aristoteles im unmittelbaren Kontext der von Rousseau zitierten Stelle erörtert: in der Frage der „Sklaverei von Natur". Rousseau läßt im *Discours* keinen Zweifel daran, daß er jede Sklaverei, auch und im besonderen die freiwillige, als im strengen Sinne unnatürlich, als Ausdruck eines depravierten Zustandes ansieht. (Vergleiche die deutliche Kritik an Aristoteles bei der Behandlung der Beziehungen innerhalb des „Oikos" — Vater/Kinder, Ehemann/Ehefrau — in der *Economie politique* (p. 243): „Von der Sklaverei spreche ich nicht, weil sie wider die Natur ist und weil kein Recht sie autorisieren kann.") — Grotius führt dieselbe Stelle aus der *Politik* an, um eine Ableitung des Naturrechts aus dem, was die *zivilisierten* Nationen (im Unterschied zu den wilden) allgemein als Recht anerkennen, zu untermauern (*Le droit de la guerre et de la paix*, I, 1, § 12, 3. Barbeyrac übersetzt das Zitat im Text, in seinem Kommentar gibt er das griechische Original und die Quelle *Buch I, Kapitel 5* an). — Zur Bedeutung, die Rousseau den Motti seiner Bücher beimaß, cf. *Dialogues*, III, p. 941.

⁵ Ursprünglich sollte der *Discours* bei Pissot in Paris erscheinen, der bereits den *Ersten Discours* verlegt hatte, und zwar nach Rousseaus Wunsch noch während seines Aufenthalts in Genf, „exakt am 25. 8. 1754" (*CC* II, p. 268). Das Projekt zerschlug sich jedoch. Möglicherweise hatte Pissot von den Pariser Behörden die erwünschte stillschweigende Druckerlaubnis nicht erhalten und war deshalb vor der Publikation zurückgeschreckt. An seiner Stelle übernahm der gebürtige Genfer Marc-Michel Rey in Amsterdam die Veröffentlichung. Rousseau hatte ihn im Juli oder August 1754 in Genf kennengelernt. Rey erhielt das Manuskript im Oktober 1754 und sagte Januar 1755 als Erscheinungstermin zu. Tatsächlich lagen die ersten Exemplare dann im April vor und die Auslieferung konnte schließlich im Juni beginnen. Rousseau beklagt sich im Briefwechsel mit seinem Verleger wiederholt über dessen schleppende Arbeitsweise. Durch eine Reihe von Änderungen und Zusätzen, die noch während der Drucklegung berücksichtigt werden mußten, trug er allerdings seinerseits dazu bei, daß sich die Publikation verzögerte. Rey blieb über zwei Jahrzehnte hinweg Rousseaus wichtigster Verleger.

A

LA REPUBLIQUE

DE GENÉVE.

MAGNIFIQUES, TRÈS HONORÉS,
ET SOUVERAINS SEIGNEURS,

Convaincu qu'il n'appartient
qu'au Citoyen vertueux de rendre

* 2   à ſa

A LA REPUBLIQUE DE GENÈVE.[6]

MAGNIFIQUES, TRÈS HONORÉS, ET SOUVERAINS SEIGNEURS[7],

Convaincu qu'il n'appartient qu'au Citoyen vertueux de rendre à sa Patrie des honneurs qu'elle puisse avouer, il y a trente ans que je travaille à meriter de vous offrir un hommage public; et cette heureuse occasion suppléant en partie à ce que mes efforts n'ont pû faire, j'ai cru qu'il me seroit permis de consulter ici le zéle qui m'anime, plus que le droit qui devroit m'autoriser[8]. Ayant eu le bonheur de naître parmi vous, comment pourrois-je mediter sur l'égalité que la nature a mise entre les hommes et sur l'inégalité qu'ils ont instituée, sans penser à la profonde sagesse avec laquelle l'une et l'autre, heureusement combinées dans cet Etat, concourent de la maniére la plus approchante de la loi naturelle[9] et la plus favorable à la societé, au maintien de l'ordre public et au bonheur des particuliers? En recherchant les meilleures maximes que le bon sens puisse dicter sur la constitution d'un

---

[6] Die *Widmung an die Republik Genf* erweckt auf den ersten Blick den Eindruck einer überschwenglichen patriotischen „Herzensergießung", und Rousseau selbst tut alles, um diesen Eindruck durch entsprechende Äußerungen zusätzlich zu bekräftigen. Bei näherem Hinsehen stellt sich jedoch heraus, daß der Text außerordentlich sorgfältig formuliert und sehr überlegt konzipiert ist. Das beginnt bereits bei der scheinbaren Formalität, daß sich die Widmung an die Republik Genf und nicht etwa an die Genfer Regierung richtet. Vergleiche hierzu und zur politischen Brisanz der *Dédicace* insgesamt Rousseaus *Lettre à Perdriau*, S. 426 ff. — Am 22. 11. 1754 bittet Rousseau seinen Verleger Rey, der die *Widmung* wie andere Widmungen kursiv gesetzt hatte, nachdrücklich, den gesamten Text neu setzen zu lassen. Auch hier handelt es sich nur scheinbar um ein bloß formales Detail. Die *Dédicace* hat sowenig die Bedeutung eines dem „eigentlichen Buch" vorausgeschickten, lediglich rhetorischen „Widmungsschreibens", wie sie, ungeachtet aller politischen Absichten, die Rousseau im Blick auf die aktuellen Verhältnisse in seiner Vaterstadt mit ihr verfolgt, eine separate „Schrift an die Genfer" darstellt. Die *Widmung an die Republik Genf* ist ein integraler Bestandteil der Gesamtkomposition des *Discours*, in der ihr eine wichtige demonstrative und theoretische Funktion zukommt. Die Rhetorik der *Dédicace* ist in die Rhetorik des *Discours* eingebunden.

AN DIE REPUBLIK GENF[6]

ERLAUCHTE, SEHR VEREHRTE
UND SOUVERÄNE HERREN[7],

Überzeugt, daß es allein dem tugendhaften Bürger zukommt, seinem Vaterland Ehren zu erweisen, die dieses billigen kann, arbeite ich seit dreißig Jahren darauf hin, es zu verdienen, Euch eine öffentliche Huldigung darzubringen; und da diese glückliche Gelegenheit teilweise ergänzt, was meine Anstrengungen nicht zu erreichen vermochten, glaubte ich, daß es mir gestattet sei, hier mehr dem Eifer zu folgen, der mich beseelt, als dem Recht, das mich autorisieren müßte[8]. Wie könnte ich, da ich das Glück gehabt habe, unter Euch geboren zu werden, über die Gleichheit nachdenken, welche die Natur unter den Menschen eingerichtet hat, und über die Ungleichheit, die sie eingeführt haben, ohne an die tiefe Weisheit zu denken, mit der beide, in diesem Staat glücklich verbunden, auf die dem natürlichen Gesetz[9] am nächsten kommende und für die Gesellschaft vorteilhafteste Weise zur Aufrechterhaltung der öffentlichen Ordnung und zum Glück der Einzelnen beitragen? Auf der Suche nach den besten Maximen, die der gesunde Menschenverstand hinsichtlich der Verfassung einer Re-

---

[7] Rousseau bedient sich der Anredeformel, mit der sich die Genfer an den *Conseil Général*, die Vollversammlung der Bürger, wandten. Er hält sich damit an die Konvention, beschränkt sich scheinbar auf das, was durch das Herkommen begründet und folglich von niemandem zu beanstanden ist.

[8] Der allgemeinen Übung hätte entsprochen, daß Rousseau für seine Widmung die Zustimmung des *Petit Conseil*, der Genfer Regierung, eingeholt hätte. Im Juni 1754 unternahm er eine Reise nach Genf, um seine Genfer Staatsbürgerschaft wiederzuerlangen, die er durch den Übertritt zum Katholizismus im Jahre 1728 verloren hatte, und um sich selbst an Ort und Stelle zu überzeugen, welche Aussichten für die offizielle Annahme der Widmung bestanden. Während der vier Monate seines Aufenthalts in Genf wurde es Rousseau bald zur festen Gewißheit, daß er die Zustimmung nur schwer, wenn überhaupt, und jedenfalls nicht ohne eine Vorlage der ganzen Schrift hätte bekommen können. S. dazu ausführlich die *Lettre à Perdriau*, S. 426 ff und die weiteren Erläuterungen in den Fußnoten.

[9] Zum Begriff *loi naturelle* s. FN 56.

gouvernement[10], j'ai été si frappé de les voir toutes en exécution dans le vôtre, que même sans être né dans vos murs, j'aurois cru ne pouvoir me dispenser d'offrir ce tableau de la societé humaine à celui de tous les Peuples qui me paroît en posséder les plus grands avantages, et en avoir le mieux prévenu les abus.

Si j'avois eu à choisir le lieu de ma naissance, j'aurois choisi une societé d'une grandeur bornée par l'étendue des facultés humaines, c'est-à-dire par la possibilité d'être bien gouvernée, et où chacun suffisant à son emploi, nul n'eût été contraint de commettre à d'autres les fonctions dont il étoit chargé: un Etat où tous les particuliers se connoissant entr'eux, les manœuvres obscures du vice ni la modestie de la vertu n'eussent pû se derober aux regards et au jugement du Public, et où cette douce habitude de se voir et de se connoître, fît de l'amour de la Patrie l'amour des Citoyens plutôt que celui de la terre.

J'aurois voulu naître dans un païs où le Souverain et le peuple ne pussent avoir qu'un seul et même intérêt, afin que tous les mouvemens de la machine ne tendissent jamais qu'au bonheur commun; ce qui ne pouvant se faire à moins que le Peuple et le Souverain ne soient une même personne, il s'ensuit que j'aurois voulu naître sous un gouvernement démocratique, sagement tempéré[12].

---

[10] *Gouvernement* bezeichnet hier weder die *Körperschaft*, den *corps collectif* der Regierenden, noch — in der besonderen, technischen Bedeutung, die Rousseau dem Terminus später gibt — die *Funktion*, die Regierung als „l'exercice légitime de la puissance exécutive", „die legitime Ausübung der ausführenden Gewalt". Neben diesen beiden Verwendungen, die in *C.S.* III, 1 erläutert werden, gebraucht Rousseau *gouvernement* sehr häufig (auch noch im *C.S.*) in dem weiteren, allgemeineren Sinn von *Regiment* oder *Politisches System*. Daß *Regierung* dabei im Einzelfall ein sehr interpretationsfähiger Begriff bleibt, daß etwa ein Lob, das sich auf die Institution bezieht, als ein Lob der aktuell Regierenden verstanden werden kann, ist Rousseau politisch gewiß nicht unwillkommen.

[11] sc. in Eurer Regierung

[12] Rousseau folgt dem allgemeinen Sprachgebrauch, wenn er im Blick auf die Volkssouveränität von *demokratischer Regierung* (d. i. demokratisches Regiment oder demokratische Staatsverfassung) spricht. In seiner eigenen, später explizierten politischen Terminologie werden Demokratie, Aristokratie und Monarchie als Formen der Regierung (d. i. der exekutiven Gewalt)

gierung[10] vorschreiben könnte, bin ich so frappiert gewesen, sie in der Euren[11] alle praktiziert zu sehen, daß ich, selbst wenn ich nicht in Euren Mauern geboren worden wäre, geglaubt hätte, nicht darauf verzichten zu können, dieses Bild der menschlichen Gesellschaft demjenigen unter allen Völkern darzubringen, das mir die größten Vorzüge der Gesellschaft zu besitzen und ihren Mißbräuchen am besten vorgebeugt zu haben scheint.

Wenn ich meinen Geburtsort zu wählen gehabt hätte, so hätte ich eine Gesellschaft von einer Größe gewählt, die durch das Ausmaß der menschlichen Fähigkeiten begrenzt wäre, das heißt durch die Möglichkeit, gut regiert zu werden, und in der, da jeder seinem Amt genügte, keiner gezwungen wäre, anderen die Funktionen zu übertragen, mit denen er betraut wurde: einen Staat, in dem — da alle Einzelnen sich untereinander kennen würden — weder die dunklen Machenschaften des Lasters noch die Bescheidenheit der Tugend den Blicken und dem Urteil der Öffentlichkeit entgehen könnten und in dem jene süße Gewohnheit, einander zu sehen und zu kennen, aus der Liebe zum Vaterland eher die Liebe zu seinen Bürgern als die zu seinem Boden machte.

Ich hätte gewünscht, in einem Land geboren zu werden, in dem der Souverän und das Volk nur ein und dasselbe Interesse haben könnten, so daß alle Bewegungen der Maschine immer nur auf das gemeinschaftliche Glück hinzielten; da dies nicht möglich ist, wofern das Volk und der Souverän nicht ein und dieselbe Person sind, folgt daraus, daß ich gewünscht hätte, unter einer weise gemäßigten demokratischen Regierung geboren zu werden[12].

---

von der Frage der Souveränität, die im legitimen Gemeinwesen, in der Republik, ausschließlich beim Volk liegt, streng unterschieden. Daraus, daß Rousseau sich bei der knappen Behandlung der Materie innerhalb des *Discours*, die eine systematische Darstellung nicht vorwegnehmen kann und soll, in der Sprache seiner Adressaten verständlich macht, läßt sich indes nicht ableiten, daß er 1754 Regierung und Souverän noch nicht deutlich auseinandergehalten hätte. — Rousseau war sich der Brisanz seines Eintretens für die Volkssouveränität wohl bewußt. Mit Bedacht hat er die *Widmung an die Republik Genf* als den Ort und die Gelegenheit gewählt, um seine politische Theorie zum erstenmal in Umrissen zu skizzieren. In einem Brief an die Marquise de Créqui vom 8. 9. 1755 deutet er den Spielraum an, den ihm die Berufung und die ausdrückliche Bezugnahme auf Genf er-

J'aurois voulu vivre et mourir libre, c'est-à-dire tellement soumis aux loix que ni moi ni personne n'en pût secouer l'honorable
joug; Ce joug salutaire et doux, que les têtes les plus fiéres portent
d'autant plus docilement qu'elles sont faites pour n'en porter aucun
autre[13].

J'aurois donc voulu que personne dans l'Etat n'eût pû se dire
au-dessus de la loi, et que Personne au dehors n'en pût imposer que
l'Etat fût obligé de reconnoître. Car quelle que puisse être la constitution d'un gouvernement[14], s'il s'y trouve un seul homme qui
ne soit pas soumis à la loi, tous les autres sont necessairement à la
discretion de celui-là; (I*) Et s'il y a un Chef national, et un autre
Chef étranger, quelque partage d'autorité qu'ils puissent faire, il
est impossible que l'un et l'autre soient bien obéis et que l'Etat
soit bien gouverné[15].

öffneten: „Wo immer man ist, muß man den Fürsten respektieren und sich
dem Gesetz unterordnen, aber man schuldet ihnen nichts weiter, und das
Herz muß stets für das Vaterland sein. Wenn es daher wahr wäre, daß ich, als
ich das Glück meines Vaterlands im Auge hatte, außerhalb des Königreichs
Prinzipien vorgebracht hätte, die der republikanischen Regierung günstiger
sind als der monarchischen, wo wäre mein Verbrechen? Wer hätte jemals
sagen hören, daß das Völkerrecht, das man sich in Frankreich so sehr zu respektieren rühmt, es erlaubte, einen Ausländer zu bestrafen, weil er gewagt
hat, in einem fremden Land die Regierung seines Landes jeder anderen vorzuziehen" (CC III, p. 171). Ähnlich äußert sich Rousseau bereits vor Erscheinen des *Discours* in einem Brief vom 23. 3. 1755 an Rey: „Man respektiert in Frankreich das Völkerrecht allzusehr, um einen Ausländer dafür zu
bestrafen, daß er in einem fremden Land die Maximen seines Landes vertreten hat" (CC III, p. 113). Rousseau schreibt und veröffentlicht seinen
Discours als *Citoyen de Genève* — aber er hat „das Menschengeschlecht zum
Zuhörer" (S. 74).

[13] „Man ist frei, auch wenn man den Gesetzen unterworfen ist, aber nicht,
wenn man einem Menschen gehorcht, weil ich in diesem letzteren Fall dem
Willen eines anderen gehorche; aber indem ich dem Gesetz gehorche, gehorche ich nur dem öffentlichen Willen, der ebensosehr der meine wie der
jedes beliebigen ist" (*Fragments politiques*, p. 492). Das Joch der Gesetze ist
nicht deshalb „heilsam" und „süß", weil es „weich" oder „sanft" wäre. Im
Gegenteil, sollen die Menschen vor personaler Abhängigkeit, vor Herrschaft
und Sklaverei bewahrt werden, so kommt alles darauf an, die Gesetze nach
Möglichkeit so unwiderstehlich zu machen, daß sie „den unabänderlichen
Dekreten der Gottheit" gleichen (*Ec. Pol.*, p. 248), daß die Bürger „den
Gesetzen des Staates wie jenen der Natur unterworfen sind" (*C.S.* II, 7).

Ich hätte gewünscht, frei zu leben und zu sterben, das heißt den Gesetzen so unterworfen, daß weder ich noch irgend jemand ihr ehrenvolles Joch abschütteln könnte: dieses heilsame und süße Joch, das die stolzesten Köpfe um so gefügiger tragen, als sie dazu geschaffen sind, kein anderes zu tragen[13].

Ich hätte daher gewünscht, daß niemand im Staat von sich sagen könnte, er stehe über dem Gesetz, und daß niemand von außen ein Gesetz auferlegen könnte, das anzuerkennen der Staat genötigt wäre. Denn welches auch immer die Verfassung einer Regierung[14] sein mag, wenn sich ein einziger Mensch findet, der dem Gesetz nicht unterworfen ist, so sind alle anderen notwendigerweise dem Belieben dieses einen ausgeliefert (I*); und wenn es ein nationales Oberhaupt und ein weiteres, fremdes Oberhaupt gibt, so ist es — welche Aufteilung der Autorität sie auch vornehmen mögen — unmöglich, daß beiden gut gehorcht und der Staat gut regiert wird[15].

„Wenn die Gesetze der Nationen wie jene der Natur eine Unbeugsamkeit haben könnten, die eine menschliche Kraft niemals überwinden könnte, dann würde die Abhängigkeit von den Menschen wieder zur Abhängigkeit von den Dingen werden, man würde in der Republik alle Vorteile des Naturzustandes mit jenen des bürgerlichen Zustandes vereinen, man würde mit der Freiheit, welche den Menschen freihält von Lastern, die Moralität verbinden, welche ihn zur Tugend erhebt" (*Emile*, II, p. 311). Zur Herrschaft des Gesetzes cf. ferner *C.S.* II, 6, aber auch *Considérations sur le gouvernement de Pologne*, p. 955 und Rousseaus *Lettre à Mirabeau* vom 27. 7. 1767 (*CC* XXXIII, p. 240), wo sie „das große Problem der Politik" genannt wird, das Rousseau mit der Quadratur des Kreises vergleicht.

[14] S. FN 10; cf. *C.S.* II, 6.

[15] Die Souveränität ist unteilbar. Im Innern des Staates, wo alles auf das Volk als die letzte, grundlegende Legitimationsinstanz zurückgeht und den Gesetzen als den Äußerungen seines souveränen Willens unterworfen ist, gilt dies ebenso wie nach außen: im Hinblick auf andere Staaten und gegenüber jeder supranationalen Macht. Als prominentestes Beispiel für das „fremde Oberhaupt", von dem Rousseau spricht, war für die Zeitgenossen unschwer der Papst auszumachen. Der Pater Louis-Bertrand Castel, ein früherer Mentor Rousseaus, schreibt in einer scharfen Polemik gegen den *Discours* zu dieser Stelle: „Mit dem *nationalen Oberhaupt* kann er nur den König meinen und mit dem *fremden Oberhaupt* den Papst und die Bischöfe." Und er fährt fort, daß ganz im Gegensatz zu Rousseaus Behauptung „in der guten Staatsregierung der König die Kirche aufrechterhält und wirksam schützt und daß die Kirche nur Treue und Gehorsam gegen den König predigt.

Je n'aurois point voulu habiter une République de nouvelle
institution, quelque bonnes loix qu'elle pût avoir; de peur que le
gouvernement[16] autrement constitué peut-être qu'il ne faudroit
pour le moment, ne convenant pas aux nouveaux Citoyens, ou les
Citoyens au nouveau gouvernement, l'Etat ne fût sujet à être
ebranlé et détruit presque dès sa naissance. Car il en est de la liberté
comme de ces alimens solides et succulens, ou de ces vins généreux,
propres à nourrir et fortifier les temperamens robustes qui en ont
l'habitude, mais qui accablent, ruinent et enyvrent les foibles et
délicats qui n'y sont point faits. Les Peuples une fois accoutumés
à des Maîtres[17] ne sont plus en état de s'en passer. S'ils tentent
de secouer le joug, ils s'éloignent d'autant plus de la liberté; que
prenant pour elle une licence effrenée qui lui est opposée, leurs
revolutions les livrent presque toûjours à des seducteurs qui ne
font qu'aggraver leurs chaînes. Le Peuple Romain lui-même, ce
modéle de tous les Peuples libres, ne fut point en état de se gouverner en sortant de l'oppression des Tarquins. Avili par l'esclavage
et les travaux ignominieux qu'ils lui avoient imposés, ce n'étoit
d'abord qu'une stupide Populace qu'il falut ménager et gouverner
avec la plus grande sagesse, afin que s'accoutumant peu à peu à
respirer l'air salutaire de la liberté, ces ames énervées ou plutôt
abruties sous la tyrannie, acquissent par degrés cette séverité de
mœurs et cette fierté de courage qui en firent enfin le plus respectable de tous les Peuples[18]. J'aurois donc cherché pour ma Patrie

---

Es waren immer nur die Calvinisten und die Albigenser oder ihresgleichen,
die die Empörung gegen die Gesetze des Staates und der Kirche predigten
und praktizierten, deren Interessen unteilbar sind" (*L'Homme moral opposé
à l'homme physique de Monsieur R.****. *Lettres philosophiques où l'on réfute le déisme
du jour*, Toulouse, 1756. Lettre II).

[16] S. FN 10.

[17] *Maître* ist für Rousseau der *Herr*, der den *Sklaven* zu seinem Gegenüber
hat. Wo es Herren gibt, kann es keine Freiheit geben. Dieser präzise politische
Sinn des Wortes ist im gesamten *Discours* zu beachten.

[18] Daß der Weg in die Korruption, die Dekadenz und die schließliche
Tyrannei ohne Wiederkehr ist, wird von Rousseau als wichtige „Maxime"
immer wieder betont: „Man hat niemals ein Volk, war es erst einmal kor-
rumpiert, zur Tugend zurückgelangen sehen" (*Réponse au roi de Pologne*, p. 56).
„Ich sage daher, daß es sich mit den Sitten eines Volkes wie mit der Ehre eines
Menschen verhält: Sie sind ein Schatz, den man bewahren muß, den man

Ich hätte keinesfalls gewünscht, in einer neu eingerichteten Republik zu leben, welch gute Gesetze sie auch immer haben könnte, aus Furcht, daß die Regierung[16] — vielleicht anders verfaßt, als es für den Augenblick erforderlich wäre — nicht zu den neuen Bürgern oder die Bürger nicht zur neuen Regierung paßten und der Staat deshalb der Gefahr ausgesetzt wäre, beinahe von seiner Entstehung an erschüttert und zerstört zu werden. Denn mit der Freiheit steht es wie mit jenen derben und kräftigen Speisen oder jenen feurigen Weinen, welche dazu taugen, die robusten Temperamente, die an sie gewöhnt sind, zu nähren und zu stärken, welche die Schwachen und Zarten aber, die nicht für sie geschaffen sind, umwerfen, ruinieren und betrunken machen. Sind die Völker erst einmal an Herren[17] gewöhnt, so können sie sie nicht mehr entbehren. Wenn sie das Joch abzuschütteln versuchen, entfernen sie sich um so weiter von der Freiheit, als sie diese mit einer grenzenlosen Zügellosigkeit verwechseln, die das Gegenteil der Freiheit ist, und ihre Revolutionen sie deshalb fast immer Verführern ausliefern, die ihre Ketten nur schwerer machen. Selbst das römische Volk, dieses Musterbild aller freien Völker, war nicht imstande, sich zu regieren, als es sich der Unterdrückung der Tarquinier entledigt hatte. Von der Sklaverei und den schimpflichen Arbeiten erniedrigt, die ihm die Tarquinier auferlegt hatten, war es zunächst nur ein stupider Pöbel, den man mit der größten Weisheit behandeln und regieren mußte, damit diese unter der Tyrannei entnervten oder vielmehr abgestumpften Seelen sich nach und nach daran gewöhnten, die heilsame Luft der Freiheit zu atmen und allmählich jene Sittenstrenge und jenen stolzen Mut erwarben, die sie schließlich zum achtunggebietendsten aller Völker machten[18].

---

aber nicht mehr wiedererlangt, wenn man ihn verloren hat" (*Préface de Narcisse*, p. 971). „Freie Völker, erinnert euch dieser Maxime: Man kann die Freiheit erwerben, aber man erlangt sie niemals wieder" (*C.S.* II, 8). Vergleiche dazu, was Rousseau im selben Kapitel des *C.S.* über die Möglichkeit von Revolutionen schreibt. Zum ganzen Thema ferner: Machiavelli: *Discorsi*, I, 16 f. — Das Lob des römischen Volkes als das „Musterbild aller freien Völker" und das „achtunggebietendste aller Völker" relativiert die Eloge der *Widmung* auf Genf. Der Vorrang Roms beruht auf seiner politisch geprägten Sittenstrenge, an die die calvinistische Zucht und Moralität Genfs offenbar nicht heranreicht (cf. Anmerkung XIX, S. 382), und auf dem

une heureuse et tranquille République dont l'ancienneté se perdît
en quelque sorte dans la nuit des tems; qui n'eût éprouvé que des
atteintes propres à manifester et affermir dans ses habitans le
courage et l'amour de la Patrie, et où les Citoyens accoutumés de
longue main à une sage indépendance, fussent, non seulement
libres, mais dignes de l'être.

J'aurois voulu me choisir une Patrie, détournée par une heureuse
impuissance du féroce amour des Conquêtes, et garantie par une
position encore plus heureuse de la crainte de devenir elle-même
la Conquête d'un autre Etat: Une Ville libre placée entre plusieurs Peuples dont aucun n'eût intérêt à l'envahir, et dont chacun
eût intérêt d'empêcher les autres de l'envahir eux mêmes: Une
République, en un mot, qui ne tentât point l'ambition de ses
voisins et qui pût raisonnablement compter[19] sur leur secours au
besoin. Il s'ensuit que dans une position si heureuse, elle n'auroit
eu rien à craindre que d'elle-même, et que si ses Citoyens s'étoient
exercés aux armes, c'eût été plutôt pour entretenir chez eux cette
ardeur guerrière et cette fierté de courage qui sied si bien à la
liberté et qui en nourrit le goût, que par la necessité de pourvoir
à leur propre défense.

J'aurois cherché un Païs où le droit de législation fût commun à
tous les Citoyens; car qui peut mieux savoir qu'eux sous quelles
conditions il leur convient de vivre ensemble dans une même
société? Mais je n'aurois pas approuvé des Plebiscîtes semblables
à ceux des Romains où les Chefs de l'Etat et les plus intéressés à
sa conservation étoient exclus des déliberations dont souvent
dépendoit son salut, et où par une absurde inconséquence les
Magistrats[20] étoient privés des droits dont jouissoient les simples
Citoyens.

---

besonders hohen Maße, in dem sich seine Bürger durch „kriegerisches Feuer"
und „stolzen Mut" auszeichneten. Die entscheidende Differenz, die den genannten Vorzügen zugrunde liegt und die Rousseau veranlaßt, Rom über
alle modernen Nationen zu stellen, wird von ihm erst im vorletzten Kapitel
des *Contrat social* namhaft gemacht.

[19] Ed. 1755—1 hat versehentlich: conter. Der Fehler ist bereits in Ed.
1755—2 korrigiert. (Variante nicht in *OCP*).

[20] Als Magistrate bezeichnet Rousseau die Mitglieder der Regierung und
in einem weiteren Verstande alle mit Entscheidungskompetenz ausgestatteten

Ich hätte mir daher eine glückliche und ruhige Republik als mein Vaterland ausgesucht, deren Alter sich gewissermaßen in der Nacht der Zeiten verlöre; die nur solche Angriffe erlitten hätte, die geeignet gewesen wären, in ihren Einwohnern den Mut und die Vaterlandsliebe an den Tag zu bringen und zu festigen, und in der die Bürger, von langer Hand an eine weise Unabhängigkeit gewöhnt, nicht nur frei wären, sondern auch würdig, es zu sein.

Ich hätte gewünscht, mir ein Vaterland zu wählen, das durch eine glückliche Machtlosigkeit von der grimmigen Sucht nach Eroberungen abgehalten und durch eine noch glücklichere Lage vor der Furcht bewahrt würde, selbst die Eroberung eines anderen Staates zu werden: Eine freie Stadt, zwischen mehreren Völkern gelegen, von denen keines Interesse daran hätte, sie zu überfallen, und von denen jedes Interesse daran hätte, die anderen zu hindern, sie ihrerseits zu überfallen: Eine Republik, mit einem Wort, die den Ehrgeiz ihrer Nachbarn nicht in Versuchung führte und die im Falle der Not vernünftigerweise auf deren Hilfe zählen könnte. Daraus folgt, daß sie, in einer derart glücklichen Lage, nichts zu fürchten gehabt hätte als sich selbst und daß, wenn sich ihre Bürger im Gebrauch der Waffen geübt hätten, dies eher geschehen wäre, um in ihnen jenes kriegerische Feuer und jenen stolzen Mut wachzuhalten, welcher der Freiheit so gut zu Gesicht steht und den Sinn für sie nährt, als aus der Notwendigkeit heraus, für ihre eigene Verteidigung Vorsorge zu treffen.

Ich hätte ein Land gesucht, in dem das Recht der Gesetzgebung allen Bürgern gemeinsam wäre; denn wer kann besser wissen als sie, unter welchen Bedingungen es ihnen recht ist, in derselben Gesellschaft zusammen zu leben? Nicht gutgeheißen hätte ich dagegen Plebiszite gleich jenen der Römer, wo die Oberhäupter des Staates und die an seiner Erhaltung am meisten Interessierten von den Beratungen ausgeschlossen waren, von denen oft sein Wohl und Wehe abhing, und wo, aufgrund einer absurden Inkonsequenz, die Magistrate[20] der Rechte beraubt waren, die die einfachen Bürger genossen.

Amtsträger der exekutiven Gewalt (Stadtkommandanten, Staatsanwälte, Richter etc.). Die Magistrate sind dem Souverän als *officiers* (Beamte) bzw. *commissaires* untergeordnet und an die Gesetze gebunden. Mit diesen Be-

Au contraire, j'aurois désiré que pour arrêter les projets intéressés et mal conçus, et les innovations dangereuses qui perdirent enfin les Atheniens[21], chacun n'eût pas le pouvoir de proposer de nouvelles Loix à sa fantaisie; que ce droit appartint aux seuls Magistrats; qu'ils en usassent même avec tant de circonspection, que le Peuple de son côté fût si reservé à donner son consentement à ces Loix, et que la promulgation ne pût s'en faire qu'avec tant de solennité, qu'avant que la constitution fût ébranlée on eût le tems de se convaincre que c'est surtout la grande antiquité des Loix qui les rend saintes et vénérables, que le Peuple méprise bientôt celles qu'il voit changer tous les jours, et qu'en s'accoutumant à négliger les anciens usages sous prétexte de faire mieux, on introduit souvent de grands maux pour en corriger de moindres[22].

J'aurois fui surtout, comme necessairement mal gouvernée, une République où le Peuple croyant pouvoir se passer de ses Magistrats ou ne leur laisser qu'une autorité précaire, auroit imprudemment gardé l'administration des affaires Civiles et l'exécution de

---

stimmungen des Begriffs bewegt sich Rousseau innerhalb des traditionellen Sprachgebrauchs. (Cf. z. B. Jean Bodin: *Les six livres de la république*, 1583, III, 3—5, insbes. p. 392 f und p. 431.) Eine veränderte, polemische Stoßrichtung erhält *magistrat* erst dadurch, daß Rousseau den Fürsten selbst als Magistrat (und nicht länger als Souverän) anspricht: Besonders deutlich kommt sie in der lapidaren Gleichsetzung zum Ausdruck, die *C.S.* III, 1 vornimmt: Die Mitglieder der Regierung „heißen Magistrate oder *Könige*" (Hervorhebung von Rousseau). Die geläufige Übersetzung *Obrigkeit* verfehlt gerade das, was Rousseau mit seiner Verwendung von *magistrat* unterstreichen will: den streng dienenden Charakter, die rein exekutive Funktion, den vom Souverän prinzipiell unterschiedenen Status des Magistrats. Andere Verdeutschungen — etwa *Beamte* oder *Behörden* — bleiben viel zu blaß und unpräzise. Sie treffen die Sache nicht. Magistrat ist ein technischer Begriff in der politischen Terminologie Rousseaus, der im Deutschen adäquat nur mit *der Magistrat/die Magistrate* wiedergegeben werden kann. Diese Übersetzung trägt außerdem der Besonderheit Rechnung, daß Rousseau *magistrat* sowohl im Blick auf die Regierenden als einzelne, als natürliche Personen, wie auch zu ihrer zusammenfassenden Bezeichnung als Körperschaft, als *corps collectif*, gebraucht. (*C.S.* III, 1 führt später *Prince* als neuen, zusätzlichen Kollektivbegriff ein.)

[21] Die Kritik an Athen wird im *Ersten Discours* ausführlich entwickelt (s. insbes. p. 12 f). Cf. außerdem *Lettre à Grimm*, p. 68: „. . . die Depravation der Sitten und der Regierung der Athener waren das Werk der Redner" und

Im Gegenteil, um den eigennützigen und schlecht durchdachten Vorhaben und den gefährlichen Neuerungen einen Riegel vorzuschieben, welche die Athener[21] schließlich ins Verderben führten, hätte ich gewünscht, daß nicht jeder über die Macht verfügte, nach seinem Gutdünken neue Gesetze vorzuschlagen; daß dieses Recht einzig und allein den Magistraten zustünde; daß selbst sie mit so großer Umsicht von ihm Gebrauch machten, daß das Volk seinerseits mit dem Erteilen seiner Zustimmung zu diesen Gesetzen so behutsam wäre und daß ihre Bekanntmachung nur mit einer solchen Feierlichkeit erfolgen könnte, daß man, ehe die Verfassung erschüttert wäre, noch Zeit hätte, sich davon zu überzeugen, daß es vor allem das große Alter der Gesetze ist, das sie heilig und verehrungswürdig macht, daß das Volk jene Gesetze, die es täglich wechseln sieht, bald verachtet und daß — indem man sich unter dem Vorwand, Besseres zu schaffen, daran gewöhnt, die alten Gebräuche zu vernachlässigen — man oft große Übel einführt, um kleinere zu korrigieren[22].

Vor allem hätte ich, da sie notwendigerweise schlecht regiert würde, eine Republik gemieden, in der sich das Volk, im Glauben, seine Magistrate entbehren oder ihnen nur eine prekäre Autorität einräumen zu können, die Verwaltung der bürgerlichen Angelegen-

---

Ec. Pol., p. 246: „Tatsächlich war Athen keine Demokratie, sondern eine sehr tyrannische Aristokratie, die von Gelehrten und Rednern regiert wurde."

[22] „. . . die wahrhaft korrumpierten Völker sind weniger jene, die schlechte Gesetze haben, als jene, die die Gesetze verachten" (*Lettre à Grimm*, p. 61). Die Warnung vor den Gefahren, die mit allen Neuerungen im Bereich der Gesetze, der Sitten und Gewohnheiten verbunden sind, und die Maxime, daß die Wahrung der Autorität des Gesetzes Vorrang haben muß vor allen Bestrebungen, alte Gesetze zu verbessern oder durch neue zu ergänzen, gehören zum Kernbestand der politischen Lehre Rousseaus. „Die geringste Veränderung in den Gewohnheiten, selbst wenn sie in gewissen Hinsichten vorteilhaft wäre, schlägt stets zum Nachteil der Sitten aus. Denn die Gewohnheiten sind die Moral des Volkes . . ." (*Préface de Narcisse*, p. 971). Um die strikte Einhaltung der Gesetze zu gewährleisten und sie in den „Herzen der Bürger" besser zu verankern, soll ihre Zahl möglichst gering gehalten werden, denn „je mehr man die Gesetze vervielfacht, um so mehr macht man sie verächtlich" (*Ec. Pol.*, p. 253). Cf. außerdem *C.S.* II, 7 und IV, 1. Klassisch zum Thema insgesamt: Platon: *Nomoi*, 634 d—e, Aristoteles: *Politik*, 1269 a 15 ff und Montaigne: *Essais*, I, 23, p. 117 ff und I, 43, p. 261.

ses propres Loix; telle dut être la grossière constitution des prémiers gouvernemens[23] sortant immédiatement de l'état de Nature, et tel fut encore un des Vices qui perdirent la République d'Athenes.

Mais j'aurois choisi celle où les particuliers se contentant de donner la sanction aux Loix, et de décider en Corps et sur le raport des Chefs, les plus importantes affaires publiques, établiroient des tribunaux respectés, en distingueroient avec soin les divers départemens; éliroient d'année en année les plus capables et les plus intégres de leurs Concitoyens pour administrer la Justice et gouverner l'Etat; et où la Vertu des Magistrats portant ainsi témoignage de la sagesse du Peuple, les uns et les autres s'honoreroient mutuellement. De sorte que si jamais de funestes mal-entendus venoient à troubler la concorde publique, ces tems mêmes[24] d'aveuglement et d'erreurs fussent marqués par des témoignages de modération, d'estime réciproque, et d'un commun respect pour les Loix; présages et garants d'une réconciliation sincére et perpétuelle[25].

---

[23] Cf. S. 248 — Die Qualifizierung der „demokratischen Regierung" als „weise gemäßigt" (S. 10) bezieht sich demnach darauf, daß 1.) das Volk die exekutiven Befugnisse nicht selbst wahrnimmt, sondern sie einem Magistrat überträgt, und daß 2.) die gesetzgeberische Initiative gleichfalls beim Magistrat und nicht beim Souverän liegt. Die Delegation der Regierungskompetenz an eine eigene „intermediäre Körperschaft" wird von Rousseau auch in allen späteren Schriften ausdrücklich gutgeheißen und gefordert. (In der Begrifflichkeit des *Contrat social* handelte es sich bei dem hier in Rede stehenden Regierungssystem um eine Aristokratie.) Sehr bemerkenswert ist dagegen Rousseaus Haltung zum zweiten Punkt: Denn seit Beginn des 18. Jahrhunderts gehörte die Forderung, dem *Conseil Général* das Recht der Gesetzesinitiative zuzugestehen, zu den wichtigsten Programmpunkten der Genfer Bourgeoisie in den Auseinandersetzungen mit dem Patriziat. Rousseau macht sich diese Forderung in der *Dédicace* nicht zu eigen. Die Position, die er hier formuliert, stimmt nahtlos mit der Genfer Verfassung überein, wie sie im *Règlement de l'illustre médiation* von 1738 kodifiziert wurde. Artikel III, 1 bestimmt die „legislative Gewalt" des *Conseil Général* als die Befugnis, „die vorgelegten Gesetze oder die Änderungen an den bestehenden Gesetzen anzunehmen oder zurückzuweisen, welche Gesetze nicht eher Rechtskraft haben können, als bis sie vom *Conseil Général* genehmigt worden sind." In Artikel V heißt es: „Alle Materien, die dem *Conseil Général* vorgetragen werden, können in ihm nur von den *Syndics*, dem *Petit* und *Grand Conseils* vorgelegt werden." Und Artikel VI legt fest, daß im *Conseil Général* nichts verhandelt werden darf,

heiten und die Ausführung seiner eigenen Gesetze unklugerweise [selbst] vorbehalten hätte; dies muß die rohe Verfassung der ersten Regierungen[23] gewesen sein, die unmittelbar aus dem Naturzustand hervorgingen, und dies war noch eines der Laster, welche die Republik Athen ins Verderben führten.

Vielmehr hätte ich die Republik gewählt, in der sich die Einzelnen damit begnügten, die Gesetze zu sanktionieren und *in corpore* und auf die Vorlage der Oberhäupter hin über die wichtigsten öffentlichen Angelegenheiten zu entscheiden; in der sie respektierte Gerichte einsetzten, sorgfältig deren verschiedene Zuständigkeitsbereiche unterschieden und von Jahr zu Jahr die fähigsten und integersten ihrer Mitbürger wählten, um die Justiz zu verwalten und den Staat zu regieren; eine Republik, in der, da die Tugend der Magistrate so Zeugnis für die Weisheit des Volkes ablegte, sich beide wechselseitig Ehre machten. So daß, wenn jemals unheilvolle Mißverständnisse die öffentliche Eintracht trüben sollten, selbst diese Zeiten der Verblendung und der Irrtümer durch Zeugnisse der Mäßigung, der gegenseitigen Wertschätzung und eines gemeinsamen Respektes vor den Gesetzen gekennzeichnet wären: Vorzeichen und Garanten einer aufrichtigen und fortwährenden Versöhnung[25].

---

das nicht zuvor im *Conseil des Deux Cents*, und nichts in diesem, das nicht zuvor im *Petit Conseil* beraten wurde. — Zu den Maßnahmen, mit denen Rousseau später der Gefahr vorbeugen will, daß die Regierung die Souveränität nach und nach usurpiert, cf. *C.S.* III, 12, 13, 14 und 18. — Eine ausführliche und sehr kritische Interpretation der Genfer Verfassung hat Rousseau in den *Lettres écrites de la montagne* (1764), insbes. VII—IX, gegeben.

[24] Ed. 1782: *même*

[25] Die „unheilvollen Mißverständnisse", von denen Rousseau spricht, verweisen nicht auf eine bloß hypothetische Möglichkeit oder in der Zukunft liegende Gefahr. Sie sind eine eher euphemistische Umschreibung für die anhaltenden Auseinandersetzungen zwischen der Genfer Bürgerschaft und dem Magistrat in der ersten Hälfte des 18. Jahrhunderts, die 1707 in der Hinrichtung des Wortführers der Opposition Pierre Fatio und 1737 im bewaffneten Zusammenstoß der Bürgerkriegsparteien ihre blutigen Höhepunkte erlebten. Rousseau war im Sommer 1737 während eines kurzen Aufenthalts in der Stadt selbst Augenzeuge der Konfrontation zwischen den verfeindeten Lagern geworden: „Dieses fürchterliche Schauspiel machte einen so lebhaften Eindruck auf mich, daß ich mir schwor, mich niemals an irgendeinem Bürger-

Tels sont, MAGNIFIQUES, TRÈS-HONORÉS, ET SOUVERAINS SEI-
GNEURS, les avantages que j'aurois recherchés dans la Patrie que je
me serois choisie. Que si la providence y avoit ajoûté de plus une
situation charmante, un Climat tempéré, un païs fertile, et l'aspect
le plus délicieux qui soit sous le Ciel, je n'aurois désiré pour combler mon bonheur que de jouir de tous ces biens dans le sein de
cette heureuse Patrie, vivant paisiblement dans une douce societé
avec mes Concitoyens, exerçant envers eux, et à leur éxemple,
l'humanité, l'amitié et toutes les vertus, et laissant après moi
l'honorable mémoire d'un homme de bien, et d'un honnête et
vertueux Patriote.

---

krieg zu beteiligen und niemals die Behauptung der Freiheit im Innern durch
die Waffen zu unterstützen, weder mit meiner Person noch mit meiner Einwilligung, wenn ich jemals wieder in meine Bürgerrechte eintreten sollte"
(*Confessions*, V, p. 216). Nur durch die Intervention und Vermittlung Frankreichs sowie der Kantone Zürich und Bern konnte der innere Friede wiederhergestellt werden. 1738 nahm der *Conseil Général* das *Règlement de l'illustre
médiation pour la pacification des troubles de la République de Genève* der drei aus-
wärtigen Mächte mit 1316 gegen 39 Stimmen an, das die bisherige Genfer
Verfassung in ihren Grundzügen festschrieb. Das *Règlement* führte zu einer
vorübergehenden Beruhigung, ließ jedoch die Ursachen des Streites fortbestehen. 1766—68 und 1780—82 führten gegenseitige Blockierungen der
Verfassungsorgane und neuerliche Kampfhandlungen abermals zu Inter-
ventionen der Garantiemächte. — Der Genfer Verfassungsstreit war ein Streit
um die Souveränität. Der *Conseil Général*, die Vollversammlung der *Citoyens*
und *Bourgeois*, wurde zwar offiziell als „Souveräner Rat", seine Mitglieder,
die Bürger, wurden als *souverains seigneurs* angesprochen, die tatsächliche politische Macht lag jedoch in den Händen der Magistrate: Beim *Conseil des Deux
Cents* (Rat der Zweihundert), auch *Grand Conseil* genannt, und beim *Petit
Conseil*, an dessen Spitze vier *Syndics* (Bürgermeister) standen, die die
laufenden Regierungsgeschäfte versahen. Der *Conseil des Deux Cents* wählte
aus seiner Mitte die 25 Mitglieder des *Petit Conseil* auf Lebenszeit, während
dieser seinerseits über die Zusammensetzung des *Conseil des Deux Cents* bestimmte. Dem *Conseil Général* stand die jährliche Wahl der vier *Syndics*, des
Generalstaatsanwalts und einiger anderer Magistrate zu, jedoch lag das Vor-
schlagsrecht allein beim *Petit Conseil*, die Kandidaten für die Ämter der
Syndics mußten außerdem Mitglieder des *Petit Conseil* sein. Dieses ver-
schachtelte Wahl- und Kooptationssystem machte es möglich, daß die Magistrate, die Mitglieder des Kleinen Rates wie die „Zweihundert", sich praktisch
ausschließlich aus einigen wenigen Familien des Genfer Patriziats der Oberstadt rekrutierten, die zumeist Nachkommen aristokratischer Einwanderer
aus Frankreich und Italien waren. Das *Règlement* von 1738 bestätigte förmlich,

Dies sind, ERLAUCHTE, SEHR VEREHRTE UND SOUVERÄNE HER-
REN, die Vorzüge, die ich in dem Vaterland gesucht hätte, welches
ich mir gewählt hätte. Und wenn die Vorsehung außerdem eine
reizende Lage, ein gemäßigtes Klima, ein fruchtbares Land und
die entzückendste Ansicht, die es unter dem Himmel gibt, hinzugefügt hätte, so hätte ich, um mein Glück vollzumachen, nur gewünscht, all diese Güter im Schoße dieses glücklichen Vaterlandes
zu genießen, friedlich in einer süßen Gesellschaft mit meinen Mitbürgern lebend, ihnen gegenüber und nach ihrem Beispiel Menschlichkeit, Freundschaft und alle Tugenden übend und das ehrenvolle Andenken eines guten Menschen und eines rechtschaffenen
und tugendhaften Patrioten hinterlassend.

daß der *pouvoir législatif* beim *Conseil Général* lag, der Allgemeine Rat konnte
jedoch weder eigene Gesetzesentwürfe einbringen, noch war er auch nur
befugt, sich zu versammeln, ohne daß ihn der Kleine Rat einberufen hatte.
Die Gesetzesinitiative und das regelmäßige Zusammentreten des *Conseil
Général* zur Beratung und Entscheidung aktueller politischer Fragen waren
deshalb zentrale Forderungen der Bürger. — Wurde Genf faktisch von einer
Oligarchie regiert, so waren die *Citoyens* und *Bourgeois*, die dem Patriziat die
Vorherrschaft streitig machten, selbst Teil einer politischen Aristokratie
(cf. *C.S.* IV, 3). Denn *Citoyen* war nur der in Genf geborene Sohn eines *Citoyen*
oder *Bourgeois*, *Bourgeois* der außerhalb Genfs geborene Sohn eines *Citoyen*
oder *Bourgeois*. *Bourgeois* wurde man außerdem durch den Erwerb des Bürger-
rechts *(Lettres de bourgeoisie)*, das der *Petit Conseil* verlieh und für das eine
beträchtliche Summe entrichtet werden mußte. Nur *Citoyens* konnten Magistraturen erlangen, und die Mitgliedschaft im *Conseil Général* war den *Citoyens*
und *Bourgeois* über 25 Jahren, d. h. maximal 1500 Personen von ca. 25000
Einwohnern der Republik insgesamt, vorbehalten. Die drei übrigen politischen
Klassen Genfs, die *Habitants* (Fremde, die das Aufenthaltsrecht gekauft
hatten), die *Natifs* (in Genf geborene Nachkommen der *Habitants*) und die
Sujets (Bauern des Genfer Umlands und Söldner), blieben von allen politischen
Rechten und auch von verschiedenen Gewerben ausgeschlossen. Gleichwohl
trugen sie die höchste Steuerlast. — Über Einzelheiten des Genfer Verfassungs-
streites und der Auseinandersetzungen zwischen Patriziat und Bürgertum
unterrichten die Arbeiten von Jean-Pierre Fenier: *Le XVIIIe siècle — Politique
intérieur et extérieur* in: *Histoire de Genève des Origines à 1798*, Genf, 1951,
p. 401—482, und John Stephenson Spink: *J. J. Rousseau et Genève*, Paris,
1934, p. 3—29. Cf. ferner Olivier Krafft: *La Politique de J. J. Rousseau. Aspects
méconnus.* Paris, 1958, p. 61—71, 115—117 und ders.: *Les classes sociales à
Genève et la notion de Citoyen* in: *J. J. Rousseau et son oeuvre*, Paris, 1964,
p. 219—229; Michel Launay: *J. J. Rousseau écrivain politique*, Grenoble, 1971,
p. 34—43.

Si, moins heureux ou trop tard sage, je m'étois vû réduit à finir en d'autres Climats une infirme et languissante carrière, regrettant inutilement le repos et la Paix dont une jeunesse imprudente m'auroit privé; j'aurois du moins nourri dans mon ame ces mêmes sentimens dont je n'aurois pû faire usage dans mon païs, et pénètré d'une affection tendre et desintéressée pour mes Concitoyens éloignés, je leur aurois addressé du fond de mon cœur à peu près le discours suivant.

Mes chers Concitoyens ou plutôt mes fréres, puisque les liens du sang ainsi que les Loix nous unissent presque tous, il m'est doux de ne pouvoir penser à vous, sans penser en même tems à tous les biens dont vous jouissés et dont nul de vous peut-être ne sent mieux le prix que moi qui les ai perdus. Plus je réfléchis sur votre situation Politique et Civile, et moins je puis imaginer que la nature des choses humaines puisse en comporter une meilleure. Dans tous les autres Gouvernemens, quand il est question d'assurer le plus grand bien de l'Etat, tout se borne toujours à des projets en idées, et tout au plus à de simples possibilités. Pour vous, vôtre bonheur est tout fait, il ne faut qu'en jouïr, et vous n'avez plus besoin pour devenir parfaitement heureux, que de savoir vous contenter de l'être. Vôtre Souveraineté acquise ou recouvrée à la pointe de l'épée, et conservée durant deux siécles à force de valeur et de sagesse, est enfin pleinement et universellement reconnuë. Des Traittés honorables fixent vos limites, assurent vos droits, et affermissent vôtre repos[26]. Vôtre constitution est excellente, dictée par la plus sublime raison, et garantie par des Puissances amies et respectables; vôtre Etat[27] est tranquille, vous

---

[26] Rousseau schreibt am 20. 7. 1754 in einem Brief aus Genf: „. . . durch einen Vertrag, den wir mit dem König von Sardinien geschlossen haben, ist unsere Souveränität endlich durch den einzigen Fürsten, der sie uns streitig machen konnte, öffentlich anerkannt" (*CC* III, p. 16). In dem am 3. Juni 1754 unterzeichneten Vertrag von Turin hatte Genf seine Differenzen mit Sardinien geregelt. Es wurde ein Gebietsaustausch festgelegt, der den Streubesitz beider Staaten betraf; Sardinien erkannte endgültig und vorbehaltlos die Unabhängigkeit der Republik an, auf die das Haus Savoyen bis dahin immer noch Besitzansprüche erhoben hatte.

[27] Ed. 1755-1: état (Zustand). Es handelt sich um eine der zahlreichen Vertauschungen von *Etat* und *état* in der Erstausgabe, auf die in den Errata

Wenn ich mich, weniger glücklich und zu spät weise geworden, gezwungen gesehen hätte, in anderen Himmelsgegenden einen kränklichen und schmachtenden Lebensweg zu beschließen, vergeblich der Ruhe und dem Frieden nachtrauernd, um die mich eine unbesonnene Jugend gebracht hätte, so hätte ich ebenjene Gefühle, von denen ich in meinem Land keinen Gebrauch hätte machen können, zumindest in meiner Seele gehegt, und von einer zärtlichen und uneigennützigen Zuneigung für meine fernen Mitbürger durchdrungen, hätte ich aus der Tiefe meines Herzens ungefähr die folgende Rede an sie gerichtet:

Meine lieben Mitbürger — oder vielmehr meine Brüder, da uns die Bande des Blutes fast alle ebenso verbinden wie die Gesetze —, es ist mir eine Freude, daß ich nicht an Euch zu denken vermag, ohne zur gleichen Zeit an all die Güter zu denken, die ihr genießt und deren Wert vielleicht niemand von Euch besser ermißt als ich, der ich sie verloren habe. Je mehr ich über Eure politische und bürgerliche Situation nachdenke, desto weniger kann ich mir vorstellen, daß die Natur der menschlichen Dinge eine bessere zulassen könnte. Wenn es darum geht, das größte Wohl des Staates sicherzustellen, beschränkt sich in allen anderen Regierungen alles stets auf nur in der Vorstellung existierende Projekte und höchstens auf bloße Möglichkeiten. Was Euch angeht, so ist Euer Glück ganz und gar gemacht, Ihr braucht es lediglich zu genießen, und um vollkommen glücklich zu werden, müßt Ihr nur noch verstehen, Euch damit zufriedenzugeben, es zu sein. Eure mit dem Degen in der Hand erworbene oder wiedererlangte und mit großer Tapferkeit und Weisheit zwei Jahrhunderte hindurch bewahrte Souveränität ist endlich vollständig und universell anerkannt. Ehrenvolle Verträge legen Eure Grenzen fest, sichern Eure Rechte und stärken Eure Ruhe[26]. Eure Verfassung ist ausgezeichnet, von der erhabensten Vernunft diktiert und von befreundeten und achtunggebietenden Mächten garantiert. Euer Staat[27] ist unangefochten, Ihr habt weder Kriege noch Eroberer

---

generell verwiesen wird. Ed. 1755-2 und alle folgenden Editionen haben *Etat*. (*OCP* nehmen hier keine Korrektur vor, obwohl dies inhaltlich erforderlich ist, und geben auch keine Variante an.)

n'avez ni guerres ni conquerans à craindre; vous n'avez point d'autres maîtres que de sages loix que vous avez faites, administrées par des Magistrats intégres qui sont de vôtre choix; vous n'êtes ni assez riches pour vous énerver par la molesse et perdre dans de vaines delices le goût du vrai bonheur et des solides vertus, ni assez pauvres pour avoir besoin de plus de secours étrangers que ne vous en procure vôtre industrie[28]; et cette liberté précieuse qu'on ne maintient chez les grandes Nations qu'avec des Impots exhorbitans, ne vous coute presque rien à conserver.

Puisse durer toûjours pour le bonheur de ses Citoyens et l'exemple des Peuples une République si sagement et si heureusement constituée! Voilà le seul vœu qui vous reste à faire, et le seul soin qui vous reste à prendre. C'est à vous seuls desormais, non à faire vôtre bonheur, vos Ancêtres vous en ont évité la peine, mais à le rendre durable par la sagesse d'en bien user. C'est de vôtre union perpetuelle, de vôtre obéissance aux loix; de vôtre respect pour leurs Ministres que dépend vôtre conservation. S'il reste parmi vous le moindre germe d'aigreur ou de défiance, hâtez vous de le détruire comme un levain funeste d'où resulteroient tôt ou tard vos malheurs et la ruine de l'Etat: Je vous conjure de rentrer tous au fond de vôtre Cœur et de consulter la voix secrette de vôtre conscience. Quelqu'un parmi vous connoît-il dans l'univers un Corps plus intégre, plus eclairé, plus respectable que celui de vôtre Magistrature[29]? Tous ses membres ne vous donnent ils pas l'exemple de la moderation, de la simplicité de mœurs, du respect pour les loix et de la plus sincére reconciliation[30]:

---

[28] Rousseau gebraucht *industrie* sowohl in der älteren Bedeutung von *Kunstfleiß* und von *Fertigkeit* als auch im modernen Sinn von *Gewerbe*. Die Entscheidung zwischen diesen drei Übersetzungen ist nicht immer leicht, sie bleiben im folgenden jedoch konsequent der Wiedergabe von *industrie* vorbehalten. An der hier erläuterten Stelle könnte man auch für *Kunstfleiß* plädieren, der Akzent läge dann auf der aktiven Leistung der Genfer. — Die besondere wirtschaftliche Stellung Genfs begründeten die Uhrmacher, Goldschmiede und Juweliere. Weitere wichtige Gewerbezweige waren die Buchdruckerei, die Tuchherstellung und die Posamentierarbeit. Man schätzt, daß in der zweiten Hälfte des 18. Jahrhunderts bei etwa 25 000 Einwohnern 6 000 Menschen ihren Lebensunterhalt im Bereich der Uhrenherstellung, oder wie die Genfer sagten: in der *fabrique* verdienten.

zu fürchten; Ihr habt keine anderen Herren als die weisen Gesetze, die Ihr gemacht habt und die von integeren Magistraten Eurer [eigenen] Wahl verwaltet werden; Ihr seid weder reich genug, um Euch durch Weichlichkeit zu schwächen und in eitlen Vergnügungen den Geschmack am wahren Glück und den echten Tugenden zu verlieren, noch arm genug, um mehr fremde Hilfe zu benötigen, als Euch Euer Gewerbe[28] verschafft; und die Bewahrung dieser kostbaren Freiheit, die sich bei den großen Nationen nur mit exorbitanten Steuern aufrechterhalten läßt, kostet Euch fast nichts.

Möge eine so weise und glücklich verfaßte Republik zum Glück ihrer Bürger und zum Beispiel der Völker für immer Bestand haben! Das ist das einzige, was zu wünschen und das einzige, wofür zu sorgen Euch übrigbleibt. Es liegt künftig bei Euch allein, nicht etwa Euer Glück zu schaffen, denn Eure Vorfahren haben Euch diese Mühe abgenommen, wohl aber, durch die Weisheit, gut mit ihm umzugehen, es dauerhaft zu machen. Von Eurer fortwährenden Einigkeit, Eurem Gehorsam gegenüber den Gesetzen, Eurem Respekt vor ihren Dienern hängt Eure Erhaltung ab. Wenn der geringste Keim von Bitterkeit oder Mißtrauen unter Euch zurückbleibt, beeilt Euch, ihn als einen unheilvollen Sauerteig auszurotten, aus dem früher oder später Euer Unglück und der Ruin des Staates hervorgingen: Ich beschwöre Euch alle, in der Tiefe Eures Herzens Einkehr zu halten und die geheime Stimme Eures Gewissens zu befragen. Kennt irgendeiner unter Euch eine integerere, aufgeklärtere, achtunggebietendere Körperschaft in der Welt als die Eurer Magistratur[29]? Geben Euch nicht alle ihre Mitglieder ein Musterbeispiel an Mäßigung, Einfachheit der Sitten, Respekt vor den Gesetzen und aufrichtigster Versöhnung[30]? Bringt also solch weisen Oberhäuptern rückhaltlos

---

[29] *Magistrature* nennt Rousseau (1) die Magistrate in ihrer Gesamtheit, als Körperschaft betrachtet *(corps collectif des magistrats)*. *La magistrature* und *le magistrat* (als Kollektivbegriff) werden von ihm hier also synonym verwendet. Daneben gebraucht Rousseau *magistrature* jedoch (2) zur Bezeichnung der Funktion, der Befugnis und der Amtsgewalt der Magistrate. In dieser zweiten Verwendung ist die Magistratur dem Magistrat in exakt der gleichen Weise zugeordnet wie die Souveränität dem Souverän (cf. *C.S.* II, 6).

[30] Rousseaus Lob ist nicht frei von Ironie. Tatsächlich war allgemein bekannt und wurde vom Klerus wie von großen Teilen der Bourgeoisie heftig

rendez donc sans reserve à de si sages Chefs cette salutaire confiance que la raison doit à la vertu; songez qu'ils sont de vôtre choix,
qu'ils le justifient, et que les honneurs dûs à ceux que vous avez
constitués en dignité retombent nécessairement sur vous mêmes.
Nul de vous n'est assez peu éclairé pour ignorer qu'où cesse la
vigueur[31] des loix et l'autorité de leurs défenseurs, il ne peut y
avoir ni sureté ni liberté pour personne. De quoi s'agit il donc
entre vous que de faire de bon cœur et avec une juste confiance
ce que vous seriez toûjours obligés de faire par un véritable intérêt,
par devoir, et pour la raison? Qu'une coupable et funeste indifférence pour le maintien de la constitution, ne vous fasse jamais
négliger au besoin les sages avis des plus éclairés et des plus zèlés
d'entre vous: Mais que l'équité, la modération, la plus respectueuse
fermeté, continuent de régler toutes vos démarches et de montrer
en vous à tout l'univers l'exemple d'un Peuple fier et modeste,
aussi jaloux de sa gloire que de sa liberté. Gardez-vous, sur tout
et ce sera mon dernier Conseil, d'écouter jamais des interpretations
sinistres et des discours envenimés dont les motifs secrets sont
souvent plus dangereux que les actions qui en sont l'objet[32]. Toute
une maison s'éveille et se tient en allarmes aux prémiers cris d'un
bon et fidèle Gardien qui n'aboye jamais qu'à l'approche des
Voleurs; mais on haït l'importunité de ces animaux bruyans qui
troublent sans cesse le repos public, et dont les avertissemens continuels et déplacés ne se font pas même écouter au moment qu'ils
sont nécessaires.

Et vous, MAGNIFIQUES ET TRÈS HONORÉS SEIGNEURS; vous

---

kritisiert, daß das Patriziat, dem die Magistrate in ihrer überwiegenden Mehrzahl zugehörten, sich von der „Einfachheit der Sitten" zusehends entfernte
und sich immer stärker am französischen Lebensstil orientierte. Und der
„Respekt vor den Gesetzen" konnte den *Petit Conseil* nicht dazu bewegen,
das lange überfällige allgemeine Gesetzbuch vorzulegen, das alle Gesetze
und Edikte enthalten sollte, die in Genf Gültigkeit besaßen. Artikel XXXXII
des *Règlements* von 1738 hatte den Rat ausdrücklich verpflichtet, diesen von
den Bürgern in den Auseinandersetzungen der Jahre 1707 und 1737 mit
Nachdruck geforderten *Code général imprimé* zusammenzustellen und zu
publizieren. Als 1766 die Garantiemächte erneut zur Intervention nach Genf
gerufen wurden, war er noch immer nicht veröffentlicht.

[31] Ed. 1782: rigueur / Strenge der Gesetze

jenes heilsame Vertrauen entgegen, das die Vernunft der Tugend schuldet; denkt daran, daß Ihr sie gewählt habt, daß sie die Wahl rechtfertigen und daß die Ehren, die man jenen schuldet, welche Ihr in Würden eingesetzt habt, notwendigerweise auf Euch selbst zurückfallen. Keiner von Euch ist so wenig aufgeklärt, daß er nicht wüßte, daß es dort, wo die Kraft[31] der Gesetze und die Autorität ihrer Beschützer aufhören, weder Sicherheit noch Freiheit für irgend jemanden geben kann. Worum anders handelt es sich also unter Euch als darum, von ganzem Herzen und mit einem berechtigten Vertrauen das zu tun, was Ihr allemal aus einem wahrhaften Eigeninteresse heraus, aus Pflicht und von Vernunft wegen tun müßtet? Möge Euch niemals eine sträfliche und unheilvolle Gleichgültigkeit gegenüber der Aufrechterhaltung der Verfassung in der Not die weisen Ratschläge der Aufgeklärtesten und der Eifrigsten unter Euch in den Wind schlagen lassen: Mögen vielmehr auch weiterhin Billigkeit, Mäßigung und respektvollste Festigkeit alle Eure Schritte bestimmen und in Euch der ganzen Welt das Beispiel eines stolzen und bescheidenen Volkes vor Augen stellen, das auf seinen Ruhm ebenso bedacht ist wie auf seine Freiheit. Hütet Euch vor allem, und das soll mein letzter Rat sein, jemals sinistren Auslegungen und giftigen Reden Gehör zu schenken, deren geheime Beweggründe oft gefährlicher sind als die Handlungen, die sie zum Gegenstand haben[32]. Ein ganzes Haus erwacht und wird in Alarm versetzt beim ersten Bellen eines guten und treuen Wächters, der nur bellt, wenn sich Diebe heranmachen; aber man haßt die Unzeitigkeit jener lärmenden Tiere, die ohne Unterlaß die öffentliche Ruhe stören und deren ständige und unangebrachte Warnungen nicht einmal in dem Augenblick beachtet werden, da sie notwendig sind.

Und Ihr, ERLAUCHTE UND SEHR VEREHRTE HERREN, Ihr würdi-

---

[32] Die Ermahnung richtet sich an die radikalen Kritiker der Regierung und des *Règlements* innerhalb der Bürgerschaft. Sie ist vor dem Hintergrund der Ereignisse von 1737 zu sehen, bei denen anonyme Flugschriften und unkontrollierbare Gerüchte eine wichtige Rolle gespielt hatten. Weiter unten ermahnt Rousseau in ausgesucht höflicher Form, der Substanz nach jedoch in analoger Weise die Magistrate. Er gibt sich keinen Illusionen darüber hin, daß die von ihm beschworene Eintracht in Genf sehr prekär ist.

dignes et respectables Magistrats d'un Peuple libre; permettez moi de vous offrir en particulier mes hommages et mes devoirs[33]. S'il y a dans le monde un rang propre à illustrer ceux qui l'occupent, c'est sans doute celui que donnent les talens et la vertu, celui dont vous vous êtes rendus dignes, et auquel vos Concitoyens vous ont élevés. Leur propre mérite ajoûte encore au vôtre un nouvel éclat, et choisis par des hommes capables d'en gouverner d'autres, pour les gouverner eux-mêmes, je vous trouve autant au dessus des autres Magistrats, qu'un Peuple libre, et sur tout celui que vous avez l'honneur de conduire, est par ses lumieres et par sa raison au dessus de la populace des autres Etats.

Qu'il me soit permis de citer un éxemple dont il devroit rester de meilleures traces, et qui sera toujours présent à mon Cœur. Je ne me rappelle point sans la plus douce émotion la memoire du vertueux Citoyen de qui j'ai reçu le jour, et qui souvent entretint mon enfance du respect qui vous étoit dû. Je le vois encore vivant du travail de ses mains, et nourrissant son ame des Verités les plus sublimes. Je vois Tacite, Plutarque, et Grotius, mêlés devant lui avec les instrumens de son métier. Je vois à ses côtés un fils chéri recevant avec trop peu de fruit les tendres instructions du meilleur des Péres. Mais si les égaremens d'une folle jeunesse me firent oublier durant un tems de si sages leçons, j'ai le bonheur d'éprouver enfin que quelque penchant qu'on ait vers le vice, il est difficile qu'une éducation dont le cœur se mêle reste perdue pour toujours[34].

---

[33] Anders als die Bürger, die Mitglieder des souveränen *Conseil Général*, redet Rousseau die Magistrate, an die er sich nun wendet, nicht als *souverains seigneurs* an. Die Regierung ist nicht souverän (cf. *C.S.* III, 1). Rousseau spricht in der Widmungsschrift zunächst die Bürger zweimal mit „Erlauchte, sehr verehrte und souveräne Herren" an, danach gebraucht er die Formel ohne das Epitheton souverän zweimal im Blick auf die Magistrate, um sich anschließend wiederum zweimal mit der „vollständigen" Anrede an die Bürger zu wenden. Durch diese augenfällige Variation verliert die herkömmliche Anrede des *Conseil Général* ihren lediglich konventionellen, bloß noch formelhaften Charakter. Rousseau gibt ihr in der *Dédicace* ihren präzisen politischen Sinn zurück.

[34] Die Darstellung des Vaters ist stark idealisiert. Sie fügt sich in eine lange Reihe ähnlicher Äußerungen ein, in denen Rousseau die Gestalt des Vaters politisch zu einem beispielhaften Bürger und Patrioten stilisiert: In einem Brief vom 28. 5. 1751 kann man bereits lesen: „Sie wissen, mein Herr, ich

gen und achtunggebietenden Magistrate eines freien Volkes,
gestattet mir, Euch im besonderen meine Huldigungen und meine
Referenz zu erweisen[33]. Wenn es auf der Welt einen Rang gibt,
geeignet, die auszuzeichnen, welche ihn bekleiden, so zweifellos
jenen, den die Talente und die Tugend verleihen, jenen, dessen
Ihr Euch würdig gemacht habt und in den Euch Eure Mitbürger
erhoben haben. Ihr eigenes Verdienst fügt dem Euren noch einen
zusätzlichen Glanz hinzu, und von Menschen, die fähig sind,
andere zu regieren, gewählt, um sie selbst zu regieren, finde ich
Euch ebenso hoch über den anderen Magistraten, wie ein freies
Volk — und vor allem das, welches zu führen Ihr die Ehre habt —
aufgrund seiner Einsicht und seiner Vernunft über dem Pöbel
der anderen Staaten steht.

Es sei mir erlaubt, ein Beispiel anzuführen, von dem bessere
Spuren [im Gedächtnis der Menschen] erhalten bleiben sollten
und das meinem Herzen immer gegenwärtig sein wird. Ich erinnere mich nie ohne die süßeste Rührung des tugendhaften Bürgers, dem ich mein Dasein verdanke und der mir in meiner Kindheit oft von dem Respekt gesprochen hat, der Euch gebührte.
Ich sehe ihn noch, wie er von seiner Hände Arbeit lebt und seine
Seele mit den erhabensten Wahrheiten nährt. Ich sehe den Tacitus,
Plutarch und Grotius unter die Werkzeuge seines Handwerks
gemischt vor ihm liegen. Ich sehe einen herzlich geliebten Sohn
an seiner Seite, wie er mit allzu geringem Gewinn die zärtlichen
Unterweisungen vom besten der Väter erhält. Aber wenn die
Verirrungen einer törichten Jugend mich solch weise Lehren eine
Zeitlang vergessen ließen, so habe ich doch das Glück, am Ende
zu fühlen, daß — welche Neigung zum Laster man auch haben
mag — eine Erziehung, an der das Herz Anteil nimmt, schwerlich
für immer verloren sein kann[34].

verdanke mein Dasein einem vortrefflichen Bürger; alle Umstände meines
Lebens haben nur dazu gedient, jener glühenden Vaterlandsliebe, die er mir
eingeflößt hatte, noch mehr Energie zu verleihen" (*CC* II, p. 153). In den
Confessions spricht Rousseau dann von „einem Vater, dessen stärkste Leidenschaft die Vaterlandsliebe war" (I, p. 9). Tatsächlich sind diese Charakteri-
sierungen für Isaac Rousseau (1672—1747) sehr schmeichelhaft. Ein Jahr
nach seiner Heirat mit Susanne Bernard verließ er 1705 Genf, um sich in Kon-
stantinopel als Uhrmacher zu betätigen. Sechs Jahre später kam er nach

Tels sont MAGNIFIQUES ET TRÈS HONORÉS SEIGNEURS, les
Citoyens et même les simples habitans nés dans l'Etat que vous
gouvernez; tels sont ces hommes instruits et sensés dont, sous le
nom d'Ouvriers et de Peuple, on a chez les autres Nations des
idées si basses et si fausses. Mon Pére, je l'avoue avec joye, n'étoit
point distingué parmi ses concitoyens; il n'étoit que ce qu'ils sont
tous, et tel qu'il étoit, il n'y a point de Païs où sa societé n'eût été
recherchée, cultivée, et même avec fruit, par les plus honnêtes
gens. Il ne m'appartient pas, et grace au Ciel, il n'est pas nécessaire
de vous parler des égards que peuvent attendre de vous des hommes de cette trempe, vos égaux par l'éducation, ainsi que par les
droits de la nature et de la naissance; vos inferieurs par leur volonté,
par la préférence qu'ils devoient à vôtre mérite, qu'ils lui ont
accordée, et pour laquelle vous leur devez à vôtre tour une sorte de
reconnoissance. J'apprens avec une vive satisfaction de combien
de douceur et de condescendance vous temperez avec eux la gravité
convenable aux ministres des Loix, combien vous leur rendez en
estime et en attentions ce qu'ils vous doivent d'obeissance et de
respects; conduite pleine de justice et de sagesse, propre à éloigner
de plus en plus la mémoire des événemens malheureux qu'il faut
oublier pour ne les revoir jamais[35]: conduite d'autant plus judi-

---

dringlichen Bitten seiner Frau, die ihm kurz vor seiner Abreise einen Sohn
geboren hatte, zurück. 1722 kehrte er Genf abermals den Rücken, diesmal für
immer. Anlaß war ein heftiger Streit mit einem gewissen Gautier, den Isaac
Rousseau mit dem Degen angegriffen und verletzt hatte. Der drohenden Verhaftung entzog er sich durch Flucht, wobei er den zehnjährigen Jean-Jacques
in der Obhut seines Schwagers in Genf zurückließ. (Rousseaus Mutter war
1712 bei seiner Geburt gestorben.) Eine ausführliche Schilderung der be-
wegten Biographie und des Charakters von Isaac Rousseau gibt Eugène
Ritter: *La famille et la jeunesse de J. J. Rousseau*, Paris, 1896, p. 105—169. —
In der *Dédicace* steht das Bild, das Rousseau von seinem Vater zeichnet, für
die *Citoyens du bas*, für die Bürger der Unterstadt und insbesondere für die
tragende Schicht der Uhrmacher. Genfer Uhrmacher konnte allein sein, wer
Citoyen oder *Bourgeois* war. *Natifs* wurden nur mit besonderer Genehmigung
und gegen Entrichtung einer Gebühr zur Lehre zugelassen. Das Handwerk
selbst unterlag strengen Standesregeln. Die Genfer Uhrmacher beteiligten
sich aktiv am politischen Leben ihrer Stadt, trafen sich regelmäßig zu Versammlungen und Diskussionen und waren, anders als ihre französischen
Handwerksgenossen, passionierte Leser. Die Lektüre eines Tacitus, Plutarch
oder Grotius, von der Rousseau spricht, galt als nichts Ungewöhnliches. Die

Solcherart, ERLAUCHTE UND SEHR VEREHRTE HERREN, sind
die Bürger und selbst die einfachen Einwohner, die in dem Staat
geboren sind, den Ihr regiert; solcherart sind jene gebildeten und
verständigen Menschen, von denen man, unter den Bezeichnungen
‚Arbeiter' und ‚Volk', bei den anderen Nationen derart niedrige
und falsche Vorstellungen hat. Mein Vater ragte, ich gestehe es
mit Freuden, unter seinen Mitbürgern nicht hervor, er war nur
das, was sie alle sind; und so wie er war, gibt es kein Land, in dem
seine Gesellschaft nicht von den rechtschaffensten Leuten gesucht
und — sogar mit Gewinn — gepflegt worden wäre. Es kommt
mir nicht zu und es ist, dem Himmel sei Dank, nicht erforderlich,
Euch von der Achtung zu sprechen, die Menschen dieses Schlages
von Euch erwarten dürfen: Euresgleichen der Erziehung wie den
Rechten der Natur und der Geburt nach; Eure Untergebenen
aufgrund ihres Willens, aufgrund des Vorranges, den sie Eurem
Verdienst schulden, den sie diesem zugebilligt haben und für den
Ihr ihnen Eurerseits eine Art von Erkenntlichkeit schuldet. Mit
lebhafter Genugtuung vernehme ich, mit wie viel Freundlichkeit
und Entgegenkommen Ihr ihnen gegenüber die ernste Würde
mildert, die den Dienern der Gesetze gebührt, wie viel Ihr ihnen
an Wertschätzung und Zuvorkommenheit wiedergebt, was sie
Euch an Gehorsam und Respekt schulden: Ein Verhalten voller
Gerechtigkeit und Weisheit, geeignet, die Erinnerung an die unglückseligen Ereignisse in immer weitere Ferne zu rücken, die vergessen werden müssen, um sie niemals wiederzusehen[35]; ein um so

---

Bürger aus der *fabrique*, die Uhrmacher, Goldschmiede und Juweliere, die dem
Patriziat der Oberstadt als „Arbeiter" und „Volk" gegenübertraten, waren
nicht nur Teil einer politischen Aristokratie, sie gehörten auch gesellschaftlich
keineswegs der Unterschicht an. Das ist zu berücksichtigen, wenn Rousseau
im weiteren von *peuple* und *ouvriers* spricht. Cf. Rousseaus *Lettre à Tronchin*
vom 26. 11. 1758 (*CC* V, p. 241/42) und Gaspard Vallette: *J. J. Rousseau
Genevois*, Genf, 1911, p. 20 ff.

[35] In das Gewand eines förmlichen Lobes gekleidet und unter Hinweis
auf ihr wohlverstandenes Eigeninteresse, ermahnt Rousseau nach der einen
der beiden (ehemaligen) Bürgerkriegsparteien nun die andere. Das *Règlement
de médiation* statuierte in Artikel XXXVIII: „Um künftig den Geist der Eintracht in allen Ständen der Republik aufrechtzuerhalten, ist es ausdrücklich
verboten, durch Schmähreden oder Vorwürfe an die früheren Zwistigkeiten
zu erinnern."

cieuse que ce Peuple équitable et genereux se fait un plaisir de son
devoir, qu'il aime naturellement à vous honorer, et que les plus
ardens à soutenir leurs droits, sont les plus portés à respecter les
vôtres.

Il ne doit pas être étonnant que les Chefs d'une Societé Civile[36]
en aiment la gloire et le bonheur, mais il l'est trop pour le repos des
hommes que ceux qui se regardent comme les Magistrats, ou plutôt
comme les maîtres d'une Patrie plus sainte et plus sublime, témoignent quelque amour pour la Patrie terrestre qui les nourrit[37].
Qu'il m'est doux de pouvoir faire en nôtre faveur une exception
si rare, et placer au rang de nos meilleurs Citoyens, ces zèlés
dépositaires des dogmes sacrés autorisés par les loix[38], ces vénérables Pasteurs des ames, dont la vive et douce éloquence porte
d'autant mieux dans les Cœurs les maximes de l'Evangile, qu'ils
commencent toujours par les pratiquer eux-mêmes! Tout le
monde sait avec quel succès le grand art de la Chaîre est cultivé
à Genève; Mais, trop accoutumés à voir dire d'une maniére et
faire d'une autre, peu de Gens savent jusqu'à quel point l'esprit
du Christianisme, la sainteté des mœurs, la sévérité pour soi-même
et la douceur pour autrui, régnent dans le Corps de nos Ministres.
Peut-être appartient-il à la seule Ville de Genève de montrer
l'éxemple édifiant d'une aussi parfaite union entre une Société de
Théologiens et de Gens de Lettres. C'est en grande partie sur leur
sagesse et leur modération reconnuës, c'est sur leur zèle pour la
prospérité de l'Etat que je fonde l'espoir de son éternelle tranquillité; et je remarque avec un plaisir mêlé d'étonnement et de
respect, combien ils ont d'horreur pour les affreuses maximes de
ces hommes sacrés et barbares dont l'Histoire fournit plus d'un

---

[36] *Société civile* wird von Rousseau als Synonym für *société politique* gebraucht.
S. ausführlich FN 214.

[37] Die beißende Ironie, mit der Rousseau den Abschnitt eröffnet, in dem
er sich den Genfer Pastoren zuwendet, läßt noch einiges von der Priesterkritik erkennen, in der der *Discours* ursprünglich kulminieren sollte (s.
S. 386 ff). Der Schluß des Absatzes nimmt die Attacke vom Beginn wieder
auf und steigert sie zu einer Anklage von äußerster Schärfe. Dazwischen
steht die „seltene Ausnahme" der Genfer Geistlichkeit. — Während Rousseau
die Bürger insgesamt viermal und die Magistrate zweimal mit förmlicher
Anrede anspricht, und während er sich anschließend den Bürgerinnen, der

klügeres Verhalten, als dieses gerechte und großzügige Volk sich
ein Vergnügen aus seiner Pflicht macht, als es Euch von Natur
aus gerne ehrt und als diejenigen, die ihre Rechte am glühendsten
verfechten, am meisten geneigt sind, die Euren zu respektieren.

Es sollte nicht erstaunlich sein, daß die Oberhäupter einer
bürgerlichen Gesellschaft[36] deren Ruhm und Glück lieben, aber
es ist für die Ruhe der Menschen [leider nur] allzu erstaunlich, daß
jene, die sich als die Magistrate oder vielmehr als die Herren eines
heiligeren und erhabeneren Vaterlandes betrachten, etwas Liebe
bezeugen für das irdische Vaterland, das sie ernährt[37]. Wie süß
ist es für mich, zu unseren Gunsten eine so seltene Ausnahme
machen und diese eifrigen Treuhänder der durch die Gesetze
autorisierten[38] heiligen Dogmen unter unsere besten Bürger ein-
reihen zu können, diese verehrungswürdigen Seelenhirten, deren
lebendige und süße Beredsamkeit die Maximen des Evangeliums
um so besser in die Herzen hineinträgt, als sie sie stets zuallererst
selbst praktizieren. Alle Welt weiß, mit welchem Erfolg die hohe
Kunst der Predigt in Genf gepflegt wird. Aber da die Leute zu
sehr daran gewöhnt sind zu sehen, daß in einer Art geredet und
in einer anderen gehandelt wird, wissen nur wenige, bis zu welchem
Grade der Geist des Christentums, die Heiligkeit der Sitten, die
Strenge gegen sich selbst und die Milde gegen andere in unserer
Geistlichkeit herrschen. Vielleicht kommt es allein der Stadt Genf
zu, das erbauliche Beispiel einer derart vollkommenen Einigkeit
zwischen einer Gesellschaft von Theologen und Gelehrten vorzuweisen. Auf ihre anerkannte Weisheit und Mäßigung, auf ihren
Eifer für das Wohlergehen des Staates, gründe ich zu einem großen
Teil die Hoffnung auf seine immerwährende Ruhe; und mit einem
Vergnügen, in das sich Staunen und Respekt mischen, stelle ich
fest, wie sehr sie die fürchterlichen Maximen jener geweihten und
barbarischen Männer verabscheuen, für die die Geschichte mehr

---

vierten Gruppe, auf die die *Dédicace* eingeht, noch in direkter Rede zuwendet,
gilt für die Pastoren nichts von alledem. Die Priester redet Rousseau in seiner
politischen Adresse an die Republik nicht an. Er redet über sie.

[38] Die nähere Bestimmung *autorisés par les loix* verbürgt in Rousseaus politischem System den Primat der Politik gegenüber der Religion und die Souveränität des Volkes gegenüber dem Klerus.

éxemple, et qui, pour soutenir les prétendus droits de Dieu,
c'est-à-dire leurs intérêts, étoient d'autant moins avares du sang
humain qu'ils se flattoient que le leur seroit toujours respecté[39].

Pourrois-je oublier cette précieuse moitié de la République qui
fait le bonheur de l'autre, et dont la douceur et la sagesse y main-
tiennent la paix et les bonnes mœurs? Aimables et vertueuses Citoyennes[40], le sort de vôtre séxe sera toujours de gouverner le nôtre.
Heureux! quand vôtre chaste pouvoir exercé seulement dans l'u-
nion conjugale, ne se fait sentir que pour la gloire de l'Etat et le
bonheur public. C'est ainsi que les femmes commandoient à Sparte,
et c'est ainsi que vous méritez de commander à Genève. Quel
homme barbare pourroit resister à la voix de l'honneur et de la
raison dans la bouche d'une tendre épouse; et qui ne mépriseroit
un vain luxe, en voyant vôtre simple et modeste parure, qui par

---

[39] Der letzte Satz entspricht ganz der Tonlage der unterdrückten Priesterkritik. Er schien Rousseau wohl deshalb weniger bedenklich, weil er nach
der Betonung der „seltenen Ausnahme" der Genfer Pastoren in Genf als
„lediglich auf den Papismus gemünzt" gelesen werden konnte und er im
übrigen hinreichend unbestimmt formuliert war, um niemandem eine Handhabe gegen den Verfasser zu geben. Rousseau hat später keinen Zweifel
daran gelassen, daß er das Schicksal Michael Servets, der 1553 in der Stadt
Calvins als Ketzer auf dem Scheiterhaufen endete, keineswegs vergessen
hatte (cf. u. a. *Lettres écrites de la montagne*, p. 726 und 788). Besonders aufschlußreich für Rousseaus Betrachtung und Behandlung des Genfer Pro-
testantismus sind die politische Beurteilung Calvins in *C.S.* II, 7, note, auf
der einen und die Einschätzung des Reformators in den *Lettres écrites de la
montagne*, II, p. 726, note, auf der anderen Seite. Zum Verständnis des ganzen
Absatzes cf. *C.S.* IV, 8.

[40] Im strengen Sinne stellten die *Citoyennes* nur die „Hälfte" der ersten der
fünf politischen Klassen Genfs dar (s. FN 25), wobei sie, anders als die
Citoyens, selbst über keine politischen Bürgerrechte verfügten. — Im Blick
auf die Sitten der „Alten" und der „Modernen" hatte Rousseau in der *Dernière réponse* zur Rolle der Frauen geschrieben: „Es ist gewiß, daß allein die
Frauen die Ehre und die Rechtschaffenheit unter uns wieder einführen
könnten, aber sie verschmähen eine Herrschaft aus den Händen der Tugend,
die sie nur ihren Reizen zu verdanken haben wollen; so richten sie nur Schaden an und erhalten oft selbst die Strafe für diese Vorliebe. Man hat Mühe
zu begreifen, wie in einer so reinen Religion die Keuschheit eine so niedrige
und klösterliche Tugend hat werden können, fähig, jeden Mann und beinahe
möchte ich sagen: fast jede Frau lächerlich zu machen, die es wagte, sich
ihrer zu rühmen, während ebendieselbe Tugend bei den Heiden universell

als ein Beispiel liefert und die, um die vorgeblichen Rechte Gottes, das heißt ihre eigenen Interessen, hochzuhalten, um so weniger mit dem menschlichen Blut geizten, als sie sich schmeichelten, daß das ihre immer respektiert würde[39].

Könnte ich jene teure Hälfte der Republik vergessen, die das Glück der anderen Hälfte ausmacht und deren Sanftheit und Weisheit den Frieden und die guten Sitten in ihr aufrechterhalten? Liebenswürdige und tugendhafte Bürgerinnen[40], das Los Eures Geschlechtes wird es immer sein, das unsere zu regieren. Es ist ein Glück, wenn sich Eure keusche Gewalt, lediglich in der ehelichen Verbindung ausgeübt, nur zum Ruhme des Staates und zum öffentlichen Glück fühlbar macht. So geboten die Frauen in Sparta und so verdient ihr, in Genf zu gebieten. Welcher barbarische Mann könnte der Stimme der Ehre und der Vernunft aus dem Munde einer zärtlichen Gemahlin widerstehen? Und wer würde nicht einen eitlen Luxus verachten, wenn er Euren einfachen und bescheidenen Schmuck sieht, der durch den Glanz, welchen er von

---

verehrt, als den großen Männern eigentümlich angesehen und an ihren berühmtesten Helden bewundert wurde. Ich kann drei beim Namen nennen, die keinem anderen weichen werden und die, ohne daß die Religion die Hand im Spiel hatte, allesamt denkwürdige Beispiele an Enthaltsamkeit gegeben haben: Cyrus, Alexander und der jüngere Scipio" (p. 75). In einer Fußnote des *Ersten Discours* heißt es bereits: „Ich bin weit davon entfernt, diesen Einfluß der Frauen für ein Übel an sich zu halten. Er ist ein Geschenk, das die Natur ihnen zum Glück des Menschengeschlechts gemacht hat: Besser angeleitet, könnte er ebensoviel Gutes hervorbringen, wie er heute Schaden anrichtet. Man stellt sich nicht hinreichend vor, welche Vorteile der Gesellschaft daraus entstünden, wenn man jener Hälfte des Menschengeschlechts eine bessere Erziehung zuteil werden ließe, welche die andere regiert. Die Männer werden immer das sein, was den Frauen gefällt: Wenn ihr also wollt, daß sie groß und tugendhaft werden, so lehrt die Frauen, was Seelengröße und Tugend sind. Die Reflexionen, zu denen dieses Thema Veranlassung gibt und die Platon einst angestellt hat, verdienten sehr, von einer Feder besser auseinandergesetzt zu werden, die würdig wäre, nach einem solchen Meister zu schreiben und eine so große Sache zu verteidigen" (p. 21). Vergleiche die eingehende Erörterung der Stellung, die die Frau bei den Antiken einnahm, und des verderblichen, die Dekadenz befördernden Einflusses, den sie im Jahrhundert der Aufklärung nach Rousseaus Urteil ausübt, in *Lettre à d'Alembert*, p. 63 f, 109—120, 134—140; cf. auch die Kritik an der verweichlichenden Erziehung in Genf p. 149—151.

l'éclat qu'elle tient de vous, semble être la plus favorable à la beauté ? C'est à vous de maintenir toûjours par vôtre aimable et innocent empire et par vôtre esprit insinuant l'amour des loix dans l'Etat et la Concorde parmi les Citoyens ; de réunir par d'heureux mariages les familles divisées ; et sur-tout, de corriger par la persuasive douceur de vos leçons et par les graces modestes de vôtre entretien, les travers que nos jeunes Gens vont prendre en d'autres païs, d'où, au lieu de tant de choses utiles dont ils pourroient profiter ils ne rapportent, avec un ton puerile et des airs ridicules pris parmi des femmes perdues, que l'admiration de je ne sais quelles prétendues grandeurs, frivoles dedomagemens de la servitude, qui ne vaudront jamais l'auguste liberté. Soyez donc toûjours ce que vous êtes, les chastes gardiennes des mœurs et les doux liens de la paix, et continuez de faire valoir en toute occasion les droits du Cœur et de la Nature au profit du devoir et de la vertu.

Je me flate de n'être point démenti par l'événement, en fondant sur de tels garands l'espoir du bonheur commun des Citoyens et de la gloire de la République. J'avouë qu'avec tous ces avantages, elle ne brillera pas de cet éclat dont la plûpart des yeux sont éblouis et dont le puerile et funeste goût est le plus mortel enemi du bonheur et de la liberté. Qu'une jeunesse dissolue aille chercher ailleurs des plaisirs faciles et de longs repentirs. Que les prétendus gens de goût admirent en d'autres lieux la grandeur des Palais, la beauté des équipages, les superbes ameublemens, la pompe des spectacles, et tous les rafinemens de la molesse et du luxe. A Genève, on ne trouvera que des hommes, mais pourtant un tel spectacle a bien son prix, et ceux qui le rechercheront vaudront bien les admirateurs du reste.

Daignez Magnifiques, très honorés et Souverains Seigneurs, recevoir tous avec la même bonté les respectueux temoi-

Euch erhält, der Schönheit am vorteilhaftesten zu sein scheint? Es ist an Euch, durch Eure liebenswürdige und unschuldige Herrschaft und durch Euren gewinnenden Esprit die Liebe zu den Gesetzen im Staat und die Eintracht unter den Bürgern stets aufrechtzuerhalten; durch glückliche Eheschließungen Familien, die sich entzweiten, wieder zu vereinen; und, vor allem, durch die überredende Süße Eurer Belehrungen und die schlichte Anmut Eurer Unterhaltung die Wunderlichkeiten zu korrigieren, die unsere jungen Leute in anderen Ländern annehmen, von wo sie — statt so vieler nützlicher Dinge, aus denen sie Gewinn ziehen könnten — mit einem kindischen Ton und lächerlichen Allüren, die sie unter verkommenen Frauen angenommen haben, nur die Bewunderung für ich weiß nicht welche vorgeblichen Herrlichkeiten nach Hause bringen — frivole Entschädigungen für die Knechtschaft, die niemals die hehre Freiheit aufwiegen werden. Seid also immer das, was Ihr seid, die keuschen Hüterinnen der Sitten und die süßen Bande des Friedens, und fahrt fort, bei jeder Gelegenheit die Rechte des Herzens und der Natur zum Besten der Pflicht und der Tugend zur Geltung zu bringen.

Ich schmeichle mir, durch die Ereignisse nicht widerlegt zu werden, wenn ich auf solche Garanten die Hoffnung auf das gemeinschaftliche Glück der Bürger und den Ruhm der Republik gründe. Ich gebe zu, daß sie bei all diesen Vorzügen nicht in jenem Glanze erstrahlen wird, der die meisten Augen blendet und dessen kindische und unheilvolle Hochschätzung der tödlichste Feind des Glücks und der Freiheit ist. Mag eine ausschweifende Jugend woanders leichte Vergnügungen und lange Reue suchen gehen. Mögen die sogenannten Leute mit Geschmack die Größe der Paläste, die Schönheit der Equipagen, die prachtvollen Möbel, den Pomp der Schauspiele und alle Raffinessen der Weichlichkeit und des Luxus andernorts bewundern. In Genf wird man nur Menschen finden; aber dennoch hat ein solches Schauspiel sehr wohl seinen Wert, und jene, die es aufsuchen werden, werden soviel wert sein wie die Bewunderer des übrigen.

Geruht alle, ERLAUCHTE, SEHR VEREHRTE UND SOUVERÄNE HERREN, die respektvollen Beweise des Interesses, das ich für Euer gemeinsames Wohlergehen hege, mit der gleichen Güte

gnages de l'intérêt que je prends à vôtre prosperité commune.
Si j'étois assés malheureux pour être coupable de quelque transport indiscret dans cette vive effusion de mon Cœur, je vous supplie
de le pardonner à la tendre affection d'un vrai Patriote, et au zèle
ardent et légitime d'un homme qui n'envisage point de plus grand
bonheur pour lui-même que celui de vous voir tous heureux.

Je suis avec le plus profond respect

MAGNIFIQUES, TRÈS HONORÉS, ET SOUVERAINS SEIGNEURS,

> Votre très humble et très-obeissant
> serviteur et Concitoyen.
>
> JEAN JAQUES ROUSSEAU

A Chamberi[41]; *le 12. Juin 1754*

---

[41] Rousseau datierte die *Widmung* von dem zu dieser Zeit savoyischen
Chambéry aus, durch das ihn seine Reise nach Genf geführt hatte, da er es
für besser hielt, „sie, um jede Schikane zu vermeiden, weder von Frankreich
noch von Genf aus zu datieren" (*Confessions*, VIII, p. 392). Vermutlich hatte
Rousseau die *Dédicace* bereits vor seiner Abreise aus Frankreich niedergeschrieben, um sie dann im Herbst 1754 nach der Rückkehr aus Genf — wo er

entgegenzunehmen. Wenn ich so unglücklich sein sollte, mich in dieser lebhaften Ergießung meines Herzens einer indiskreten Überschwenglichkeit schuldig gemacht zu haben, so bitte ich Euch, sie mit der zärtlichen Zuneigung eines wahren Patrioten und dem glühenden und legitimen Eifer eines Mannes zu entschuldigen, der kein größeres Glück für sich erstrebt als das, Euch alle glücklich zu sehen.

Ich bin mit dem tiefsten Respekt

ERLAUCHTE, SEHR VEREHRTE UND SOUVERÄNE HERREN,

Euer sehr ergebener und sehr gehorsamer Diener und Mitbürger

JEAN-JACQUES ROUSSEAU

Zu Chambéry[41], *den 12. Juni 1754*

sie mit Jacques-François Deluc, einem angesehenen Führer der *Citoyens* und *Bourgeois* und prominenten Verfechter einer „weise gemäßigten Demokratie", vertraulich besprach (s. *CC* III, p. 94 und 138, XXXVII, p. 374) — wahrscheinlich nochmals zu überarbeiten, ehe er das Manuskript Rey übergab. Cf. *Lettre à Perdriau*, FN 42a.

PRÉFACE.

La plus utile et la moins avancée de toutes les connoissances humaines me paroît être celle de l'homme (II*), et j'ose dire que la seule inscription du Temple de Delphes[42] contenoit un Precepte plus important et plus difficile que tous les gros Livres des Moralistes[43]. Aussi je regarde le sujet de ce Discours comme une des questions les plus intéressantes que la Philosophie puisse proposer, et malheureusement pour nous comme une des plus épineuses que les Philosophes puissent résoudre: Car comment connoître la source de l'inégalité parmi les hommes, si l'on ne commence par les connoître eux mêmes? Et comment l'homme viendra-t-il à bout de se voir tel que l'a formé la Nature, à travers tous les changemens que la succession des tems et des choses a dû produire dans sa constitution originelle, et de démêler ce qu'il tient de son propre fonds[44] d'avec ce que les circonstances et ses progrès ont ajouté ou changé à son état primitif? semblable à la statue de Glaucus que le tems, la mer et les orages avoient tellement défigurée, qu'elle ressembloit moins à un Dieu qu'a une Bête féroce[45], l'ame

---

[42] Die Inschrift lautete: Erkenne dich selbst. Rousseau beginnt sein Vorwort mit einem Hinweis auf den „Wahlspruch des Sokrates", er setzt ein mit einem der altehrwürdigsten Topoi der Philosophie überhaupt, um ihm sogleich eine neue, von den Alten wie den Modernen abrückende, genetische Wendung zu geben, und die eigene Frage aus ihm hervorgehen zu lassen, die Frage nach der Bestimmung der Anthropologischen Differenz. Cf. Xenophon: *Memorabilia*, IV, 2, § 24 ff und die Verwendung, die Thomas Hobbes in der Einleitung des *Leviathan* vom *Nosce te ipsum* macht (Ed. Oakeshott, p. 6).

[43] Fragment eines Entwurfs, Bibl. de la ville de Neuchâtel, Ms. R. 30, fol. 17 verso (das Blatt ist beschädigt): S'il est vrai que l'inscription du Temple de Delphes fut une des plus utiles leçons de la sagesse humaine, s'il est vrai qu'il importe tant à l'homme de se connoitre; on ne peut nier que le sujet de ce discours soit une des questions les plus [intéress]antes que la philosophie puisse / Wenn es wahr ist, daß die Inschrift des Tempels von Delphi eine der nützlichsten Lehren der menschlichen Weisheit war, wenn es wahr ist, daß für den Menschen so viel daran liegt, sich zu erkennen, so kann man nicht leugnen, daß der Gegenstand dieses Diskurses eine der [interessantesten] Fragen ist, welche die Philosophie [aufwerfen] kann.

[44] Ed. 1755-1 hatte fond, aber bereits Ed. 1755-2 korrigierte in fonds, ebenso Ed. 1782. (*OCP* schreiben fond, ohne die Variante anzugeben.)

VORWORT

Die nützlichste und die am wenigsten fortgeschrittene von allen menschlichen Kenntnissen scheint mir die Kenntnis des Menschen zu sein (II*); und ich wage zu sagen, daß die Inschrift des Tempels von Delphi[42] allein ein wichtigeres und schwierigeres Gebot enthielt als all die dicken Bücher der Moralisten[43]. Daher betrachte ich den Gegenstand dieses Diskurses als eine der interessantesten Fragen, welche die Philosophie aufwerfen kann, und, zu unserem Unglück, als eine der dornenreichsten, welche die Philosophen lösen können: Denn wie soll man die Quelle der Ungleichheit unter den Menschen kennen, wenn man nicht zunächst die Menschen selbst kennt? Und wie wird der Mensch dahin gelangen, sich so zu sehen, wie ihn die Natur geformt hat — durch all die Veränderungen hindurch, welche die Folge der Zeiten und der Dinge in seiner ursprünglichen Verfassung hat hervorbringen müssen — und das, was er aus seinem eigenen Grundbestand hat, von dem zu unterscheiden, was die Umstände und seine Fortschritte seinem anfänglichen Zustand hinzugefügt oder an diesem verändert haben? Gleich der Statue des Glaukos, welche die Zeit, das Meer und die Stürme so verunstaltet hatten, daß sie weniger einem Gott als einem grimmigen Tier glich[45], hat die menschliche Seele — im Schoße der Gesellschaft durch

---

[45] Die Statue des Glaukos verweist auf Platon: *Politeia*, X, 611. Während Platon die menschliche Seele mit dem Seegott Glaukos vergleicht, um ihre wahre Natur von ihrer „Verunstaltung durch die Gemeinschaft mit dem Leib und durch andere Übel" abzuheben und so zur Einsicht in ihre Unsterblichkeit hinzuführen, dient Rousseau dasselbe Bild dazu, die Differenz zu veranschaulichen, die zwischen dem anfänglichen Menschen einerseits und dem vervollkommneten oder depravierten Menschen andererseits besteht. Eine Verunstaltung, die sich auf die Reinheit und die Vollendetheit eines Gottes bezieht, erläutert bei Rousseau eine Entstellung, die die Einfachheit und die Handlungssicherheit eines Wesens betrifft, das sich im Zustand der Animalität befindet. — Zur Übersetzung von *bête féroce*: Im gesamten Text bleibt die Übersetzung *wild* dem französischen *sauvage* vorbehalten. *Féroce* wird mit *grimmig* oder *reißend* wiedergegeben, auch wenn dies an manchen Stellen ungewöhnlich klingen mag. Die Unterscheidung ist erforderlich, um im Deutschen Zweideutigkeiten zu vermeiden, wo der französische Wortlaut eindeutig ist.

humaine altérée[46] au sein de la société par mille causes sans cesse
renaissantes, par l'acquisition d'une multitude de connoissances
et d'erreurs, par les changemens arrivés à la constitution des
Corps, et par le choc continuel des passions, a, pour ainsi dire,
changé d'apparence au point d'être presque méconnoissable; et
l'on n'y retrouve[47] plus, au lieu d'un être agissant toujours par des
Principes certains et invariables, au lieu de cette Celeste et majestueuse simplicité dont son Auteur l'avoit empreinte, que le dif-
forme contraste de la passion qui croit raisonner et de l'entendement en délire.

Ce qu'il y a de plus cruel encore, c'est que tous les progrés de
l'Espéce humaine l'éloignant sans cesse de son état primitif, plus
nous accumulons de nouvelles connoissances, et plus nous nous
ôtons les moyens d'acquérir la plus importante de toutes, et que
c'est en un sens à force d'étudier l'homme que nous nous sommes
mis hors d'état de le connoître.

Il est aisé de voir que c'est dans ces changemens successifs de la
constitution humaine qu'il faut chercher la premiére origine des
différences qui distinguent les hommes, lesquels d'un commun
aveu sont naturellement aussi égaux entr'eux que l'étoient les animaux de chaque espèce, avant que diverses causes Physiques eussent
introduit dans quelques-unes[48] les variétés que nous y remar-
quons[49]. En effet, il n'est pas concevable que ces premiers change-

---

[46] Die Übersetzung von *altérer* bereitet im *Discours*, wie in zentralen Passagen anderer Schriften Rousseaus (z. B. *C.S.* II, 7), Schwierigkeiten. *Altérer*
kann *verderben, verschlechtern, zerrütten* heißen, es kann aber auch — mit dem
Akzent *zum Schlechteren* oder neutral gemeint — *verändern* und *abändern* bedeuten. Ein systematischer Vergleich der einschlägigen Stellen im Gesamt-
werk Rousseaus ergibt, daß Rousseau *altérer* nur selten in einem neutralen
Sinne verwendet, während der negative Akzent in der weit überwiegenden
Zahl der Fälle aus dem Kontext deutlich hervorgeht. Die Übersetzung *entstellen* läßt sich an den inhaltlich wichtigsten Orten am besten vertreten
und durchhalten. Wo diese Übersetzung nicht möglich ist, weiche ich auf
[zum Schlechteren] verändern aus. — Vergleiche zur erläuterten Textstelle Diderots Shaftesbury-Edition *Essai sur le mérite et la vertu*: „Mais où prendre la
nature? . . ., Où? dans l'état originel des créatures; dans l'homme dont une
éducation vicieuse n'aura point encore altéré les affections."" (Diderot: *O.C.*
I, p. 414, Ed. Hermann) „Aber worin die Natur erfassen? . . ., Worin? Im
ursprünglichen Zustand der Geschöpfe; in dem Menschen, dessen Affekte

tausend unablässig neu entstehende Ursachen, durch den Erwerb einer Menge von Kenntnissen und Irrtümern, durch die Veränderungen, die in der Verfassung der Körper auftraten, und durch den ständigen Anprall der Leidenschaften entstellt[46] — sozusagen ihr Aussehen so sehr verändert, daß sie beinahe nicht wiederzuerkennen ist; und an Stelle eines stets nach sicheren und unwandelbaren Prinzipien handelnden Wesens, an Stelle jener himmlischen und majestätischen Einfachheit, die ihm sein Urheber eingeprägt hatte, findet man nur mehr den unförmigen Kontrast der Leidenschaft, die vernünftig zu urteilen glaubt, und des Verstandes im Delirium wieder[47].

Was noch grausamer ist, ist, daß wir uns — da alle Fortschritte der menschlichen Art diese unablässig von ihrem anfänglichen Zustand entfernen —, je mehr wir neue Kenntnisse ansammeln, um so mehr der Mittel berauben, die wichtigste von allen zu erlangen, und daß wir uns in gewissem Sinne durch das viele Studieren des Menschen außerstande gesetzt haben, ihn zu erkennen.

Es ist leicht zu sehen, daß man in diesen sukzessiven Veränderungen der menschlichen Verfassung den ersten Ursprung der Verschiedenheiten suchen muß, welche die Menschen unterscheiden, die — nach einem allgemeinen Urteil — von Natur aus untereinander ebenso gleich sind, wie es die Tiere einer jeden Art waren, ehe verschiedene physische Ursachen in einigen Arten[48] die Varietäten einführten, die wir bei ihnen bemerken[49]. In der Tat ist es

noch nicht durch eine lasterhafte Erziehung entstellt worden sind.'" Diderot hat Rousseau am 16. 3. 1745 ein Exemplar des *Essai* geschenkt (cf. Arthur M. Wilson: *Diderot*, New York, 1972, p. 51).

[47] Ed. 1782: trouve / findet man

[48] Ed. 1782: quelques-uns — Ein Rückbezug also auf *animaux* statt auf *espèces*: in einigen Tieren. Der folgende Satz spricht zweifellos für diese Lesart. (Variante nicht in *OCP*.)

[49] „Das Klima und die Ernährung beeinflussen also die Gestalt der Tiere in einer so markanten Art und Weise, daß man an ihren Auswirkungen nicht zweifeln kann; und obwohl sie bei den Menschen weniger rasch, weniger augenfällig und weniger fühlbar sind, müssen wir den Analogieschluß ziehen, daß diese Auswirkungen in der menschlichen Art statthaben und daß sie sich in den Varietäten manifestieren, die man in ihr antrifft. Alles trägt also dazu bei zu beweisen, daß das Menschengeschlecht sich nicht aus untereinander essentiell verschiedenen Arten zusammensetzt, daß es in ihm im Gegenteil

mens, par quelque moyen qu'ils soient arrivés, aient altéré[50] tout
à la fois et de la même maniére tous les Individus de l'espéce; mais
les uns s'étant perfectionnés ou détériorés, et ayant acquis diverses
qualités bonnes ou mauvaises qui n'étoient point inhérentes à leur
Nature, les autres restérent plus longtems dans leur état originel;
et telle fut parmi les hommes la premiére source de l'inégalité,
qu'il est plus aisé de démontrer ainsi en général, que d'en assigner
avec précision les véritables causes.

Que mes Lecteurs ne s'imaginent donc pas que j'ose me flatter
d'avoir vû ce qui me paroit si difficile à voir. J'ai commencé quelques raisonnemens; J'ai hazardé quelques conjectures, moins dans
l'espoir de resoudre la question que dans l'intention de l'éclaircir
et de la reduire à son véritable état. D'autres pourront aisément aller
plus loin dans la même route, sans qu'il soit facile à personne
d'arriver au terme. Car ce n'est pas une légére entreprise de démêler ce qu'il y a d'originaire et d'artificiel dans la Nature actuelle
de l'homme, et de bien connoître un état qui n'existe plus, qui n'a
peut-être point existé, qui probablement n'existera jamais, et
dont il est pourtant necessaire d'avoir des Notions justes pour

---

ursprünglich nur eine einzige Art von Menschen gibt, die, indem sie sich
vervielfacht und über die ganze Erdoberfläche ausgebreitet hat, durch den
Einfluß des Klimas, durch die Verschiedenheit der Ernährung, durch jene der
Lebensweise, durch die epidemischen Krankheiten und ebenso durch die unendlich variierte Verbindung mehr oder weniger ähnlicher Individuen verschiedene Veränderungen erfahren hat; daß diese Abänderungen (altérations)
zunächst nicht so markant waren und nur individuelle Varietäten hervorbrachten; daß sie danach zu Varietäten der Art geworden sind, da sie durch
das beständige Einwirken dieser selben Ursachen allgemeiner, fühlbarer und
konstanter geworden sind; daß sie sich fortgepflanzt haben und daß sie sich
von Generation zu Generation fortpflanzen, wie die Mißbildungen oder die
Krankheiten von den Vätern und Müttern auf deren Kinder übergehen."
Buffon: *Variétés dans l'espèce humaine, H.N.* III, 1749. (Ed. Piveteau p. 313.)
Cf. auch Buffons Prototyptheorie der Arten in *Histoire naturelle des animaux,
H.N.* IV, 1753, Ed. Pivetau p. 352.

[50] *Altérer* hat hier sowenig einen neutralen Sinn wie an der in FN 46 kommentierten Stelle des ersten Absatzes. Die Verwendung ist in beiden Fällen
streng parallel. Rousseau expliziert die allgemeine Aussage zu den „Veränderungen" der Seele jetzt im Blick auf die Varietäten der Art. Er sagt nicht, daß
die *einen* sich vervollkommnet und die *anderen* sich verschlechtert, die *einen*
gute und die *anderen* schlechte Eigenschaften erworben hätten. Vielmehr

nicht vorstellbar, daß diese ersten Veränderungen, wodurch sie auch immer eingetreten sein mögen, alle Individuen der Art auf einmal und auf die gleiche Weise entstellt[50] haben; sondern während die einen sich vervollkommnet oder verschlechtert und verschiedene, gute oder schlechte Eigenschaften erworben haben, die ihrer Natur nicht inhärent waren, verblieben die anderen länger in ihrem ursprünglichen Zustand; und das war die erste Quelle der Ungleichheit unter den Menschen, wobei es leichter ist, dies so im allgemeinen nachzuweisen, als ihre wahren Ursachen mit Präzision zu bestimmen.

Meine Leser mögen daher nicht glauben, daß ich mir zu schmeicheln wage gesehen zu haben, was zu sehen mir so schwer erscheint. Ich habe einige Schlußfolgerungen begonnen; ich habe einige Vermutungen gewagt — weniger in der Hoffnung, die Frage zu lösen, als in der Absicht, sie zu erhellen und sie auf ihren wahren Stand zurückzuführen. Andere werden auf demselben Weg leicht weiter gelangen können, ohne daß es für irgend jemanden leicht sein wird, das Ziel zu erreichen. Denn es ist kein geringes Unterfangen zu unterscheiden, was in der aktuellen Natur des Menschen ursprünglich und was künstlich ist, und einen Zustand richtig zu erkennen, der nicht mehr existiert, der vielleicht nie existiert hat, der wahrscheinlich niemals existieren wird und

---

haben sich die neu entstehenden Varietäten vom ursprünglichen Zustand der Art in einem Entwicklungsprozeß entfernt, dessen ambivalenten Charakter, Vervollkommnung und Verschlechterung in eins, Rousseau im *Discours* vom ersten Abschnitt des *Vorworts* an betont und im weiteren Gang der Darstellung Schritt für Schritt deutlicher herausarbeitet. Die neu entstandenen Varietäten und schließlich: die rezenten Menschen in ihrer Gliederung nach Rassen, Völkern, Stämmen, unterscheiden sich von den Menschen des anfänglichen Naturzustandes und den Varietäten, die möglicherweise bis heute in ihm verblieben sind (s. Anmerkung X, S. 326), durch die Vervollkommnung *beziehungsweise* durch die Depravation, die sie während ihrer historischen Entwicklung erfahren haben. — Die erste Ungleichheit, auf die Rousseau eingeht, ist eine Ungleichheit auf dem Niveau der Art. Die natürliche Ungleichheit der Individuen als Individuen steht für die menschliche Art sowenig in Frage wie für irgendeine andere Spezies. Die Entstellung des Menschen in Rücksicht auf das, was seiner Natur ursprünglich inhärent war, macht die Rekonstruktion der entwicklungsgeschichtlichen Anfänge zur zentralen Aufgabe für die Anthropologie.

bien juger de nôtre état présent[51]. Il faudroit même plus de Philosophie qu'on ne pense à celui qui entreprendroit de déterminer
exactement les précautions à prendre pour faire sur ce sujet
de solides observations; et une bonne solution du Problême suivant ne me paroîtroit pas indigne des Aristotes et des Plines de
nôtre siécle. *Quelles expériences seroient nécessaires pour parvenir
à connoître l'homme naturel; et quels sont les moyens de faire ces expériences
au sein de la société?*[52] Loin d'entreprendre de résoudre ce Problême,
je crois en avoir assés medité le Sujet, pour oser répondre d'avance
que les plus grands Philosophes ne seront pas trop bons pour diriger
ces expériences, ni les plus puissants souverains pour les faire;
concours auquel il n'est guéres raisonnable de s'attendre surtout
avec la perseverance ou plustôt la succession de lumiéres et de
bonne volonté nécessaire de part et d'autre pour arriver au
succés[53].

Ces recherches si difficiles à faire, et auxquelles on a si peu songé
jusqu'ici, sont pourtant les seuls moyens qui nous restent de lever
une multitude de difficultés qui nous dérobent la connoissance des
fondemens réels de la société humaine. C'est cette ignorance de la

---

[51] Elie Fréron hat in einer frühen Kritik des *Discours* den Finger darauf
gelegt, daß Rousseau zum Naturzustand schreibt, er habe „*vielleicht* nie existiert". Wenn Rousseau den im Ersten Teil ausführlich dargestellten Naturzustand als Fiktion hätte verstanden wissen wollen und wenn es wahr ist,
daß man nach den Schriften Moses' leugnen muß, daß die Menschen sich
jemals im reinen Naturzustand befunden haben (S. 70), so Fréron, dann „ist
dieses *vielleicht* sicherlich zuviel" („ ce peut-être est assurément de trop").
L'Année Littéraire, 1755, VII, Lettre VII, p. 149. Wie man sieht, ist diesem
scharfen Gegner Rousseaus, der ein leidenschaftlicher Verfechter der religiösen Orthodoxie war, die „Widersprüchlichkeit" der Aussagen zum
historischen Status des Naturzustandes nicht entgangen. Cf. FN 81.

[52] Da die menschliche Natur entstellt, ihre ursprüngliche Verfassung historisch verschüttet ist, macht das Gebot *Nosce te ipsum* den „Umweg" über
die Freilegung des Naturzustandes erforderlich und erhebt sich die Frage nach
geeigneten Experimenten, die zur Erkenntnis des natürlichen Menschen beitragen könnten. In Anmerkung X deutet Rousseau mit großer Behutsamkeit
selbst ein entsprechendes Experiment an (s. S. 336).

[53] Maupertuis hat in seiner *Lettre sur le progrès des sciences* (1753) Isolations-
experimente vorgeschlagen: „Zwei oder drei Kinder, die von frühester Jugend
an zusammen und ohne jeden Verkehr mit den anderen Menschen großgezogen würden, schüfen sich sicherlich eine Sprache, wie beschränkt sie auch

von dem zutreffende Begriffe zu haben dennoch notwendig ist, um über unseren gegenwärtigen Zustand richtig zu urteilen[51]. Derjenige, der es unternähme, die Vorsichtsmaßnahmen exakt zu bestimmen, die zu ergreifen sind, um über diesen Gegenstand zuverlässige Beobachtungen zu machen, würde sogar mehr Philosophie nötig haben, als man denkt; und eine gute Lösung des folgenden Problems erschiene mir der Aristoteles und Plinius unseres Jahrhunderts nicht unwürdig: *Welche Experimente wären notwendig, um zur Erkenntnis des natürlichen Menschen zu gelangen; und welches sind die Mittel, um diese Experimente inmitten der Gesellschaft durchzuführen?*[52] Weit davon entfernt, die Lösung dieses Problems zu unternehmen, glaube ich, genügend über den Gegenstand nachgedacht zu haben, um im voraus die Antwort zu wagen, daß weder die größten Philosophen zu gut sein werden, um diese Experimente zu leiten, noch die mächtigsten Souveräne, um sie durchzuführen: Ein Zusammenwirken, auf das zu hoffen schwerlich vernünftig ist, vor allem mit der Beharrlichkeit, oder vielmehr der ununterbrochenen Aufeinanderfolge von Einsicht und gutem Willen, die auf beiden Seiten nötig wäre, um zum Erfolg zu gelangen[53].

Diese Untersuchungen, die so schwer durchzuführen sind und an die man bisher so wenig gedacht hat, sind jedoch die einzigen Mittel, die uns bleiben, um eine Menge von Schwierigkeiten zu beheben, welche uns die Kenntnis der wirklichen Grundlagen der menschlichen Gesellschaft versperren. Es ist diese Unkenntnis

---

wäre." „Um das Experiment zu vervollständigen, müßte man mehrere solche Gesellschaften bilden und sie aus Kindern unterschiedlicher Nationen zusammensetzen, deren Eltern die unterschiedlichsten Sprachen sprächen, denn die Geburt ist schon eine Art von Erziehung." „Dieses Experiment würde sich nicht darauf beschränken, uns über den Ursprung der Sprachen zu unterrichten; es könnte uns viele andere Dinge über den Ursprung der Vorstellungen selbst und über die grundlegenden Begriffe des menschlichen Geistes lehren." „Nach so vielen Jahrhunderten, während denen unsere metaphysischen Kenntnisse trotz der Anstrengungen der größten Männer nicht den mindesten Fortschritt gemacht haben, muß man annehmen, daß, wenn es in der Natur liegt, daß sie irgendeinen Fortschritt machen können, dies nur durch neue und so außergewöhnliche Mittel wie diese geschehen kann" (§ XVII *Expériences métaphysiques*; *Oeuvres*, II, p. 428—430).

nature de l'homme qui jette tant d'incertitude et d'obscurité sur
la véritable definition du droit naturel: car l'idée du droit, dit
Mr. Burlamaqui, et plus encore celle du droit naturel, sont
manifestement des idées rélatives à la Nature de l'homme. C'est
donc de cette Nature même de l'homme, continue-t-il, de sa
constitution et de son état qu'il faut déduire les principes de
cette science[54].

Ce n'est point sans surprise et sans scandale qu'on remarque le
peu d'accord qui régne sur cette importante matiere entre les
divers Auteurs qui en ont traité. Parmi les plus graves Ecrivains
à peine en trouve-t-on deux qui soient du même avis sur ce point.
Sans parler des Anciens Philosophes qui semblent avoir pris à
tâche de se contredire entre eux sur les principes les plus fondamentaux, les Jurisconsultes Romains assujetissent indifferemment
l'homme et tous les autres animaux[55] à la même Loy naturelle[56],
parce qu'ils considérent plutôt sous ce nom la Loy que la Nature
s'impose à elle même que celle qu'elle prescrit; ou plutôt, à cause
de l'acception particuliére selon laquelle ces Jurisconsultes entendent le mot de Loy qu'ils semblent n'avoir pris en cette occasion

---

[54] Jean Jacques Burlamaqui: *Principes du droit naturel*, Genf, Barillot & Fils,
1747, I, 1, § 2. Rousseau zitiert die Stelle wörtlich. Cf. II, 4, § 5. — Burlamaqui (1694—1748) war Professor an der Akademie in Genf und einer der
bekanntesten protestantischen Naturrechtslehrer der Zeit. Die philosophische
Bedeutung seiner Schriften ist gering. Im wesentlichen beschränken sie sich
auf eine populär gehaltene, übersichtliche Wiedergabe des zeitgenössischen
Kanons der Naturrechtslehre, in die Burlamaqui die „jungen Leute", an die
er sich vor allem wendet, einführen möchte. (*Principes*, Avertissement.) —
1734 gehörte Burlamaqui zu den Verfassern des *Rapport de la commission établi
par le Petit Conseil pour faire une enquête* . . ., eines im Auftrag der Regierung erstellten Gutachtens über die Genfer Verfassung. Der *Rapport* bestritt
energisch, daß der *Petit Conseil* Repräsentant des *Conseil Général* sei und
daß er seine Aufgabe darin habe, den Willen des Volkes auszuführen.
Nach den „unverbrüchlichen Grundgesetzen der Genfer Verfassung" sei der
Petit Conseil vielmehr eine dem *Conseil Général* gleichrangige, auf einen unauflösbaren Regierungsvertrag gegründete, eigenständige Ordnung. Der *Rapport*,
der deutlich erkennbar die Handschrift Burlamaquis trug, wurde zu einem der
wichtigsten Dokumente für die Verfassungsinterpretation des Magistrats
und der Partei des Patriziats. — Burlamaqui ist der erste Autor, den Rousseau
im *Discours* namentlich erwähnt und zitiert. Die Aussage, die Rousseau anführt, gehörte zu den Gemeinplätzen der Naturrechtstheoretiker. Cf. z. B.

der Natur des Menschen, die so viel Unsicherheit und Dunkelheit
auf die wahre Definition des Naturrechts wirft: Denn die Idee des
Rechts, sagt M. Burlamaqui, und noch mehr jene des Naturrechts
sind offenkundig Ideen, welche sich auf die Natur des Menschen
beziehen. Aus ebendieser Natur des Menschen, so fährt er fort,
aus seiner Verfassung und aus seinem Zustand muß man daher die
Prinzipien dieser Wissenschaft ableiten[54].

Nicht ohne Überraschung und Ärgernis bemerkt man die
geringe Einigkeit, die über diese wichtige Materie unter den
verschiedenen Autoren herrscht, welche sie behandelt haben.
Unter den ernsthaftesten Schriftstellern findet man kaum zwei,
die über diesen Punkt derselben Ansicht sind. Ohne von den alten
Philosophen zu reden, die es sich zur Aufgabe gemacht zu haben
scheinen, einander hinsichtlich der fundamentalsten Prinzipien zu
widersprechen, unterwerfen die römischen Rechtsgelehrten den
Menschen und alle anderen Tiere[55] unterschiedslos demselben
natürlichen Gesetz[56], weil sie unter dieser Bezeichnung eher das
Gesetz betrachten, das die Natur sich selbst auferlegt, als das,
welches sie vorschreibt; oder vielmehr wegen der besonderen
Bedeutung, in der diese Rechtsgelehrten das Wort ‚Gesetz' verstehen, das sie in diesem Fall nur als Ausdruck für die allgemeinen

Samuel Pufendorf: *Les devoirs de l'homme et du citoyen*, I, 3, § 1; *Le droit de la
nature et des gens*, II, 3, § 14 und Jean Barbeyracs note 1 zu diesem Paragraphen.

[55] Rousseau behält *animal*, anders als eine Wiedergabe mit *Lebewesen* im
Deutschen naheligen könnte, nicht einer Verwendung vor, die den Menschen
(im Unterschied zum Tier) und das Tier (im Unterschied zum Menschen)
übergreifen würde. Vielmehr verwischt er eine inhaltliche Differenzierung
zwischen *animal* und *bête* im *Discours* in auffälliger Weise. So spricht er etwa
in der zentralen Erörterung des „Unterschiedes zwischen Mensch und Tier"
(S. 102) nicht von *bête*, sondern von *animal*, um den Menschen andernorts
wiederholt als *animal* zu bezeichnen. Ich übersetze *animal* daher durchgehend
mit *Tier*, davon ausgenommen sind lediglich drei Stellen, (S. 100, 324, 348),
an denen sich Rousseau in der unmittelbaren Gegenüberstellung von *animal*
und *bête* offenkundig der Unterscheidungsmöglichkeit bedient, die ihm die
französische Sprache anbietet.

[56] *Loi naturelle* ist das naturrechtliche, normative Gesetz im Unterschied
zum physischen Gesetz der Natur, das ein mit Notwendigkeit verlaufendes
Naturgeschehen beschreibt. Rousseau verwendet den Begriff *loi naturelle* im
Sinne der Tradition der Naturrechtslehre — womit noch nichts darüber ausgemacht ist, wie er ihn selbst philosophisch bestimmt.

que pour l'expression des rapports généraux établis par la nature
entre tous les êtres animés, pour leur commune conservation[57].
Les Modernes ne reconnoissant sous le nom de Loy qu'une régle
prescrite à un être moral, c'est-à-dire intelligent, libre, et considéré
dans ses rapports avec d'autres êtres, bornent consequemment au
seul animal doué de raison, c'est-a-dire à l'homme, la compétence
de la Loy naturelle[58]; mais définissant cette Loy chacun à sa mode,
ils l'établissent tous sur des principes si métaphisiques qu'il y a
même parmi nous, bien peu de gens en état de comprendre ces
principes, loin de pouvoir les trouver d'eux mêmes. De sorte que
toutes les définitions de ces savans hommes, d'ailleurs en perpetuelle
contradiction entre elles, s'accordent seulement en ceci, qu'il est
impossible d'entendre la Loy de Nature[59] et par consequent d'y

[57] „Das Gesetz der Natur ist das, was sie alle Lebewesen gelehrt hat; ein
Gesetz, das dem Menschengeschlecht nicht eigentümlich ist, sondern an dem
alle lebenden Geschöpfe teilhaben" (Justinian: *Institutiones*, I, 2, 1.). „Das
Naturrecht ist das, was die Natur alle Lebewesen gelehrt hat, denn dieses
Recht ist dem Menschengeschlecht nicht eigentümlich, sondern allen Lebewesen, die auf der Erde oder im Meer geboren werden, und auch den Vögeln
gemeinsam". (Ulpian: *Digeste*, I, 1 *De justitia et jure*, leg. I, § 3.) — Rousseau
kann sich sowohl bei Richard Cumberland: *Traité philosophique des loix naturelles*, V, § 2, als auch bei Pufendorf: *Droit de la Nature*, II, 3, § 2, unterrichtet
haben. Cumberland kritisiert, daß das *Gesetz* und das *Recht* der Natur nach
den römischen Rechtsgelehrten „nur ein und dieselbe Sache bezeichnen".
Bei Pufendorf konnte Rousseau lesen: „Die römischen Rechtsgelehrten verstanden unter Naturrecht *das, was die Natur alle Lebewesen lehrt*, und dessen
Kenntnis folglich dem Menschen nicht eigentümlich ist, sondern *als den
übrigen Lebewesen ebenso zukommend angesehen wird*. Nach dieser Definition müßte
man dem Naturrecht alle Dinge zuschreiben, von denen man sieht, daß die
Tiere, ebenso wie die Menschen, im allgemeinen eine Neigung für sie oder
eine Abneigung gegen sie haben, so daß es ein gemeinsames Recht für die
Menschen und die Tiere gäbe." (Hervorhebungen im Original.) Barbeyrac
hat Pufendorfs Darstellung in seinem Kommentar kritisch zurechtgerückt
(cf. II, 3, § 3, note 10). In einer Fußnote Barbeyracs zur angeführten Pufen-
dorf-Stelle findet sich auch das lateinische Original-Zitat von Ulpian (note 1).

[58] Die Konzeption der „Modernen", die Rousseau skizziert, läßt sich in allen
wichtigen Handbüchern der Naturrechtslehrer des 17. und 18. Jahrhunderts
nachlesen. Was Rousseau nicht ausspricht, ist, daß ihr Begriff des natürlichen
Gesetzes ausdrücklich Gott als Gesetzgeber voraussetzt. Am komprimiertesten
wird das Thema von Jean Barbeyrac behandelt in Pufendorf: *Droit de la nature*,
II, 2, § 3, note 7. Cf. außerdem Hugo Grotius: *Le droit de la guerre et de la paix*,
I, 1, § 11; Pufendorf: *Devoirs de l'homme*, I, 2, § 2, § 6; I, 3, § 10, § 11; Bur-

Beziehungen verwendet zu haben scheinen, welche von der Natur unter allen lebenden Wesen zu deren gemeinsamer Erhaltung eingerichtet worden sind[57]. Da die Modernen unter der Bezeichnung ‚Gesetz' nur eine Regel verstehen, die einem moralischen Wesen vorgeschrieben ist, das heißt einem intelligenten, freien Wesen, das in seinen Beziehungen zu anderen Wesen betrachtet wird, beschränken sie die Kompetenz des natürlichen Gesetzes folgerichtig auf das einzige Tier, das mit Vernunft begabt ist, das heißt auf den Menschen[58]; aber da jeder dieses Gesetz auf seine Weise definiert, gründen sie es alle auf derart metaphysische Prinzipien, daß es selbst unter uns sehr wenige Leute gibt, die in der Lage sind, diese Prinzipien zu verstehen, weit davon entfernt, sie von sich aus finden zu können. So daß alle Definitionen dieser gelehrten Männer, die sonst in fortwährendem Widerspruch zueinander stehen, bloß darin einig sind, daß es unmöglich ist, das Gesetz der Natur[59] zu verstehen und folglich ihm zu gehorchen,

---

lamaqui: *Principes du droit naturel*, II, 1, § 2; Cumberland: *Traité*, V, § 1 und § 2: „Der Grund, weshalb ich gesagt habe, daß die *Natürlichen Gesetze* dem Menschen eigentümlich sind, besteht darin, daß es bestimmte Sätze sind, die die Wirkungen betreffen, welche ihre Ursachen in Handlungen haben; oder bestimmte Urteile unseres Verstandes, der Begriffe miteinander vergleicht und sie dabei miteinander verbindet oder gegeneinander abgrenzt: Entscheidungen, deren hauptsächliche Autorität darauf zurückgeht, daß man weiß, daß sie von Gott herrühren. Aber ich sehe nichts, was dafür spräche, daß die Tiere Sätze bilden, vor allem Sätze dieser Natur, noch viel weniger können sie wissen, daß Gott es ist, der sie ihnen gebietet, und ihre Handlungen nach ihnen als nach einer Vorschrift ausrichten." (§ 2) — Thomas Hobbes unterscheidet Rousseau weiter unten im *Discours* (S. 136) ausdrücklich von den „Modernen". Vergleiche dazu die Kritik, die Pufendorf am Begriff des natürlichen Gesetzes bei Hobbes und Spinoza übt (*Droit de la nature*, II, 2, § 3 und § 9), sowie Pufendorfs eigene Konzeption (II, 3, insbesondere § 14 ff und § 20) und Hobbes' Unterscheidung von *rights of nature* und *laws of nature* in *Leviathan*, I, 14 und 15.

[59] Während Rousseau *loi naturelle* dem normativen, naturrechtlichen Gesetz vorbehält, ist seine Verwendung von *loi de nature* nicht einheitlich. In der Mehrzahl der Fälle (sowohl im *Discours* als auch in den späteren Schriften) bezeichnet der Begriff das physische Naturgesetz; gelegentlich wird *loi de nature* jedoch offensichtlich als Synonym für *loi naturelle* gebraucht, und an einigen wenigen — den bemerkenswertesten — Stellen scheinen beide Bedeutungen inhaltlich zusammenzufallen, scheint Rousseau das *natürliche Gesetz* als *Gesetz der Natur* zu identifizieren.

obéir, sans être un très grand raisonneur et un profond Meta-
phisicien. Ce qui signifie precisément que les hommes ont dû
employer pour l'établissement de la société, des lumiéres qui ne
se développent qu'avec beaucoup de peine et pour fort peu de
gens dans le sein de la société même.

Connoissant si peu la Nature et s'accordant si mal sur le sens
du mot *Loi*, il seroit bien difficile de convenir d'une bonne définition de la Loi naturelle. Aussi toutes celles qu'on trouve dans
les Livres, outre le défaut de n'être point uniformes, ont-elles
encore celui d'être tirées de plusieurs Connoissances que les
hommes n'ont point naturellement, et des avantages dont ils ne
peuvent concevoir l'idée qu'après être sortis de l'état de Nature.
On commence par rechercher les régles dont, pour l'utilité commune, il seroit à propos que les hommes convinssent entr'eux;
et puis on donne le nom de Loi naturelle à la collection de ces
régles, sans autre preuve que le bien qu'on trouve qui résulteroit
de leur pratique universelle. Voilà assurément une maniére très-
commode de composer des définitions, et d'expliquer la nature
des choses par des convenances presque arbitraires[60].

Mais tant que nous ne connoîtrons point l'homme naturel, c'est
en vain que nous voudrons déterminer la Loi qu'il a reçue ou celle
qui convient le mieux à sa constitution. Tout ce que nous pouvons
voir très clairement au sujet de cette Loi, c'est que non seulement
pour qu'elle soit loi il faut que la volonté de celui qu'elle oblige
puisse s'y soumettre avec connoissance; Mais qu'il faut encore
pour qu'elle soit naturelle qu'elle parle immediatement par la voix
de la Nature.

---

[60] Rousseaus Attacke gegen die naturrechtlichen Versuche, „die Natur der
Dinge durch beinahe willkürliche Zweckdienlichkeiten zu erklären", richtet
sich einmal gegen den teleologischen Rekurs auf „moralische Beweise in Dingen der Naturwissenschaft", d. h. in der Erörterung des Naturzustandes und
der Natur des Menschen (Anmerkung XII, S. 356); zum anderen liegt ihr
die Unterscheidung zwischen strengem Recht und bloßer Zweckdienlichkeit
zugrunde. (Cf. zur Differenzierung zwischen *droit* und *convenance* C.S. M.G.
II, 3 und I, 6.) Wie weitreichend Rousseaus Kritik ist, welche Kluft ihn etwa
von Pufendorf trennt (für Cumberland, Barbeyrac, Burlamaqui gilt ähnliches),
wird deutlich, wenn man berücksichtigt, daß Pufendorf nachdrücklich betont,
daß der Nutzen (utilité) der natürlichen Gesetze, ihre Zweckdienlichkeit

wenn man nicht ein sehr großer Räsoneur und ein tiefer Metaphysiker ist: Was präzise bedeutet, daß die Menschen für die
Errichtung der Gesellschaft Einsichten aufgewendet haben müssen, die sich erst mit viel Mühe und bei sehr wenigen Leuten im
Schoße der Gesellschaft selbst entwickeln.

Da man die Natur so wenig kennt und man sich über den Sinn
des Wortes *Gesetz* so wenig einig ist, wäre es sehr schwierig, über
eine gute Definition des natürlichen Gesetzes übereinzukommen.
So haben all jene, die man in den Büchern findet, abgesehen von
dem Fehler, daß sie nicht übereinstimmend sind, noch den, daß
sie aus mancherlei Kenntnissen hergeleitet sind, über welche die
Menschen von Natur aus nicht verfügen, und aus Vorzügen, von
welchen sie erst eine Vorstellung haben können, nachdem sie den
Naturzustand verlassen haben. Zunächst sucht man nach den
Regeln, über die untereinander übereinzukommen für die Menschen zum allgemeinen Nutzen angemessen wäre; und dann gibt
man der Sammlung dieser Regeln den Namen ,natürliches Gesetz',
ohne anderen Beweis als das Wohl, das — wie man findet — aus
ihrer universellen Praxis resultieren würde. Das ist sicherlich eine
sehr bequeme Art, Definitionen aufzustellen und die Natur der
Dinge durch beinahe willkürliche Zweckdienlichkeiten zu erklären[60].

Aber solange wir den natürlichen Menschen nicht kennen, werden wir vergeblich danach streben, das Gesetz zu bestimmen, das
er erhalten hat, oder jenes, das seiner Verfassung am besten entspricht. Alles, was wir in bezug auf dieses Gesetz sehr klar sehen
können, ist, daß es, damit es Gesetz sei, nicht nur notwendig ist,
daß der Wille dessen, den es verpflichtet, sich ihm bewußt unterwerfen kann, sondern daß es außerdem, damit es natürlich sei,
unmittelbar durch die Stimme der Natur sprechen muß.

(convenance) im Hinblick auf die Soziabilität, nicht hinreichen, um sie zu
Gesetzen zu machen. Ihren letzten, unverzichtbaren Geltungsgrund als Gesetze
haben sie nach Pufendorf vielmehr darin, daß Gott existiert und daß er durch
seine Vorsehung alles regiert. (*Devoirs de l'homme*, I, 3, § 10, cf. I, 2, § 2 und
§ 6; *Droit de la nature*, II, 3, § 19 und § 20.) Noch deutlicher äußert sich
Barbeyrac in Grotius: *Droit de la guerre*, Disc. prél. § 11, note 1 und I, 1, § 10,
note 4; in Pufendorf: *Droit de la nature*, II, 3, § 15 notes 1 und 5, und in seinem
Jugement d'un anonyme, § 15 ff.

Laissant donc tous les livres scientifiques qui ne nous apprennent qu'à voir les hommes tels qu'ils se sont faits[61], et méditant sur les premiéres et plus simples opérations de l'Ame humaine, j'y crois appercevoir deux principes antérieurs à la raison, dont l'un nous intéresse ardemment à nôtre bien-être et à la conservation de nous mêmes, et l'autre nous inspire une répugnance naturelle à voir perir ou souffrir tout Etre sensible et principalement nos semblables[62]. C'est du concours et de la combinaison que nôtre esprit est en état de faire de ces deux Principes, sans qu'il soit nécessaire d'y faire entrer celui de la sociabilité[63], que me paroissent découler toutes les régles du droit naturel; régles que la raison est ensuite forcée de rétablir sur d'autres fondemens, quand par ses développemens successifs elle est venue à bout d'étouffer la Nature.

De cette maniére, on n'est point obligé de faire de l'homme un Philosophe avant que d'en faire un homme; ses devoirs envers autrui ne lui sont pas uniquement dictés par les tardives[64] leçons de la Sagesse; et tant qu'il ne resistera point à l'impulsion intérieure de la commisération, il ne fera jamais du mal à un autre homme ni même à aucun être sensible, excepté dans le cas légitime où sa conservation se trouvant intéressée, il est obligé de se donner la préférence à lui-même[65]. Par ce moyen, on termine aussi les

---

[61] Die Betonung liegt offenkundig auf der näheren Bestimmung *die uns die Menschen so zu sehen lehren, wie sie sich selbst gemacht haben* und nicht auf *wissenschaftliche Bücher*. Von der ersten Anmerkung zum Vorwort an zieht Rousseau wissenschaftliche Bücher heran, stützt er sich „vertrauensvoll" auf die „Autorität" eines Buffon (Anmerkung II). Dem Kontext läßt sich entnehmen, daß Rousseaus Kritik auf die Abhandlungen der Naturrechtslehrer gemünzt ist, mit denen er sich in den vorangegangenen Abschnitten auseinandergesetzt hat und deren Wissenschaftlichkeit er in anthropologischer Rücksicht bestreitet.

[62] Die beiden Prinzipien werden weiter unten ausführlich erörtert: Es handelt sich um den *amour de soi*, die Selbstliebe, und um die *pitié* oder *commisération*, das Mitleid. — Zum Zurückgehen auf die „ersten Operationen der menschlichen Seele" cf. Condillac: *Essai sur l'origine des connoissances humaines*, Ed. Le Roy I, p. 4 und *Traité des systêmes*, I, p. 121.

[63] Vergleiche dazu Pufendorfs Position, der die Soziabilität als „das grundlegende Gesetz des Naturrechts" betrachtet (*Droit de la nature*, II, 3, § 15). Cf. ferner *Droit de la nature*, II, 2, § 18; *Devoirs de l'homme*, I, 3, § 7 § 8, § 11, § 13; I, 5, § 1; II, 6, § 14; Grotius: *Droit de la guerre*, Disc. prél. § 8 und § 9;

Wenn ich daher alle wissenschaftlichen Bücher beiseite lasse,
die uns die Menschen nur so zu sehen lehren, wie sie sich selbst
gemacht haben[61], und ich über die ersten und einfachsten Operationen der menschlichen Seele nachdenke, glaube ich zwei Prinzipien in ihr wahrzunehmen, die der Vernunft vorausliegen, von
denen das eine uns brennend an unserem Wohlbefinden und
unserer Selbsterhaltung interessiert sein läßt und das andere
uns einen natürlichen Widerwillen einflößt, irgendein empfindendes Wesen, und hauptsächlich unsere Mitmenschen, umkommen
oder leiden zu sehen[62]. Aus dem Zusammenwirken und aus der
Verbindung, die unser Geist aus diesen beiden Prinzipien herzu-
stellen vermag, scheinen mir — ohne daß es notwendig wäre, das
Prinzip der Soziabilität[63] einzuführen — alle Regeln des Naturrechts zu fließen: Regeln, welche die Vernunft später auf anderen
Grundlagen wiederzuerrichten gezwungen ist, wenn sie es durch
ihre sukzessiven Entwicklungen fertig gebracht hat, die Natur
zu ersticken.

Auf diese Weise ist man nicht genötigt, aus dem Menschen einen
Philosophen zu machen, ehe man einen Menschen aus ihm macht;
seine Pflichten gegen andere werden ihm nicht bloß von den
späten[64] Lehren der Weisheit vorgeschrieben; und solange er dem
inneren Antrieb des Mitleids nicht widersteht, wird er niemals
einem anderen Menschen noch selbst irgendeinem empfindenden
Wesen etwas zuleide tun, ausgenommen in dem legitimen Fall,
in dem seine Erhaltung betroffen ist und er deshalb verpflichtet
ist, sich selbst den Vorzug zu geben[65]. Hierdurch beendet man auch

---

Cumberland: *Traité*, II, § 2. — Vergleiche die „zwei Prinzipien" Rousseaus
mit den „drei allgemeinen Prinzipien der natürlichen Gesetze", die Burlamaqui nennt: „1. Die Religion, 2. die Selbstliebe und 3. die Soziabilität oder das
Wohlwollen gegen die anderen Menschen" (*Principes du droit naturel*, II, 4,
§ 18). Dieselbe Zusammenstellung findet sich bereits bei Barbeyrac in Pufendorf: *Droit de la nature*, II, 3, § 15, note 5.

[64] *Tardif* hat bei Rousseau häufig auch den Sinn von *zu spät*.

[65] Die „zwei Prinzipien" werden von Anfang an ungleichgewichtig eingeführt: Während das Prinzip der Selbstliebe „uns brennend an unserem
Wohlbefinden und unserer Selbsterhaltung interessiert sein läßt", flößt das
des Mitleids lediglich „einen natürlichen Widerwillen ein". Im Ernstfall ist
der natürliche Mensch „verpflichtet, sich selbst den Vorzug zu geben". Cf.
Fragment 4, S. 414.

anciennes disputes sur la participation des animaux à la Loi naturelle: Car il est clair que, dépourvus de lumiéres et de liberté, ils
ne peuvent reconnoître cette Loi; mais tenant en quelque chose
à nôtre nature par la sensibilité dont ils sont doués, on jugera qu'ils
doivent aussi participer au droit naturel, et que l'homme est assu-
jetti envers eux à quelque espéce de devoirs. Il semble, en effet,
que si je suis obligé de ne faire aucun mal à mon semblable, c'est
moins parce qu'il est un être raisonnable que parce qu'il est un
être sensible; qualité qui étant commune à la bête et à l'homme, doit
au moins donner à l'une le droit de n'être point maltraitée inutilement par l'autre[66].

Cette même étude de l'homme originel, de ses vrais besoins, et
des principes fondamentaux de ses devoirs, est encore le seul bon
moyen qu'on puisse employer pour lever ces foules de difficultés
qui se présentent sur l'origine de l'inégalité morale[67], sur les vrais
fondemens du Corps politique[68], sur les droits réciproques de ses
membres, et sur mille autres questions semblables, aussi importantes que mal éclaircies.

En considérant la société humaine d'un regard tranquile et
desintéressé, elle ne semble montrer d'abord que la violence des
hommes puissans et l'oppression des foibles; l'esprit se révolte
contre la dureté des uns; on est porté à déplorer l'aveuglement des
autres; et comme rien n'est moins stable parmi les hommes que ces
rélations extérieures que le hazard produit plus souvent que la
sagesse, et qu'on[69] appelle foiblesse ou puissance, richesse ou pau-

---

[66] Die „Teilhabe" der Tiere am „Naturrecht" ist zwingend, wenn dieses
den natürlichen Menschen, den Rousseau im Ersten Teil des *Discours* beschreibt, selbst einbeziehen soll, denn der anfängliche Mensch im „Zustand
der Animalität" ist kein vernünftiges, wohl aber ein empfindendes Wesen.
Darüberhinaus ergibt sie sich folgerichtig aus Rousseaus grundsätzlichem
Perspektivenwechsel, die Maßstäbe zur Orientierung und Beurteilung der
menschlichen Existenz nicht länger aus den menschlichen Spezifika, sondern
gerade im Rückgriff auf das herzuleiten, was der Differenz vorausliegt,
die den Menschen vom Tier und den vervollkommneten oder depravierten
Menschen vom ursprünglichen Menschen unterscheidet und trennt. —
Vergleiche das „Recht" des Tieres, „nicht unnütz mißhandelt zu werden",
mit der „Maxime der natürlichen Güte" auf S. 150.

[67] Moralische oder politische Ungleichheit nennt Rousseau die von Menschen autorisierte Ungleichheit. Sie entsteht nicht anders, denn vermittels

die alten Dispute über die Teilhabe der Tiere am natürlichen
Gesetz; denn es ist klar, daß sie, der Einsicht und der Freiheit bar,
dieses Gesetz nicht erkennen können; da sie aber durch die Empfindungsfähigkeit, mit der sie begabt sind, etwas von unserer
Natur besitzen, wird man schließen, daß sie auch am Naturrecht
teilhaben müssen und daß der Mensch ihnen gegenüber irgendeiner
Art von Pflichten unterworfen ist. Wenn ich verpflichtet bin,
meinem Mitmenschen kein Leid zuzufügen, so scheint dies in der
Tat weniger deshalb so zu sein, weil er ein vernünftiges als deshalb,
weil er ein empfindendes Wesen ist: Eine Eigenschaft, die, da sie
dem Tier und dem Menschen gemeinsam ist, dem einen zumindest
das Recht verschaffen muß, vom anderen nicht unnütz mißhandelt
zu werden[66].

Ebendieses Studium des ursprünglichen Menschen, seiner wahren Bedürfnisse und der grundlegenden Prinzipien seiner Pflichten ist auch das einzig gute Mittel, das man anwenden könnte,
um jene Unmengen von Schwierigkeiten zu beheben, die sich hinsichtlich des Ursprunges der moralischen Ungleichheit[67], der
wahren Grundlagen des Politischen Körpers[68], der gegenseitigen
Rechte seiner Glieder und tausend anderer ähnlicher Fragen ergeben, die ebenso wichtig wie schlecht geklärt sind.

Wenn man die menschliche Gesellschaft mit ruhigem und un-
eigennützigem Blick betrachtet, scheint sie zunächst nur die Gewalttätigkeit der mächtigen Menschen und die Unterdrückung
der schwachen zu zeigen; der Geist empört sich gegen die Härte
der einen, man ist dazu geneigt, die Blindheit der anderen zu beklagen; und da nichts weniger beständig ist unter den Menschen
als jene äußeren Verhältnisse, die häufiger der Zufall hervorbringt
als die Weisheit und die man Schwäche oder Macht, Reichtum oder
Armut nennt, scheinen die menschlichen Einrichtungen auf den

---

menschlicher Meinung, durch Konvention oder aufgrund sozialer Institutionen. Sie setzt im weitesten Sinne einen Akt der Anerkennung voraus,
deshalb ist allein sie moralisch bedeutsam.

[68] *Politischer Körper* ist ein Synonym für *politische* oder *bürgerliche Gesellschaft*,
für das politisch-verfaßte Gemeinwesen. — Rousseau macht hier in aller Deutlichkeit auf das theoretische Fundierungsverhältnis aufmerksam, das für
ihn zwischen Anthropologie und Politischer Philosophie besteht.

[69] Ed. 1782: et que l'on (Nicht in *OCP*.)

vreté, les établissemens humains paroissent au premier coup
d'œuil fondés sur des monceaux de Sable mouvant; ce n'est qu'en
les éxaminant de près, ce n'est qu'après avoir écarté la poussiére et
le sable qui environnent l'Edifice, qu'on apperçoit la base inébranlable sur laqu'elle il est élevé, et qu'on apprend à en respecter les
fondemens[70]. Or sans l'étude serieuse de l'homme, de ses facultés
naturelles, et de leurs développemens successifs, on ne viendra
jamais à bout de faire ces distinctions, et de séparer dans l'actuelle
constitution des choses, ce qu'a fait la volonté divine d'avec ce que
l'art humain a prétendu faire. Les recherches Politiques et morales
auxquelles donne lieu l'importante question que j'éxamine, sont
donc utiles de toutes maniéres, et l'histoire hypotétique des gouvernemens, est pour l'homme une leçon instructive à tous égards.
En considérant ce que nous serions devenus, abandonnés à nous
mêmes, nous devons apprendre à bénir celui dont la main bienfaisante, corrigeant nos institutions et leur donnant une assiété
inébranlable, a prévenu les desordres qui devroient en résulter, et
fait naître nôtre bonheur des moyens qui sembloient devoir
combler nôtre misére[71].

> *Quem te Deus esse*
> *Jussit, et humanâ quâ parte locatus es in re,*
> *Disce*[71].

---

[70] Rousseau läßt seine Rekonstruktion der Entwicklung der politischen
Gesellschaften im Vorgriff auf die Darstellung des *Discours* selbst eher als ein
Unternehmen der Affirmation erscheinen. Tatsächlich steht am Ende seiner
„hypothetischen Geschichte der Regierungen" die düstere Beschreibung des
Despotismus. Die Kritik des „Bauwerks" wird dem „gemeinen Leser" in
die Augen springen, wohingegen eine erheblich sorgfältigere Lektüre des
Textes erforderlich ist, um die „unerschütterliche Grundfeste" wahrzunehmen, die Rousseau freilegt, und die Gründe zu erkennen, die einen lehren
können, „seine Fundamente zu achten."

[71] Die Feierlichkeit des Schlusses und der unmittelbare Kontext legen die
Interpretation nahe, daß mit der „wohltätigen Hand" die Hand Gottes gemeint ist. An anderer Stelle ist dann in der Tat von einem Eingreifen des
„göttlichen Willens" die Rede (s. FN. 302). Um die Stichhaltigkeit dieser
Deutung zu überprüfen, empfiehlt es sich, die Darstellung, die Rousseau von
der Entstehung und der Entwicklung der politischen Gesellschaften gibt, im
allgemeinen heranzuziehen und die Rolle, die der Gestalt des Lykurg darin
zufällt, im besonderen zu berücksichtigen. Im *Contrat social* sagt Rousseau

ersten Blick auf Haufen von Flugsand gegründet zu sein: Erst
wenn man sie aus der Nähe besieht, erst nachdem man den Staub
und den Sand, die das Bauwerk umgeben, entfernt hat, nimmt man
die unerschütterliche Grundfeste wahr, auf der es errichtet ist,
und lernt man, seine Fundamente zu achten[70]. Nun, ohne das
ernsthafte Studium des Menschen, seiner natürlichen Fähigkeiten
und ihrer sukzessiven Entwicklungen wird man es niemals dahin
bringen, diese Unterscheidungen zu machen und in der aktuellen
Verfassung der Dinge das, was der göttliche Wille geschaffen hat,
von dem zu trennen, was die menschliche Kunst zu schaffen beansprucht hat. Die politischen und moralischen Untersuchungen,
zu denen die wichtige Frage, die ich prüfe, Veranlassung gibt, sind
also in jeder Weise nützlich; und die hypothetische Geschichte
der Regierungen ist für den Menschen eine in jeder Hinsicht lehr-
reiche Lektion. Wenn wir betrachten, was wir, uns selbst überlassen, geworden wären, müssen wir den zu segnen lernen, dessen
wohltätige Hand dadurch, daß sie unsere Einrichtungen korrigierte und ihnen eine unerschütterliche Grundlage gab, den Unordnungen die aus ihnen resultieren mußten, vorgebeugt und
unser Glück aus den Mitteln erschaffen hat, die unser Elend voll-
machen zu müssen schienen[71].

> *Quem te Deus esse*
> *Jussit, et humana qua parte locatus es in re,*
> *Disce*[72].

---

später über die großen *Législateurs*, für die Lykurg im *Discours* stellvertretend
genannt wird, daß die „Väter der Nationen" zu allen Zeiten gezwungen
waren, zur Durchsetzung ihres Werkes der „Gründung" und „Einrichtung"
der politischen Gemeinwesen „auf die Intervention des Himmels zurückzugreifen und die Götter mit ihrer eigenen Weisheit zu beehren, damit die
Völker, den Gesetzen des Staates wie jenen der Natur unterworfen und in
der Formung des Menschen und der des Gemeinwesens dieselbe Gewalt
erkennend, mit Freiheit gehorchten und das Joch der öffentlichen Glückseligkeit folgsam trügen." (*C.S.* II, 7) — Zum Verständnis der Stelle ist außerdem eine genaue Lektüre von *C.S. M.G.* I, 2 (p. 285, 286 und 288) hilfreich.
Cf. auch den Kommentar von Marc F. Plattner: *Rousseaus's State of Nature.*
DeKalb, 1979, p. 116 f.

[72] *Was Gott Dir zu sein befahl, und welches Dein Platz in der menschlichen Welt
ist, lerne.* Persius: *Satiren*, III, 71—73. — Mit dem Persius-Zitat, das das Gebot
der Inschrift des Tempels von Delphi aufnimmt (*Satiren*, III, 66 ff), verweist

AVERTISSEMENT

SUR LES NOTES.

J'ay ajoûté quelques notes à cet ouvrage selon ma coutume paresseuse de travailler à bâton rompu. Ces notes s'écartent quelquefois assés du sujet pour n'étre pas bonnes à lire avec le texte. Je les ai donc rejettées à la fin du Discours, dans lequel j'ai tâché de suivre de mon mieux le plus droit chemin. Ceux qui auront le courage de recommencer, pourront s'amuser la seconde fois à battre les buissons, et tenter de parcourir les notes; il y aura peu de mal que les autres ne les lisent point du tout[73].

Rousseau am Ende seines Vorworts an dessen Anfang zurück. Vergleiche dazu den Gebrauch, den Pufendorf in *Droit de la nature*, II, 4, § 5 vom *Nosce te ipsum* und dem Zitat des Persius macht: Die beiden Stellen stehen bei ihm am Anfang und am Ende eines Paragraphen über die „Pflicht zur Selbsterkenntnis des Menschen", in dessen Zentrum Pufendorf erklärt, daß der Mensch „mit edleren Fähigkeiten als jenen der Tiere geschmückt ist" und „daß er die Gesetze der Sozialität praktizieren muß". Als erste Pflicht leitet Pufendorf im darauffolgenden Paragraphen aus der Pflicht zur Selbsterkenntnis ab: „Wenn wir uns nur im geringsten selbst betrachten, erkennen wir, daß wir der Herrschaft Gottes unterworfen sind und folglich verpflichtet sind, nach Maßgabe der Talente, die wir vom Schöpfer und Souveränen Herrn erhalten haben, ihm zu dienen und ihn zu ehren, wie auch gegen unsere Mitmenschen die Gesetze der Sozialität zu praktizieren, die er uns vorgeschrieben hat". (§ 6, Erster Satz.)

[73] Rousseau hat später in den *Dialogues* betont, daß es für ein angemessenes Verständnis seiner Bücher erforderlich sei, sie zumindest zweimal zu lesen (*Rousseau juge de Jean Jacques*, III, p. 932). Für Leser, die zu einer sorgfältigen, wiederholten Lektüre nicht bereit sind, „wird es ein geringer Schaden sein," wenn sie die Anmerkungen des *Discours* „überhaupt nicht lesen". Schon vor der Veröffentlichung des *Discours* hatte Rousseau keinen Zweifel daran ge-

HINWEIS
ZU DEN ANMERKUNGEN

Ich habe, meiner trägen Gewohnheit folgend, in Schüben zu arbeiten, diesem Werk einige Anmerkungen hinzugefügt. Diese Anmerkungen schweifen manchmal so weit vom Thema ab, daß sie sich nicht gut mit dem Text zusammen lesen lassen. Ich habe sie daher ans Ende des Diskurses gestellt, in welchem ich nach besten Kräften versucht habe, dem geradesten Weg zu folgen. Diejenigen, die den Mut haben, nochmals von vorn zu beginnen, können sich beim zweitenmal die Zeit damit vertreiben, auf den Busch zu klopfen, und versuchen, die Anmerkungen durchzugehen; es wird ein geringer Schaden sein, wenn die anderen sie überhaupt nicht lesen[73].

---

lassen, daß er nicht für das „Publikum", nicht für die „gemeinen Leser", sondern für die „kleine Zahl der wahren Philosophen" schreiben wollte, für „jene, die zu verstehen wissen, zu den anderen habe ich niemals sprechen wollen" (*OCP* III, p. 37 und 106). Im *Discours* wird die Unterscheidung zwischen den Philosophen und den *lecteurs vulgaires* ausdrücklich aufgenommen (S. 170), und Rousseaus *Avertissement sur les notes* gibt einen Hinweis darauf, daß die Anmerkungen um so größere Beachtung verdienen, als sie ein Instrument sein könnten, dieser Unterscheidung durch eine Differenzierung zwischen Aussagen und Gegenständen, die im Haupttext des *Discours* gemacht bzw. behandelt werden, und solchen, die ausschließlich den Anmerkungen vorbehalten bleiben, bis in die äußere Form der Präsentation hinein Rechnung zu tragen. In keinem anderen Werk Rousseaus nehmen die Anmerkungen auch nur entfernt einen so großen Raum ein wie im *Discours*, in keinem haben sie ein ähnliches Gewicht. Während der Drucklegung schreibt Rousseau an Rey: „Ich bitte Sie, hüten Sie sich ja, die Anmerkungen unter den Text zu stellen; dadurch würde alles verdorben" (*CC* III, p. 51).

QUESTION

Proposée par l'Academie de Dijon.

Quelle est l'origine de l'inégalité
parmi les hommes,
et si elle est autorisée par la Loy naturelle[74].

---

[74] Am 13. 7. 1753 beschloß die Académie de Dijon für den *Prix de morale* des Jahres 1754 die folgende Frage zu stellen: *Quelle est la source de l'inégalité parmi les hommes, et si elle est autorisée par la loi naturelle*, so veröffentlicht in der November-Ausgabe des *Mercure de France* von 1753, p. 65. Als Preis „für den, der das Problem am besten löst", wurde eine „Goldmedaille im Wert von 30 Pistolen" ausgesetzt. Annahmeschluß war der 1. 4. 1754. Insgesamt gingen zwölf Arbeiten fristgerecht ein, zehn davon sind in den Archiven der Akademie erhalten geblieben und 1936 von Roger Tisserand ediert worden (*Les concurrents de J. J. Rousseau à l'Académie de Dijon pour le prix de 1754*, Paris, p. 47—209). Das Manuskript Nr. 6, Rousseaus Einsendung, ist verschollen, Ms. Nr. 12 wurde auf Wunsch des Autors zurückgesandt. Acht der zehn Verfasser geben eine bejahende Antwort auf die Frage der Akademie. Der Tenor ihrer Begründungen stimmt in einem Punkt durchweg überein: Alle vertreten die Auffassung, die Ungleichheit sei *d'institution divine*, Gott selbst habe sie eingerichtet und damit autorisiert. In der näheren Ableitung ergeben sich zwei Varianten: Ist die Ungleichheit für die einen an ihr selbst Ausfluß des göttlichen Willens und Ergebnis der in der Natur waltenden Vorsehung, so gilt sie den anderen als eine Strafe für die Erbsünde, in der sie ihre letzte Wurzel habe. Nur die Arbeiten Nr. 3, deren unbekannter Autor ein Motto von Lukrez wählte, und Nr. 5, die den Marquis d'Argenson zum Verfasser hatte, weichen von dieser allgemeinen Linie ab. Preisgekrönt wurde das Manuskript Nr. 7 des Abbé Talbert, der schon 1750 einer von Rousseaus Mitbewerbern gewesen war. Nach dem Eklat, den die Auszeichnung von Rousseaus *Erstem Discours* verursacht hatte, entschied sich die Akademie jetzt für eine Schrift, die mit der religiösen und politischen Orthodoxie so nahtlos übereinstimmte, daß neuerliche Kritik an den Preisrichtern nicht zu befürchten war. Rousseaus *Discours* wurde am 21. 6. 1754 ohne Beratung verworfen. Das Register der Akademie enthält die lapidare Eintragung: „Elle [la pièce] n'a pas été achevée de lire à cause de sa longueur et de sa mauvaise tradition, etc.". Eines der einflußreichsten Mitglieder der Akademie, Claude Gelot, der das Thema von 1750 vorgeschlagen hatte, verlas später in der Sitzung vom 17. 12. 1756 ein Memorandum mit dem Titel *La société vengée*

FRAGE

Gestellt von der Akademie von Dijon

Welches ist der Ursprung der Ungleichheit
unter den Menschen,
und ob sie durch das natürliche Gesetz autorisiert wird[74].

des attentats d'un misanthrope ou réfutation du discours de M. Rousseau de Genève sur l'inégalité des conditions. Rousseau gab sich, was seine Aussichten anbelangte, von vornherein keinen falschen Erwartungen hin (cf. S. 492). Noch ehe die Akademie überhaupt entschieden hatte, sandte er das — wahrscheinlich erheblich erweiterte — Manuskript für die Buchveröffentlichung an den Verleger Pissot (s. FN 5). — Den zweiten Teil der Preisfrage übernimmt Rousseau nicht in den Titel seines *Discours*; vom *natürlichen Gesetz* ist in ihm nicht die Rede, dagegen werden neben dem Ursprung der Ungleichheit ausdrücklich deren *Grundlagen* als Thema genannt. Die Wiedergabe des vollständigen Wortlautes der *Question proposée par l'Académie de Dijon* auf einer eigenen Seite, die dem Discours i. e. S. unmittelbar vorausgeht, macht auf die Veränderung aufmerksam, und die Gründe, die Rousseau zu ihr bewogen haben, lassen sich unschwer dem Vorwort entnehmen, das er der Frage der Akademie vorausgeschickt hat. Ungeachtet dieses Verfahrens, das eine versteckte Kritik an der Fragestellung der Akademie enthält, wird der *Discours* selbst die Preisfrage in ihren *beiden* Teilen beantworten. Auf den politischen Zündstoff, der in ihrer Behandlung lag, kommt Rousseau in einem Brief zu sprechen, den er am 8. 9. 1755 an die Marquise de Créqui schreibt: „Wenn ich, wie man behauptet, über eine von der Académie de Dijon gestellte Frage des Politischen Rechts geschrieben habe, so war ich dazu durch das Programm autorisiert, und wenn man dieser Akademie kein Verbrechen daraus gemacht hat, diese Frage zu stellen, so sehe ich nicht, weshalb man mir eines daraus machen sollte, sie zu beantworten. Freilich habe ich mich innerhalb der Grenzen einer allgemeinen und rein philosophischen Diskussion halten müssen, ohne Nennung von Personen und ohne Anwendung. Aber könnten Sie glauben, Madame, [. . .] daß ich fähig gewesen wäre, mich, was dies angeht, einen Augenblick zu vergessen?" (*CC* III, p. 170; cf. FN 12). Ein anderes Zeugnis zum selben Gegenstand läßt sich einem Brief von Charles de Brosses an seinen Bruder entnehmen, in dem es unter dem 29. 3. 1754 heißt: „Diderot spricht viel mit mir über das Thema dieses Preises. Er findet es sehr schön, aber er hält es für unmöglich, es in einer Monarchie zu behandeln. Er ist ein schrecklich kühner Philosoph . . ." (*CC* II, p. 259).

DISCOURS

SUR L'ORIGINE, ET LES FONDEMENS
DE L'INÉGALITÉ PARMI LES HOMMES.

C'est de l'homme que j'ai à parler, et la question que j'éxamine m'apprend que je vais parler à des hommes, car on n'en propose point de semblables quand on craint d'honorer la vérité. Je défendrai donc avec confiance la cause de l'humanité devant les sages qui m'y invitent, et je ne serai pas mécontent de moi même si je me rends digne de mon sujet et de mes juges[75].

Je conçois dans l'Espece humaine deux sortes d'inégalité; l'une que j'appelle naturelle ou Phisique, parce qu'elle est établie par la Nature, et qui consiste dans la différence des âges, de la santé, des forces du Corps, et des qualités de l'Esprit, ou de l'Ame[76]; L'autre qu'on peut appeler inégalité morale, ou politique, parce qu'elle dépend d'une sorte de convention, et qu'elle est établie, ou du moins autorisée par le consentement des Hommes. Celle-ci consiste dans les differents Privileges, dont quelques-uns jouissent, au préjudice des autres, comme d'être plus riches, plus honorés, plus Puissants qu'eux, ou mêmes de s'en faire obéïr.

On ne peut pas demander quelle est la source de l'inégalité Naturelle, parce que la réponse se trouveroit énoncée dans la

---

[75] Rousseau hat den Beginn des *Discours* mehrfach überarbeitet. Am 8. 11. 1754 fordert er Rey auf, den ganzen ersten Absatz, den das Manuskript ursprünglich enthielt — er ist uns unbekannt —, durch den folgenden zu ersetzen: *C'est de l'homme que j'ai à parler, et La Question que j'examine m'apprend encore que je vais parler à des hommes [. . .] pas moins que ceux qui l'osent soutenir. Je defendrai donc* [Es folgt der Text der gedruckten Fassung bis . . . *mes juges*]. | *Vom Menschen habe ich zu sprechen und die Frage, die ich untersuche, lehrt mich auch, daß ich zu Menschen sprechen werde* [. . .] *nicht weniger als jene, die sie zu vertreten wagen. Ich werde . . .* — Zunächst hatte Rousseau geschrieben: *La Question que j'examine m'apprend que ⟨j'ai à parler de l'homme, et que c'est à⟩ des hommes ⟨que je vais parler: car il n'y a pas moins de courage à la proposer qu'à la resoudre et ceux qui osent [?] inviter les autres à méditer [??] sur de pareilles matières ne s'honorent⟩ pas moins* [Das Weitere wie oben] | *Die Frage, die ich untersuche, lehrt mich, daß ich vom Menschen zu sprechen habe, und daß ich zu Menschen sprechen werde: Denn es liegt nicht weniger Mut darin, sie zu stellen, als darin, sie zu beantworten, und jene, die es wagen, andere dazu einzuladen, über derartige Materien nachzudenken, ehren sich damit nicht weniger als jene, die die Frage zu ver-*

DISKURS

ÜBER DEN URSPRUNG UND DIE GRUNDLAGEN
DER UNGLEICHHEIT UNTER DEN MENSCHEN

Vom Menschen habe ich zu sprechen, und die Frage, die ich untersuche, lehrt mich, daß ich zu Menschen sprechen werde, denn man stellt derartige Fragen nicht, wenn man sich fürchtet, der Wahrheit die Ehre zu geben. Ich werde die Sache der Menschheit daher mit Zuversicht vor den Weisen verteidigen, die mich dazu einladen, und ich werde mit mir selbst nicht unzufrieden sein, wenn ich mich meines Themas und meiner Richter würdig erweise[75].

Ich unterscheide in der menschlichen Art zwei Arten von Ungleichheit: die eine, die ich natürlich oder physisch nenne, weil sie durch die Natur begründet wird, und die im Unterschied der Lebensalter, der Gesundheit, der Kräfte des Körpers und der Eigenschaften des Geistes oder der Seele besteht[76]; und die andere, die man moralische oder politische Ungleichheit nennen kann, weil sie von einer Art Konvention abhängt und durch die Zustimmung der Menschen begründet oder zumindest autorisiert wird. Die letztere besteht in den unterschiedlichen Privilegien, die einige zum Nachteil der anderen genießen — wie reicher, geehrter, mächtiger als sie zu sein oder sich sogar Gehorsam bei ihnen zu verschaffen.

Man kann nicht fragen, welches die Quelle der natürlichen Ungleichheit ist, weil die Antwort sich in der einfachen Definition des Wortes ausgesprochen fände. Noch weniger kann man danach

---

treten wagen. — Rousseau war mit dieser Fassung nicht zufrieden. Bei der Überarbeitung, die die ursprüngliche Reinschrift in einen unübersichtlichen Text verwandelte, blieb eine Lücke zwischen *hommes* und *pas moins* bestehen. Die endgültige Redaktion muß demnach noch später erfolgt sein. (In spitze Klammern ⟨. . .⟩ gesetzte Wörter sind von Rousseau gestrichen. Wiedergabe nach *CC* III, p. 48.)

[76] Vergleiche die hier genannten natürlichen Ungleichheiten, in die Rousseau ausdrücklich die geistigen und seelischen Qualitäten einbezieht, mit den Eigenschaften, die in den wilden Gesellschaften zum erstenmal Ansehen begründen (S. 188), und mit jenen, die in den zivilisierten Gesellschaften „den Rang und das Schicksal jedes Menschen" bestimmen (S. 206).

simple définition du mot: On peut encore moins chercher, s'il
n'y auroit point quelque liaison essentielle entre les deux inégalités;
car ce seroit demander, en d'autres termes, si ceux qui commandent
valent nécessairement mieux, que ceux qui obéïssent, et si la force
du Corps ou de l'Esprit, la sagesse ou la vertu, se trouvent toujours
dans les mêmes individus, en proportion de la Puissance, ou de
la Richesse: Question bonne peut être à agiter entre des Esclaves
entendus de leurs Maîtres, mais qui ne convient pas à des Hommes
raisonnables et libres, qui cherchent la vérité.

De quoi s'agit il donc précisement dans ce Discours? De marquer
dans le progrés des choses, le moment où le Droit succedant à la
Violence, la Nature fut soumise à la Loi; d'expliquer par quel
enchaînement de prodiges le fort put se resoudre à servir le foible,
et le Peuple à acheter un repos en idée, au prix d'une felicité réelle.

Les Philosophes qui ont examiné les fondemens de la société,
ont tous senti la nécessité de remonter jusqu'à l'état de Nature,
mais aucun d'eux n'y est arrivé. Les uns n'ont point balancé à
supposer à l'Homme dans cet état, la notion du Juste et de l'Injuste, sans se soucier de montrer qu'il dût avoir cette notion, ni
même qu'elle lui fût utile[77]: D'autres ont parlé du Droit Naturel
que chacun a de conserver ce qui lui appartient, sans expliquer ce
qu'ils entendoient par appartenir[78]; D'autres donnant d'abord au
plus fort l'autorité sur le plus foible, ont aussitôt fait naître le
Gouvernement, sans songer au temps qui dut s'écouler avant que
le sens des mots d'autorité, et de gouvernement pût exister parmi
les Hommes[79]: Enfin tous, parlant sans cesse de besoin, d'avidité,
d'oppression, de desirs, et d'orgueil, ont transporté à l'état de
Nature, des idées qu'ils avoient prises dans la société; Ils parloient

---

[77] Rousseau bezieht sich offenbar auf die Bestimmung der „rechten Vernunft", in der die Naturrechtslehrer eine der menschlichen Natur wesentlich
zukommende, den Menschen als Menschen auszeichnende Fähigkeit gesehen
haben. Das „natürliche Licht" der „rechten Vernunft" erlaubt ihnen zufolge
die Erkenntnis des natürlichen Gesetzes, des Gerechten und Ungerechten.
Cf. Grotius: Droit de la guerre, I, 1, § 10; Cumberland: Traité, I, 31; II, 5;
VII, 4; Pufendorf: Droit de la nature, II, 2, § 3, § 9; II, 3, § 11, § 13, § 19f;
Burlamaqui: Principes de la droit naturel, I, 1, § 3, § 7; II, 1, § 2.

[78] John Locke: The Second Treatise of Government, II, § 6; cf. Barbeyracs
Kommentar in Pufendorf: Droit de la nature, IV, 4, § 4, note 4.

suchen, ob es nicht eine essentielle Verbindung zwischen den beiden Ungleichheiten gäbe; denn das hieße mit anderen Worten zu fragen, ob jene, die befehlen, notwendigerweise mehr wert sind als jene, die gehorchen, und ob die Kraft des Körpers und des Geistes, die Weisheit oder die Tugend sich immer in denselben Individuen im entsprechenden Verhältnis zur Macht oder zum Reichtum befinden: Eine Frage, die vielleicht dazu gut ist, unter Sklaven erörtert zu werden, wenn ihnen ihre Herren zuhören, die sich aber nicht für vernünftige und freie Menschen schickt, welche die Wahrheit suchen.

Worum präzise handelt es sich also in diesem Diskurs? Darum, im Fortschritt der Dinge den Augenblick zu bezeichnen, in dem das Recht die Stelle der Gewalt einnahm und die Natur somit dem Gesetz unterworfen wurde; zu erklären, durch welche Kette von Wundern der Starke sich entschließen konnte, dem Schwachen zu dienen, und das Volk, eine nur in der Vorstellung existierende Ruhe um den Preis einer wirklichen Glückseligkeit zu erkaufen.

Die Philosophen, welche die Grundlagen der Gesellschaft untersucht haben, haben alle die Notwendigkeit gefühlt, bis zum Naturzustand zurückzugehen, aber keiner von ihnen ist bei ihm angelangt. Die einen haben nicht gezögert, dem Menschen in jenem Zustand den Begriff des Gerechten und Ungerechten zu unterstellen, ohne daß sie sich darum gekümmert hätten zu zeigen, daß er diesen Begriff haben mußte, ja nicht einmal, daß er ihm nützlich war[77]. Andere haben von dem Naturrecht gesprochen, das jeder habe, zu behalten, was ihm gehört — ohne zu erklären, was sie unter ,gehören' verstanden[78]. Wieder andere haben dem Stärkeren von Anfang an die Autorität über den Schwächeren zugeschrieben und damit die Regierung sofort entstehen lassen, ohne an die Zeit zu denken, die vergehen mußte, ehe der Sinn der Wörter ,Autorität' und ,Regierung' unter den Menschen existieren konnte[79]. Alle schließlich haben unablässig von Bedürfnis, von Habsucht, von Unterdrückung, von Begehren und von Stolz gesprochen und damit auf den Naturzustand Vorstellungen übertragen, die sie der Gesellschaft entnommen hatten. Sie sprachen

---

[79] Hobbes: *De Cive*, I, 14; cf. XV, 5.

de l'Homme Sauvage, et ils peignoient l'homme Civil[80]. Il n'est
pas même venu dans l'esprit de la plupart des nôtres de douter
que l'état de Nature eût existé, tandis qu'il est évident, par la lecture
des Livres Sacrés, que le premier Homme ayant reçu immediatement de Dieu des lumieres et des Preceptes, n'étoit point lui-même
dans cet état, et qu'en ajoutant aux Ecrits de Moïse la foi que leur
doit tout Philosophe Chrétien, il faut nier que, même avant le
Deluge, les Hommes se soient jamais trouvés dans le pur état de
Nature, à moins qu'ils n'y soient retombés par quelque Evenement
extraordinaire: Paradoxe fort embarrassant à défendre, et tout à
sait impossible à prouver[81].

Commençons donc par écarter tous les faits, car ils ne touchent
point à la question. Il ne faut pas prendre les Recherches, dans lesquelles on peut entrer sur ce Sujet, pour des verités historiques,
mais seulement pour des raisonnemens hypothétiques et conditionnels; plus propres à éclaircir la Nature des choses, qu'à en[82]
montrer la veritable origine, et semblables à ceux que font tous
les jours nos Physiciens sur la formation du Monde[83]. La Religion

---

[80] Die Philosophen, die auf den Naturzustand rekurrierten, um die Einrichtung der bürgerlichen Gesellschaft aus deren vernünftigen oder historischen Entstehungsgründen zu legitimieren, haben aus dem Naturzustand
argumentativ hergeleitet, was sie zuvor aus dem bürgerlichen Zustand in
ihn hineinprojiziert hatten. Sie haben nicht berücksichtigt, daß „das Menschengeschlecht eines Zeitalters nicht das Menschengeschlecht eines anderen
Zeitalters ist" (S. 264). Sie haben für sich in Anspruch genommen, von der
menschlichen Natur auszugehen, ohne zu unterscheiden, was natürlich und
was depraviert, was ursprünglich und was das Ergebnis einer langen historischen Entwicklung in ihr ist. Was sie alle als „Notwendigkeit gefühlt"
haben, soll im *Discours* erstmals in die Tat umgesetzt werden. Rousseau will
bis zum „wahren Naturzustand" zurückgehen, „bis an die Wurzel graben"
(S. 160). — Der bürgerliche Mensch *(homme civil)* ist der Mensch des bürgerlichen Zustandes *(état civil)* und der bürgerlichen Gesellschaft *(société civile)*.
Alle drei Begriffe beziehen sich auf das Stadium in der Geschichte der Menschheit, das mit der Einrichtung der politisch-verfaßten Gesellschaften beginnt
und bis zur Gegenwart andauert (s. FN 214).

[81] Rousseau formuliert einen Einwand der religiösen Orthodoxie gegen die
philosophische Konzeption des Naturzustandes, den seine Vorgänger weit
weniger zu fürchten brauchten als er selbst, und zwar gerade aus dem Grunde,
um dessentwillen er Kritik an ihnen übt: weil sie mit der Absicht, „bis zum
Naturzustand zurückzugehen", nicht in der Weise Ernst machten, wie

vom wilden Menschen und beschrieben den bürgerlichen Menschen[80]. Es ist den meisten unserer Philosophen nicht einmal in den Sinn gekommen, daran zu zweifeln, daß der Naturzustand existiert hatte, während aus der Lektüre der Heiligen Schrift evident ist, daß der erste Mensch, da er unmittelbar von Gott Einsicht und Aufklärung und Gebote erhalten hat, selbst nicht in jenem Zustand war und daß, wenn man den Schriften Moses' den Glauben schenkt, den ihnen jeder christliche Philosoph schuldet, man leugnen muß, daß die Menschen, selbst vor der Sintflut, sich jemals im reinen Naturzustand befunden haben, es sei denn, sie wären durch irgendein außerordentliches Ereignis in ihn zurückgefallen: Ein Paradoxon, das sehr schwer zu verteidigen und ganz unmöglich zu beweisen ist[81].

Beginnen wir also damit, daß wir alle Tatsachen beiseite lassen, denn sie berühren die Frage nicht. Man darf die Untersuchungen, in die man über diesen Gegenstand eintreten kann, nicht für historische Wahrheiten nehmen, sondern nur für hypothetische und bedingungsweise geltende Schlußfolgerungen, mehr dazu geeignet, die Natur der Dinge zu erhellen, als deren wahren Ursprung zu zeigen, und jenen vergleichbar, welche unsere Naturwissenschaftler alle Tage über die Entstehung der Welt machen[83].

Rousseau dies für erforderlich erachtet. — Auf das „sehr schwer zu verteidigende Paradoxon", das eine Versöhnung mit der biblischen Geschichte allenfalls erlauben könnte, hat Rousseau im *Essai sur l'origine des langues* (IX, p. 101 f) zurückgegriffen, um sich einen Freiraum für seine Erörterung der Sprachentstehung zu schaffen. Cf. ferner FN 150.

[82] *en* ist eine Ergänzung der Ed. 1782. (Nicht in *OCP*.)

[83] Die Genealogie, die Rousseau im *Discours* vorlegt, hat nicht die Argumentationsfiguren und Fiktionen der juristischen Naturzustandslehren zum Vorbild, sondern die „Hypothesenbildung" in den „Naturwissenschaften". Rousseau will die Frage der Entwicklung des Menschen und der Gesellschaft so behandeln, wie „unsere Naturwissenschaftler alle Tage" die Frage der „Entstehung der Welt" erörtern. Dieser Vergleich erhellt nicht nur den philosophischen Anspruch, den Rousseau für seine Rekonstruktion erhebt, er gibt darüberhinaus einen versteckten Hinweis auf die Bedingungen der religiösen Zensur, denen Rousseau bei der Behandlung seines Gegenstandes unterliegt — Bedingungen, ohne deren Berücksichtigung weder ein angemessenes Verständnis dieses vieldiskutierten Abschnitts noch des *Discours* insgesamt möglich ist: Der bekannteste zeitgenössische Naturwissenschaftler, der die „Entstehung der Welt" untersuchte, war der damals schon hoch an-

nous ordonne de croire que Dieu lui-même ayant tiré les Hommes
de l'état de Nature immédiatement après la création[84], ils sont
inégaux parce qu'il a voulu qu'ils le fussent; mais elle ne nous
défend pas de former des conjectures tirées de la seule nature de
l'homme et des Etres qui l'environnent, sur ce qu'auroit pu devenir le Genre-humain, s'il fût resté abandonné à lui-même[85].
Voilà ce qu'on me demande, et ce que je me propose d'examiner
dans ce Discours. Mon sujet intéressant l'homme en général, je
tâcherai de prendre un langage qui convienne à toutes les Nations[86],
ou plûtôt, oubliant les[87] temps et les Lieux, pour ne songer qu'aux
Hommes à qui je parle, je me supposerai dans le Licée d'Athenes[88],

---

gesehene Buffon, der 1749 im ersten Band seiner *Histoire naturelle* eine stark
beachtete *Théorie de la terre* veröffentlicht hatte. Nach heftigen Angriffen
von kirchlicher Seite und auf eine entsprechende öffentliche Aufforderung
der Theologischen Fakultät der Sorbonne hin, der die religiöse Zensur oblag,
sah sich Buffon veranlaßt, dem vierten Band der *Histoire naturelle* 1753 einen
Briefwechsel mit der Sorbonne voranzustellen, in dem er verschiedene von
der christlichen Lehre abweichende Punkte seiner Theorie „präzisierte".
Buffons erster Paragraph lautet: „Ich erkläre, daß ich keinerlei Absicht gehabt
habe, dem Text der Schrift zu widersprechen, daß alles, was über die Erschaffung berichtet wird, fest glaube, sei es die zeitliche Ordnung, seien es
die Umstände der Tatsachen; und daß ich alles das aufgebe, was in meinem
Buch die Entstehung der Erde betrifft, und im allgemeinen alles, was dem
Bericht Moses' widersprechen könnte, wobei ich meine Hypothese über die
Entstehung der Planeten als eine rein philosophische Annahme vorgelegt
habe" (Ed. Piveteau, p. 108). Diese Erklärung, die wenige Monate vor der
Niederschrift des *Discours* veröffentlicht wurde, spricht eine deutliche Sprache.
Buffon wird von Rousseau im Haupttext des *Discours* kein einziges Mal er-
wähnt, dagegen ist er der meistzitierte Autor in den Anmerkungen. —
Wenn Rousseau zu Beginn des Absatzes schreibt, daß er „alle Tatsachen beiseite lassen" möchte, so sind damit im unmittelbaren Kontext alle *biblischen*
Tatsachen gemeint, mit denen Rousseaus Genealogie unvereinbar ist. Ähnliche
formale Rückversicherungen finden sich im *Discours* noch mehrfach, sie
machen den Weg frei für die Untersuchung der wirklichen Tatsachen, unter
die Rousseau an allererster Stelle den Naturzustand selbst rechnet (cf. FN 212).

[84] *immédiatement après la création | unmittelbar nach der Erschaffung* ist eine
Ergänzung der Ed. 1782. (Sie fehlt im Text der *OCP*, auch der Apparat gibt
keinerlei Hinweis auf diese wichtige Variante.) Vergleiche dazu die beiden in
FN 74 genannten Ableitungen der Aussage, daß die Ungleichheit auf „göttlicher Einrichtung" beruhe.

[85] Was „die Religion" in den Augen der zeitgenössischen Orthodoxie
„zu glauben befiehlt", ist nicht so eindeutig, wie Rousseaus apodiktische

Die Religion befiehlt uns zu glauben, daß, da Gott selbst die
Menschen unmittelbar nach der Erschaffung[84] aus dem Naturzustand herausgenommen hat, sie ungleich sind, weil er gewollt
hat, daß sie es seien; aber sie verbietet uns nicht, Vermutungen,
die allein aus der Natur des Menschen und der Wesen, die ihn
umgeben, hergeleitet sind, darüber anzustellen, was aus dem
Menschengeschlecht hätte werden können, wenn es sich selbst
überlassen geblieben wäre[85]. Das ist es, was man mich fragt und
was ich mir in diesem Diskurs zu untersuchen vornehme. Da
mein Gegenstand den Menschen im allgemeinen angeht, werde
ich mich bemühen, mich einer Sprache zu bedienen, die allen
Nationen angemessen ist[86], oder vielmehr: Zeiten[87] und Orte
vergessend, um nur an die Menschen zu denken, zu denen ich
spreche, werde ich mir vorstellen, ich befände mich im Lyzeum
von Athen[88], wiederholte die Lehren meiner Meister und hätte

---

Feststellung es nahelegt. Der Abbé Talbert, der den Preis der Akademie zugesprochen erhielt, argumentierte, daß die Ungleichheit erst durch den
Sündenfall notwendig wurde und seitdem Gottes Wille sei ; während die
Menschen ursprünglich zur Gleichheit bestimmt gewesen seien. Dagegen
vertritt beispielsweise der Pater Castel in seiner Kritik des *Discours* exakt die
Position, die Rousseau hier beschreibt. Rousseau entscheidet sich für die am
wenigsten konziliante Darstellung der christlichen Lehre. Er macht den Kontrast zu dem, was er im folgenden selbst vertritt, so groß und mithin die
implizite Kritik, die sich hinter seiner scheinbaren Affirmation verbirgt,
so augenfällig wir nur möglich. (Cf. auch FN 74 und 84.) — Zu beachten ist
in dieser Passage des Exordiums außerdem, daß sie eine wichtige Antwort
auf die Frage gibt, was Rousseau seiner Rekonstruktion des Naturzustandes
zugrunde legt: Neben der „Natur des Menschen" sind es die Tiere, aus deren
Lebensbedingungen und Verhalten er seine „Vermutungen" herleiten wird.

[86] Die Sprache der biblischen Tradition und ihrer Offenbarungstatsachen
ist dem Menschen als Menschen nicht angemessen. Cf. Anmerkung IX,
S. 318 ff. — So sehr Rousseau davon überzeugt ist, daß der Gegenstand des
Discours „den Menschen im allgemeinen angeht", so deutlich steht ihm
das Erfordernis vor Augen, eben aus diesem Grunde bei seinem anthropologischen Unternehmen von den Menschen in ihrer Verschiedenheit auszugehen. Cf. Anmerkung X und FN 415.

[87] Ed. 1782: le / Zeit (Variante nicht in *OCP*.)

[88] Im Lyzeum von Athen lehrten zunächst verschiedene Sophisten, darunter
Protagoras, dann aber vor allem Aristoteles und seine Nachfolger, mit dessen
Schule sich der Name am meisten verbindet. — Athen, nicht Genf, Paris, Rom

repetant les Leçons de mes Maîtres, ayant les Platons et les Xeno-crates pour Juges[89], et le Genre-humain pour Auditeur.

O Homme, de quelque Contrée que tu sois, quelles que soient tes opinions, écoute; Voici ton histoire telle que j'ai cru la lire, non dans les Livres de tes semblables qui sont menteurs[90], mais dans la Nature qui ne ment jamais. Tout ce qui sera d'elle, sera vrai: Il n'y aura de faux que ce que j'y aurai mêlé du mien sans le vouloir. Les temps dont je vais parler sont bien éloignés: Combien tu as changé de ce que tu étois! C'est pour ainsi dire la vie de ton espéce que je te vais décrire d'après les qualités que tu as reçues, que ton éducation et tes habitudes ont pu dépraver, mais qu'elles n'ont pu détruire. Il y a, je le sens, un âge auquel l'homme individuel voudroit s'arrester; Tu chercheras l'âge auquel tu desirerois que ton Espece se fût arrêtée. Mécontent de ton état present, par des raisons qui annoncent à ta Postérité malheureuse de plus grands mécontentemens encore, peut-être voudrois tu pouvoir rétro-gader[91]; Et ce sentiment doit faire l'Eloge de tes premiers ayeux, la critique de tes contemporains, et l'effroi de ceux, qui auront le malheur de vivre après toi.

---

oder Jerusalem, ist der Ort, den Rousseau für geeignet hält, um zum Menschengeschlecht zu sprechen.

[89] Bereits im ersten Abschnitt des Exordiums war von den Richtern die Rede, denen Rousseau sich „würdig erweisen" will. Wie er jetzt zu ver-stehen gibt, sind die „Weisen", vor denen er „die Sache der Menschheit mit Zuversicht" zu verteidigen beabsichtigt, nicht mit den Richtern über den *Discours* identisch. Weder die Mitglieder der Akademie von Dijon, noch irgendeinen „christlichen Philosophen" erkennt Rousseau als Richter an, wohl aber „einen Platon und einen Xenokrates". — Xenokrates, ein Schüler Platons, war das Haupt der Akademie (339—312), als Aristoteles die Peri-patetische Schule leitete (335—323).

[90] Vergleiche dazu die Schriften Moses', denen „jeder christliche Philo-soph Glauben schuldet".

einen Platon und einen Xenokrates zu Richtern[89] und das Menschengeschlecht zum Zuhörer.

O Mensch, aus welchem Lande du auch seist, welches deine Meinungen auch sein mögen, höre! Das ist deine Geschichte, wie ich sie zu lesen geglaubt habe — nicht in den Büchern von deinen Mitmenschen, die Lügner sind[90], sondern in der Natur, die niemals lügt. Alles, was von ihr kommen wird, wird wahr sein. Es wird nichts Falsches geben, außer dem, was ich, ohne es zu wollen, vom Meinigen hineingemengt habe. Die Zeiten, von denen ich sprechen werde, liegen in weiter Ferne. Wie hast du dich verändert gegenüber dem, was du warst! Ich werde dir sozusagen das Leben deiner Art beschreiben, nach den Eigenschaften, die du erhalten hast, die deine Erziehung und deine Gewohnheiten haben depravieren können, die sie aber nicht haben zerstören können. Es gibt, ich fühle es, ein Alter, bei dem der individuelle Mensch gerne stehenbleiben würde; du wirst das Alter suchen, von dem du wünschtest, deine Art wäre bei ihm stehen geblieben. Mit deinem gegenwärtigen Zustand unzufrieden aus Gründen, die deiner unglücklichen Nachkommenschaft noch größere Unzufriedenheit verheißen, möchtest du vielleicht rückwärtsgehen können[91]; dieses Gefühl muß zur Lobrede auf deine ersten Ahnen, zur Kritik deiner Zeitgenossen und zum Schrecken jener werden, die das Unglück haben, nach dir zu leben.

---

[91] Daß dies unmöglich ist, daß es für den zivilisierten Europäer keinen Weg zurück zum Naturzustand gibt, sagt Rousseau weiter unten ausdrücklich — freilich „nur" in einer Anmerkung (cf. FN 385). — Der *discours dans le Discours*, mit dem das Exordium schließt, zeigt besonders deutlich, in welcher Weise und mit welcher Absicht sich die Schrift über die „kleine Zahl der wahren Philosophen", über die „Richter" des Werkes hinaus an die „Zuhörer", an die „gemeinen Leser" wendet, die sie in großer Zahl finden wird.

PREMIERE PARTIE.

Quelque important qu'il soit, pour bien juger de l'état naturel de l'Homme, de le considerer dès son origine, et de l'éxaminer, pour ainsi dire, dans le premier Embryon de l'espéce; je ne suivrai point son organisation à travers ses devéloppemens successifs: Je ne m'arrêterai pas à rechercher dans le Systême animal ce qu'il put être au commencement, pour devenir enfin ce qu'il est; Je n'examinerai pas, si, comme le pense Aristote[92], ses ongles alongés ne furent point d'abord des griffes crochües; s'il n'étoit point velu comme un ours, et si marchant à quatre pieds, (III*) ses regards dirigés vers la Terre, et bornés à un horizon de quelques pas, ne marquoient point à la fois le caractere, et les limites de ses idées. Je ne pourrois former sur ce sujet que des conjectures vagues, et presque imaginaires: L'Anatomie comparée a fait encore trop peu de progrès, les observations des Naturalistes sont encore trop incertaines, pour qu'on puisse établir sur de pareils fondemens la baze d'un raisonnement solide; ainsi, sans avoir recours aux connoissances surnaturelles que nous avons sur ce point, et sans avoir égard aux changemens qui ont dû survenir dans la conformation, tant intérieure qu'extérieure de l'homme, à mesure qu'il appliquoit ses membres à de nouveaux usages, et qu'il se nourissoit de nouveaux alimens, je le supposerai conformé de tous[93] temps, comme je le vois aujourd'hui, marchant à deux pieds, se servant

---

[92] Eine Stelle, an der Aristoteles nahelegt, daß sich die Nägel des Menschen aus krummen Klauen entwickelt haben könnten, hat bisher kein Kommentator anzugeben vermocht. Aristoteles spricht lediglich von der Analogie, die zwischen den Klauen der Tiere und den Nägeln des Menschen besteht. Cf. *Teile der Tiere*, 687 b 23—25, 690 b 8—11 und *Geschichte der Tiere*, 486 b 20, 502 b 1—5, 517 a 30—b 1. Roger D. Masters hat darauf aufmerksam gemacht, daß Rousseaus Hinweis möglicherweise bewußt zweideutig ist (*The First and Second Discourses*, New York, 1964, p. 234/35). Denn schon bei einer oberflächlichen Lektüre der einschlägigen Schriften von Aristoteles kann dem Leser nicht verborgen bleiben, welche Distanz zwischen der Aristotelischen Auffassung von der natürlichen Unterschiedenheit der Arten und dem grundsätzlich evolutionären Ansatz Rousseaus besteht. Nach Aristoteles schafft die Natur jede Art deren Zweck und Vollendung gemäß. So steht etwa der Mensch aufrecht auf zwei Füßen, weil „seine Natur und sein Wesen göttlich ist" (*Teile der Tiere*, 686 a 27—30). Der aufrechte Gang er-

ERSTER TEIL

Wie wichtig es auch sein mag, um den natürlichen Zustand des Menschen richtig zu beurteilen, ihn von seinem Ursprung an zu betrachten und ihn sozusagen im ersten Embryo der Art zu untersuchen, ich werde seine Organisation nicht durch ihre sukzessiven Entwicklungen verfolgen. Ich werde mich nicht dabei aufhalten, im Tiersystem nachzuforschen, was er zu Beginn gewesen sein konnte, um schließlich das zu werden, was er ist. Ich werde nicht untersuchen, ob seine langen Nägel nicht, wie Aristoteles meint[92], zuerst krumme Klauen waren, ob er nicht wie ein Bär behaart war und ob, wenn er auf allen Vieren ging (III*), sein Blick, zur Erde gerichtet und auf einen Horizont von einigen Schritten beschränkt, nicht beides, den Charakter wie die Grenzen seiner Vorstellungen anzeigte. Ich könnte über diesen Gegenstand nur vage und nahezu imaginäre Vermutungen anstellen. Die vergleichende Anatomie hat noch zu wenig Fortschritte gemacht, die Beobachtungen der Naturforscher sind noch zu unsicher, als daß man auf solchen Fundamenten den Grund zu einer soliden Schlußfolgerung legen könnte; ohne auf die übernatürlichen Kenntnisse zurückzugreifen, die wir über diesen Punkt haben, und ohne die Veränderungen zu berücksichtigen, die in der inneren wie in der äußeren Beschaffenheit des Menschen in dem Maße haben eintreten müssen, in dem er seine Glieder zu neuen Verwendungen gebrauchte und er sich von neuen Nahrungsmitteln ernährte, werde ich somit annehmen, er sei von jeher so beschaffen gewesen, wie ich ihn heute sehe: Er sei auf zwei Füßen gegangen, er habe sich seiner Hände so be-

---

scheint Aristoteles als sinnfälliger Ausdruck der Auszeichnung des Menschen: er als einziger hat eine Körperhaltung, die mit der Achse der Erde gleichgerichtet ist, bei der Unten und Oben sich in Übereinstimmung mit dem Universum, mit der Ordnung der Natur befinden (*Geschichte der Tiere*, 494 a). Dagegen untersucht Rousseau in Anmerkung III eingehend und in exemplarischer Weise die Hypothese, daß der Mensch sich von einem Quadrupeden zu einem Bipeden entwickelt haben könnte, um sie schließlich aufgrund einer detaillierten physiologischen und biologischen Argumentation zu verwerfen. „Moralische Beweise" haben bei der Entscheidung dieser und ähnlicher Fragen der Entwicklung der menschlichen Art für Rousseau „kein großes Gewicht" (Anmerkung XII).

[93] Ed. 1782: tout (Variante nicht in *OCP*.)

de ses mains comme nous faisons des nôtres, portant ses regards sur toute la Nature, et mesurant des yeux la vaste étendue du Ciel[94].

En dépouillant cet Etre, ainsi constitué, de tous les dons surnaturels qu'il a pu recevoir, et de toutes les facultés artificielles[95], qu'il n'a pu acquerir que par de longs progrès; En le considerant, en un mot, tel qu'il a dû sortir des mains de la Nature, je vois un animal moins fort que les uns, moins agile que les autres, mais à tout prendre, organizé le plus avantageusement de tous: Je le vois se rassasiant sous un chesne, se désalterant au premier Ruisseau, trouvant son lit au pied du même arbre qui lui a fourni son repas, et voilà ses besoins satisfaits[96].

La Terre abandonnée à la fertilité naturelle (IV*), et couverte de forêts immenses que la Coignée ne mutila jamais, offre à chaque pas des Magazins et des retraites aux animaux de toute espèce. Les Hommes dispersés parmi eux, observent, imitent leur industrie, et s'élévent ainsi jusqu'à l'instinct des Bêtes, avec cet avantage que

---

[94] Vergleiche dazu Anmerkung III und FN 92; zum Privileg des Menschen, gen Himmel, nicht zu Boden zu schauen, außerdem Montaigne: *Essais*, II, 12 (*Apologie de Raimond Sebond*), p. 463 und das dort angeführte Ovid-Zitat. – Die heikelste Frage, die ein konsequent evolutionärer Ansatz aufwirft, die Aufgabe, den Ursprung des Menschen „sozusagen im ersten Embryo der Art zu untersuchen", wird von Rousseau, was die physische „Organisation" anbelangt, eingeklammert, da „die vergleichende Anatomie noch zu wenig Fortschritte gemacht hat." Die erste „Annahme", die Rousseau im *Discours* macht, ist eine Annahme zugunsten der traditionellen Auffassung von der Konstanz der Arten. Er sieht gleichsam wider besseres Wissen von den „Veränderungen" ab, die „in der inneren wie in der äußeren Beschaffenheit des Menschen ... haben eintreten müssen". Rousseau blendet das Problem der physischen Evolution und des Transformismus aus, um sich um so grundsätzlicher, in einer bis dahin nicht gekannten Radikalität, mit der psychischen und sozialen Evolution vom „Zustand der Animalität" bis zum Menschen der Gegenwart auseinanderzusetzen.

[95] Jean de Castillon bemerkt in seinem *Gegen-Discours* zu dieser Stelle, eine *faculté artificielle* sei ein Widerspruch in sich. „Die Kunst kann die Ausübung der Fähigkeiten wohl erleichtern; aber sie kann sie nicht geben; sie kann sie erweitern, aber nicht schaffen." (*Discours sur l'origine de l'inégalité parmi les hommes pour servir de réponse au Discours que M. Rousseau, Citoyen de Géneve, a publié sur le même sujet*, Amsterdam, J. F. Jolly, 1756, p. 35.) Castillon argumentiert im Sinne jener langen, bis auf Aristoteles zurückreichenden Tradition, die die *Fähigkeit* als ein von der Natur angelegtes, auf Aktualisierung hinzielendes Vermögen versteht. Vor dem Hintergrund dieses überlieferten

dient, wie wir es mit den unsrigen tun, er habe seinen Blick auf die ganze Natur gerichtet und mit den Augen die weite Ausdehnung des Himmels gemessen[94].

Wenn ich dieses so verfaßte Wesen aller übernatürlichen Gaben, die es hat empfangen können und aller künstlichen Fähigkeiten[95], die es nur durch langwierige Fortschritte hat erwerben können, entkleide, wenn ich es, mit einem Wort, so betrachte, wie es aus den Händen der Natur hat hervorgehen müssen, so sehe ich ein Tier, das weniger stark als die einen, weniger flink als die anderen, aber alles in allem genommen am vorteilhaftesten von allen organisiert ist. Ich sehe es, wie es sich unter einer Eiche satt ißt, wie es am erstbesten Bach seinen Durst löscht, wie es sein Bett am Fuße desselben Baumes findet, der ihm sein Mahl geliefert hat, und damit sind seine Bedürfnisse befriedigt[96].

Ihrer natürlichen Fruchtbarkeit (IV*) überlassen und von unermeßlichen Wäldern bedeckt, welche die Axt niemals verstümmelte, bietet die Erde den Tieren jeglicher Art auf Schritt und Tritt Vorratslager und Schlupfwinkel. Die Menschen, die unter sie zerstreut leben, beobachten ihre Fertigkeit, ahmen sie nach und er-

---

Fähigkeits-Begriffs ist die Verwendung zu beachten, die Rousseau im *Discours* von *faculté* macht. Castillon hat mit seiner Kritik einen zentralen Punkt in Rousseaus Anthropologie berührt. — Vergleiche zur Auseinandersetzung um den Begriff der Fähigkeit auch Locke: *An Essay Concerning Human Understanding*, II, 21, § 6 und § 17—20.

[96] Jean de Castillon wies als erster darauf hin, daß Rousseaus Beschreibung sowohl des solitären Naturzustandes als auch der historischen Entwicklung zur politischen Gesellschaft in wesentlichen Zügen mit der Darstellung übereinstimmt, die Lukrez im zweiten Teil des V. Buches seines *De rerum natura* gibt. Ein sorgfältiger Vergleich der beiden Texte erweist sich für das Verständnis des *Discours* nicht nur im Hinblick auf den Dialog, den Rousseau mit Lukrez führt, als hilfreich, er ist auch insofern von Bedeutung, als Rousseau die weithin bekannte „Vorlage" als Darstellungsmittel in die Präsentation seiner eigenen Konzeption mit einbeziehen kann: Die „Lücken" und die Abweichungen, die sich in der Gegenüberstellung mit Lukrez ergeben, sind deshalb nicht weniger aufschlußreich als die Analogien. — Zur natürlichen Fülle, die eine problemlose Ernährung des wilden Menschen ermöglicht, vergleiche Lukrez: *De rerum natura*, V, 937—952 und V, 805—817, ferner Montaigne: *Essais*, I, 31 *(Des Cannibales)*, p. 208; II, 12 *(Apologie)*, p. 435, und Pufendorf: *Droit de la nature*, II, 2, § 2, wo Lukrez zitiert wird. Beachte FN 352.

chaque espèce n'a que le sien propre, et que l'homme n'en ayant peut-être aucun qui lui appartienne, se les approprie tous[97], se nourrit également de la pluspart des alimens divers (V*) que les autres animaux se partagent, et trouve par consequent sa subsistance plus aisément que ne peut faire aucun d'eux.

Accoutumés des l'enfance aux intempéries de l'air, et à la rigueur des saisons, exercés à la fatigue, et forcés de défendre nuds et sans armes leur vie et leur Proye contre les autres Bêtes féroces, ou de leur échapper à la course, les Hommes se forment un temperament robuste et presque inaltérable; Les Enfans, apportant au monde l'excellente constitution de leurs Peres, et la fortifiant par les même exercises qui l'ont produite, acquiérent ainsi toute la vigueur dont l'espèce humaine est capable. La nature en use précisement avec eux comme la Loi de Sparte avec les Enfans des Citoyens; Elle rend forts, et robustes ceux qui sont bien constitués et fait périr tous les autres[98]; differente en cela de nos sociétés, où l'Etat, en rendant les Enfans onéreux aux Péres, les tue indistinctement avant leur naissance[99].

Le corps de l'homme sauvage étant le seul instrument qu'il connoisse, il l'employe à divers usages, dont, par le défaut d'exercice, les notres sont incapables, et c'est notre industrie qui nous ôte la force et l'agilité que la nécessité l'oblige d'acquerir[100]. S'il

---

[97] Zu Rousseaus Behandlung der Instinkt-Frage s. FN 123 und 131; cf. *Emile*, IV, p. 595, note.

[98] Das Gesetz Spartas stimmt demnach (in diesem Punkt) mit dem Gesetz der Natur überein. Umgekehrt heißt das: Die so oft als „süßlich" und „milde" vorgestellte Natur Rousseaus erweist sich hier in ihrem Kern als von spartanischer Härte und Unerbittlichkeit. Im Naturzustand Rousseaus herrschen die strengen Gesetze der Selektion. Sie verbürgen eine unbestechliche Gleichbehandlung der von Natur aus ungleichen Individuen, unter den Tieren wie unter den Menschen. Selektion ist dabei in einem durchaus technischen, auf die Erklärung von biologischen Entwicklungsvorgängen hinzielenden Sinne zu verstehen: „Obwohl der Mensch sich an die Widrigkeiten der Luft, die Kälte, den Mangel, sogar den Hunger gewöhnt, gibt es dennoch einen Punkt, an dem die Natur unterliegt. Als Beute dieser grausamen Prüfungen geht alles, was schwächlich ist, zugrunde; alles übrige steigert sich, und es gibt keinen Mittelweg zwischen der Stärke und dem Tod. Daher kommt es, daß die Völker des Nordens robuster sind; es ist nicht zuerst das Klima, das sie robust gemacht hat, aber es hat nur jene bestehen lassen, die robust

heben sich so bis zum Instinkt der Tiere, mit dem Vorteil, daß, während jede Art nur den ihr eigenen Instinkt hat, der Mensch, welcher vielleicht keinen hat, der ihm eigen ist, sie sich alle aneignet[97], sich von der Mehrzahl der verschiedenen Nahrungsmittel in gleicher Weise ernährt (V*), in welche die anderen Tiere sich teilen, und folglich seinen Lebensunterhalt leichter findet, als dies irgendeines von ihnen vermag.

Von Kindheit auf an die Unbilden der Witterung und die Strenge der Jahreszeiten gewöhnt, in Mühsal geübt und gezwungen, nackt und ohne Waffen ihr Leben und ihre Beute gegen die anderen grimmigen Tiere zu verteidigen oder ihnen im Laufe zu entkommen, entwickeln die Menschen ein robustes und nahezu unverwüstliches Temperament. Die Kinder, die die ausgezeichnete Verfassung ihrer Väter auf die Welt mitbringen und sie durch dieselben Übungen verstärken, die diese Verfassung hervorgebracht haben, erwerben so die ganze Kraft, deren die menschliche Art fähig ist. Die Natur geht mit ihnen präzise so um, wie das Gesetz Spartas mit den Kindern der Bürger umgegangen ist: Sie macht diejenigen stark und robust, die über eine gute Verfassung verfügen, und läßt alle anderen zugrundegehen[98], hierin von unseren Gesellschaften verschieden, in denen der Staat dadurch, daß er die Kinder den Vätern zu einer Last macht, sie unterschiedslos vor ihrer Geburt tötet[99].

Da der Körper des wilden Menschen das einzige Werkzeug ist, das er kennt, gebraucht er ihn zu verschiedenen Verwendungen, deren unsere Körper durch den Mangel an Übung nicht fähig sind, und es ist unsere Kunstfertigkeit, die uns die Stärke und die Flinkheit raubt, die zu erwerben ihn die Notwendigkeit zwingt[100].

---

waren; und es ist nicht erstaunlich, daß die Kinder die gute Verfassung ihrer Väter bewahren." (*Essai sur l'origine des langues*, X, p. 129; cf. auch p. 117/119.)

[99] D. h. ohne Ansehung ihrer „Verfassung". An die Stelle des Gesetzes der Natur und des mit ihm übereinstimmenden politischen Gesetzes von Sparta tritt die verfehlte Politik der modernen Staaten in den depravierten Gesellschaften der Gegenwart. — Zum Thema der Abtreibungen, auf das Rousseau anspielt, cf. Anmerkung IX, S. 308 und *Fragment 6.*

[100] Rousseau verfolgt bei der Darstellung des Naturzustandes von Anbeginn an zwei Ziele: Zum einen will er Punkt für Punkt nachweisen, daß der natürliche Mensch — so man ihn nicht mit dem bürgerlichen Menschen

avoit eu une hache, son poignet romproit-il de si fortes branches ?
S'il avoit eu une fronde, lanceroit il de la main une pierre avec tant
de roideur ? S'il avoit eu une échelle, grimperoit-il si légérement
sur un arbre ? S'il avoit eu un Cheval, seroit il si vîte à la Course ?
Laissez à l'homme civilisé le tems de rassembler toutes ses[101]
machines autour de lui, on ne peut douter qu'il ne surmonte
facilement l'homme Sauvage; mais si vous voulés voir un combat
plus inegal encore, mettez-les nuds et desarmés vis-à-vis l'un de
l'autre, et vous reconnoîtrés bientôt quel est l'avantage d'avoir
sans cesse toutes ses forces à sa disposition, d'être toujours prêt
à tout evenement, et de se porter, pour ainsi dire, toujours tout
entier avec soi. (VI*)

Hobbes prétend que l'homme est naturellement intrépide, et ne
cherche qu'à attaquer, et combattre[102]. Un Philosophe illustre[103]
pense au contraire, et Cumberland[104] et Puffendorff[105] l'assurent
aussi, que rien n'est si timide que l'homme dans l'état de Nature,
et qu'il est toujours tremblant, et prêt à fuir au moindre bruit qui
le frappe, au moindre mouvement qu'il apperçoit. Cela peut être
ainsi pour les objets qu'il ne connoît pas, et je ne doute point qu'il
ne soit effrayé par tous les nouveaux Spectacles, qui s'offrent à lui,
toutes les fois qu'il ne peut distinguer le bien et le mal Physiques
qu'il en doit attendre, ni comparer ses forces avec les dangers

---

„durcheinanderbringt" — sehr wohl in der Lage war, im Naturzustand
zu existieren, ohne durch dessen angebliches Elend — wie Rousseaus Vorgänger einhellig betont hatten — notwendigerweise dazu veranlaßt zu werden,
aus ihm herauszutreten. Zum anderen soll durch die Beschreibung der verschiedenen Charakteristika des Naturzustandes immer auch kritisch pointiert
die Ambivalenz des seitherigen Fortschritts der Menschheit herausgearbeitet,
die Verlustseite des Zivilisationsprozesses vor Augen gestellt werden.

[101] Ed. 1782: ces / jene (*OCP* schreiben *ces* innerhalb des Textes, ohne
einen Hinweis auf die ursprüngliche Fassung zu geben.)

[102] Hobbes: *De Cive*, I, 4 und 12; *Leviathan*, I, 11; cf. I, 13 und 14.

[103] Montesquieu: *De l'ésprit des lois*, I, 2: Der Mensch im Naturzustand
„fühlte zunächst nur seine Schwäche; seine Furchtsamkeit wäre extrem,
und wenn man hierüber Erfahrung nötig hatte, so hat man in den Wäldern
wilde Menschen gefunden; alles läßt sie erzittern, alles läßt sie die Flucht
ergreifen. In jenem Zustand fühlt sich jeder unterlegen; kaum fühlt sich jeder
[dem anderen] gleich. Man würde sich daher nicht anzugreifen suchen, und
der Friede wäre das erste natürliche Gesetz." Daß Rousseau Montesquieu

Würde sein Handgelenk so starke Äste brechen, wenn er ein Beil gehabt hätte? Würde er einen Stein mit der Hand so hart werfen, wenn er eine Schleuder gehabt hätte? Würde er so leicht einen Baum erklettern, wenn er eine Leiter gehabt hätte? Wäre er so schnell im Lauf, wenn er ein Pferd gehabt hätte? Laßt dem zivilisierten Menschen die Zeit, alle seine[101] Maschinen um sich zu scharen, so kann man nicht daran zweifeln, daß er den wilden Menschen mit Leichtigkeit überwindet, wenn ihr aber einen noch ungleicheren Kampf sehen wollt, so stellt sie einander nackt und unbewaffnet gegenüber, und ihr werdet bald erkennen, welcher Vorteil es ist, alle seine Kräfte unablässig zu seiner Verfügung zu haben, immer für jedes Ereignis gewappnet zu sein und sich sozusagen immer ganz mit sich zu führen. (VI*)

Hobbes behauptet, daß der Mensch von Natur aus unerschrocken sei und nur anzugreifen und zu kämpfen suche[102]. Ein berühmter Philosoph[103] meint hingegen — und Cumberland[104] und Pufendorf[105] versichern es ebenfalls —, daß nichts so furchtsam sei wie der Mensch im Naturzustand und daß er immer zittere und beim geringsten Geräusch, das er hört, bei der geringsten Bewegung, die er wahrnimmt, bereit sei zu fliehen. Das mag für die Gegenstände, die er nicht kennt, so sein; und ich zweifle nicht daran, daß er durch alle neuen Schauspiele, die sich ihm bieten, jedesmal erschreckt wird, wenn er weder das physische Wohl und Weh zu unterscheiden vermag, das er von diesen zu erwarten hat, noch

---

anders als Hobbes, Pufendorf etc. nicht mit Namen erwähnt bzw. ihn nicht als Autor des *Esprit des lois* zitiert, mag seinen Grund darin haben, daß Montesquieus Hauptwerk im Hinblick auf die Zensur 1748 offiziell anonym erschienen war.

[104] Der Naturrechtslehrer und langjährige Bischof von Peterborough Richard Cumberland (1631—1718) setzt sich in seinem Traktat *De legibus naturae* (1672) die Widerlegung der „Elemente der Moral und der Politik von Thomas Hobbes" zum Ziel. Rousseau las Cumberland wie Pufendorf und Grotius in der Übersetzung von Jean Barbeyrac. Cf. *Traité*, II, 29 und 30; I, 32 und 33.

[105] Pufendorf sagt, daß der Mensch im Naturzustand „beim geringsten Geräusch, beim ersten Anblick eines anderen Lebewesens zittern" müßte, daß er „von der geringsten Sache erschreckt und selbst beim Anblick der Sonne in Erstaunen versetzt würde" (*Droit de la nature*, II, 1, § 8 und II, 2, § 2).

qu'il a à courir; circonstances rares dans l'état de Nature, où toutes
choses marchent d'une maniere si uniforme, et où la face de la
Terre n'est point sujette à ces changemens brusques et continuels,
qu'y causent les passions, et l'inconstance des Peuples reunis[106].
Mais l'homme Sauvage vivant dispersé parmi les animaux, et se
trouvant de bonne heure dans le cas de se mesurer avec eux, il en
fait bientôt la comparaison, et sentant qu'il les surpasse plus en
adresse, qu'ils ne le surpassent en force, il apprend à ne les plus
craindre. Mettez un ours, ou un loup aux prises avec un Sauvage
robuste, agile, courageux comme ils sont tous, armé de pierres,
et d'un bon bâton, et vous verrez que le peril sera tout au moins
réciproque, et qu'après plusieurs expériences pareilles, les Bêtes
féroces qui n'aiment point a s'attaquer l'une à l'autre, s'attaqueront
peu volontiers à l'homme, qu'elles auront trouvé tout aussi féroce
qu'elles. A l'égard des animaux qui ont réellement plus de force
qu'il n'a d'adresse, il est vis à vis d'eux dans le cas des autres
espéces plus foibles, qui ne laissent pas de subsister; avec cet
avantage pour l'homme, que non moins dispos qu'eux à la course,
et trouvant sur les arbres un réfuge presque assuré; il a par tout
le prendre et le laisser dans la rencontre, et le choix de la fuite ou
du combat. Ajoutons qu'il ne paroit pas qu'aucun animal fasse
naturellement la guerre à l'homme, hors le cas de sa propre défense
ou d'une extrême faim, ni témoigne contre lui de ces violentes
antipathies qui semblent annoncer qu'une espéce est destinée
par la Nature à servir de pâture à l'autre[107].

---

[106] Rousseau beschreibt den Naturzustand im Ersten Teil durchweg als
statisch, in sich ruhend, autark. Es gibt keine immanenten Kräfte, Bewegungen, Ursachen, die über ihn hinaustreiben, zu grundlegenden Veränderungen
führen könnten. Der Naturzustand trägt das Signum der Ewigkeit. — Vergleiche dazu, was im Zweiten Teil über die „Revolutionen des Erdballs"
etc. gesagt wird (S. 184), und cf. die Darstellung, die der *Essai sur l'origine
des langues* von den Naturereignissen und ihren Auswirkungen im Naturzustand
gibt (IX, p. 113, 117, 119).

[107] *Antipathie* „ist die natürliche Feindschaft oder Aversion einer Person
oder einer Sache gegenüber einer anderen [...] Derart ist, so sagt man, das
natürliche und gegenseitige Widerstreben des Salamanders und der Schild-
kröte, der Kröte und des Wiesels, des Schafes und des Wolfes" (D'Alembert:
Artikel *Antipathie* in der *Encyclopédie*). — *Pâture* wird im folgenden auch dort

seine Kräfte den Gefahren gegenüber abschätzen kann, die er eingehen muß: Umstände, die im Naturzustand selten sind, in dem alle Dinge auf eine so gleichförmige Weise vonstatten gehen und das Antlitz der Erde nicht jenen plötzlichen und fortgesetzten Veränderungen unterworfen ist, welche die Leidenschaften und die Unbeständigkeit vereint lebender Völker verursachen[106]. Der wilde Mensch aber, der unter die Tiere zerstreut lebt und sich schon früh in der Lage befindet, sich mit ihnen zu messen, stellt bald den Vergleich mit ihnen an, und da er fühlt, daß er sie an Gewandtheit mehr übertrifft, als sie ihn an Stärke übertreffen, lernt er, sich nicht mehr vor ihnen zu fürchten. Stellt einen Bären oder einen Wolf einem robusten, flinken, mutigen Wilden gegenüber — wie sie das alle sind —, der mit Steinen und einem guten Stock bewaffnet ist, und ihr werdet sehen, daß die Gefahr zuallermindest auf Gegenseitigkeit beruhen wird und daß nach einigen derartigen Erfahrungen die grimmigen Tiere, die einander nicht gerne angreifen, den Menschen nicht eben bereitwillig angreifen werden, von dem sie feststellen mußten, daß er ebenso grimmig ist wie sie. Was die Tiere anbelangt, die wirklich über mehr Stärke verfügen, als er Gewandtheit besitzt, so ist er ihnen gegenüber in der Lage der anderen schwächeren Arten, die dennoch nicht aufhören fortzubestehen, wobei der Mensch den Vorteil hat, daß er — da er zum Laufen nicht weniger disponiert ist als sie und er auf den Bäumen einen beinahe sicheren Schutz findet — allenthalben das Treffen annehmen oder aufgeben kann und er die Wahl hat zwischen der Flucht und dem Kampf. Fügen wir noch hinzu, daß es nicht danach aussieht, als ob irgendein Tier von Natur aus gegen den Menschen Krieg führte — außer im Falle seiner eigenen Verteidigung oder eines extremen Hungers — oder jene gewaltigen Antipathien gegen ihn zu erkennen gäbe, die anzuzeigen scheinen, daß eine Art von der Natur dazu bestimmt ist, der anderen als Futter zu dienen[107].

---

mit *Futter* (bzw. *Weide*) übersetzt, wo Rousseau das Wort in Verbindung mit dem natürlichen Menschen verwendet. Eine differenzierende Wiedergabe mit *Futter*, wo vom Tier und mit *Nahrung*, wo vom Menschen die Rede ist, würde über eine charakteristisch undifferenzierte Behandlung von Mensch und Tier im natürlichen oder wilden Zustand hinwegtäuschen.

[108]Voilà sans doute les raisons pourquoi les Negres et les
Sauvages se mettent si peu en peine des bêtes féroces qu'ils
peuvent rencontrer dans les bois. Les Caraïbes de Venezuela
vivent entr' autres, à cet égard, dans la plus profonde sécurité
et sans le moindre inconvénient. Quoiqu'ils soient presque
nuds, dit François Corréal, ils ne laissent pas s'exposer hardiment dans les bois, armés seulement de la fleche et de l'arc;
mais on n'a jamais ouï dire qu' aucun d'eux ait été dévoré des
bêtes[108].

D'autres ennemis plus redoutables, et dont l'homme n'a pas les
mêmes moyens de se défendre, sont les infirmités naturelles,
l'enfance, la vieillesse, et les maladies de toute espéce; Tristes
signes de notre foiblesse, dont les deux premiers sont communs à
tous les animaux, et dont le dernier appartient principalement à
l'homme vivant en Société. J'observe même, au sujet de l'Enfance,
que la Mere portant partout son enfant avec elle, a beaucoup plus
de facilité à le nourrir que n'ont les femelles de plusieurs animaux,
qui sont forcées d'aller, et venir sans cesse avec beaucoup de fatigue,
d'un côté pour chercher leur pâture, et de l'autre pour alaiter ou
nourrir leurs petits. Il est vrai que si la femme vient à périr, l'enfant
risque fort de périr avec elle; mais ce danger est commun à cent
autres espéces, dont les petits ne sont de longtems en état d'aller
chercher eux-mêmes leur nourriture; et si l'Enfance est plus
longue parmi nous, la vie étant plus longue aussi, tout est encore
à peu près égal en ce point, (VII*) quoi qu'il y ait sur la durée
du premier âge, et sur le nombre des petits, (VIII*) d'autres
regles, qui ne sont pas de mon Sujet. Chez les Vieillards, qui
agissent et transpirent peu, le besoin d'alimens diminue avec la
faculté d'y pourvoir; Et comme la vie Sauvage éloigne d'eux la
goute et les rhumatismes, et que la vieillesse est de tous les maux
celui que les secours humains peuvent le moins soulager, ils s'éteig-

---

[108] Dieser Abschnitt erscheint erstmals in der postumen Ed. 1782. Er
geht — ebenso wie Rousseaus Fußnote von S. 94 — auf die Lektüre der
Voyages de François Coréal aux Indes Occidentales (Nouv. éd., Paris, Pissot, 1722)
zurück und gibt nahezu wörtlich eine Stelle daraus wieder (I, 8, p. 117; zur
Fußnote von S. 94 cf. I, 5, p. 85). Möglicherweise wurde Rousseau auf die
Reisebeschreibung des Spaniers Francisco Coréal (1648—1708) durch eine

[108]Das sind zweifellos die Gründe, weshalb die Neger und die Wilden sich über die reißenden Tiere, denen sie in den Wäldern begegnen können, so wenig Sorgen machen. Die Kariben von Venezuela, unter anderen, leben in dieser Hinsicht in der tiefsten Sicherheit und ohne das geringste Ungemach. Obwohl sie fast nackt sind, sagt François Coréal, wagen sie sich dennoch, nur mit Pfeil und Bogen bewaffnet, kühn in die Wälder; aber man hat niemals sagen hören, daß irgendeiner von ihnen von den Tieren verschlungen worden wäre[108].

Andere, furchtbarere Feinde, gegen die der Mensch nicht die gleichen Mittel hat, sich zu verteidigen, sind die natürlichen Schwachheiten: die Kindheit, das Alter und die Krankheiten jeglicher Art — traurige Zeichen unserer Schwäche, von denen die beiden ersteren allen Tieren gemeinsam sind und das letztere hauptsächlich dem in der Gesellschaft lebenden Menschen eigen ist. Was die Kindheit anbelangt, so stelle ich sogar fest, daß die Mutter, da sie ihr Kind überall hin mit sich trägt, es viel leichter ernähren kann, als die Weibchen mancher Tiere dies können, die genötigt sind, unablässig mit großer Mühsal hinundherzugehen, in die eine Richtung, um ihr Futter zu suchen und in die andere, um ihre Jungen zu säugen oder zu ernähren. Es ist wahr, daß, wenn die Frau umkommen sollte, das Kind große Gefahr läuft, mit ihr umzukommen; aber diese Gefahr ist hundert anderen Arten gemeinsam, deren Junge lange Zeit nicht in der Lage sind, ihre Nahrung selbst suchen zu gehen; und wenn die Kindheit bei uns länger ist, so ist das Leben ebenfalls länger und somit auch in diesem Punkt alles nahezu gleich (VII*), obwohl es hinsichtlich der Dauer des ersten Lebensalters und hinsichtlich der Zahl der Jungen (VIII*) andere Regeln gibt, die nicht zu meinem Thema gehören. Bei den Greisen, die wenig tun und wenig schwitzen, nimmt der Bedarf an Nahrung mit der Fähigkeit ab, sie sich zu beschaffen. Und da das wilde Leben die Gicht und das Rheuma von ihnen fernhält und das Alter von allen Übeln dasjenige ist, das menschliche Hilfe am wenigsten zu erleichtern vermag, verlöschen sie schließlich,

Zusammenfassung der *Voyages* aufmerksam, die der 1757 veröffentlichte Band XIII der *Histoire générale des voyages* enthielt.

nent enfin, sans qu'on s'apperçoive qu'ils cessent d'être, et presque
sans s'en appercevoir eux mêmes[109].

A l'égard des maladies, je ne repeterai point les vaines et fausses
déclamations, que font contre la Medecine la plûpart des gens
en santé; mais je demanderai s'il y a quelque observation solide
de laquelle on puisse conclure que dans les Pays, où cet art est le
plus negligé, la vie moyenne de l'homme soit plus courte que dans
ceux où il est cultivé avec le plus de soin; Et comment cela pourroit
il être, si nous nous donnons plus de maux que la Medecine ne peut
nous fournir de Remedes! L'extrême inégalité dans la maniére de
vivre, l'excés d'oisiveté dans les uns, l'excés de travail dans les
autres, la facilité d'irriter et de satisfaire nos appetits et notre sensualité, les alimens trop recherchés des riches, qui les nourrissent de
sucs échauffants et les accablent d'indigestions, la mauvaise nouriture des Pauvres, dont ils manquent même le plus souvent, et dont
le défaut les porte à surchager avidement leur estomac dans l'occasion, les veilles, les excés de toute espece, les transports immoderés
de toutes les Passions, les fatigues et l'épuisement d'Esprit, les chagrins et les peines sans nombre qu'on éprouve dans tous les états,
et dont les ames sont perpetuellement rongées; Voilà les funestes
garands que la pluspart de nos maux sont notre propre ouvrage,
et que nous les aurions presque tous évités, en conservant la maniére
de vivre simple, uniforme, et solitaire qui nous étoit prescrite par
la Nature. Si elle nous a destinés à être sains, j'ose presque assurer,
que l'état de réflexion est un état contre Natu e, et que l'homme qui
médite est un animal dépravé[110]. Quand on songe à la bonne

---

[109] Pufendorf verwendet einen eigenen Paragraphen darauf darzutun,
daß „auch die *Schwäche* der Menschen verlangte, daß sie nicht ohne ein Gesetz
lebten." (*Droit de la nature*, II, 1, § 8). — Vergleiche zu den Gegenständen,
die Rousseau in den folgenden Abschnitten behandelt, die in FN 166 zitierte
Beschreibung, die Pufendorf vom Elend des Naturzustandes gibt.

[110] Die Reflexion zerbricht die geschlossene, durch „sichere und unwandel-
bare Prinzipien" (S. 44) fraglos orientierte Existenz der animalischen Unmittelbarkeit. Sie führt den Menschen fort vom *sentiment de l'existence*, das ihn in
der reinen Gegenwärtigkeit des Augenblicks aufgehen läßt, und spannt sein
Leben zwischen die Erinnerung an die Vergangenheit und die Voraussicht
auf die Zukunft ein. Sie eröffnet eine Welt der Entzweiungen und Zerreißun-
gen, der Vermittlung über die Meinung anderer und des Zerfallenseins mit

ohne daß man gewahr wird, daß sie aufhören zu sein, und fast ohne es selbst gewahr zu werden[109].

Hinsichtlich der Krankheiten werde ich die leeren und falschen Deklamationen nicht wiederholen, welche die meisten gesunden Leute gegen die Medizin von sich geben; aber ich werde fragen, ob es irgendeine stichhaltige Beobachtung gibt, aus der man schließen könnte, daß in den Ländern, in denen diese Kunst am meisten vernachlässigt wird, die mittlere Lebensdauer des Menschen kürzer ist als in jenen, in denen sie mit der größten Sorgfalt gepflegt wird. Und wie könnte dies sein, wenn wir uns mehr Leiden zuziehen, als die Medizin uns Heilmittel liefern kann! Die extreme Ungleichheit in der Lebensweise, das Übermaß an Müßiggang bei den einen, das Übermaß an Arbeit bei den anderen; die Leichtigkeit, unsere Begierden und unsere Sinnlichkeit zu reizen und zu befriedigen; die allzu verfeinerten Speisen der Reichen, die sie mit erhitzenden Säften nähren und sie mit Verdauungsbeschwerden belasten; die schlechte Nahrung der Armen, die ihnen sogar noch zuallermeist fehlt und deren Mangel sie dazu bringt, ihren Magen bei sich bietender Gelegenheit gierig zu überladen; die schlaflosen Nächte, die Exzesse jeglicher Art, die unmäßigen Erregungen aller Leidenschaften, die Mühsale und die Erschöpfung des Geistes; die Kümmernisse und die Betrübnisse ohne Zahl, die man in allen Lagen erfährt und von denen die Seelen fortwährend zerfressen werden — das sind die unheilvollen Beweise dafür, daß die Mehrzahl unserer Leiden unser eigenes Werk sind und daß wir sie beinahe alle vermieden hätten, wenn wir die einfache, gleichförmige und solitäre Lebensweise beibehalten hätten, die uns von der Natur vorgeschrieben wurde. Wenn die Natur uns dazu bestimmt hat, gesund zu sein, so wage ich beinahe zu versichern, daß der Zustand der Reflexion ein Zustand wider die Natur ist und daß der Mensch, der nachsinnt, ein depraviertes Tier ist[110]. Wenn man an die gute Verfassung der Wilden denkt —

---

sich selbst. *Wenn* die Natur den Menschen so wie jedes Tier dazu bestimmt hat, *gesund* zu sein, kann man beinahe sagen, daß er, sofern er reflektiert, ein depraviertes Tier ist. *Beinahe*, und wenn man die *Gesundheit* als Maßstab zugrundelegt, oder in Rücksicht auf seine *Animalität* gesprochen. In der Problematik der Reflexion kommt das Grundproblem der Anthropologischen Differenz,

constitution des Sauvages, au moins de ceux que nous n'avons
pas perdus avec nos liqueurs fortes, quand on sait qu'ils ne connoissent presque d'autres maladies que les blessures et la vieillesse,
on est très porté à croire qu'on feroit aisément l'histoire des maladies humaines en suivant celle des Sociétés civiles[111]. C'est au
moins l'avis de Platon[112], qui juge, sur certains Remedes employés
ou approuvés par Podalyre et Macaon au siége de Troye, que
diverses maladies que ces remedes devoient exciter, n'étoient point
encore alors connues parmi les hommes; [113]et Celse rapporte que
la diéte, aujourd'hui si nécessaire, ne fut inventée que par Hipo-
crate[113].

Avec si peu de sources de maux, l'homme dans l'état de Nature
n'a donc guéres besoin de remedes, moins encore de Medecins;
l'espéce humaine n'est point non plus à cet égard de pire condition
que toutes les autres, et il est aisé de savoir des Chasseurs si dans
leurs courses ils trouvent beaucoup d'animaux infirmes[114]. Plusieurs en trouvent-ils[114a] qui ont reçu des blessures considérables
très-bien cicatrisées, qui ont eu des os et même des membres, rompus et repris sans autre Chirurgien que le tems, sans autre regime
que leur vie ordinaire, et qui n'en sont pas moins parfaitement
guéris, pour n'avoir point été tourmentés d'incisions, empoisonnés

---

um das Rousseaus „großes und trauriges System" kreist (*OCP* III, p. 105),
sinnfällig zum Ausdruck: Der Mensch steht aufgrund ebender Fähigkeiten,
die ihn weit über das Tier hinauszuheben vermögen, in steter Gefahr, in
bestimmten, angebbaren Hinsichten, wenn nicht aufs Ganze gesehen, unter
seinen animalischen Anfangszustand zurückzufallen (cf. *C.S.* I, 8). Vergleiche
zur gesamten Thematik *Préface de Narcisse*, p. 967 und 970 f, *Lettre à Voltaire*,
CC IV, p. 40/41, *Emile*, IV, p. 588, *Dialogues*, II, p. 808, ferner die Gegenüberstellung von Gesundheit und Weisheit bei Montaigne: *Essais*, II, 12
(Apologie), p. 464 ff. — Die erläuterte Stelle gehört zu den am meisten
zitierten, kommentierten und attackierten Passagen des *Discours*. Sie mußte
im Jahrhundert der Aufklärung nicht nur einem Autor wie Charles Bonnet,
der Rousseau aus der Sicht der christlich-abendländischen Tradition kriti-
sierte, als unerhörte Herausforderung erscheinen (s. S. 456). Diderot antwortete 1755 in der *Encyclopédie* mit dem Schlußsatz seines Artikels *Droit
naturel*: „Derjenige, der nicht räsonieren will, verzichtet auf seine Eigenschaft,
ein Mensch zu sein, und muß daher als ein denaturiertes Wesen behandelt
werden" *(Oeuvres politiques*, Ed. Vernière, p. 35).
[111] Siehe FN. 214.

zumindest jener, die wir nicht mit unseren starken Branntweinen zugrunde gerichtet haben —, wenn man weiß, daß sie beinahe keine anderen Krankheiten kennen als die Verwundungen und das Alter, dann ist man sehr geneigt zu glauben, daß man die Geschichte der menschlichen Krankheiten leicht schreiben könnte, indem man der Geschichte der bürgerlichen Gesellschaften[111] folgte. Das ist zumindest die Ansicht Platons[112], der angesichts bestimmter Heilmittel, die von Podaleirios und Machaon bei der Belagerung Trojas angewandt oder gutgeheißen wurden, urteilt, daß verschiedene Krankheiten, die diese Heilmittel hervorrufen sollten, damals unter den Menschen noch nicht bekannt waren; [113]und Celsus berichtet, daß die heute so notwendige Diät erst von Hippokrates erfunden wurde[113].

Bei so wenigen Krankheitsquellen hat der Mensch im Naturzustand daher kaum Heilmittel und noch weniger Ärzte nötig; die menschliche Art befindet sich auch in dieser Hinsicht in keiner schlechteren Lage als alle anderen, und es ist leicht von den Jägern zu erfahren, ob sie auf ihren Streifzügen viele kränkliche Tiere finden[114]. Sie finden manche, die beträchtliche, aber sehr gut verheilte Wunden erhalten haben, die Knochen und sogar Glieder gehabt haben, die gebrochen waren und ohne einen anderen Chirurgen als die Zeit, ohne eine andere Diät als ihr gewöhnliches Leben wiederhergestellt wurden, und die, obwohl sie nicht mit Inzisionen

---

[112] *Politeia*, III, 405 d; cf. Homer: *Ilias*, XI, 639—40.

[113] Zusatz der Ed. 1782. Der römische Enzyklopädist A. Cornelius Celsus schrieb zur Zeit des Tiberius ein umfangreiches Werk *Artes*, aus dem nur acht Bücher *De medicina* erhalten sind.

[114] Vergleiche zum Folgenden die weitaus härtere Darstellung bei Lukrez: *De rerum natura*, V, 982—998, zum gesamten Kontext bei Rousseau ferner V, 999—1010.

[114a] Rey hatte zunächst gesetzt: Plusieurs en trouvent qui ont reçu. Rousseau verlangte in einem Brief vom 20. 2. 1755 eine Korrektur der Stelle: „Il faut: *plusieurs en trouvent-ils qui*, quoique cette façon de parler soit un peu sauvage, comme elle fait un sens tout différent j'ai eu mes raisons pour l'employer, et je me souviens très bien que le mot *ils* n'est pas omis dans le manuscrit" (*CC* III, p. 100 f). Rey gab den von Rousseau gewünschten Wortlaut in den *Errata* der Ed. 1755-1 wieder. Bereits in Ed. 1755-2 ist der Satz korrigiert, nicht erst in Ed. 1762, wie *OCP* (oder in Ed. 1782 wie *Launay* [1971]) schreiben.

de Drogues, ni extenués de jeûnes. Enfin, quelque utile que puisse être parmi nous la medecine bien administrée, il est toujours certain, que si le Sauvage malade abandonné à lui-même n'a rien à espérer que de la Nature; en revanche il n'a rien à craindre que de son mal, ce qui rend souvent sa situation préferable à la notre.

Gardons nous donc de confondre l'homme Sauvage avec les hommes, que nous avons sous les yeux. La Nature traite tous les animaux abandonnés à ses soins avec une prédilection, qui semble montrer combien elle est jalouse de ce droit[115]. Le Cheval, le Chat, le Taureau, l'Ane même ont la plûpart une taille plus haute, tous une constitution plus robuste, plus de vigueur, de force, et de courage dans les forêts que dans nos maisons; ils perdent la moitié de ces avantages en devenant Domestiques, et l'on diroit que tous nos soins à bien traiter, et nourrir ces animaux, n'aboutissent qu'à les abatardir. Il en est ainsi de l'homme même: En devenant sociable et Esclave, il devient foible, craintif, rampant, et sa maniére de vivre molle et effeminée acheve d'énerver à la fois sa force et son courage. Ajoutons qu'entre les conditions Sauvage et Domestique la différence d'homme à homme doit être plus grande encore que celle de bête à bête; car l'animal, et l'homme ayant été traités également par la Nature, toutes les commodités que l'homme se donne de plus qu'aux animaux qu'il apprivoise, sont autant de causes particuliéres qui le font dégénerer plus sensiblement[116].

---

[115] Die „Vorliebe der Natur" zeigt sich nicht im Gewähren von Annehmlichkeiten, in der Eröffnung eines Reiches idyllischer Spannungslosigkeit und Behütetheit, sondern in einer allgemeinen, unterschieds- und rücksichtslosen Gleichbehandlung; darin, daß die Natur durch die andauernde Notwendigkeit zur Übung und Anstrengung aller verfügbaren Kräfte, durch eine beständig wirksame Selektion die Degeneration der Tiere verhindert.

[116] Rousseaus Bewertung der Domestikation steht in einem charakteristischen Gegensatz zu Aristoteles' Ansicht, daß „die zahmen Tiere eine bessere Natur haben als die wilden und es für sie alle besser ist, wenn sie vom Menschen regiert werden, denn das gereicht ihnen zu ihrer Erhaltung." Aristoteles vertritt diese Auffassung im selben Abschnitt der *Politik* (1254 b 10), dem Rousseau das Motto für den *Discours* entnommen hat; beide Passagen haben bei Aristoteles die Diskussion der „Sklaverei von Natur" als Kontext. Siehe FN 4 und vergleiche die antiteleologische Behandlung der Domestikation in Lukrez: *De rerum natura*, V, 855—877. — Der methodische Zu-

gequält, mit Drogen vergiftet oder durch Fasten entkräftet wurden,
deshalb nicht weniger vollkommen genesen sind. Schließlich:
wie nützlich die gut angewandte Medizin unter uns auch sein mag,
es ist gewiß, daß, wenn der kranke Wilde, sich selbst überlassen,
nichts zu erhoffen hat, außer von der Natur, er dafür nichts zu
befürchten hat, außer von seiner Krankheit, weshalb seine Situation der unseren oft vorzuziehen ist.

Hüten wir uns also, den wilden Menschen mit den Menschen
durcheinanderzubringen, die wir vor Augen haben. Die Natur
behandelt alle Tiere, die ihrer Sorge überlassen sind, mit einer
Vorliebe, die zu zeigen scheint, wie eifersüchtig sie über dieses
Recht wacht[115]. Das Pferd, die Katze, der Stier, selbst der Esel
haben in den Wäldern zumeist einen höheren Wuchs, und alle
haben eine robustere Verfassung, mehr Kraft, Stärke und Mut als
in unseren Häusern; sie büßen die Hälfte dieser Vorzüge ein,
indem sie domestiziert werden, und man möchte fast sagen,
daß all unsere Sorge, diese Tiere gut zu behandeln und zu ernähren,
nur zu ihrer Entartung führt. Ebenso steht es mit dem Menschen
selbst: Indem er soziabel und Sklave wird, wird er schwach,
ängstlich, kriecherisch; und seine weichliche und weibische
Lebensweise vollendet schließlich die Schwächung seiner Stärke
und seines Mutes zugleich. Fügen wir hinzu, daß der Unterschied
zwischen dem wilden und dem domestizierten Zustand beim
Menschen noch größer sein muß als beim Tier; denn da das Tier
und der Mensch von der Natur gleich behandelt worden sind, sind
alle Annehmlichkeiten, die der Mensch sich mehr verschafft als den
Tieren, die er zähmt, ebenso viele besondere Ursachen, die ihn
spürbarer degenerieren lassen[116].

---

sammenhang, der zwischen der Frage der Domestikation und Rousseaus
Zentralproblem der Bestimmung der Anthropologischen Differenz besteht,
läßt sich anhand des ersten Paragraphen von Buffons *Les animaux domestiques*,
H.N. IV, 1753, illustrieren: „Der Mensch verändert den natürlichen Zustand
der Tiere, indem er sie zwingt, ihm zu gehorchen, und indem er sie seinem
Nutzen dienstbar macht: Ein domestiziertes Tier ist ein Sklave, mit dem man
sich die Zeit vertreibt, dessen man sich bedient, den man mißbraucht, den
man entstellt (altère), den man in die Fremde verpflanzt, den man denaturiert,
während das wilde Tier, da es nur der Natur gehorcht, keine anderen Gesetze
als die des Bedürfnisses und der Freiheit kennt. Die Geschichte eines wilden

Ce n'est donc pas un si grand malheur à ces premiers hommes,
ni surtout un si grand obstacle à leur conservation, que la nudité,
le défaut d'habitation, et la privation de toutes ces inutilités, que
nous croyons si necessaires. S'ils n'ont pas la peau velüe, ils n'en
ont aucun besoin dans les Païs chauds, et ils savent bientôt, dans
les Païs froids, s'approprier celles[117] des Bêtes qu'ils ont vaincues;
s'ils n'ont que deux pieds pour courir, ils ont deux bras pour
pourvoir à leur défense et à leurs besoins; Leurs Enfans marchent
peut-être tard et avec peine, mais les Meres les portent avec facilité;
avantage qui manque aux autres espéces, où la mere étant pour-
suivie, se voit contrainte d'abandonner ses petits, ou de regler son
pas sur le leur*. Enfin, à moins de supposer ces concours singuliers
et fortuits de circonstances, dont je parlerai dans la suite, et qui
pouvoient fort bien ne jamais arriver[118], il est clair en tout état

---

* Il peut y avoir à ceci quelques exceptions. Celle, par exemple, de cet animal
de la province de Nicaraga qui ressemble à un Renard, qui a les pieds comme
les mains d'un homme, et qui, selon Corréal, a sous le ventre un sac où la
mere met ses petits lorsqu'elle est obligée de fuir. C'est sans doute le même
animal qu'on appelle Tlaquatzin au Mexique, et à la femelle duquel Laët donne
un semblable sac pour le même usage. [Note de l'éd. 1782]

Tieres ist daher auf eine kleine Zahl von Tatsachen beschränkt, die auf die
bloße Natur zurückgehen, während bei der Geschichte eines domestizierten
Tieres all das hinzukommt, was mit der Kunst zusammenhängt, die man auf-
wendet, um es zu zähmen oder um es zu unterjochen; und da man nicht
genügend darüber weiß, in welchem Umfang das Beispiel, der Zwang, die
Macht der Gewohnheit auf die Tiere Einfluß haben und ihre Bewegungen,
ihre Bestimmungen, ihre Neigungen verändern können, muß es das Ziel
eines Naturforschers sein, sie genügend zu beobachten, um die Tatsachen,
die vom Instinkt abhängen, von jenen unterscheiden zu können, die nur von
der Erziehung herrühren; zu erkennen, was ihnen zugehört und was sie sich
entlehnt haben; was sie tun von dem zu trennen, was man sie tun läßt, und
niemals das Tier mit dem Sklaven, das Lasttier mit dem Geschöpf Gottes
durcheinanderzubringen" (Ed. Piveteau p. 351). Nach diesen grundsätzlichen Überlegungen betont Buffon sogleich, daß die Herrschaft des Menschen über die Tiere eine „legitime Herrschaft [. . .] ist; sie ist die Herrschaft
des Geistes über die Materie, sie ist nicht nur ein Naturrecht, [. . .] sondern
auch eine Gabe Gottes, durch welche der Mensch jederzeit die Vortrefflichkeit seines Seins zu erkennen vermag" (p. 351).
[117] Ed. 1782: celle / die Haut (*OCP* folgen der Lesart von 1782 ohne Hinweis auf die Variante.)

Die Nacktheit, das Fehlen einer Wohnung und das Entbehren all jener unnützen Dinge, die wir für so notwendig halten, sind also weder ein so großes Unglück für diese ersten Menschen noch, vor allem, ein so großes Hindernis für ihre Erhaltung. Wenn sie keine dichtbehaarte Haut haben, so brauchen sie in den warmen Ländern keine und in den kalten Ländern verstehen sie es bald, sich die Häute[117] der Tiere anzueignen, welche sie bezwungen haben; wenn sie nur zwei Füße haben, um zu laufen, so haben sie zwei Arme, um für ihre Verteidigung und ihre Bedürfnisse zu sorgen. Ihre Kinder lernen vielleicht spät und nur mit Mühe gehen, aber die Mütter tragen sie mit Leichtigkeit: Ein Vorteil, der den anderen Arten fehlt, bei denen sich die Mutter, wenn sie verfolgt wird, gezwungen sieht, ihre Jungen im Stich zu lassen, oder ihren Schritt nach dem der Jungen zu richten*. Schließlich: wenn man nicht jene singulären und zufälligen Zusammentreffen von Umständen annimmt, über die ich später noch sprechen werde und die sehr gut niemals eintreten konnten[118], so ist auf alle Fälle klar,

* Es mag hierbei einige Ausnahmen geben. Zum Beispiel die jenes Tieres aus der Provinz Nicaragua, das einem Fuchs ähnlich sieht, das Füße hat wie die Hände eines Menschen und das, nach Coréal, unter dem Bauch einen Beutel hat, in den die Mutter ihre Jungen hineinsteckt, wenn sie zu fliehen genötigt ist. Es ist ohne Zweifel dasselbe Tier, das man in Mexiko Tlaquatzin nennt und dessen Weibchen Laët einen ähnlichen Beutel zu demselben Gebrauch zuschreibt. [Fußnote der Ed. 1782]

[118] Nicht endogene Zwangsläufigkeit oder teleologische Zielgerichtetheit, sondern „singuläre und zufällige Zusammentreffen von Umständen" führen, von außen kommend, zum Verlassen des Naturzustandes. — Im Blick auf den zweiten Teil des Satzes, spricht Rousseaus Kritiker Castel von „evident falschen Hypothesen, die der am besten überlieferten Geschichte und den verbürgtesten Tatsachen (aux faits les plus positifs) direkt entgegengesetzt sind [...] Es ist ausgesprochen falsch, daß der erste, der sich Kleider machte, wenig notwendige Dinge machte; falsch und wider den Anstand, das Schamgefühl und den Glauben [...] Nichts ist in der unbezweifelbarsten Geschichte des Menschengeschlechts besser vermerkt, als daß [...] nach dem Sündenfall Adam und Eva sich vor einander und jeder vor sich selbst schämten; daß Gott selbst die Güte hatte, ihnen Kleider aus Fell zu geben und sie zu lehren, welche zu machen." (*L'Homme moral*, Lettre VII). Cf. auch Barbeyracs Berufung auf *Genesis* I, 3, 21 in Pufendorf: *Droit de la nature*, II, 2, § 2, note 5.

de cause, que le premier qui se fit des habits ou un Logement, se
donna en cela des choses peu necessaires, puis qu'il s'en étoit passé
jusqu'alors, et qu'on ne voit pas pourquoi il n'eût pû supporter
homme fait, un genre de vie qu'il supportoit dés son enfance.

Seul, oisif, et toujours voisin du danger, l'homme Sauvage doit
aimer à dormir, et avoir le sommeil léger comme les animaux,
qui pensant peu, dorment, pour ainsi dire, tout le temps qu'ils ne
pensent point: Sa propre conservation faisant presque son unique
soin, ses facultés les plus exercées doivent être celles, qui ont pour
objet principal l'attaque et la défense, soit pour subjuguer sa proye,
soit pour se garantir d'être celle d'un autre animal: Au contraire,
les organes qui ne se perfectionnent que par la molesse et la
sensualité, doivent rester dans un état de grossiéreté, qui exclud
en lui toute espéce de délicatesse; et ses sens se trouvant partagés
sur ce point, il aura le toucher et le goût d'une rudesse extrême;
La veüe, l'oüie et l'odorat de la plus grande subtilité: Tel est
l'état animal en général, et c'est aussi, selon le rapport des Voyageurs, celui de la plûpart des Peuples Sauvages[119]. Ainsi il ne faut

---

[119] Vergleiche Rousseaus Behandlung der Sinne mit der Darstellung, die
Buffon gibt: „Allein durch den Tastsinn können wir vollständige und wirkliche Kenntnisse erwerben, es ist dieser Sinn, der alle anderen Sinne berichtigt,
deren Auswirkungen nur Illusionen wären und nur Irrtümer in unserem Geist
hervorbrächten, wenn der Tastsinn uns nicht zu urteilen lehrte" (*Des sens
en général*, H.N. III, 1749, Ed. Piveteau p. 309). „Der Sinn, der das Denken
und die Erkenntnis am meisten betrifft, ist der Tastsinn; beim Menschen
[. . .] ist dieser Sinn vollkommener als bei den Tieren. Der Geruchssinn ist
der Sinn, der den Instinkt und die Begierde am meisten betrifft; beim Tier
ist dieser Sinn unendlich besser als beim Menschen [. . .] Beim Menschen
ist der Tastsinn der erste unter den Sinnen, was die Vortrefflichkeit anbelangt,
und der Geruchssinn der letzte, beim Tier ist der Geruchssinn der erste und
der Tastsinn der letzte; diese Differenz ist durch die Natur des Menschen und
des Tieres bedingt." (*Discours sur la nature des animaux*, H.N. IV, 1753, Ed.
Piveteau p. 325) Zusammenfassend sagt Buffon, der Mensch verfüge über
einen vollkommeneren Tast-, Gesichts- und Gehörsinn und über einen unvoll-
kommeneren Geruchs- und Geschmackssinn als das Tier (p. 326). — Neben
dem „Nachdenken über die ersten Operationen der menschlichen Seele" und
neben dem Vergleich mit den Antrieben und den Lebensverhältnissen der
Tiere stützt sich Rousseau bei der Rekonstruktion des Naturzustandes auf das
ihm verfügbare ethnologische Wissen über die „wilden Völker". Er zieht den
rezenten Wilden, der von den europäischen Reisenden durchweg als soziables

daß der erste, der sich Kleider machte oder eine Behausung schuf, sich hiermit wenig notwendige Dinge verschaffte, da er bis dahin ohne sie ausgekommen war und man nicht sieht, weshalb er als erwachsener Mann eine Lebensweise nicht hätte ertragen können, die er seit seiner Kindheit ertragen hatte.

Allein, müßig und immer nah der Gefahr, muß der wilde Mensch gerne schlafen und einen leichten Schlaf haben, wie die Tiere, die wenig denken und sozusagen die ganze Zeit schlafen, in der sie nicht denken. Da seine eigene Erhaltung beinahe seine einzige Sorge ausmacht, müssen diejenigen seine am besten ausgebildeten Fähigkeiten sein, die den Angriff und die Verteidigung zu ihrem hauptsächlichen Gegenstand haben, sei es um seine Beute zu überwältigen, sei es, um sich davor zu schützen, die Beute eines anderen Tieres zu werden. Die Organe hingegen, die sich nur durch Weichlichkeit und Sinnlichkeit vervollkommnen, müssen in einem Zustand der Rohigkeit bleiben, der jede Art von Feinheit bei ihm ausschließt; und da seine Sinne in diesem Punkt geteilt sind, wird er einen Tast- und einen Geschmackssinn von einer extremen Grobheit und einen Gesichts-, einen Gehör- und einen Geruchssinn von der größten Subtilität haben. Dies ist der tierische Zustand im allgemeinen, und nach dem Bericht der Reisenden ist es auch der der meisten wilden Völker[119]. So darf

---

Wesen angetroffen wurde, heran, um einzelne Aspekte des ursprünglichen Wilden im solitären Naturzustand zu beleuchten. Rousseau unterscheidet die beiden Entwicklungsstufen innerhalb seiner Anthropologie, auf der theoretischen Ebene der philosophischen Realanalyse, ausdrücklich (cf. S. 190). In ihrer zivilisations- und gesellschaftskritischen Präsentation, auf der polemischen Ebene des *Discours*, rücken der solitäre und der soziable Wilde dagegen so sehr zusammen, daß sich die Konturen oft verwischen. — Rousseau hat sich mit der Reiseliteratur des 17. und 18. Jahrhunderts eingehend befaßt. Auf die wichtigsten Werke, die er für den *Discours* benutzt, wird in den späteren Fußnoten hingewiesen. Eine knappe Zusammenstellung gibt Jean Morel: *Recherches sur les sources du Discours de J. J. Rousseau sur l'origine et les fondements de l'inégalité parmi des hommes*, Lausanne, 1910, p. 72—82 (Die Arbeit erschien gleichzeitig in *AJJR*, Band V., p. 119—198). Über die Geschichte der Reiseberichte informiert Michèle Duchet: *Anthropologie et histoire au siècle des lumières*, Paris, 1971, und die populäre Darstellung von Urs Bitterli: *Die ‚Wilden' und die ‚Zivilisierten'. Die europäisch-überseeische Begegnung*, München, 1976.

point s'étonner, que les Hottentots du Cap de Bonne Esperance
découvrent, à la simple veüe des Vaisseaux en haute mer, d'aussi
loin que les Hollandois avec des Lunettes, ni que les Sauvages
de l'Amérique sentissent les Espagnols à la piste, comme auroient
pu faire les meilleurs Chiens, ni que toutes ces Nations Barbares
supportent sans peine leur nudité, aiguisent leur goût à force de
Piment, et boivent les Liqueurs Européennes comme de l'eau.

Je n'ai consideré jusqu'ici que l'Homme Physique; Tâchons de
le regarder maintenant par le côté Métaphysique et Moral[120].

Je ne vois dans tout animal qu'une machine ingenieuse, à qui
la nature a donné des sens pour se remonter elle même, et pour se
garantir, jusqu'à un certain point, de tout ce qui tend à la détruire,
ou à la deranger[121]. J'apperçois précisément les mêmes choses
dans la machine humaine, avec cette différence que la Nature seule
fait tout dans les operations de la Bête, au-lieu que l'homme concourt aux siennes, en qualité d'agent libre[122]. L'un choisit ou rejette
par instinct, et l'autre par un acte de liberté; ce qui fait que la Bête
ne peut s'écarter de la Regle qui lui est préscrite, même quand il
lui seroit avantageux de le faire, et que l'homme s'en écarte souvent
à son préjudice. C'est ainsi qu'un Pigeon mourroit de faim près
d'un Bassin rempli des meilleures viandes, et un Chat sur des tas
de fruits, ou de grain, quoique l'un et l'autre pût très bien se nourrir
de l'aliment qu'il dedaigne, s'il s'étoit avisé d'en essayer[123]: C'est

---

[120] *Moral* kann sowohl *moralisch* als auch *geistig-seelisch* bedeuten, eine Doppeldeutigkeit, die sich im Deutschen nicht wiedergeben läßt, für das weitere
jedoch zu beachten ist. — Mit der „metaphysischen Seite" befaßt sich Rousseau
i. e. S. in den beiden folgenden Abschnitten, um, angesichts der „Schwierigkeiten, die alle diese Fragen umgeben", seine Anthropologie anschließend
in einer Art und Weise grundzulegen, „an der es keine Zweifel geben kann."

[121] Ed. 1782: de tout ce qui tend à la deranger. / vor allem zu bewahren, was
darauf hinzielt, sie in Unordnung zu bringen. (Variante nicht in *OCP*.) —
Vergleiche zu diesem Satz die Aussage Buffons über das Tier, die in FN 366
zitiert wird.

[122] Zu *agent libre* cf. Locke: *An Essay Concerning Human Understanding*,
II, 21, § 12. Pierre Coste, in dessen Übersetzung Rousseau Locke gelesen hat,
gibt *free agent* als *agent libre* wieder. Barbeyrac verweist auf das genannte Kapitel bei Locke und führt dazu aus: „Mr. Locke scheint Recht zu haben,
wenn er glaubt, *daß die Freiheit, die nur ein Vermögen ist, einzig und allein Handelnden (Agens) zukommt, und nicht ein Attribut oder eine Modifikation des Willens*

man sich nicht wundern, daß die Hottentotten vom Kap der Guten Hoffnung Schiffe auf hoher See aus ebenso großer Entfernung mit dem bloßen Auge sichten wie die Holländer mit den Fernrohren; oder daß die Wilden Amerikas die Spanier an der Fährte rochen, wie das die besten Hunde hätten tun können; oder daß alle diese barbarischen Nationen ihre Nacktheit ohne Beschwerde ertragen, ihren Geschmack mit viel Pfeffer schärfen und die europäischen Branntweine wie Wasser trinken.

Bisher habe ich nur den physischen Menschen betrachtet; versuchen wir, ihn jetzt von der metaphysischen und moralischen Seite her anzusehen[120].

Ich sehe in jedem Tier nur eine kunstvolle Maschine, der die Natur Sinne gegeben hat, um sich selbst wieder aufzuziehen und sich bis zu einem gewissen Grade vor allem zu bewahren, was darauf hinzielt, sie zu zerstören oder in Unordnung zu bringen[121]. Präzise dieselben Dinge stelle ich in der menschlichen Maschine fest, mit dem Unterschied, daß bei den Operationen des Tieres die Natur allein alles tut, wohingegen der Mensch bei den seinen als ein frei Handelnder mitwirkt[122]. Jenes wählt oder verwirft aus Instinkt und dieser durch einen Akt der Freiheit, was bewirkt, daß das Tier von der Regel, die ihm vorgeschrieben ist, nicht abweichen kann, selbst dann nicht, wenn es vorteilhaft für es wäre, dies zu tun, und daß der Mensch oft zu seinem Schaden von ihr abweicht. So würde eine Taube neben einer mit dem besten Fleisch gefüllten Schüssel Hungers sterben und eine Katze auf Haufen von Früchten oder Korn, obwohl sich beide von der Kost, die sie verschmähen, sehr gut ernähren könnten, wenn sie es sich einfallen ließen, davon zu versuchen[123]. So geben sich die ausschwei-

---

sein kann, der an ihm selbst nichts anderes als ein Vermögen ist" (in Pufendorf: *Droit de la nature*, I, 4, § 1, note 2).

[123] Rousseau erläutert den „Akt der Freiheit" nicht in einem metaphysischen, sondern in einem biologischen Kontext: Es ist ein biologischer Vorteil für den Menschen, nicht durch starre, ihm spezifisch zukommende Instinkte in seinem Verhalten festgelegt zu sein. Rousseau fährt damit in der Argumentation fort, die er bereits bei der ersten kurzen Behandlung der Instinktfrage zugrunde gelegt hat (S. 78 ff.). Was für den Menschen ein Anpassungsvorteil ist und eine ihm besondere Freiheit eröffnet, erweist sich in der weiteren Entwicklung zugleich als Nachteil und Gefahr. Im folgenden Satz nimmt

ainsi que les hommes dissolus se livrent à des excès, qui leur causent
la fiévre et la mort; parce que l'Esprit déprave les sens, et que la
volonté parle encore, quand la Nature se taît.

Tout animal a des idées[124] puis qu'il a des sens, il combine même
ses idées jusqu'à un certain point, et l'homme ne différe à cet
égard de la Bête que du plus au moins: Quelques Philosophes
ont même avancé qu'il y a plus de différence de tel homme à tel
homme que de tel homme à telle bête[125]; Ce n'est donc pas tant
l'entendement qui fait parmi les animaux la distinction spécifique
de l'homme que sa qualité d'agent libre. La Nature commande à
tout animal[126], et la Bête obéït. L'homme éprouve la même impression, mais il se reconnoît libre d'acquiescer, ou de resister; et
c'est surtout dans la conscience de cette liberté que se montre la
spiritualité de son ame: car la Physique explique en quelque
maniére le mécanisme des sens et la formation des idées; mais dans

---

Rousseau die Anthropologische Differenz gleichsam vom negativen Ende,
vom depravierten Zustand aus in den Blick (cf. FN 110). — Wie biologisch
Rousseau mit seinem Hinweis auf die Instinktentbundenheit des Menschen in
Rücksicht auf die Ernährung argumentiert, wird erkennbar, wenn man zum
Vergleich die Erörterung desselben Gegenstandes bei Buffon heranzieht,
die ganz auf die *Verhaltenssicherheit* der Tiere abstellt. Buffon betont, daß
die Tiere nur zu sich nehmen, was ihnen bekommt, daß man sie nur ver-
giften kann, indem man durch Täuschung ihr „sicheres Gefühl" überlistet.
„Nur wenn sie keine Wahl haben, wenn der Hunger sie dazu drängt und wenn
das Bedürfnis zur Notwendigkeit wird, verschlingen sie tatsächlich alles,
was ihnen vorgesetzt wird, und selbst dann ist es so, daß der größte Teil sich
eher vom Hunger verzehren läßt und vor Hunger stirbt, als Nahrung zu sich
zu nehmen, die ihnen widersteht" (*Discours sur la nature des animaux*, H.N.
IV, 1753, Ed. Piveteau, p. 331).

[124] Rousseau gebraucht *idée* im Sinne von Locke und der durch ihn begründeten Schule. Im *Essay* steht *idea* „for whatsoever is the object of the
understanding, when a man thinks" (Intr. § 8). Ebenso bezeichnen die *idées*
bei Rousseau die Bewußtseinsinhalte im allgemeinen, ob sie auf sinnliche
Wahrnehmung oder auf Reflexion zurückgehen. *Idée* wird von mir, soweit
sich nicht *Idee* anbietet, mit *Vorstellung* übersetzt. *Begriff* bleibt dagegen
der Wiedergabe von *notion* vorbehalten. — Nachdem Rousseau den Tieren
auf Seite 96 scheinbar beiläufig attestierte, daß sie zu denken vermögen,
erklärt er jetzt, daß sie über *idées* verfügen und diese bis zu einem gewissen
Punkt miteinander verbinden. Zug um Zug wird damit die Konzeption jener
unüberbrückbaren, metaphysisch verankerten Differenz zwischen Mensch
und Tier einer Revision unterzogen, die nach Descartes und Buffon das

fenden Menschen Exzessen hin, die ihnen Fieber und Tod verursachen, weil der Geist die Sinne depraviert und der Wille noch
spricht, wenn die Natur schweigt.

Jedes Tier hat Vorstellungen[124], da es Sinne hat; es verbindet
seine Vorstellungen sogar bis zu einem gewissen Punkt miteinander, und der Mensch unterscheidet sich in dieser Hinsicht vom
Tier nur graduell: Einige Philosophen haben sogar behauptet,
daß sich ein bestimmter Mensch von einem anderen mehr unterscheide als ein bestimmter Mensch von einem bestimmten Tier[125].
Es ist daher nicht so sehr der Verstand, der die spezifische Unterscheidung des Menschen unter den Tieren ausmacht, als vielmehr
dessen Eigenschaft, ein frei Handelnder zu sein. Die Natur befiehlt
jedem Lebewesen[126], und das Tier gehorcht. Der Mensch empfindet den gleichen Eindruck, aber er erkennt sich frei, nachzugeben
oder zu widerstehen, und vor allem im Bewußtsein dieser Freiheit
zeigt sich die Geistigkeit seiner Seele: denn die Physik erklärt in

Denken, die Ideen und die Sprache als Wesensmerkmale der menschlichen
Natur von allem Anfang an begründen.

[125] „Plutarch sagt irgendwo, er finde keinen so großen Abstand von einem
Tier zu einem anderen, wie er ihn von einem Menschen zu einem anderen
Menschen finde [. . .] Ich möchte Plutarch gerne noch überbieten und sagen,
daß es einen größeren Abstand von einem bestimmten Menschen zu einem
bestimmten Tier [. . .] und daß es ebenso viele Abstufungen des Geistes gibt
wie Ellen von der Erde bis zum Himmel und ebenso unzählige." Montaigne;
Essais, I, 42 *(De l'inégalité qui est parmi nous)*, p. 250 f; cf. II, 12 *(Apologie)*,
p. 444. Montaigne hat Plutarchs Abhandlung *Daß die Tiere von der Vernunft
Gebrauch machen* im Auge, die Rousseau später in *C.S.* I, 2 zitiert. Montaignes
Formulierung wird wieder aufgenommen von Pierre Charron: *De la sagesse*,
I, 8 und Locke: *Essay*, IV, 20, § 5. Descartes widerspricht Montaigne und
Charron ausdrücklich. Für ihn gibt es keinen bloß graduellen Unterschied
zwischen Mensch und Tier, was das Denken anbelangt. Die „Tiere haben
nicht nur weniger Vernunft als die Menschen", sondern „sie haben überhaupt
keine" *(Discours de la méthode*, V, Ed. Gilson, p. 58). Vergleiche Descartes'
Brief an Newcastle vom 23. 11. 1646, in dem Montaigne und Charron namentlich genannt werden (zit. bei Gilson p. 427). — Zur Differenz „du plus au
moins" zwischen Mensch und Tier cf. auch Condillac: *Traité des animaux*,
II, 4 (Ed. Le Roy I, p. 361 f).

[126] Rousseau bedient sich hier der Möglichkeit, zwischen *animal* und *bête*
so zu differenzieren, daß *animal* das Tier bezeichnet, das den Menschen mit
einbegreift, während *bête* für das „nichtmenschliche Tier" steht. Vergleiche
FN 55 und Rousseaus Gebrauch von *animal* zu Beginn des nächsten Absatzes.

la puissance de vouloir ou plûtôt de choisir, et dans le sentiment
de cette puissance on ne trouve que des actes purement spirituels,
dont on n'explique rien par les Loix de la Mécanique[127].

Mais, quand les difficultés qui environnent toutes ces questions,
laisseroient quelque lieu de disputer sur cette différence de l'homme et de l'animal, il y a une autre qualité très spécifique qui les
distingue, et sur laquelle il ne peut y avoir de contestation, c'est
la faculté de se perfectionner; faculté qui, à l'aide des circonstances, développe successivement toutes les autres, et réside parmi
nous tant dans l'espéce, que dans l'individu, au lieu qu'un animal
est, au bout de quelques mois, ce qu'il sera toute sa vie, et son espéce,
au bout de mille ans, ce qu'elle étoit la premiere année de ces mille
ans. Pourquoi l'homme seul est il sujet à devenir imbécile? N'est
ce point qu'il retourne ainsi dans son état primitif, et que, tandis
que la Bête, qui n'a rien acquis et qui n'a rien non plus à perdre,
reste toujours avec son instinct, l'homme reperdant par la vieillesse
ou d'autres accidens, tout ce que sa *perfectibilité*[128] lui avoit fait

---

[127] Fast alle Kommentatoren haben diesen Abschnitt im Lichte der duali-
stischen Metaphysik des *Glaubensbekenntnisses des Savoyischen Vikars* erläutert.
(Zu den wenigen Ausnahmen zählt Marc F. Plattner: *Rousseaus State of Nature*,
DeKalb, 1979, p. 44 ff). Es gibt gute Gründe, gerade umgekehrt zu verfahren
und das *Glaubensbekenntnis* im Lichte des *Discours*, unter Zugrundelegung
der philosophischen Prinzipien zu interpretieren, die Rousseau in seinem
eigenen Namen vertritt. Auf zweierlei sei hier lediglich aufmerksam gemacht:
1.) Rousseau beginnt die Diskussion im vorangegangenen Abschnitt ganz
im Sinne Descartes', wenn er „in jedem Tier nur eine kunstvolle Maschine"
sieht, um dann jedoch Schritt für Schritt zu erkennen zu geben, daß er das
Denken, die Vorstellungen, den Verstand im Gegensatz zur expliziten Lehre
von Descartes wie auch im Widerspruch zu dem, was er den Savoyischen
Vikar später sagen läßt, nicht aus dem Geltungs- und Erklärungsbereich der
„Physik" und der „Gesetze der Mechanik" herausnimmt. Wie immer es
angesichts dieses Abrückens von der Descarteschen Konzeption der rein
geistigen Substanz des Denkens, die allein dem Menschen vorbehalten sei,
um die „Geistigkeit" der Seele und die „rein geistigen Akte" im „Vermögen
zu wollen, oder vielmehr zu wählen" stehen mag, auf die Metaphysik Descartes' oder des Savoyischen Vikars lassen sie sich nicht gründen. Jean de
Castillon, der Rousseau in diesem Falle ausgesprochen wohlwollend interpretiert, weist aus seiner Sicht auf die offenkundige Schwierigkeit hin, die sich
aus der von Rousseau formulierten Position ergibt: „Die Physik [. . .] erklärt
die Bildung der Vorstellungen in keiner Weise, und noch weniger die Fähig-

gewisser Weise den Mechanismus der Sinne und die Bildung der Vorstellungen, aber in dem Vermögen zu wollen, oder vielmehr zu wählen, und im Gefühl dieses Vermögens stößt man nur auf rein geistige Akte, bei denen man mit den Gesetzen der Mechanik nichts erklärt[127].

Aber wenn die Schwierigkeiten, die alle diese Fragen umgeben, noch einigen Raum ließen, über diesen Unterschied zwischen Mensch und Tier zu streiten, so gibt es doch eine andere sehr spezifische Eigenschaft, die sie unterscheidet und über die es keinen Zweifel geben kann: die Fähigkeit, sich zu vervollkommnen; eine Fähigkeit, die, mit Hilfe der Umstände, sukzessive alle anderen entwickelt und bei uns sowohl der Art als auch dem Individuum innewohnt — während ein Tier nach einigen Monaten ist, was es sein ganzes Leben lang sein wird, und seine Art nach tausend Jahren, was sie im ersten dieser tausend Jahre war. Weshalb kann allein der Mensch geistesschwach werden? Kommt es nicht daher, daß er damit zu seinem anfänglichen Zustand zurückkehrt und daß — während das Tier, das nichts erworben und auch nichts zu verlieren hat, immer bei seinem Instinkt bleibt — der Mensch, wenn er durch das Alter oder durch andere akzidentielle Umstände alles wieder verliert, was seine *Perfektibilität*[128] ihn hatte erwerben

keit, sie zu vergleichen [. . .] Alle diese Fähigkeiten machen den Verstand aus, der das Gefühl seines Zustandes und folglich das Bewußtsein der Freiheit einschließt. Alle diese Fähigkeiten lassen die Geistigkeit der Seele erkennen. Die Aktivität dieses Prinzips macht die Freiheit aus [. . .] Nun, ist die Seele aktiver, wenn sie wählt, als wenn sie ihre Vorstellungen erinnert, vergleicht und verbindet? [. . .] Die Freiheit, sagt [Rousseau], zeigt die Geistigkeit der Seele. Unsere Wahl wird oft durch Beweggründe bestimmt, die gewiß durch das Prinzip, das will, wahrgenommen werden, da sie seine Entscheidungen beeinflussen. Also ist die geistige Seele, die will, auch fähig zu denken. Also ist es nutzlos, ein denkendes Sein anzunehmen, das von der geistigen Seele verschieden wäre. Also ist es von der Materie gänzlich verschieden" (*Discours*, p. 43/44). 2.) Wenn die erläuterte Stelle die Auszeichnung des Menschen gegenüber dem Tier in einer metaphysisch verankerten Willens- oder Wahlfreiheit begründet sieht, so baut die Anthropologie des *Discours* und die Rekonstruktion der Geschichte der Art, die Rousseau in ihm unternimmt, jedenfalls nicht auf einem solchen Fundament auf. Vergleiche dazu insbesondere Anmerkung X, S. 322 ff.

[128] *Perfectibilité* ist ein Neologismus, den Rousseau hier zum erstenmal in die philosophische Diskussion einführt. Er ist Rousseaus begriffliche Ant-

acquerir, retombe ainsi plus bas que la Bête même[129]? Il seroit
triste pour nous d'être forcés de convenir, que cette faculté distinctive, et presque illimitée, est la source de tous les malheurs de
l'homme; que c'est elle qui le tire, à force de tems, de cette condition originaire, dans laquelle il couleroit des jours tranquilles,
et innocens; que c'est elle, qui faisant éclore avec les siécles ses
lumiéres et ses erreurs, ses vices et ses vertus, le rend à la longue
le tiran de lui-même, et de la Nature. (IX*) Il seroit affreux d'être
obligés de loüer comme un être bien-faisant celui qui le premier
suggera à l'habitant des Rives de l'Orenoque l'usage de ces Ais
qu'il applique sur les tempes de ses Enfans, et qui leur assurent du
moins une partie de leur imbecilité, et de leur bonheur originel[130].

L'Homme Sauvage, livré par la Nature au seul instinct, ou
plûtôt dédommagé de celui qui lui manque peut-être[131], par des
facultés capables d'y suppléer d'abord, et de l'élever en suite fort
au-dessus de celle là, commencera donc par les fonctions purement
animales: (X*) appercevoir et sentir sera son premier état, qui

wort auf die *sociabilité* der Tradition, hinter die Rousseaus Anthropologie
genetisch zurückfragt. Anders als die teleologisch konzipierte Soziabilität
bezeichnet die Perfektibilität jene Fähigkeit, die, ohne selbst eine entelechische
Qualität zu besitzen, den Menschen zu einem soziablen, sprechenden, vernünftigen Wesen werden läßt, eine Fähigkeit, in der die geschichtliche Entwicklung dieses Wesens nicht ihre causa finalis, wohl aber ihren anthropologischen Ermöglichungsgrund hat.

[129] Mit der Bestimmung der Perfektibilität soll die Frage nach dem spezi-
fischen Unterschied zwischen Mensch und Tier dem metaphysischen Streit
entzogen werden und eine unbezweifelbare Antwort erhalten: Sie wird auf
ihre natürliche, im weitesten Sinne biologische Grundlage zurückgeführt
und von da an die Geschichte verwiesen. Schon der erste Satz, der der Einführung des Begriffs folgt, und noch sehr viel mehr die lange kultur- und
gesellschaftskritische Anmerkung IX, die an seinem Ende steht, machen den
ambivalenten Charakter der Perfektibilität und das Janusgesicht des historischen Fortschritts, den sie ermöglicht, deutlich: Nicht nur der Verlust
dessen, was die Perfektibilität den Menschen erwerben läßt, sondern ebendie
Errungenschaften, zu denen sie ihm verhilft, sind es, die ihn der Gefahr aussetzen, daß er „tiefer fällt als das Tier selbst". Die Perfektibilität begründet die
Differenz zwischen Mensch und Tier und die Anthropologische Differenz
in eins.

[130] „Die Völker, die zwischen dem Orinoko und dem Amazonas leben,
haben alle die lächerliche Angewohnheit, den Kopf und das Gesicht ihrer

lassen, folglich tiefer fällt als das Tier selbst[129]? Es wäre traurig für uns eingestehen zu müssen, daß diese [ihn] unterscheidende und beinahe unbegrenzte Fähigkeit die Quelle allen Unglücks des Menschen ist; daß sie es ist, die ihn, vermöge der Zeit, aus jenem ursprünglichen Zustand fortzieht, in dem er ruhige und unschuldige Tage verleben würde; daß sie es ist, die, indem sie mit den Jahrhunderten seine Einsichten und seine Irrtümer, seine Laster und seine Tugenden zum Aufblühen bringt, ihn auf die Dauer zum Tyrannen seiner selbst und der Natur macht (IX*). Es wäre fürchterlich, jenen als ein wohltätiges Wesen preisen zu müssen, der als erster dem Bewohner der Ufer des Orinoko den Gebrauch jener Brettchen eingab, die dieser an den Schläfen seiner Kinder anbringt und die ihnen wenigstens einen Teil ihrer Geistesschwäche und ihres ursprünglichen Glücks sichern[130].

Der wilde Mensch, von der Natur dem bloßen Instinkt überlassen, oder vielmehr für den Instinkt, der ihm vielleicht fehlt[131], durch Fähigkeiten entschädigt, die ihm zunächst den Instinkt zu ersetzen und ihn danach weit über die Natur hinauszuheben vermögen, wird also mit den rein tierischen Funktionen beginnen (X*): Wahrnehmen und Empfinden wird sein erster Zustand sein,

---

Kinder plattzudrücken, sobald sie zur Welt gekommen sind. Sie stecken ihnen hierfür den Kopf zwischen zwei Brettchen, die zu diesem Gebrauch bestimmt sind." (François Coréal: *Voyages aux Indes Occidentales*, Paris, 1722, Bd. I, p. 260/261.) — Die Entwicklung, die im Menschen über die Perfektibilität aufgeschlossen wird, ist wesentlich die Entwicklung des menschlichen Geistes. Cf. FN 110.

[131] Wäre das Verhalten des Menschen im solitären Naturzustand durch ein starres Gefüge von Instinkten festgelegt, ginge sein Leben instinktiv auf, so bliebe kein Raum für die Perfektibilität, so gäbe es keinen Ansatzpunkt für die spätere, durch „neue Umstände", von außen herausgeforderte Entwicklung. Der Mensch muß von Anbeginn an über eine größere Plastizität des Verhaltens verfügen als die anderen Tiere, d. h. umgekehrt, daß er ebenfalls von Anbeginn an ohne das individuell, in der Ontogenese Erlernte „weniger sein muß als das Tier", insofern er nicht dessen Verhaltenssicherheit besitzen kann. Wenn Rousseau von dem *Instinkt* spricht, der dem wilden Menschen vielleicht fehlt, oder wenn er sagt, daß der Mensch vielleicht keinen Instinkt hat, *der ihm eigen ist* (S. 80), so ist offensichtlich von der *Instinktgesteuertheit* die Rede und nicht davon, daß der Mensch keine Instinkte hat oder daß er weniger „Antriebe der Natur" besitzt als die Tiere. Cf. FN. 97 und 123.

lui sera commun avec tous les animaux. Vouloir et ne pas vouloir, désirer et craindre, seront les premiéres, et presque les seules operations de son ame, jusqu'à ce que de nouvelles circonstances y causent de nouveaux développemens.

Quoiqu'en disent les Moralistes, l'entendement humain doit beaucoup aux Passions, qui, d'un commun aveu, lui doivent beaucoup aussi[132]: C'est par leur activité, que notre raison se perfectionne; Nous ne cherchons à connoître, que parce que nous desirons de jouïr, et il n'est pas possible de concevoir pourquoi celui qui n'auroit ni desirs ni craintes se donneroit la peine de raisonner. Les Passions, à leur tour, tirent leur origine de nos besoins, et leur progrès de nos connoissances; car on ne peut desirer ou craindre les choses, que sur les idées qu'on en peut avoir, ou par la simple impulsion de la Nature; et l'homme Sauvage, privé de toute sorte de lumiéres, n'éprouve que les Passions de cette derniére espéce; Ses desirs ne passent pas ses besoins Physiques[133]; (XI*) Les seuls biens, qu'il connoisse dans l'Univers, sont la nouriture, une femelle[134], et le repos; les seuls maux qu'il craigne, sont la douleur, et la faim; Je dis la douleur, et non la mort; car jamais l'animal ne saura ce que c'est que mourir, et la connoissance de la mort, et de ses terreurs, est une des premieres acquisitions que l'homme ait faites, en s'éloignant de la condition animale[135].

---

[132] „Der Irrtum der meisten Moralisten war stets, den Menschen für ein essentiell vernünftiges Wesen zu halten. Der Mensch ist nur ein empfindendes Wesen, das einzig seine Leidenschaften zu Rate zieht, um zu handeln, und dem die Vernunft nur dazu dient, die Dummheiten zu bemänteln, die sie ihn begehen lassen" (*Fragments politiques*, p. 554). Diderot macht sich gleich zu Beginn seiner *Pensées philosophiques* (1746) zum Verteidiger der Leidenschaften: „Man eifert endlos gegen die Leidenschaften; man legt ihnen alle Leiden des Menschen zur Last und man vergißt, daß sie ebenso die Quelle aller seiner Freuden sind [. . .] Man glaubt wohl, die Vernunft zu beleidigen, wenn man ein Wort zugunsten ihrer Rivalinnen sagte. Nur die Leidenschaften jedoch, und zwar die großen Leidenschaften, vermögen die Seele zu großen Dingen zu erheben. Ohne sie gibt es nichts Erhabenes mehr, weder in den Sitten noch in den Werken" (Ed. Vernière p. 9/10).

[133] Im Gegensatz zu dem, was Hobbes annimmt, gibt es keine Eigendynamik der Begehren und Bedürfnisse, die die Menschen im Naturzustand unausweichlich zu Konkurrenten machen würde. Solange die Begehren das

der ihm mit allen Tieren gemeinsam sein wird. Wollen und Nicht-
wollen, Begehren und Fürchten werden die ersten und nahezu
die einzigen Operationen seiner Seele sein, bis neue Umstände neue
Entwicklungen in ihr verursachen.

Was immer die Moralisten darüber sagen mögen, der menschliche Verstand verdankt den Leidenschaften viel, die ihm — nach
einem allgemeinen Urteil — ebenfalls viel verdanken[132]. Durch
ihre Aktivität vervollkommnet sich unsere Vernunft. Wir suchen
nur zu erkennen, weil wir zu genießen begehren; und es ist unmöglich zu begreifen, weshalb einer, der weder Begehren noch
Besorgnisse hätte, sich die Mühe geben sollte nachzudenken. Die
Leidenschaften ihrerseits beziehen ihren Ursprung aus unseren
Bedürfnissen und ihren Fortschritt aus unseren Kenntnissen; denn
man kann die Dinge nur vermittels der Vorstellungen begehren
oder fürchten, die man von ihnen haben kann, oder aufgrund des
einfachen Antriebs der Natur; und der wilde Mensch, der jeglicher
Art von Einsicht und Aufgeklärtheit entbehrt, empfindet nur die
Leidenschaften dieser letzteren Art. Seine Begehren gehen nicht
über seine physischen Bedürfnisse hinaus (XI*)[133]. Die einzigen
Güter, die er in der Welt kennt, sind Nahrung, ein Weibchen[134]
und Ruhe; die einzigen Übel, die er fürchtet, sind Schmerz und
Hunger. Ich sage Schmerz und nicht Tod, denn niemals wird das
Tier wissen, was Sterben ist; und die Kenntnis des Todes und sei-
ner Schrecken ist eine der ersten Errungenschaften, die der Mensch
gemacht hat, als er sich vom tierischen Zustand entfernte[135].

---

physisch Notwendige nicht überschreiten und die äußeren Umstände das
Gleichgewicht zwischen den Bedürfnissen und den Fähigkeiten, sie zu befriedigen, nicht zerbrechen, sind die Individuen physisch und psychisch autark,
und der Naturzustand bleibt stationär. „Der Mensch will sein Wohlbefinden
und alles, was dazu beitragen kann; das ist unbezweifelbar. Aber natürlicherweise beschränkt sich dieses Wohlbefinden des Menschen auf das physisch
Notwendige" (*L'état de guerre*, p. 611 f).

[134] Für *femelle* gilt dasselbe wie für *pâture*: Rousseau spricht vom Menschen
im tierischen Zustand so, wie er von den anderen Tieren spricht. Eine Übersetzung mit *Frau* oder *Weib* wäre eine „Verharmlosung".

[135] Der Mensch weiß im *ersten, wahren, tierischen* Naturzustand nichts vom
gewaltsamen Tod, dem *summum malum*, das den Menschen in der Darstellung
von Hobbes mit Furcht erfüllt und zum Verlassen des Naturzustandes bewegt.
(*Leviathan*, I, 11, p. 64; I, 13, p. 80, 82, 84; cf. *De Cive*, Ep. ded.; I, 2; I, 7.)

Il me seroit aisé, si cela m'étoit nécessaire, d'appuier ce sentiment par les faits, et de faire voir, que chez toutes les Nations du monde, les progrès de l'Esprit se[136] sont précisément proportionnés aux besoins, que les Peuples avoient reçus de la Nature, ou auxquels les circonstances les avoient assujetis, et par consequent aux passions, qui les portoient à pourvoir à ces besoins. Je montrerois en Egypte les arts[137] naissans, et s'étendant avec les debordemens[138] du Nil; Je suivrois leur progrès chez les Grecs, où l'on les vit germer, croître, et s'élever jusqu'aux Cieux parmi les Sables, et les Rochers de l'Attique, sans pouvoir prendre racine sur les Bords fertiles de l'Eurotas; Je remarquerois qu'en général les Peuples du Nord sont plus industrieux que ceux du midi, parce qu'ils peuvent moins se passer de l'être, comme si la Nature vouloit ainsi égaliser les choses, en donnant aux Esprits la fertilité qu'elle refuse à la Terre.

Mais sans recourir aux témoignages incertains de l'Histoire, qui ne voit que tout semble éloigner de l'homme Sauvage la tentation et les moyens de cesser de l'être? Son imagination ne lui peint rien[139]; son cœur ne lui demande rien. Ses modiques besoins se trouvent si aisément sous sa main, et il est si loin du degré de connoissances necessaire pour désirer d'en acquérir de plus grandes, qu'il ne peut avoir ni prévoyance, ni curiosité. Le spectacle de la Nature lui devient indifférent, à force de lui devenir familier. C'est toujours le même ordre, ce sont toujours les mêmes révolutions; il n'a pas l'esprit de s'étonner des plus grandes merveilles[139a];

---

[136] Ed. 1782: ohne *se* (les progrès de l'esprit sont précisément proportionnés / daß ... die Fortschritte ... bemessen *sind*) Variante nicht in *OCP*.

[137] *Arts* hat bei Rousseau noch die umfassende Bedeutung von schönen *und* praktischen Künsten: In den *Künsten* sind die *Handwerke* und die *Techniken* mit gemeint.

[138] Ed. 1782: avec le debordement / mit der Überschwemmung (Variante nicht in *OCP*.)

[139] Wenn die Einbildungskraft dem wilden Menschen nichts ausmalt oder, wie Rousseau weiter unten sagt, „zu wilden Herzen nicht spricht" (S. 156), so bedeutet das vor allem, daß der Wilde nur *wahre* oder *natürliche*, aber keine *Phantasiebedürfnisse* hat, die er nicht ohne die Hilfe anderer befriedigen könnte. (Vergleiche Rousseaus Unterscheidung zwischen *besoin naturel* und *besoin de fantaisie* in *Emile*, II, p. 312 und beachte p. 303 f, 309/310.) Das Schweigen der *imagination* und der Mangel an Voraussicht sind entscheidende Voraus-

Es wäre mir ein Leichtes, diese Ansicht, wenn dies nötig wäre, durch Tatsachen zu stützen und zu zeigen, daß sich bei allen Nationen der Welt die Fortschritte des Geistes präzise nach den Bedürfnissen bemessen haben[136], welche die Völker von der Natur erhalten oder denen sie die Umstände unterworfen hatten, und folglich nach den Leidenschaften, die sie dazu antrieben, für diese Bedürfnisse zu sorgen. Ich würde zeigen, wie die Künste[137] in Ägypten entstanden sind und wie sie sich mit den Überschwemmungen[138] des Nils ausgebreitet haben; ich würde ihren Fortschritt bei den Griechen verfolgen, wo man sie zwischen dem Sand und den Felsen Attikas sprießen, wachsen und sich bis in den Himmel erheben sah, ohne daß sie an den fruchtbaren Ufern des Eurotas Wurzeln schlagen konnten; ich würde bemerken, daß die Völker des Nordens im allgemeinen kunstfertiger sind als jene des Südens, weil sie es weniger entbehren können, es zu sein — als ob die Natur damit die Dinge ausgleichen wollte, indem sie den Geistern die Fruchtbarkeit gibt, die sie dem Boden verweigert.

Jedoch, ohne auf die ungewissen Zeugnisse der Geschichte zurückzugreifen, wer sieht nicht, daß alles vom wilden Menschen die Versuchung und die Mittel fernzuhalten scheint, aufzuhören wild zu sein? Seine Einbildungskraft malt ihm nichts aus[139], sein Herz verlangt nichts von ihm; seine bescheidenen Bedürfnisse sind für ihn so leicht bei der Hand und von dem Grad an Kenntnissen, der erforderlich wäre, um danach zu trachten, größere zu erwerben, ist er so weit entfernt, daß er weder Voraussicht noch Neugierde haben kann. Das Schauspiel der Natur wird ihm gleichgültig, da es ihm vertraut wird. Es ist immer die gleiche Ordnung, es sind immer die gleichen Revolutionen; er hat nicht den Geist, um über die größten Wunder zu staunen[139a]; und bei ihm darf man

---

setzungen für die psychische Autarkie der solitären Existenz im Naturzustand. „Derjenige, der sich nichts vorstellt (n'imagine rien), fühlt nur sich selbst; er ist allein inmitten des Menschengeschlechts" (*Essai sur l'origine des langues*, IX, p. 93). Die Ambivalenz der *imagination*, die „verheerende" wie die „heilsame" Wirkung, die von ihr ausgeht, gehört zu den großen Themen in Rousseaus Anthropologie. Vergleiche u. a. *Emile*, IV, p. 504 f und 651, oder *Dialogues*, II, p. 815 f.

[139a] Cf. Lukrez: *De rerum natura*, V, 973—981: Die Vertrautheit mit der immer gleichen Natur bewirkt etwa, daß die ersten Menschen nicht von der

et ce n'est pas chez lui qu'il faut chercher la Philosophie dont
l'homme a besoin, pour savoir observer une fois ce qu'il a vû tous
les jours. Son ame, que rien n'agite, se livre au seul sentiment de son
existence actuelle[140], sans aucune idée de l'avenir, quelque prochain
qu'il puisse être, et ses projets bornés comme ses vûes, s'étendent
à peine jusqu'à la fin de la journée. Tel est encore aujourd'hui le
degré de prévoyance du Caraybe: Il vend le matin son lit de Coton,
et vient pleurer le soir pour le racheter, faute d'avoir prevû qu'il
en auroit besoin pour la nuit prochaine[141].

Angst geplagt werden, die Sonne könnte nicht wieder aufgehen. Im Hintergrund dieser Darstellung steht, daß sie keinen Grund haben, ihre Zuflucht
bei Göttern zu suchen. Vergleiche auch Diderot: *Essai sur le mérite et la vertu*,
O.C. I, p. 343, note, Ed. Hermann.

[140] Der Wilde, dessen Seele sich dem bloßen Gefühl ihrer gegenwärtigen
Existenz überläßt, ist ganz bei sich, mit sich selbst eins. Er lebt in einer un-
mittelbaren, jeder Reflexion vorausliegenden Identität. Eine Identität, deren
Verwirklichung Rousseau auf dem Niveau des vervollkommneten Menschen
zu den höchsten Möglichkeiten geglückter Existenz zählt. S. dazu die V.
Promenade der *Rêveries du promeneur solitaire*, insbes. p. 1046/1047. — Vergleiche
die Erörterung des *sentiment* (bzw. *conscience*) *de l'existence* bei Buffon, der das
Aufgehen im Gefühl der gegenwärtigen Existenz als ein Außer-sich-Sein des
Menschen betrachtet und darin einen Zustand sieht, der wesentlich das Tier
charakterisiert: „Da das Bewußtsein unserer Existenz [. . .] nicht nur aus
unseren gegenwärtigen Empfindungen, sondern auch aus der Reihe der Vorstellungen besteht, die der Vergleich unserer vergangenen Empfindungen und
unserer gelebten Existenzen hervorgebracht hat, ist evident, daß man seiner
Existenz um so sicherer ist, je mehr Vorstellungen man hat; daß man um
so mehr existiert, je mehr Geist man hat; daß wir schließlich und endlich durch
das Vermögen zu reflektieren, über das unsere Seele verfügt, und allein durch
dieses Vermögen, unserer gelebten Existenzen gewiß sind und unsere zukünftigen Existenzen sehen [. . .] Da dieses Vermögen zu reflektieren den
Tieren versagt worden ist, ist gewiß, daß sie keine Vorstellungen entwickeln
können (ne peuvent former d'idées) und daß ihr Existenzbewußtsein folglich
weniger sicher und weniger ausgedehnt ist als das unsere, denn sie können
keinerlei Vorstellung von der Zeit, keinerlei Kenntnis von der Vergangenheit,
keinerlei Begriff von der Zukunft haben: Ihr Existenzbewußtsein ist einfach,
es hängt einzig und allein von den Empfindungen ab, die sie gegenwärtig
affizieren, und besteht in dem inneren Gefühl, das diese Empfindungen hervorbringen. Können wir uns nicht vorstellen, was dieses Existenzbewußtsein
bei den Tieren ist, indem wir über den Zustand nachdenken, in dem wir uns
befinden, wenn wir von einer Sache stark gefangengenommen oder von einer
Leidenschaft heftig bewegt sind, die uns nicht gestattet, irgendeine Reflexion

die Philosophie nicht suchen, die der Mensch braucht, um es zu
verstehen, das einmal zu beobachten, was er alle Tage gesehen hat.
Seine Seele, die durch nichts in Unruhe versetzt wird, überläßt
sich dem bloßen Gefühl ihrer gegenwärtigen Existenz[140], ohne
irgendeinen Gedanken an die Zukunft, wie nah sie auch sein mag,
und seine Pläne, die so beschränkt sind wie seine Ansichten, er-
strecken sich kaum bis ans Ende des Tages. Das ist noch heute der
Grad an Voraussicht, über den der Karibe verfügt: Am Morgen
verkauft er sein Baumwollbett und am Abend kommt er weinend
daher, um es zurückzukaufen, weil er nicht vorausgesehen hat,
daß er es für die nächste Nacht wieder brauchen würde[141].

über uns selbst anzustellen? Man drückt die Vorstellung von diesem Zustand aus, indem man sagt, daß man außer sich ist, und man ist in der Tat
außer sich, sobald man nur von den gegenwärtigen Empfindungen gefangengenommen ist, und man ist um so mehr außer sich, je lebhafter diese Empfindungen sind [...] Wir haben dann das Gefühl, das Bewußtsein unserer
Existenz, ohne daß unsere Seele daran teilzuhaben scheint. Dieser Zustand,
in dem wir uns nur für Augenblicke befinden, ist der habituelle Zustand der
Tiere, die der Vorstellungen beraubt und mit Empfindungen versehen sind;
sie wissen nicht, daß sie existieren, aber sie fühlen es" (*Discours sur la nature
des animaux*, *H.N.* IV, 1753, Ed. Piveteau, p. 332 f).

[141] Rousseau schöpft seine Kenntnisse über die Kariben vor allem aus dem
Werk des Jesuitenpaters Jean-Baptiste Du Tertre: *Histoire générale des Antilles,
habitées par les François*, Paris, Thomas Jolly, 1667, 2 Bände. Das im Text
angeführte Beispiel findet sich bei Du Tertre im 5. Teil, Kapitel I, § 5. Nützliche Informationen zu Du Tertres einflußreichem Bericht gibt Gilbert Chinard: *L'Amérique et le rêve exotique dans la littérature française au XVIIe et au
XVIIIe siècle*, Paris, 1913, insbes. Kapitel II, p. 30—58. — Vergleiche zur
gesamten Argumentation Rousseaus in diesem Absatz die Betonung der Di-
mension des Zukünftigen in den menschlichen Begehren bei Hobbes, der
vom „perpetual and restless desire of power after power, that ceaseth only
in death" spricht (*Leviathan*, I, 11, p. 64), und die Bedeutung, die Hobbes der
anticipation beilegt (I, 13, p. 81). Der Mensch ist für Hobbes ein Wesen, das
auch der erst zukünftige Hunger hungrig macht (*De Homine*, X, 3). — Darüber,
daß dem Menschen im Gegensatz zum Tier die Voraussicht des Zukünftigen
seiner Natur nach zukommt, herrscht in der Tradition Einigkeit. Vergleiche
etwa Cicero: *De officiis*, I, 11 (4) und beachte den Kontext der Vernünftig-
keit und Sozialität des Menschen, in dem die Voraussicht behandelt wird.
Cumberland schreibt in seinem *Traité*: „Es ist [...] einer der Vorzüge, die
der Mensch den anderen Lebewesen gegenüber hat, daß er seine Blicke auf eine
entfernte Zukunft richtet, sich viel um sie sorgt und über die Ursachen dessen
nachdenkt, was geschehen kann, als läge der Fall bereits vor" (I, § 23, p. 72).

Plus on médite sur ce sujet, plus la distance des pures sensations aux plus simples[142] connoissances s'aggrandit à nos regards; et il est impossible de concevoir comment un homme auroit pû par ses seules forces, sans le secours de la communication, et sans l'aiguillon de la nécessité, franchir un si grand intervale. Combien de siécles se sont peut-être écoulés, avant que les hommes ayent été à portée de voir d'autre feu que celui du Ciel? Combien ne leur a-t-il pas falu de différens hazards pour apprendre les usages les plus communs de cet élement? Combien de fois ne l'ont ils pas laissé éteindre, avant que d'avoir acquis l'art de le reproduire? Et combien de fois peut-être chacun de ces secrets n'est il pas mort avec celui qui l'avoit découvert? Que dirons nous de l'agriculture, art qui demande tant de travail et de prévoyance; qui tient à d'autres[143] arts, qui très évidemment n'est pratiquable que dans une société au moins commencée, et qui ne nous sert pas tant à tirer de la Terre des alimens qu'elle fourniroit bien sans cela, qu'à la forcer aux préférences, qui sont le plus de notre goût?[144] Mais supposons que les hommes eussent tellement multiplié, que les productions naturelles n'eussent plus suffi pour les nourrir; supposition qui, pour le dire en passant, montreroit un grand avantage pour l'Espéce humaine dans cette maniére de vivre; Supposons que sans forges, et sans Atteliers, les instrumens du Labourage fussent tombés du Ciel entre les mains des Sauvages; que ces hommes eussent vaincu la haîne mortelle qu'ils ont tous pour un travail continu[145]; qu'ils eussent appris à prévoir de si

[142] Ed. 1782: aux simples / zu den einfachen (*OCP* folgen Ed. 1782 ohne Hinweis auf den ursprünglichen Wortlaut.)

[143] Verschiedene Editionen des 19. und 20. Jahrhunderts (u. a. *Vaughan* [1915] und *Launay* [1971]) schreiben: tant d'autres / so vielen anderen. Diese Lesart wird weder durch die Ausgabe von 1755 noch durch die von 1782 gestützt.

[144] Der natürliche Mensch verfügt über einen Geschmackssinn „von einer extremen Grobheit" (S. 96), „seine Begehren gehen nicht über seine physischen Bedürfnisse hinaus" (S. 106), und die Erde liefert ihm leicht, was er benötigt. Er kann daher natürlicherweise im Einklang mit sich selbst und in Harmonie mit der allgemeinen Ordnung der Natur leben. Er ist weit davon entfernt, *Vorlieben* zu verfolgen und der Natur Zwang zuzufügen: Er ist noch nicht „Tyrann der Natur" und mithin auch nicht „Tyrann seiner selbst" (S. 104).

Je mehr man über diesen Gegenstand nachdenkt, desto mehr vergrößert sich der Abstand von den reinen Empfindungen zu den einfachsten[142] Erkenntnissen in unseren Augen; und es ist unmöglich zu begreifen, wie ein Mensch allein aus eigener Kraft, ohne die Hilfe der Kommunikation und ohne den Stachel der Notwendigkeit einen solch großen Zwischenraum hätte überwinden können. Wie viele Jahrhunderte sind vielleicht verflossen, ehe die Menschen imstande gewesen sind, ein anderes Feuer als das des Himmels zu sehen? Wie vieler unterschiedlicher Zufälle haben sie bedurft, um die gewöhnlichsten Anwendungen dieses Elementes zu erlernen? Wie viele Male haben sie es ausgehen lassen, ehe sie die Kunst erworben hatten, es wieder zu entfachen? Und wie viele Male ist vielleicht jedes dieser Geheimnisse mit demjenigen gestorben, der es entdeckt hatte? Was sollen wir über den Ackerbau sagen, eine Kunst, die so viel Arbeit und Voraussicht verlangt, die von anderen[143] Künsten abhängt, die ganz offensichtlich nur in einer Gesellschaft, welche zumindest [zu existieren] begonnen hat, praktikabel ist und die uns nicht so sehr dazu dient, der Erde Nahrungsmittel abzugewinnen, die sie leicht auch ohne Ackerbau liefern würde, als dazu, ihr die Vorlieben aufzuzwingen, die am meisten nach unserem Geschmack sind?[144] Aber nehmen wir an, die Menschen hätten sich derart vermehrt, daß die natürlichen Erzeugnisse nicht mehr ausgereicht hätten, um sie zu ernähren: Eine Annahme, die, nebenbei gesagt, einen großen Vorteil für die menschliche Art in dieser Lebensweise erkennen ließe. Nehmen wir an, daß — ohne Schmieden und ohne Werkstätten — die Ackergeräte vom Himmel in die Hände der Wilden gefallen wären; daß diese Menschen den tödlichen Haß überwunden hätten, den sie alle gegen eine kontinuierliche Arbeit haben[145]; daß sie gelernt

---

[145] „Es ist unvorstellbar, bis zu welchem Punkt der Mensch von Natur aus faul ist. Man möchte fast sagen, daß er nur lebt, um zu schlafen, zu vegetieren, bewegungslos zu bleiben; kaum daß er sich entschließen kann, sich den Bewegungen zu widmen, die notwendig sind, um es zu verhindern, Hungers zu sterben. Nichts erhält die Wilden so sehr in der Liebe zu ihrem Zustand wie diese wonnige Indolenz. Die Leidenschaften, die die Menschen unruhig, vorausschauend, aktiv machen, entstehen nur in der Gesellschaft. Nichts tun ist die erste und die stärkste Leidenschaft des Menschen nach der, sich zu erhalten. Wenn man es recht betrachtete, würde man sehen, daß selbst unter uns jeder

loin leurs besoins, qu'ils eussent deviné comment il faut cultiver
la Terre, semer les grains, et planter les Arbres; qu'ils eussent
trouvé l'art de moudre le Bled, et de mettre le raisin en fermentation; toutes choses qu'il leur a falu faire enseigner par les Dieux,
faute de concevoir comment ils les auroient apprises d'eux
mêmes[146]; quel seroit après cela, l'homme assés insensé pour se
tourmenter à la culture d'un Champ qui sera depouillé par le premier venu, homme, ou bête indifféremment, à qui cette moisson
conviendra; et comment chacun pourra-t-il se resoudre à passer
sa vie à un travail penible, dont il est d'autant plus sûr de ne pas
recueillir le prix, qu'il lui sera plus nécessaire? En un mot, comment
cette situation pourra-t-elle porter les hommes à cultiver la Terre,
tant qu'elle ne sera point partagée entre eux, c'est-à-dire, tant que
l'état de Nature ne sera point anéanti?

Quand nous voudrions supposer un homme Sauvage aussi
habile dans l'art de penser que nous le font nos Philosophes;
quand nous en ferions, à leur exemple, un Philosophe lui-même,
découvrant seul les plus sublimes verités, se faisant, par des suites
de raisonnemens très abstraits, des maximes de justice et de raison
tirées de l'amour de l'ordre en général, ou de la volonté connue de
son Createur: En un mot, quand nous lui supposerions dans
l'Esprit autant d'intelligence, et de lumiéres qu'il doit avoir, et
qu'on lui trouve en effet de pesanteur et de stupidité, quelle utilité
retireroit l'Espéce de toute cette Métaphisique, qui ne pourroit

arbeitet, um zur Ruhe zu gelangen, daß es noch immer die Faulheit ist, die uns
arbeitsam macht" (*Essai sur l'origine des langues*, IX, p. 109, note 1). Cf. Anmerkung X, S. 332. — Die Abneigung der Wilden gegen kontinuierliche
Arbeit wird in der Reiseliteratur immer wieder hervorgehoben. In der
Histoire des voyages konnte Rousseau über die Hottentotten lesen: „Das be-
liebteste Laster der Hottentotten ist die Faulheit. Diese Leidenschaft beherrscht
ihren Körper und ihren Geist gleichermaßen. Das vernünftige Überlegen
(raisonnement) ist für sie eine Arbeit, und die Arbeit erscheint ihnen als das
größte aller Übel. Obwohl sie das Vergnügen und den Vorteil, welche man
aus dem Kunstfleiß zieht, unablässig vor Augen haben, kann sie nur die äußerste Notwendigkeit zur Arbeit verführen. Der Zwang verursacht ihnen nicht
weniger Abscheu, das heißt, daß sie, wenn die Notwendigkeit sie zur Arbeit
zwingt, gelehrig, gehorsam und treu sind. Aber wenn sie glauben, genug getan
zu haben, um ihre gegenwärtigen Bedürfnisse zu befriedigen, werden sie für
jede Art von Bitten und Zureden taub, und nichts vermag sie dazu zu ver-

hätten, ihre Bedürfnisse so weit vorauszusehen; daß sie erraten
hätten, wie man die Erde bebauen, das Getreide säen und die
Bäume pflanzen muß; daß sie die Kunst herausgefunden hätten,
das Korn zu mahlen und die Weintrauben gären zu lassen — alles
Dinge, die ihnen von den Göttern hätten beigebracht werden
müssen, da nicht zu begreifen ist, wie sie sie von sich aus hätten
lernen sollen[146]. Welcher Mensch wäre danach töricht genug,
sich mit der Bebauung eines Feldes abzuplagen, das vom erstbesten, dem diese Ernte gefällt, gleichgültig ob Mensch oder Tier,
geplündert werden wird? Und wie wird jeder sich entschließen
können, sein Leben mit einer mühsamen Arbeit zuzubringen, bei
der er um so sicherer ist, ihren Lohn nicht zu ernten, je notwendiger
dieser ihm sein wird? Mit einem Wort: wie wird diese Lage die
Menschen dazu bringen können, die Erde zu bebauen, solange
sie nicht unter sie geteilt ist, das heißt, solange der Naturzustand
nicht vernichtet ist?

Wenn wir einen wilden Menschen annehmen wollten, der in
der Kunst des Denkens so geschickt wäre, wie ihn uns unsere
Philosophen darstellen; wenn wir aus ihm, nach ihrem Beispiel,
selbst einen Philosophen machten, der allein die erhabensten
Wahrheiten entdeckte, der sich aufgrund einer Reihe höchst ab-
strakter Schlußfolgerungen Maximen der Gerechtigkeit und der
Vernunft schüfe, die aus der Liebe zur Ordnung im allgemeinen
oder aus dem bekannten Willen seines Schöpfers hergeleitet wären;
mit einem Wort: wenn wir in seinem Geist so viel Intelligenz und
Einsicht annähmen, wie er haben muß und man tatsächlich Schwer-
fälligkeit und Stupidität bei ihm findet — welchen Nutzen würde

anlassen, ihre natürliche Indolenz zu überwinden." (Bd. IV, Buch XIV,
Kapitel 3 *Moeurs et usages des Hottentots*.)

[146] Daß es durchaus eine Möglichkeit gibt, dies zu begreifen, ohne von den
Göttern zu sprechen, zeigt Rousseau im Zweiten Teil, wo das Aufkommen der
Verwendung des Feuers und die Entstehung des Ackerbaus noch einmal,
jetzt aus einer historischen Perspektive, post festum betrachtet, behandelt
werden. Hier geht es Rousseau darum, im Gegensatz zu seinen Vorgängern,
den selbstgenügsamen, stationären, an ihm selbst vollkommenen Charakter
des Naturzustandes zu unterstreichen. Im Horizont des Naturzustandes ist
nichts erkennbar, was über ihn hinausweisen würde. Die Kluft zur späteren
Entwicklung, zum Einsetzen von Geschichte erscheint „unermeßlich" groß.

se communiquer et qui periroit avec l'individu qui l'auroit inventée? Quel progrès pourroit faire le Genre humain épars dans
les Bois parmi les Animaux? Et jusqu'à quel point pourroient se
perfectionner[147], et s'éclairer mutuellement des hommes qui,
n'ayant ni Domicile fixe ni aucun besoin l'un de l'autre, se ren-
contreroient, peut-être à peine deux fois en leur vie, sans se connoître, et sans se parler?

Qu'on songe de combien d'idées nous sommes redevables à
l'usage de la parole; Combien la Grammaire exerce, et facilite les
operations de l'Esprit; et qu'on pense aux peines inconcevables,
et au tems infini qu'a dû coûter la premiére invention des Langues;
qu'on joigne ces réflexions aux précédentes, et l'on jugera combien
il eût falu de milliers de Siécles[148], pour développer successivement
dans l'Esprit humain les Opérations, dont il étoit capable.

Qu'il me soit permis de considerer un instant les embarras de
l'origine des Langues[149]. Je pourrois me contenter de citer ou de
repeter ici les recherches que Mr. l'Abbé de Condillac a faites sur
cette matiére, qui toutes confirment pleinement mon sentiment, et
qui, peut-être, m'en ont donné la premiére idée. Mais la maniére
dont ce Philosophe résout les difficultés qu'il se fait à lui-même sur
l'origine des signes institués, montrant qu'il a supposé ce que je
mets en question, savoir une sorte de société déja établie entre les
inventeurs du langage, je crois en renvoyant à ses réflèxions devoir
y joindre les miennes pour exposer les mêmes difficultés dans

---

[147] Ed. 1782 ändert die Interpunktion, streicht das Komma hinter *se perfectionner*. Die Übersetzung folgt dieser Lesart.

[148] Der Zeitraum, den Rousseau im Konjunktiv angibt, steht in deut-
lichem Widerspruch zu den biblischen Angaben, und Rousseau war sich
dessen sehr wohl bewußt. Im *Essai sur l'origine des langues* schreibt er, daß
„die Schrift" vom ersten Zeitalter zum Zeitalter der Patriarchen „zehn Generationen zählt [. . .] in jenen Jahrhunderten, in denen die Menschen lange
lebten" (IX, p. 101). Die christliche Tradition rechnete in der Nachfolge Augu-
stins mit 6 000 Jahren seit der Erschaffung der Welt. Während Rousseau
den im Vergleich dazu ungeheuerlich großen Zeitraum von „Tausenden von
Jahrhunderten" scheinbar als Einwand gegen den Entwicklungsgedanken
in die Diskussion einführt, weist er im letzten Absatz des Ersten Teils seine
Richter ausdrücklich auf die besondere Bedeutung des Zeitfaktors für ein angemessenes Verständnis der Menschheitsentwicklung hin, ohne freilich noch

die Art aus dieser ganzen Metaphysik ziehen, die sich nicht mitteilen ließe und die mit dem Individuum unterginge, das sie
erfunden hätte? Welchen Fortschritt könnte das Menschengeschlecht, in den Wäldern unter die Tiere zerstreut, machen? Und
bis zu welchem Punkt könnten sich Menschen wechselseitig vervollkommnen[147] und aufklären, die sich — da sie weder einen
festen Wohnsitz noch irgendein Bedürfnis nacheinander haben —
vielleicht kaum zweimal in ihrem Leben begegnen würden, ohne
sich zu kennen und ohne miteinander zu sprechen?

Man bedenke, wie viele Ideen wir dem Gebrauch der Sprache
verdanken; wie sehr die Grammatik die Operationen des Geistes
übt und erleichtert; und man denke an die unvorstellbaren Mühen
und die unendliche Zeit, welche die erste Erfindung der Sprachen
gekostet haben muß; man verbinde diese Reflexionen mit den
vorangegangenen und man wird ermessen, wie viele Tausende von
Jahrhunderten nötig gewesen wären[148], um im menschlichen
Geist sukzessive die Operationen zu entwickeln, deren er fähig
war.

Es sei mir erlaubt, einen Augenblick die Hindernisse für den
Ursprung der Sprachen zu betrachten[149]. Ich könnte mich damit
zufriedengeben, hier die Untersuchungen zu zitieren oder zu wiederholen, welche der Abbé de Condillac über diese Materie angestellt hat, die meine Ansicht alle vollständig bestätigen und die
mir vielleicht die erste Vorstellung von ihr gegeben haben. Aber
da die Art, in der dieser Philosoph die Schwierigkeiten löst, die
er sich selbst hinsichtlich des Ursprungs der eingeführten Zeichen
macht, zeigt, daß er vorausgesetzt hat, was ich in Frage stelle —
nämlich, daß eine Art von Gesellschaft unter den Erfindern der
Sprache bereits etabliert war —, glaube ich, indem ich auf seine
Reflexionen verweise, die meinigen hinzufügen zu müssen, um
dieselben Schwierigkeiten in dem Licht darzustellen, das meinem

einmal, im Indikativ und im eigenen Namen, eine ähnlich kühne Zahl zu
nennen.
[149] Gleich zu Beginn seiner Erörterung der Sprachentstehung sagt Rousseau, welcher Gesichtspunkt für alles Weitere im Vordergrund stehen wird:
Er will nicht den *Ursprung* der Sprachen darstellen, sondern in erster Linie die
Hindernisse für ihr Aufkommen betrachten. Cf. FN 146 und 451.

le jour qui convient à mon sujet[150]. La prémiére qui se présente est
d'imaginer comment elles purent devenir nécessaires; car les
Hommes n'ayant nulle correspondance entre eux, ni aucun besoin
d'en avoir, on ne conçoit ni la nécessité de cette invention, ni sa
possibilité, si elle ne fut pas indispensable. Je dirois bien, comme
beaucoup d'autres, que les Langues sont nées dans le commerce
domestique des Peres, des Meres, et des Enfans: mais outre que
cela ne résoudroit point les objections, ce seroit commettre la
faute de ceux qui raisonnant sur l'état de Nature, y transportent les
idées prises dans la Société, voyent toujours la famille rassemblée
dans une même habitation, et ses membres gardant entre eux une
union aussi intime et aussi permanente que parmi nous, où tant
d'intérêts communs les réunissent; au lieu que dans cet état primitif, n'ayant ni Maisons[151], ni Cabanes, ni propriété d'aucune espéce,
chacun se logeoit au hazard, et souvent pour une seule nuit; les
mâles, et les femelles s'unissoient fortuitement selon la rencontre,
l'occasion, et le desir, sans que la parole fût un interprête fort
nécessaire des choses qu'ils avoient à se dire: Ils se quittoient avec
la même facilité[152]; (XII*) La mere allaitoit d'abord ses Enfans
pour son propre besoin; puis l'habitude les lui ayant rendus chers,
elle les nourrissoit ensuite pour le leur; sitôt qu'ils avoient la force
de chercher leur pâture, ils ne tardoient pas à quitter la Mere
elle même; Et comme il n'y avoit presque point d'autre moyen

---

[150] Condillac beginnt in seinem *Essai sur l'origine des connoissances humaines*
(Paris, 1746) den ersten Abschnitt des Zweiten Teils "Über den Ursprung und
die Fortschritte der Sprache" folgendermaßen: „Adam und Eva verdankten
die Übung der Operationen ihrer Seele nicht der Erfahrung, und indem sie
aus den Händen Gottes hervorgingen, waren sie durch einen außerordent-
lichen Beistand in der Lage, zu reflektieren und sich ihre Gedanken mitzuteilen. Aber ich nehme an, daß einige Zeit nach der Sintflut zwei Kinder
beiderlei Geschlechts sich in Wüsteneien verirrt hätten, ehe sie den Gebrauch
irgendeines Zeichens kannten. Ich bin durch die Tatsache (fait), auf die ich
mich bezogen habe, dazu autorisiert. Wer weiß, ob es nicht sogar irgendein
Volk gibt, das seinen Ursprung einem derartigen Ereignis verdankt? Es
sei mir gestattet, diese Annahme zu machen; die Frage ist dann herauszubrin-
gen, wie diese entstehende Nation sich eine Sprache geschaffen hat" (Ed.
Le Roy I, p. 60). — Vergleiche zu Condillacs Berufung auf die *Tatsache* der
Sintflut, die ihn zu seiner Annahme autorisiere, FN. 81 und 83.

Thema angemessen ist[150]. Die erste, die auftritt, ist sich vorzustellen, wie die Sprachen notwendig werden konnten; denn da
die Menschen keine Verbindung untereinander hatten noch irgendein Bedürfnis danach, eine solche zu haben, begreift man weder
die Notwendigkeit dieser Erfindung noch ihre Möglichkeit, wäre
sie nicht unerläßlich. Wohl könnte ich — wie viele andere — sagen,
daß die Sprachen im häuslichen Verkehr der Väter, Mütter und
Kinder entstanden seien; aber abgesehen davon, daß dies die
Einwände keineswegs ausräumen würde, hieße das, den Fehler
jener zu begehen, die beim Nachdenken über den Naturzustand
auf diesen die der Gesellschaft entnommenen Vorstellungen übertragen und stets die Familie in der gleichen Wohnung versammelt
und ihre Mitglieder untereinander eine ebenso intime und permanente Verbindung aufrechterhalten sehen wie bei uns, wo sie
so viele gemeinsame Interessen verbinden; während in jenem
anfänglichen Zustand jeder, da er weder über Häuser noch Hütten
noch über Eigentum irgendwelcher Art verfügte, sich eine Behausung auf gut Glück einrichtete und oft nur für eine einzige
Nacht; Männchen und Weibchen vereinigten sich zufällig, je
nach dem Zusammentreffen, der Gelegenheit und dem Verlangen,
ohne daß die Sprache ein sehr notwendiges Ausdrucksmittel für
die Dinge gewesen wäre, die sie sich zu sagen hatten; mit der
gleichen Leichtigkeit gingen sie auseinander (XII*)[152]. Die Mutter
stillte ihre Kinder zunächst ihres eigenen Bedürfnisses wegen;
danach, als die Gewohnheit sie ihr lieb gemacht hatte, ernährte
sie sie dann um des ihren willen; sobald sie die Kraft hatten, ihr
Futter suchen zu gehen, zögerten sie nicht, die Mutter selbst
zu verlassen; und da es beinahe kein anderes Mittel gab, sich
wiederzufinden, als sich nicht aus den Augen zu verlieren, waren
sie bald an dem Punkt angelangt, an dem sie einander nicht einmal
mehr wiedererkannten. Man beachte ferner, daß, da das Kind

---

[151] Ed. 1755-1 hatte aus Versehen *maison*, aber bereits in Ed. 1755-2 wurde
der Druckfehler korrigiert. (Es handelt sich also nicht um eine Variante der
Ed. 1782 wie *OCP* angeben.)

[152] Vergleiche zu dieser denkbar radikalsten Verneinung der Soziabilität
zugunsten eines solitären Ausgangszustandes neben Anmerkung XII auch
Lukrez: *De rerum natura*, V, 962—965 und 1012/1013. S. FN 448.

de se retrouver que de ne pas se perdre[153] de vûe, ils en étoient
bientôt au point de ne pas même se reconnoître les uns les autres.
Remarquez encore que l'Enfant ayant tous ses besoins à expliquer, et par conséquent plus de choses à dire à la Mere, que
la Mere à l'Enfant, c'est lui qui doit faire les plus grands fraix de
l'invention, et que la langue qu'il employe doit être en grande
partie son propre ouvrage[154]; ce qui multiplie autant les Langues
qu'il y a d'individus pour les parler, à quoi contribue encore la
vie errante, et vagabonde qui ne laisse à aucun idiome le tems
de prendre de la consistance; car de dire que la Mere dicte à
l'Enfant les mots, dont il devra se servir pour lui demander
telle, ou telle chose, cela montre bien comment on enseigne des
Langues déjà formées, mais cela n'apprend point comment elles
se forment.

Supposons cette premiére difficulté vaincue: Franchissons pour
un moment l'espace immense qui dut se trouver entre le pur état
de Nature et le besoin des Langues; et cherchons, en les supposant
nécessaires, (XIII*) comment elles purent commencer à s'établir.
Nouvelle difficulté pire encore que la précédente; car si les Hommes
ont eu besoin de la parole pour apprendre à penser, ils ont eu bien
plus besoin encore de savoir penser pour trouver l'art de la parole;
et quand on comprendroit comment les sons de la voix ont été
pris pour les interprétes conventionnels de nos idées, il resteroit
toûjours à sçavoir quels ont pû être les interprétes mêmes de cette
convention pour les idées qui, n'ayant point un objet sensible, ne
pouvoient s'indiquer ni par le geste, ni par la voix, de sorte qu'à
peine peut-on former des conjectures supportables sur la naissance
de cet Art de communiquer ses pensées, et d'établir un commerce
entre les Esprits: Art sublime qui est déja si loin de son Origine,
mais que le Philosophe voit encore à une si prodigieuse distance
de sa perfection, qu'il n'y a point d'homme assés hardi, pour
assurer qu'il y arriveroit jamais, quand les révolutions que le tems
améne nécessairement seroient suspendues en sa faveur, que les
Préjugés sortiroient des Academies ou se tairoient devant Elles,

---

[153] Ed. 1782: de ne se pas perdre
[154] So schon Condillac: *Essai*, II, 1, 1, § 7 (Ed. le Roy I, p. 61).

alle seine Bedürfnisse verständlich machen muß und es folglich
der Mutter mehr Dinge zu sagen hat als die Mutter dem Kind,
es das Kind ist, das am meisten zur Erfindung beisteuern muß,
und daß die Sprache, die es verwendet, zum großen Teil sein
eigenes Werk sein muß[154], was die Sprachen sovielmal vervielfacht
als es Individuen gibt, die sie sprechen können; hierzu trägt auch
noch das umherschweifende und vagabundierende Leben bei,
das keinem Idiom die Zeit läßt, Festigkeit anzunehmen; denn
wenn man sagt, die Mutter sage dem Kind die Wörter vor, deren
es sich bedienen muß, um eine bestimmte Sache von ihr zu verlangen, so zeigt dies wohl, wie man bereits ausgebildete Sprachen
lehrt, aber es unterrichtet uns nicht darüber, wie sie sich bilden.

Nehmen wir an, diese erste Schwierigkeit wäre überwunden;
überspringen wir für einen Augenblick die unermeßliche Spanne,
die zwischen dem reinen Naturzustand und dem Bedürfnis nach
Sprachen liegen mußte, und untersuchen wir, indem wir annehmen, sie wären notwendig (XIII*), wie sie beginnen konnten,
sich zu etablieren. Eine neue Schwierigkeit, schlimmer noch als
die vorhergehende; denn wenn die Menschen die Sprache nötig
hatten, um denken zu lernen, so hatten sie noch viel nötiger,
denken zu können, um die Kunst der Sprache herauszufinden;
und selbst wenn man verstünde, wie es dazu kam, daß die Laute
der Stimme als die konventionellen Ausdrucksmittel unserer
Vorstellungen verwendet worden sind, bliebe immer noch die
Frage, welches ebendieselben Ausdrucksmittel dieser Konvention
für die Vorstellungen gewesen sein konnten, die, da sie keinen
sinnlich wahrnehmbaren Gegenstand haben, sich weder durch
die Gebärde noch durch die Stimme anzeigen ließen; so daß man
über die Entstehung dieser Kunst, seine Gedanken mitzuteilen
und einen Verkehr zwischen den Geistern zu begründen, kaum
haltbare Vermutungen anstellen kann: Eine erhabene Kunst, die
schon so weit von ihrem Ursprung entfernt ist, die der Philosoph aber in einer noch so ungeheuren Entfernung von ihrer
Vollkommenheit sieht, daß es keinen Menschen gibt, der so kühn
wäre zu versichern, daß sie diese jemals erreichen wird — selbst
wenn die Revolutionen, welche die Zeit notwendigerweise mit
sich bringt, zu ihren Gunsten hinausgeschoben würden, die Vor-

et qu'Elles pourroient s'occuper de cet objet épineux, durant des
Siècles entiers sans interruption[155].

Le premier langage de l'homme, le langage le plus universel,
le plus énergique, et le seul dont il eut besoin, avant qu'il fallut
persuader des hommes assemblés, est le cri de la Nature. Comme
ce cri n'étoit arraché que par une sorte d'instinct dans les occasions
pressantes, pour implorer du secours dans les grands dangers, ou
du soulagement dans les maux violens, il n'étoit pas d'un grand
usage dans le cours ordinaire de la vie, où regnent des sentimens
plus moderés. Quand les idées des hommes commencérent à
s'étendre et à se multiplier, et qu'il s'établit entre eux une communication plus étroite, ils cherchérent des signes plus nombreux et
un langage plus étendu: Ils multipliérent les inflexions de la voix,
et y joignirent les gestes, qui, par leur Nature, sont plus expressifs,
et dont le sens depend moins d'une détermination antérieure. Ils
exprimoient donc les objets visibles et mobiles par des gestes, et
ceux qui frappent l'ouye, par des sons imitatifs: mais comme le
geste n'indique guéres que les objets présens, ou faciles à décrire,
et les actions visibles; qu'il n'est pas d'un usage universel, puisque
l'obscurité, ou l'interposition d'un corps le rendent inutile, et
qu'il exige l'attention plûtôt qu'il ne l'excite; on s'avisa enfin de lui
substituer les articulations de la voix, qui, sans avoir le même
rapport avec certaines idées, sont plus propres à les réprésenter
toutes, comme signes institués; substitution qui ne put se faire que
d'un commun consentement, et d'une maniére assés difficile à
pratiquer pour des hommes dont les organes grossiers n'avoient
encore aucun exercice, et plus difficile encore à concevoir en elle-
même, puisque cet accord unanime dut être motivé, et que la parole
paroît avoir été fort nécessaire, pour établir l'usage de la parole[156].

[155] Rousseau spielt auf die Académie française an, die ihr Wörterbuch der
französischen Sprache ständig überarbeitet. Vergleiche die Kritik an den
Akademien im *Essai sur l'origine des langues*, VII, p. 81, und, in einem weiteren
Kontext, *Préface de Narcisse*, p. 967, note, sowie *Dernière réponse*, p. 82.
[156] Vergleiche zu diesem Absatz die Darstellung, die Lukrez in *De rerum
natura*, V, 1028—1090, von der Sprachentstehung gibt. Lukrez betont den
natürlichen Ursprung der Sprachen, die sich aus Gebärden, wie sie bereits
die Kinder verwenden, und aus Lauten, durch die schon die Tiere ihre Gefühle

urteile aus den Akademien verschwänden oder vor ihnen ver-
stummten und sie sich mit diesem dornenvollen Gegenstand
ganze Jahrhunderte hindurch ununterbrochen beschäftigen könnten[155].

Die erste Sprache des Menschen, die universellste, die kraft-
vollste und die einzige Sprache, die er nötig hatte, bevor es erforderlich war, versammelte Menschen zu überreden, ist der Schrei
der Natur. Da ihm dieser Schrei nur durch eine Art von Instinkt
in dringenden Fällen entlockt wurde, um bei großen Gefahren
Hilfe oder bei heftigen Schmerzen Linderung zu erflehen, wurde im
alltäglichen Gang des Lebens, in dem gemäßigtere Gefühle vor-
herrschen, kein großer Gebrauch von ihm gemacht. Als die Vorstellungen der Menschen sich zu erweitern und zu vermehren
begannen und eine engere Kommunikation unter ihnen aufkam,
suchten sie sich zahlreichere Zeichen und eine umfassendere
Sprache zu verschaffen: Sie vermehrten die Modulationen der
Stimme und fügten die Gebärden hinzu, die ihrer Natur nach aus-
drucksvoller sind und deren Sinn weniger von einer vorher-
gehenden Festlegung abhängt. Die sichtbaren und beweglichen
Gegenstände drückten sie daher durch Gebärden und diejenigen,
die das Gehör wahrnimmt, durch nachahmende Laute aus. Aber
da die Gebärde kaum mehr als die gegenwärtigen oder leicht zu
beschreibenden Gegenstände und die sichtbaren Handlungen
anzeigt; da sie nicht universell anwendbar ist, weil die Dunkelheit
oder das Dazwischentreten eines Körpers sie fruchtlos machen;
und da sie die Aufmerksamkeit eher erfordert, als daß sie sie erregt,
ließ man es sich schließlich einfallen, sie durch die Artikulationen
der Stimme zu ersetzen, die, ohne die gleiche Beziehung zu be-
bestimmten Vorstellungen zu haben, geeigneter sind, sie als
eingeführte Zeichen alle zu repräsentieren: Eine Ersetzung, die
nur bei einer allgemeinen Zustimmung und in einer Art und
Weise geschehen konnte, die für Menschen, deren krude Organe
noch keinerlei Übung hatten, ziemlich schwer zu praktizieren
und noch schwerer an ihr selbst zu begreifen ist, da diese ein-
mütige Übereinkunft motiviert werden mußte und die Sprache
höchst notwendig gewesen zu sein scheint, um den Gebrauch der
Sprache zu begründen[156].

On doit juger que les premiers mots, dont les hommes firent usage, eurent dans leur Esprit une signification beaucoup plus étendue que n'ont ceux qu'on employe dans les Langues déja formées, et qu'ignorant la Division du Discours en ses parties constitutives, ils donnérent d'abord à chaque mot le sens d'une proposition entiére. Quand ils commencérent à distinguer le sujet d'avec l'attribut, et le verbe d'avec le nom, ce qui ne fut pas un médiocre effort de genie, les substantifs ne furent d'abord qu'autant de noms propres, l'infinitif[157] fut le seul tems des verbes, et à l'égard des adjectifs la notion ne s'en dut développer que fort difficilement, parce que tout adjectif est un mot abstrait, et que les abstractions sont des Opérations pénibles, et peu naturelles.

Chaque objet reçut d'abord un nom particulier, sans égard aux genres, et aux Espéces, que ces premiers Instituteurs n'étoient pas en état de distinguer; et tous les individus se présentérent isolés à leur esprit, comme ils le sont dans le tableau de la Nature. Si un Chêne s'appelloit A, un autre Chêne s'appelloit B; [158]car la premiere idée qu'on tire de deux choses, c'est qu'elles ne sont pas la même; et il faut souvent beaucoup de tems pour observer ce qu'elles ont de commun :[158] de sorte que plus les connoissances étoient bornées, et plus le Dictionnaire devint étendu. L'embarras de toute cette Nomenclature ne put être levé facilement: car pour ranger les êtres sous des dénominations communes, et génériques, il en falloit connoître les propriétés et les différences; il falloit des observations, et des définitions, c'est-à-dire, de l'Histoire Naturelle et de la Métaphysique, beaucoup plus que les hommes de ce tems-là n'en pouvoient avoir.

---

zu erkennen geben, gleichsam umstandslos entwickeln. Ausdrücklich wendet er sich gegen die Annahme erster Spracherfinder (1046—1055). Auf die Bedeutung der Konvention wird in dem vergleichsweise langen Abschnitt, der sich daran anschließt, mit keinem Wort eingegangen. Lukrez verfolgt bei der Behandlung der Sprache wie bei der des Feuers erkennbar die Absicht herauszuarbeiten, daß die Menschen beides, das Feuer wie die Sprache, nicht göttlichen Urhebern, sondern der Natur zu verdanken haben. Die weitere Ausbildung der besonderen Sprachen, in der die Konvention ihren Ort hat, tritt dagegen ganz in den Hintergrund. Sie ist für Lukrez allerdings wenig problematisch, da er die Vernunftfähigkeit der ersten Menschen nirgendwo bestreitet.

Man muß zu dem Urteil gelangen, daß die ersten Wörter, von denen die Menschen Gebrauch machten, in ihrem Geist eine viel umfassendere Bedeutung hatten, als jene sie haben, die man in den bereits ausgebildeten Sprachen verwendet, und daß sie, da sie die Einteilung der Rede in ihre konstitutiven Bestandteile nicht kannten, zunächst jedem Wort den Sinn eines ganzen Satzes gaben. Als sie anfingen, das Subjekt vom Attribut und das Verb vom Nomen zu unterscheiden — was keine geringe Geistesanstrengung war —, waren die Substantive zunächst nichts als lauter Eigennamen, der Infinitiv[157] war die einzige Zeitform der Verben, und was die Adjektive anbelangt, so muß sich deren Begriff nur sehr schwer entwickelt haben, da jedes Adjektiv ein abstraktes Wort ist und Abstraktionen mühsame und wenig natürliche Operationen sind.

Jeder Gegenstand erhielt zunächst einen besonderen Namen, ohne Rücksicht auf Gattungen und Arten, die diese ersten [Sprach-]Stifter nicht zu unterscheiden vermochten; und alle individuellen Dinge stellten sich ihrem Geist isoliert dar, so wie sie es im Bilde der Natur sind. Wenn eine Eiche A genannt wurde, so wurde eine andere B genannt, [158]denn die erste Vorstellung, die man von zwei Dingen gewinnt, ist, daß sie nicht dasselbe sind, und es ist oft viel Zeit nötig, um zu beobachten, was sie gemeinsam haben[158]: so daß das Wörterbuch um so umfangreicher wurde, je beschränkter die Kenntnisse waren. Der Wirrwarr dieser ganzen Nomenklatur konnte nicht leicht behoben werden, denn um die Dinge unter Art- und Gattungsbezeichnungen zu ordnen, mußte man ihre Eigentümlichkeiten und ihre Unterschiede kennen; Beobachtungen und Definitionen waren erforderlich, das heißt weit mehr Naturgeschichte und Metaphysik, als die Menschen jener Zeit haben konnten.

---

[157] Ed. 1782: le présent de l'infinitif / das Präsens des Infinitivs. — Fréron hatte zu dieser Stelle geschrieben: „1. Der Infinitiv ist keine *Zeit*; er ist ein Modus. 2. Zu sagen, man habe mit dem Infinitiv begonnen, heißt, entgegen der Ansicht von M. Rousseau, zu sagen, daß man mit den abstrakten Vorstellungen begonnen hat" (*L'Année littéraire*, 1755, VII, p. 155).

[158] Einfügung der Ed. 1782.

D'ailleurs, les idées générales[159] ne peuvent s'introduire dans l'Esprit qu'à l'aide des mots, et l'entendement ne les saisit que par des propositions. C'est une des raisons pourquoi les animaux ne sauroient se former de telles idées, ni jamais acquerir la perfectibilité qui en dépend[160]. Quand un Singe va sans hésiter d'une noix à l'autre, pense-t-on qu'il ait l'idée générale de cette sorte de fruit, et qu'il compare son archetype à ces deux individus? Non sans doute; mais la vûe de l'une de ces noix rappelle à sa mémoire les sensations qu'il a reçues de l'autre, et ses yeux modifiés d'une certaine maniére, annoncent à son goût la modification qu'il va recevoir. Toute idée générale est purement intellectuelle; pour peu que l'imagination s'en mêle, l'idée devient aussitôt particuliére. Essayez de vous tracer l'image d'un arbre en général, jamais vous n'en viendrez à bout, malgré vous il faudra le voir petit ou grand, rare ou touffu, clair ou foncé, et s'il dépendoit de vous de n'y voir que ce qui se trouve en tout arbre, cette image ne ressembleroit plus à un arbre. Les êtres purement abstraits se voyent de

---

[159] Rousseaus Erörterung der Allgemeinvorstellungen liegt Lockes Theorie der *general ideas* zugrunde. Die Allgemeinvorstellungen haben keine reale Entsprechung in den sinnlich wahrnehmbaren Dingen, die nur als besondere existieren. Sie sind „Erfindungen und Geschöpfe des Verstandes", die „mehr als ein Individuum zu repräsentieren vermögen", indem sie von den Unterschieden der Individuen abstrahieren und sie im Blick auf deren Gemeinsamkeiten zusammenfassen. Siehe dazu im einzelnen: *Essay*, III, 3, § 6—13. Cf. Condillac: *Essai*, I, 5 *Des abstractions* (Ed. Le Roy I, p. 48 ff). — Der naheliegendste Grund für die Behandlung der Allgemeinvorstellungen an dieser Stelle des *Discours* ist die Behinderung oder zumindest die Verlangsamung der geschichtlichen Entwicklung, die das Fehlen von *idées générales* beim natürlichen Menschen zur Folge haben muß. Denn die Allgemeinvorstellungen erlauben dem Menschen „die leichtere und raschere Vermehrung und Mitteilung ihrer Kenntnisse, die nur langsam vorankämen, wenn ihre Worte und Gedanken nur auf Einzeldinge beschränkt wären" (Locke: *Essay*, III, 3, § 20).

[160] Die Wortsprache ist die notwendige Voraussetzung für die Bildung von Allgemeinvorstellungen und mithin für die Entwicklung der spezifisch menschlichen Vernunft. Die Diskussion der *idées générales* im Kontext der Erörterung der Sprachentstehung hat also neben dem in FN 159 genannten demonstrativen den systematischen Grund, daß Rousseau der Sprache eine entscheidende Rolle in der Genealogie der *Vernunft* zuspricht, von der er im Gegensatz zu Lukrez nicht annimmt, daß sie dem Menschen durch eine besondere Art von Atomen von Anbeginn an gegeben war. (Deshalb gewinnt

Im übrigen können die Allgemeinvorstellungen[159] nur mit Hilfe der Wörter in den Geist gelangen; und der Verstand erfaßt sie nur durch Sätze. Das ist einer der Gründe, weshalb die Tiere sich weder solche Vorstellungen zu bilden noch jemals die Perfektibilität zu erlangen vermögen, die von diesen abhängt[160]. Wenn ein Affe ohne zu zögern von einer Nuß zur anderen geht, glaubt man dann, daß er die Allgemeinvorstellung dieser Fruchtart hat und daß er ihren Archetyp mit diesen beiden Individuen vergleicht? Zweifellos nicht; sondern der Anblick der einen dieser Nüsse ruft die Sinneseindrücke in sein Gedächtnis zurück, die er von der anderen erhalten hat; und seine Augen, die in einer bestimmten Art und Weise modifiziert werden, künden seinem Geschmack die Modifikation an, die er erfahren wird. Jede Allgemeinvorstellung ist rein intellektuell; wenn die Einbildungskraft sich nur im geringsten einschaltet, wird die Vorstellung sogleich partikular. Versucht, euch das Bild eines Baumes im allgemeinen zu entwerfen: Ihr werdet es niemals fertigbringen, ob ihr wollt oder nicht, werdet ihr ihn klein oder groß, schütter oder dichtbelaubt, hell oder dunkel sehen müssen; und wenn es in eurer Macht stünde, an ihm nur das zu sehen, was sich an jedem Baum findet, so würde dieses Bild keinem Baum mehr ähnlich sein. Die rein abstrakten Dinge sieht man in der gleichen Weise,

für Rousseau auch die Konvention eine ganz andere Bedeutung, als Lukrez' Darstellung der Sprachentstehung sie ihr beimißt. Cf. FN 156) — Die Perfektibilität des Menschen ermöglicht die langsame Herausbildung der Sprachen. Die Wortsprache ihrerseits jedoch läßt die Perfektibilität — die selbst eine *faculté en puissance* ist (S. 166), deren Entwicklung von äußeren bzw. anderen Faktoren herausgefordert und vorangetrieben wird — als Fähigkeit allererst in das Stadium treten, in dem sie jene überindividuellen Fortschritte der menschlichen Art erlaubt, die deren Größe und Elend zugleich begründen. „Die auf Konvention beruhende Sprache kommt nur dem Menschen zu. Das ist der Grund, weshalb der Mensch im Guten wie im Schlechten Fortschritte macht und weshalb die Tiere keine machen" (*Essai sur l'origine des langues*, I, p. 39). So kann Rousseau, aufs Ganze der menschlichen Geschichte gesehen, sagen, daß die Tiere die Perfektibilität, die von den Allgemeinvorstellungen und also von der Sprache abhängt, nicht zu erlangen vermögen, ohne deshalb zu behaupten, daß die Perfektibilität erst mit der Sprache entstehe, oder daß es „mehrere Perfektibilitäten" gebe. — Vergleiche zu dieser Stelle Lockes Argumentation, daß die Tiere lediglich partikulare und keine allgemeinen Vorstellungen zu haben vermögen in *Essay*, II, 11, § 10 und 11.

même, ou ne se conçoivent que par le discours. La définition seule du Triangle vous en donne la veritable idée: Sitôt que vous en figurez un dans vôtre esprit, c'est un tel Triangle et non pas un autre, et vous ne pouvez éviter d'en rendre les lignes sensibles ou le plan coloré[161]. Il faut donc énoncer des propositions, il faut donc parler pour avoir des idées générales; car sitôt que l'imagination s'arrête, l'esprit ne marche plus qu'à l'aide du discours. Si donc les premiers Inventeurs n'ont pu donner des noms qu'aux idées qu'ils avoient déjà, il s'ensuit que les premiers substantifs n'ont pu jamais[162] être que des noms propres.

Mais lorsque, par des moyens que je ne conçois pas, nos nouveaux Grammairiens commencérent à étendre leurs idées et à généraliser leurs mots, l'ignorance des Inventeurs dut assujetir cette methode à des bornes fort étroites; et comme ils avoient d'abord trop multiplié les noms des individus faute de connoître les genres et les espéces, ils firent ensuite trop peu d'espéces et de genres faute d'avoir considéré les Etres par toutes leurs différences. Pour pousser les divisions assez loin, il eut fallu plus d'expérience et de lumiére qu'ils n'en pouvoient avoir, et plus de recherches et de travail qu'ils n'y en vouloient employer. Or si, même aujourd'hui, l'on découvre chaque jour de nouvelles espéces qui avoient échappé jusqu'ici à toutes nos observations, qu'on pense combien il dut s'en dérober à des hommes qui ne jugeoient des choses que sur le premier aspect! Quant aux Classes primitives et aux notions les plus générales, il est superflu d'ajoûter qu'elles durent leur échapper encore: Comment, par exemple, auroient-ils imaginé ou entendu les mots de matiére, d'esprit, de substance, de mode, de figure, de mouvement, puisque nos Philosophes qui s'en servent depuis si long tems ont bien de la peine à les entendre eux mêmes, et que les idées qu'on attache à ces mots étant purement Métaphysiques, ils n'en trouvoient aucun modéle dans la Nature?[163]

---

[161] Locke erörtert den Unterschied zwischen partikularen und allgemeinen Vorstellungen in einem berühmten Paragraphen des *Essay* (IV, 7, § 9) gleichfalls am Beispiel der Definition des Dreiecks.

[162] Ed. 1782: n'ont jamais pu (Variante nicht in *OCP*).

[163] Was Rousseau nicht ausspricht, was sich aus seiner Diskussion der Allgemeinvorstellungen jedoch zwingend ergibt, ist, daß der natürliche

oder sie lassen sich nur durch die Rede begreifen. Die Definition
des Dreiecks gibt euch allein die wahrhafte Vorstellung von ihm:
Sobald ihr euch eines in eurem Geist vergegenwärtigt, ist es ein
bestimmtes Dreieck und kein anderes; und ihr könnt nicht umhin,
seine Linien sichtbar oder seine Fläche farbig zu machen[161].
Man muß daher Sätze aussagen, man muß daher sprechen, um
Allgemeinvorstellungen zu haben, denn sobald die Einbildungskraft aussetzt, kommt der Geist nur mehr mit Hilfe der Rede
weiter. Wenn also die ersten Erfinder nur den Vorstellungen,
die sie schon hatten, Namen geben konnten, so folgt daraus, daß
die ersten Substantive niemals etwas anderes als Eigennamen
haben sein können.

Aber als unsere neuen Grammatiker mit Mitteln, die ich nicht
begreife, ihre Vorstellungen zu erweitern und ihre Wörter zu
verallgemeinern begannen, mußte die Unkenntnis der Erfinder
diese Methode sehr engen Grenzen unterwerfen; und so wie sie
zuerst die Individualnamen zu sehr vermehrt hatten, da sie die
Gattungen und die Arten nicht kannten, schufen sie danach zu
wenige Arten und Gattungen, da sie die Dinge nicht nach allen
ihren Unterschieden hin betrachtet hatten. Um die Unterteilungen
weit genug voranzutreiben, wären mehr Erfahrung und Einsicht
nötig gewesen, als sie haben konnten, und mehr Untersuchungen
und Arbeit, als sie darauf verwenden wollten. Nun, wenn man
selbst heute noch jeden Tag neue Arten entdeckt, die bisher allen
unseren Beobachtungen entgangen waren, dann bedenke man,
wie viele Arten Menschen verborgen bleiben mußten, die über die
Dinge nur nach dem ersten Augenschein urteilten! Was die Primär-
klassen und die allgemeinsten Begriffe anbelangt, so ist es überflüssig hinzuzufügen, daß sie ihnen noch entgehen mußten.
Wie hätten sie zum Beispiel die Wörter Materie, Geist, Substanz,
Modus, Gestalt, Bewegung ersinnen oder verstehen können,
da unsere Philosophen, die sich ihrer seit so langer Zeit bedienen,
große Mühe haben, sie selbst zu verstehen, und da sie für die Vorstellungen, die man mit diesen Wörtern verbindet, keinerlei Vorbild in der Natur fanden, weil sie rein metaphysisch sind?[163]

Mensch keine Vorstellung von Gott haben kann. Vergleiche auch Anmerkung VI und FN 358, siehe ferner Anmerkung XV, S. 370.

Je m'arrête à ces premiers pas, et je supplie mes Juges de suspendre ici leur Lecture; pour considerer, sur l'invention des seuls substantifs Physiques, c'est-à-dire, sur la partie de la Langue la plus facile à trouver, le chemin qui lui reste à faire, pour exprimer toutes les pensées des hommes, pour prendre une forme constante, pouvoir être parlée en public, et influer sur la Société: Je les supplie de réflechir à ce qu'il a fallu de tems, et de connoissances pour trouver les nombres, (XIV*) les mots abstraits, les Aoristes[164], et tous les tems des Verbes, les particules, la Sintaxe, lier les Propositions, les raisonnemens, et former toute la Logique du Discours. Quant à moi, effrayé des difficultés qui se multiplient, et convaincu de l'impossibilité presque démontrée que les Langues ayent pû naître, et s'établir par des moyens purement humains[165], je laisse à qui voudra l'entreprendre la discussion de ce difficile Problême, lequel a été le plus nécessaire, de la Société déjà liée, à l'institution des Langues, ou des Langues déjà inventées, à l'établissement de la Société.

Quoiqu'il en soit de ces origines, on voit du moins, au peu de soin qu'a pris la Nature de rapprocher les Hommes par des besoins mutuels, et de leur faciliter l'usage de la parole, combien elle a peu préparé leur Sociabilité, et combien elle a peu mis du sien dans tout ce qu'ils ont fait, pour en établir les liens. En effet, il est impossible d'imaginer pourquoi dans cet état primitif, un homme auroit plûtôt besoin d'un autre homme qu'un singe ou un Loup de son semblable, ni, ce besoin supposé, quel motif pourroit engager l'autre à y pourvoir, ni même, en ce dernier cas, comment ils pourroient convenir entre eux des conditions. Je sçai qu'on nous répéte sans cesse que rien n'eût été si misérable que l'homme dans

---

[164] Der Aorist ist eine Form des Verbs, die eine in der Vergangenheit geschehene Handlung ausdrückt, die erzählende Zeitform im Griechischen. Im Lateinischen entspricht ihm etwa das *perfectum historicum*, im Französischen das *passé défini*.

[165] Die Erörterung der Sprache endet so, wie die des Feuers und des Ackerbaus zuvor geendet hatte. Vergleiche FN 146 und beachte das Resümee, das Rousseau im nächsten Absatz gibt. Auf welche Art Rousseau sich trotz der „nahezu erwiesenen Unmöglichkeit" einen Ursprung der Sprache „mit rein menschlichen Mitteln" vorgestellt hat, ist in seinem postum veröffentlichten *Essai sur l'origine des langues* nachzulesen.

Ich bleibe bei diesen ersten Schritten stehen und bitte meine
Richter, mit ihrer Lektüre hier einzuhalten, um angesichts der
Erfindung der bloß physischen Substantive, das heißt angesichts
des am leichtesten zu findenden Teiles der Sprache den Weg zu
bedenken, den die Sprache noch zurückzulegen hat, um alle Gedanken der Menschen auszudrücken, um eine konstante Form
anzunehmen, in der Öffentlichkeit gesprochen werden zu können
und auf die Gesellschaft Einfluß auszuüben. Ich bitte sie, darüber
nachzudenken, wieviel Zeit und wie viele Kenntnisse erforderlich
waren, um die Zahlen (XIV*), die abstrakten Wörter, die Aoriste[164]
und alle Zeiten der Verben, die Partikel, die Syntax zu finden, um
die Sätze, die Schlüsse zu verknüpfen und die ganze Logik der
Rede auszubilden. Was mich betrifft, so überlasse ich — erschreckt
von den Schwierigkeiten, die sich vervielfachen, und überzeugt
von der nahezu erwiesenen Unmöglichkeit, daß die Sprachen
durch rein menschliche Mittel haben entstehen und sich etablieren
können[165] — die Diskussion des folgenden schwierigen Problems
dem, der sie unternehmen mag: Was ist das Notwendigere gewesen — eine zuvor gebildete Gesellschaft für die Einführung der
Sprachen, oder zuvor erfundene Sprachen für die Errichtung der
Gesellschaft?

Wie immer es mit diesen Ursprüngen stehen mag, an der geringen Mühe, die sich die Natur gegeben hat, die Menschen durch
wechselseitige Bedürfnisse einander anzunähern und ihnen den
Gebrauch der Sprache zu erleichtern, sieht man zumindest, wie
wenig sie deren Soziabilität vorbereitet hat und wie wenig sie zu
all dem, was die Menschen getan haben, um die gesellschaftlichen
Bande zu knüpfen, das Ihrige beigetragen hat. In der Tat ist es unmöglich, sich vorzustellen, weshalb in jenem anfänglichen Zustand
ein Mensch eines anderen Menschen eher bedürfen sollte als ein
Affe oder ein Wolf seinesgleichen, noch, dieses Bedürfnis vorausgesetzt, welcher Beweggrund den anderen dazu veranlassen
könnte, für es Sorge zu tragen, nicht einmal, wie sie in diesem
letzteren Fall untereinander über die Bedingungen übereinkom-
men könnten. Ich weiß, man wiederholt uns unablässig, daß
nichts so elend gewesen wäre wie der Mensch in jenem Zustand[166];
und wenn es wahr ist — wie ich glaube bewiesen zu haben —,

cet état[166]; et s'il est vrai, comme je crois l'avoir prouvé, qu'il
n'eût pu, qu'après bien des Siécles, avoir le désir, et l'occasion d'en
sortir, ce seroit un Procès à faire à la Nature, et non à celui qu'elle
auroit ainsi constitué; Mais, si j'entends bien ce terme de *miserable*,
c'est un mot qui n'a aucun sens, ou qui ne signifie qu'une privation
douloureuse et la souffrance du Corps ou de l'ame: Or je voudrois
bien qu'on m'expliquât quel peut-être le genre de misére d'un
être libre, dont le cœur est en paix, et le corps en santé. Je demande
laquelle, de la vie Civile ou naturelle, est la plus sujette à devenir
insupportable à ceux qui en jouïssent? Nous ne voyons presque

---

[166] Für die Naturrechtslehrer gab es am Elend des Naturzustandes, hätte
der Mensch jemals in ihm gelebt, keinen Zweifel, und für die Philosophen,
die auf ihn rekurrierten, stand gleichfalls sein Elend im Mittelpunkt des
Interesses, insofern es die entscheidende Begründung für den Übergang zur
bürgerlichen Gesellschaft lieferte und deren prinzipielle Überlegenheit belegen konnte. Rousseau wendet sich mit der gesamten Darstellung, die der
Erste Teil vom anfänglichen Naturzustand entwirft, gegen die verborgene
Teleologie der Naturzustandstheorien seiner Vorgänger, die den Naturzustand als immer schon notwendig auf seine Überwindung verwiesen,
negativ auf den bürgerlichen Zustand bezogen, konzipierten. — Pufendorf
hat das Elend des (fiktiv eingeführten) solitären Naturzustandes so geschildert: „Stellen wir uns einen Menschen vor, der, ohne daß man jemals zu ihm
gesprochen hätte, ernährt worden wäre bis er allein laufen und gehen konnte,
wohin es ihm gefiel; im übrigen ohne Erziehung und ohne andere Kenntnisse als jene, die er sich selbst erworben hätte. Nehmen wir an, ein solcher
Mensch fände sich ganz allein in einer Wüste ausgesetzt: Was wäre er für ein
elendes Lebewesen! Stumm und fürchterlich anzusehen, wie ein leidiges Tier
wäre er gezwungen, Gras zu fressen und irgendwelche Wurzeln heraus-
zureißen oder wilde Früchte zu sammeln, Wasser aus der erstbesten Quelle,
dem erstbesten Bach oder dem erstbesten Sumpf zu trinken, den er fände;
sich in eine Höhle zurückzuziehen, um ein wenig gegen die Unbilden der
Luft geschützt zu sein, sich mit Moos oder Gräsern zuzudecken, seine Zeit
in einem langweiligen Müßiggang hinzubringen, beim geringsten Geräusch,
beim ersten Anblick eines anderen Lebewesens zu zittern; schließlich am Hunger oder der Kälte oder durch die Zähne irgendeines grimmigen Tieres
zugrundezugehen. Mit einem Wort, wenn der Mensch in dieser Welt nicht
das unglücklichste aller Lebewesen ist, so hat er dies dem Verkehr mit seinen
Mitmenschen zu verdanken. Das Wort des Schöpfers: *Es ist nicht gut, daß der
Mensch allein sei*, gilt nicht nur für die Verbindung der Ehe; man kann es allgemein auf jede Art von menschlicher Gesellschaft anwenden" (*Droit de la
nature*, II, 1, § 8). Den „reinen und einfachen Naturzustand" vermag sich
Pufendorf nur als „sehr trostlos und sehr unglücklich" vorzustellen. Der

daß er erst nach vielen Jahrhunderten das Verlangen und die Gelegenheit hätte haben können, aus ihm herauszutreten, dann wäre dies ein Prozeß, den man der Natur machen müßte und nicht demjenigen, den sie so verfaßt hätte; aber wenn ich den Ausdruck *elend* richtig verstehe, ist es ein Wort, das entweder keinen Sinn hat oder nur eine schmerzliche Entbehrung und das Leiden des Körpers oder der Seele bedeutet. Nun, ich hätte gerne, daß man mir erklärte, welcher Art das Elend eines freien Wesens sein kann, dessen Herz in Frieden und dessen Körper gesund ist. Ich frage, welches, das bürgerliche oder das natürliche Leben am meisten der Gefahr ausgesetzt ist, denen unerträglich zu werden, die es genießen. Wir sehen um uns her fast nur Leute, die sich über ihre Existenz beklagen; manche sogar, die sich ihrer berauben, soweit

---

Mensch wäre in ihm, wenn er nicht schon als Kind umkäme, „notwendigerweise völlig nackt, unfähig zu einer anderen Sprache als der, die in unartikulierten Lauten besteht, ohne Erziehung und ohne irgendeine Bildung seiner natürlichen Talente [. . .] und selbst wenn mehrere Menschen, die diesem ähnlich wären, sich in einem gänzlich öden Land zufällig treffen sollten, wie viel Zeit müßten sie nicht ein völlig elendes und beinahe wildes Leben führen, ehe sie sich durch ihre eigene Erfahrung, durch ihren Kunstfleiß oder durch die Gelegenheiten, die ihnen die Gewandtheit irgendwelcher Tiere liefern könnte, nach und nach einige Annehmlichkeiten des Lebens verschafft hätten und ehe sie verschiedene Künste erfunden hätten [. . .] Ich bin daher nicht überrascht, daß den heidnischen Autoren, denen der wahrhafte Ursprung des Menschengeschlechts wie die Heilige Schrift ihn lehrt, unbekannt war, so fürchterliche Porträts vom Leben der ersten Menschen entwarfen" (*Droit de la nature*, II, 2, § 2). Cf. Pufendorf: *Devoirs de l'homme*, I, 3, § 3; II, 1, § 4 und 9; II, 5, § 2; Burlamaqui: *Principes du droit naturel*, I, 4, § 4. — Hobbes sagt über den Naturzustand, daß „alle Menschen diesen elenden und hassenswerten Zustand, von ihrer Natur genötigt, verlassen wollen, sobald sie dessen Elend einsehen" („homines omnes ex eo statu misero et odioso, necessitate naturae suae, simulatque miseriam illam intellexerint, exire velle", *De Cive*, Praef. ad lect., *O.L.* II, p. 148), und Spinoza belegt die Aussage, daß die Gesellschaft sowohl zur Daseinsführung als auch, über die Künste und Wissenschaften, zur „Vervollkommnung der menschlichen Natur" „sehr nützlich und sogar höchst notwendig ist", mit dem Hinweis: „Wir sehen nämlich, daß jene, die ohne politische Ordnung barbarisch leben, ein elendes und beinahe tierisches Leben führen, und daß sie sich trotzdem jenes wenige Elende und Ungeschlachte, was sie haben, nur durch gegenseitige Hilfe verschaffen, welcher Art sie auch sei." (*Tractatus Theologico-Politicus*, V, 7. Absatz; cf. auch XVI, 6. Absatz.)

autour de nous que des Gens qui se plaignent de leur existence;
plusieurs mêmes qui s'en privent autant qu'il est en eux, et la
réunion des Loix divine et humaine suffit à peine pour arrêter ce
desordre: Je demande si jamais on a ouï dire qu'un Sauvage en
liberté ait seulement songé à se plaindre de la vie et à se donner
la mort? Qu'on juge donc avec moins d'orgueil de quel côté est
la véritable misére. Rien au contraire n'eût été si misérable que
l'homme Sauvage, ébloui par des lumieres, tourmenté par des
Passions et raisonnant sur un état différent du sien[167]. Ce fut par
une Providence très sage, que les facultés qu'il avoit en puissance[168]
ne devoient se développer qu'avec les occasions de les exercer, afin
qu'elles ne lui fussent ni superflues et à charge avant le tems, ni
tardives, et inutiles au besoin. Il avoit dans le seul instinct tout ce
qu'il lui falloit pour vivre dans l'état de Nature, il n'a dans une
raison cultivée que ce qu'il lui faut pour vivre en société.

Il paroît d'abord que les hommes dans cet état n'ayant entre eux
aucune sorte de relation morale[169], ni de devoirs connus, ne pouvoient être ni bons ni méchans, et n'avoient ni vices ni vertus, à
moins que, prenant ces mots dans un sens physique, on n'appelle
vices dans l'individu, les qualités qui peuvent nuire à sa propre
conservation, et vertus celles qui peuvent y contribuer; auquel cas,
il faudroit appeler le plus vertueux, celui qui résisteroit le moins
aux simples impulsions de la Nature[170]: Mais sans nous écarter du

---

[167] „Je näher der Mensch seinem natürlichen Zustand geblieben ist, desto
kleiner ist der Unterschied zwischen seinen Fähigkeiten und seinen Begehren
und desto weniger ist er folglich davon entfernt, glücklich zu sein. Er ist
niemals weniger elend als dann, wenn er von allem entblößt erscheint. Denn
das Elend besteht nicht in der Entbehrung der Dinge, sondern in dem Bedürfnis, das sich nach ihnen fühlbar macht" (*Emile*, II, p. 304).

[168] Mit der Bestimmung *en puissance*, der französischen Entsprechung zu
in potentia, scheint Rousseau an die auf Aristoteles zurückgehende Tradition
der Akt/Potenz-Konzeption anzuknüpfen. Tatsächlich denkt er die *Fähigkeiten* jedoch gerade nicht als entelechischen Zusammenhang von Akt und
Potenz (cf. FN 95 und 447). Die *facultés en puissance* oder *facultés virtuelles*
(S. 326) bedürfen zu ihrer Entwicklung notwendig zumindest des Anstoßes
von außen, der Herausforderung durch die Umwelt oder durch die Entwicklung anderer Fähigkeiten und neuer Begehren; im Blick auf die Geschichte der menschlichen Art gesprochen, bedürfen sie „des zufälligen Zusammentreffens mehrerer äußerer Ursachen, die auch niemals hätten ent-

dies bei ihnen steht, und die Verbindung von göttlichem und menschlichem Gesetz reicht kaum hin, dieser Unordnung Einhalt zu gebieten. Ich frage, ob man jemals hat sagen hören, daß ein Wilder in Freiheit auch nur daran gedacht hätte, sich über das Leben zu beklagen und sich den Tod zu geben. Man urteile also mit weniger Hochmut, auf welcher Seite das wahrhafte Elend ist. Nichts wäre im Gegenteil so elend gewesen wie ein durch Aufklärung verblendeter, von Leidenschaften gequälter wilder Mensch, der über einen von dem seinigen verschiedenen Zustand räsoniert hätte[167]. Durch eine sehr weise Vorsehung sollten sich die Fähigkeiten, die er der Möglichkeit nach[168] hatte, erst mit den Gelegenheiten, sie auszuüben, entwickeln, damit sie für ihn weder überflüssig und eine Belastung vor der Zeit noch zu spät und unnütz im Bedarfsfalle wären. Im Instinkt allein hatte er alles, was er brauchte, um im Naturzustand zu leben; in einer gebildeten Vernunft hat er nur, was er braucht, um in der Gesellschaft zu leben.

Es scheint zunächst so, daß die Menschen in jenem Zustand — da sie untereinander weder irgendeine Art moralischer[169] Beziehung noch erkannter Pflichten hatten — weder gut noch böse sein konnten und weder Laster noch Tugenden hatten; es sei denn, man nimmt diese Wörter in einem physischen Sinn und nennt Laster die Eigenschaften im Individuum, die seiner eigenen Erhaltung schaden können, und Tugenden jene, die zu ihr beitragen können; in welchem Fall man denjenigen am tugendhaftesten nennen müßte, der den einfachen Antrieben der Natur am wenigsten widerstünde[170]. Aber auch wenn wir uns vom

stehen können" (S. 166). Die Natur, „die alles aufs beste macht", gibt dem Menschen „unmittelbar nur die zu seiner Erhaltung notwendigen Begehren und die Fähigkeiten, die hinreichen, um sie zu befriedigen. Sie hat alle anderen wie auf Vorrat (comme en reserve) auf den Grund seiner Seele gelegt, damit sie sich dort im Bedarfsfalle entwickeln" (*Emile*, II, p. 304).

[169] Im weiteren Sinne: *geistig-seelischer* Beziehung. Cf. FN 120.

[170] Vergleiche die Definition, die Pufendorf von den Tugenden und den Lastern gibt: „TUGENDEN nennt man *jene Dispositionen des Herzens, die uns zu Handlungen veranlassen, welche geeignet sind, uns zu erhalten und die menschliche Gesellschaft zu unterhalten.* Dagegen versteht man unter LASTER die entgegengesetzten Dispositionen, *durch welche man veranlaßt wird, Dinge zu tun, die auf*

sens ordinaire, il est à propos de suspendre le jugement, que nous
pourrions porter sur une telle situation, et de nous defier de nos
Préjugés, jusqu'à ce que, la Balance à la main, on ait examiné s'il
y a plus de vertus que de vices parmi les hommes civilisés, ou si
leurs vertus sont plus avantageuses que leurs vices ne sont funestes,
ou si le progrès de leurs connoissances est un dédommagement
suffisant des maux qu'ils se font mutuellement, à mesure qu'ils
s'instruisent du bien qu'ils devroient se faire, ou s'ils ne seroient
pas, à tout prendre, dans une situation plus heureuse de n'avoir
ni mal à craindre ni bien à esperer de personne, que de s'être
soumis à une dépendance universelle, et de s'obliger à tout recevoir de ceux qui ne s'obligent à leur rien donner.

N'allons pas surtout conclure avec Hobbes que pour n'avoir
aucune idée de la bonté, l'homme soit naturellement méchant,
qu'il soit vicieux parce qu'il ne connoît pas la vertu, qu'il refuse
toujours à ses semblables des services qu'il ne croit pas leur devoir,
ni qu'en vertu du droit qu'il s'attribue avec raison aux choses dont
il a besoin, il s'imagine follement être le seul propriétaire de tout
l'Univers[171]. Hobbes a très bien vû le défaut de toutes les définitions
modernes du droit Naturel[172]: mais les conséquences qu'il tire
de la sienne, montrent qu'il la prend dans un sens, qui n'est pas
moins faux. En raisonnant sur les principes qu'il établit, cet
Auteur devoit dire que l'état de Nature étant celui où le soin de
nôtre conservation est le moins préjudiciable à celle d'autrui, cet

unsere Zerstörung und auf die der menschlichen Gesellschaft im allgemeinen hinzielen."
Ausdrücklich wendet sich Pufendorf gegen Hobbes, der in *De Homine*
(XIII, 8 und 9) „behauptet, daß *die gemeinsame Regel der Tugenden und der Laster
sich nur im bürgerlichen Leben findet; und daß es im Naturzustand keine solche Regel
gibt, die die Grenzen der Tugend und des Lasters festlegt.* Die Definition, die ich
gegeben habe, hat unstreitig im Naturzustand statt und schließt ebenso die
Regel alles dessen ein, was man in den bürgerlichen Gesellschaften als Akt
der Tugend empfehlen und vorschreiben muß" (*Droit de la nature*, I, 4, § 6). —
Zum „physischen Sinn" der an der Erhaltung des Individuums bemessenen
Tugenden und Laster cf. Spinoza: *Tractatus Theologico-Politicus*, XVI, Abschnitte 2 bis 5, und *Tractatus Politicus*, II, § 18, sowie Pufendorfs und Barbeyracs Kritik an Spinoza in *Droit de la nature*, II, 2, § 3 und note 7. Der
Naturalismus Rousseaus geht noch über das hinaus, was Pufendorf und Barbeyrac Spinoza zum Vorwurf gemacht haben.

gewöhnlichen Sinn nicht entfernen, ist es angebracht, das Urteil, das wir über eine derartige Lage fällen könnten, aufzuschieben und unseren Vorurteilen zu mißtrauen, bis man, mit der Waage in der Hand, geprüft hat, ob es unter den zivilisierten Menschen mehr Tugenden als Laster gibt; oder ob ihre Tugenden vorteilhafter sind als ihre Laster unheilvoll; oder ob der Fortschritt ihrer Kenntnisse eine hinreichende Entschädigung für die Übel ist, die sie sich wechselseitig in dem Maße zufügen, in dem sie sich über das Gute unterrichten, das sie einander tun sollten; oder ob sie, alles in allem genommen, nicht in einer glücklicheren Lage wären, weder von jemandem Übles zu befürchten noch Gutes zu erhoffen zu haben, als sich einer universellen Abhängigkeit unterworfen zu haben und sich zu verpflichten, alles von jenen zu empfangen, die sich nicht verpflichten, ihnen irgend etwas zu geben.

Schließen wir vor allem nicht mit Hobbes, daß der Mensch, weil er keine Vorstellung von der Güte hat, von Natur aus böse sei; daß er lasterhaft sei, da er die Tugend nicht kennt; daß er seinen Mitmenschen Dienste, die er ihnen nicht zu schulden glaubt, stets verweigere; noch, daß er sich, vermöge des Rechts, welches er sich mit Grund in bezug auf die Dinge beilegt, deren er bedarf, törichterweise einbilde, der alleinige Eigentümer des ganzen Universums zu sein[171]. Hobbes hat den Fehler aller modernen Definitionen des Naturrechts sehr gut gesehen[172], aber die Folgerungen, die er aus seiner eigenen Definition zieht, zeigen, daß er sie in einem Sinn versteht, der nicht minder falsch ist. Beim Nachdenken über die Prinzipien, die er aufstellt, hätte dieser Autor sagen müssen, daß, da der Naturzustand derjenige Zustand ist, in dem die Sorge um unsere Erhaltung der Erhaltung anderer am wenigsten ab-

---

[171] Cf. Hobbes: *De Cive*, Praef. ad lect. (*O.L.* II, p. 147 ff); I, 4, 10, 12; *Leviathan*, I, 13, 14. — Zu Rousseaus Position gegenüber dem *natürlichen Recht auf alles*, von dem Hobbes ausgeht und auf das sich die Wendung vom „alleinigen Eigentümer des ganzen Universums" polemisch bezieht, vergleiche auch *C.S.* I, 9: „Jeder Mensch hat von Natur aus ein Recht auf alles, *was ihm notwendig ist*; aber der positive Akt, der ihn zum Eigentümer eines Gutes macht, schließt ihn von allem übrigen aus." (Hervorhebung nicht im Original.)

[172] Vergleiche dazu die Bestimmungen der „modernen Definitionen", die Rousseau im Vorwort erörtert, und FN 58.

état étoit par conséquent le plus propre à la Paix, et le plus convenable au Genre-humain. Il dit précisément le contraire, pour
avoir fait entrer mal à propos dans le soin de la conservation de
l'homme Sauvage, le besoin de satisfaire une multitude de passions
qui sont l'ouvrage de la Société, et qui ont rendu les Loix nécessaires. Le mechant, dit-il, est un Enfant robuste[173]; Il reste à savoir
si l'Homme Sauvage est un Enfant robuste; Quand on le lui
accorderoit, qu'en concluëroit-il? Que si, quand il est robuste, cet
homme étoit aussi dépendant des autres que quand il est foible,
il n'y a sorte d'excès auxquels il ne se portât, qu'il ne battît sa Mére
lorsqu'elle tarderoit trop à lui donner la mamelle, qu'il n'étranglât
un de ses jeunes freres, lorsqu'il en seroit incommodé, qu'il ne
mordît la jambe à l'autre, lorsqu'il en seroit heurté ou troublé; mais
ce sont deux suppositions contradictoires dans l'état de Nature
qu'être robuste et dépendant; L'Homme est foible quand il est
dépendant, et il est émancipé avant que d'être robuste. Hobbes n'a
pas vû que la même cause qui empêche les Sauvages d'user de leur
raison, comme le prétendent nos Jurisconsultes, les empêche en

---

[173] „Wenn man den Kindern nicht alles gibt, was sie begehren, weinen
und zürnen sie, ja sie schlagen sogar ihre Eltern; und daß sie so handeln, haben
sie von der Natur. Dennoch sind sie frei von Schuld und nicht böse, erstens
weil sie nicht schaden können, ferner weil ihnen der Gebrauch der Vernunft
abgeht und sie daher aller Pflichten ledig sind. Wenn sie im Erwachsenen-
alter, nachdem sie schaden können, fortfahren so zu handeln, dann beginnen
sie, wahrhaft böse zu sein und auch zu Recht so genannt zu werden. So daß
ein böser Mann beinahe das gleiche ist wie ein kräftiges Kind (puer robustus /
a child grown strong) oder ein Mann mit einem kindischen Charakter (vir
animo puerili / man of a childish disposition) und die Bosheit das gleiche wie
ein Mangel an Vernunft (defectus rationis) in dem Alter, in dem sie den Menschen aufgrund ihrer Natur, die durch Erziehung und schlimme Erfahrungen
geleitet wird, zuzukommen pflegt. Wenn wir daher nicht sagen wollen, daß
die Menschen von der Natur böse geschaffen sind, weil sie ihre Erziehung
und den Gebrauch der Vernunft nicht von der Natur haben, so müssen wir
anerkennen, daß die Menschen Begierden, Furcht, Zorn und andere tierische
Leidenschaften von der Natur haben können und dennoch von der Natur
nicht böse geschaffen sind" (*De Cive*, Praef. ad lect., *O.L.* II, p. 148; cf. *E.W.*
II, p. XVI). Beachte den unmittelbaren Kontext der Stelle, aus dem deutlicher
hervorgeht, weshalb Rousseau sagen kann, Hobbes vertrete die Ansicht, daß
der Mensch von Natur aus böse sei. — Rousseaus Kritik zielt vor allem auf
zwei Punkte: Hobbes setzt für das Kind bzw. für den Menschen im Natur-

träglich ist, jener Zustand folglich für den Frieden am geeignetsten und für das Menschengeschlecht am angemessensten war. Er sagt genau das Gegenteil, weil er in die Sorge um die Erhaltung beim wilden Menschen unangebrachterweise das Bedürfnis hineingenommen hat, eine Vielzahl von Leidenschaften zu befriedigen, die das Werk der Gesellschaft sind und die die Gesetze notwendig gemacht haben. Der Böse, sagt er, ist ein kräftiges Kind[173]. Es ist noch die Frage, ob der wilde Mensch ein kräftiges Kind ist. Gestände man es ihm zu, was würde er daraus folgern? Daß, falls dieser Mensch, wenn er kräftig ist, von anderen ebenso abhängig wäre, wie wenn er schwach ist, es keine Art von Exzessen gibt, zu denen er sich nicht hinreißen ließe, daß er seine Mutter schlagen würde, wenn sie ihm die Brust zu langsam gäbe; daß er einen seiner jüngeren Brüder erwürgen würde, wenn er von ihm belästigt würde; daß er den anderen ins Bein bisse, wenn er von ihm gestoßen oder gestört würde; aber kräftig sein und abhängig sein, sind im Naturzustand zwei sich widersprechende Annahmen. Der Mensch ist schwach, wenn er abhängig ist, und er ist emanzipiert, ehe er kräftig ist. Hobbes hat nicht gesehen, daß dieselbe Ursache, welche die Wilden hindert, ihre Vernunft zu gebrauchen, wie es

zustand eine im Kern böse, prinzipiell fertige, durch soziale Leidenschaften bestimmte Natur voraus, die aktuell böse wird, sofern das Vermögen, sie auszuleben, nicht der Herrschaft der Vernunft (bzw. des Staates) untersteht. Er verkennt damit (1), daß der Mensch im anfänglichen Naturzustand die Leidenschaften, welche die Gesellschaft oder die Möglichkeit, affektive Beziehungen zu anderen Menschen zu entwickeln, voraussetzen, nicht nur nicht ausleben, sondern überhaupt nicht haben kann. (2) Das Bösesein des Menschen erwächst wesentlich aus seiner Schwäche, das heißt präziser: aus jener Schwäche, die in seiner Abhängigkeit von anderen Menschen beschlossen liegt. Der wahrhaft Starke, derjenige, dessen Begehren und dessen Fähigkeiten sich in einem Zustand des Gleichgewichts befinden und der sich selbst genügt, ist in einem fundamentalen Sinne unabhängig. Er ist vom Geist der Herrschaft und vom Geist der Knechtschaft gleich weit entfernt, er ist frei vom Ressentiment des *amour-propre* und also gut. Im *Emile* nimmt Rousseau seine Kritik noch einmal auf: „Als Hobbes den Bösen ein kräftiges Kind nannte, sagte er etwas absolut Widersprüchliches. Jede Bosheit rührt von Schwäche her; das Kind ist nur böse, weil es schwach ist, macht es stark und es wird gut sein: der, der alles könnte, würde niemals Böses tun. Von allen Attributen der allmächtigen Gottheit ist die Güte dasjenige, ohne welches man sie sich am wenigsten vorstellen kann" (I, p. 288).

même tems d'abuser de leurs facultés, comme il le prétend lui-
même; de sorte qu'on pourroit dire que les Sauvages ne sont pas
méchans précisément, parce qu'ils ne sçavent pas ce que c'est
qu'être bons; car ce n'est ni le développement des lumiéres, ni le
frein de la Loi, mais le calme des passions, et l'ignorance du vice
qui les empêche[174] de mal faire; *tantò plus in illis proficit vitiorum
ignoratio, quàm in his cognitio virtutis*[175]. Il y a d'ailleurs un autre
Principe que Hobbes n'a point apperçû et qui, ayant été donné à
l'homme pour adoucir, en certaines circonstances, la férocité de
son amour propre[176], ou le désir de se conserver avant la naissance
de cet amour, (XV*) tempere l'ardeur qu'il a pour son bien-être
par une répugnance innée à voir souffrir son semblable. Je ne crois
pas avoir aucune contradiction à craindre, en accordant à l'homme
la seule vertu Naturelle, qu'ait été forcé de reconnoître le De-
tracteur le plus outré des vertus humaines[177]. Je parle de la Pitié,

---

[174] Ed. 1782: qui les empêchent (Variante nicht in *OCP*.)

[175] *Um so viel mehr bewirkt bei jenen die Unkenntnis der Laster als bei diesen die
Kenntnis der Tugend.* Das Zitat des römischen Historikers Iustinus findet sich
sowohl bei Grotius: *Droit de la guerre*, II, 2, § 2, note 6, als auch bei Pufendorf: *Droit de la nature*, II, 3, § 7, note 5. Es ist einer ausführlichen Beschreibung der Skythen entnommen, von denen Iustinus u. a. sagt: Sie „haben keine
Grenzen untereinander. Sie betreiben nämlich keinen Ackerbau, noch haben
sie irgendein Haus, ein Dach oder einen festen Wohnsitz, sondern sie weiden
immer ihre Rinder- und Schafherden und sind es gewohnt, in unbebauten
Einöden umherzuschweifen [...] Die Gerechtigkeit (iustitia) wird durch die
Sinnesart des Volkes, nicht durch Gesetze aufrechterhalten [...] Gold und
Silber begehren sie nicht im selben Maße wie die übrigen Menschen. Sie
nähren sich von Milch und Honig. Der Gebrauch von Wolle und Kleidern
ist ihnen unbekannt, und obwohl ihnen von ständigen Frösten hart zugesetzt
wird, verwenden sie doch nur die Felle des Wildes und der Marder. Diese
Bedürfnislosigkeit ihrer Lebensweise bewirkt auch ihre Gerechtigkeit, denn
sie begehren nicht nach fremdem Gut; Gier nach Reichtümern gibt es nämlich
bloß dort, wo man von ihnen Gebrauch macht [...] Ganz und gar wundersam erscheint es, daß die Natur den Skythen das schenkt, was die Griechen
durch die lange Lehre der Weisen und die Gebote der Philosophen nicht zu
erlangen vermögen, und daß ihre kultivierten Sitten im Vergleich mit jenem
unkultivierten Barbarenvolk ausgestochen werden. Um so viel mehr bewirkt
bei jenen die Unkenntnis der Laster als bei diesen die Kenntnis der Tugend."
M. Iuniani Iustini Epitoma Historiarum Philippicarum Pompei Trogi, II, 2 (Ed.
Otto Seel, Stuttgart, 1972, p. 18 f). Cf. Rousseaus lobende Erwähnung der
Skythen im *Ersten Discours*, p. 11 und 20.

unsere Rechtsgelehrten behaupten, sie gleichzeitig hindert, ihre
Fähigkeiten zu mißbrauchen, wie er selbst es behauptet; so daß
man sagen könnte, daß die Wilden präzise deshalb nicht böse sind,
weil sie nicht wissen, was gut sein ist; denn weder die Entwicklung
der Einsicht und Aufgeklärtheit noch der Zaum des Gesetzes,
sondern das Ruhen der Leidenschaften und die Unkenntnis des
Lasters hindern sie daran, Böses zu tun; *tanto plus in illis proficit
vitiorum ignoratio, quam in his cognitio virtutis*[175]. Es gibt im übrigen
noch ein anderes Prinzip, das Hobbes nicht bemerkt hat und das —
da es dem Menschen gegeben worden ist, um unter bestimmten
Umständen die Grimmigkeit seiner Eigenliebe[176] oder das Verlangen nach Selbsterhaltung vor der Entstehung dieser Liebe
(XV*) zu mildern — den Eifer, den er für sein Wohlbefinden
hegt, durch einen angeborenen Widerwillen mäßigt, seinen Mitmenschen leiden zu sehen. Ich glaube nicht, irgendeinen Widerspruch befürchten zu müssen, wenn ich dem Menschen die einzige
natürliche Tugend zuspreche, die der überspannteste Herab-
setzer der menschlichen Tugenden[177] anzuerkennen gezwungen

[176] Die Unterscheidung zwischen dem *amour de soi*, der natürlichen, unmittelbar gelebten *Selbstliebe* einerseits und dem *amour-propre*, der gesellschaftlich
entstandenen, über den vergleichenden Bezug auf andere vermittelten *Eigenliebe* andererseits ist für Rousseaus Anthropologie von zentraler Bedeutung
(cf. neben Anmerkung XV die FN 110 und 173). Vergleiche zur Stelle im
Text Pufendorfs Behandlung der Eigenliebe, die der Mensch nach Pufendorf mit den entwickelten Tieren gemeinsam hat, in *Droit de la nature*, II, 3,
§ 14 und die Darstellung des Zusammenhangs zwischen der Eigenliebe und
der Soziabilität in § 16 desselben Kapitels. (Barbeyrac übersetzt Pufendorfs
amor sui mit *amour-propre*.)

[177] Gemeint ist Bernard Mandeville, der in seinem Werk *The Fable of the
Bees or Private Vices, Publick Benefits* (1714) zu zeigen versucht, daß den menschlichen Tugenden eigennützige Antriebe — Eitelkeit, Stolz, das Streben nach
Ruhm und Ansehen — zugrunde liegen. Innerhalb einer längeren Erörterung
der Barmherzigkeit sagt Mandeville: „Diese Tugend wird oft durch eine
Leidenschaft von uns vorgegeben (counterfeited), die *Mitleid* oder *Erbarmen*
genannt wird und die in einem Mitgefühl und Anteilnehmen beim Mißge-
schick und Unglück anderer besteht: Alle Menschen werden von ihr mehr
oder weniger affiziert; aber die schwächsten Geister im allgemeinen am
meisten. Sie wird in uns hervorgerufen, wenn die Leiden und das Elend
anderer Geschöpfe einen so gewaltigen Eindruck auf uns machen, daß sie
uns unruhig machen. Sie wird uns entweder durch das Auge oder durch das

disposition convenable à des êtres aussi foibles, et sujets à autant
de maux que nous le sommes; vertu d'autant plus universelle et
d'autant plus utile à l'homme, qu'elle précede en lui l'usage de
toute réflexion, et si Naturelle que les Bêtes mêmes en donnent
quelquefois des signes sensibles. Sans parler de la tendresse des
Méres pour leurs petits, et des périls qu'elles bravent, pour les en
garantir, on observe tous les jours la répugnance qu'ont les Chevaux
à fouler aux pieds un Corps vivant; Un animal ne passe point sans
inquiétude auprès d'un animal mort de son Espéce: Il y en a même
qui leur donnent une sorte de sepulture; Et les tristes mugissemens
du Bétail entrant dans une Boucherie, annoncent l'impression
qu'il reçoit de l'horrible spectacle qui le frappe. On voit avec plaisir
l'auteur de la Fable des Abeilles, forcé de reconnoître l'homme
pour un Etre compatissant et sensible, sortir dans l'exemple qu'il
en donne, de son stile froid et subtil, pour nous offrir la pathétique
image d'un homme enfermé qui apperçoit au dehors une Bête
féroce, arrachant un Enfant du sein de sa Mére, brisant sous sa
dent meurtriére les[178] foibles membres, et déchirant de ses ongles
les entrailles palpitantes de cet Enfant. Quelle affreuse agitation
n'éprouve point ce témoin d'un évenement auquel il ne prend
aucun intérêt personnel? Quelles angoisses ne souffre-t-il pas à
cette veüe, de ne pouvoir porter aucun secours à la Mére éva-
noüie, ni à l'Enfant expirant?[179]

Ohr oder durch beides vermittelt; und je näher und heftiger der Gegenstand
des Erbarmens jene Sinne trifft, um so größere Aufregung ruft sie in uns
hervor, oft in einem solchen Ausmaß, daß sie große Pein und Angst verursacht" (Ed. F. B. Kaye, Oxford, ²1957, Bd. I, p. 254 f.).

[178] Ed. 1782: ses / dessen (Variante nicht in *OCP*.)

[179] Mit geringfügigen Abweichungen (bei Mandeville ist nur von einem
Kind, nicht von einer in Ohnmacht sinkenden Mutter die Rede) faßt Rousseau
ein lebhaft ausgemaltes Beispiel zusammen, anhand dessen Mandeville die
in FN 177 zitierte Feststellung zum Mitleid erläutert. Mandeville kommentiert sein „pathetisches Bild" folgendermaßen: „Man zeige mir die strahlend-
ste Tugend, die die Moralisten zu rühmen haben, die für die Person, welche
von ihr beherrscht wird, oder für jene, die deren Handlungen betrachten, so
offenkundig wäre: Man zeige mir den Mut oder die Vaterlandsliebe, die
so ersichtlich ohne Beimischung, gereinigt und unterschieden wären — der
erstere von Stolz und Zorn, die letztere von der Liebe zum Ruhm und von
jedem Schatten des Eigennutzes —, wie dieses Mitleid von allen anderen

gewesen ist. Ich spreche vom Mitleid — einer Disposition, die
für so schwache und so vielen Übeln ausgesetzte Wesen, wie wir
es sind, angemessen ist; eine dem Menschen um so universellere
und um so nützlichere Tugend, als sie bei ihm dem Gebrauch jeder
Reflexion vorausgeht, und eine so natürliche, daß selbst die Tiere
manchmal wahrnehmbare Zeichen davon geben. Ohne von der
Zärtlichkeit der Mütter für ihre Jungen und von den Gefahren zu
sprechen, denen sie trotzen, um sie vor diesen zu beschützen,
beobachtet man täglich den Widerwillen der Pferde, einen lebenden
Körper mit Füßen zu treten. Ein Tier geht nicht ohne Unruhe an
einem toten Tier seiner Art vorüber: Es gibt sogar welche, die
ihnen eine Art von Begräbnis zuteil werden lassen; und das traurige Brüllen des Viehs, wenn es in ein Schlachthaus hineinkommt,
weist auf den Eindruck hin, den es von dem entsetzlichen Schauspiel erhält, das sich ihm eröffnet. Man sieht mit Vergnügen,
wie der Autor der *Bienenfabel*, gezwungen den Menschen als ein
mitleidvolles und empfindendes Wesen anzuerkennen, sich in dem
Beispiel, das er dafür gibt, von seinem kalten und subtilen Stil löst,
um uns das pathetische Bild eines eingeschlossenen Menschen zu
zeigen, der draußen ein grimmiges Tier sieht, wie es ein Kind von
der Brust seiner Mutter reißt, die[178] schwachen Glieder mit seinem mörderischen Zahn zerbricht und die zuckenden Eingeweide
dieses Kindes mit seinen Krallen zerfetzt. Welche fürchterliche
Gemütsbewegung muß dieser Zeuge eines Ereignisses durchleben,
an dem er keinerlei persönliches Interesse nimmt! Welche Ängste
muß er bei diesem Anblick durchleiden, außerstande, der in Ohnmacht gesunkenen Mutter oder dem sterbenden Kind irgendwelche
Hilfe zu leisten![179]

Leidenschaften gereinigt und unterschieden wäre. Es bedürfte keiner Tugend
oder Selbstverleugnung, um bei solch einem Anblick ergriffen zu werden;
und nicht nur ein Mensch von Menschlichkeit, guten Sitten und Mitgefühl,
sondern ebenso ein Straßenräuber, ein Einbrecher oder ein Mörder könnte bei
einer solchen Gelegenheit Ängste empfinden" (Ed. Kaye, I, p. 255 f). Das Mitleid ist für Mandeville ausdrücklich eine Leidenschaft und keine Tugend,
wobei er unter Tugend „jedes Verhalten" versteht, „durch das der Mensch
sich, entgegen dem Antrieb der Natur, aus einem rationalen Bestreben, gut
zu sein, um den Vorteil anderer oder um den Sieg über seine eigenen Leidenschaften" bemüht (I, p. 48 f). „Obwohl das Mitleid die sanfteste und die am

Tel est le pur mouvement de la Nature, anterieur à toute réflexion: telle est la force de la pitié naturelle, que les mœurs les plus
dépravées ont encore peine à détruire, puisqu'on voit tous les
jours dans nos spectacles s'attendrir et pleurer aux malheurs d'un
infortuné, tel, qui, s'il étoit à la place du Tiran, aggraveroit encore
les tourmens de son ennemi; [180]semblable au sanguinaire Sylla[181],
si sensible aux maux qu'il n'avoit pas causés, ou à cet Alexandre de
Phére[182] qui n'osoit assister à la représentation d'aucune tragédie,
de peur qu'on ne le vît gémir avec Andromaque et Priam, tandis
qu'il écoutoit sans émotion les cris de tant de citoyens qu'on égor-
geoit tous les jours par ses ordres.

> *Molissima corda*
> *Humano generi dare se Natura fatetur,*
> *Quae lacrymas dedit*[183].

_____

wenigsten verderbliche von allen unseren Leidenschaften ist, ist es doch ebensosehr eine Schwachheit unserer Natur wie der Zorn, der Stolz oder die
Furcht [...] Man muß zugeben, daß es von allen unseren Schwächen die
liebenswürdigste ist und der Tugend am meisten ähnlich sieht; ja, ohne eine
beträchtliche Beimischung von ihm könnte die Gesellschaft schwerlich fortbestehen: Aber da es ein Antrieb der Natur ist, der weder das öffentliche Interesse noch unsere eigene Vernunft zu Rate zieht, kann es ebensogut Übles wie
Gutes hervorbringen" (I, p. 56). — Die Übereinstimmung Rousseaus mit
Mandeville reicht erheblich weiter, als die erste Apostrophierung Mandevilles
im Text vermuten läßt. Insbesondere geht er mit ihm einig, daß das Mitleid
keine Tugend in einem moralischen Verstande genannt werden kann. Zur
Frage, inwiefern Rousseau vom Mitleid gleichwohl als von der „einzigen
natürlichen Tugend", die Mandeville „anzuerkennen gezwungen gewesen
ist," zu sprechen vermag, vergleiche FN 170 und S. 150.

[180] Die folgende nähere Erläuterung der „Macht des natürlichen Mitleids",
einschließlich des Juvenal-Zitats, ist eine Einfügung der Ed. 1782. Der ursprüngliche Text fährt ohne Absatz fort mit *Mandeville a bien senti* ...

[181] Lucius Cornelius Sulla (138—78), ein römischer General, der nach sieg-
reichem Bürgerkrieg Diktator in Rom wurde und seine Gegner rücksichtslos
verfolgen und umbringen ließ. Cf. Plutarch: *Sulla*, 30.

[182] „Alexander, der Tyrann von Pherae, konnte es nicht ertragen, im
Theater dem Spiel der Tragödien zuzuhören, aus Furcht, daß seine Bürger
ihn über das Leid und Unheil von Hekuba und Andromache wehklagen
sähen; er, der ohne Mitleid täglich so viele Leute grausam ermorden ließ."
Montaigne: *Essais*, II, 27 *(Couardise mère de la cruauté)*, p. 671. Die zugrunde-
liegende Quelle ist Plutarch: *Pelopidas*, 29. — Vergleiche zur „Macht des
natürlichen Mitleids", die Rousseau mit seinem Hinweis auf Sulla und Ale-

Dies ist die reine Regung der Natur, die jeder Reflexion vorausliegt; dies ist die Macht des natürlichen Mitleids, das die depraviertesten Sitten noch Mühe haben zu zerstören, da man in unseren Theatern täglich sieht, wie manch einer sich vom Leid und Unheil eines Unglücklichen rühren läßt und darüber weint, der, wäre er an der Stelle des Tyrannen, die Qualen seines Feindes noch verschärfen würde, [180]gleich dem blutdürstigen Sulla[181], der gegen Leiden, die er nicht verursacht hatte, so empfindlich war, oder jenem Alexander von Pherae[182], der es nicht wagte, der Aufführung irgendeiner Tragödie beizuwohnen, aus Furcht, daß man ihn mit Andromache und Priamos wehklagen sähe, während er die Schreie so vieler Bürger, die man täglich auf seine Befehle hin umbrachte, unbewegt mitanhörte.

> *Mollissima corda*
> *Humano generi dare se natura fatetur,*
> *Quae lacrimas dedit*[183].

xander illustriert, die Verwendung derselben Beispiele in der *Lettre à d'Alembert sur les spectacles* (1758): „Ich höre sagen, die Tragödie führe durch den Schrecken zum Mitleid; das mag sein, aber was ist dieses Mitleid? Ein flüchtiges und eitles Gefühl, das nicht länger andauert als die Illusion, die es hervorgebracht hat; ein Rest von natürlichem Gefühl, bald erstickt durch die Leidenschaften; ein steriles Mitleid, das mit einigen Tränen abgegolten ist und niemals den geringsten Akt der Menschlichkeit hervorgebracht hat. So weinte der blutdürstige Sulla beim Bericht der Leiden, die er nicht selbst zugefügt hatte. So versteckte sich der Tyrann von Pherae im Theater, aus Furcht, daß man ihn mit Andromache und Priamos wehklagen sähe, während er die Schreie so vieler Unglücklicher, die man täglich auf seine Befehle hin umbrachte, unbewegt mitanhörte" (p. 32).

[183] Ende der Einfügung von Ed. 1782. — *Die Natur, die dem Menschengeschlecht die Tränen gab, bekennt damit, daß sie ihm die weichsten Herzen gibt.* Juvenal: *Satiren*, XV, 131—133. Juvenal schildert in der XV. Satire die grausame Fehde zweier ägyptischer Stämme, der „Ombi" und „Tentyra", die, von religiösem Fanatismus und grenzenlosem Haß genährt, in kollektivem Kannibalismus kulminiert: Ein Feind wird von der Menge aus reinem Vergnügen zerrissen und roh aufgefressen. Im unmittelbaren Anschluß an die Stelle, die Rousseau zitiert, sagt Juvenal, daß das Mitleid die Menschen von den Tieren unterscheide, die freilich anders als der Mensch ihre Artgenossen nicht töteten. Das Mitleid und alle Tränen hindern die Menschen nicht im mindesten, die hartherzigsten Grausamkeiten zu begehen. Die Raubtiere leben dagegen „in beständigem Frieden" untereinander.

Mandeville a bien senti qu'avec toute leur morale les hommes n'eussent jamais été que des monstres, si la Nature ne leur eût donné la pitié à l'appui de la raison: mais il n'a pas vû que de cette seule qualité découlent toutes les vertus sociales qu'il veut disputer aux hommes. En effet, qu'est-ce que la générosité, la Clemence, l'Humanité, sinon la Pitié appliquée aux foibles, aux coupables, ou à l'espéce humaine en général? La Bienveillance et l'amitié même sont, à le bien prendre, des productions d'une pitié constante, fixée sur un objet particulier: car désirer que quelqu'un ne souffre point, qu'est-ce autre chose, que désirer qu'il soit heureux? Quand il seroit vrai que la commiseration ne seroit qu'un sentiment qui nous met à la place de celui qui souffre, sentiment obscur et vif dans l'homme Sauvage, développé, mais foible dans l'homme Civil, qu'importeroit cette idée à la verité de ce que je dis, sinon de lui donner plus de force? En effet, la commiseration sera d'autant plus énergique que l'animal Spectateur s'identifiera plus intimement avec l'animal souffrant[184]: Or il est évident que cette

---

[184] Daß das Mitleid des soziablen Menschen ein Gefühl ist, das ihn „an die Stelle dessen versetzt, der leidet", ist der zentrale Kern der Mitleids-Theorie, die Rousseau im *Essai sur l'origine des langues* und im *Emile* entwickelt. „Die sozialen Affekte entwickeln sich nur mit unserer Einsicht (lumières). Das Mitleid, obwohl dem Herzen des Menschen natürlich, bliebe auf ewig inaktiv ohne die Einbildungskraft (imagination), die es in Gang setzt. Wie lassen wir uns zum Mitleid bewegen? Indem wir uns außerhalb unserer selbst versetzen; indem wir uns mit dem Wesen, das leidet, identifizieren. Wir leiden nur soweit, wie wir meinen, daß es leide; nicht in uns, in ihm leiden wir. Man bedenke, wie viele erworbene Kenntnisse dieses Sich-Versetzen voraussetzt. Wie sollte ich mir Leiden vorstellen (comment imaginerois-je), von denen ich keine Vorstellung (idée) habe? Wie sollte ich leiden, indem ich einen anderen leiden sehe, wenn ich nicht einmal weiß, daß er leidet, wenn mir unbekannt ist, was es zwischen ihm und mir Gemeinsames gibt? Derjenige, der niemals reflektiert hat, kann weder milde noch gerecht noch mitleidsvoll sein: er kann ebensowenig böse und rachsüchtig sein. Derjenige, der sich nichts vorstellt (n'imagine rien), fühlt nur sich selbst; er ist allein inmitten des Menschengeschlechts" (*Essai*, IX, p. 93). Im *Emile* nennt Rousseau das Mitleid „das erste relative Gefühl, das das menschliche Herz nach der Ordnung der Natur rührt. Um empfindsam und mitleidsvoll zu werden, muß das Kind wissen, daß es Wesen gibt gleich ihm, die leiden, was es gelitten hat, die die Schmerzen empfinden, die es empfunden hat, und andere, von denen es die Vorstellung haben muß, daß sie sie ebenfalls empfinden

Mandeville hat gut erfaßt, daß die Menschen mit all ihrer Moral nie etwas anderes als Ungeheuer gewesen wären, wenn die Natur ihnen nicht das Mitleid zur Stütze der Vernunft gegeben hätte; aber er hat nicht gesehen, daß aus dieser Eigenschaft allein sich alle gesellschaftlichen Tugenden ergeben, die er den Menschen streitig machen will. In der Tat, was ist die Großmut, die Milde, die Menschlichkeit, wenn nicht das auf die Schwachen, die Schuldigen oder die menschliche Art im allgemeinen angewandte Mitleid? Das Wohlwollen und selbst die Freundschaft sind, recht verstanden, Erzeugnisse eines konstanten, auf einen besonderen Gegenstand fixierten Mitleids: denn zu wünschen, daß einer nicht leide, was heißt das anderes als zu wünschen, daß er glücklich sei? Selbst wenn es wahr wäre, daß das Mitleid nur ein Gefühl wäre, das uns an die Stelle dessen versetzt, der leidet — ein Gefühl, das im wilden Menschen dunkel und lebhaft, im bürgerlichen Menschen entwickelt, aber schwach ist —, was würde diese Vorstellung für die Wahrheit dessen, was ich sage, bedeuten, außer daß sie ihr zusätzlich Kraft verliehe? In der Tat, das Mitleid wird um so nachdrücklicher sein, je inniger sich das Tier, das zusieht, mit dem Tier, das leidet, identifiziert[184]: Nun ist evident, daß diese

---

können. In der Tat, wie lassen wir uns zum Mitleid bewegen, wenn nicht dadurch, daß wir uns außerhalb unserer selbst versetzen und uns mit dem Tier identifizieren, das leidet? Dadurch, daß wir sozusagen unser Sein verlassen, um das seinige anzunehmen? Wir leiden nur soweit, wie wir meinen, daß es leide; nicht in uns, in ihm leiden wir. So wird niemand empfindsam, ehe seine Einbildungskraft sich regt und ihn außerhalb seiner selbst zu versetzen beginnt" (IV, p. 505/506). Das Mitleid, soll es *aktiv* werden, hat eine aktive Einbildungskraft zur Voraussetzung, die dem Menschen im ersten Naturzustand fehlt. Als wesentlich *relatives* Gefühl weist es außerdem eine wichtige strukturelle Gemeinsamkeit mit dem *amour-propre* auf. Wenn Rousseau die *pitié* wiederholt als Gegenspielerin des *amour-propre* herausstellt, so ist zu beachten, daß die Eigenliebe für das Mitleid in seiner entwickelten Form selbst eine bedeutsame Rolle spielt, daß sie in dieser Gegenüberstellung *auf beiden Seiten* als Antrieb wirksam ist: „Wenn unsere gemeinsamen Bedürfnisse uns durch Eigennutz (intérét) vereinen, so vereint uns unser gemeinsames Elend durch Zuneigung (affection). Der Anblick eines glücklichen Menschen flößt den anderen weniger Liebe als Neid ein; man würde ihn gerne anklagen, er usurpiere ein Recht, das ihm nicht zusteht, indem er sich ein exklusives Glück schafft; und die Eigenliebe leidet auch noch, weil sie uns empfinden läßt, daß dieser Mensch uns nicht nötig hat. Aber wer beklagt

identification a dû être infiniment plus étroite dans l'état de Nature que dans l'état de raisonnement. C'est la raison qui engendre l'amour propre, et c'est la réflexion qui le fortifie[185]; C'est elle qui replie l'homme sur lui même; c'est elle qui le separe de tout ce qui le gêne et l'afflige: C'est la Philosophie qui l'isole; c'est par elle qu'il dit en secret, à l'aspect d'un homme souffrant, peris si tu veux, je suis en sureté. Il n'y a plus que les dangers de la société entiére qui troublent le sommeil tranquile du Philosophe, et qui l'arrachent de son lit. On peut impunément égorger son semblable sous sa fenestre; il n'a qu'à mettre ses mains sur ses oreilles et s'argumenter un peu[186], pour empêcher la Nature qui se revolte en lui, de l'identifier avec celui qu'on assassine. L'homme Sauvage n'a point cet admirable talent; et faute de sagesse et de raison, on le voit toujours se livrer étourdiment au premier sentiment de l'Humanité. Dans les Emeutes, dans les querelles des Rües, la Populace s'assemble, l'homme prudent s'éloigne: C'est la canaille, ce sont les femmes des Halles, qui séparent les combatants, et qui empêchent les honnêtes gens de s'entr'égorger.

Il est donc bien certain que la pitié est un sentiment naturel,

---

nicht den Unglücklichen, den er leiden sieht? Wer wollte ihn nicht von seinen Leiden befreien, wenn es nur einen Wunsch kostete? Die Einbildungskraft versetzt uns eher an den Platz des elenden als an den des glücklichen Menschen; man empfindet, daß der eine dieser Zustände uns näher berührt als der andere. Das Mitleid ist süß, weil man, indem man sich an den Platz desjenigen versetzt, der leidet, gleichwohl das Vergnügen empfindet, nicht zu leiden wie er" (*Emile*, IV, p. 503/504). Vergleiche vor diesem Hintergrund die Beispiele, die Rousseau im *Discours* anführt, um die „Macht des natürlichen Mitleids" zu erläutern, und cf. *Lettre à Philopolis* (S. 476): „Das Mitleid ist ein solch köstliches Gefühl, daß es nicht erstaunlich ist, daß man es zu empfinden sucht."

[185] Cf. FN 110 und 453.

[186] Die Wendung *s'argumenter* ist Rousseau eigentümlich. Der *Littré*, der nur die hier kommentierte Stelle anführt, erläutert sie mit *se faire une raison* (sich ins „Unabänderliche" schicken). Der Vorgang, den Rousseau im Auge hat, wird heute gemeinhin als Rationalisierung bezeichnet. Vergleiche zu dieser Passage Rousseaus rückblickende Stellungnahme in den *Confessions* (S. 492, FN 5). — Rousseaus Kritik an der Philosophie und den Philosophen setzt mit dem *Ersten Discours* ein und wird in den darauffolgenden kleineren Schriften zusehends schärfer. Im *Préface de Narcisse* heißt es schließlich: „Der Geschmack an der Philosophie lockert alle Bande der Wertschätzung und des

Identifikation im Naturzustand unendlich viel enger gewesen sein
muß als im Zustand der Vernunfterwägung. Die Vernunft erzeugt die Eigenliebe und die Reflexion verstärkt sie[185]; sie läßt
den Menschen sich auf sich selbst zurückziehen; sie trennt ihn von
allem, was ihm lästig ist und ihn betrübt. Die Philosophie isoliert
ihn; ihretwegen sagt er beim Anblick eines leidenden Menschen
insgeheim: Stirb, wenn du willst, ich bin in Sicherheit. Nur mehr
die Gefahren für die ganze Gesellschaft können den ruhigen
Schlaf des Philosophen stören und ihn aus seinem Bett reißen.
Man kann seinen Mitmenschen unter seinem Fenster ungestraft
umbringen; er braucht sich nur die Ohren zuzuhalten und sich
ein paar Argumente zurechtzulegen[186], um die Natur, die sich
in ihm empört, daran zu hindern, ihn mit dem zu identifizieren,
den man meuchlings ermordet. Der wilde Mensch hat dieses
bewundernswerte Talent nicht, und aus Mangel an Weisheit und
Vernunft sieht man ihn stets sich unbesonnen dem ersten Gefühl
der Menschlichkeit überlassen. Bei den Unruhen, bei den Streitereien in den Straßen läuft der Pöbel zusammen, der kluge Mensch
entfernt sich; es ist die Kanaille, es sind die Marktweiber, welche
die Kämpfenden trennen und die rechtschaffenen Leute daran
hindern, einander umzubringen.

Es ist also ganz gewiß, daß das Mitleid ein natürliches Gefühl

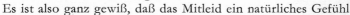

Wohlwollens, die die Menschen an die Gesellschaft binden, und das ist vielleicht das gefährlichste der Übel, die sie erzeugt [. . .] Durch das viele Reflektieren über die Menschlichkeit, durch das viele Beobachten der Menschen
lernt der Philosoph, sie nach ihrem Wert einzuschätzen, und es ist schwierig,
viel Zuneigung für das zu haben, was man geringschätzt. Bald vereinigt er
alles Interesse in seiner Person, das die tugendhaften Menschen mit ihren
Mitmenschen teilen: Seine Geringschätzung für die anderen fördert seinen
Stolz: Seine Eigenliebe nimmt im selben Verhältnis zu wie seine Gleichgültigkeit gegenüber dem Rest der Welt. Die Familie, das Vaterland werden für
ihn sinnleere Wörter: Er ist weder Verwandter noch Bürger noch Mensch;
er ist Philosoph" (p. 967). Doch auch in der Schrift, die die härtesten Angriffe
auf „die Philosophie" enthält, versäumt Rousseau es nicht, zwischen „den
Philosophen" und den „wahren Philosophen" (p. 966) bzw. zwischen den
Philosophen und den „Halbphilosophen" (p. 969, note) zu differenzieren.
Den *philosophes* stehen die *génies sublimes*, die *ames privilégiées* (p. 970) gegenüber. Vergleiche dazu *Erster Discours*, p. 29, sowie in unserem Text S. 150
und in der *Lettre à Philopolis* S. 462 mit S. 472.

qui modérant dans chaque individu l'activité de l'amour de soi
même, concourt à la conservation mutuelle de toute l'espéce. C'est
elle, qui nous porte sans réflexion au secours de ceux que nous
voyons souffrir: c'est elle qui, dans l'état de Nature, tient lieu de
Loix, de mœurs, et de vertu, avec cet avantage que nul n'est tenté
de désobéir à sa douce voix: C'est elle qui détournera tout Sauvage
robuste d'enlever à un foible enfant, ou à un vieillard infirme, sa
subsistance acquise avec peine, si lui-même espere pouvoir trouver
la sienne ailleurs: C'est elle qui, au lieu de cette maxime sublime
de justice raisonnée; *Fais à autrui comme tu veux qu'on te fasse*[187],
inspire à tous les Hommes cette autre maxime de bonté naturelle[188]
bien moins parfaite, mais plus utile peut-être que la précédente.
Fais ton bien avec le moindre mal d'autrui qu'il est possible. C'est en un
mot, dans ce sentiment Naturel, plûtôt que dans des argumens
subtils, qu'il faut chercher la cause de la répugnance que tout
homme éprouveroit à mal faire, même indépendamment des maximes de l'éducation. Quoi qu'il puisse appartenir à Socrate, et
aux Esprits de sa trempe, d'acquérir de la vertu par raison, il y a
longtemps que le Genre-humain ne seroit plus, si sa conservation
n'eût dépendu que des raisonnemens de ceux qui le composent.

Avec des passions si peu actives, et un frein si salutaire, les
hommes plûtôt farouches que méchans, et plus attentifs à se garantir du mal qu'ils pouvoient recevoir, que tentés d'en faire à autrui,

[187] Die „erhabene Maxime der durch Vernunft erschlossenen Gerechtigkeit", an deren Stelle Rousseau „die Maxime der natürlichen Güte" setzt, ist
identisch mit einem der zentralen Gebote der Bergpredigt: „Alles nun, was
ihr wollt, daß euch die Leute tun sollen, das tut ihr ihnen auch. Das ist das
Gesetz und die Propheten." (*Matthäus* VII, 12, *Lukas* VI, 31). Die Naturrechtslehrer beziehen sich wiederholt auf dieses Gebot. Im Frontispiz zu Cumber-
lands *Traité* figuriert die „erhabene Maxime", samt Angabe „Matthäus VII,
12", gleich neben der Titelseite als Leitsatz des ganzen Werkes. Cf. Pufendorf: *Droit de la nature*, II, 3, § 13, und Barbeyracs note 10. Vergleiche außerdem die Verwendung, die Hobbes von der populären, negativen Fassung
der Goldenen Regel — „Was du nicht willst, daß man dir tu, das füg' auch
keinem andern zu" — macht (*De Cive*, III, 26 und *Leviathan*, I, 15, p. 103),
und beachte, daß Rousseau demgegenüber ausdrücklich auf die biblische
Form zurückgreift. Im Genfer Manuskript des *Contrat social* übt Rousseau
offene Kritik an der „erhabenen Maxime". Eine Kritik, die er in den später
veröffentlichten Text nicht übernimmt (p. 329; cf. *Emile*, IV, p. 523, note). —

ist, das, da es in jedem Individuum die Aktivität der Selbstliebe
mäßigt, zur wechselseitigen Erhaltung der ganzen Art beiträgt.
Es veranlaßt uns ohne Reflexion zur Unterstützung derer, die wir
leiden sehen; im Naturzustand vertritt es die Stelle der Gesetze,
der Sitten und der Tugend — mit dem Vorteil, daß keiner versucht
ist, seiner süßen Stimme den Gehorsam zu versagen; es wird jeden
kräftigen Wilden davon abbringen, einem schwachen Kind oder
einem gebrechlichen Greis seinen mühsam erworbenen Lebensunterhalt wegzunehmen, wenn er selbst den seinigen anderswo
finden zu können hofft. Anstelle jener erhabenen Maxime der
durch Vernunft erschlossenen Gerechtigkeit: *Tue anderen, wie du
willst, daß man dir tue*[187] gibt das Mitleid allen Menschen diese
andere Maxime der natürlichen Güte[188] ein, die viel weniger vollkommen, aber vielleicht nützlicher ist als die vorhergehende:
Sorge für dein Wohl mit dem geringstmöglichen Schaden für andere. Mit
einem Wort: man muß eher in diesem natürlichen Gefühl als in
subtilen Argumenten die Ursache für den Widerwillen suchen, den
jeder Mensch, sogar unabhängig von den Maximen der Erziehung,
dagegen verspüren würde, Böses zu tun. Obschon es Sokrates
und den Geistern seines Schlages zukommen mag, Tugend durch
Vernunft zu erlangen — das Menschengeschlecht wäre längst nicht
mehr, wenn seine Erhaltung nur von den Vernunfterwägungen
derer abhängig gewesen wäre, aus denen es sich zusammensetzt.

Bei so wenig aktiven Leidenschaften und einem so heilsamen
Zaum waren die Menschen — eher unbezähmt als böse und eher
darauf bedacht, sich vor dem Schaden zu schützen, den sie erleiden
konnten, als versucht, anderen zu schaden — keinen sehr gefähr-

---

Castel hält Rousseau vor: „Sie wagen, Ihre Maximen an die Stelle der Maximen
von Gott selbst, der Vernunft und der Natur wie auch des Glaubens zu setzen.
Sie nennen die einfachste und erste Maxime des Christentums, ja selbst des
Heidentums und der ersten Menschlichkeit *erhabene Maxime*. Sie nennen sie
Maxime der durch Vernunft erschlossenen Gerechtigkeit . . .“ (*L'Homme moral*,
Lettre X).

[188] Der Ausdruck *bonté naturelle* wird hier von Rousseau zum erstenmal
gebraucht. Es bleibt, was den *Discours* angeht, zugleich die einzige Verwendung. Zu beachten ist der unmittelbare Kontext, in dem der Begriff eingeführt wird. Vergleiche zur „Maxime der natürlichen Güte“ FN 65 und 66.
Weitere Hinweise gibt FN 368.

n'étoient pas sujets à des démêlés fort dangereux: Comme ils n'a-
voient entre eux aucune espéce de commerce; qu'ils ne connois-
soient par conséquent ni la vanité, ni la considération, ni l'estime,
ni le mépris; qu'ils n'avoient pas la moindre notion du tien et du
mien, ni aucune veritable idée de la justice; qu'ils regardoient
les violences, qu'ils pouvoient essuyer, comme un mal facile à
réparer, et non comme une injure qu'il faut punir[189], et qu'ils ne
songeoient pas même à la vengeance si ce n'est peut-être machinalement et sur le champ, comme le chien qui mord la pierre qu'on
lui jette; leurs disputes eussent eu rarement des suites sanglantes,
si elles n'eussent point eu de sujet plus sensible que la Pâture:
mais j'en vois un plus dangereux, dont il me reste à parler.

Parmi les passions qui agitent le cœur de l'homme, il en est une
ardente, impétueuse, qui rend un séxe necessaire à l'autre, passion
terrible qui brave tous les dangers, renverse tous les obstacles, et
qui dans ses fureurs semble propre à détruire le Genre-humain
qu'elle est destinée à conserver. Que deviendront les hommes en
proye à cette rage effrenée et brutale, sans pudeur, sans retenue,
et se disputant chaque jour leurs amours au prix de leur sang?[190]

Il faut convenir d'abord que plus les passions sont violentes,
plus les Loix sont nécessaires pour les contenir: mais outre que
les désordres, et les crimes que celles-ci causent tous les jours parmi
nous, montrent assés l'insuffisance des Loix à cet égard, il seroit
encore bon d'examiner si ces désordres ne sont point nés avec les

---

[189] Wenn der Mensch im ersten Naturzustand kein Unrecht kennt, so nicht
deshalb, weil im Naturzustand, wie Hobbes sagt, jeder ein Recht auf alles hat
und es Unrecht erst geben kann, nachdem dieses Recht durch Verträge
eingeschränkt bzw. aufgehoben ist (*De Cive*, I, 10, II, 4). Der natürliche
Mensch betrachtet die Gewalttätigkeiten, die er erleidet, nicht als Unrecht,
weil er durch keinerlei personale affektive Beziehungen mit anderen Individuen
verbunden ist, weil ihm, anders als Hobbes annimmt, Eitelkeit und Ansehen,
Wertschätzung und Geringschätzung unbekannt sind, weil er in einer Welt
lebt, in der es nur Naturereignisse gibt. Deshalb gilt für ihn, was Hobbes
von den Tieren bzw. den „vernunftlosen Geschöpfen" sagt: Er vermag nicht
zwischen Unrecht (iniuria) und Schaden (damnum) zu unterscheiden (*De
Cive*, V, 5: *Leviathan*, I, 17, p. 111). Cf. dagegen Pufendorf: *Droit de la nature*,
I, 7, § 13.
[190] Die Frage, die Rousseau formuliert, greift ein Argument auf, das
Pufendorf ins Feld führt, um die Unzuträglichkeit der natürlichen Freiheit

lichen Händeln ausgesetzt. Da sie keinerlei Verkehr untereinander hatten, da sie folglich weder Eitelkeit noch Ansehen, weder Wertschätzung noch Geringschätzung kannten; da sie nicht den mindesten Begriff von Dein und Mein hatten, noch irgendeine wahrhafte Vorstellung von der Gerechtigkeit; da sie die Gewalttätigkeiten, die sie erleiden mochten, als einen leicht wiedergutzumachenden Schaden betrachteten und nicht als ein Unrecht, das man bestrafen muß[189], und da sie an Rache nicht einmal dachten — außer vielleicht mechanisch und auf der Stelle, wie der Hund, der den Stein beißt, den man nach ihm wirft —, hätten ihre Streitigkeiten selten blutige Folgen gehabt, wenn sie keinen empfindlicheren Gegenstand gehabt hätten als das Futter: Aber ich sehe einen gefährlicheren, von dem mir zu sprechen bleibt.

Unter den Leidenschaften, die das Herz des Menschen bewegen, gibt es eine glühende, ungestüme, die ein Geschlecht dem anderen notwendig macht, eine schreckliche Leidenschaft, die allen Gefahren trotzt, alle Hindernisse überwindet und in ihrer Raserei geeignet erscheint, das Menschengeschlecht zu zerstören, das sie zu erhalten bestimmt ist. Was wird aus den Menschen werden, wenn sie sich, von dieser zügellosen und brutalen Wut gepeinigt, ohne Scham, ohne Zurückhaltung täglich um den Preis ihres Blutes um ihre Liebe streiten[190]?

Zunächst muß man zugeben: Je heftiger die Leidenschaften sind, desto notwendiger sind die Gesetze, um sie zu bändigen; aber abgesehen davon, daß die Unordnungen und die Verbrechen, welche die Leidenschaften tagtäglich unter uns verursachen, die Unzulänglichkeit der Gesetze in dieser Hinsicht zur Genüge zeigen, wäre es außerdem gut zu untersuchen, ob diese Unordnungen nicht mit den Gesetzen selbst entstanden sind; denn dann

---

und die Notwendigkeit des Gesetzes zu erhärten: „Ein weiterer Grund, weshalb es nicht angemessen wäre, dem Menschen eine so ausgedehnte Freiheit wie jene der Tiere einzuräumen, besteht darin, daß er böser ist als sie, wovon man überzeugt sein wird, wenn man auch nur einigermaßen über das Naturell und die Neigungen der Menschen im allgemeinen nachdenkt." Einer der Unterschiede, die hierbei in Betracht kommen, ist, daß beim Menschen anders als beim Tier „die Regungen der Liebe nicht auf bestimmte Jahreszeiten beschränkt sind und daß sie sogar viel häufiger in Aufwallung geraten, als es für die Fortpflanzung der Art notwendig erscheint" (*Droit de la nature*, II, 1, § 6).

Loix mêmes; car alors, quand elles seroient capables de les réprimer,
ce seroit bien le moins qu'on en dût exiger que d'arrêter un mal
qui n'éxisteroit point sans elles.

Commençons par distinguer le moral du Physique dans le
sentiment de l'amour[191]. Le Physique est ce désir général qui porte
un séxe à s'unir à l'autre; Le moral est ce qui détermine ce désir
et le fixe sur un seul objet exclusivement, ou qui du moins lui
donne pour cet objet préferé un plus grand dégré d'énergie. Or
il est facile de voir que le moral de l'amour est un sentiment factice;
né de l'usage de la société, et célébré par les femmes avec beaucoup
d'habilété et de soin pour établir leur empire, et rendre dominant
le séxe qui devroit obéir[192]. Ce sentiment étant fondé sur certaines
notions du merite ou de la beauté qu'un Sauvage n'est point en
état d'avoir, et sur des comparaisons qu'il n'est point en état de
faire, doit être presque nul pour lui: Car comme son esprit n'a
pu se former des idées abstraites de régularité et de proportion, son
cœur n'est point non plus susceptible des sentimens d'admiration,
et d'amour, qui, même sans qu'on s'en apperçoive, naissent de
l'application de ces idées; il écoute uniquement le temperament
qu'il a reçu de la Nature, et non le goût[193] qu'il n'a pu acquerir,
et toute femme est bonne pour lui[194].

---

[191] Rousseau bedient sich einer begrifflichen Differenzierung, die Buffon
im *Discours sur la nature des animaux*, *H.N.* IV, 1753, eingeführt und in einer
berühmten Passage ausdrücklich auf die Liebe angewandt hatte: „Distinguons
donc dans les passions de l'homme le physique et le moral" (Ed. Piveteau,
p. 340). Buffon stellt die Frage, weshalb die Liebe für alle Lebewesen einen
„glücklichen Zustand" schaffe und allein den Menschen unglücklich mache.
Seine Antwort lautet: „Weil nur das Physische in dieser Leidenschaft gut ist,
weil, allem zum Trotz, was die Verliebten sagen mögen, das Geistig-Seelische darin nichts wert ist. Was ist das Geistig-Seelische der Liebe tatsächlich?
Die Eitelkeit; die Eitelkeit in der Lust der Eroberung, ein Irrtum, der daher
rührt, daß man zuviel Aufhebens davon macht; die Eitelkeit in dem Begehren,
sie exklusiv zu bewahren, ein unglücklicher Zustand, der stets von der Eifersucht begleitet wird, einer kleinlichen Leidenschaft, die so niedrig ist, daß man
sie zu verbergen wünschte [...] Die Tiere sind all diesem Elend nicht unterworfen, sie suchen keine Lust (plaisirs), wo es keine geben kann; vom bloßen
Gefühl geleitet, täuschen sie sich niemals in ihrer Wahl, ihre Begehren sind
dem Vermögen zu genießen stets angemessen, sie empfinden, soweit sie genießen, und genießen nur, soweit sie empfinden; der Mensch hingegen hat,

wäre — selbst wenn sie imstande sein sollten, die Unordnungen im Zaum zu halten — wohl das mindeste, was man von den Gesetzen fordern müßte, einem Übel Einhalt zu gebieten, das ohne sie nicht existierte.

Beginnen wir damit, daß wir im Gefühl der Liebe das Geistig-Seelische vom Physischen unterscheiden[191]. Das Physische ist jenes allgemeine Verlangen, das ein Geschlecht dazu antreibt, sich mit dem anderen zu vereinigen. Das Geistig-Seelische ist das, was dieses Verlangen bestimmt und es auf einen einzigen Gegenstand ausschließlich fixiert oder was ihm zumindest einen höheren Energiegrad für diesen bevorzugten Gegenstand verleiht. Nun ist leicht zu sehen, daß das Geistig-Seelische in der Liebe ein künstliches Gefühl ist, aus der Gewohnheit der Gesellschaft entstanden und von den Frauen mit viel Geschick und Sorgfalt gepriesen, um ihre Herrschaft zu begründen und das Geschlecht dominant zu machen, das gehorchen sollte[192]. Da dieses Gefühl auf bestimmte Begriffe des Verdienstes oder der Schönheit gegründet ist, die ein Wilder nicht zu haben vermag, und auf Vergleiche, die er nicht anzustellen vermag, muß es für ihn nahezu null sein. Denn da sein Geist sich keine abstrakten Vorstellungen von Regelmäßigkeit und Proportion hat bilden können, ist sein Herz auch nicht für die Gefühle der Bewunderung und der Liebe empfänglich, die — sogar ohne daß man dessen gewahr wird — aus der Anwendung dieser Vorstellungen entstehen; er folgt einzig und allein dem Temperament, das er von der Natur erhalten hat, und nicht dem Geschmack[193], den er nicht hat erwerben können, und jede Frau ist gut für ihn[194].

---

indem er [zusätzliche] Lust (plaisirs) erfinden wollte, nur die Natur verdorben; indem er sich in Dingen des Gefühls Zwang antun will, mißbraucht er nur sein Wesen und schafft er in seinem Herzen ein Vakuum, das dann nichts auszufüllen vermag" (Ed. Piveteau, p. 341).

[192] Rousseau hat seine Auffassung von der natürlichen Ungleichheit zwischen Mann und Frau später im V. Buch des *Emile* ausführlich entwickelt. Cf. zu dieser Stelle auch *Lettre à d'Alembert*, p. 63, 109—120, 138—139 und FN 40.

[193] Ed. 1782: le dégout / den Widerwillen

[194] Die Unterscheidung zwischen der physischen und der geistig-seelischen Komponente der Liebe hat bei Rousseau im Gegensatz zu Buffon einen genealogischen Sinn. Wenn Rousseau erklärt, das Geistig-Seelische der Liebe sei

Bornés au seul Physique de l'amour, et assés heureux pour
ignorer ces préférences qui en irritent le sentiment et en augmentent les difficultés, les hommes doivent sentir moins fréquemment
et moins vivement les ardeurs du temperament et par consequent
avoir entre eux des disputes plus rares, et moins cruelles. L'imagination qui fait tant de ravages parmi nous, ne parle point à des
cœurs Sauvages; chacun attend paisiblement l'impulsion de la
Nature, s'y livre sans choix avec plus de plaisir que de fureur, et
le besoin satisfait, tout le désir est éteint.

C'est donc une chose incontestable que l'amour même, ainsi
que toutes les autres passions, n'a acquis que dans la société cette
ardeur impétueuse qui le rend si souvent funeste aux hommes,
et il est d'autant plus ridicule de représenter les Sauvages comme
s'entrégorgeant sans cesse pour assouvir leur brutalité, que cette
opinion est directement contraire à l'expérience, et que les Caraïbes,
celui de tous les Peuples existans, qui jusqu'ici s'est écarté le moins
de l'état de Nature, sont précisément les plus paisibles dans leurs
amours, et les moins sujets à la jalousie[195], quoique vivant sous un

---

ein künstliches Gefühl, dann sagt er damit nicht, daß es „nichts wert" sei,
daß allein „das Physische in dieser Leidenschaft gut ist." Rousseau geht es
darum, daß das geistig-seelische Element im ersten Naturzustand keine Existenz hatte, daß es nur dem soziablen Menschen zukommen kann, daß es
wesentlich über das Anstellen von Vergleichen, die Einbildungskraft, den
Geschmack, die Meinung vermittelt und an Fortschritte des menschlichen
Verstandes gebunden ist, die außerhalb der Reichweite des natürlichen Menschen liegen. In der Tatsache, daß für den Wilden „jede Frau gut ist", drückt
sich am deutlichsten aus, daß ihm jede individualisierte affektive Beziehung
fremd ist, daß er in einer vollkommenen psychischen Abgeschlossenheit
lebt. „Sobald der Mensch einer Gefährtin bedarf, ist er kein isoliertes Wesen
mehr; sein Herz ist nicht mehr allein. Alle seine Beziehungen zu seiner Art,
alle Affekte seiner Seele entstehen mit jener. Seine erste Leidenschaft läßt
bald alle anderen gären. Die Neigung des Instinktes ist unbestimmt. Ein
Geschlecht wird zum anderen hingezogen, das ist die Bewegung der Natur.
Die Wahl , die Bevorzugungen (préférences), die persönliche Anhänglichkeit
sind das Werk der Einsicht, der Vorurteile, der Gewohnheit; Zeit und Kenntnisse sind erforderlich, um uns zur Liebe fähig zu machen; man liebt erst,
nachdem man geurteilt hat, man zieht erst vor, nachdem man verglichen hat."
„Die Bevorzugung, die man jemandem zuteil werden läßt, will man selbst
erhalten; die Liebe muß gegenseitig sein. Um geliebt zu werden, muß man sich
liebenswert machen; um vorgezogen zu werden, muß man sich liebenswerter

Auf das bloß Physische in der Liebe beschränkt und glücklich
genug, jene Vorlieben nicht zu kennen, die das Gefühl der Liebe
schüren und ihre Schwierigkeiten vergrößern, müssen die Menschen die Hitze des Temperaments weniger oft und weniger
lebhaft empfinden, und folglich müssen die Streitigkeiten, die sie
untereinander haben, seltener und weniger grausam sein. Die Einbildungskraft, die so viele Verheerungen unter uns anrichtet,
spricht nicht zu wilden Herzen; jeder wartet friedlich auf den Antrieb der Natur, überläßt sich ihm ohne Wahl, mit mehr Vergnügen als Raserei, und ist das Bedürfnis befriedigt, so ist das
ganze Verlangen erloschen.

Es ist daher unbestreitbar, daß die Liebe selbst, wie alle anderen
Leidenschaften, erst in der Gesellschaft jene ungestüme Hitze
erworben hat, die sie für die Menschen so oft unheilvoll macht;
und die Wilden so darzustellen, als würden sie einander ohne Unterlaß umbringen, um ihre Brutalität zu befriedigen, ist um so lächer-
licher, als diese Meinung im direkten Gegensatz zur Erfahrung
steht und die Kariben — dasjenige unter allen existierenden Völkern, das sich bis jetzt am wenigsten vom Naturzustand entfernt
hat — präzise in ihrer Liebe am friedlichsten und der Eifersucht
am wenigsten unterworfen sind[195], obwohl sie in einem brennend-

machen als ein anderer, liebenswerter als jeder andere, zumindest in den Augen
des geliebten Gegenstandes. Daher die ersten Blicke auf seinesgleichen,
daher die ersten Vergleiche mit ihnen; daher der Wetteifer, die Rivalitäten,
die Eifersucht [...] Mit der Liebe und der Freundschaft entstehen die
Zwistigkeiten, die Feindschaft, der Haß. Aus dem Schoß so vieler verschiedener Leidenschaften sehe ich die Meinung sich auf einen unerschütterlichen
Thron erheben und die stupiden Sterblichen, die ihrer Herrschaft verknechtet
sind, ihre eigene Existenz nur auf die Urteile anderer gründen." (*Emile*, IV,
p. 493 und 494.)

[195] Cf. Montaigne: *Essais*, I, 31 *(Des cannibales)*, p. 211. Vergleiche zur
Eifersucht S. 188 und *Emile*, V, p. 756 ff. — Der Rezensent der *Bibliothèque
des Sciences et des Beaux-Arts* bemerkt zu dieser Stelle: „Da M. Rousseau keine
Angaben macht, können wir nicht sagen, wo er all die schönen Dinge über
jene teuren Kariben hergenommen hat. Nach allem, was wir von ihnen wis-
sen, sind es ganz gemeine Kerle (fort vilains messieurs). Insbesondere was die
Frauen betrifft, sagt der Pater *Labat*, der die Kariben kennen sollte, genau das
Gegenteil von unserem Philosophen. *Sie sind*, sagt er, *so eifersüchtig auf ihre
Frauen, daß sie sie beim geringsten Verdacht töten.* [*Voyages du P. Labat aux Isles de
l'Amérique*. Tom. II. pag. 26. edit. de la Haye 1724]" (Okt.—Dez. 1755, p. 437).

Climat brulant qui semble toujours donner à ces passions une plus grande activité.

A l'égard des inductions qu'on pourroit tirer dans plusieurs espéces d'animaux, des combats des Mâles qui ensanglantent en tout temps nos basses cours ou qui font retentir au Printems nos forêts de leurs cris en se disputant la femelle, il faut commencer par exclure toutes les espéces où la Nature a manifestement établi dans la puissance relative des Séxes d'autres raports que parmi nous : Ainsi les combats des Cocqs ne forment point une induction pour l'espéce humaine. Dans les espéces, où la Proportion est mieux observée, ces combats ne peuvent avoir pour causes que la rareté des femelles eu égard au nombre des Mâles, ou les intervalles exclusifs durant lesquels la femelle refuse constamment l'approche du mâle, ce qui revient à la premiere cause ; car si chaque femelle ne souffre le mâle que durant deux mois de l'année, c'est à cet égard comme si le nombre des femelles étoit moindre des cinq sixiémes : Or aucun de ces deux cas n'est applicable à l'espéce humaine où le nombre des femelles surpasse généralement celui des mâles, et où l'on n'a jamais observé que même parmi les Sauvages les femelles ayent, comme celles des autres espéces, des tems de chaleur et d'exclusion. De plus parmi plusieurs de ces animaux, toute l'espéce entrant à la fois en effervescence, il vient un moment terrible d'ardeur commune, de tumulte, de desordre, et de combat : moment qui n'a point lieu parmi l'espéce humaine où l'amour n'est jamais périodique. On ne peut donc pas conclure des combats de certains animaux pour la possession des femelles que la même chose arriveroit à l'homme dans l'état de Nature ; et quand même on pourroit tirer cette conclusion, comme ces dissentions ne détruisent point les autres espéces, on doit penser au moins qu'elles ne seroient pas plus funestes à la nôtre, et il est très apparent qu'elles y causeroient encore moins de ravage[196] qu'elles ne font dans la Société[197], surtout dans les Pays où les

---

[196] Ed. 1782 : ravages / Verheerungen

[197] Am Ende seiner Erörterung der Liebe formuliert Rousseau die genaue Gegenthese zu Pufendorf (s. FN 190). — In der Nichtperiodizität der Liebe erkennt Rousseau einen biologischen Vorteil des Menschen. Jedenfalls kann sie nicht als Argument zur Begründung der Notwendigkeit der bürgerlichen

heißen Klima leben, das diesen Leidenschaften stets eine größere Aktivität zu verleihen scheint.

Hinsichtlich der Folgerungen, die man bei manchen Tierarten aus den Kämpfen der Männchen ziehen könnte, die zu allen Jahreszeiten unsere Hühnerhöfe mit Blut beflecken oder die im Frühjahr, wenn sie sich um das Weibchen streiten, unsere Wälder von ihren Schreien widerhallen machen, muß man zunächst alle Arten ausschließen, bei denen die Natur bezüglich der relativen Stärke der Geschlechter offenkundig andere Verhältnisse eingerichtet hat als bei uns: So läßt sich aus den Hahnenkämpfen keine Folgerung für die menschliche Art herleiten. Bei den Arten, bei denen die Proportion besser gewahrt ist, können diese Kämpfe nur die Knappheit der Weibchen in Rücksicht auf die Zahl der Männchen zur Ursache haben oder die ausschließenden Zwischenzeiten, während deren das Weibchen die Annäherung des Männchens konstant zurückweist, was wieder auf die erste Ursache hinauskommt: denn wenn jedes Weibchen das Männchen nur während zweier Monate im Jahr duldet, ist das in dieser Hinsicht dasselbe, wie wenn die Anzahl der Weibchen um fünf Sechstel geringer wäre. Nun ist keiner dieser beiden Fälle auf die menschliche Art anwendbar, bei der die Zahl der Weibchen diejenige der Männchen im allgemeinen übersteigt und bei der man niemals, nicht einmal unter den Wilden, beobachtet hat, daß die Weibchen, wie jene der anderen Arten, Zeiten der Brunst und der Ausschließung haben. Mehr noch, bei einigen dieser Tiere kommt es, da die ganze Art gleichzeitig in Aufwallung gerät, zu einem schrecklichen Augenblick der allgemeinen Hitze, des Tumultes, der Unordnung und des Kampfes: Ein Augenblick, der bei der menschlichen Art, bei der die Liebe niemals periodisch ist, nicht eintritt. Man kann daher aus den Kämpfen bestimmter Tiere um den Besitz der Weibchen nicht schließen, daß dasselbe beim Menschen im Naturzustand vorkäme; und selbst wenn man diesen Schluß ziehen könnte, muß man, da diese Zwistigkeiten die anderen Arten nicht zugrunde richten, zumindest annehmen, daß sie für die unsere nicht unheil-

Gesellschaft und des Gesetzes oder der Ehe herangezogen werden, wie Pufendorf (*Droit de la nature*, II, 1, § 6; VII, I, § 4) und Cumberland (*Traité*, II, § 28) dies getan haben.

Mœurs étant encore comptées pour quelque chose, la jalousie
des Amants et la vengeance des Epoux causent chaque jour des
Duels, des Meurtres, et pis encore; où le devoir d'une éternelle
fidelité ne sert qu'à faire des adultéres, et où les Loix même de la
continence et de l'honneur étendent nécessairement la débauche,
et multiplient les avortemens.

Concluons qu'errant dans les forêts sans industrie[198], sans
parole, sans domicile, sans guerre, et sans liaison[199], sans nul besoin
de ses semblables, comme sans nul désir de leur nuire, peut-être
même sans jamais en reconnoître aucun individuellement, l'homme
Sauvage sujet à peu de passions, et se suffisant à lui même, n'avoit
que les sentimens et les lumiéres propres à cet état, qu'il ne sentoit
que ses vrais besoins, ne regardoit que ce qu'il croyoit avoir intérêt
de voir, et que son intelligence ne faisoit pas plus de progrès que
sa vanité. Si par hazard il faisoit quelque découverte, il pouvoit
d'autant moins la communiquer qu'il ne reconnoissoit pas même
ses Enfans. L'art périssoit avec l'inventeur; Il n'y avoit ni éducation
ni progrès, les générations se multiplioient inutilement; et chacune
partant toujours du même point, les Siécles s'écouloient dans toute
la grossiéreté des premiers âges, l'espéce étoit déja vieille, et
l'homme restoit toujours enfant[200].

Si je me suis étendu si longtems sur la supposition[201] de cette
condition primitive, c'est qu'ayant d'anciennes erreurs et des pré-
juges invétérés à détruire, j'ai cru devoir creuser jusqu'à la racine,
et montrer dans le tableau du veritable état de Nature combien

---

[198] Die *industrie*, die dem wilden Menschen abgeht, ist offenkundig nicht jene
industrie (Fertigkeit), die Rousseau den Tieren im allgemeinen attestiert hatte
(S. 78). Rousseau stellt nicht einen Mangel, sondern einen Vorzug an den
Beginn seiner Zusammenfassung: Der natürliche Mensch lebt ohne Kunstfleiß, d. h. ohne die Notwendigkeit zu bewußter, vordenklicher Arbeit. Er
lebt in Harmonie mit der Natur, in einem Zustand der Fülle — nicht aufgrund
eines objektiven, paradiesischen Überflusses, sondern dank seiner bescheidenen Bedürfnisse und seiner geistigen Beschränktheit. Cf. FN 28 zu *industrie*
und FN 145 zur natürlichen Faulheit des Menschen.

[199] Ed. 1755-1 hatte irrtümlich *liaisons / Verbindungen*, der Druckfehler wurde
jedoch bereits in Ed 1755-2 korrigiert. Alle späteren Ausgaben, einschließlich
Ed. 1782, haben *liaison*. (*OCP* schreiben *liaisons*, ohne Hinweis auf die Korrektur oder die Angabe wenigstens einer „Variante" für Ed. 1782.)

voller wären; und es ist ganz offensichtlich, daß sie im Naturzustand noch weniger Verheerung[196] verursachen würden, als sie
in der Gesellschaft anrichten[197], vor allem in den Ländern, in
denen die Sitten noch etwas gelten und die Eifersucht der Liebenden und die Rache der Ehegatten daher täglich Duelle, Morde und
noch Schlimmeres verursachen; in denen die Pflicht einer ewigen
Treue nur dazu dient, Ehebrecher zu schaffen, und in denen selbst
die Gesetze der Enthaltsamkeit und der Ehre notwendigerweise
die Liederlichkeit verbreiten und die Abtreibungen vermehren.

Ziehen wir den Schluß, daß der wilde Mensch ohne Kunstfleiß[198], ohne Sprache, ohne Wohnsitz, ohne Krieg und ohne
Verbindung[199], ohne jedes Bedürfnis nach seinen Mitmenschen
wie auch ohne jedes Verlangen, ihnen zu schaden, vielleicht sogar
ohne jemals einen von ihnen individuell wiederzuerkennen, in den
Wäldern umherschweifend, wenigen Leidenschaften unterworfen
und sich selbst genug, nur die Gefühle und die Einsicht hatte, die
für jenen Zustand geeignet waren; daß er nur seine wahren
Bedürfnisse fühlte, nur das sah, was zu sehen er ein Interesse zu
haben glaubte, und daß seine Intelligenz nicht mehr Fortschritte
machte als seine Eitelkeit. Wenn er durch Zufall eine Entdeckung
machte, konnte er sie um so weniger mitteilen, als er nicht einmal
seine Kinder wiedererkannte. Die Kunst ging mit dem Erfinder
unter. Es gab weder Erziehung noch Fortschritt; die Generationen vermehrten sich unnütz; und da eine jede stets vom gleichen
Punkt ausging, flossen die Jahrhunderte in der ganzen Rohigkeit
der ersten Zeiten dahin; die Art war schon alt und der Mensch
blieb noch immer ein Kind[200].

Wenn ich mich über die Voraussetzung[201] dieses anfänglichen
Zustandes so lange verbreitet habe, so deshalb, weil ich alte Irrtümer und eingewurzelte Vorurteile zu zerstören hatte und ich
daher geglaubt habe, bis an die Wurzel graben und im Bilde des
wahrhaften Naturzustandes zeigen zu müssen, wie weit die Un-

---

[200] Die Perfektibilität, die „spezifische Fähigkeit" des Menschen, war auf
der Ebene der Art also in keiner Weise „aktiv". Cf. Anmerkung VI und
FN 128, 160.

[201] D. h. die Voraussetzung, die dieser anfängliche Zustand für alles Weitere ist (Genitivus subiectivus).

l'inégalité, même naturelle, est loin d'avoir dans cet état autant de réalité et d'influence que le prétendent nos Ecrivains[202].

En effet, il est aisé de voir qu'entre les différences qui distinguent les hommes, plusieurs passent pour naturelles qui sont uniquement l'ouvrage de l'habitude et des divers genres de vie que les hommes adoptent dans la Société. Ainsi un tempérament robuste ou délicat, la force où la foiblesse qui en dépendent, viennent souvent plus de la maniére dure ou efféminée dont on a été élevé que de la constitution primitive des corps. Il en est de même des forces de l'Esprit, et non seulement l'éducation met de la différence entre les Esprits cultivés, et ceux qui ne le sort pas, mais elle augmente celle qui se trouve entre les premiers à proportion de la culture; car qu'un Geant, et un Nain marchent sur la même route, chaque pas qu'ils feront l'un et l'autre donnera un nouvel avantage au Géant. Or si l'on compare la diversité prodigieuse d'éducations et de genres de vie qui régne dans les differens ordres de l'état civil, avec la simplicité et l'uniformité de la vie animale et sauvage, où tous se nourrissent des mêmes alimens, vivent de la même maniére, et font exactement les mémes choses, on comprendra combien la différence d'homme à homme doit être moindre dans l'état de Nature que dans celui de société, et combien l'inégalité naturelle doit augmenter dans l'espéce humaine par l'inégalité d'institution[203].

Mais quand la Nature affecteroit dans la distribution de ses dons autant de préférences qu'on le prétend, quel avantage les plus favorisés en tireroient ils, au préjudice des autres, dans un état de choses qui n'admettroit presqu'aucune sorte de relation entre eux? Là où il ni a point d'amour, de quoi servira la beauté? Que sera[204] l'esprit à des gens qui ne parlent point, et la ruse à ceux

---

[202] Am Ende seiner Darstellung des „wahrhaften Naturzustandes" bekräftigt Rousseau den Anspruch, ein Unternehmen in die Tat umgesetzt zu haben, dessen Notwendigkeit „alle Philosophen, welche die Grundlagen der Gesellschaft untersucht haben, gefühlt haben", das aber keiner von ihnen verwirklichte (S. 68): Rousseau hat den Naturzustand nicht als philosophische oder juristische Fiktion entworfen, sondern in ihm den ersten, anfänglichen, tierischen Zustand der menschlichen Art freizulegen versucht.

[203] *Inégalité d'institution* meint die Ungleichheit, die nicht natürlich vorgegeben, sondern gesellschaftlich erworben, kulturell, historisch vermittelt

gleichheit, selbst die natürliche, davon entfernt ist, in jenem Zustand soviel Realität und Einfluß zu besitzen, wie unsere Schriftsteller behaupten[202].

In der Tat ist leicht zu sehen, daß unter den Unterschieden, die zwischen den Menschen bestehen, manche als natürlich gelten, die einzig und allein das Werk der Gewohnheit und der verschiedenen Lebensweisen sind, welche die Menschen in der Gesellschaft annehmen. So rühren ein kräftiges oder ein zärtlich-anfälliges Temperament und die Stärke oder die Schwäche, die von ihm abhängen, oft mehr von der harten oder verweichlichten Art und Weise her, in der man großgezogen worden ist, als von der anfänglichen Verfassung der Körper. Dasselbe gilt für die Stärke des Geistes; und die Erziehung begründet nicht nur einen Unterschied zwischen gebildeten Geistern und jenen, die es nicht sind, sondern sie vergrößert auch den Unterschied, der sich unter den ersteren findet, im Verhältnis ihrer Bildung; denn wenn ein Riese und ein Zwerg auf demselben Weg gehen, so wird jeder Schritt, den die beiden machen, dem Riesen einen neuen Vorteil verschaffen. Wenn man nun die ungeheure Verschiedenheit der Erziehungen und der Lebensweisen, die in den unterschiedlichen Ständen des bürgerlichen Zustands herrscht, mit der Einfachheit und Gleichförmigkeit des tierischen und wilden Lebens vergleicht, in dem sich alle von den gleichen Nahrungsmitteln ernähren, auf die gleiche Weise leben und exakt die gleichen Dinge tun, dann wird man verstehen, um wie viel der Unterschied zwischen einem Menschen und einem anderen im Naturzustand geringer sein muß als im Gesellschaftszustand und um wie viel die natürliche Ungleichheit in der menschlichen Art durch die [gesellschaftlich] eingerichtete Ungleichheit[203] größer werden muß.

Aber selbst wenn die Natur bei der Verteilung ihrer Gaben so viele Präferenzen zuweisen würde, wie man behauptet, welchen Vorteil zögen die am meisten Begünstigten zum Nachteil der anderen daraus, in einem Zustand der Dinge, der beinahe keine Art von Beziehung unter ihnen zuließe? Wozu wird die Schönheit

ist, die Ungleichheit, die — mit einer Wendung Rousseaus — auf „menschliche Einrichtung" im weitesten Sinne zurückgeht.

[204] Ed. 1782: Que sert / Was nützt der Esprit Leuten

qui n'ont point d'affaires? J'entends toujours répéter que les plus
forts opprimeront les foibles; mais qu'on m'explique ce qu'on
veut dire par ce mot d'oppression. Les uns domineront avec
violence, les autres gémiront asservis à tous leurs caprices: voilà
précisément ce que j'observe parmi nous, mais je ne vois pas
comment cela pourroit se dire des hommes Sauvages, à qui l'on
auroit même bien de la peine à faire entendre ce que c'est que
servitude, et domination. Un homme pourra bien s'emparer des
fruits qu'un autre a cüeillis, du gibier qu'il a tué, de l'antre qui lui
servoit d'azile; mais comment viendra-t-il jamais à bout de s'en
faire obéir, et quelles pourront être les chaînes de la dépendance
parmi des hommes qui ne possédent rien? Si l'on me chasse d'un
arbre, j'en suis quitte pour aller à un autre; Si l'on me tourmente
dans un lieu, qui m'empêchera de passer ailleurs? Se trouve-t-il
un homme d'une force assés supérieure à la mienne, et, de plus,
assés dépravé, assés paresseux, et assés féroce pour me contraindre
à pourvoir à sa subsistance pendant qu'il demeure oisif? Il faut
qu'il se résolve à ne pas me perdre de veüe un seul instant, à me
tenir lié avec un très grand soin durant son sommeil, de peur que
je ne m'échappe ou que je ne le tüe: c'est-à-dire qu'il est obligé
de s'exposer volontairement à une peine beaucoup plus grande que
celle qu'il veut éviter, et que celle qu'il me donne à moi-même.
Après tout cela, sa vigilance se relache-t-elle un moment? Un bruit
imprevu lui fait il détourner la tête? Je fais vingt pas dans la forêt,
mes fers sont brisés, et il ne me revoit de sa vie.

Sans prolonger inutilement ces détails, chacun doit voir que
les liens de la servitude n'étant formés que de la dépendance mutuelle des hommes et des besoins reciproques qui les unissent, il
est impossible d'asservir un homme sans l'avoir mis auparavant
dans le cas de ne pouvoir se passer d'un autre; situation qui n'exi-
stant pas dans l'état de Nature, y laisse chacun libre du joug et
rend vaine la Loi du plus fort[205].

---

[205] Vergleiche zu diesem und dem vorangegangenen Abschnitt neben
Hobbes: *De Cive*, I, 14; VIII, 1 und 10; *Leviathan*, I, 13, etwa Burlamaqui:
Principes du droit politique, I, 3, § 20: „Fortwährend entzweit und im Krieg,
unterdrückte der Stärkere den Schwächeren . . .“ — Zu beachten ist, daß
Rousseau bei seiner Argumentation in keiner Weise auf die „natürliche Güte“

da nütze sein, wo es keine Liebe gibt? Was wird der Esprit für Leute sein[204], die nicht sprechen, und die List für jene, die keine Geschäfte haben? Ich höre stets wiederholen, daß die Stärkeren die Schwachen unterdrücken werden; aber man möge mir erklären, was man mit dem Wort ‚Unterdrückung‘ sagen will. Die einen werden mit Gewalt herrschen, die anderen werden, all ihren Launen verknechtet, wehklagen. Das ist präzise das, was ich unter uns beobachte, aber ich sehe nicht, wie man dies von den wilden Menschen sagen könnte, denen man sogar große Mühe hätte verständlich zu machen, was Knechtschaft und Herrschaft sind. Ein Mensch wird sich wohl der Früchte, die ein anderer gesammelt hat, des Wildes, das er erlegt hat, der Höhle, die ihm als Zuflucht diente, bemächtigen können; aber wie wird er jemals dahin gelangen, sich Gehorsam zu verschaffen, und welches werden die Ketten der Abhängigkeit unter Menschen sein können, die nichts besitzen? Wenn man mich von einem Baum verjagt, steht es mir frei, zu einem anderen zu gehen; wenn man mich an einem Ort peinigt, wer soll mich daran hindern, woanders hinzugehen? Und findet sich ein Mensch, dessen Stärke der meinen genügend überlegen und der außerdem depraviert genug, faul genug und grimmig genug ist, um mich zu zwingen, für seinen Lebensunterhalt zu sorgen, während er müßig bleibt? Er muß sich entschließen, mich keinen einzigen Augenblick aus den Augen zu lassen, mich während seines Schlafes mit sehr großer Sorgfalt gebunden zu halten, aus Furcht, daß ich ihm entwischte oder ihn tötete — das heißt, er muß sich freiwillig einer Mühe unterziehen, die viel größer ist als jene, welche er vermeiden will, und als die, welche er mir selbst bereitet. Nach all dem, läßt seine Wachsamkeit einen Augenblick nach, läßt ihn ein unvorhergesehenes Geräusch den Kopf zur Seite wenden — ich laufe zwanzig Schritte in den Wald, meine Ketten sind gesprengt, und er sieht mich sein Leben lang nicht wieder.

Ohne diese Einzelheiten unnötig fortzuführen, muß jeder sehen, daß, da die Bande der Knechtschaft nur aus der wechselseitigen

rekurriert. Ebensowenig bestreitet er das „Gesetz des Stärkeren": Es ist im *ersten* Naturzustand „wirkungslos", d. h. es vermag kein Herrschaftsverhältnis zu begründen. (Dazu auch Montesquieu: *De l'ésprit des lois*, I, 2 und XVIII, 14.)

Après avoir prouvé[206] que l'Inégalité est à peine sensible dans
l'état de Nature, et que son influence y est presque nulle, il me reste
à montrer son origine, et ses progrès dans les développemens
successifs de l'Esprit humain. Après avoir montré, que la *perfec-*
tibilité, les vertus sociales, et les autres facultés que l'homme Naturel
avoit reçues en puissance[207] ne pouvoient jamais se developper
d'elles mêmes, qu'elles avoient besoin pour cela du concours fortuit
de plusieurs causes étrangeres qui pouvoient ne jamais naître, et
sans lesquelles il fut demeuré éternellement dans sa condition[208]
primitive; il me reste à considerer et à rapprocher les différens
hazards qui ont pû perfectionner la raison humaine, en détériorant
l'espéce, rendre un être méchant en le rendant sociable, et d'un
terme si éloigné amener enfin l'homme et le monde au point où
nous les voyons[209].

J'avoue que les évenemens que j'ai à décrire ayant pu arriver de
plusieurs maniéres, je ne puis me déterminer sur le choix que
par des conjectures; mais outre que ces conjectures deviennent des
raisons, quand elles sont les plus probables qu'on puisse tirer de
la natuie des choses et les seuls moyens qu'on puisse avoir de
découvrir la verité[210], les consequences que je veux déduire des

---

[206] Der Anspruch, anthropologische Sachverhalte und historische Entwicklungen *bewiesen* zu haben, wird von Rousseau wiederholt erhoben (s. S.
132, 256, 270, 300, 324, 362, 464; cf. auch *Préface de Narcisse*, p. 960, 961, 969).
Vergleiche damit Rousseaus Aussagen im Exordium S. 70 ff. und s. FN 83.

[207] Siehe FN 168. Zur Perfektibilität cf. FN 128, 160, 200.

[208] Ed. 1782: constitution / in seiner anfänglichen Verfassung (*OCP*
schreiben *constitution* in den Text, der Ed. 1755-1 folgen soll, und geben keinen
Hinweis auf die Variante.)

[209] Nachdem der Erste Teil den Naturzustand in seiner natürlichen Selbstgenügsamkeit und Abgeschlossenheit, in einer Statik von potentiell ewiger
Dauer dargestellt hat, wird es Aufgabe des Zweiten Teiles sein, den historischen Prozeß nachzuzeichnen, der, durch Zufälle in Gang gesetzt und vorangetrieben, den Menschen zum Menschen gemacht hat.

[210] *Découvrir* ist doppeldeutig. Es kann nicht nur *entdecken*, sondern ebensogut *aufdecken* heißen. — Vergleiche zu diesem Satz eine Stelle Buffons, die
sich auf Fragen der historischen Herausbildung der aktuellen Gestalt der
Erdoberfläche bezieht: „Weshalb sind die Wasser des Meeres nicht auf dieser
[von uns heute bewohnten] Erde geblieben, wenn sie so lange auf ihr stehen-
geblieben sind? Welcher Zufall, welche Ursache hat diese Veränderung auf
dem Erdball hervorbringen können? [...] Diese Fragen sind schwer zu

Abhängigkeit der Menschen und den gegenseitigen Bedürfnissen, die sie verbinden, geknüpft werden, es unmöglich ist, einen Menschen zu knechten, ohne ihn zuvor in die Lage versetzt zu haben, nicht ohne einen anderen auskommen zu können: Eine Situation, die, da sie im Naturzustand nicht existiert, dort einen jeden vom Joch frei bleiben läßt und das Gesetz des Stärkeren wirkungslos macht[205].

Nachdem ich bewiesen habe[206], daß die Ungleichheit im Naturzustand kaum fühlbar ist und daß ihr Einfluß dort fast null ist, bleibt mir noch, ihren Ursprung und ihre Fortschritte in den sukzessiven Entwicklungen des menschlichen Geistes zu zeigen. Nachdem ich gezeigt habe, daß die *Perfektibilität*, die gesellschaftlichen Tugenden und die anderen Fähigkeiten, die der natürliche Mensch der Möglichkeit nach[207] erhalten hatte, sich niemals von selbst entwickeln konnten, daß sie hierfür des zufälligen Zusammentreffens mehrerer äußerer Ursachen bedurften, die auch niemals hätten entstehen können und ohne die er ewig in seinem anfänglichen Zustand[208] geblieben wäre, bleibt mir noch, die verschiedenen Zufälle zu betrachten und zusammenzubringen, die imstande waren, die menschliche Vernunft zu vervollkommnen, indem sie die Art verdarben, ein Wesen böse zu machen, indem sie es soziabel machten, und den Menschen und die Welt von einem so entfernten Stadium schließlich bis zu dem Punkt hinzuführen, an dem wir sie sehen[209].

Ich gebe zu, daß — da die Ereignisse, die ich zu beschreiben habe, auf verschiedene Weisen haben eintreten können — ich nur aufgrund von Vermutungen eine Wahl treffen kann; aber abgesehen davon, daß diese Vermutungen zu Gründen werden, wenn sie die wahrscheinlichsten sind, die man aus der Natur der Dinge herleiten kann, und die einzigen Mittel, die man haben kann, um die Wahrheit zu entdecken[210], werden die Folgerungen, die ich

beantworten, aber da die Tatsachen gewiß sind, kann die Art und Weise, in der sie eingetreten sind, unbekannt bleiben, ohne das Urteil zu beeinträchtigen, das wir über sie fällen müssen; wenn wir jedoch darüber nachdenken wollen, werden wir durch Induktion sehr wahrscheinliche Gründe für diese Veränderungen finden" (*Histoire et théorie de la terre, H.N.* I, 1749, Ed. Piveteau, p. 55).

miennes ne seront point pour cela conjecturales, puisque, sur
les principes que je viens d'établir, on ne sauroit former aucun
autre systême qui ne me fournisse les mêmes résultats, et dont
je ne puisse tirer les mêmes conclusions.

Ceci me dispensera d'étendre mes réflexions sur la maniére dont
le laps de tems compense le peu de vraisemblance des évenemens;
sur la puissance surprenante des causes très-légeres lorsqu'elles
agissent sans relâche[211]; sur l'impossibilité où l'on est d'un côté
de détruire certaines hypothéses, si de l'autre on se trouve hors
d'état de leur donner le dégré de certitude des faits; sur ce que
deux faits étant donnés comme réels[212] à lier par une suite de faits
intermédiaires, inconnus ou regardés comme tels, c'est à l'histoire,
quand on l'a, de donner les faits qui les lient; c'est à la Philosophie à son défaut, de deteᵣminer les faits semblables qui peuvent
les lier; Enfin sur ce qu'en matiére d'évenemens la similitude reduit
les faits à un beaucoup plus petit nombre de classes différentes
qu'on ne se l'imagine. Il me suffit d'offrir ces objets à la considé-

---

[211] Das Argument des großen Zeitraums muß um so größeres Gewicht
erhalten, je mehr die Entwicklung als durch Zufälle „gesteuert", je weniger
ihre Rekonstruktion teleologisch konzipiert wird. Diderot hatte in seiner
als Gedanken-Experiment vorgetragenen Transformismus-Hypothese für
jeden großen Entwicklungsschritt in der Evolution der Lebewesen bereits
„Millionen von Jahren" angesetzt (*De l'interprétation de la nature*, 1753, LVIII,
2). Rousseau betont die Bedeutung des Zeitfaktors, die er seinen Richtern
zu erwägen gibt, im Zweiten Teil immer wieder. Zu seiner Zurückhaltung,
was numerische Angaben bezüglich des zu veranschlagenden Zeitraums
angeht, siehe FN 148. — Zur „überraschenden Macht sehr geringfügiger
Ursachen" cf. Anmerkung X, S. 324 und die in FN 49 zitierte Stelle Buffons.
[212] „Real gegeben" sind der Anfangspunkt und der Endpunkt der zu re-
konstruierenden Entwicklung. Den Anfangszustand hat Rousseau im Ersten
Teil ausführlich beschrieben. Der Endzustand, die bürgerliche Gesellschaft der
Gegenwart, bedarf einer solchen Beschreibung nicht in gleicher Weise, er muß
nicht erst freigelegt, ans Licht geholt werden. Inwiefern kann der natürliche
Zustand jedoch eine „real gegebene Tatsache" genannt werden? Worin
stimmt die Art und Weise seines Gegebenseins mit der des bürgerlichen
Zustandes überein? Beiden ist gemeinsam, daß ihre Kenntnis nicht von „un-
gewissen Zeugnissen der Geschichte" (S. 108) abhängt. Rousseau vermag den
Anfangszustand dem Endzustand als „real gegebene Tatsache" gegenüber-
zustellen, weil er ihn wesentlich als einen natürlichen Zustand oder als einen

aus meinen Vermutungen ableiten will, deshalb keineswegs
mutmaßlichen Charakters sein, da man auf den Prinzipien, die
ich aufgestellt habe, kein anderes System errichten könnte, das
mir nicht dieselben Ergebnisse lieferte und aus dem ich nicht dieselben Schlüsse ziehen könnte.

Dies wird mich davon befreien, meine Reflexionen auszubreiten
— über die Weise, in welcher der Zeitraum die geringe Wahrscheinlichkeit der Ereignisse aufwiegt; über die überraschende Macht
sehr geringfügiger Ursachen, wenn sie ohne Unterlaß wirken[211];
über die Unmöglichkeit, vor der man einerseits steht, gewisse
Hypothesen zu zerstören, obgleich man sich andererseits außerstande sieht, ihnen den Gewißheitsgrad von Tatsachen zu geben;
darüber, daß es, wenn zwei als real gegebene Tatsachen[212] durch
eine Folge von dazwischenliegenden Tatsachen zu verbinden
sind, welche unbekannt sind oder als unbekannt betrachtet werden,
Aufgabe der Geschichte ist — so man sie hat —, die Tatsachen zu
liefern, die sie verbinden, während es, wenn die Geschichte fehlt,
Aufgabe der Philosophie ist, ähnliche Tatsachen zu bestimmen,
die sie verbinden können; schließlich darüber, daß in bezug auf die
Ereignisse die Ähnlichkeit die Tatsachen auf eine viel kleinere
Zahl von unterschiedlichen Klassen reduziert, als man sich vorstellt. Es genügt mir, diese Gegenstände meinen Richtern zur

---

Zustand der Animalität bestimmt. Er vermag es ebendeshalb, weil er ihn nicht
als bloßen Ausgangspunkt, als erste Etappe, als Moment des historischen
Prozesses begreift. Der Naturzustand wird als *natürlicher* Zustand untersucht.
Als solcher ist er sich selbst genug. Zum *Anfangs*zustand wird er erst durch
kontingente historische Ereignisse. Die Gleichzeitigkeit des Ungleichzeitigen,
auf die hin Rousseaus Darstellung des Naturzustandes angelegt ist und von
der sie methodisch ausgeht, ist so ernst gemeint, daß Rousseau das reale
Fortbestehen des natürlichen Zustandes in der Zeit, sein empirisches „Gege-
bensein" ausdrücklich für möglich hält (s. Anmerkung X und FN 409). Im
Unterschied zu den beiden „real gegebenen Tatsachen" sind die dazwischenliegenden Tatsachen als historisch besondere, „wenn die Geschichte fehlt",
nur aus der Kenntnis des Endzustandes, über eine Rekonstruktion der Entwicklung, in ihrer Allgemeinheit oder „Ähnlichkeit" zu erschließen. „Real
gegeben" wären sie als wesentlich historische Tatsachen erst dann, wenn uns
zuverlässige „Zeugnisse der Geschichte" über ihre konkrete Gestalt unterrichteten, wenn man „die Geschichte hätte".

ration de mes Juges : il me suffit d'avoir fait en sorte que les Lecteurs
vulgaires n'eussent pas besoin de les considérer[213].

---

[213] Den beiden Adressaten des *Discours*, die an diesem zentralen Ort explizit unterschieden werden, sind unterschiedliche Gegenstände zugedacht.
Rousseau hat es „so eingerichtet", daß er beide erreichen kann, wobei er vor
jedem das ausbreitet bzw. jedem das zu erwägen gibt, was für ihn bestimmt ist.
(Cf. FN 73 und 91). — Die Reflexionen, die Rousseau im letzten Abschnitt
des Ersten Teils andeutet, in dem er sich zum letztenmal an seine Richter

Erwägung vorzulegen; es genügt mir, es so eingerichtet zu haben, daß die gemeinen Leser kein Bedürfnis hätten, sie zu erwägen[213].

---

wendet, legen die Vermutung nahe, daß Rousseau im Exordium nicht zuletzt deshalb „einem Platon und einem Xenokrates" die Kompetenz zugebilligt hat, über seinen *Discours* zu urteilen, weil er bei Philosophen ihres Zuschnitts eine besondere Aufgeschlossenheit im Blick auf die hier vorgelegten Gegenstände glaubte unterstellen zu können. (Vergleiche dazu etwa *Nomoi*, III, 676 ff.)

SECONDE PARTIE.

Le premier qui ayant enclos un terrain, s'avisa de dire, *ceci est à moi*, et trouva des gens assés simples pour le croire, fut le vrai fondateur de la société civile[214]. Que de crimes, de guerres, de meurtres, que de miséres et d'horreurs n'eût point épargnés au Genre-humain celui qui arrachant les pieux ou comblant le fossé, eût crié à ses semblables. Gardez-vous d'écouter cet imposteur; Vous êtes perdus, si vous oubliez que les fruits sont à tous, et que la Terre n'est à personne: Mais il y a grande apparence, qu'alors les choses en étoient déjà venües au point de ne pouvoir plus durer comme elles étoient; car cette idée de propriété, dependant de beaucoup d'idées antérieures qui n'ont pû naître que successivement, ne se forma pas tout d'un coup dans l'esprit humain: Il falut faire bien des progrès, acquerir bien de l'industrie et des lumières, les transmettre et les augmenter d'âge en âge, avant que d'arriver à ce dernier terme de l'état de Nature[215]. Reprenons donc les choses de plus haut et tâchons de rassembler sous un seul point de vue cette lente succession d'évenemens et de connoissances, dans leur ordre le plus naturel.

Le premier sentiment de l'homme fut celui de son existence, son premier soin celui de sa conservation. Les productions de la Terre

---

[214] Gleich zu Beginn des Zweiten Teils nennt Rousseau die zweite „real gegebene Tatsache" beim Namen. Als *société civile* bezeichnet Rousseau die politisch-verfaßte Gesellschaft. Sie unterscheidet sich von der *société sauvage* durch die Einrichtung einer souveränen Gewalt und durch die Gesetze, die diese Gewalt gibt. Die *société civile* ist die Gesellschaft des *état civil* und des *homme civil* schlechthin und somit, diesseits des *état de nature*, keiner bestimmten historischen Epoche oder besonderen Gesellschaftsformation zugeordnet. Rousseau verwendet *société civile* und *société politique* als synonyme Begriffe (s. S. 222 und cf. *Ec. Pol.*, p. 243, 245, 263, 264, 277 oder *C.S. M.G.*, p. 297), im selben Sinne, in dem vor ihm etwa Locke von „Political or Civil Society" sprach (*Second Treatise*, VII) oder Barbeyrac, der durch seine Übersetzungen von Grotius, Pufendorf und Cumberland den politischen Sprachgebrauch des 18. Jahrhunderts nachhaltig beeinflußte, *civitas* mit *société civile* wiedergab. Im *Contrat social* tritt *société civile* später ganz hinter dem Begriff *corps politique* zurück. — Wo immer im Text oder in den Fußnoten dieser Ausgabe *bürgerliche Gesellschaft* zu lesen steht, ist von der *bürgerlichen oder politischen Gesellschaft* im präzisierten Sinne die Rede und nicht von der bürgerlichen Gesell-

Der erste, der ein Stück Land eingezäunt hatte und es sich einfallen ließ zu sagen: *dies ist mein* und der Leute fand, die einfältig genug waren, ihm zu glauben, war der wahre Gründer der bürgerlichen Gesellschaft[214]. Wie viele Verbrechen, Kriege, Morde, wie viel Not und Elend und wie viele Schrecken hätte derjenige dem Menschengeschlecht erspart, der die Pfähle herausgerissen oder den Graben zugeschüttet und seinen Mitmenschen zugerufen hätte: ,Hütet euch, auf diesen Betrüger zu hören; ihr seid verloren, wenn ihr vergeßt, daß die Früchte allen gehören und die Erde niemandem.' Aber mit großer Wahrscheinlichkeit waren die Dinge damals bereits an dem Punkt angelangt, an dem sie nicht mehr bleiben konnten, wie sie waren; denn da diese Vorstellung des Eigentums von vielen vorausliegenden Vorstellungen abhängt, die nur nach und nach haben entstehen können, bildete sie sich nicht auf einmal im menschlichen Geist. Man mußte viele Fortschritte machen, viele Fertigkeiten und Einsichten erwerben und sie von Generation zu Generation weitergeben und vergrößern, ehe man bei diesem letzten Stadium des Naturzustandes angelangte[215]. Nehmen wir die Dinge daher an einem früheren Zeitpunkt wieder auf und versuchen wir, diese langsame Aufeinanderfolge von Ereignissen und Erkenntnissen unter einem einzigen Gesichtspunkt, in ihrer natürlichsten Ordnung, zusammenzubringen.

Das erste Gefühl des Menschen war das seiner Existenz, seine erste Sorge die um seine Erhaltung. Die Erzeugnisse der Erde

---

schaft, wie sie nach Hegels Unterscheidung von Staat und Gesellschaft und Marx' historisch-ökonomischer Verortung des Begriffs heute gewöhnlich verstanden wird.

[215] Das letzte Stadium des Naturzustandes, das in der Gründung der bürgerlichen Gesellschaft seinen Abschluß findet, ist vom ersten oder wahren Naturzustand durch einen „unermeßlichen Zeitraum" getrennt. Rousseau beginnt seine Rekonstruktion im folgenden Absatz beim ersten, tierischen Naturzustand. Den leitenden Gesichtspunkt, unter dem er die langsame Aufeinanderfolge der Ereignisse und Erkenntnisse zusammenzubringen versucht, hat er im zweitletzten Abschnitt des Ersten Teils genannt: Es geht darum, den Ursprung und die Fortschritte der Ungleichheit „in den sukzessiven Entwicklungen des menschlichen Geistes zu zeigen."

lui fournissoient tous les secours nécessaires, l'instinct le porta à en faire usage. La faim, d'autres appetits lui faisant éprouver tour à tour diverses maniéres d'exister, il y en eut une qui l'invita à perpetuer son espéce; et ce penchant aveugle, dépourvû de tout sentiment du cœur, ne produisoit qu'un acte purement animal. Le besoin satisfait, les deux sexes ne se reconnoissoient plus, et l'enfant même n'étoit plus rien à la Mére sitôt qu'il pouvoit se passer d'elle.

Telle fut la condition de l'homme naissant; telle fut la vie d'un animal borné d'abord aux pures sensations, et profitant à peine des dons que lui offroit la Nature, loin de songer à lui rien arracher; mais il se présenta bientôt des difficultés[216], il fallut apprendre à les vaincre: la hauteur des Arbres, qui l'empêchoit d'atteindre à leurs fruits, la concurrence des animaux qui cherchoient à s'en nourrir, la férocité de ceux qui en vouloient à sa propre vie, tout l'obligea de s'appliquer aux exercices du corps; il fallut se rendre agile, vîte à la course, vigoureux au combat. Les armes naturelles qui sont les branches d'arbres, et les pierres, se trouvérent bientôt sous sa main. Il apprit à surmonter les obstacles de la Nature, à combattre au besoin les autres animaux, à disputer sa subsistance aux hommes mêmes, ou à se dédommager de ce qu'il faloit céder au plus fort.

A mesure que le Genre-humain s'étendit, les peines se multipliérent avec les hommes. La difference des terrains, des Climats, des saisons, put les forcer à en mettre dans leurs maniéres de vivre. Des années stériles, des hyvers longs et rudes, des Etés brulans qui consument tout, exigérent d'eux une nouvelle industrie. Le long de la mer, et des Rivieres ils inventérent la ligne, et le hameçon; et devinrent pêcheurs et Ichtyophages. Dans les forêts ils se firent

---

216 Der Naturzustand erscheint nicht mehr als notwendig in sich ruhend. Die Darstellung, die der Zweite Teil von ihm gibt, unterscheidet sich in charakteristischer Weise von der des Ersten Teils. Während Rousseau den Naturzustand dort als natürlichen Zustand beschrieb, skizziert er ihn jetzt als einen historischen Ausgangspunkt. Veränderungen, die im Horizont des Naturzustands nur als Einbruch von außen zu begreifen waren, nehmen sich aus der Perspektive der stattgehabten Entwicklung, deren Ergebnis bekannt ist, als naheliegend, folgerichtig, zwingend aus. Die Statik der *Beschreibung*

lieferten ihm alle notwendige Unterstützung, der Instinkt trieb ihn an, von ihnen Gebrauch zu machen. Während der Hunger und andere Begierden ihn abwechselnd verschiedene Existenzweisen erproben ließen, gab es eine Begierde, die ihn veranlaßte, seine Art fortzupflanzen; und dieser blinde Hang brachte, bar jedes Gefühls des Herzens, nur einen rein animalischen Akt hervor. War das Bedürfnis befriedigt, erkannten sich die beiden Geschlechter nicht mehr wieder, und selbst das Kind bedeutete der Mutter nichts mehr, sobald es sie entbehren konnte.

Dies war der Zustand des entstehenden Menschen; dies war das Leben eines Tieres, das zunächst auf die reinen Sinnesempfindungen beschränkt war und sich kaum die Gaben zunutze machte, die ihm die Natur anbot, weit davon entfernt, daran zu denken, ihr irgend etwas abzuringen; aber bald traten Schwierigkeiten auf[216]; es war notwendig, sie zu überwinden zu lernen: Die Höhe der Bäume, die ihn hinderte, ihre Früchte zu erreichen; die Konkurrenz der Tiere, die sich von diesen Früchten zu ernähren suchten; die Grimmigkeit jener Tiere, die ihm an sein Leben wollten — alles zwang ihn, sich die Übungen des Körpers angelegen sein zu lassen; es war notwendig, flink, schnell im Lauf, kräftig im Kampf zu werden. Die natürlichen Waffen — die Äste von Bäumen und die Steine — waren ihm bald zur Hand. Er lernte, die Hindernisse der Natur zu überwinden, mit den anderen Tieren wenn nötig zu kämpfen, selbst mit den Menschen um seinen Lebensunterhalt zu streiten oder sich für das schadlos zu halten, was dem Stärkeren abgetreten werden mußte.

In dem Maße, in dem das Menschengeschlecht sich ausbreitete, vermehrten sich mit den Menschen die Mühseligkeiten. Die Unterschiede der Böden, der Klimate, der Jahreszeiten konnten sie zu Unterschieden in ihren Lebensweisen zwingen. Unfruchtbare Jahre, lange und rauhe Winter, brennendheiße Sommer, die alles verzehrten, verlangten ihnen eine neue Kunstfertigkeit ab. Entlang des Meeres und der Flüsse erfanden sie die Angel und den Haken und wurden Fischer und Fischesser. In den Wäldern machten

---

verwandelt sich, wie Victor Goldschmidt bemerkt hat (*Anthropologie et politique. Les principes du système de Rousseau*, Paris, 1974), in die Dynamik des *Berichts*.

des arcs et des fléches, et devinrent Chasseurs et Guerriers; Dans
les Pays froids ils se couvrirent des peaux des bêtes qu'ils avoient
tuées; Le tonnerre, un Volcan, ou quelque heureux hazard leur
fit connoître le feu, nouvelle ressource contre la rigueur de l'hyver:
Ils apprirent à conserver cet élement, puis à le reproduire, et enfin
à en préparer les viandes qu'auparavant ils dévoroient crues.

Cette application réiterée des êtres divers à lui-même, et les[217]
uns aux autres, dut[218] naturellement engendrer dans l'esprit de
l'homme les perceptions de certains raports[219]. Ces relations que
nous exprimons par les mots de grand, de petit, de fort, de foible,
de vîte, de lent, de peureux, de hardi, et d'autres idées pareilles,
comparées au besoin, et presque sans y songer, produisirent enfin
chez lui quelque sorte de réflexion, ou plûtôt une prudence machinale qui lui indiquoit les précautions les plus nécessaires à sa
sûreté.

Les nouvelles lumiéres qui résultérent de ce développement,
augmentérent sa supériorité sur les autres animaux, en la lui faisant
connoître. Il s'exerça à leur dresser des piéges, il leur donna le
change en mille maniéres, et quoique plusieurs le surpassassent en
force au combat, ou en vîtesse à la course; de ceux qui pouvoient
lui servir ou lui nuire, il devint avec le tems le maître des uns, et
le fleau des autres. C'est ainsi que le premier regard qu'il porta sur
lui-même, y produisit le premier mouvement d'orgueil; c'est
ainsi que sçachant encore à peine distinguer les rangs, et se con-
templant au premier par son espèce, il se préparoit de loin à y
prétendre par son individu[220].

---

[217] Ed. 1782: des
[218] Ed. 1782: doit / muß (Variante nicht in *OCP*.)
[219] Im *Emile* schreibt Rousseau im Blick auf das Kind: „Da die ersten
natürlichen Regungen des Menschen also darin bestehen, sich mit allem zu
messen, was ihn umgibt, und in jedem Gegenstand, den er wahrnimmt, alle
sinnlich wahrnehmbaren Eigenschaften in Erfahrung zu bringen, die sich auf
ihn beziehen können, ist sein erstes Studium eine Art von experimenteller
Physik, bezogen auf seine eigene Erhaltung" (II, p. 369 f). — Den weiteren
Schritt, die Entstehung der Reflexion oder einer „Art von Reflexion" aus dem
Vergleich von Vorstellungen, hat Rousseau im *Essai sur l'origine des langues*
knapp so zusammengefaßt: „Die Reflexion entsteht aus dem Vergleich der
Vorstellungen, und die Pluralität der Vorstellungen veranlaßt dazu, sie zu

sie sich Bogen und Pfeile und wurden Jäger und Krieger. In den kalten Ländern bedeckten sie sich mit den Häuten der Tiere, die sie erlegt hatten. Der Blitz, ein Vulkan oder ein glücklicher Zufall machte sie mit dem Feuer bekannt, einem neuen Hilfsmittel gegen die Strenge des Winters: Sie lernten, dieses Element zu bewahren, dann, es wiederzuerzeugen, und schließlich, das Fleisch mit ihm zuzubereiten, das sie zuvor roh verschlungen hatten.

Diese wiederholte Verwendung der verschiedenen Wesen in bezug auf ihn selbst und der einen in bezug auf die anderen mußte[218] im Geist des Menschen natürlicherweise die Wahrnehmungen bestimmter Beziehungen hervorrufen[219]. Diese Verhältnisse, die wir mit den Wörtern groß, klein, stark, schwach, schnell, langsam, furchtsam, kühn ausdrücken, und andere ähnliche Vorstellungen, die bei Bedarf, und fast ohne darüber nachzudenken, verglichen wurden, brachten in ihm schließlich eine Art von Reflexion, oder vielmehr eine mechanische Klugheit hervor, die ihm die notwendigsten Vorsichtsmaßnahmen für seine Sicherheit anzeigte.

Die neuen Einsichten, die aus dieser Entwicklung resultierten, vergrößerten seine Überlegenheit über die anderen Tiere, indem sie ihm seine Überlegenheit bewußt machten. Er übte sich darin, ihnen Fallen zu stellen; er täuschte sie auf tausend Weisen; und obwohl manche von jenen, die ihm dienen oder ihm schaden konnten, ihn an Stärke im Kampf oder an Schnelligkeit im Lauf übertrafen, wurde er mit der Zeit zum Herrn der einen und zur Geißel der anderen. So brachte der erste [vergleichende] Blick, den er auf sich selbst warf, die erste Regung von Hochmut in ihm hervor; so bereitete er sich, als er noch kaum die Rangverhältnisse zu unterscheiden vermochte und er sich als Art auf dem ersten Rang sah, von weitem darauf vor, diesen als Individuum zu beanspruchen[220].

---

vergleichen. Derjenige, der nur einen einzigen Gegenstand sieht, kann keinen Vergleich anstellen" (IX, p. 93). Cf. dazu Buffon: „Wenn man auch nur ein wenig über den Ursprung unserer Kenntnisse nachgedacht hat, ist es ein Leichtes einzusehen, daß wir sie nur auf dem Wege des Vergleichs erwerben können; das, was absolut unvergleichbar ist, ist gänzlich unbegreifbar" (*De la nature de l'homme, H.N.* II, 1749, Ed. Piveteau, p. 293).

[220] Das erste Herrschaftsverhältnis des Menschen bringt die erste Reflexivität hervor, führt zum ersten Bewußtwerden einer Ungleichheit, läßt die erste

Quoique ses semblables ne fussent pas pour lui ce qu'ils sont pour nous, et qu'il n'eût gueres plus de commerce avec eux qu'avec les autres animaux, ils ne furent pas oubliés dans ses observations. Les conformités que le temps put lui faire appercevoir entre eux, sa femelle et lui-même, le firent juger de celles qu'il n'appercevoit pas, et voyant qu'ils se conduisoient tous, comme il auroit fait en de pareilles circonstances, il conclut que leur maniére de penser et de sentir étoit entierement conforme à la sienne, et cette importante vérité bien établie dans son esprit, lui fit suivre par un pressentiment aussi sûr et plus prompt que la Dialectique, les meilleures régles de conduite que pour son avantage et sa sureté il lui convînt de garder avec eux.

Instruit par l'expérience que l'amour du bien-être est le seul mobile des actions humaines, il se trouva en état de distinguer les occasions rares où l'intérêt commun devoit le faire compter sur l'assistance de ses semblables[221], et celles plus rares encore où la concurrence devoit le faire défier d'eux. Dans le premier cas il s'unissoit avec eux en troupeau, ou tout au plus par quelque sorte d'association libre qui n'obligeoit personne, et qui ne duroit qu'autant que le besoin passager qui l'avoit formée. Dans le second chacun cherchoit à prendre ses avantages, soit à force ouverte s'il croyoit le pouvoir ; soit par adresse et subtilité s'il se sentoit le plus foible.

Voilà comment les hommes purent insensiblement acquerir quelque idée grossiére des engagemens mutuels, et de l'avantage de les remplir, mais seulement autant que pouvoit l'exiger l'intérêt présent et sensible ; car la prévoyance n'étoit rien pour eux, et loin de s'occuper d'un avenir éloigné, ils ne songeoient pas même au lendemain. S'agissoit il de prendre un Cerf, chacun sentoit bien

---

Regung von Hochmut und mithin von *amour-propre* aufkommen. Der *amour-propre*, der sich gegenüber den anderen Tieren, im Hinblick auf die eigene Art regt, bleibt vergleichsweise abstrakt, da er noch nicht individualisiert ist; er trägt nicht die Widersprüche in sich, die sich aus der Logik des *amour-propre* ergeben, sobald die Menschen untereinander und in Konkurrenz zueinander von ihm bestimmt werden (cf. *Fragment 12*). Gleichwohl ist seine zukünftige Gestalt „von weitem" erkennbar. Siehe auch FN 144.

[221] Nicht Mitleid oder Liebe, sondern gemeinsame Interessen konnten den solitären Menschen auf Hilfe „zählen lassen", und nicht Mitleid (vom

Obwohl seine Mitmenschen für ihn nicht das waren, was sie für uns sind, und obwohl er mit ihnen kaum mehr Verkehr hatte als mit den anderen Tieren, wurden sie bei seinen Beobachtungen nicht vergessen. Die Übereinstimmungen, welche die Zeit ihn zwischen ihnen, seinem Weibchen und ihm selbst wahrnehmen lassen konnte, ließen ihn über jene urteilen, die er nicht wahrnahm; und da er sah, daß sie sich alle so verhielten, wie er sich unter ähnlichen Umständen verhalten hätte, schloß er, daß ihre Art zu denken und zu fühlen mit der seinen gänzlich übereinstimmte; und in seinem Geist fest begründet, ließ ihn diese wichtige Wahrheit durch eine Vorahnung, die ebenso sicher wie die Dialektik und prompter als diese war, die besten Verhaltensregeln befolgen, die ihnen gegenüber zu beachten zu seinem Vorteil und zu seiner Sicherheit für ihn ratsam war.

Durch die Erfahrung darüber belehrt, daß die Liebe zum Wohlbefinden die einzige Triebfeder der menschlichen Handlungen ist, sah er sich imstande, die seltenen Gelegenheiten herauszufinden, bei denen das gemeinsame Interesse ihn auf die Hilfe seiner Mitmenschen zählen lassen sollte[221], und jene noch selteneren, bei denen die Konkurrenz ihn ihnen mißtrauen lassen sollte. Im ersten Fall vereinigte er sich mit ihnen in einer Herde oder höchstens vermittels einer Art von freier Assoziation, die niemanden verpflichtete und die nur so lange dauerte wie das vorübergehende Bedürfnis, das sie hervorgebracht hatte. Im zweiten Fall suchte jeder seinen eigenen Vorteil zu erlangen, sei es durch offene Gewalt, wenn er dies zu können glaubte, sei es durch Gewandtheit und List, wenn er sich als der Schwächere fühlte.

Auf diese Weise konnten die Menschen unmerklich eine rohe Vorstellung von wechselseitigen Verbindlichkeiten und von dem Vorteil, sie zu erfüllen, erlangen, aber nur soweit, als das gegenwärtige und sinnlich wahrnehmbare Interesse es erfordern konnte; denn die Voraussicht bedeutete nichts für sie, und weit davon entfernt, sich mit einer fernen Zukunft zu beschäftigen, dachten sie nicht einmal an den nächsten Tag. Ging es darum, einen

---

Prinzip der Soziabilität ganz zu schweigen), sondern der *amour de soi* stiftet die ersten Vereinigungen zu einer Herde oder einer Art von freier Assoziation.

qu'il devoit pour cela garder fidellement son poste; mais si un
liévre venoit à passer à la portée de l'un d'eux, il ne faut pas douter
qu'il ne le poursuivît sans scrupule, et qu'ayant atteint sa proye
il ne se souciât fort peu de faire manquer la leur à ses Compagnons.

Il est aisé de comprendre qu'un pareil commerce n'éxigeoit pas
un langage beaucoup plus rafiné que celui des Corneilles[222] ou
des Singes, qui s'attroupent à peu près de même. Des cris in-
articulés, beaucoup de gestes, et quelques bruits imitatifs, durent
composer pendant longtems la Langue universelle, à quoi
joignant dans chaque Contrée quelques sons articulés, et conven-
tionels dont, comme je l'ai déjà dit, il n'est pas trop facile d'expliquer l'institution, on eut des langues particuliéres, mais grossiéres,
imparfaites, et telles à peu près qu'en ont encore[223] aujourd'hui
diverses Nations Sauvages. Je[224] parcours comme un trait des
multitudes de Siécles, forcé par le tems qui s'écoule, par l'abondance
des choses que j'ai à dire, et par le progrès presque insensible des
commencemens; car plus les événemens étoient lents à se succeder,
plus ils sont prompts à décrire[225].

Ces premiers progrès mirent enfin l'homme à portée d'en faire
de plus rapides. Plus l'esprit s'éclairoit, et plus l'industrie se perfectionna. Bientôt cessant de s'endormir sous le premier arbre, ou
de se retirer dans des Cavernes, on trouva quelques sortes de
haches de pierres dures, et tranchantes, qui servirent à couper du
bois, creuser la terre, et faire des huttes de branchages, qu'on
s'avisa ensuite d'enduire d'argile et de boüe. Ce fut-là l'époque
d'une premiére révolution qui forma l'établissement et la distinction des familles, et qui introduisit une sorte de propriété; d'où
peut-être naquirent déjà bien des querelles et des Combats[226].

---

[222] Cf. Lukrez: *De rerum natura*, V, 1084. — Vergleiche zum Folgenden die
Darstellung im Ersten Teil, S. 130 und FN 165.

[223] In Ed. 1782 fehlt *encore* / *noch*, vermutlich aufgrund eines Versehens.
(Desgleichen im Text der *OCP*, die auch keine Variante angeben.)

[224] In Ed. 1782 beginnt hier ein neuer Absatz. (Variante nicht in *OCP*.)

[225] Roger D. Masters hat diese Bemerkung Rousseaus zur inversen Relation
zwischen der tatsächlichen Zeitdauer und dem Umfang des Berichts aufgenommen und überprüft, welche Vorstellungen über die Dauer der einzelnen
Entwicklungsstadien sich bei Rousseau unter Zugrundelegung dieser Faust-
regel (gemessen an der Zahl der Abschnitte, die auf sie verwendet werden)

Hirsch zu fangen, so fühlte jeder wohl, daß er hierzu treu auf
seinem Posten ausharren mußte; aber wenn zufällig ein Hase in
Reichweite von einem von ihnen vorbei kam, so darf man nicht
daran zweifeln, daß er ihn bedenkenlos verfolgte und daß es ihn —
hatte er seine Beute erwischt — sehr wenig kümmerte, daß er seine
Gefährten die ihre verfehlen ließ.

Es ist leicht zu begreifen, daß ein derartiger Verkehr keine viel
verfeinertere Sprache als die der Krähen[222] oder der Affen erforderte, die sich ungefähr auf die gleiche Weise zusammenrotten.
Unartikulierte Schreie, viele Gebärden und einige nachahmende
Geräusche mußten lange Zeit hindurch die universelle Sprache
ausmachen; fügte man in jedem Land einige artikulierte und konventionelle Laute hinzu — deren Einführung, wie ich schon
gesagt habe, nicht allzu leicht zu erklären ist —, so hatte man
besondere Sprachen, aber rohe, unvollkommene, ungefähr solche,
wie verschiedene wilde Nationen sie heute noch[223] haben. Ich[224]
durcheile pfeilgeschwind unzählige Jahrhunderte — genötigt
durch die Zeit, die verfließt, durch die Fülle der Dinge, die ich
zu sagen habe, und durch den nahezu unmerklichen Fortschritt
der Anfänge; denn je langsamer die Ereignisse aufeinander folgten, desto rascher sind sie zu beschreiben[225].

Diese ersten Fortschritte versetzten den Menschen schließlich
in die Lage, schnellere zu machen. Je mehr der Geist sich aufklärte,
desto mehr vervollkommnete sich die Kunstfertigkeit. Bald, als
man aufhörte, sich unter dem erstbesten Baum schlafen zu legen
oder sich in Höhlen zurückzuziehen, erfand man einige Arten von
Beilen aus harten und scharfen Steinen, welche dazu dienten,
Holz zu fällen, Erde auszuheben und Hütten aus Reisig zu bauen,
die man sich danach einfallen ließ mit Lehm und Schlamm zu be-
streichen. Das war die Epoche einer ersten Revolution, welche
die Gründung und die Unterscheidung der Familien hervorbrachte
und eine Art von Eigentum einführte — woraus vielleicht schon
viele Streitereien und Kämpfe entstanden[226]. Da jedoch die

---

aus dem Zweiten Teil ermitteln lassen (*The Political Philosophy of J. J. Rousseau*,
Princeton, [2]1976, p. 167, n. 48).

[226] Nach einer langsamen, „unmerklichen" Entwicklung, die den Menschen sukzessive vom anfänglichen Zustand entfernte, schafft die „Epoche

Cependant comme les plus forts furent vraisemblablement les premiers à se faire des logemens qu'ils se sentoient capables de défendre, il est à croire que les foibles trouvérent plus court et plus sûr de les imiter que de tenter de les déloger: et quant à ceux qui avoient déjà des Cabanes, chacun dut peu chercher à s'approprier celle de son voisin, moins parce qu'elle ne lui appartenoit pas, que parce qu'elle lui étoit inutile, et qu'il ne pouvoit s'en emparer, sans s'exposer à un combat très vif avec la famille qui l'occupoit.

Les premiers développemens du cœur furent l'effet d'une situation nouvelle qui réunissoit dans une habitation commune les maris et les Femmes, les Peres et les Enfans[227]; l'habitude de vivre ensemble fit naître les plus doux sentimens qui soient connus des hommes, l'amour conjugal, et l'amour Paternel. Chaque famille devint une petite Société d'autant mieux unie que l'attachement réciproque et la liberté en étoient les seuls liens; et ce fut alors que s'établit la première différence dans la manière de vivre des deux Séxes, qui jusqu'ici n'en avoient eu qu'une. Les femmes devinrent plus sedentaires et s'accoutumérent à garder la Cabane et les Enfans, tandis que l'homme alloit chercher la subsistance commune. Les deux Séxes commencérent aussi par une vie un peu plus molle à perdre quelque chose de leur férocité et de leur vigueur: mais si chacun séparément devint moins propre à combattre les bêtes sauvages, en revanche il fut plus aisé de s'assembler pour leur résister en commun.

Dans ce nouvel état, avec une vie simple et solitaire, des besoins très bornés, et les instrumens qu'ils avoient inventés pour y pourvoir, les hommes joüissant d'un fort grand loisir l'emploiérent à se procurer plusieurs sortes de commodités inconnues à leurs Peres; et ce fut là le premier joug qu'ils s'imposérent sans y songer,

---

einer ersten Revolution" einen markanten Einschnitt innerhalb des Naturzustandes. Die anschließende Periode, an deren Beginn die Familiengründung und eine Art von Eigentum stehen, führt wiederum in einer langen Entwicklung zur wilden Gesellschaft und damit zur tiefgreifendsten Veränderung der menschlichen Verfassung: Der Mensch wird zu einem soziablen Wesen. — Beachte, daß die Vereinigung in Herden oder einer Art von freier Assoziation der Gründung und Unterscheidung der Familien vorausgeht. (Cf. Montesquieu: *De l'ésprit des lois*, XVIII, 13.)

Stärkeren wahrscheinlich die ersten waren, welche sich Behausungen schufen, die zu verteidigen sie sich imstande fühlten, ist anzunehmen, daß die Schwachen es kürzer und sicherer fanden, sie nachzuahmen, als den Versuch zu unternehmen, sie aus diesen zu vertreiben; und was jene angeht, die schon Hütten hatten, so muß jeder wenig danach getrachtet haben, sich die Hütte seines Nachbarn anzueignen — weniger, weil sie ihm nicht gehörte, als weil sie nutzlos für ihn war und er sich ihrer nicht bemächtigen konnte, ohne sich einem sehr heftigen Kampf mit der Familie auszusetzen, die sie bewohnte.

Die ersten Entwicklungen des Herzens waren das Ergebnis einer neuen Situation, welche die Ehemänner und die Ehefrauen, die Väter und die Kinder in einer gemeinsamen Wohnung vereinigte[227]; die Gewohnheit zusammen zu leben, ließ die süßesten Gefühle, welche die Menschen kennen, entstehen: die Gattenliebe und die Elternliebe. Jede Familie wurde zu einer kleinen Gesellschaft, die um so einträchtiger war, als die gegenseitige Zuneigung und die Freiheit ihre einzigen Bande waren; und damals kam der erste Unterschied in der Lebensweise der beiden Geschlechter auf, die bis dahin nur ein und dieselbe gehabt hatten. Die Frauen wurden häuslicher und gewöhnten sich daran, die Hütte und die Kinder zu hüten, während der Mann den gemeinsamen Lebensunterhalt suchen ging. Die beiden Geschlechter begannen auch, durch ein ein wenig weichlicheres Leben etwas von ihrer Grimmigkeit und ihrer Kraft einzubüßen; aber wenn jeder für sich weniger geeignet wurde, mit den wilden Tieren zu kämpfen, so war es dafür leichter, sich zusammenzutun, um ihnen gemeinsam zu widerstehen.

In diesem neuen Zustand, bei einem einfachen und solitären Leben, sehr begrenzten Bedürfnissen und den Werkzeugen, die sie erfunden hatten, um für sie zu sorgen, erfreuten sich die Menschen einer sehr großen Muße, die sie darauf verwendeten, sich mancherlei Bequemlichkeiten zu verschaffen, welche ihren Vätern unbekannt gewesen waren; und das war das erste Joch, das sie

---

[227] Cf. Lukrez: *De rerum natura*, V, 1011—1018; auch zur folgenden Darstellung des weichlicheren Lebens als Konsequenz der Familiengründung.

et la premiere source de maux qu'ils préparérent à leurs Descendans; car outre qu'ils continuérent ainsi à s'amolir le corps et l'esprit, ces commodités ayant par l'habitude perdu presque tout leur agrément, et étant en même temps dégénérées en de vrais besoins, la privation en devint beaucoup plus cruelle que la possession n'en étoit douce, et l'on étoit malheureux de les perdre, sans être heureux de les posseder[228].

On entrevoit un peu mieux ici comment l'usage de la parole s'établit ou se perfectionne[229] insensiblement dans le sein de chaque famille, et l'on peut conjecturer encore comment diverses causes particuliéres purent étendre le langage, et en accélérer le progrès en le rendant plus nécessaire. De grandes inondations ou des tremblemens de terre environnérent d'eaux ou de précipices des Cantons habités; Des revolutions du Globe[230] détachérent et coupérent

---

[228] Die historische Dynamisierung der menschlichen Bedürfnisse — ihre Vervielfachung und die Verwandlung „künstlicher" in „wahre" Bedürfnisse — hat den Verlust der natürlichen Autarkie zur Folge. Sie führt zu einer ständig anwachsenden physischen und psychischen Abhängigkeit. „Jenseits des physisch Notwendigen ist alles Quelle von Übel. Die Natur gibt uns nur zu viele Bedürfnisse; und es ist zumindest eine sehr große Unklugheit, sie ohne Notwendigkeit zu vervielfachen und seine Seele so in eine größere Abhängigkeit zu geben" (*Dernière réponse*, p. 95). — Vergleiche zur Theorie der Bedürfnisse im *Discours* die Unterscheidungen, die Rousseau in einem frühen Fragment vornimmt: „Unsere Bedürfnisse sind von mehrerlei Art; die ersten sind jene, die sich auf den Lebensunterhalt beziehen, wovon unsere Erhaltung abhängt. Sie sind solcherart, daß jeder Mensch umkäme, wenn er aufhörte, sie befriedigen zu können: Diese heißen physische Bedürfnisse, weil sie uns von der Natur gegeben sind und uns nichts von ihnen befreien kann. Es gibt nur zwei Bedürfnisse dieser Art, nämlich die Ernährung und den Schlaf. Andere Bedürfnisse zielen weniger auf unsere Erhaltung als auf unser Wohlbefinden und sind eigentlich nur Begierden, aber manchmal so heftige, daß sie mehr quälen als die wahren Bedürfnisse, jedoch ist es niemals von einer absoluten Notwendigkeit, für sie zu sorgen, und jeder weiß nur zu gut, daß leben nicht leben im Wohlbefinden heißt. Die Bedürfnisse dieser zweiten Klasse haben den Luxus an Sinnlichkeit und an Weichlichkeit, die Vereinigung der Geschlechter und alles, was unseren Sinnen schmeichelt, zum Gegenstand. Eine dritte Klasse von Bedürfnissen, die, obwohl nach den anderen entstanden, nichtsdestoweniger schließlich alle ausstechen, sind jene, die von der Meinung herrühren. Solcherart sind die Ehren, die Reputation, der Rang, der Adel und alles, was in der Wertschätzung der Menschen Existenz hat, aber durch diese Wertschätzung zu wirklichen Gütern führt, die man ohne sie nicht erhielte.

sich — ohne daran zu denken — auferlegten, und die erste Quelle der Übel, die sie für ihre Nachkommen vorbereiteten; denn — abgesehen davon, daß sie auf diese Weise fortfuhren, den Körper und den Geist zu verweichlichen — da diese Bequemlichkeiten durch die Gewohnheit fast ihre ganze Annehmlichkeit verloren hatten und da sie zur gleichen Zeit in wahre Bedürfnisse ausgeartet waren, wurde ihr Entzug viel grausamer, als ihr Besitz süß war; und man war unglücklich, wenn man sie verlor, ohne glücklich zu sein, wenn man sie besaß[228].

Man vermag hier ein wenig besser abzusehen, wie der Gebrauch der Sprache im Schoße einer jeden Familie unmerklich aufkommt oder sich vervollkommnet[229]; und man kann außerdem vermuten, wie verschiedene besondere Ursachen die Sprache erweitern und ihren Fortschritt beschleunigen konnten, indem sie sie notwendiger machten. Große Überschwemmungen oder Erdbeben umgaben bewohnte Landstriche mit Wasser oder mit Abgründen; Revolutionen des Erdballs[230] lösten Teile des Kontinents ab und zer-

---

Alle diese verschiedenen Bedürfnisse sind miteinander verknüpft, aber die [zweiten] und die [dritten] machen sich den Menschen erst fühlbar, wenn die ersten befriedigt sind" (*Fragments politiques*, p. 529 f). Cf. auch *OCP* II, p. 1329.

[229] Ed. 1782: s'établit ou se perfectionna / aufkam oder sich vervollkommnete. (*OCP* folgen, ohne einen Hinweis darauf, daß es sich um eine Variante handelt, der Ausgabe von 1782.) Die Lesart von 1755-1 beruht auf keinem bloßen Druckfehler. Die späteren Ausgaben zu Rousseaus Lebzeiten haben denselben Wortlaut. — Die Bedeutung der Familie für die Sprachentwicklung liegt vor allem darin begründet, daß sie auf lange Sicht der Ort „der ersten Entwicklungen des Herzens" ist, daß in ihr die „süßesten Gefühle, welche die Menschen kennen", entstehen. Gefühle, die danach drängen, ausgedrückt zu werden. Cf. *Essai sur l'origine des langues*, IX p. 123; außerdem Lukrez: *De rerum natura*, V, 1056—1090.

[230] „Die Veränderungen, die auf dem Erdball seit zwei oder selbst drei tausend Jahren eingetreten sind, sind viel weniger beträchtlich im Vergleich zu den Revolutionen, die sich in den ersten Zeiten nach der Erschaffung haben zutragen müssen, denn es ist leicht nachzuweisen, daß, da alle terrestrischen Stoffe erst durch die kontinuierliche Einwirkung der Schwerkraft und anderer Kräfte [. . .] Festigkeit erworben haben, die Oberfläche der Erde zu Beginn viel weniger fest sein mußte, als sie es in der Folgezeit geworden ist, und daß folglich dieselben Ursachen, die heute nur beinahe unmerkliche Veränderungen in einem Zeitraum von mehreren Jahrhunderten hervorbringen,

en Iles des portions du Continent. On conçoit qu'entre des hommes
ainsi rapprochés, et forcés de vivre ensemble, il dut se former un
Idiome commun plûtôt qu'entre ceux qui erroient librement dans
les forêts de la Terre ferme. Ainsi il est très possible qu'après leurs
premiers essais de Navigation, des Insulaires ayent porté parmi
nous l'usage de la parole; et il est au moins très vraisemblable que
la Société et les langues ont pris naissance dans les Iles, et s'y sont
perfectionnées avant que d'être connües dans le Continent.

Tout commence à changer de face. Les hommes errans jusqu'ici
dans les Bois, ayant pris une assiéte plus fixe, se rapprochent
lentement, se réunissent en diverses troupes, et forment enfin dans
chaque contrée une Nation particuliére, unie de mœurs et de caractéres, non par des Réglemens et des Loix, mais par le même genre
de vie et d'alimens, et par l'influence commune du Climat[231].
Un voisinage permanent ne peut manquer d'engendrer enfin
quelque liaison entre diverses familles. De jeunes gens de differens
séxes habitent des Cabanes voisines, le commerce passager que
demande la Nature en améne bientôt un autre, non moins doux,
et plus permanent par la fréquentation mutuelle. On s'accoûtume
à considérer differens objets, et à faire des comparaisons; on
acquiert insensiblement des idées de mérite et de beauté qui pro-
duisent des sentimens de préférence. A force de se voir, on ne peut
plus se passer de se voir encore. Un sentiment tendre et doux

---

damals sehr große Revolutionen in wenigen Jahren verursachen mußten."
Buffon: *Histoire et théorie de la terre*, Sec. Disc., *H.N.* I, 1749 (Ed. Piveteau,
p. 49). Buffon kommt danach u. a. darauf zu sprechen, daß die Alte und die
Neue Welt möglicherweise aus einem einzigen zusammenhängenden Kontinent durch das Einsinken eines Hohlraums im Erdinnern hervorgegangen
sind (p. 55). Er behandelt die Rolle von Erdbeben, Vulkanausbrüchen und
anderen „zufälligen Ursachen" (causes accidentelles), die Entstehung der
Straße von Gibraltar, des Hellespont etc. (p. 59) und gelangt zu dem Schluß,
daß „eine Unzahl von Revolutionen, Umwälzungen, besonderen Veränderungen und Verwitterungen auf der Erdoberfläche" sich ereignet haben
müssen (p. 184). Rousseau stützt sich offenkundig auf Buffons Argumentation.
Im *Essai sur l'origine des langues* betont er, daß die Naturkatastrophen und
-veränderungen in den „ersten Zeiten" weitaus zahlreicher waren und daß
vor allem sie die Menschen gezwungen haben müssen, sich zu vereinigen
(IX, p. 113, 117 f). Cf. auch *Fragments politiques*, p. 533.

schnitten sie in Inseln. Man begreift, daß sich unter Menschen, die auf diese Weise zusammengebracht und gezwungen waren zusammen zu leben, eher ein gemeinsames Idiom bilden mußte als unter jenen, die in den Wäldern des Festlandes frei umherschweiften. Es ist daher sehr gut möglich, daß, nach ihren ersten Versuchen in der Seefahrt, Inselbewohner den Gebrauch der Sprache zu uns gebracht haben; und es ist zumindest sehr wahrscheinlich, daß die Gesellschaft und die Sprachen auf den Inseln entstanden sind und sich dort vervollkommnet haben, bevor sie auf dem Kontinent bekannt waren.

Alles beginnt sein Gesicht zu verändern. Die Menschen, die bis dahin in den Wäldern umhergeschweift waren, rücken — nachdem sie einen festeren Wohnsitz angenommen haben — langsam zusammen, vereinigen sich zu verschiedenen Trupps und bilden schließlich in jedem Land eine besondere Nation — durch Sitten und Charaktere geeint, nicht aufgrund von Vorschriften und Gesetzen, sondern aufgrund der gleichen Art des Lebens und der Nahrungsmittel und aufgrund des gemeinsamen Einflusses des Klimas[231]. Eine beständige Nachbarschaft kann nicht verfehlen, schließlich eine Verbindung zwischen verschiedenen Familien hervorzubringen. Junge Leute unterschiedlichen Geschlechts wohnen in benachbarten Hütten, der flüchtige Verkehr, den die Natur verlangt, zieht bald einen anderen, nicht weniger süßen und durch den wechselseitigen Umgang beständigeren nach sich. Man gewöhnt sich daran, verschiedene Gegenstände zu betrachten und Vergleiche anzustellen; unmerklich erwirbt man Vorstellungen von Verdienst und Schönheit, die Gefühle der Bevorzugung hervorrufen. Durch das viele Einander-Sehen kann man es nicht mehr entbehren, einander immer wieder zu sehen. Ein zärtliches

---

[231] Die Nationen werden weder durch Unterwerfung noch durch Vertrag ins Leben gerufen. An ihrem Beginn steht kein bewußter Akt. Sie entstehen durch die Einwirkungen natürlicher Einflüsse, über die sich in einem langen geschichtlichen Prozeß Gemeinsamkeiten der Sitten und der Charaktere herausbilden. Die Nationen existieren vor der bürgerlichen Gesellschaft. Sie liegen aller Politik voraus. — Vergleiche dazu die Behandlung der Varietäten der menschlichen Art in Anmerkung X; zur Bedeutung der Nahrung, des Klimas etc. für den Charakter der Völker cf *Fragments politiques*, p. 530.

s'insinue dans l'ame, et par la moindre opposition devient une fureur impétueuse: la jalousie s'éveille avec l'amour; la Discorde triomphe, et la plus douce des passions reçoit des sacrifices de sang humain.

A mesure que les idées et les sentimens se succédent, que l'esprit et le cœur s'éxercent, le Genre-humain continue à s'apprivoiser, les liaisons s'étendent et les liens se resserrent. On s'accoûtuma à s'assembler devant les Cabanes ou autour d'un grand Arbre: le chant et la danse, vrais enfans de l'amour et du loisir, devinrent l'amusement ou plûtôt l'occupation des hommes et des femmes oisifs et attroupés. Chacun commença à regarder les autres et à vouloir être regardé soi-même, et l'estime publique eut un prix. Celui qui chantoit ou dansoit le mieux; le plus beau, le plus fort, le plus adroit ou le plus éloquent devint le plus consideré, et ce fut là le premier pas vers l'inégalité, et vers le vice en même tems: de ces premiéres préférences nâquirent d'un côté la vanité et le mépris, de l'autre la honte et l'envie; et la fermentation causée par ces nouveaux levains produisit enfin des composés funestes au bonheur et à l'innocence[232].

Sitôt que les hommes eurent commencé à s'apprecier[233] mutuelle- ment et que l'idée de la considération fut formée dans leur esprit, chacun prétendit y avoir droit, et il ne fut plus possible d'en man- quer impunément pour personne. De là sortirent les premiers

---

[232] Die solitäre psychische Selbstgenügsamkeit wird aufgebrochen durch die Gefühle der Bevorzugung, die in eins mit der Liebe entstehen. Die ersten individualisierten Beziehungen sind die ersten personalen Abhängigkeiten. Mit den auf andere Personen bezogenen oder aus dem Bezug auf sie reflexiv hervorgegangenen Affekten, mit der Liebe und der Eifersucht, der Eitelkeit und der Geringschätzung, der Scham und dem Neid, kommt die Zwietracht auf. Der anfängliche Naturzustand kannte Gewalttaten, aber die Kämpfe waren rein physische, gleichsam affektfreie Auseinandersetzungen, der *amour- propre* hatte keinen Teil daran. Der erste Naturzustand war gut, weil er, moralisch gesprochen, diesseits von Gut und Böse war. Die Gefühle der Bevorzugung sind Gefühle der Wertschätzung. Die individualisierten Be- ziehungen, die aus ihnen hervorgehen, werden über die Meinung vermittelt, und die Meinung „der anderen" in der Gestalt der Achtung schafft die erste moralische oder soziale Ungleichheit. Das Streben nach Ansehen ist die Verinnerlichung dieser Ungleichheit, ihre Hereinnahme in das Denken und Fühlen des Menschen selbst, mit ihm beginnt sich das Zentrum der eigenen

und süßes Gefühl schleicht sich in die Seele ein und wird beim
geringsten Widerstand zu einer heftigen Raserei: Die Eifersucht
erwacht mit der Liebe; die Zwietracht triumphiert, und die süßeste
der Leidenschaften empfängt Opfer menschlichen Blutes.

In dem Maße, in dem die Vorstellungen und die Gefühle aufeinander folgen und der Geist und das Herz sich üben, fährt das
Menschengeschlecht fort, zahm zu werden; die Verbindungen
werden erweitert und die Bande enger geknüpft. Man gewöhnte
sich daran, sich vor den Hütten oder um einen großen Baum zu
versammeln: Der Gesang und der Tanz, wahre Kinder der Liebe
und der Muße, wurden das Vergnügen, oder vielmehr die Beschäftigung der müßigen und zusammengekommenen Männer und
Frauen. Jeder begann, die anderen zu beachten und selbst beachtet
werden zu wollen, und die öffentliche Wertschätzung hatte einen
Wert. Derjenige, der am besten sang oder tanzte, der Schönste,
der Stärkste, der Gewandteste oder der Eloquenteste wurde zum
Geachtetsten; und das war der erste Schritt hin zur Ungleichheit
und gleichzeitig zum Laster: Aus diesen ersten Bevorzugungen
wurden einerseits die Eitelkeit und die Geringschätzung, andererseits die Scham und der Neid geboren; und die Gärung, die durch
diese neuen Gärstoffe verursacht wurde, brachte schließlich Zu-
sammensetzungen hervor, die für das Glück und die Unschuld
unheilvoll waren[232].

Sobald die Menschen sich wechselseitig zu schätzen[233] begonnen
hatten und die Vorstellung der Achtung in ihrem Geist gebildet
war, beanspruchte jeder, ein Recht darauf zu haben, und es war
nicht mehr möglich, es irgend jemandem gegenüber ungestraft

Existenz nach außen zu verlagern. Der *amour-propre* bezeugt, daß der Mensch
zu einem soziablen Wesen geworden ist. — Die Darstellung des Festes, des
Tanzes und des müßigen Gemeinschaftslebens wird im *Essai sur l'origine des
langues* weiter ausgeführt. Sie erläutert dort nicht nur die Entstehung der
Liebe, sondern, über das Bedürfnis, der neuen Leidenschaft Ausdruck zu
verleihen, als deren Konsequenz auch den entscheidenden Schritt auf dem
Weg zur Ausbildung der Sprache (IX, p. 123). Cf. ferner Lukrez: *De rerum
natura*, V, 1390—1404.

[233] Schätzen heißt einschätzen. Die Geringschätzung ist mit der Hochschätzung gesetzt. Individualisierte Beziehungen sind affektiv nicht mehr
indifferent und moralisch nicht mehr unschuldig.

devoirs de la civilité[234], même parmi les Sauvages, et delà tout tort
volontaire devint un outrage, parce qu'avec le mal qui résultoit
de l'injure, l'offensé y voyoit le mépris de sa personne souvent plus
insuportable que le mal même[235]. C'est ainsi que chacun punissant
le mépris qu'on lui avoit témoigné d'une maniére proportionnée
au cas qu'il faisoit de lui-même, les vengeances devinrent terribles,
et les hommes sanguinaires et cruels. Voilà précisement le degré
où étoient parvenus la plûpart des Peuples Sauvages qui nous
sont connus; et c'est faute d'avoir suffisamment distingué les idées,
et remarqué combien ces Peuples étoient déjà loin du premier état
de Nature, que plusieurs se sont hâtés de conclure que l'homme est
naturellement cruel et qu'il a besoin de police[236] pour l'adoucir,
tandis que rien n'est si doux que lui dans son état primitif[237],
lorsque placé par la Nature à des distances égales de la stupidité
des brutes et des lumiéres funestes de l'homme civil, et borné
également par l'instinct et par la raison à se garantir du mal qui
le menace, il est retenu par la pitié Naturelle de faire lui-même du
mal à personne, sans y être porté par rien, même après en avoir
reçû. Car, selon l'axiome du sage Locke, *il ne sauroit y avoir d'injure,*
où il n'y a point de propriété[238].

[234] *Civilité* ist bei Rousseau ein seltener und nicht unproblematischer Begriff. Während sich aus dem Kontext erschließen läßt, daß er hier das *gesellige*
Betragen des Menschen in Rücksicht auf die Meinung der anderen bezeichnet,
die dem Einzelnen erste Pflichten auferlegt, Verhaltenserwartungen an ihn
stellt, oder die *Gesittetheit*, gemessen an den bereits bestehenden Sitten der
Nation (S. 186), wird *civilité* im 18. Jahrhundert gewöhnlich als Synonym für
politesse, Höflichkeit oder Artigkeit gebraucht. Rousseau setzt sich im Genfer
Manuskript des *Contrat social* gegen die letztgenannte Bedeutung ausdrücklich
ab: „Ich glaube, ich brauche nicht zu betonen, daß man dieses Wort [civilité]
nicht *à la française* verstehen darf." *Bürgersinn* oder *Bürgerlichkeit* in einem politischen Verstande würde dem, was Rousseau dort im Auge hat, wohl am ehesten gerecht (*OCP* III, p. 328).
[235] Im Gegensatz zum Wilden des anfänglichen Naturzustandes vermag
der Mensch jetzt nicht nur zwischen Schaden und Unrecht zu unterscheiden,
der *amour-propre*, der die Beziehungen des soziablen Menschen zu seinesgleichen zusehends imprägniert, läßt der Intention, der tatsächlichen wie der
bloß gemutmaßten, bald ein größeres Gewicht zukommen als der Handlung
selbst. Das, was sich hinter dem Handeln verbirgt, tritt in den Vordergrund;
umgekehrt bedeutet dies: Der Eindruck, den man erweckt, wird ebenso wichtig oder wichtiger als das, was man wirklich tut. Cf. FN 189.

daran fehlen zu lassen. Daraus gingen die ersten Pflichten des geselligen Betragens[234] hervor, selbst unter den Wilden; und jedes vorsätzliche Unrecht wurde von da an zu einer Beleidigung, da der Beleidigte zusammen mit dem Schaden, der aus dem Unrecht entstand, in diesem die Geringschätzung seiner Person sah, die oft unerträglicher war als der Schaden selbst[235]. Da jeder die Geringschätzung, die man ihm zu erkennen gegeben hatte, in einer Weise bestrafte, die der Wichtigkeit entsprach, welche er sich selbst beimaß, wurden die Racheakte schrecklich und die Menschen blutgierig und grausam. Das ist präzise die Stufe, auf der die meisten wilden Völker, die uns bekannt sind, angelangt waren; und weil man die Ideen nicht genügend unterschieden und nicht bemerkt hat, wie weit diese Völker schon vom ersten Naturzustand entfernt waren, haben manche sich beeilt zu schließen, daß der Mensch von Natur aus grausam sei und daß er der Zivilisation[236] bedürfe, damit diese ihn sanfter mache. Indessen ist nichts so sanft wie der Mensch in seinem anfänglichen Zustand[237], wo er — von der Natur in gleicher Entfernung zur Stupidität des Viehs wie zur unheilvollen Einsicht und Aufgeklärtheit des bürgerlichen Menschen plaziert und durch den Instinkt und die Vernunft gleichermaßen darauf beschränkt, sich vor dem Schaden zu schützen, der ihm droht — durch das natürliche Mitleid zurückgehalten wird, selbst jemandem Schaden zuzufügen — wozu er durch nichts veranlaßt wird, selbst dann nicht, wenn er Schaden erlitten hat. Denn nach dem Axiom des weisen Locke *kann es kein Unrecht geben, wo es kein Eigentum gibt*[238].

---

[236] *Police* hat bei Rousseau meist die Bedeutung von *politische Ordnung* — die öffentliche Ordnung, die auf die Tätigkeit der Regierung zurückgeht und durch die ein Volk „politisiert" wird. Diese Übersetzung wäre auch hier sinnvoll und durchaus möglich. Für *Zivilisation* habe ich mich im Hinblick darauf entschieden, daß Rousseau im *Discours* wiederholt *homme policé* als Synonym für *homme civilisé* verwendet und *Zivilisation* sich als der weitere, *politische Ordnung* nicht ausschließende Begriff an dieser Stelle besonders anbietet.

[237] Vergleiche die folgende Charakterisierung des anfänglichen Zustandes, der hier positiv gegen den Zustand der *société sauvage* abgegrenzt wird, mit der Charakterisierung der *société sauvage* im nächsten Abschnitt.

[238] „,,Where there is no property there is no injustice', is a proposition as certain as any demonstration in Euclid . . ." (Locke: *Essay*, IV, 3, § 18).

Mais il faut remarquer que la Société commencée et les relations
déjà établies entre les hommes, éxigeoient en eux des qualités
différentes de celles qu'ils tenoient de leur constitution primitive;
que la moralité commençant à s'introduire dans les Actions
humaines, et chacun avant les Loix étant seul juge et vengeur des
offenses qu'il avoit reçues, la bonté convenable au pur état de
Nature n'étoit plus celle qui convenoit à la Société naissante; qu'il
faloit que les punitions devinssent plus sévéres à mesure que les
occasions d'offenser devenoient plus fréquentes, et que c'étoit à
la terreur des vengeances de tenir lieu du frein des Loix. Ainsi
quoique les hommes fussent devenus moins endurans, et que la
pitié naturelle eût déja souffert quelque altération, ce période du
developpement des facultés humaines, tenant un juste milieu entre
l'indolence de l'état primitif et la pétulante activité de nôtre amour
propre, dut être l'époque la plus heureuse, et la plus durable.
Plus on y réflechit, plus on trouve que cet état étoit le moins sujet
aux révolutions, le meilleur à l'homme, (XVI*) et qu'il n'en a du
sortir que par quelque funeste hazard qui pour l'utilité commune

---

Rousseau hat das Zitat entweder direkt der Übersetzung von Pierre Coste
Essai philosophique concernant l'entendement humain (Amsterdam, 1723, p. 698) ent-
nommen oder Barbeyracs *Préface du traducteur* zu Pufendorfs *Droit de la nature*
(§ 2, Ed. Basel, 1750, p. 5), wo Barbeyrac den Satz Lockes kursiv gesetzt, mit
Stellenangabe und Hinweis auf die Übersetzung von Coste zitiert. Sowohl
Coste als auch Barbeyrac geben Lockes *injustice* im Französischen mit *injustice*
wieder. Rousseau ersetzt also gegenüber dem Original wie gegenüber den ihm
bekannten Übersetzungen *injustice | Ungerechtigkeit* durch *injure | Unrecht*. Roger
D. Masters hat zu dieser Stelle bemerkt, daß Rousseaus Berufung auf Locke
von Ironie geprägt sei, da es auf der Entwicklungsstufe, für die Rousseau
zuvor die Bedeutung des vorsätzlichen Unrechts diskutiert hat, nach Rousseaus eigener Aussage lediglich eine „Art von Eigentum", d. h. faktischen
Besitz, aber nicht Eigentum im strengen Sinne gibt. Rousseaus Ersetzung
von *Ungerechtigkeit* durch *Unrecht* spiegele die Ironie, die in der Verwendung
des Locke-Zitats liegt, wider. (*The Political Philosophy of J. J. Rousseau*,
Princeton, ²1976, p. 199, n. 176). — Die Ironie wird deutlicher, wenn man
folgendes berücksichtigt: 1.) Lockes Eigentumsbegriff ist so weit gefaßt,
daß er nicht nur die materiellen Güter, sondern ebenso das Leben und die Freiheit mit einschließt (cf. *Second Treatise*, § 87 und 123), worauf Barbeyrac in
einer dem Zitat eigens hinzugefügten Marginalie hingewiesen hat („Mr. Locke
versteht darunter [unter Eigentum] nicht nur das Recht, das man auf seine
Güter oder seine Besitztümer, sondern auch auf seine Handlungen, seine

Aber es muß bemerkt werden, daß die Anfänge der Gesellschaft und die zwischen den Menschen bereits etablierten Beziehungen in ihnen Eigenschaften erforderten, die von jenen verschieden waren, welche sie von ihrer anfänglichen Verfassung her besaßen; daß — da die Moralität in den menschlichen Handlungen aufzukommen begann und jeder, ehe es Gesetze gab, der alleinige Richter und Rächer der Beleidigungen war, die er erlitten hatte — die für den reinen Naturzustand geeignete Güte nicht mehr jene war, welche sich für die entstehende Gesellschaft eignete; daß die Strafen in dem Maße schärfer werden mußten, in dem die Gelegenheiten zur Beleidigung häufiger wurden; und daß der Schrecken der Rache den Zaum der Gesetze zu vertreten hatte. Obwohl die Menschen bereits weniger auszuhalten vermochten und das natürliche Mitleid schon eine gewisse Veränderung erlitten hatte, muß diese Periode der Entwicklung der menschlichen Fähigkeiten, da sie die rechte Mitte zwischen der Indolenz des anfänglichen Zustandes und der ungestümen Aktivität unserer Eigenliebe hielt, so die glücklichste und dauerhafteste Epoche gewesen sein. Je mehr man darüber nachdenkt, desto mehr findet man, daß dieser Zustand der am wenigsten den Revolutionen ausgesetzte, der beste für den Menschen war (XVI*) und daß der Mensch nur aufgrund irgendeines unheilvollen Zufalls aus ihm herausgetreten sein muß,

---

Freiheit, sein Leben, seinen Körper etc. hat, mit einem Wort: jede Art von Rechten"). 2.) Locke nimmt für den Naturzustand *von Anfang an* ein Recht auf Eigentum (im weiteren wie im speziellen Sinne) an. — Rousseau bezieht sich auf das „Axiom des weisen Locke" im Kontext seiner Erörterung des tiefgreifenden Unterschieds zwischen dem „sanften" Menschen des anfänglichen Zustands und den „blutgierigen und grausamen" Menschen auf der Stufe der wilden Gesellschaft. Mit seiner Rekonstruktion der Entwicklung vom anfänglichen Zustand zu dem der *société sauvage*, mit der Analyse der psychologischen Veränderungen, die durch die Gefühle der Bevorzugung, das Streben nach Achtung, die Entstehung des *amour-propre* bewirkt werden, hat Rousseau eine genealogische Erklärung dieses Unterschieds gegeben, die das „Axiom" Lockes gerade nicht zu leisten vermag, zu der es, unbeschadet der „Richtigkeit" des Lockeschen Satzes in seiner korrekten Fassung und in seinem definitorischen Sinn, buchstäblich nichts beisteuert: Die Entwicklungsgeschichte des Menschen muß genetisch erhellt werden; nominalistische Definitionen oder theoretische Axiome dispensieren nicht von dieser Aufgabe.

eût dû ne jamais arriver[239]. L'exemple des Sauvages qu'on a presque tous trouvés à ce point semble confirmer que le Genre-humain étoit fait pour y rester toujours, que cet état est la véritable jeunesse du Monde[240], et que tous les progrès ulterieurs ont été en apparence autant de pas vers la perfection de l'individu, et en effet vers la décrépitude[241] de l'espéce.

Tant que les hommes se contentérent de leurs cabanes rustiques, tant qu'ils se bornérent à coudre leurs habits de peaux avec des épines ou des arrêtes, à se parer de plumes et de coquillages, à se peindre le corps de diverses couleurs, à perfectionner ou embellir leurs arcs et leurs fleches, à tailler avec des pierres tranchantes quelques Canots de pécheurs ou quelques grossiers instrumens de Musique; En un mot tant qu'ils ne s'appliquérent qu'à des ouvrages qu'un seul pouvoit faire, et qu'à des arts qui n'avoient pas besoin du concours de plusieurs mains, ils vécurent libres, sains, bons, et heureux autant qu'ils pouvoient l'être par leur Nature, et continuérent à joüir entre eux des douceurs d'un commerce independant: mais dès l'instant qu'un homme eut besoin du secours d'un autre; dès qu'on s'apperçut qu'il étoit utile à un seul d'avoir des provisions pour deux, l'égalité disparut, la propriété s'introduisit, le travail dévint nécessaire et les vastes forêts se changérent en des Campagnes riantes qu'il falut arroser de la sueur des hom-

---

[239] Der Zustand, den Rousseau hier als den „besten für den Menschen" und als die „glücklichste und dauerhafteste Epoche" bezeichnet, ist ebenderselbe, gegen den er im vorangegangenen Abschnitt den anfänglichen Zustand kritisch abgehoben hat: Die Racheakte sind in ihm schrecklich und die Menschen blutgierig und grausam. Was sich auf den ersten Blick wie die Schilderung eines Goldenen Zeitalters liest, erscheint in einem anderen Licht, sobald man die konkreten anthropologischen Bestimmungen zusammennimmt und überdenkt, die Rousseau zuvor entwickelt und namhaft gemacht hat. Nirgendwo fällt der Kontrast zwischen der rhetorischen Darstellung, einem expliziten Urteil, und den zugrundeliegenden Befunden der philosophischen Realanalyse mehr ins Auge als an dieser Stelle des *Discours*, die durch Anmerkung XVI in einer Weise hervorgehoben wird, wie dies für keine andere Passage der Schrift der Fall ist.

[240] Der Ausdruck *jeunesse du monde*, die wörtliche Wiedergabe der *novitas mundi* aus *De rerum natura* (V, 780, 818, 943) ist die unverwechselbarste Referenz innerhalb des *Discours* auf Lukrez, der nirgendwo namentlich erwähnt wird. Neben Anmerkung XVI und in Verbindung mit ihr gibt die Identifi-

der sich zum allgemeinen Nutzen niemals hätte ereignen sollen[239]. Das Beispiel der Wilden — die man beinahe alle an diesem Punkt angetroffen hat — scheint zu bestätigen, daß das Menschengeschlecht dazu geschaffen war, für immer in ihm zu verbleiben; daß dieser Zustand die wahrhafte Jugend der Welt[240] ist; und daß alle späteren Fortschritte dem Scheine nach ebenso viele Schritte hin zur Vollendung des Individuums und in Wirklichkeit zum Verfall[241] der Art gewesen sind.

Solange die Menschen sich mit ihren ländlichen Hütten begnügten, solange sie sich darauf beschränkten, ihre Kleider aus Häuten mit Dornen oder Gräten zu nähen, sich mit Federn und Muscheln zu schmücken, sich den Körper mit verschiedenen Farben zu bemalen, ihre Bogen und ihre Pfeile zu vervollkommnen oder zu verschönern, mit scharfen Steinen einige Fischerboote oder einige krude Musikinstrumente zu schnitzen; mit einem Wort: solange sie sich nur Arbeiten widmeten, die ein einzelner bewältigen konnte, und Künsten, die nicht das Zusammenwirken mehrerer Hände erforderten, lebten sie so frei, gesund, gut und glücklich, wie sie es ihrer Natur nach sein konnten, und fuhren sie fort, untereinander die Süße eines unabhängigen Verkehrs zu genießen. Aber von dem Augenblick an, da ein Mensch die Hilfe eines anderen nötig hatte, sobald man bemerkte, daß es für einen einzelnen nützlich war, Vorräte für zwei zu haben, verschwand die Gleichheit, das Eigentum kam auf, die Arbeit wurde notwendig und die weiten Wälder verwandelten sich in lachende Felder, die mit dem

---

zierung des „besten Zustandes für den Menschen" als „die wahrhafte Jugend der Welt" über den Hinweis auf Lukrez einen Fingerzeig für das Verständnis des polemischen Sinns, der in dem Lob auf die „glücklichste Epoche" liegt.

[241] *Décrépitude* meint den Verfall, der aus dem Alterungsprozeß resultiert: die Altersschwäche und Greisenhaftigkeit. Vergleiche dazu *Lettre à Philopolis*, S. 464. — Die Spannung, die zwischen der Entwicklung des Individuums und jener der Art besteht, die Diskrepanz zwischen dem, was für die Art, und dem, was für das Individuum oder einige Individuen wünschenswert, vorteilhaft oder notwendig erscheint, ist eines der großen, sich durchhaltenden Themen in der Philosophie Rousseaus. Die Perfektibilität, „die bei uns sowohl der Art als auch dem Individuum innewohnt", garantiert keineswegs einen harmonischen Zusammenklang der beiden Entwicklungen. Das Gegenteil ist der Fall.

mes, et dans lesquelles on vit bientôt l'esclavage et la misére germer
et croître avec les moissons.

La Métallurgie et l'agriculture furent les deux arts dont l'invention produisit cette grande révolution[242]. Pour le Poëte, c'est l'or
et l'argent; mais pour le Philosophe ce sont le fer et le bled qui ont
civilisé les hommes, et perdu le Genre-humain[243]. Aussi[244] l'un et
l'autre étoient-ils inconnus aux Sauvages de l'Amérique[245] qui
pour cela sont toujours demeurés tels; les autres Peuples semblent
même être restés Barbares tant qu'ils ont pratiqué l'un de ces Arts
sans l'autre; et[246] l'une des meilleures raisons peut-être pourquoi
l'Europe a été, sinon plûtôt, du moins plus constamment, et mieux
policée que les autres parties du monde, c'est qu'elle est à la fois
la plus abondante en fer et la plus fertile en bled.

Il est très difficile de conjecturer comment les hommes sont
parvenus à connoître et employer le fer: car il n'est pas croyable
qu'ils ayent imaginé d'eux mêmes de tirer la matiére de la mine et
de lui donner les préparations nécessaires pour la mettre en fusion
avant que de sçavoir ce qui en résulteroit. D'un autre côté on peut
d'autant moins attribuer cette découverte à quelque incendie acci-

---

[242] Der zweite markante Einschnitt innerhalb des Naturzustandes, den
Rousseau als Revolution bezeichnet, leitet eine Periode ein, an deren Ende
das „letzte Stadium des Naturzustandes" und schließlich die Gründung der
bürgerlichen Gesellschaft stehen. Die wichtigsten Errungenschaften dieses
Entwicklungsabschnitts hat Rousseau in unmittelbarer Gegenüberstellung
zur „Jugend der Welt" bereits genannt. Durch diesen Vorgriff auf das Zukünftige wird der Kontrast zwischen der „glücklichsten Epoche" und dem
weiteren Gang der Geschichte, der nach der Scheidelinie der „großen Revolution" einsetzt, pointiert sichtbar. Anders als die „erste Revolution", die
sich aus einer langen, unmerklichen Entwicklung heraushob, geht die „große
Revolution" auf ein Ereignis zurück, das Rousseau im voraus als „unheilvollen Zufall" apostrophiert hat.

[243] Im Gegensatz zu seinen Vorgängern läßt Rousseau die Zivilisierung
des Menschen im Naturzustand beginnen und der bürgerlichen Gesellschaft
vorausgehen (cf. z. B. Pufendorf: *Devoirs de l'homme*, II, 1, § 4). Erst der Prozeß der Zivilisation, der durch die „große Revolution" der Metallurgie und
des Ackerbaus ausgelöst wird, verleiht den Leidenschaften und den Abhängigkeiten der Menschen die materielle Gewalt, die den Krieg aller gegen alle
heraufbeschwört und eine „politische Einrichtung" unausweichlich macht. —
Der Hinweis auf das Gold und das Silber des Dichters hat möglicherweise
Hesiod: *Werke und Tage*, 109 ff oder Ovid: *Metamorphosen*, I, 89 ff im Auge.

Schweiß der Menschen getränkt werden mußten und in denen man bald die Sklaverei und das Elend sprießen und mit den Ernten wachsen sah.

Die Metallurgie und der Ackerbau waren die beiden Künste, deren Erfindung diese große Revolution hervorbrachte[242]. Für den Dichter ist es das Gold und das Silber, für den Philosophen aber ist es das Eisen und das Getreide, das die Menschen zivilisiert und das Menschengeschlecht ins Verderben geführt hat[243]. Darum auch war den Wilden Amerikas[245] beides unbekannt, die deshalb stets Wilde geblieben sind; die anderen Völker scheinen sogar Barbaren geblieben zu sein, solange sie eine dieser beiden Künste ohne die andere praktiziert haben; und vielleicht einer der besten Gründe, weshalb Europa, wenn nicht früher, so zumindest konstanter und besser zivilisiert worden ist als die anderen Teile der Welt, besteht darin, daß es gleichzeitig am reichsten an Eisen ist und am fruchtbarsten, was das Getreide anbelangt.

Es ist sehr schwierig, Vermutungen darüber anzustellen, wie die Menschen dahin gelangten, das Eisen kennenzulernen und es zu gebrauchen, denn es ist nicht glaubhaft, daß sie von sich aus daran dachten, den Rohstoff aus der Mine zu fördern und die erforderlichen Aufbereitungen an ihm vorzunehmen, um ihn zum

[244] Ed. 1755-1: Genre-humain; aussi. Ed. 1755-2 und alle späteren Editionen wie im Text angegeben. (*OCP* folgen Ed. 1755-1 ohne Hinweis auf die Korrektur.)

[245] ,,Daß es in Amerika so viele wilde Nationen gibt, kommt daher, daß die Erde dort von selbst viele Früchte hervorbringt, von denen man sich ernähren kann. Wenn die Frauen dort um die Hütte herum ein Stück Land bebauen, wächst sogleich der Mais. Die Jagd und der Fischfang versetzen die Menschen vollends in einen Zustand der Fülle [. . .] Ich glaube, daß man alle diese Vorzüge in Europa nicht hätte, wenn man hier die Erde unbebaut ließe; hier würden wohl nur Wälder wachsen, Eichen und andere unfruchtbare Bäume" (Montesquieu: *De l'ésprit des lois*, XVIII, 9 *Du terrain de l'Amérique*). — Zur Unterscheidung zwischen *Wilden* und *Barbaren* im folgenden Satz cf. Montesquieus Kapitel XVIII, 11 *Des peuples sauvages et des peuples barbares*: ,,Zwischen den wilden Völkern und den barbarischen Völkern besteht der Unterschied, daß die ersteren kleine zerstreute Nationen sind, die sich aus irgendwelchen besonderen Gründen nicht vereinigen können; während die Barbaren gewöhnlich kleine Nationen sind, die sich vereinigen können. Die ersteren sind gewöhnlich Jägervölker, die zweiten Hirtenvölker."

[246] Ed. 1782: Et (Variante nicht in *OCP*.)

dentel que les mines ne se forment que dans des lieux arides, et
denüés d'arbres et de plantes, de sorte qu'on diroit que la Nature
avoit pris des précautions pour nous dérober ce fatal secret[247].
Il ne reste donc que la circonstance extraordinaire de quelque
Volcan qui, vomissant des matiéres metalliques en fusion, aura
donné aux Observateurs l'idée d'imiter cette opération de la Nature;
encore faut-il leur supposer bien du courage et de la prévoyance
pour entreprendre un travail aussi pénible et envisager d'aussi loin
les avantages qu'ils en pouvoient retirer; ce qui ne convient guéres
qu'à des esprits déjà plus exercés que ceux-ci ne le devoient être.

Quant à l'agriculture, le principe en fut connu longtems avant
que la pratique en fût établie, et il n'est guéres possible que les
hommes sans cesse occupés à tirer leur subsistance des arbres et
des plantes n'eussent assés promptement l'idée des voyes, que la
Nature employe pour la génération des Végétaux; mais leur
industrie ne se tourna probablement que fort tard de ce côté-là,
soit parce que les arbres qui avec la chasse et la péche fournissoient

---

[247] Die beiden vorangehenden Sätze enthalten eine deutliche Kritik an
Lukrez, der in *De rerum natura* sagt: „Nun ist es leicht für dich, bei dir selbst
zu erkennen, o Memmius, auf welche Weise die Natur des Eisens herausgefunden wurde" (V, 1281/2), nachdem er kurz zuvor die Entdeckung der
Metalle einem „zufälligen Brand" zugeschrieben hatte (V, 1243—1268).
Lukrez läßt im übrigen aus der Metallurgie im Gegensatz zu Rousseau nicht
zuerst Ackergeräte und andere zu friedlichen Zwecken bestimmte Werkzeuge
hervorgehen, sondern er nennt an erster Stelle die Waffen, die sich die Menschen aus den neu entdeckten Metallen geschaffen haben (V, 1266). Anders
als Lukrez, der den natürlichen Ursprung und die natürliche Entwicklung
der „Künste" in enger Wechselbeziehung zur Entwicklung des Krieges
betont, erhöht Rousseau die Hürde für die Entdeckung des „verhängnisvollen
Geheimnisses" der Metallurgie, das nur ein „unheilvoller Zufall" oder, wie
Rousseau jetzt sagt, ein „außerordentlicher Umstand" enthüllt haben kann.
Zur Aussage über die Rolle der Natur in diesem Zusammenhang cf. S. 80,
92, 130 und Anmerkung IX, S. 300; außerdem FN 98 sowie *Erster Discours*,
p. 15. — Vergleiche zu Rousseaus Diskussion des Ursprungs der Metallurgie
und des Ackerbaus und zu seinem Dialog mit Lukrez die Lehre der biblischen
Tradition, die Barbeyrac knapp zusammenfaßt: „Da Gott unseren ersten
Ahnen ausdrücklich befohlen hat, die Erde zu bebauen und ihr Brot im
Schweiße ihres Angesichts zu essen, muß er sie zur gleichen Zeit über die Natur
des Korns, die Zeit des Säens, die Art und Weise, in der das Feld zu bestellen
und das Brot zu backen war, unterrichtet haben, was sie von sich aus nur nach

Schmelzen zu bringen, ehe sie wußten, was dabei herauskommen würde. Andererseits kann man diese Entdeckung noch weniger irgendeinem zufälligen Brand zuschreiben, da die Minen nur an unfruchtbaren, von Bäumen und Pflanzen entblößten Orten entstehen, so daß man fast sagen möchte, daß die Natur Vorkehrungen getroffen hatte, um uns dieses verhängnisvolle Geheimnis zu verbergen[247]. Es bleibt daher nur der außerordentliche Umstand, daß irgendein Vulkan metallische Stoffe in geschmolzenem Zustand ausgestoßen und die Beobachter dadurch auf die Idee gebracht hat, dieses Verfahren der Natur nachzuahmen; aber selbst dann muß man bei ihnen viel Mut und Voraussicht annehmen, um eine so mühsame Arbeit zu beginnen, und so weit im vorhinein die Vorteile ins Auge zu fassen, die sie daraus ziehen konnten — was wohl nur Geistern entspricht, die schon geübter sind, als jene es gewesen sein müssen.

Was den Ackerbau betrifft, so war sein Prinzip bekannt, lange bevor sich seine Praxis durchgesetzt hatte, und es ist kaum möglich, daß die Menschen, die unablässig damit beschäftigt waren, ihren Lebensunterhalt von Bäumen und Pflanzen zu beziehen, nicht ziemlich rasch eine Vorstellung von den Wegen hatten, welche die Natur zur Erzeugung der Pflanzen einschlägt; aber ihre Kunst-

---

einer langen Erfahrung und langen Reflexionen hätten entdecken können." Da der erste Sohn Adams Bauer war, hat es den Anschein, daß der Ackerbau „schon wohlbekannt war, und daß man folglich auch den Gebrauch des Eisens hatte". „Man muß daher anerkennen, daß die ersten Menschen frühzeitig durch die Göttliche Vorsehung in dieser Art von Dingen und in verschiedenen anderen, die zum Leben notwendig waren, unterwiesen wurden." Die wilden Völker, denen die Kenntnis des Getreides, des Eisens etc. fehlt, haben sie im Laufe ihrer Geschichte aus verschiedenen besonderen Gründen *verloren* (in Pufendorf: *Droit de la nature*, II, 2, § 2, note 5). — Rousseau stützt seine Einschätzung des Ackerbaus im *Essai sur l'origine des langues* u. a. mit dem Hinweis, daß nach dem Bericht der Genesis *Kain* der erste Bauer war: „Moses scheint ein mißbilligendes Urteil über den Ackerbau zu fällen, indem er einen Bösen als seinen Erfinder angibt und indem er dessen Opfergaben von Gott zurückweisen läßt. Man möchte fast sagen, daß der erste Bauer in seinem Charakter die schlechten Auswirkungen seiner Kunst ankündigte. Der Autor der Genesis hatte weiter gesehen als Herodot" (IX, p. 107). Zu Rousseaus Beurteilung des Ackerbaus unter politischen Gesichtspunkten s. S. 314 ff.; cf. außerdem *Emile*, III, p. 460.

à leur nourriture, n'avoient pas besoin de leurs soins, soit faute
de connoître l'usage du bled, soit faute d'instrumens pour le
cultiver, soit faute de prévoyance pour le besoin à venir, soit enfin
faute de moyens pour empêcher les autres de s'approprier le fruit
de leur travail. Devenus plus industrieux, on peut croire qu'avec
des pierres aiguës, et des bâtons pointus ils commencérent par
cultiver quelques legumes ou racines autour de leurs Cabanes,
longtemps avant de savoir préparer le bled, et d'avoir les instrumens nécessaires pour la culture en grand, sans compter que, pour
se livrer à cette occupation et ensemencer des terres, il faut se
résoudre à perdre d'abord quelque chose pour gagner beaucoup
dans la suite; précaution fort éloignée du tour d'esprit de l'homme
Sauvage qui, comme je l'ai dit, a bien de la peine à songer le matin
à ses besoins du soir.

L'invention des autres arts fut donc nécessaire pour forcer le
Genre-humain de s'appliquer à celui de l'agriculture. Dès qu'il
fallut des hommes pour fondre et forger le fer, il fallut d'autres
hommes pour nourrir ceux-là. Plus le nombre des ouvriers vint à
se multiplier, moins il y eut de mains employées à fournir à la
subsistance commune, sans qu'il y eût moins de bouches pour la
consommer; et comme il falut aux uns des denrées en échange de
leur fer, les autres trouvérent enfin le secret d'employer le fer à
la multiplication des denrées. De là naquîrent d'un côté le Labourage et l'agriculture, et de l'autre l'art de travailler les métaux,
et d'en multiplier les usages.

De la culture des terres s'ensuivit nécessairement leur partage;
et de la propriété une fois reconnüe les premiéres régles de justice:
car pour rendre à chacun le sien, il faut que chacun puisse avoir
quelque chose[248]; de plus les hommes commençant à porter leurs
veües dans l'avenir, et se voyant tous quelques biens à perdre,

---

[248] Cf. Hobbes: *Leviathan*, I, 15, p. 94, und oben FN 238; außerdem *C.S.
M.G.* I, 4, p. 328—330.

fertigkeit wandte sich wahrscheinlich erst sehr spät nach dieser Seite hin — sei es, weil die Bäume, die zusammen mit der Jagd und dem Fischfang ihre Nahrung lieferten, ihrer Pflege nicht bedurften, sei es, weil sie den Gebrauch des Getreides nicht kannten, sei es, weil sie nicht die Geräte hatten, um es anzubauen, sei es, weil ihnen die Voraussicht für das zukünftige Bedürfnis abging, sei es schließlich, weil ihnen die Mittel fehlten, um die anderen daran zu hindern, sich die Frucht ihrer Arbeit anzueignen. Als sie kunstfertiger geworden waren, darf man annehmen, daß sie mit scharfen Steinen und spitzen Stecken einige Gemüse oder Wurzeln um ihre Hütten herum anzubauen begannen, lange bevor sie das Getreide zuzurichten verstanden und sie die notwendigen Geräte für den Anbau im Großen hatten — abgesehen davon, daß man sich, um sich dieser Beschäftigung hinzugeben und die Felder zu besäen, entschließen muß, erst einmal etwas zu verlieren, um in der Folge viel zu gewinnen: Eine Vorsorge, die der Geistesverfassung des wilden Menschen höchst fern liegt, der, wie ich gesagt habe, große Mühe hat, am Morgen an seine Bedürfnisse für den Abend zu denken.

Die Erfindung der anderen Künste war daher notwendig, um das Menschengeschlecht zu zwingen, sich jener des Ackerbaus zu widmen. Sobald Menschen nötig waren, um das Eisen zu gießen und zu schmieden, waren andere Menschen nötig, um jene zu ernähren. Je mehr sich die Zahl der Arbeiter vervielfachte, um so weniger Hände gab es, die damit beschäftigt waren, den gemeinsamen Lebensunterhalt zu liefern, ohne daß es weniger Münder gegeben hätte, ihn zu verzehren; und da die einen im Austausch für ihr Eisen Lebensmittel benötigten, fanden die anderen schließlich das Geheimnis heraus, das Eisen zur Vermehrung der Lebensmittel zu verwenden. Daraus entstanden auf der einen Seite die Feldbestellung und der Ackerbau und auf der anderen die Kunst, die Metalle zu bearbeiten und ihren Gebrauch zu vervielfachen.

Aus der Bebauung des Grund und Bodens folgte notwendigerweise seine Aufteilung; und aus dem Eigentum, war es einmal anerkannt, die ersten Regeln der Gerechtigkeit. Denn um jedem das Seine zu geben, muß jeder etwas haben können[248]; da die Menschen außerdem begannen, ihre Blicke in die Zukunft zu richten,

il n'y en avoit aucun qui n'eût à craindre pour soi la représaille[249] des torts qu'il pouvoit faire à autrui. Cette origine est d'autant plus naturelle qu'il est impossible de concevoir l'idée de la propriété naissante d'ailleurs que de la main d'œuvre; car on ne voit pas ce que, pour s'approprier les choses qu'il n'a point faites, l'homme y peut mettre de plus que son travail. C'est le seul travail qui donnant droit au Cultivateur sur le produit de la terre qu'il a labourée, lui en donne par conséquent sur le fonds, au moins jusqu'à la recolte, et ainsi d'année en année, ce qui faisant une possession continüe, se transforme aisément en propriété. Lorsque les Anciens, dit Grotius, ont donné à Cères l'épithéte de legislatrice, et à une fête célébrée en son honneur, le nom de Thesmophories[250]; ils ont fait entendre par-là que le partage des terres, a produit une nouvelle sorte de droit. C'est-à-dire le droit de propriété différent de celui qui résulte de la Loi naturelle[251].

---

[249] Victor Goldschmidt hat darauf hingewiesen, daß Rousseau hier einen prägnanten Begriff des Völkerrechts aufgreift und mit seiner Übertragung auf das Privatrecht zu verstehen gibt, daß zwischen den Menschen in diesem Stadium des Naturzustandes dieselben Beziehungen bestehen wie zwischen zwei Nationen, die bei Verstößen gegen die Maxime des Naturrechts, daß man niemanden schädigen darf und falls man Schaden verursacht hat, diesen wiedergutmachen muß, über das Recht zur Repressalie verfügen (*Anthropologie et politique*, Paris, 1974, p. 489). Rousseaus Verwendung des Begriffs *Repressalie* verweist allerdings kaum auf eine naturrechtliche Argumentation im Sinne von Grotius, Pufendorf und Barbeyrac, die die Repressalie als Institut des Völkerrechts erörtert haben (cf. *Droit de la guerre*, III, 2; *Droit de la nature*, VIII, 6, § 13 und note 1; *Devoirs de l'homme*, II, 16, § 10 und note 1). Zwischen den Individuen herrscht im Naturzustand ebenso wie zwischen den bürgerlichen Gesellschaften das „Gesetz der Natur" oder das „Gesetz des Stärkeren" (s. S. 262). Das Recht zur Repressalie reicht exakt so weit wie die Macht zu seiner Durchsetzung. Aber die Aufteilung des Grund und Bodens und das prekäre Recht auf materielle Güter, das sich jeder selbst zuschreibt, eröffnen die Möglichkeit, sich für erlittenes Unrecht am Gut des anderen schadlos zu halten, wobei jeder Richter in eigener Sache bleibt. Die Repressalien haben einen dinglichen Bezugspunkt, den es für die Racheakte vor der „großen Revolution" noch nicht in gleicher Weise gegeben hatte.

[250] Grotius fügt der von Rousseau zitierten Stelle hier die folgende Anmerkung hinzu: „Servius bemerkt zum IV. Buch der *Äneide* (v. 53) hinsichtlich der GESETZGEBERIN CERES: *Man sagt nämlich, daß sie die Gesetze selbst erfunden habe. Denn die Feiern zu ihren Ehren werden* Thesmophoria, *das bedeutet: das Bringen der Gesetze, genannt. Man gibt dies aber deshalb vor, weil vor der Er-*

und alle sahen, daß sie einige Güter zu verlieren hatten, gab es
niemanden, der die Repressalie[249] für das Unrecht, das er einem
andern zufügen konnte, nicht für sich selbst zu fürchten hatte.
Dieser Ursprung ist um so natürlicher, als es unmöglich ist zu
begreifen, wie die Vorstellung des Eigentums aus etwas anderem
als der Handarbeit entstehen könnte; denn man vermag nicht zu
sehen, was der Mensch beisteuern kann, um sich die Dinge anzueignen, die er nicht geschaffen hat, außer seiner Arbeit. Allein
die Arbeit, die dem Bauern ein Recht auf das Produkt des Feldes
gibt, das er bestellt hat, gibt ihm folglich ein Recht auf den Boden,
zumindest bis zur Ernte, und so von Jahr zu Jahr — was, da es
einen ununterbrochenen Besitz schafft, sich leicht in Eigentum
verwandelt. Als die Alten, sagt Grotius, der Ceres das Epitheton
‚Gesetzgeberin‘ und einem Fest, das ihr zu Ehren gefeiert wurde,
den Namen ‚Thesmophorien‘ gaben[250], haben sie damit zu verstehen gegeben, daß die Aufteilung des Grund und Bodens eine
neue Art von Recht hervorgebracht hat. Das heißt, das Eigentumsrecht, das von dem Recht, welches aus dem natürlichen Gesetz
resultiert, verschieden ist[251].

---

*findung des Getreides durch Ceres die Menschen allenthalben ohne Gesetze umher-
schweiften; diese Wildheit ist dadurch beendet worden, daß der Gebrauch des Getreides
erfunden wurde, nachdem aus der Aufteilung der Felder das Recht [iura] entstanden
war.“ — Droit de la guerre*, II, 2, § 2, note 33. (Barbeyrac hat das Servius-Zitat
nicht ins Französische übersetzt.)

[251] *Lorsque les anciens . . . sorte de droit* ist eine wörtliche Wiedergabe von
Grotius (*Droit de la guerre*, II, 2, § 2). Mit *c'est-à-dire . . .* beginnt der Kommentar Rousseaus. Der Leser kann nicht unmittelbar erkennen, ob Rousseau
in seinem eigenen Namen sagt, daß das Eigentumsrecht von dem Recht,
welches aus dem natürlichen Gesetz resultiert, verschieden ist, oder ob er
damit Grotius zitiert. — Pufendorf erläutert die Ceres-Stelle aus dem Vergil-
Kommentar von Servius, auf die sich Grotius bezieht (s. das vollständige
Zitat in FN 250), folgendermaßen: „Das heißt, seit der Erfindung des Eigentums an Gütern war eine größere Zahl von Gesetzen erforderlich; während
zuvor wenige für die Lebensführung des Menschengeschlechts genügten. Die
[anfängliche, negative, jedem besonderen Eigentum vorausliegende] Gütergemeinschaft macht an ihr selbst das Leben weder unsoziabel noch unabhängig von jedem Gesetz; sie läßt es nur in seinem natürlichen Zustand der Einfachheit und Rohigkeit.“ (*Droit de la nature*, IV, 4, § 13.) Das Eigentumsrecht beruht nach Pufendorf insofern auf dem Naturrecht, als in einem bestimmten historischen Stadium „die Verfassung der menschlichen Dinge

Les choses en cet état eussent pu demeurer égales[252], si les talens eussent été égaux, et que, par exemple, l'emploi du fer, et la consommation des denrées eussent toujours fait une balance exacte; mais la proportion que rien ne maintenoit, fut bientot rompue; le plus fort faisoit plus d'ouvrage; le plus adroit tiroit meilleur parti du sien; le plus ingenieux trouvoit des moyens d'abréger le travail; le Laboureur avoit plus besoin de fer, ou le forgeron plus besoin de bled, et en travaillant également, l'un gagnoit beaucoup tandis que l'autre avoit peine à vivre. C'est ainsi que l'inégalité naturelle se déploye insensiblement avec celle de combinaison[253] et que les différences des hommes, developpées par celles des circonstances, se rendent plus sensibles, plus permanentes dans leurs effets, et commencent à inflüer dans la même proportion sur le sort des particuliers.

Les choses étant parvenües à ce point, il est facile d'imaginer le reste. Je ne m'arrêterai pas à décrire l'invention successive des autres arts, le progrès des langues, l'épreuve et l'emploi des talens, l'inégalité des fortunes, l'usage ou l'abus des Richesses, ni tous

und das Ziel des Naturrechts" seine Einführung verlangen (§ 14). Pufendorf stimmt mit Grotius allerdings darin überein, daß das Eigentum eine „ausdrückliche oder stillschweigende Übereinkunft" erfordert. (Grotius: *Droit de la guerre*, II, 2, § 10; Pufendorf: *Droit de la nature*, IV, 4, § 4 und 9; cf. dazu Barbeyracs Kritik in Anmerkung 4 zu IV, 4, § 4, der sich auf Locke stützt und mit diesem das Eigentumsrecht nicht aus einer Konvention, sondern aus der Arbeit herleitet.) — Vergleiche Rousseaus Darstellung der Arbeit als Grundlage aller Eigentumsrechte mit Locke: *Second Treatise*, V. Zu Rousseaus Eigentumstheorie s. ferner *C.S.* I, 9 sowie *Emile*, II, p. 330 ff. — Beachte, daß die Entstehung der „neuen Art von Recht" auf eine Göttin zurückgeführt wird. Götter scheinen als Gesetzgeber eingeführt zu werden, um das prekäre Recht des Eigentums zu schützen. Cf. Lukrez: *De rerum natura*, V, 1136—1240.

[252] Grotius hatte vier Seiten vor der von Rousseau zitierten Stelle geschrieben: „Die Dinge wären ohne Zweifel in diesem Zustand geblieben, wenn die Menschen fortgefahren hätten, in einer großen Einfachheit zu leben, oder wenn sie in einer großen Freundschaft miteinander gelebt hätten" (*Droit de la guerre*, II, 2, § 2, 2). Er sagt dies im Blick auf die von ihm angenommene positive Gütergemeinschaft, in der die Menschen lebten, solange sie sich mit dem zufriedengaben, was die Erde ihnen von selbst anbot. Der Wunsch nach einem angenehmen Leben, der die Künste hervorbrachte, als deren Symbol Grotius den Baum der Erkenntnis des Guten und Bösen interpretiert, mithin der Sündenfall, und, nach der Sintflut, der Ehrgeiz, „für den der Turm von Babel ein Zeichen ist", haben die Menschen von dieser positiven

Die Dinge in diesem Zustand hätten gleich bleiben können[252], wenn die Talente gleich gewesen wären und wenn beispielsweise die Verwendung des Eisens und der Verbrauch an Lebensmitteln sich stets exakt die Waage gehalten hätten; aber die Proportion, die nichts aufrechterhielt, war bald durchbrochen; der Stärkere bewältigte mehr Arbeit; der Gewandtere zog größeren Vorteil aus der seinen; der Erfindungsreichere fand Mittel, um die Arbeit zu verkürzen; der Bauer benötigte mehr Eisen oder der Schmied mehr Getreide; und wenn beide gleich viel arbeiteten, verdiente der eine viel, während der andere kaum genug zum Leben hatte. So entfaltet sich die natürliche Ungleichheit unmerklich mit jener der Verbindung[253]; und so werden die Unterschiede zwischen den Menschen — durch die Unterschiede der äußeren Umstände entwickelt — fühlbarer, anhaltender in ihren Auswirkungen und beginnen im selben Verhältnis Einfluß auf das Schicksal der Einzelnen auszuüben.

Wenn die Dinge diesen Punkt erreicht haben, kann man sich das übrige leicht vorstellen. Ich werde mich nicht dabei aufhalten, die sukzessive Erfindung der anderen Künste, den Fortschritt der Sprachen, die Erprobung und die Verwendung der Talente, die Ungleichheit der Vermögen, den Gebrauch oder Mißbrauch der

Gütergemeinschaft weggeführt (II, 2, § 2, 2, 3, 4, 6). — Daß „die Dinge" in dem Zustand, von dem Rousseau jetzt zu handeln hat, nicht „gleich bleiben" konnten, liegt weder in menschlichem Ehrgeiz noch in einem Sündenfall, sondern in der Logik dieses Zustandes, in den Konsequenzen der Arbeitsteilung und in der durch sie zur Entfaltung gebrachten natürlichen Ungleichheit begründet.

[253] Mit der Ungleichheit der Verbindung, die die Arbeitsteilung zwischen den Individuen herstellt, beginnen sich die natürlichen Ungleichheiten ökonomisch und sozial zu materialisieren. Sie verfestigen sich in nachhaltig wirksame Besitzverhältnisse, gerinnen zu Machtstrukturen. Die *Verbindung*, die die arbeitsteilig aufeinander bezogenen Individuen eingehen, ist dabei in Anlehnung an die Bedeutung zu verstehen, in der der Begriff in der Chemie verwendet wird. In seinen postum veröffentlichten *Institutions chymiques* definiert Rousseau: „Verbindung nenne ich hier jede Operation, durch welche die Prinzipien des Gemischs oder der Zusammensetzung, obwohl sie dieselben bleiben, Vereinigungen (unions) bilden, die von jenen verschieden sind, die sie zuvor darstellten. Mit einem Wort, ich nenne Verbindungen all die verschiedenen Arten, auf die sich dieselben Prinzipien stets in derselben Quantität und Proportion untereinander vereinigen können" (*Les institutions chymiques*, Kapitel 3, *De la combinaison, AJJR* XIII (1920/21) p. 134).

les détails qui suivent ceux-ci, et que chacun peut aisément suppléer. Je me bornerai seulement à jetter un coup d'œil sur le Genre-humain placé dans ce nouvel ordre de choses.

Voilà donc toutes nos facultés développées, la mémoire et l'imagination en jeu, l'amour propre intéressé, la raison rendüe active, et l'esprit arrivé presqu'au terme de la perfection, dont il est susceptible. Voilà toutes les qualités naturelles mises en action, le rang et le sort de chaque homme établi, non seulement sur la quantité des biens et le pouvoir de servir ou de nuire, mais sur l'esprit, la beauté, la force ou l'adresse, sur le mérite ou les talens, et ces qualités étant les seules qui pouvoient attirer de la consideration, il falut bientot les avoir ou les affecter; Il falut pour son avantage se montrer autre que ce qu'on étoit en effet. Etre et paroître devinrent deux choses tout à fait différentes, et de cette distinction sortirent le faste imposant, la ruse trompeuse, et tous les vices qui en sont le cortége[254]. D'un autre côté, de libre et independant qu'étoit auparavant l'homme, le voilà par une multitude de nouveaux besoins assujéti, pour ainsi dire, à toute la Nature, et surtout à ses semblables dont il devient l'esclave en un sens, même en devenant leur maître[255]; riche, il a besoin de leurs services; pauvre,

---

[254] Der Blick auf das Menschengeschlecht, das in die neue Ordnung der Dinge hineingestellt ist, die aus der „großen Revolution", der Arbeitsteilung und den gesellschaftlich zur Entfaltung gebrachten natürlichen Ungleichheiten hervorgeht, zeigt den zivilisierten Menschen mit den Charakteristika, die Rousseaus Vorgänger dem natürlichen Menschen bzw. der Natur des Menschen selbst zugeschrieben haben. Rousseaus Zusammenfassung überläßt es dem Leser, anhand der sachlichen Beschreibung der früheren Entwicklungsstadien herauszufinden, welche der jetzt genannten Fähigkeiten und Eigenschaften erst in der „neuen Ordnung der Dinge" anzutreffen sind und welche bereits, in welchem Grade vor der hier betrachteten Epoche ausgebildet waren bzw. sich sehr viel früher zu entwickeln begonnen hatten. Zum erstenmal spricht Rousseau davon, daß „alle unsere Fähigkeiten entwickelt" sind (er sagt freilich nicht, daß sie *voll* entwickelt seien). Die Menschen, für die dies gilt, befinden sich noch immer im Naturzustand. Nicht im *anfänglichen, ersten* oder *reinen*, wohl aber in jenem allgemeinen Naturzustand, den die Politische Philosophie dem bürgerlichen Zustand gegenüberstellt und den Rousseau der bürgerlichen Gesellschaft auch historisch vorausgehen läßt. So werden schon innerhalb des Naturzustandes, und nicht erst für den bürgerlichen Menschen, „Sein und Scheinen zwei völlig verschiedene Dinge." Vergleiche zu diesem wichtigen Topos der Rousseauschen

Reichtümer noch all die Einzelheiten zu beschreiben, die aus diesen folgen und die jeder leicht hinzudenken kann. Ich werde mich allein darauf beschränken, einen Blick auf das Menschengeschlecht zu werfen, das in diese neue Ordnung der Dinge hineingestellt ist.

Alle unsere Fähigkeiten wären nun also entwickelt, das Gedächtnis und die Einbildungskraft im Spiel, die Eigenliebe interessiert, die Vernunft aktiviert und der Geist beinahe an der Grenze der Vollkommenheit angelangt, deren er fähig ist. Alle natürlichen Eigenschaften wären nunmehr in Tätigkeit versetzt, der Rang und das Schicksal eines jeden Menschen festgelegt, nicht nur in bezug auf die Menge der Güter und die Macht, zu nützen oder zu schaden, sondern auch in bezug auf den Geist, die Schönheit, die Stärke oder die Gewandtheit, in bezug auf das Verdienst oder die Talente; und da diese Eigenschaften die einzigen waren, die einem Achtung verschaffen konnten, war es bald notwendig, sie zu haben oder sie vorzutäuschen; man mußte sich um seines Vorteiles willen anders zeigen als man tatsächlich war. Sein und Scheinen wurden zwei völlig verschiedene Dinge, und aus diesem Unterschied gingen der aufsehenerheischende Pomp, die betrügerische List und alle Laster hervor, die zu ihrem Gefolge gehören[254]. Auf der anderen Seite ist der Mensch, der früher frei und unabhängig war, jetzt durch eine Vielzahl neuer Bedürfnisse sozusagen der ganzen Natur untertan und vor allem seinen Mitmenschen, zu deren Sklave er in gewissem Sinne wird, selbst wenn er zu ihrem Herrn wird[255]; ist er reich, braucht er ihre Dienste; ist er arm, braucht

---

Zivilisationskritik *Erster Discours*, p. 7 ff und *Préface de Narcisse*, p. 968; zur anthropologischen Grundlegung s. S. 188 sowie FN 232 und 235.

[255] „Der isolierte Mensch ist ein solch schwaches Wesen oder zumindest eines, dessen Kraft derart seinen natürlichen Bedürfnissen und seinem anfänglichen Zustand angemessen ist, daß er, sobald jener Zustand sich im geringsten ändert und jene Bedürfnisse sich erweitern, nicht mehr ohne seine Mitmenschen auskommen kann, und wenn durch viele Fortschritte seine Begehren die ganze Natur umfassen, genügt die Mitwirkung des ganzen Menschengeschlechts kaum, um sie zu befriedigen. So machen uns die gleichen Ursachen, welche uns böse machen, auch zu Sklaven, und so entsteht unsere Schwäche aus unserer Habgier; unsere Bedürfnisse nähern uns in dem Maße einander an, in dem unsere Leidenschaften uns trennen, und je mehr wir zu Feinden werden, um so weniger können wir ohne einander auskommen" (*Fragments politiques*, p. 479). Vergleiche dazu den zweiten Satz von *C.S.* I, 1:

il a besoin de leur secours, et la médiocrité ne le met point en état
de se passer d'eux. Il faut donc qu'il cherche sans cesse à les inté-
esser à son sort, et à leur faire trouver en effet ou en apparence leur
profit à travailler pour le sien; ce qui le rend fourbe et artificieux
avec les uns, imperieux et dur avec les autres, et le met dans la
nécessité d'abuser tous ceux dont il a besoin, quand il ne peut s'en
faire craindre, et qu'il ne trouve pas son intérêt à les servir utilement. Enfin l'ambition dévorante, l'ardeur d'élever sa fortune
relative[256], moins par un veritable besoin que pour se mettre
au-dessus des autres, inspire[257] à tous les hommes un noir penchant
à se nuire mutuellement[258], une jalousie secrete d'autant plus
dangereuse que, pour faire son coup plus en sûreté, elle prend
souvent le masque de la bienveillance; en un mot, concurrence et
rivalité d'une part, de l'autre opposition d'intérêt[259], et toujours
le désir caché de faire son profit aux depends d'autrui; Tous ces
maux sont le premier effet de la propriété et le cortége inséparable
de l'inégalité naissante.

Avant qu'on eût inventé les signes réprésentatifs des richesses[260],

---

„Wer sich für den Herrn der andern hält, ist nichtsdestoweniger mehr Sklave
als sie." Ferner: „Die Freiheit besteht weniger darin, seinen Willen durch-
zusetzen, als darin, nicht dem Willen anderer unterworfen zu sein; sie besteht
auch darin, den Willen anderer nicht dem unseren zu unterwerfen. Wer immer
Herr ist, kann nicht frei sein, und herrschen heißt gehorchen" (*Lettres écrites
de la montagne*, VIII, p. 841). Cf. *Emile*, II, p. 308 f; s. auch FN 144 und 173.

[256] Die Analyse der ökonomischen Widersprüche innerhalb der „entstehenden Gesellschaft" setzt nicht tief genug an, um die fundamentalen
Gegensätze zu erfassen, die schließlich den Krieg aller gegen alle heraufbeschwören. Die Erklärung der gesellschaftlichen Konkurrenz aus dem
Streben nach Reichtum bei objektiv begrenzten Ressourcen stößt nicht bis
zu dem anthropologischen Kern vor, den die Einsicht in die Logik des *amour-
propre* freilegt: Der Reichtum wird nicht so sehr um seiner selbst willen denn
als Mittel, als *ein* Mittel, „sich über die anderen zu setzen," begehrt. Im
Eifer, sein *relatives* Vermögen zu erhöhen, kommt exakt die Struktur des
amour-propre zum Ausdruck, der wesentlich ein *relatives*, auf andere bezogenes,
über den Vergleich mit anderen vermitteltes Gefühl ist (cf. Anmerkung XV).
„Man tut alles, um reich zu werden, aber man will reich sein, um geachtet zu
werden" (*Fragments politiques*, p. 502).

[257] Ed. 1782: inspirent / geben . . . ein

[258] Jetzt, im letzten Stadium des Naturzustandes, hat der Mensch die
Gefährlichkeit erreicht, ist die Bosheit entwickelt, von der Hobbes oder

er ihre Unterstützung, und mäßiger Wohlstand versetzt ihn keineswegs in die Lage, ohne sie auszukommen. Er muß daher unablässig danach trachten, sie für sein Schicksal zu interessieren und sie ihren Profit tatsächlich oder scheinbar darin finden zu lassen, daß sie für den seinen arbeiten: Das macht ihn betrügerisch und hinterlistig gegen die einen, herrisch und hart gegen die anderen und versetzt ihn in die Notwendigkeit, all jene, die er nötig hat, zu mißbrauchen, wenn er sich bei ihnen nicht gefürchtet machen kann und er seinen Vorteil nicht darin findet, ihnen mit Nutzen zu dienen. Schließlich gibt[257] der verzehrende Ehrgeiz, der Eifer, sein relatives Vermögen[256] zu erhöhen — weniger aus einem wahrhaften Bedürfnis heraus, als um sich über die anderen zu setzen —, allen Menschen einen finsteren Hang ein, sich wechselseitig zu schaden[258], eine geheime Eifersucht, die um so gefährlicher ist, als sie, um ihren Schlag in größerer Sicherheit zu führen, oft die Maske des Wohlwollens annimmt; mit einem Wort: Konkurrenz und Rivalität auf der einen Seite, Gegensatz der Interessen auf der anderen und stets das versteckte Verlangen, seinen Profit auf Kosten anderer zu machen; alle diese Übel sind die erste Wirkung des Eigentums und das untrennbare Gefolge der entstehenden Ungleichheit.

Ehe man die den Reichtum repräsentierenden Zeichen[260] er-

Pufendorf ausgegangen waren. Vergleiche Rousseaus Beschreibung etwa mit dem „Willen, sich wechselseitig zu schaden", von dem Hobbes in *De Cive*, I, 3 spricht oder mit Pufendorfs wiederholter Betonung, daß die „Neigung, anderen zu schaden, beim Menschen größer ist als bei den Tieren (*Droit de la nature*, II, 1, § 6; *Devoirs de l'homme*, I, 3, § 4). „Die Menschen haben nicht nur viel Kraft und Mittel, einander zu schaden, sondern sie lassen sich aus verschiedenen Beweggründen auch sehr oft dazu hinreißen, es zu tun. Deshalb auch sieht man gewöhnlich unter jenen, die im Naturzustand leben, beinahe fortwährende Verdächtigungen, gegenseitiges Mißtrauen, ein extremes Verlangen, einander zuvorzukommen und einander zu zerstören, eine unersättliche Gier, die bewirkt, daß man sich sogleich auf der Grundlage des Elends und des Verderbens anderer zu vergrößern sucht" (*Devoirs de l'homme*, II, 1, § 10).

[259] Ed. 1782: d'intérêts

[260] Mit *signes réprésentatifs* ist das Geld gemeint. Analog schreibt Rousseau in den *Fragments politiques*: „Da das Gold und das Silber nichts anderes als die die Dinge repräsentierenden Zeichen sind, gegen die sie getauscht werden,

elles ne pouvoient guéres consister qu'en terres et en bestiaux, les
seuls biens réels que les hommes puissent posséder. Or quand les
heritages se furent accrus en nombre et en étendüe au point de
couvrir le sol entier et de se toucher tous, les uns ne purent plus
s'aggrandir qu'aux dépends des autres, et les surnumeraires que la
foiblesse ou l'indolence avoient empêchés d'en acquerir à leur
tour, devenus pauvres sans avoir rien perdu, parce que tout chan-
geant autour d'eux, eux seuls n'avoient point changé, furent
obligés de recevoir ou de ravir leur subsistance de la main des
riches, et de là commencérent à naître, selon les divers caractéres
des uns et des autres, la domination et la servitude, ou la violence
et les rapines. Les riches de leur côté connurent à peine le plaisir
de dominer, qu'ils dédaignerent bientôt tous les autres, et se servant
de leurs anciens Esclaves pour en soûmettre de nouveaux, ils ne
songérent qu'à subjuguer et asservir leurs voisins; semblables
à ces loups affamés qui ayant une fois goûté de la chair humaine
rebutent toute autre nourriture, et ne veulent plus que dévorer
des hommes.

C'est ainsi que les plus puissans ou les plus misérables, se faisant
de leur force ou de leurs besoins une sorte de droit au bien d'autrui,
équivalent, selon eux, à celui de propriété, l'égalité rompüe fut
suivie du plus affreux désordre: c'est ainsi que les usurpations
des riches, les Brigandages des Pauvres, les passions effrénées de
tous étouffant la pitié naturelle, et la voix encore foible de la justice,
rendirent les hommes avares, ambitieux, et méchans. Il s'élevoit
entre le droit du plus fort et le droit du premier occupant un conflict perpetuel qui ne se terminoit que par des combats et des
meurtres. (XVII*) La Société naissante fit place au plus horrible

haben sie eigentlich keinerlei absoluten Wert, und es steht nicht einmal in
der Macht des Souveräns, ihnen einen solchen zu geben" (p. 520). S. ferner
Projet de la constitution pour la Corse, p. 921; *Considérations sur le gouvernement
de Pologne*, p. 1008. — Der Hinweis auf das Geld präzisiert die frühere Aussage,
daß das Eisen und das Getreide, nicht das Gold und das Silber die Menschen
zivilisiert haben (S. 196). Die Absage an das Gold und das Silber des Dichters
erweist sich in der konkreten Darstellung des Entwicklungsganges als Absage an die zivilisatorische Rolle des Geldes: Im Naturzustand ist vom Geld
nicht die Rede. Es ist keine Voraussetzung für die Zivilisierung des Menschen. Vergleiche dagegen Montesquieus These: „Die Bebauung der Felder

funden hatte, konnte er kaum in etwas anderem als in Grund und
Boden und in Vieh bestehen, den einzigen wirklichen Gütern,
welche die Menschen besitzen können. Als nun die Erbteile an
Zahl und Ausdehnung bis zu dem Punkt angewachsen waren,
an dem sie den ganzen Boden abdeckten und sie alle aneinander-
grenzten, konnten sich die einen nur mehr auf Kosten der anderen
vergrößern; und die Überzähligen, die Schwäche oder Indolenz
davon abgehalten hatte, ihrerseits ein Erbteil zu erwerben, die arm
geworden waren, ohne etwas verloren zu haben — weil, während
sich um sie herum alles veränderte, sie allein sich nicht verändert
hatten —, waren gezwungen, ihren Lebensunterhalt aus der Hand
der Reichen entweder zu empfangen oder zu rauben; und hieraus
begannen, je nach den verschiedenen Charakteren der einen und der
anderen, die Herrschaft und die Knechtschaft oder die Gewalt
und die Räubereien zu entstehen. Die Reichen ihrerseits hatten
die Lust zu herrschen kaum kennengelernt, als sie sogleich alle
anderen verschmähten; und indem sie sich ihrer alten Sklaven
bedienten, um neue zu unterwerfen, dachten sie nur daran, ihre
Nachbarn zu unterjochen und zu knechten — jenen ausgehunger-
ten Wölfen gleich, die, haben sie einmal Menschenfleisch geschmeckt, jede andere Nahrung ausschlagen und nur noch
Menschenfleisch verschlingen wollen.

Da die Mächtigsten oder die Elendesten sich aus ihrer Stärke
oder aus ihren Bedürfnissen eine Art Recht auf das Gut anderer
machten, das — ihnen zufolge — dem Eigentumsrecht gleich-
wertig war, zog die Zerstörung der Gleichheit so die fürchterlichste
Unordnung nach sich: Die Usurpationen der Reichen, die Räubereien der Armen, die zügellosen Leidenschaften aller erstickten
das natürliche Mitleid und die noch schwache Stimme der Gerechtigkeit und machten so die Menschen geizig, ehrsüchtig und böse.
Zwischen dem Recht des Stärkeren und dem Recht des ersten
Besitznehmers erhob sich ein fortwährender Konflikt, der nur
mit Kämpfen und Mord und Totschlag endete (XVII*). Die
entstehende Gesellschaft machte dem entsetzlichsten Kriegs-

erfordert den Gebrauch des Geldes" (*De l'ésprit des lois*, XVIII, 15) und die
Bedeutung, die Locke dem Geld, dem Gold und dem Silber für den Zivili-
sationsprozeß beimißt (*Second Treatise*, V, § 36, 37, 45—50).

état de guerre[261]: Le Genre-humain avili et désolé ne pouvant plus retourner sur ses pas ni renoncer aux acquisitions malheureuses qu'il avoit faites et ne travaillant qu'à sa honte, par l'abus des facultés qui l'honorent, se mit lui-même à la veille de sa ruine.

Attonitus novitate mali, divesque miserque,
Effugere optat opes, et quae modò voverat, odit[262].

Il n'est pas possible que les hommes n'ayent fait enfin des réflexions sur une situation aussi miserable, et sur les calamités dont ils étoient accablés. Les riches surtout durent bientôt sentir combien leur étoit désavantageuse une guerre perpétuelle dont ils faisoient seuls tous les fraix, et dans laquelle le risque de la vie étoit commun, et celui des biens, particulier. D'ailleurs, quelque couleur qu'ils pussent donner à leurs usurpations, ils sentoient

---

[261] Nachdem im Gefolge der „großen Revolution" mit dem Eigentumsrecht ein Recht eingeführt worden ist, „das von dem Recht, welches aus dem natürlichen Gesetz resultiert, verschieden ist", erfordert die Selbsterhaltung des Einzelnen seine Teilnahme am Kampf um Eigentum, ein Kampf der wesentlich als Kampf um die Anerkennung des eigenen Rechts geführt wird. Der entsetzlichste Kriegszustand, der das letzte Stadium des Naturzustandes charakterisiert, entzündet sich nicht allein an faktischen Interessengegensätzen, er erwächst nicht nur aus den zügellosen Leidenschaften geiziger, ehrsüchtiger und böser Menschen, er ist zugleich das Ergebnis eines Kampfes zwischen dem Recht des Stärkeren und dem Recht des ersten Besitznehmers. Beide scheinen sich in letzter Instanz auf eine „naturrechtliche" Grundlage zu stützen: Das Recht des ersten Besitznehmers, *soweit* es durch das Recht auf den Ertrag der eigenen Arbeit („zumindest bis zur nächsten Ernte"), das Recht des Stärkeren, *soweit* es durch das Recht auf Selbsterhaltung legitimiert wird. Rousseau macht erst im nächsten Abschnitt deutlich, daß das „Naturrecht" auf den Ertrag der eigenen Arbeit (anders als Locke annahm) nicht über den eigenen Lebensunterhalt, das heißt über das Recht auf Selbsterhaltung hinausreicht. — Da das Recht des Stärkeren das einzige Recht ist, das sich selbst durchsetzt, während das Recht des ersten Besitznehmers notwendig auf Anerkennung angewiesen bleibt, scheinen beide im Naturzustand nur als Prinzipien, als Ansprüche in einem „fortwährenden Konflikt" miteinander liegen zu können. Tatsächlich ist der reale Frontverlauf zwischen den Parteien, die den Kampf ums Recht austragen, jedoch derart, daß sich der Konflikt auch praktisch fortzeugen muß: Das Recht des Stärkeren nehmen die Mächtigsten oder die Elendesten gegen die Eigentümer für sich in Anspruch. Die Reichen können *als* Eigentümer schwächer sein als die Habenichtse, und sie können selbst *als* die Mächtigsten das Gut anderer

zustande Platz[261]: Das Menschengeschlecht, herabgewürdigt und niedergeschlagen, nicht mehr in der Lage, auf seinem Weg umzukehren oder auf die unglückseligen Errungenschaften, die es gemacht hatte, zu verzichten, und durch den Mißbrauch der Fähigkeiten, die es ehren, nur an seiner Schande arbeitend, brachte sich selbst an den Rand seines Ruins.

> *Attonitus novitate mali, divesque miserque,*
> *Effugere optat opes, et quae modo voverat, odit*[262].

Es ist nicht möglich, daß die Menschen über eine solch elende Lage und über das Unglück und die Not, von denen sie bedrückt wurden, nicht am Ende Reflexionen angestellt haben. Vor allem die Reichen müssen bald gespürt haben, wie unvorteilhaft ihnen ein fortwährender Krieg war, bei dem sie allein alle Kosten trugen und in dem das Risiko des Lebens allen gemeinsam war, während das Risiko der Güter einzig bei ihnen lag. Außerdem, welchen Anstrich sie ihren Usurpationen auch geben mochten, fühlten sie zur Genüge, daß diese nur auf einem prekären und mißbräuchlichen Recht errichtet waren und daß — da sie nur durch Gewalt

---

usurpieren. Aus dieser unübersichtlichen, anarchischen Lage entsteht das *bellum omnium contra omnes*, das Hobbes beschrieben hat. — „Der Irrtum von Hobbes besteht also nicht darin, den Kriegszustand zwischen den unabhängigen und soziabel gewordenen Menschen angesetzt zu haben, sondern darin, diesen Zustand als der Art natürlich angenommen und ihn als Ursache für die Laster angegeben zu haben, deren Wirkung er ist" (*C.S. M.G.* I, 2, p. 288).

[262] *Entsetzt über die Neuheit des Übels, wünscht er, reich und arm zugleich, den Schätzen zu entfliehen, und haßt er, was er eben noch gewünscht hatte* (Ovid: *Metamorphosen*, XI, 127/128). Die Stelle beschreibt bei Ovid den Zustand, in dem sich König Midas befindet, nachdem Bacchus ihm seinen Wunsch erfüllt hat, daß alles, was er berührt, sich in Gold verwandele. — Das Ovid-Zitat markiert einen Einschnitt besonderer Art: Allen großen Entwicklungsstadien und tiefgreifenden Veränderungen, die im bisherigen Gang der historischen Darstellung zur Sprache kamen, gingen Reflexionen des Autors voraus, die die Bedeutung des Folgenden, die Notwendigkeit oder die Unwahrscheinlichkeit des nächsten Schrittes zum Gegenstand hatten und damit zugleich den Bericht deutlich gliederten. Dem entscheidenden Schritt, mit dem der Mensch aus dem Naturzustand heraustritt, schickt Rousseau keine „eigene Reflexion" voraus. Zum erstenmal ist es jetzt an den Menschen selbst, Reflexionen anzustellen, Konsequenzen aus ihrer Geschichte zu ziehen, einen Plan zu ersinnen: Die Reflexion setzt dem Naturzustand ein Ende.

assés qu'elles n'étoient établies que sur un droit précaire et abusif,
et que n'ayant été acquises que par la force, la force pouvoit les
leur ôter sans qu'ils eussent raison de s'en plaindre. Ceux même,
que la seule industrie avoit enrichis, ne pouvoient guéres fonder
leur propriété sur de meilleurs titres. Ils avoient beau dire: c'est
moi qui ai bâti ce mur; j'ai gagné ce terrain par mon travail. Qui
vous a donné les alignemens, leur pouvoit-on répondre; et en
vertu de quoi prétendez vous être payé à nos dépends d'un travail
que nous ne vous avons point imposé? Ignorés vous qu'une
multitude de vos freres périt, ou souffre du besoin de ce que vous
avés de trop, et qu'il vous faloit un consentement exprès et unanime du Genre-humain pour vous approprier sur la subsistance
commune tout ce qui alloit au-delà de la votre? Destitué de raisons
valables pour se justifier, et de forces suffisantes pour se défendre;
écrasant facilement un particulier, mais écrasé lui-même par des
troupes de bandits; seul contre tous, et ne pouvant à cause des
jalousies mutuelles s'unir avec ses égaux contre des ennemis unis
par l'espoir commun du pillage, le riche pressé par la nécessité,
conçut enfin le projet le plus réfléchi qui soit jamais entré dans
l'esprit humain; ce fut d'employer en sa faveur les forces même[263]
de ceux qui l'attaquoient, de faire ses défenseurs de ses adversaires,
de leur inspirer d'autres maximes, et de leur donner d'autres
institutions qui lui fussent aussi favorables que le Droit naturel lui
étoit contraire.

Dans cette veüe, après avoir exposé à ses voisins l'horreur d'une
situation qui les armoit tous les uns contre les autres, qui leur
rendoit leurs possessions aussi onéreuses que leurs besoins, et où
nul ne trouvoit sa sûreté ni dans la pauvreté ni dans la richesse, il
inventa aisément des raisons spécieuses pour les amener à son but.
,,Unissons nous'', leur dit-il, ,,pour garantir de l'oppression
,,les foibles, contenir les ambitieux, et assûrer à chacun la possession
,,de ce qui lui appartient: Instituons des réglemens de Justice et
,,de paix auxquels tous soient obligés de se conformer, qui ne fassent
,,acception de personne, et qui réparent en quelque sorte les caprices

---

[263] *Vaughan* (1915), *Launay* (1971), aber auch schon verschiedene Ausgaben
des 18. und 19. Jahrhunderts schreiben: *mêmes* | *ebendie Kräfte jener*. Diese Les-
art findet sich jedoch weder in Ed. 1755-1 oder 1755-2 noch in Ed. 1782.

erworben worden waren — Gewalt sie ihnen nehmen konnte, ohne daß sie Grund hätten, sich darüber zu beklagen. Selbst jene, die allein der Kunstfleiß reich gemacht hatte, konnten ihr Eigentum kaum auf bessere Rechtstitel gründen. Sie mochten wohl sagen: ‚Ich habe diese Mauer gebaut; ich habe mir dieses Grundstück durch meine Arbeit verdient' — ‚Wer hat euch die Abmessungen gegeben?', konnte man ihnen erwidern, ‚und mit welchem Grund beansprucht ihr, auf unsere Kosten für eine Arbeit bezahlt zu werden, die wir euch nicht aufgetragen haben? Wißt ihr nicht, daß viele eurer Brüder sterben oder Not leiden an dem, was ihr zuviel habt, und daß ihr einer ausdrücklichen und einmütigen Zustimmung des Menschengeschlechtes bedurftet, um euch irgend etwas vom gemeinsamen Lebensunterhalt anzueignen, das über euren eigenen hinausging?' Ohne stichhaltige Gründe, um sich zu rechtfertigen, und ohne ausreichende Kräfte, um sich zu verteidigen; leicht dazu in der Lage, einen einzelnen zu vernichten, aber selbst [in steter Gefahr,] von Banditenhaufen vernichtet [zu werden]; allein gegen alle und der wechselseitigen Eifersüchte wegen nicht imstande, sich mit seinesgleichen gegen Feinde zu vereinen, welche durch die gemeinsame Hoffnung auf Plünderung vereint waren, ersann der Reiche, von der Notwendigkeit gedrängt, schließlich den durchdachtesten Plan, der dem menschlichen Geist jemals eingefallen ist. Er bestand darin, die Kräfte selbst jener[263], die ihn angriffen, zu seinen Gunsten einzuspannen, aus seinen Widersachern seine Verteidiger zu machen, ihnen andere Maximen einzuflößen und ihnen andere Institutionen zu geben, die für ihn ebenso günstig wären, wie das Naturrecht ihm widrig war.

In dieser Absicht erfand er — nachdem er seinen Nachbarn die Entsetzlichkeit einer Situation dargestellt hatte, die sie alle die Waffen gegeneinander ergreifen ließ, die ihnen ihre Besitztümer ebenso zu einer Last machte wie ihre Bedürfnisse und in der keiner, weder in der Armut noch im Reichtum, seine Sicherheit fand — leicht Scheingründe, um sie zu seinem Ziel hinzuführen. „Vereinigen wir uns", sagt er zu ihnen, „um die Schwachen vor der Unterdrückung zu schützen, die Ehrgeizigen in Schranken zu halten und einem jeden den Besitz dessen zu sichern, was ihm

„de la fortune en soûmettant également le puissant et le foible à
„des devoirs mutuels. En un mot, au lieu de tourner nos forces
„contre nous mêmes, rassemblons les en un pouvoir suprême
„qui nous gouverne selon de sages Loix, qui protége et défende tous
„les membres de l'association, repousse les ennemis communs,
„et nous maintienne dans une concorde éternelle[264].

Il en falut beaucoup moins que l'équivalent de ce Discours pour
entraîner des hommes grossiers, faciles à séduire, qui d'ailleurs
avoient trop d'affaires à démêler entre eux pour pouvoir se passer
d'arbitres, et trop d'avarice et d'ambition, pour pouvoir longtems
se passer de Maîtres. Tous coururent au devant de leurs fers croyant
assûrer leur liberté; car avec assés de raison pour sentir les avantages d'un établissement politique[265], ils n'avoient pas assés d'ex-

---

[264] Bei den Argumenten des Reichen handelt es sich insofern um „Scheingründe", als er mit der von ihm vorgeschlagenen „politischen Einrichtung"
die Sanktionierung seines Besitzstandes, die Festschreibung der bestehenden
gesellschaftlichen Ungleichheit beabsichtigt. Die Motive sind es, die diesen
discours dans le Discours unwahr machen. An ihm selbst genommen, losgelöst
von den historischen Bedingungen seiner Entstehung, ist er gleichwohl in
einem präzisen Sinne wahr. Er enthält, gemessen an den „Prinzipien des Politischen Rechts", wie sie der *Contrat social* später entwickelt, die wichtigsten
allgemeinen Bestimmungen des legitimen Gemeinwesens. Seine historische
Unwahrheit und seine theoretische Wahrheit sind im ersten Satz augenfällig
zusammengeschlossen: Wenn der Reiche sagt, die Vereinigung solle „einem
jeden den Besitz dessen sichern, was ihm gehört", meint er damit den Besitz
dessen, was jeder *hat* und zukünftig erwirbt. Die Wahrheit des Satzes liegt
hingegen darin, daß allererst die „politische Einrichtung" den Besitz dessen
sichern kann, was einem *gehört*. Erst sie kann das, was man hat, zu etwas
machen, worauf man ein durch *Gesetze* legitimiertes und durch eine *höchste
Gewalt* garantiertes Recht hat. Das heißt aber zugleich, daß sie es auch ist,
die bestimmt, *was* einem gehört. — Aus der konkreten Unwahrheit der in ihrer
Allgemeinheit wahren „Rede des Reichen" lassen sich mehrere Konsequenzen
ableiten: 1) Alle historische Wahrscheinlichkeit spricht dafür, daß die politischen Gesellschaften nicht mit einer legitimen Vereinigung im Sinne des
Contrat social begonnen haben. 2.) Der „schlechte Anfang" hat die weitere
historische Entwicklung der bürgerlichen Gesellschaft nachhaltig bestimmt,
dennoch war es ein Anfang, mit dem die Prinzipien des legitimen Gemeinwesens selbst postuliert wurden. 3) Die „Scheingründe" bringen eine Wahrheit zum Vorschein, die Anerkennung bewirken, Recht konstituieren, Pflichten begründen konnte. Allenfalls Betrug, nicht aber bloße Gewalt vermochte
zu erreichen, daß „das Recht die Stelle der Gewalt einnahm" (S. 68). 4) Wenn

gehört: Laßt uns Vorschriften der Gerechtigkeit und des Friedens aufstellen, denen nachzukommen alle verpflichtet sind, die kein Ansehen der Person gelten lassen und die in gewisser Weise die Launen des Glücks wiedergutmachen, indem sie den Mächtigen und den Schwachen gleichermaßen wechselseitigen Pflichten unterwerfen. Mit einem Wort: laßt uns unsere Kräfte, statt sie gegen uns selbst zu richten, zu einer höchsten Gewalt zusammenfassen, die uns nach weisen Gesetzen regiert, alle Mitglieder der Assoziation beschützt und verteidigt, die gemeinsamen Feinde abwehrt und uns in einer ewigen Eintracht erhält"[264].

Viel weniger als das Äquivalent dieser Rede war erforderlich, um krude, leicht verführbare Menschen für sich einzunehmen, die außerdem zu viele Händel unter sich zu regeln hatten, um ohne Schiedsrichter und zuviel Geiz und Ehrsucht, um lange ohne Herren auskommen zu können. Alle liefen auf ihre Ketten zu, im Glauben, ihre Freiheit zu sichern; denn sie hatten zwar genügend Vernunft, um die Vorteile einer politischen Einrichtung[265] zu

---

die Prinzipien der legitimen politischen Gesellschaft mit der politischen Gesellschaft selbst gesetzt sind, so liegt der Schlüssel zum theoretischen Verständnis wie zur möglichen historischen Überwindung ihrer faktischen Illegitimität in den konkreten Bedingungen der Realisierung dieser Prinzipien. — Vergleiche die Aussagen, die die „Rede des Reichen" über den Zweck des Zusammenschlusses macht, mit Pufendorf: *Droit de la nature*, VII, 1, § 7 und note 1 von Barbeyrac, oder Locke: *Second Treatise*, IX, § 124.

[265] Rousseau spricht bei der ersten Benennung der neuen „Assoziation" noch sehr allgemein von einer „politischen Einrichtung". (Vergleiche die Verwendung desselben Begriffs in der *Zwischenfassung* [Manuskript Paris] S. 408). Dies mag seinen Grund darin haben, daß bisher von keinem „Regierungsvertrag" die Rede war, der nach der „allgemeinen Meinung" den Politischen Körper konstituiert (s. S. 242). Rousseau hält sich mit der vagen Formulierung die Möglichkeit offen, die „Hypothese" des Regierungsvertrages, die er selbst nicht vertritt, als dialektische Argumentationsfigur in seine Darstellung mit einzubeziehen. — Wie immer die „politische Einrichtung" historisch ins Werk gesetzt worden sein mag, es liegt ihr keine bloße Kalkulation „der Reichen" zugrunde. Die politische Gesellschaft ist, was ihre allgemeinen Prinzipien anbelangt, die einzig mögliche Antwort auf den „entsetzlichsten Kriegszustand", der im letzten Stadium des Naturzustandes unter den Menschen herrscht. Der Prozeß der Zivilisation macht es unausweichlich, daß „die Natur dem Gesetz unterworfen" wird (S. 68), sobald dies aber geschehen ist, liegen die Menschen notwendig „in Ketten". Die

périence pour en prevoir les dangers; les plus capables de pressentir
les abus étoient précisément ceux qui comptoient d'en profiter, et
les sages même virent qu'il faloit se résoudre à sacrifier une partie
de leur liberté à la conservation de l'autre, comme un blessé se
fait couper le bras pour sauver le reste du Corps.

Telle fut, ou dut être l'origine de la Société et des Loix, qui
donnérent de nouvelles entraves au foible et de nouvelles forces
au riche, (XVIII*) détruisirent sans retour la liberté naturelle,
fixérent pour jamais la Loi de la propriété et de l'inégalité, d'une
adroite usurpation firent un droit irrévocable, et pour le profit de
quelques ambitieux assujétirent désormais tout le Genre-humain
au travail, à la servitude et à la misére[266]. On voit aisément comment
l'établissement d'une seule Société rendit indispensable celui de
toutes les autres, et comment, pour faire tête à des forces unies,
il falut s'unir à son tour[267]. Les Sociétés se multipliant ou s'étendant
rapidement couvrirent bientôt toute la surface de la terre, et il ne
fut plus possible de trouver un seul coin dans l'univers où l'on
pût s'affranchir du joug, et soustraire sa tête au glaîve souvent mal
conduit que chaque homme vit perpetuellement suspendu sur la
sienne. Le droit civil étant ainsi devenu la régle commune des

---

Ketten sind das Signum des bürgerlichen oder politischen Zustands schlechthin. Es ist möglich, diesen Zustand „legitim zu machen" (*C.S.* I, 1), aber es
ist unmöglich, dem Menschen, der in der politischen Gesellschaft lebt, die
Ketten selbst abzunehmen. (Cf. damit Lukrez: *De rerum natura*, V, 1151 sowie
VI, 3 und I, 41—42). Ebensowenig lassen sich auf lange Sicht die Mißbräuche
verhindern, auch sie sind nicht lediglich einer besonderen Form der „politischen Einrichtung" vorbehalten. Sie liegen in der Natur der Sache bzw. in
der Natur des Politischen Körpers begründet (s. S. 250 ff. und *C.S.* III, 11).
[266] Zum ersten Teil des Satzes cf. *C.S.* I, 9, note: „In der Tat sind die
Gesetze stets nützlich für jene, die besitzen, und schädlich für jene, die nichts
haben: Woraus folgt, daß der gesellschaftliche Zustand für die Menschen
nur vorteilhaft ist, sofern sie alle etwas haben und keiner von ihnen zuviel
(rien de trop) hat." Cf. *Emile*, IV, p. 524, note. — Zum zweiten Teil bemerkt
Castel: „Gott allein hat den Menschen nach dessen Empörung zur Arbeit,
zur Knechtschaft und zum Elend verdammt . . ." Rousseau „spricht mit keinem Wort von Gott oder von der Sünde, er schiebt alle Schuld der Gesellschaft
zu, die ein Gut ist, da nach Gott *non est bonum hominem esse solum*" (*L'Homme
moral*, Lettre XXII). Cf. auch Locke: *Second Treatise*, V, § 32.

ahnen, aber nicht genügend Erfahrung, um deren Gefahren vor-
herzusehen; die, die am meisten dazu imstande waren, die Mißbräuche vorauszuahnen, waren präzise jene, die darauf zählten,
von ihnen zu profitieren; und selbst die Weisen sahen, daß es notwendig war, sich dazu zu entschließen, einen Teil ihrer Freiheit
zur Erhaltung des anderen zu opfern, so wie ein Verwundeter
sich den Arm abnehmen läßt, um den übrigen Körper zu retten.

Dies war, oder muß der Ursprung der Gesellschaft und der
Gesetze gewesen sein, die dem Schwachen neue Fesseln und dem
Reichen neue Kräfte gaben (XVIII*), die natürliche Freiheit
unwiederbringlich zerstörten, das Gesetz des Eigentums und der
Ungleichheit für immer fixierten, aus einer geschickten Usurpation
ein unwiderrufliches Recht machten und um des Profites einiger
Ehrgeiziger willen fortan das ganze Menschengeschlecht der
Arbeit, der Knechtschaft und dem Elend unterwarfen[266]. Es ist
leicht zu sehen, wie die Errichtung einer einzigen Gesellschaft
die aller anderen unerläßlich machte und wie man sich, um vereinten Kräften die Stirn zu bieten, seinerseits vereinigen mußte[267].
Da die Gesellschaften sich rasch vermehrten oder ausdehnten,
bedeckten sie bald die ganze Erdoberfläche, und es war nicht mehr
möglich, einen einzigen Winkel auf der Welt zu finden, wo man
sich vom Joch befreien und seinen Kopf dem — oft schlecht geführten — Schwert entziehen konnte, das jeder Mensch fortwährend über seinem Haupt schweben sah. Da das bürgerliche
Recht so zur gemeinsamen Regel der Bürger geworden war, hatte

---

[267] „Sobald sich die erste Gesellschaft gebildet hat, folgt daraus notwendig
die Bildung aller anderen. Man muß ein Teil von ihr sein oder sich vereinigen,
um ihr zu widerstehen. Man muß sie nachahmen oder sich von ihr verschlingen
lassen" (*L'état de guerre*, p. 603). — Die politische Gesellschaft, die den Kriegszustand unter den Individuen beendet und jedem Bürger den Besitz „dessen
sichert, was ihm gehört", ist eine besondere. Sie konstituiert sich politisch über
einen Akt kollektiver Landnahme, dessen Ergebnis gegen andere — seien es
Individuen, seien es Gesellschaften — als Eigentum geltend gemacht und
verteidigt wird. Es liegt in der Genese der politischen Gesellschaft und, wie
Rousseau später zeigen wird, in der Natur des Politischen Körpers begründet,
daß sie nicht als allgemeine, sondern nur als je besondere, d. h. in Pluralität
existieren können.

Citoyens, la Loy de Nature[268] n'eut plus lieu qu'entre les diverses
Sociétés, où, sous le nom de Droit des gens, elle fut temperée par
quelques conventions tacites pour rendre le commerce possible et
suppléer à la commisération naturelle, qui, perdant de Société à
Société presque toute la force qu'elle avoit d'homme à homme,
ne réside plus que dans quelques grandes Ames Cosmopolites,
qui franchissent les barriéres imaginaires qui séparert les Peuples,
et qui, à l'exemple de l'être souverain qui les a créés, embrassent
tout le Genre-humain dans leur bienveillance[269].

Les Corps Politiques restant ainsi entre eux dans l'état de Nature
se ressentirent bientôt des inconveniens qui avoient forcé les
particuliers d'en sortir, et cet état devint encore plus funeste entre
ces grands Corps qu'il ne l'avoit été auparavant entre les individus
dont ils étoient composés. De là sortirent les Guerres Nationales,
les Batailles, les meurtres, les réprésailles qui font fremir la Nature
et choquent la raison, et tous ces préjugés horribles qui placent au
rang des vertus l'honneur de répandre le sang humain. Les plus
honnêtes gens apprirent à compter parmi leurs devoirs celui

---

[268] Das „Gesetz der Natur" ist hier offenbar identisch mit dem Gesetz
des Stärkeren, oder die Aktualität des „natürlichen Gesetzes" reduziert sich
zwischen den verschiedenen Gesellschaften auf das Recht der Selbsterhaltung
(s. S. 56, 68 und FN 59). — „Zwischen Mensch und Mensch leben wir im
bürgerlichen Zustand und den Gesetzen unterworfen; zwischen Volk und
Volk genießt jeder die natürliche Freiheit: was unsere Situation im Grunde
schlimmer macht, als wenn diese Unterscheidungen unbekannt wären. Denn
da wir zugleich in der gesellschaftlichen Ordnung und im Naturzustand leben,
sind wir den Unzuträglichkeiten beider untertan, ohne die Sicherheit in einem
von beiden zu finden [. . .] Was das anbelangt, was man gemeinhin das Völkerrecht nennt, so ist gewiß, daß seine Gesetze mangels Sanktion nichts als
Chimären sind, schwächer noch als das Gesetz der Natur. Dieses spricht
zumindest zum Herzen der Einzelnen, während das Völkerrecht keinen anderen Garanten hat als den Nutzen desjenigen, der sich ihm unterwirft, und
deshalb werden seine Entscheidungen nur soweit respektiert, wie das Eigeninteresse sie bestätigt. In dem zusammengesetzten Zustand (condition mixte),
in dem wir uns befinden [. . .] sind wir in den schlimmsten Zustand versetzt,
in dem wir uns befinden können" (L'état de guerre, p. 610). Cf. Extrait du
projét de paix perpetuelle, p. 564.

[269] Ein Handexemplar des Discours, das Rousseau 1767 Richard Davenport übergab, enthält die folgende autographe Korrektur: . . . quelques grandes
âmes cosmopolites dignes de franchir les barrières imaginaires qui séparent les peuples,

das Gesetz der Natur[268] nur mehr zwischen den verschiedenen Gesellschaften statt, wo es unter dem Namen ‚Völkerrecht' durch einige stillschweigende Konventionen gemildert wurde, um den Verkehr möglich zu machen und für das natürliche Mitleid Ersatz zu bieten, das — da es zwischen Gesellschaft und Gesellschaft fast die ganze Kraft verliert, die es zwischen Mensch und Mensch hatte — nur mehr in einigen großen kosmopolitischen Seelen wohnt, welche über die imaginären Barrieren, die die Völker trennen, hinwegschreiten und — nach dem Beispiel des souveränen Wesens, das sie geschaffen hat — das ganze Menschengeschlecht in ihr Wohlwollen einschließen[269].

Da die Politischen Körper so untereinander im Naturzustand verblieben, bekamen sie bald die Unzuträglichkeiten zu spüren, welche die Einzelnen gezwungen hatten, aus ihm herauszutreten; und unter diesen großen Körpern wurde jener Zustand noch unheilvoller, als er es zuvor unter den Individuen gewesen war, aus denen sie sich zusammensetzten. Hieraus gingen die Kriege zwischen den Nationen, die Schlachten, die Mordtaten, die Repressalien hervor, welche die Natur erschaudern lassen und die Vernunft schockieren, und all jene entsetzlichen Vorurteile, welche die Ehre, menschliches Blut zu vergießen, in den Rang der Tugenden erheben. Die rechtschaffensten Leute lernten, es

---

et d'embrasser tout le genre humain, à l'exemple de l'Etre Suprême qui l'a créé. | das ... nur mehr in einigen großen kosmopolitischen Seelen wohnt, die würdig sind, über die imaginären Barrieren, die die Völker trennen, hinwegzuschreiten und das ganze Menschengeschlecht nach dem Beispiel des Höchsten Wesens, das es geschaffen hat, zu umfassen. (Cf. C. A. Rochedieu: Notes marginales inscrites par Rousseau dans ses exemplaires du *Contrat social* et du *Discours sur l'inégalité*, in: *AJJR* XXV, p. 267 ff) — Vergleiche diese Stelle (in beiden Fassungen) mit Rousseaus Kritik des Philosophen, dessen Schlaf „nur mehr die Gefahren für die ganze Gesellschaft stören können" auf S. 148. Cf. außerdem die Einschätzung der Kosmopoliten in *Emile*, I, p. 249 und *C.S. M.G.* I, 2, p. 287. — Zur Kraft und Reichweite des „natürlichen Mitleids" schreibt Rousseau in der *Economie politique*: „Es scheint, daß das Gefühl der Menschlichkeit sich verflüchtigt und abschwächt, wenn es sich über die ganze Erde ausdehnt, und daß wir vom Unglück der Tatarei oder Japans nicht so berührt werden können wie von dem eines europäischen Volkes. Man muß das Interesse und das Mitleid in gewisser Weise begrenzen und komprimieren, um ihm Aktivität zu verleihen" (p. 254).

d'égorger leurs semblables; on vit enfin les hommes se massacrer
par milliers sans savoir pourquoi; et il se commettoit plus de meurtres en un seul jour de combat et plus d'horreurs à la prise d'une
seule ville, qu'il ne s'en étoit commis dans l'état de Nature durant
des siécles entiers sur toute la face de la terre. Tels sont les premiers
effets qu'on entrevoit de la division du Genre-humain en différentes Sociétés. Revenons à leur institution.

Je sais que plusieurs ont donné d'autres origines aux Sociétés
Politiques, comme les conquêtes du plus puissant ou l'union des
foibles; et le choix entre ces causes est indifférent à ce que je veux
établir[270]: cependant celle que je viens d'exposer me paroit la
plus naturelle par les raisons suivantes. 1. Que dans le premier cas,
le Droit de conquête n'étant point un Droit n'en a pu fonder aucun
autre, le Conquérant et les Peuples conquis restant toujours entre
eux dans l'état de Guerre, à moins que la Nation remise en pleine
liberté ne choisisse volontairement son Vainqueur pour son Chef.
Jusques-là, quelques capitulations qu'on ait faites, comme elles

---

[270] Nach dem Vorgriff auf die Auswirkungen, die die Teilung des Menschen-
geschlechts in verschiedene politische Gesellschaften nach sich zieht, kehrt
Rousseau in einer ausführlichen Erörterung, die sich über insgesamt neun
Absätze erstreckt, zu deren „Einrichtung" zurück. Die Entstehung der poli-
tischen Gesellschaften hat „auf verschiedene Weisen eintreten können", und
Rousseau kann daher „nur aufgrund von Vermutungen eine Wahl treffen"
(S. 166). Daß die Initiative von den Reichen als den am Zusammenschluß
am meisten Interessierten ausging, mag die „natürlichste", mit guten anthro-
pologischen Gründen zu stützende, Vermutung sein; ob die „natürlichste
Ursache" indes tatsächlich die geschichtliche Ursache war, „ist für das, was"
Rousseau „nachweisen möchte, gleichgültig". Entscheidend ist, daß unabhängig von allen partikularen Motiven und historisch kontingenten Umständen, die zur politischen Gesellschaft geführt haben, deren Gründung „den
Augenblick" bezeichnet, „in dem das Recht die Stelle der Gewalt einnahm
und die Natur somit dem Gesetz unterworfen wurde" (S. 68). Wie immer
das Recht und die Gesetze im einzelnen beschaffen gewesen sein, welche
Interessen sie mehr, welche sie weniger begünstigt haben mögen, es muß sich
um *Recht*, es muß sich um *Gesetze* gehandelt, sie müssen Anerkennung bewirkt, einen Verpflichtungscharakter gehabt haben: Der politischen Gesellschaft muß die allgemeine Wahrheit, die in der „Rede des Reichen" ausgesprochen wurde, als „unerschütterliche Grundfeste" (S. 60) zugrunde liegen. Für die Diskussion ihrer Entstehung bedeutet das, daß „die Tatsachen
anhand des Rechts zu prüfen sind" (S. 234). Die folgenden neun Abschnitte

unter ihre Pflichten zu rechnen, ihre Mitmenschen umzubringen; schließlich sah man, wie sich die Menschen zu Tausenden niedermetzelten, ohne zu wissen weshalb; und es wurden mehr Mordtaten an einem einzigen Gefechtstag begangen und mehr Greuel bei der Einnahme einer einzigen Stadt, als im Naturzustand während ganzer Jahrhunderte auf der gesamten Erdoberfläche begangen worden waren. Dies sind die ersten Wirkungen, die man aus der Teilung des Menschengeschlechts in verschiedene Gesellschaften bei flüchtigem Hinsehen entstehen sieht. Kehren wir zu ihrer Einrichtung zurück.

Ich weiß, daß manche den politischen Gesellschaften andere Ursprünge zugeschrieben haben, wie etwa die Eroberungen des Mächtigsten oder die Vereinigung der Schwachen; und die Wahl zwischen diesen Ursachen ist für das, was ich nachweisen möchte, gleichgültig[270]. Jedoch scheint mir die Ursache, die ich gerade dargestellt habe, aus den folgenden Gründen die natürlichste zu sein: 1. Im ersten Fall hat das Recht der Eroberung, da es kein Recht ist, kein anderes begründen können, weil der Eroberer und die eroberten Völker untereinander stets im Kriegszustand verbleiben, es sei denn, die Nation wählte, in völlige Freiheit zurückversetzt, freiwillig ihren Bezwinger zu ihrem Oberhaupt. Welche Zugeständnisse man auch gemacht haben mag, da sie nur auf Ge-

---

sind deshalb nichts weniger als eine Abschweifung oder ein bloßes „normatives Zwischenspiel", das der historischen Darstellung selbst äußerlich bliebe. Wenn die Genese der politischen Gesellschaft und mithin des Rechts zur Verhandlung steht, kann vom Recht nicht abgesehen werden. — Die „Eroberungen der Mächtigsten", die Rousseau als erste von insgesamt fünf Hypothesen erörtert, zeigt besonders klar, inwiefern aus Gründen der *historischen* Rekonstruktion im folgenden „die Tatsachen anhand des Rechts geprüft" werden müssen. Vergleiche dazu die Behandlung des „ältesten Königs und ersten Eroberers" Nimrod durch Barbeyrac in Pufendorf: *Droit de la nature*, VII, 1, § 1, note 1. Von Nimrod berichtet *Genesis*, X, 8 ff. Cf. außerdem Hobbes: *Leviathan*, I, 20 (p. 132) und die Auseinandersetzung mit dem „Recht des Stärkeren" in *C.S.* I, 3. — Die zweite Hypothese konkurriert mit Rousseaus „natürlichster Ursache" dagegen auf einer prinzipiell gleichen Ebene, die Frage des Rechts wird durch sie nicht aufgeworfen. Es ist „vernünftiger anzunehmen", daß nicht sie, sondern Rousseaus Vermutung die historisch zutreffende ist. Cf. D'Alembert: *Discours préliminaire de l'Encyclopédie* (1751), Ed. Erich Köhler, Hamburg, 1975, p. 72 f.

n'ont été fondées que sur la violence, et que par conséquent elles
sont nulles par le fait même, il ne peut y avoir dans cette hypothése
ni veritable Société, ni Corps Politique, ni d'autre Loi que celle
du plus fort. 2. Que ces mots de *fort* et de *foible* sont équivoques
dans le second cas; que dans l'intervalle qui se trouve entre
l'établissement du Droit de propriété ou de premier occupant,
et celui des Gouvernemens politiques, le sens de ces termes est
mieux rendu par ceux de *pauvre* et de *riche*, parcequ'en effet un homme n'avoit point avant les Loix d'autre moyen d'assujetir ses égaux
qu'en attaquant leur bien, ou leur faisant quelque part du sien.
3. Que les Pauvres n'ayant rien à perdre que leur liberté, c'eût été
une grande folie à eux de s'ôter volontairement le seul bien qui
leur restoit pour ne rien gagner en échange; qu'au contraire les
riches étant, pour ainsi dire, sensibles dans toutes les parties de leurs
Biens, il étoit beaucoup plus aisé de leur faire du mal, qu'ils avoient
par conséquent plus de précautions à prendre pour s'en garantir;
et qu'enfin il est raisonnable de croire qu'une chose a été inventée
par ceux à qui elle est utile plûtôt que par ceux à qui elle fait du
tort.

Le Gouvernement naissant n'eût point une forme constante
et réguliere. Le défaut de Philosophie et d'expérience ne laissoit
appercevoir que les inconvéniens présens, et l'on ne songeoit à
remedier aux autres qu'à mesure qu'ils se présentoient. Malgré
tous les travaux des plus sages Législateurs, l'état Politique,
demeura toûjours imparfait, parcequ'il étoit presque l'ouvrage
du hazard, et que mal commencé, le tems en découvrant les
défauts, et suggérant des remédes, ne put jamais réparer les
vices de la Constitution[271]; On racommodoit sans cesse, au lieu

---

[271] Die Verfassung ist die konkrete Gestalt, die die „politische Einrichtung"
bei ihrer Entstehung erhielt, die historische Form, in der sich die neue „Assoziation" politisch organisierte. Sie ist nicht mit dem Vertrag gleichzusetzen,
der der Gesellschaft selbst zugrunde liegt. In ihm wurde die „Zusammenfassung aller Kräfte zu einer höchsten Gewalt" vereinbart. Der mit dem
„Vertrag" in seiner Allgemeinheit konstituierte politische Zustand hat geschichtliche Wirklichkeit nur in der je besonderen Verfassung, die aus „Mangel an Philosophie und Erfahrung" zunächst nahezu das Werk des Zufalls
war. An keiner Stelle des *Discours* gibt Rousseau einen gewichtigeren Hinweis
auf die Bedeutung, die der Philosophie für die Politik zukommt — oder zu-

walt gegründet waren und sie folglich aufgrund ebendieser Tatsache null und nichtig sind, kann es nach dieser Hypothese bis
dahin weder eine wahrhafte Gesellschaft noch einen Politischen
Körper noch ein anderes Gesetz als das des Stärkeren geben.
2. Die Wörter *stark* und *schwach* sind im zweiten Fall doppeldeutig;
denn in der Zeitspanne zwischen der Einführung des Eigentumsrechts oder des Rechts des ersten Besitznehmers und der Einführung der politischen Regierungen wird der Sinn dieser Wörter
besser durch die Wörter *arm* und *reich* ausgedrückt, weil ein Mensch
— ehe es Gesetze gab — tatsächlich kein anderes Mittel hatte,
seinesgleichen zu unterwerfen, als das, ihr Hab und Gut anzugreifen
oder ihnen einen Teil von dem seinen abzugeben. 3. Da die Armen
nichts zu verlieren hatten als ihre Freiheit, wäre es eine große Torheit von ihnen gewesen, freiwillig das einzige Gut herzugeben,
das ihnen blieb, um im Austausch dafür nichts zu gewinnen; im
Gegenteil, da die Reichen sozusagen in allen Teilen ihrer Güter
verletzlich waren, war es viel leichter, ihnen Schaden zuzufügen;
sie mußten folglich mehr Vorsichtsmaßnahmen ergreifen, um
sich vor Schaden zu schützen; und schließlich ist es vernünftig
anzunehmen, daß eine Sache eher von denen erfunden worden ist,
denen sie nützt, als von jenen, welchen sie schadet.

Die entstehende Regierung hatte keine konstante und regelmäßige Form. Der Mangel an Philosophie und Erfahrung ließ
nur die gegenwärtigen Unzuträglichkeiten wahrnehmen, und
daran, den anderen abzuhelfen, dachte man nur in dem Maße, in
dem sie auftraten. Trotz aller Anstrengungen der weisesten Gesetzgeber blieb der politische Zustand immer unvollkommen, weil
er nahezu das Werk des Zufalls war und weil, da er schlecht
begonnen hatte, die Zeit dadurch, daß sie die Mängel aufdeckte
und Mittel zur Abhilfe anregte, niemals die Fehler der Verfassung[271] wiedergutmachen konnte. Man besserte unablässig aus,

künftig zukommen kann: Sie ist nicht nur unerläßlich für die Erkenntnis
der „wahren Grundlagen des Politischen Körpers", der „unerschütterlichen
Grundfeste", auf der das „Bauwerk" der menschlichen Gesellschaft errichtet
ist (S. 60), sondern es hängt nicht zuletzt von der Philosophie ab, ob auf den
von ihr erkannten und geachteten „Fundamenten" ein „gutes Gebäude" ins
Werk gesetzt wird. — Cf. auch *Considérations sur le gouvernement de Pologne*, p. 975.

qu'il eut fallu commencer par nétoyer l'aire et écarter tous les
vieux matériaux, comme fit Licurgue à Sparte, pour élever
ensuite un bon Edifice[272]. La Société ne consista d'abord qu'en
quelques conventions générales que tous les particuliers s'enga-
geoint à observer, et dont la Communauté se rendoit garante envers
chacun d'eux. Il fallut que l'expérience montrât combien une
pareille constitution étoit foible, et combien il étoit facile aux
infracteurs d'éviter la conviction ou le châtiment des fautes dont
le Public seul devoit être le témoin et le juge; il fallut que la Loi
fût éludée de mille maniéres; il fallut que les inconvéniens et les
désordres se multipliassent continuellement, pour qu'on songeât
enfin à confier à des particuliers le dangereux dépôt de l'autorité
publique, et qu'on commît à des Magistrats[273] le soin de faire
observer les délibérations du Peuple: car de dire que les Chefs
furent choisis avant que la confédération fût faite, et que les Ministres des Loix existérent avant les Loix mêmes, c'est une supposition qu'il n'est pas permis de combattre sérieusement[274].

Il ne seroit pas plus raisonnable de croire que les Peuples se sont
d'abord jettés entre les bras d'un Maître absolu, sans conditions
et sans retour, et que le premier moyen de pourvoir à la sûreté
commune qu'aient imaginé des hommes fiers et indomptés, a été
de se précipiter dans l'esclavage. En effet, pourquoi se sont ils

---

[272] Lykurg, den Rousseau in seinen Schriften immer wieder als das Musterbild des großen *Législateur* anführt, verweist im *Discours* auf historische und
politische Alternativen zum allgemeinen, im Despotismus kulminierenden
Gang der Entwicklung, den die weitere Darstellung nachzeichnet. Es gibt die
Möglichkeit, ein „gutes Gebäude zu errichten". Nicht nur in der Welt der
theoretischen Gegenentwürfe, Lykurg hat sie in der Geschichte in die Tat
umgesetzt. Der politische Zustand ist nicht notwendig und von Anbeginn an
heillos. — Vergleiche zu Lykurg *C.S.* II, 7 f und *Emile*, I, p. 250; cf. zu dieser
Stelle außerdem: „Das, was das Werk der Verfassungsgebung beschwerlich
macht, ist weniger das, was man errichten, als das, was man zerstören muß"
(*C.S.* II, 10, p. 391).

[273] Zur Zeit der „entstehenden Regierung", zu Beginn der „politischen
Einrichtung" existierte noch keine Regierung als institutionalisierte „Zwi-
schenkörperschaft", die den Gesetzen, welche das Volk als Souverän gab,
beim Volk als der Gesamtheit der Untertanen Gehorsam verschaffte. Die
Erfahrung mußte jedoch zu der Einsicht hinführen, daß die Einsetzung von
Magistraten (s. FN 20) unerläßlich war, denn „wie begrenzt ein Staat auch sein

während es notwendig gewesen wäre, zunächst die Tenne freizufegen und alles alte Material aus dem Wege zu räumen, wie es Lykurg in Sparta tat, um danach ein gutes Gebäude zu errichten[272]. Die Gesellschaft bestand zunächst nur aus einigen allgemeinen Konventionen, die alle Einzelnen sich einzuhalten verpflichteten und zu deren Garant die Gemeinschaft sich gegen jeden von ihnen machte. Die Erfahrung mußte zeigen, wie schwach eine solche Verfassung war und wie leicht es für die Gesetzesübertreter war, der Überführung oder der Bestrafung für Verstöße zu entgehen, deren Zeuge und Richter die Öffentlichkeit allein sein sollte; das Gesetz mußte auf tausend Arten umgangen werden; die Unzuträglichkeiten und die Unordnungen mußten sich ständig vermehren, damit man schließlich daran dachte, die gefährliche Treuhandschaft der öffentlichen Autorität Privatpersonen anzuvertrauen, und man Magistraten[273] die Sorge dafür übertrug, den Beschlüssen des Volkes Gehorsam zu verschaffen. Denn zu sagen, daß die Oberhäupter gewählt worden seien, ehe die Konföderation geschaffen war, und daß die Diener der Gesetze vor den Gesetzen selbst existierten, das ist eine Annahme, die ernsthaft zu bekämpfen nicht gestattet ist[274].

Nicht vernünftiger wäre es zu glauben, daß die Völker sich anfangs bedingungslos und unwiederbringlich einem absoluten Herrn in die Arme geworfen haben und daß das erste Mittel, das stolze und unbezähmte Menschen ersonnen haben, um für die allgemeine Sicherheit zu sorgen, darin bestand, sich in die Sklaverei

---

mag, die bürgerliche Gesellschaft ist stets zu zahlreich, um von allen ihren Mitgliedern regiert werden zu können" (*Economie politique*, p. 264).

[274] Aus der Ironie ins Positive gewendet, sagt Rousseau der Substanz nach exakt das, was er in allen seinen späteren politischen Schriften und insbesondere im *Contrat social* sagen wird: Die *Konföderation* geht der Wahl der *Oberhäupter* oder *Magistrate* voraus, deren Aufgabe darin besteht, *den Beschlüssen des Volkes Gehorsam zu verschaffen*. Sie sind *Diener der Gesetze*, als solchen wurde ihnen die *Treuhandschaft der öffentlichen Autorität* anvertraut. Die Annahme eines „Regierungsvertrags" ist in keiner Weise erforderlich, um die Übertragung dieser Treuhandschaft zu begreifen. Der gesamte Tenor der Darstellung, die Betonung der Priorität der *Beschlüsse des Volkes*, der *Konföderation*, der *Gesetze*, läßt im Gegenteil die deutliche Unterordnung der Regierung, ihre dienende Funktion, den abgeleiteten Charakter ihrer Befugnisse gegenüber dem Volk als dem Souverän erkennen. Cf. u. a. *Fragments politiques*, p. 491.

donné des supérieurs, si ce n'est pour les défendre contre l'oppression, et protéger leurs biens, leurs libertés, et leurs vies, qui sont,
pour ainsi dire, les élemens constitutifs de leur être?[275] Or dans les
relations d'homme à homme, le pis qui puisse arriver à l'un étant
de se voir à la discrétion de l'autre[276], n'eût il pas été contre le bon
sens de commencer par se dépoüiller entre les mains d'un Chef
des seules choses pour la conservation desquelles ils avoient besoin
de son secours? Quel équivalent eût il pû leur offrir pour la con-
cession d'un si beau Droit; et, s'il eût osé l'exiger sous le prétexte
de les défendre, n'eût il pas aussitôt reçu la réponse de l'Apologue:
Que nous fera de plus l'ennemi[277]? Il est donc incontestable, et
c'est la maxime fondamentale de tout le Droit Politique, que les
Peuples se sont donné des Chefs pour défendre leur liberté et non
pour les asservir. *Si nous avons un Prince*, disoit Pline à Trajan,
c'est afin qu'il nous préserve d'avoir un Maître[278].

Les politiques[279] font sur l'amour de la liberté les mêmes sophismes que les Philosophes[280] ont faits sur l'état de Nature; par les
choses qu'ils voyent ils jugent des choses très différentes qu'ils
n'ont pas vues, et ils attribuent aux hommes un penchant naturel à
la servitude par la patience avec laquelle ceux qu'ils ont sous les
yeux supportent la leur, sans songer qu'il en est de la liberté comme

---

[275] Die Unterwerfung unter die Herrschaft eines absoluten Herrn ist die
dritte Hypothese über den Ursprung der politischen Gesellschaft, mit der sich
Rousseau auseinandersetzt. Er diskutiert sie in diesem und den beiden fol-
genden Abschnitten unter Heranziehung anthropologischer und historischer
Argumente, ohne dabei das Naturrecht ins Feld zu führen. Vergleiche Hobbes:
Leviathan, II, 17 und 18 (p. 112 ff). Zur Trias *Güter*, *Freiheiten*, *Leben* cf.
Locke: *Second Treatise*, IX, § 123 und XV, § 171.

[276] Vergleiche FN 13.

[277] Jean Starobinski bezieht die Stelle auf La Fontaine: *Fabeln*, VI, 8
(Der Greis und der Esel), s. *OCP* III, p. 1353.

[278] Plinius der Jüngere: *Panegyricus auf Trajan*, LV, 7. Zur Bedeutung von
maître | Herr cf. FN 17. — Die „Grundmaxime des gesamten Politischen
Rechts" wird ausführlich behandelt in *Economie politique*, p. 242, und *C.S.* I, 2.
Die Unterscheidung der legitimen und der illegitimen oder der guten und der
korrumpierten Regierung nach Maßgabe des Kriteriums, ob die Regierung im
Wohl der Regierten oder aber im Vorteil der Regierenden ihren Herrschafts-
zweck hat, geht auf die klassische Politische Philosophie von Platon und Aristoteles zurück (cf. z. B. *Politeia*, 346e, *Politik*, 1279a30—b10). Im Sinne die-

zu stürzen. In der Tat, warum haben sie sich Obere gegeben, wenn nicht zu dem Zweck, sie gegen die Unterdrückung zu verteidigen und ihre Güter, ihre Freiheiten und ihre Leben zu schützen, die sozusagen die konstitutiven Elemente ihres Seins sind?[275] Nun ist in den Beziehungen zwischen Mensch und Mensch das Schlimmste, was dem einen widerfahren kann, sich dem Belieben des anderen ausgeliefert zu sehen[276]; wäre es daher nicht wider den gesunden Menschenverstand gewesen, damit den Anfang zu machen, der Gewalt eines Oberhauptes die einzigen Dinge auszuliefern, zu deren Erhaltung sie seiner Hilfe bedurften? Welches Äquivalent hätte er ihnen für die Abtretung eines so schönen Rechtes anbieten können; und wenn er es, unter dem Vorwand, sie zu verteidigen, zu fordern gewagt hätte, würde er nicht sofort die Antwort aus der Lehrfabel erhalten haben: Was wird uns der Feind mehr antun[277]? Es ist daher unbestreitbar, und es ist die Grundmaxime des gesamten Politischen Rechts, daß die Völker sich Oberhäupter gegeben haben, damit diese ihre Freiheit verteidigten, und nicht, damit sie die Völker knechteten. *Wenn wir einen Fürsten haben*, sagte Plinius zu Trajan, *so darum, daß er uns davor bewahre, einen Herrn zu haben*[278].

Die Politiker[279] machen über die Freiheitsliebe die gleichen Sophismen, die die Philosophen[280] über den Naturzustand gemacht haben; aufgrund der Dinge, die sie sehen, urteilen sie über ganz andere Dinge, die sie nicht gesehen haben; und sie schreiben den Menschen einen natürlichen Hang zur Knechtschaft zu, der Geduld wegen, mit der jene, die sie unter den Augen haben, ihre Knechtschaft tragen, ohne zu bedenken, daß es mit der Freiheit

---

ser langen Tradition überschreibt Algernon Sidney, auf dessen *Discourses Concerning Government* Rousseau sich im folgenden bezieht, Teil III von Kapitel II: *Government is not instituted for the good of the governor, but of the governed; and power ist not an advantage, but a burden.* Vergleiche gegenüber der Unterscheidung zwischen politischer und despotischer Herrschaft bei Aristoteles und zwischen *gouvernement populaire* und *tyrannique* bei Rousseau (*Ec.Pol.*, p. 247) Hobbes: *De Cive*, VII, 3; ferner Grotius: *Droit de la guerre*, I, 3, § 8, 15 (s. das Zitat in FN 287) und Pufendorf: *Droit de la nature*, VII, 6, § 6.

[279] Ed. 1782: Nos Politiques / Unsere Politiker — *Politique* kann bei Rousseau *Politiker*, aber ebensogut *politischer Autor* heißen.

[280] Ed. 1782: nos Philosophes / unsere Philosophen

de l'innocence et de la vertu, dont on ne sent le prix qu'autant qu'on en joüit soi-même, et dont le goût se perd sitôt qu'on les a perdues. Je connois les délices de ton Païs, disoit Brasidas à un Satrape qui comparoit la vie de Sparte à celle de Persépolis, mais tu ne peux connoître les plaisirs du mien[281].

Comme un Coursier indompté hérisse ses crins, frappe la terre du pied et se débat impétueusement à la seule approche du mords, tandis qu'un cheval dressé souffre patiemment la verge et l'éperon, l'homme barbare ne plie point sa tête au joug que l'homme civilisé porte sans murmure, et il préfere la plus orageuse liberté à un assujetissement tranquille. Ce n'est donc pas par l'avilissement des Peuples asservis qu'il faut juger des dispositions naturelles de l'homme pour ou contre la servitude, mais par les prodiges qu'ont faits tous les Peuples libres pour se garantir de l'oppression. Je sais que les premiers ne font que vanter sans cesse la paix et le repos dont ils joüissent dans leurs fers, et que *miserrimam servitutem pacem appellant*[282] : mais quand je vois les autres sacrifier les plaisirs, le repos, la richesse, la puissance, et la vie même à la conservation de ce seul bien si dédaigné de ceux qui l'ont perdu ; quand je vois

---

[281] Herodot berichtet im VII. Buch der *Historien,* daß Sperthias und Bulis, zwei reiche Spartiaten von vornehmer Abkunft, sich freiwillig meldeten, um einen Opfergang zum Hofe von Xerxes anzutreten, der Genugtuung für die Ermordung zweier Herolde durch die Spartaner forderte. Auf ihrem Weg zu Xerxes kamen Sperthias und Bulis zu Hydarnes, einem Satrapen, der das persische Heer an der kleinasiatischen Küste befehligte. Auf seine Frage, weshalb sie sich dem König nicht unterwerfen wollten, der ihnen dies gewiß mit der Herrschaft über einen Landstrich von Hellas lohnen würde, antworteten die beiden Spartiaten: „Hydarnes, der Rat, den du uns gibst, ist kurzsichtig, denn du kennst nur, was du uns rätst, nicht aber, wovon du uns abrätst. Du kennst die Knechtschaft, aber von der Freiheit weißt du nichts, weder ob sie süß, noch ob sie bitter ist. Hättest du sie jemals geschmeckt, so würdest du uns raten, nicht nur mit Speeren für sie zu kämpfen, sondern auch mit Äxten." (VII, 133—136.) Die Anekdote wird auch von Plutarch berichtet (*Apophtegmata Laconica,* 235F). Sie findet sich gleichfalls bei Etienne de la Boétie: *De la servitude volontaire* (Ed. Clastres/Lefort, Paris, 1978, p. 129 f).
— Brasidas, dem Rousseau die Antwort an Hydarnes in den Mund legt, war ein für seine große Tapferkeit berühmter spartanischer Feldherr, der in der Schlacht bei Amphipolis 422 siegte und fiel (Plutarch: *Lykurg,* 25; *Nikias,* 9).
— Vergleiche zu dieser Stelle Anmerkung XVI, S. 372 ff sowie FN 272.

dieselbe Bewandtnis hat wie mit der Unschuld und der Tugend:
Man fühlt ihren Wert nur soweit, als man sie selbst genießt, und
der Geschmack an ihnen verliert sich, sobald man sie verloren hat.
‚Ich kenne die Genüsse deines Landes‘, sagte Brasidas zu einem
Satrapen, der das Leben von Sparta mit dem von Persepolis ver-
glich, ‚aber du kannst nicht die Freuden des meinen kennen‘[281].

Wie ein unbezähmtes Roß beim bloßen Herannahen des Zaum-
zeugs seine Mähne sträubt, mit den Hufen auf die Erde stampft
und ungestüm ausschlägt, während ein zugerittenes Pferd die
Gerte und die Sporen geduldig erträgt, so beugt der barbarische
Mensch sein Haupt nicht unter das Joch, das der zivilisierte Mensch
ohne Murren trägt, und er zieht die stürmischste Freiheit einer
ruhigen Unterwerfung vor. Man darf die natürlichen Dispositionen
des Menschen für oder gegen die Knechtschaft daher nicht nach
der Erniedrigung der geknechteten Völker, man muß sie nach
den Wunderdingen beurteilen, die alle freien Völker getan haben,
um sich vor der Unterdrückung zu bewahren. Ich weiß, daß die
ersteren nichts anderes tun, als unablässig den Frieden und die
Ruhe zu preisen, die sie in ihren Ketten genießen, und daß *miserrimam servitutem pacem appellant*[282]. Aber wenn ich die anderen die
Vergnügungen, die Ruhe, den Reichtum, die Macht und selbst
das Leben für die Erhaltung dieses einzigen Gutes opfern sehe,
das von jenen, die es verloren haben, so geringgeschätzt wird;

---

[282] *sie die elendeste Knechtschaft Frieden nennen.* Tacitus beschreibt in den *Historien* (IV, 17) die Anstrengungen von Civilis, die Gallier zur Erhebung gegen
Rom zu veranlassen. Civilis stellt ihnen in vertraulichen Gesprächen die Leiden vor Augen, die sie über so viele Jahre erlitten, „während deren sie eine
elende Knechtschaft fälschlich Frieden nannten“ (miseram servitutem falso
pacem vocarent). Rousseau folgt mit seiner Wiedergabe des Tacitus-Zitats
exakt der abgewandelten Version, die sich bei Sidney: *Discourses Concerning
Government*, II, 15 (p. 125; frz. Ausgabe t. I, p. 366) findet. (Ms. R. 18 Neuchâtel enthält zwei Seiten mit Exzerpten, die Rousseau bei der Lektüre Sidneys angefertigt hat, darunter auch das Tacitus-Zitat.) Sidney verwendet die
von ihm modifizierte Tacitus-Sentenz in einem Kapitel, in dem er sich mit
Filmers lobender Darstellung des Friedens unter Augustus auseinandersetzt,
den er als einen Grabesfrieden, als Ergebnis römischer Dekadenz und
mangelnder Tugend der Bürger kritisiert. Die Überschrift lautet: „The Empire
of Rome perpetually decayed, when it fell into the hands of one man.“

des Animaux nés libres et abhorrant la captivité, se briser la tête
contre les barreaux de leur prison; quand je vois des multitudes de
Sauvages tout nuds mépriser les voluptés Européennes et braver
la faim, le feu, le fer et la mort pour ne conserver que leur indépendance, je sens que ce n'est pas à des Esclaves qu'il appartient de
raisonner de liberté.

Quant à l'autorité Paternelle[283] dont plusieurs[284] ont fait dériver
le Gouvernement absolu et toute la Société, sans recourir aux
preuves contraires de Locke et de Sidney[285], il suffit de remarquer
que rien au monde n'est plus éloigné de l'esprit féroce du Despotisme que la douceur de cette autorité qui regarde plus à l'avantage
de celui qui obéit qu'à l'utilité de celui qui commande; que par
la Loi de Nature le Pere n'est le maître de l'Enfant qu'aussi longtems que son secours lui est nécessaire, qu'audelà de ce terme ils
deviennent égaux, et qu'alors le fils parfaitement indépendant du
Pere, ne lui doit que du respect, et non de l'obéissance; car la
réconnoissance est bien un devoir qu'il faut rendre, mais non pas

---

[283] *Autorité*, in dieser Übersetzung durchweg mit *Autorität* wiedergegeben,
ließe sich hier wie an einigen anderen Stellen auch als *Herrschaft* oder als
Herrschaftsbefugnis übertragen. Aus dem Kontext mag erschlossen werden, ob
in der jeweiligen Verwendung des Begriffs der Akzent mehr auf der Fakti-
zität oder mehr auf der Legitimität liegt, in jedem Fall meint *Autorität* in der
politischen Terminologie Rousseaus ein *Rechtsverhältnis*.

[284] An erster Stelle zu nennen ist Sir Robert Filmer, der in seiner *Patriarcha
— A Defense of the Natural Power of Kings Against the Unnatural Liberty of the
People* unter Berufung auf die Bibel als der wahren und vollständigen Offenbarung Gottes die Gesellschaft, das Privateigentum und die absolute Monarchie auf die Autorität zurückführt, die Gott Adam als dem ersten Menschen
über seine Familie und, daraus folgend, über das ganze spätere Menschengeschlecht verliehen habe. Die absolute Herrschaft der Monarchen leitet sich
vermittels der Übertragung der gottgegebenen Autorität auf den jeweils
ältesten Sohn bzw. über ihre Aufteilung auf mehrere Söhne durch Noah in
einer langen Erbfolge von Adam her. Neben der absoluten Monarchie, die
in der „väterlichen Autorität" die alleinige Quelle legitimer Herrschaft zur
Grundlage hat, kann es keine rechtmäßige Regierung geben, einerlei ob sie
sich auf einen Vertrag, auf Wahl oder auf die Akklamation des Volkes grün-
det. Die *Patriarcha*, die um 1640 geschrieben wurde und zunächst nur als
Manuskript zirkulierte, wurde 1680 erstmals veröffentlicht. (Siehe die kritische Ausgabe von Peter Laslett *Patriarcha and Other Political Works of Sir
Robert Filmer*, Oxford, 1949). — Neben Filmer hat Rousseau vermutlich die

wenn ich Tiere, die frei geboren sind und die Gefangenschaft verabscheuen, sich den Kopf an den Gitterstäben ihres Gefängnisses einrennen sehe; wenn ich Massen von nackten und bloßen Wilden die europäische Schwelgerei verachten und dem Hunger, dem Feuer, dem Schwert und dem Tod trotzen sehe, nur um sich ihre Unabhängigkeit zu erhalten, dann fühle ich, daß es Sklaven nicht zusteht, über Freiheit zu räsonieren.

Was die väterliche Autorität[283] anbelangt, von der manche[284] die absolute Regierung und die ganze Gesellschaft hergeleitet haben, so genügt es — ohne auf die Gegenbeweise Lockes und Sidneys[285] zurückzugreifen — zu bemerken, daß nichts auf der Welt vom grimmigen Geist des Despotismus weiter entfernt ist als die Milde jener Autorität, die mehr auf den Vorteil dessen sieht, der gehorcht, als auf den Nutzen dessen, der befiehlt; daß nach dem Gesetz der Natur der Vater nur so lange Herr über das Kind ist, als es seine Hilfe nötig hat; daß sie jenseits dieses Stadiums Gleiche werden und daß der Sohn dann, vom Vater völlig unabhängig, ihm nur Respekt und nicht Gehorsam schuldet; denn die Dankbarkeit ist wohl eine Pflicht, der man nachkommen muß,

---

Politique tirée des propres paroles de l'Ecriture Sainte von Jacques-Bénigne Bossuet im Auge. Vergleiche insbesondere II, 1, *3e Proposition*: „Die erste Herrschaft unter den Menschen ist die väterliche Herrschaft", und: „Die Menschen werden alle als Untertanen geboren und die väterliche Herrschaft, die sie daran gewöhnt zu gehorchen, gewöhnt sie gleichzeitig daran, nur ein Oberhaupt zu haben" (II, 1, 7, Ed. Jacques Le Brun, Genf, 1967, p. 53).

[285] Cf. Locke: *First Treatise*, insbes. II, VI, IX, X, und *Second Treatise*, VI; Sidney: *Discourses Concerning Government*, I, 6—20 (insbes. 6, 9, 17), II, 2—4, III, 1. Sidneys *Discourses* stellen ihrer äußeren Form nach — wie Lockes *First Treatise* — eine einzige große Auseinandersetzung mit Filmers *Patriarcha* dar. Sidney führt einen kompromißlosen Kampf gegen die absolute Monarchie und plädiert mit großer Entschiedenheit für die republikanische Tugend, für die strikte Unterordnung der Magistrate unter die Gesetze und für die Souveränität des Volkes (cf. II, 3, 7, 20; III, 12—14, 19—21, 35, 39, 41, 45). 1683 wurde Algernon Sidney, der englischer Botschafter am Hofe Karl Gustavs von Schweden war, hingerichtet. Die Urteilsbegründung stützte sich u. a. auf verschiedene Passagen aus seinem damals noch nicht veröffentlichten Werk. — Barbeyrac referiert in einer ausführlichen Anmerkung Lockes Argumente gegen Filmer und erwähnt dabei auch Sidneys *Discours du Gouvernement* (Pufendorf: *Droit de la nature*, VI, 2, § 10, note 2).

un droit qu'on puisse exiger[286]. Au lieu de dire que la Société
civile dérive du pouvoir Paternel, il falloit dire au contraire que
c'est d'elle que ce pouvoir tire sa principale force: un individu ne
fut reconnu pour le Pere de plusieurs que quand ils restérent
assemblés autour de lui; Les biens du Pere, dont il est véritablement
le Maître, sont les liens qui retiennent ses enfans dans sa dépendance, et il peut ne leur donner part à sa succession qu'à proportion qu'ils auront bien mérité de lui par une continuelle dé-
férence à ses volontés. Or, loin que les sujets ayent quelque faveur
semblable à attendre de leur Despote, comme ils lui appartiennent
en propre, eux et tout ce qu'ils possédent, ou du moins qu'il le
prétend ainsi, ils sont réduits à recevoir comme une faveur ce qu'il
leur laisse de leur propre bien; il fait justice quand il les dépoüille;
il fait grace quand il les laisse vivre.

En continuant d'examiner ainsi les faits par le Droit[287], on ne
trouveroit pas plus de solidité que de vérité dans l'établissement

---

[286] Vergleiche dazu und zum Folgenden Pufendorf: *Devoirs de l'homme*,
II, 3, § 6 und 9 und Locke: *Second Treatise*, VI, § 66 und 72. — Rousseau
nimmt die Auseinandersetzung mit dieser vierten Hypothese zur Entstehung
der politischen Gesellschaft, auf die er im *Discours* nicht mehr als einen
Abschnitt verwendet, in der *Economie politique* (p. 241—244) und im Kapitel
I, 5 der ersten Fassung des *Contrat social* noch einmal ausführlicher auf. *C.S.*
I, 2 enthält dagegen nur noch eine knappe ironische Erwähnung des „Königs
Adam" und des „Kaisers Noah", der übrige Text zur *autorité paternel* wurde bei
der endgültigen Redaktion gestrichen. Darunter auch der Satz: „Die Natur
hat viele gute Familienväter geschaffen, aber ich weiß nicht, ob die menschliche Weisheit jemals einen guten König geschaffen hat." — Anders als in
der vorangegangenen Diskussion der dritten Hypothese bezieht sich Rousseau
bei seiner Kritik an Filmer, der sich auf die Autorität der Bibel beruft, weder
auf historische Argumente noch führt er die „Gegenbeweise Lockes und
Sidneys" ins Feld. Keine Autorität, keine Überlieferung, kein Buch, sondern
das „Gesetz der Natur" widerlegt die Herleitung der absoluten Monarchie
aus der „väterlichen Autorität". — *Ein* Grund, weshalb Rousseau Filmer im
Discours nicht namentlich erwähnt, sondern unbestimmt von „manchen"
spricht, läßt sich seiner abschließenden Feststellung zum Thema *autorité
paternel* in der *Economie politique* entnehmen: „Ich habe geglaubt, daß es
mit diesen wenigen Zeilen sein Genügen haben würde, das hassenswerte
System umzustoßen, das der Ritter Filmer in einem Werk mit dem Titel
Patriarcha zu errichten sich bemüht hat, dem zwei berühmte Männer zuviel
Ehre erwiesen haben, indem sie Bücher schrieben, um es zu widerlegen:

nicht aber ein Recht, das man fordern kann[286]. Statt zu sagen, daß
die bürgerliche Gesellschaft sich von der väterlichen Gewalt
herleite, müßte man im Gegenteil sagen, daß es die bürgerliche
Gesellschaft ist, von der diese Gewalt ihre hauptsächliche Macht
bezieht. Ein Individuum wurde als der Vater mehrerer erst anerkannt, als sie um ihn versammelt blieben. Die Güter des Vaters,
über die er wahrhaft Herr ist, sind die Bande, die seine Kinder in
der Abhängigkeit von ihm erhalten, und er kann sie nur in dem
Maße an seinem Erbe beteiligen, wie sie es sich durch eine ständige
Willfährigkeit gegenüber seinen Wünschen um ihn verdient
haben. Nun, weit davon entfernt, daß die Untertanen von ihrem
Despoten eine ähnliche Gunst zu erwarten haben, sind sie — da
sie ihm als persönliches Eigentum gehören, sie und alles, was sie
besitzen, oder da er wenigstens behauptet, daß dem so sei — gezwungen, als eine Gunst zu empfangen, was er ihnen von ihrem
eigenen Gut läßt; er übt Gerechtigkeit, wenn er sie ausraubt; er
läßt Gnade walten, wenn er sie leben läßt.

Führe man fort, die Tatsachen auf diese Weise anhand des
Rechts zu prüfen[287], so fände man ebensowenig Stichhaltigkeit wie
Wahrheit in der freiwilligen Errichtung der Tyrannei, und es wäre

---

Im übrigen ist dieser Irrtum sehr alt, da selbst Aristoteles es für angebracht
gehalten hat, ihn mit Gründen zu bekämpfen, die man aus dem ersten Buch
seiner *Politik* ersehen kann" (p. 244).

[287] Siehe FN 270. — Im *Contrat social* macht Rousseau Grotius zum Vor-
wurf, umgekehrt verfahren zu sein: „Grotius verneint, daß jede menschliche
Gewalt zugunsten jener errichtet ist, die regiert werden: Er führt die Sklaverei
als Beispiel an. Seine höchst konstante Art zu urteilen besteht darin, stets das
Recht durch die Tatsachen zu begründen. Man könnte eine konsequentere
Methode anwenden, aber keine, die den Tyrannen günstiger wäre" (I, 2).
Im Genfer Manuskript lautete die gleiche Stelle: „Wenn Grotius verneint,
daß jede Gewalt zugunsten jener errichtet ist, die regiert werden, so hat er
nur zu sehr recht, was die Tatsachen angeht, aber was in Frage steht, das ist
das Recht. Sein einziger Beweis ist sonderbar; er nimmt ihn von der Gewalt
her, die ein Herr über seinen Sklaven hat, als ob man eine Tatsache durch eine
Tatsache autorisierte und als ob die Sklaverei selbst weniger unbillig wäre
als die Tyrannei. Präzise das Recht der Sklaverei müßte er begründen. Nicht
das, was ist, steht in Frage, sondern das, was angemessen und gerecht ist,
nicht die Gewalt, der zu gehorchen man gezwungen ist, sondern jene, die
anzuerkennen man verpflichtet ist" (*C.S. M.G.* I, 5, p. 305). Cf. auch Rousseaus Kritik an Montesquieu in *Emile*, V, p. 836.

volontaire de la Tyrannie, et il seroit difficile de montrer la validité
d'un contract qui n'obligeroit qu'une des parties, où l'on mettroit
tout d'un côté et rien de l'autre, et qui ne tourneroit qu'au préjudice de celui qui s'engage. Ce Système odieux est bien éloigné
d'être même aujourd'hui celui des Sages et bons Monarques, et
surtout des Rois de France, comme on peut le voir en divers
endroits de leurs Edits et en particulier dans le passage suivant
d'un Ecrit célebre, publié en 1667. au nom et par les ordres de
Louïs XIV. *Qu'on ne dise donc point que le Souverain ne soit pas sujet
aux Loix de son Etat, puis que la proposition contraire est une vérité du
Droit des Gens que la flaterie a quelques fois attaquée, mais que les bons
Princes ont toujours défendue comme une divinité tutelaire de leurs Etats.
Combien est-il plus légitime de dire avec le Sage Platon, que la parfaite
félicité d'un Royaume est qu'un Prince soit obéi de ses Sujets, que le Prince
obéisse à la Loi, et que la Loi soit droite et toujours dirigée au bien public*[288].
Je ne m'arrêterai point à rechercher si, la liberté étant la plus noble
des facultés de l'homme, ce n'est pas dégrader sa Nature, se mettre
au niveau des Bêtes esclaves de l'instinct, offenser même l'Auteur
de son être, que de renoncer sans reserve au plus précieux de tous
ses dons, que de se soûmettre à commettre tous les crimes qu'il
nous défend, pour complaire à un Maître féroce ou insensé, et si
cet ouvrier sublime[289] doit être plus irrité de voir détruire que

---

[288] Die Stelle ist dem *Traité des Droits de la Reine très chrétienne sur divers
Etats de la Monarchie d'Espagne* entnommen, in dem die anonymen Verfasser
in königlichem Auftrag die fragwürdigen Besitzansprüche zu rechtfertigen
versuchen, die Ludwig XIV. auf die Katholischen Niederlande erhob und
unter Berufung auf die er 1667/68 den Devolutionskrieg führte. Rousseau
verweist mit seinem scheinbaren Lob auf den ersten Eroberungskrieg des
Sonnenkönigs. Vergleiche dazu die für jedermann erkennbar auf Ludwig XIV.
gemünzte Kritik, die die *Zwischenfassung* des *Discours* (Manuskript Paris) übt
und die Rousseau in der letzten Redaktion der Schrift unterdrückte (S. 404). —
Sidney verwendet eine andere, ihrem Tenor nach sehr ähnliche Passage des
Traité im Rahmen einer Attacke auf die absolute Monarchie (*Discourses*, II,
30, p. 235; frz. Ausgabe t. II, p. 237 f). Barbeyrac referiert Sidneys Hinweis
und zitiert die gesamte Stelle, die Rousseau anführt, im vollen Wortlaut,
nicht ohne auf die Ironie aufmerksam zu machen, die angesichts der tatsächlichen Politik und Staatsauffassung Ludwigs XIV. in der Berufung auf diesen
Text liegt (Pufendorf: *Droit de la nature*, VII, 6, § 10, note 2). Im Band III
der *Encyclopédie*, der im November 1753 erschien, wird in den *Errata* zur

schwierig, die Gültigkeit eines Vertrages zu zeigen, der nur eine
der Parteien verpflichtete, in dem man der einen Seite alles und
der anderen nichts übertrüge, und der nur dem zum Schaden ge-
reichte, der sich verbindlich macht. Dieses hassenswerte System
ist, selbst heute, weit davon entfernt, das der weisen und guten
Monarchen und vor allem das der Könige von Frankreich zu sein,
wie man aus verschiedenen Stellen ihrer Edikte ersehen kann, und
insbesondere aus der folgenden Passage einer berühmten Schrift,
die im Jahre 1667 im Namen und im Auftrag von Ludwig XIV.
veröffentlicht wurde: *Man sage also nicht, der Souverän sei den Gesetzen*
seines Staates nicht untertan, denn der entgegengesetzte Satz ist eine
Wahrheit des Völkerrechts, welche die Schmeichelei manchmal attackiert
hat, die die guten Fürsten aber stets als eine schützende Gottheit ihrer
Staaten verteidigt haben. Wieviel legitimer ist es, mit dem weisen Platon
zu sagen, die vollkommene Glückseligkeit eines Königreichs bestehe darin,
daß einem Fürsten von seinen Untertanen gehorcht wird, daß der Fürst
dem Gesetz gehorcht und daß das Gesetz recht und stets auf das Gemeinwohl
gerichtet ist[288]. Ich werde mich nicht dabei aufhalten zu untersuchen, ob man — da die Freiheit die edelste Fähigkeit des Menschen ist — nicht seine Natur herabwürdigt, sich auf die Stufe der
Tiere stellt, die Sklaven des Instinktes sind, ob man nicht sogar den
Urheber seines Seins beleidigt, wenn man auf die kostbarste aller
seiner Gaben rückhaltlos verzichtet, wenn man sich dazu hergibt,
alle Verbrechen zu begehen, die er uns verbietet, um einem grimmigen oder wahnsinnigen Herrn zu gefallen; und ob dieser erhabene Werkmeister[289] mehr erzürnt sein muß, sein schönstes Werk

---

Verteidigung des Artikels *Autorité politique* von Diderot, der nach seiner
Veröffentlichung im Juli 1751 einen politischen Skandal und das vorüber-
gehende Verbot der *Encyclopédie* ausgelöst hatte, eine andere Passage aus dem
Traité als „Rechtfertigung" angeführt (cf. Diderot: *Oeuvres politiques*, Ed.
Vernière, p. 5—8.).

[289] Die Wendung findet sich nicht nur bei Rousseau. Vergleiche beispielsweise Montaigne: *Essais*, II, 12 *(Apologie)*, p. 424. — Während Rousseau sich
„nicht dabei aufhalten wird" zu untersuchen, ob man mit dem rückhaltlosen
Verzicht auf die Freiheit „den Urheber seines Seins beleidigt" und worüber
der „erhabene Werkmeister" in diesem Falle „mehr erzürnt sein muß", erklärt er im nächsten Abschnitt positiv und im eigenen Namen, daß man mit
einem solchen Akt „die Natur und die Vernunft zugleich beleidigen würde".

deshonorer son plus bel ouvrage. [290] Je négligerai, si l'on veut,
l'autorité de Barbeyrac, qui déclare nettement d'après Locke, que
nul ne peut vendre sa liberté jusqu'à se soumettre à une puissance
arbitraire qui le traite à sa fantaisie: *Car*, ajoute-t-il, *ce seroit vendre
sa propre vie, dont on n'est pas le maître*[291]. Je demanderai seulement de
quel Droit ceux qui n'ont pas craint de s'avilir eux-mêmes jusqu'à
ce point, ont pû soûmettre leur postérité à la même ignominie, et
renoncer pour elle à des biens qu'elle ne tient point de leur libéralité,
et sans lesquels la vie même est onéreuse à tous ceux qui en sont
dignes?

Pufendorff dit que tout de même qu'on transfére son bien à autrui
par des conventions et des Contracts, on peut aussi se dépoüiller
de sa liberté en faveur de quelqu'un[292]. C'est-là, ce me semble, un
fort mauvais raisonnement; car premiérement le bien que j'aliéne
me devient une chose tout-à-fait étrangére, et dont l'abus m'est
indifférent; mais il m'importe qu'on n'abuse point de ma liberté,
et je ne puis sans me rendre coupable du mal qu'on me forcera de
faire, m'exposer à devenir l'instrument du crime[293]: De plus, le

---

[290] Die beiden folgenden Sätze sind eine Einfügung der Ed. 1782.

[291] Ende des Einschubs der Ed. 1782. — Barbeyrac verweist im unmittelbaren Anschluß an die Stelle, die Rousseau wörtlich zitiert, auf Locke: *Second
Treatise*, IV [§ 23] (Pufendorf: *Droit de la nature*, VII, 8, § 6, note 2). — Zu
Rousseaus Verfahren, Locke nicht direkt, sondern durch den Mund Barbeyracs und mit der ausdrücklichen Feststellung zu zitieren, daß er „die Autorität
Barbeyracs außer acht lassen" werde, siehe FN 286 und Rousseaus Beurteilung
der Autorität Barbeyracs in *C.S.* II, 2.

[292] „Genauso wie man sein Gut durch Konventionen und Verträge einem
anderen überträgt, kann man sich auch durch eine freiwillige Unterwerfung
zugunsten eines anderen, der den Verzicht annimmt, des Rechts entäußern,
über seine Freiheit und seine natürlichen Kräfte in vollem Umfange selbst
zu verfügen. So verleiht mir ein Mensch, der sich verpflichtet, mein Sklave
zu sein, wahrhaft die Autorität des Herrn über ihn, und nur aus einer krassen
Unkenntnis heraus haben einige dem jene allgemeine und in einem anderen
Sinne wahre Maxime, daß *man nicht hergeben kann, was man nicht hat*, entgegengehalten." Pufendorf: *Droit de la nature*, VII, 3, § 1. Vergleiche auch VII, 6,
§ 5 und 6: „Andere sagen, daß, so wie eine Person, die sich freiwillig ihrer
Freiheit entäußert hat, stets das Recht behält, aus der Sklaverei herauszutreten,
es auch mit einem Volk stehe, das sich einer monarchischen Regierung unterworfen hat. Aber man müßte hinzufügen: *wohlgemerkt, wenn der Herr oder der
König dem zustimmen und ihren Rechten entsagen,* andernfalls kann kein Mensch

zerstört als darüber, es entehrt werden zu sehen. [290]Ich werde,
wenn man will, die Autorität Barbeyracs außer acht lassen, der,
Locke folgend, klar und deutlich erklärt, daß niemand seine
Freiheit so weit verkaufen kann, daß er sich einer willkürlichen
Macht unterwirft, die ihn nach ihrem Gutdünken behandelt:
Denn, fügt er hinzu, *das hieße, sein eigenes Leben zu verkaufen, über das
man nicht Herr ist*[291]. Ich werde lediglich fragen, mit welchem
Recht jene, die nicht davor zurückgescheut haben, sich selbst so
weit zu erniedrigen, ihre Nachkommenschaft derselben Schmach
unterwerfen und für sie auf Güter verzichten haben können, die
diese nicht ihrer Freigebigkeit verdankt und ohne die das Leben
selbst all jenen eine Last ist, die seiner würdig sind.

Pufendorf sagt, daß man, genauso wie man sein Gut durch
Konventionen und Verträge einem anderen überträgt, sich auch
seiner Freiheit zugunsten eines anderen entäußern kann[292]. Das
ist, wie mir scheint, eine sehr schlechte Schlußfolgerung; denn
erstens wird das Gut, das ich veräußere, zu einer völlig fremden
Sache für mich, deren Mißbrauch mir gleichgültig ist; aber es liegt
mir daran, daß man meine Freiheit nicht mißbraucht, und ich kann
mich nicht, ohne mich des Bösen schuldig zu machen, das man mich
zwingen wird zu tun, der Gefahr aussetzen, das Werkzeug des
Verbrechens zu werden[293]. Außerdem: da das Eigentumsrecht

---

von gesundem Menschenverstand eine solche Behauptung zugeben" (VII, 6,
§ 6). Die gleiche Argumentation findet sich bei Grotius: ,,Es ist jedem Menschen als Einzelnem gestattet, sich zum Sklaven von wem immer er will zu
machen [...] weshalb also sollte sich ein Volk nicht einer oder mehreren
Personen unterwerfen können, so daß es ihnen das Recht, es zu regieren,
gänzlich übertrüge, ohne sich irgendeinen Teil davon vorzubehalten" (*Droit
de la guerre*, I, 3, § 8, 2).

[293] ,,Man ist nicht weniger gehalten, die besonderen Befehle eines Souveräns zu beachten als die Gesetze, die er allen seinen Untertanen allgemein
vorschreibt. Aber in Rücksicht auf die Befehle, die eine Ungerechtigkeit zu
enthalten scheinen, muß man unterscheiden, ob der Souverän uns befiehlt,
in unserem eigenen Namen eine ungerechte Handlung zu begehen, die als
die unsere angesehen werden soll, oder ob er uns gebietet, sie in seinem Namen
und in der Eigenschaft eines bloßen Instruments auszuführen, als eine Handlung, die er als die seine ansieht. Im letzten Fall kann man, wenn man von
seinem Souverän gezwungen wird, eine Sache tun, ohne Schuld auf sich zu
laden, deren Ausführung eine Sünde für den Souverän selbst ist." Pufendorf:

Droit de propriété n'étant que de convention et d'institution humaine, tout homme peut à son gré disposer de ce qu'il possede: mais il n'en est pas de même des Dons essentiels de la Nature, tels que la vie et la liberté, dont il est permis à chacun de joüir, et dont il est au moins douteux qu'on ait Droit de se dépoüiller: En s'ôtant l'une on dégrade son être; en s'ôtant l'autre on l'anéantit autant qu'il est en soi; et comme nul bien temporel ne peut dédommager de l'une et de l'autre, ce seroit offenser à la fois la Nature et la raison que d'y renoncer à quelque prix que ce fût. Mais quand on pourroit aliéner sa liberté comme ses biens, la différence seroit très grande pour les Enfans qui ne jouissent des biens du Pere que par transmission de son droit, au-lieu que la liberté étant un don qu'ils tiennent de la Nature en qualité d'hommes, leurs Parens n'ont eu aucun Droit de les en dépoüiller; de sorte que comme pour établir l'Esclavage, il a fallu faire violence à la Nature, il a fallu la changer pour perpetuer ce Droit; Et les Jurisconsultes qui ont gravement prononcé que l'enfant d'une Esclave naîtroit Esclave, ont decidé en d'autres termes qu'un homme ne naîtroit pas homme[293a].

Il me paroît donc certain que non seulement les Gouvernemens n'ont point commencé par le Pouvoir Arbitraire, qui n'en est que la corruption, le terme extrême, et qui les raméne enfin à la seule Loi du plus fort dont ils furent d'abord le reméde, mais encore que quand même ils auroient ainsi commencé, ce pouvoir étant par sa Nature illégitime, n'a pu servir de fondement aux Droits de la Société, ni par conséquent à l'inégalité d'institution[294].

Devoirs de l'homme, II, 12, § 9. Barbeyrac bemerkt zu dieser Stelle, Pufendorfs Unterscheidung sei leer (vaine). Vergleiche zur Diskussion, inwieweit die Untertanen für die Handlung, die der Souverän anordnet, verantwortlich gemacht werden können, ferner Pufendorf: *Droit de la nature*, VIII, 1, § 6 und Barbeyracs note 4, sowie Hobbes: *De Cive*, XII, 2.

[293a] „Es ist einem Vater gestattet, wenn er nicht weiß, wie er auf eine andere Weise für den Lebensunterhalt seiner Kinder sorgen kann, sie sozusagen zu verpfänden oder sie sogar zu verkaufen, so daß sie zu einer erträglichen Sklaverei gezwungen sind." Pufendorf: *Devoirs de l'homme*, II, 3, § 10. „Da die Person der Sklavin selbst ihrem Herrn gehört, ist es gerecht, daß die Frucht, die aus ihr hervorgeht, ihm ebenfalls gehört, um so mehr als das Kind nicht auf der Welt wäre, wenn der Herr von dem Recht hätte Gebrauch machen wollen, das der Krieg ihm gab, die Mutter zu töten. Da die Mutter

nur auf Konvention und menschlicher Einrichtung beruht, kann jeder Mensch über das, was er besitzt, nach seinem Belieben verfügen; dasselbe gilt jedoch nicht für die essentiellen Gaben der Natur, wie das Leben und die Freiheit, die zu genießen einem jeden gestattet ist und bei denen es zumindest zweifelhaft ist, ob man das Recht hat, sich ihrer zu entäußern: Beraubt man sich der einen, so erniedrigt man sein Sein; beraubt man sich des anderen, so vernichtet man es, soweit dies bei einem steht; und da kein zeitliches Gut für die Freiheit oder das Leben entschädigen kann, würde man die Natur und die Vernunft zugleich beleidigen, wenn man auf sie verzichtete, um welchen Preis es auch sei. Aber selbst wenn man seine Freiheit wie seine Güter veräußern könnte, wäre der Unterschied für die Kinder sehr groß, die die Güter des Vaters nur durch die Übertragung seines Rechts genießen, während, da die Freiheit eine Gabe ist, welche sie der Natur in ihrer Eigenschaft als Menschen verdanken, ihre Eltern keinerlei Recht gehabt haben, sie ihrer zu berauben; so daß, wie man der Natur Gewalt antun mußte, um die Sklaverei einzuführen, man die Natur ändern mußte, um dieses Recht fortdauern zu lassen; und die Rechtsgelehrten, die gravitätisch ausgesprochen haben, das Kind einer Sklavin werde als Sklave geboren, haben mit anderen Worten entschieden, daß ein Mensch nicht als Mensch geboren werde[293a].

Es scheint mir daher nicht nur gewiß, daß die Regierungen nicht mit der willkürlichen Gewalt begonnen haben, die lediglich ihre Korruption, ihr äußerstes Stadium ist und sie schließlich auf das bloße Gesetz des Stärkeren zurückführt, gegen das sie anfangs das Abhilfemittel waren; sondern es scheint mir auch gewiß, daß — selbst wenn sie so begonnen hätten — diese Gewalt, da sie ihrer Natur nach illegitim gewesen wäre, weder als Grundlage für die Rechte der Gesellschaft, noch folglich für die [gesellschaftlich] eingerichtete Ungleichheit hat dienen können[294].

---

im übrigen nichts zu eigen hat, können ihre Kinder nur von den Gütern des Herrn ernährt und unterhalten werden, der ihnen die zum Leben notwendigen Dinge liefert, lange bevor sie imstande sind, ihm zu dienen" (II, 4, § 6). Cf. Grotius: *Droit de la guerre*, II, 5, § 29. Rousseau diskutiert die Sklaverei ausführlich in *C.S.* I, 4, s. außerdem Montesquieu: *De l'ésprit des lois*, XV, 2.

[294] Mit dem doppelten Resümee dieses Abschnitts endet die Diskussion, in die Rousseau auf S. 222 eintrat (s. FN 270). Der nächste Absatz wendet sich

Sans entrer aujourd'hui dans les recherches qui sont encore à
faire sur la Nature du Pacte fondamental de tout Gouvernement,
je me borne en suivant l'opinion commune[295] à considerer ici
l'établissement du Corps Politique comme un vrai Contract entre
le Peuple et les Chefs qu'ils se choisit; Contract par lequel les deux
Parties s'obligent à l'observation des Loix qui y sont stipulées et
qui forment les liens de leur union. Le Peuple ayant, au sujet des
relations Sociales, réuni toutes ses volontés en une seule, tous
les articles sur lesquels cette volonté s'explique, deviennent autant
de Loix fondamentales qui obligent tous les membres de l'Etat
sans exception, et l'une desquelles régle le choix et le pouvoir des
Magistrats chargés de veiller à l'exécution des autres[296]. Ce pouvoir
s'étend à tout ce qui peut maintenir la Constitution, sans aller
jusqu'à la changer. On y joint des honneurs qui rendent respectables
les Loix et leurs Ministres, et pour ceux-ci personellement des
prérogatives qui les dédommagent des pénibles travaux que coûte
une bonne administration. Le Magistrat, de son côté, s'oblige à
n'user du pouvoir qui lui est confié que selon l'intention des
Commettans, à maintenir chacun dans la paisible jouissance de ce
qui lui appartient, et à préferer en toute occasion l'utilité publique
à son propre intérêt.

Avant que l'experience eût montré, ou que la connoissance du
cœur humain eût fait prevoir les abus inévitables d'une telle con-

der „hypothetischen Geschichte der Regierungen" zu, die das Vorwort
angekündigt hatte und deren „äußerstes Stadium" Rousseau im Vorgriff
auf den weiteren Gang der Entwicklung als die Heraufkunft der „willkürlichen Gewalt" angibt.

[295] Als Ausgangspunkt für die „hypothetische Geschichte der Regierungen"
wählt Rousseau eine Annahme, die er der Sache nach schon mit der Darstellung überholt hat, die er auf Seite 226 von der Einsetzung und der Funktion der Magistrate und von der Souveränität des Volkes gab. Der *Contrat
social* wird die „allgemeine Meinung", der Rousseau hier „folgen" will,
später explizit zurückweisen (III, 16: „Daß die Einrichtung der Regierung
kein Vertrag ist."). Vergleiche zur Konzeption von der „Errichtung des
Politischen Körpers als eines wahren Vertrages zwischen dem Volk und den
Oberhäuptern" Pufendorf: *Droit de la nature*, VII, 2, § 7 und 8; *Devoirs de
l'homme*, II, 6, § 7, 8, 9; Locke: *Second Treatise*, VIII (§ 95—99) und XIX;
Diderots Artikel *Autorité politique* im ersten Band der *Encyclopédie* von 1751

Ohne heute in die Untersuchungen einzutreten, die über die Natur des Grundvertrages jeder Regierung noch anzustellen sind, beschränke ich mich, indem ich der allgemeinen Meinung folge[295], darauf, hier die Errichtung des Politischen Körpers als einen wahren Vertrag zwischen dem Volk und den Oberhäuptern zu betrachten, die es sich wählt; ein Vertrag, durch den sich die beiden Parteien zur Befolgung der Gesetze verpflichten, die in ihm stipuliert sind und die die Bande ihrer Vereinigung bilden. Da das Volk, was die gesellschaftlichen Beziehungen betrifft, alle seine [Einzel-] Willen zu einem einzigen vereinigt hat, werden alle Artikel, über die dieser Wille sich erklärt, zu ebenso vielen Grundgesetzen, die alle Mitglieder des Staates ohne Ausnahme verpflichten, und eines dieser Gesetze regelt die Wahl und die Gewalt der Magistrate, die damit beauftragt sind, über die Ausführung der anderen zu wachen[296]. Diese Gewalt erstreckt sich auf alles, was die Verfassung aufrechterhalten kann, ohne so weit zu gehen, sie zu verändern. Man fügt Ehren hinzu, welche die Gesetze und ihre Diener achtunggebietend machen und für die letzteren persönlich Prärogative, die sie für die mühevollen Arbeiten entschädigen, welche eine gute Verwaltung verlangt. Der Magistrat seinerseits verpflichtet sich, die ihm anvertraute Gewalt nur der Intention der Auftraggeber gemäß zu gebrauchen, einen jeden im friedlichen Genuß dessen, was ihm gehört, zu erhalten und bei jeder Gelegenheit dem öffentlichen Nutzen vor seinem eigenen Interesse den Vorzug zu geben.

Ehe die Erfahrung die unvermeidlichen Mißbräuche einer solchen Verfassung gezeigt hatte oder die Kenntnis des mensch-

---

(insbes. p. 13—15, Ed. Vernière) und die Interpretation der Genfer Verfassung, die in FN 54 zitiert wird.

[296] Die Aussagen dieses Satzes stimmen, aus dem Kontext der Hypothese vom Regierungsvertrag herausgelöst, bruchlos mit der Theorie des *Contrat social* überein (cf. I, 6—8; II, 1—4; III, 1). Mit der Konzeption des Regierungsvertrags sind sie nur zu vereinbaren, wenn man entweder die *Grundgesetze* als die Gesetze interpretiert, die im Vertrag selbst stipuliert sind, oder wenn man annimmt, daß diese die „Artikel", über die sich der Wille des Volkes künftig „erklären" darf, ihrerseits festlegen bzw. einschränken, was in beiden Fällen bedeutete, daß das Volk mit dem Vertragsschluß seine souveräne Gesetzgebungskompetenz einbüßte.

stitution, elle dut paroître d'autant meilleure, que ceux qui étoient chargés de veiller à sa conservation, y étoient eux-mêmes le[297] plus intéressés; car la Magistrature[298] et ses Droits n'étant établis que sur les Loix fondamentales, aussitôt qu'elles seroient detruites, les Magistrats cesseroient d'être legitimes, le Peuple ne seroit plus tenu de leur obéïr, et comme ce n'auroit pas été le Magistrat, mais la Loi qui auroit constitué l'essence de l'Etat, chacun rentreroit de Droit dans sa liberté Naturelle[299].

Pour peu qu'on y réfléchît attentivement, ceci se confirmeroit par de nouvelles raisons, et par la Nature du Contract on verroit qu'il ne sauroit être irrévocable: car s'il n'y avoit point de pouvoir supérieur qui pût être garant de la fidélité des Contractans, ni les forcer à remplir leurs engagemens réciproques, les Parties demeureroient seules juges dans leur propre cause, et chacune d'elles auroit toûjours le Droit de renonçer au Contract, sitôt qu'elle trouveroit que l'autre en enfreint les conditions, ou qu'elles cesseroient de lui convenir[300]. C'est sur ce principe qu'il semble que le Droit

---

[297] Ed. 1782: les (Ed. 1755-2 wie im Text angegeben). *OCP* schreiben *les* ohne Hinweis auf die Variante.

[298] Siehe FN 29.

[299] Sobald der legitime Kern der durch den Vertrag begründeten Verfassung verletzt ist, sobald die „Grundgesetze", die auf den Willen des Volkes zurückgehen, zerstört sind, verliert der Vertrag seinen Verpflichtungscharakter und der Politische Körper ist aufgelöst. Rousseau interpretiert den Regierungsvertrag von den Bestimmungen her, die diesem allein Legitimität verleihen könnten (cf. *C.S.* I, 6, p. 360). Pufendorf, einer der prominentesten Vertreter der „allgemeinen Meinung", kommt keineswegs zu den Schlußfolgerungen, die sich für Rousseau ergeben. Er spricht ausdrücklich davon, daß die „Souveränen Gewalten" (d. h. die Regierung i. S. Rousseaus) *„über jedem menschlichen und bürgerlichen Gesetz* als solchem stehen; und folglich sind diese Arten von Gesetzen nicht direkt verbindlich für sie." Wenn der Herrscher „sich freiwillig an seine eigenen Gesetze hält, falls die Dinge, die er seinen Untertanen vorschreibt, derart sind, daß sie von ihm selbst ohne Beeinträchtigung seines Ranges praktiziert werden können, so tut er dies aus einem Motiv der Ehre und der Schicklichkeit und um dem Gesetz durch sein Beispiel mehr Gewicht zu verleihen" (*Devoirs de l'homme*, II, 9, § 3). Cf. *Droit de la nature*, VII, 6, § 10.

[300] Hatte Rousseau im vorangegangenen Abschnitt gezeigt, daß der Regierungsvertrag nur so lange verpflichtend sein kann, wie der legitime Kern der durch den Vertrag begründeten Verfassung nicht verletzt wird, so demon-

lichen Herzens sie hatte vorhersehen lassen, mußte sie um so besser erscheinen, als jene, die damit beauftragt waren, über ihre Erhaltung zu wachen, selbst am meisten an dieser interessiert waren; denn da die Magistratur[298] und ihre Rechte sich nur auf die Grundgesetze gründeten, würden die Magistrate, sobald jene zerstört wären, aufhören, legitim zu sein; das Volk wäre nicht mehr verpflichtet, ihnen zu gehorchen; und da nicht der Magistrat, sondern das Gesetz das Wesen des Staates ausgemacht hätte, würde jeder von Rechts wegen in seine natürliche Freiheit zurückkehren[299].

Wenn man auch nur ein wenig aufmerksam darüber nachdächte, würde dies durch weitere Gründe bestätigt, und aus der Natur des Vertrages würde man ersehen, daß er nicht unwiderruflich sein könnte: Denn wenn es keine höhere Gewalt gäbe, welche die Treue der Vertragschließenden garantieren noch sie zwingen könnte, ihre gegenseitigen Verbindlichkeiten zu erfüllen, würden die Parteien alleinige Richter in ihrer eigenen Sache bleiben und jede von ihnen hätte stets das Recht, sich vom Vertrag loszusagen, sobald sie fände, daß die andere Partei seine Bedingungen verletzt, oder sobald diese aufhörten, ihr zu gefallen[300]. Auf dieses Prinzip,

---

striert er jetzt dessen prinzipielle, jederzeitige Auflösbarkeit. Der fundamentale Defekt „einer solchen Verfassung", wie sie der Regierungsvertrag zum Ergebnis haben muß, besteht darin, daß die Parteien, das Volk und die Regierung, „Richter in ihrer eigenen Sache bleiben", und das bedeutet: daß die Frage nach der Souveränität nicht beantwortet wird. Rousseau wiederholt nur die Analyse, die der *Discours* von der „Natur des Regierungsvertrags" gibt, wenn er später im *Contrat social* schreibt: „Die vertragschließenden Parteien wären untereinander unter dem alleinigen Gesetz der Natur und ohne irgendeinen Garanten für ihre gegenseitigen Verbindlichkeiten, was auf jede Weise dem bürgerlichen Zustand zuwiderläuft" (III, 16). Die Hypothese vom Regierungsvertrag läßt das „Quis iudicabit?" des Thomas Hobbes ohne schlüssige Antwort. Die Souveränität muß unteilbar, sie muß Eine sein. Das „Gesetz" kann nach Rousseaus eigener Auffassung nur dann das „Wesen des Staates" ausmachen, wenn es nicht ein vertraglich festgelegtes *Grundgesetz* ist, das dem Willen des Souveräns entzogen bleibt, sondern wenn es sich um das Gesetz handelt, das Ausdruck des *aktuellen* Willens des Souveräns ist. Der Souverän darf sich, wenn er souverän sein und nicht mit sich selbst in Widerspruch geraten soll, durch keine historischen Grundgesetze binden lassen (cf. *C.S.* I, 7; II, 12; III, 18).

d'abdiquer peut être fondé. Or, à ne considérer, comme nous faisons, que l'institution humaine[301], si le Magistrat qui a tout le pouvoir en main, et qui s'approprie tous les avantages du Contract, avoit pourtant le droit de renoncer à l'autorité; à plus forte raison le Peuple, qui paye toutes les fautes des Chefs, devroit avoir le Droit de renoncer à la Dépendance. Mais les dissentions affreuses, les désordres infinis qu'entraîneroit nécessairement ce dangereux pouvoir, montrent plus que toute autre chose combien les Gouvernemens humains avoient besoin d'une base plus solide que la seule raison, et combien il étoit nécessaire au repos public que la volonté divine intervint pour donner à l'autorité Souveraine un caractère sacré et inviolable qui ôtât aux sujets le funeste Droit d'en disposer. Quand la Religion n'auroit fait que ce bien aux hommes, c'en seroit assés pour qu'ils dussent tous la chérir et l'adopter, même avec ses abus, puisqu'elle épargne encore plus de sang que le fanatisme n'en fait couler[302]: mais suivons le fil de notre hypothése[303].

Les diverses formes des Gouvernemens tirent leur origine des différences plus ou moins grandes qui se trouvèrent entre les particuliers au moment de l'Institution. Un homme étoit-il éminent en pouvoir, en vertu, en richesses[304], ou en crédit? il fut seul élu Magistrat, et l'Etat devint Monarchique; si plusieurs à peu près égaux entre-eux l'emportoient sur tous les autres, ils furent élus conjointement, et l'on eut une Aristocratie; Ceux dont la fortune ou les talens étoient moins disproportionnés, et qui

---

[301] Ausgeschlossen bleiben soll, was auf *göttliche* Einrichtung zurückgeht bzw. wovon man behauptet, es gehe auf eine solche zurück.

[302] Die Hypothese des Regierungsvertrags ist damit, was ihre *theoretische* Konstruktion anbelangt, ad absurdum geführt: Wenn man „nur betrachtet, was auf *menschliche* Einrichtung zurückgeht", muß man zu dem Ergebnis gelangen, daß es notwendig war, daß der *göttliche* Wille eingriff, um der Regierung eine solidere Basis zu geben, als der Regierungsvertrag sie zu liefern imstande sein kann. (Cf. dazu Pufendorf: *Droit de la nature*, VII, 3, § 2). — Beachte, daß die Religion eine illegitime Herrschaft sanktionierte, indem sie die Souveränität des Volkes negierte (cf. Widmung, S. 10). In der Priesterkritik, die Rousseau bei der Schlußredaktion des *Discours* unterdrückte, stand zu lesen, daß die Priester „stets bereit" waren, „die unrechten Usurpationen des höchsten Magistrats zu autorisieren" (s. S. 388 und 398). Vergleiche

so scheint es, kann das Recht zur Abdankung gegründet werden. Um nun — wie wir es tun — nur zu betrachten, was auf menschliche Einrichtung[301] zurückgeht, so gilt: Wenn der Magistrat, der alle Gewalt in Händen hat und sich alle Vorteile des Vertrags zu eigen macht, gleichwohl das Recht hätte, der Autorität zu entsagen, so müßte das Volk, das für alle Fehler der Oberhäupter bezahlt, mit um so mehr Grund das Recht haben, der Abhängigkeit zu entsagen. Aber die fürchterlichen Zwiste, die unendlichen Unordnungen, die diese gefährliche Gewalt notwendigerweise nach sich zöge, zeigen mehr als alles andere, wie sehr die menschlichen Regierungen eine solidere Basis benötigten als die bloße Vernunft und wie notwendig es für die öffentliche Ruhe war, daß der göttliche Wille eingriff, um der souveränen Autorität einen heiligen und unverletzlichen Charakter zu geben, der den Untertanen das unheilvolle Recht nahm, über sie zu verfügen. Wenn die Religion nur dieses Gute für die Menschen vollbracht hätte, wäre dies genug, daß alle sie lieben und annehmen müßten — selbst mit ihren Mißbräuchen, da sie noch mehr Blut erspart, als der Fanatismus vergießt[302]. Aber folgen wir dem Faden unserer Hypothese[303].

Die verschiedenen Formen der Regierungen nehmen ihren Ursprung von den mehr oder weniger großen Unterschieden, die zwischen den Einzelnen im Augenblick der Einrichtung [der Regierungen] bestanden. Ragte ein Mensch an Macht, an Tugend, an Reichtum oder an Ansehen hervor, so wurde er allein zum Magistrat gewählt, und der Staat wurde monarchisch. Wenn mehrere, untereinander ungefähr Gleiche allen anderen überlegen waren, wurden sie zusammen gewählt, und man hatte eine Aristokratie. Jene, deren Vermögen oder Talente weniger disproportio-

---

zur „Notwendigkeit, daß der göttliche Wille eingriff", außerdem, was Rousseau auf S. 226 über das Gesetzgebungswerk Lykurgs sagte, und s. FN 71.

[303] Nachdem er ihre *theoretische* Unhaltbarkeit nachgewiesen hat, kehrt Rousseau zur Hypothese des Regierungsvertrags zurück, um sie in die *historische* Darstellung zu integrieren. Die „hypothetische Geschichte der Regierungen" wird, auch wenn Rousseau der „allgemeinen Meinung" folgt, ihm „dieselben Ergebnisse liefern", er wird aus ihr „dieselben Schlüsse ziehen können", wie wenn er von einer anderen Annahme ausginge (s. S. 168).

[304] Ed. 1782: en richesse (Variante nicht in *OCP*.)

s'étoient le moins éloignés de l'état de Nature, gardérent en commun l'Administration suprême, et formérent une Démocratie[305]. Le tems vérifia laquelle de ces formes étoit la plus avantageuse aux hommes. Les uns restérent uniquement soûmis aux Loix, les autres obéïrent bientôt à des Maîtres. Les Citoyens voulurent garder leur liberté, les sujets ne songérent qu'à l'ôter à leurs voisins, ne pouvant souffrir que d'autres jouissent d'un bien dont ils ne jouissoient plus eux mêmes. En un mot, d'un côté furent les richesses et les Conquêtes, et de l'autre le bonheur et la vertu.

Dans ces divers Gouvernemens, toutes les Magistratures furent d'abord Electives, et quand la Richesse ne l'emportoit pas, la préférence étoit accordée au mérite qui donne un Ascendant Naturel, et à l'âge qui donne l'expérience dans les affaires et le sang froid dans les déliberations. Les anciens des Hébreux, les Gerontes de Spartes, le Sénat de Rome, et l'Etymologie même de notre mot *Seigneur*[306] montrent combien autrefois la Vieillesse étoit respectée[307]. Plus les Elections tomboient sur des hommes avancés en âge, plus elles devenoient fréquentes, et plus leurs embarras se faisoient sentir; les brigues s'introduisirent, les factions se formérent, les partis s'aigrirent, les Guerres civiles s'allumérent, enfin le sang des Citoyens fut sacrifié au prétendu bonheur de l'Etat, et l'on fut à la veille de retomber dans l'Anarchie des tems antérieurs. L'ambition des Principaux profita de ces circonstances pour perpétuer leurs charges dans leurs familles: le Peuple déja accoûtumé à la dépendance, au repos et aux commodités de la vie, et déja hors d'état de briser ses fers, consentit à

---

[305] Cf. S. 20. — Vergleiche zu diesem Satz und zu der anschließenden Unterscheidung zwischen Bürgern und Untertanen die Aussage des vorangegangenen Abschnitts, das Eingreifen des göttlichen Willens sei notwendig gewesen, um den „Untertanen das unheilvolle Recht" zu nehmen, „über die souveräne Autorität zu verfügen."

[306] *Seigneur | Herr*, von lat. *senior | der Ältere* abgeleitet, wurde bis zum Ende des Ancien Régime Personen von hohem Rang als Ehrentitel zuerkannt.

[307] Cf. *C.S.* III, 5: „Die ersten Gesellschaften regierten sich aristokratisch. Die Oberhäupter der Familien berieten unter sich die öffentlichen Angelegenheiten. Die jungen Leute beugten sich unschwer vor der Autorität der Erfahrung. Daher die Bezeichnungen *Priester, Alte, Senat, Geronten.* Die Wilden von Nordamerika regieren sich noch in unseren Tagen so und sind sehr gut

niert waren und die sich am wenigsten vom Naturzustand entfernt hatten, behielten sich die höchste Verwaltung gemeinsam vor und bildeten eine Demokratie[305]. Die Zeit erwies, welche dieser Formen die vorteilhafteste für die Menschen war. Die einen blieben einzig und allein den Gesetzen unterworfen, die anderen gehorchten bald Herren. Die Bürger wollten ihre Freiheit behalten; die Untertanen dachten nur daran, sie ihren Nachbarn wegzunehmen, da sie nicht ertragen konnten, daß andere ein Gut genossen, das sie selbst nicht mehr genossen. Mit einem Wort: auf der einen Seite waren die Reichtümer und die Eroberungen und auf der anderen das Glück und die Tugend.

In diesen verschiedenen Regierungen waren anfangs alle Magistraturen auf Wahl begründet, und wenn der Reichtum nicht die Oberhand gewann, wurde der Vorzug dem Verdienst eingeräumt, das einen natürlichen Einfluß verleiht, und dem Alter, das Erfahrung in den Geschäften und Gelassenheit in den Beratungen gibt. Die Ältesten der Hebräer, die Geronten Spartas, der Senat Roms und selbst die Etymologie unseres Wortes *seigneur*[306] zeigen, wie sehr das hohe Alter früher geachtet wurde[307]. Je mehr die Wahl auf Männer in vorgerücktem Alter fiel, desto häufiger wurden die Wahlen und desto mehr machten sich ihre Beschwerlichkeiten fühlbar; die Intrigen schlichen sich ein, die Faktionen formierten sich, die Parteien verbitterten, die Bürgerkriege flammten auf, schließlich wurde das Blut der Bürger dem vorgeblichen Glück des Staates geopfert, und man war im Begriff, in die Anarchie der früheren Zeiten zurückzufallen. Der Ehrgeiz der maßgebenden Persönlichkeiten nutzte diese Umstände, um die Ämter, die sie innehatten, auf Dauer in ihren Familien zu halten; das Volk,

---

regiert. Aber in dem Maße, in dem die [gesellschaftlich] eingerichtete Ungleichheit über die natürliche Ungleichheit die Oberhand gewann, wurde der Reichtum oder die Macht dem Alter vorgezogen, und die Aristokratie wurde auf Wahl begründet. Schließlich, als die Macht mit den Gütern des Vaters auf die Kinder übertragen und so die Patrizierfamilien geschaffen wurden, wurde die Regierung erblich gemacht, und man sah Senatoren mit einem Alter von zwanzig Jahren. Es gibt also drei Arten von Aristokratien: die natürliche, die auf Wahl begründete und die erbliche. Die erste eignet sich nur für einfache Völker; die dritte ist die schlimmste aller Regierungen. Die zweite ist die beste; es ist die Aristokratie im eigentlichen Sinne."

laisser augmenter sa servitude pour affermir sa tranquilité; et c'est
ainsi que les Chefs devenus héréditaires s'accoûtumérent à regarder leur Magistrature comme un bien de famille, à se regarder
eux mêmes comme les propriétaires de l'Etat dont il n'étoient
[308]d'abord que les Officiers, à appeller leurs Concitoyens leurs
Esclaves, à les compter comme du Betail[309] au nombre des choses
qui leur appartenoient, et à s'appeller eux mêmes égaux aux Dieux
et Rois des Rois[310].

Si nous suivons le progrès de l'inégalité dans ces différentes
révolutions, nous trouverons que l'établissement de la Loi et du
Droit de propriété fut son premier terme; l'institution de la
Magistrature le second; que le troisiéme et dernier fut le changement du pouvoir légitime en pouvoir arbitraire; en sorte que l'état
de riche et de pauvre fut autorisé par la premiere Epoque, celui
de puissant et de foible par la seconde, et par la troisiéme celui de
Maître et d'Esclave, qui est le dernier dégré de l'inégalité, et le
terme auquel aboutissent enfin tous les autres, jusqu'à ce que de
nouvelles révolutions dissolvent tout à fait le Gouvernement, ou
le raprochent de l'institution légitime.

Pour comprendre la nécessité de ce progrès il faut moins considérer les motifs de l'établissement du Corps Politique, que la
forme qu'il prend dans son exécution et les inconveniens qu'il
entraîne après lui: car les vices qui rendent nécessaires les institu-

---

[308] Vergleiche von hier an den Wortlaut der *Zwischenfassung* (Manuskript
Paris), S. 404 ff.

[309] Die Beschreibung der Untertanen absoluter Monarchen als „Vieh"
oder „Viehherde" ist ein Topos, den Locke in seiner Kritik des Absolutismus
wiederholt verwendet. S. *First Treatise*, XI, § 156, *Second Treatise*, VII, § 93,
XIV, § 163, XV, § 172. Vergleiche *C.S.* I, 2, wo Rousseau Grotius und
Hobbes vorwirft, daß ihre Auffassung von der Herrschaft des Fürsten über
die Völker darauf hinauslaufe, die „menschliche Art als in Viehherden auf-
geteilt" zu betrachten, „deren jede ihr Oberhaupt hat, das sie hütet, um sie
zu verschlingen."

[310] Eine Formel, die die persischen Könige für sich gebräuchten. — Daß
die Herrschaft der Könige nur legitim ist, sofern sie als Magistrate des Souveräns ihres Amtes walten (cf. FN 20), und daß die Oberhäupter nie etwas
anderes als die Beamten des Volkes sein dürfen, folgt für Rousseau aus der
„Grundmaxime des gesamten Politischen Rechts" (S. 228). „So haben jene,

bereits an die Abhängigkeit, die Ruhe und die Bequemlichkeiten des Lebens gewöhnt und bereits außerstande, seine Ketten zu sprengen, willigte darin ein, seine Knechtschaft vergrößern zu lassen, um seine Ruhe sicherzustellen; und auf diese Weise gewöhnten sich die Oberhäupter, erblich geworden, daran, ihre Magistratur als einen Familienbesitz zu betrachten, sich selbst als die Eigentümer des Staates anzusehen, dessen [308]Beamte sie anfangs nur waren, ihre Mitbürger ihre Sklaven zu nennen, sie wie Vieh[309] unter die Zahl der Dinge zu rechnen, die ihnen gehörten, und sich selbst Göttergleiche und Könige der Könige[310] zu nennen.

Wenn wir den Fortschritt der Ungleichheit in diesen verschiedenen Revolutionen verfolgen, werden wir finden, daß die Etablierung des Gesetzes und des Eigentumsrechts sein erstes Stadium, die Einrichtung der Magistratur das zweite und die Verwandlung der legitimen Gewalt in willkürliche Gewalt das dritte und letzte war, so daß der Status von Reichen und Armen durch die erste Epoche autorisiert wurde, der von Mächtigen und Schwachen durch die zweite und durch die dritte der von Herren und Sklaven, welcher der letzte Grad der Ungleichheit ist und das Stadium, zu dem alle anderen schließlich hinführen, bis neue Revolutionen die Regierung völlig auflösen oder sie der legitimen Einrichtung näher bringen.

Um die Notwendigkeit dieses Fortschritts zu begreifen, muß man weniger die Beweggründe für die Errichtung des Politischen Körpers betrachten als die Form, die er bei seiner Ausführung annimmt, und die Unzuträglichkeiten, die er nach sich zieht: Denn die Laster, welche die gesellschaftlichen Institutionen notwendig machen, sind ebendieselben, welche ihren Mißbrauch unvermeid-

---

die behaupten, daß der Akt, durch den sich ein Volk Oberhäuptern unterwirft, kein Vertrag sei, völlig recht. Er ist absolut nichts anderes als eine Kommission, ein Amt, in welchem die Oberhäupter als bloße Beamte des Souveräns in dessen Namen die Gewalt ausüben, zu deren Treuhänder er sie gemacht hat und die er begrenzen, modifizieren und zurücknehmen kann, wenn es ihm beliebt, da die Entäußerung eines solchen Rechts mit der Natur des gesellschaftlichen Körpers unvereinbar und dem Ziel der Assoziation zuwider ist" (*C.S.* III, 1).

tions sociales, sont les mêmes qui en rendent l'abus inévitable[311];
et comme, excepté la seule Sparte, où la Loi veillot principalement
à l'éducation des Enfans, et où Lycurgue établit des mœurs qui
le[312] dispensoient presque d'y ajoûter des Loix, les Loix en général
moins fortes que les passions contiennent les hommes sans les
changer[313]; il seroit aisé de prouver que tout Gouvernement qui,
sans se corrompre ni s'altérer, marcheroit toûjours exactement
selon la fin de son institution, auroit été institué sans nécessité,
et qu'un Pays où personne n'éluderoit les Loix et n'abuseroit de
la Magistrature, n'auroit besoin ni de Magistrats ni de Loix[314].

Les distinctions Politiques amenent nécessairement les distinctions civiles. L'inégalité croissant entre le Peuple et ses Chefs, se
fait bientôt sentir parmi les particuliers, et s'y modifie en mille
maniéres selon les passions, les talens et les occurrences. Le Magistrat ne sauroit usurper un pouvoir illégitime sans se faire des
créatures auxquelles il est forcé d'en ceder quelque partie. D'ailleurs,
les Citoyens ne se laissent opprimer qu'autant qu'entraînés par
une aveugle ambition et regardant plus au-dessous qu'au dessus
d'eux, la Domination leur devient plus chére que l'indépendance,
et qu'ils consentent à porter des fers pour en pouvoir donner à
leur tour. Il est très difficile de reduire à l'obéissance celui qui ne

---

[311] Die „Notwendigkeit des Fortschritts der Ungleichheit", oder die Logik
der von Rousseau beschriebenen historischen Entwicklung, wird durch die
Anthropologie und durch die Analyse des „soziablen Menschen" erhellt
und verbürgt, die der Darstellung des *Discours* zugrunde liegen. Sie ist nicht
abhängig von der Kenntnis der einzelnen, in ihrer Besonderheit kontingenten,
„dazwischenliegenden Tatsachen, die zu liefern Aufgabe der Geschichte"
wäre (S. 168). — Zur Unvermeidlichkeit des Mißbrauchs der gesellschaftlichen Institutionen cf. S. 216 ff und FN 265.

[312] Ed. 1782: les (*OCP* schreiben im Text *les*, ohne Hinweis darauf, daß
sich diese Lesart, die wenig sinnvoll erscheint und bei der es sich wohl nur
um einen Druckfehler handeln kann, lediglich in Ed. 1782 findet.)

[313] Vergleiche dazu Rousseaus präzise Bestimmung der Aufgabe, die der
überragende *Législateur* zu bewältigen hat, in *C.S.* II, 7 (p. 381 f) und die
Beurteilung Lykurgs in *Emile*, I, p. 250. — Die Überlegenheit der Sitten
gegenüber den Gesetzen wird in einem Fragment auf die Formel gebracht:
„Das Gesetz wirkt nur außen und regelt nur die Handlungen; die Sitten allein
dringen in das Innere ein und leiten den Willen" (*Fragments politiques*, p. 555).
Cf. *Economie politique*, p. 251 und *C.S.* II, 12.

lich machen[311]; und da — Sparta allein ausgenommen, wo das Gesetz hauptsächlich über die Erziehung der Kinder wachte und wo Lykurg Sitten einführte, die ihn beinahe entbunden haben, Gesetze hinzuzufügen — die Gesetze, die im allgemeinen weniger stark sind als die Leidenschaften, die Menschen im Zaum halten, ohne sie zu ändern[313], wäre es leicht zu beweisen, daß jede Regierung, die, ohne korrupt zu werden oder sich [zum Schlechteren] zu verändern, immer exakt dem Zweck ihrer Einrichtung gemäß arbeitete, ohne Not eingerichtet worden wäre; und daß ein Land, in dem niemand die Gesetze umginge und die Magistratur mißbrauchte, weder Magistrate noch Gesetze nötig hätte[314].

Die politischen Unterscheidungen ziehen notwendigerweise die bürgerlichen Unterscheidungen nach sich. Die wachsende Ungleichheit zwischen dem Volk und seinen Oberhäuptern macht sich bald unter den Einzelnen fühlbar und wird dort je nach den Leidenschaften, den Talenten und den zufälligen Umständen in tausend Arten abgewandelt. Der Magistrat kann keine illegitime Gewalt usurpieren, ohne sich Kreaturen zu schaffen, denen er einen gewissen Teil davon abzutreten gezwungen ist. Überdies lassen sich die Bürger nur unterdrücken, soweit sie von einem blinden Ehrgeiz fortgerissen werden; und da sie mehr unter sich als über sich sehen, wird die Herrschaft ihnen teurer als die Unabhängigkeit, und sie willigen ein, Ketten zu tragen, um ihrerseits [anderen] welche anlegen zu können. Es ist sehr schwierig, denjenigen zum

---

[314] Die Entwicklung der „menschlichen Fähigkeiten" macht die bürgerliche Gesellschaft, die Gesetze und die Regierung in der Geschichte der Art von einem bestimmbaren „Augenblick" an unausweichlich. Menschliche Kunst muß der menschlichen Natur zu Hilfe kommen. Was immer sie jedoch ins Werk setzt, hat aufgrund der Widerstrebigkeit der Natur nur für begrenzte Zeit Bestand und bleibt mit vielfältigen Mängeln und Nachteilen behaftet. „Alles, was nicht in der Natur liegt, hat seine Unzuträglichkeiten, und die bürgerliche Gesellschaft mehr als alles übrige" (*C.S.* III, 15). Die aktuelle menschliche Natur macht die Kunst der Politik zu einer Aufgabe, die durch philosophische Erkenntnis, Wissen um die „Prinzipien des Politischen Rechts" und historische Erfahrung angeleitet in Angriff genommen werden muß, die aber durch keine noch so wohlbegründete Konzeption, durch keine noch so durchdachte Konstruktion jemals an ihr selbst überholbar ist. (Vergleiche dazu Hobbes: *Leviathan*, II, 30, p. 220.)

cherche point à commander, et le Politique le plus adroit ne viendroit pas à bout d'assujettir des hommes qui ne voudroient
qu'être Libres; mais l'inégalité s'étend sans peine parmi des ames
ambitieuses et lâches, toûjours prêtes à courrir les risques de la
fortune, et à dominer ou servir presque indifféremment selon
qu'elle leur devient favorable ou contraire. C'est ainsi qu'il dut
venir un tems où les yeux du Peuple furent fascinés à tel point,
que ses conducteurs n'avoient qu'à dire au plus petit des hommes,
sois Grand toi et toute ta race, aussi-tôt il paroissoit grand à tout
le monde, ainsi qu'à ses propres yeux, et ses Descendans s'élevoient
encore à mesure qu'ils s'éloignoient de lui; plus la cause étoit
reculée et incertaine, plus l'effet augmentoit; plus on pouvoit
compter de fainéans dans une famille, et plus elle devenoit illustre.

Si c'étoit ici le lieu d'entrer en des détails, j'expliquerois facilement comment, [315]sans même que le Gouvernement s'en mêle[315],
l'inégalité de crédit et d'autorité devient inévitable entre les Particuliers (XIX*) sitôt que réunis en une même Société ils sont forcés
de se comparer entre eux, et de tenir compte des différences qu'ils
trouvent dans l'usage continuel qu'ils ont à faire les uns des
autres. Ces différences sont de plusieurs espéces; mais en général
la richesse, la noblesse ou le rang, la Puissance et le mérite personnel, étant les distinctions principales par lesquelles on se mesure
dans la Société, je prouverois que l'accord ou le conflict de ces
forces diverses est l'indication la plus sûre d'un Etat bien ou mal
constitué[316]: Je ferois voir qu'entre ces quatre sortes d'inégalité,
les qualités personelles étant l'origine de toutes les autres, la richesse

---

[315] Einfügung der Ed. 1782. — Die im Konjunktiv vorgestellte Skizze, die
Rousseau in diesem und den folgenden vier Abschnitten vom Prozeß der
Herausbildung und zunehmenden Verschärfung der gesellschaftlichen oder
moralischen Ungleichheit gibt, gelangt beim gleichen „Ende" an, zu dem die
„hypothetische Geschichte der Regierungen" hingeführt hatte. Sie arbeitet
so in aller Deutlichkeit heraus, daß die Logik, der die historische Entfaltung
der Ungleichheiten unterliegt, von der Frage nach dem tatsächlichen Verlauf
der „Geschichte der Regierungen" unberührt bleibt. Der postum veröffentlichte Zusatz macht dies lediglich noch explizit: „Sogar ohne daß die Regierung sich einmischte", d. h. ohne die „politischen Unterscheidungen" zwischen den Oberhäuptern und dem Volk vorauszusetzen, führte Rousseaus
Rekonstruktion zum gleichen Resultat.

Gehorsam zu zwingen, der nicht zu befehlen sucht; und dem gewandtesten Politiker würde es nicht gelingen, Menschen untertänig zu machen, die nur frei sein wollten. Jedoch breitet sich die Ungleichheit mühelos unter ehrgeizigen und feigen Seelen aus, die stets bereit sind, ihr Glück zu wagen und beinahe ohne Unterschied zu herrschen oder zu dienen, je nachdem ob das Glück ihnen günstig ist oder widrig. So mußte eine Zeit kommen, in der die Augen des Volkes derart betört waren, daß seine Führer nur zum geringsten der Menschen zu sagen brauchten: Sei groß, du und dein ganzes Geschlecht, alsbald erschien er aller Welt groß, ebenso wie in seinen eigenen Augen; und seine Nachkommen stiegen noch höher empor, in dem Maße, in dem sie sich von ihm entfernten; je weiter die Ursache zurücklag, je ungewisser sie war, desto größer wurde die Wirkung; je mehr Nichtstuer man in einer Familie zählen konnte, desto illustrer wurde sie.

Wenn hier der Ort wäre, um in Einzelheiten einzutreten, würde ich leicht erklären, wie die Ungleichheit des Ansehens und der Autorität unter den Einzelnen, [315]sogar ohne daß die Regierung sich einmischt[315], unvermeidlich wird (XIX*), sobald sie, in ein und derselben Gesellschaft vereinigt, gezwungen sind, sich untereinander zu vergleichen und den Unterschieden Rechnung zu tragen, die sie im ständigen Gebrauch, den sie voneinander zu machen haben, finden. Diese Unterschiede sind von mehrerlei Art; aber da im allgemeinen Reichtum, Adel oder Rang, Macht und persönliches Verdienst die Hauptunterscheidungen sind, nach denen man sich in der Gesellschaft mißt, würde ich beweisen, daß der Zusammenklang oder der Widerstreit dieser verschiedenen Kräfte das sicherste Anzeichen eines gut oder schlecht verfaßten Staates ist[316]. Ich würde zeigen, daß unter diesen vier Arten von Ungleichheit, obschon die persönlichen Eigenschaften der Ursprung aller anderen sind, der Reichtum die letzte ist, auf welche sie sich am Ende reduzieren, weil er dem Wohlbefinden am un-

---

[316] Die Aufgabe der Politik besteht nicht darin, die gesellschaftliche Ungleichheit zu „beseitigen". Worum es allein gehen kann, ist, der „moralischen Ungleichheit" eine legitime Grundlage zu geben, sie politisch zu gestalten, zu begrenzen, sie in Rücksicht auf das Gemeinwohl sinnvoll einzusetzen. Vergleiche S. 8 und Anmerkung XIX.

est la derniére à laquelle elles se réduisent à la fin, parce qu'étant
la plus immédiatement utile au bien-être et la plus facile à communiquer, on s'en sert aisément pour acheter tout le reste. Observation qui peut faire juger assés exactement de la mesure dont
chaque Peuple s'est éloigné de son institution primitive, et du
chemin qu'il a fait vers le terme extrême de la corruption. Je remarquerois combien ce désir universel de réputation, d'honneurs,
et de préférences, qui nous dévore tous, exerce et compare les talens
et les forces, combien il excite et multiplie les passions, et combien
rendant tous les hommes concurrens, rivaux ou plûtôt ennemis,
il cause tous les jours de revers, de succès, et de catastrophes de
toute espéce en faisant courrir la même lice à tant de Prétendans[317]:
Je montrerois que c'est à cette ardeur de faire parler de soi, à cette
fureur de se distinguer qui nous tient presque toûjours hors de nous
mêmes[318], que nous devons ce qu'il y a de meilleur et de pire parmi
les hommes, nos vertus et nos vices, nos Sciences et nos erreurs,
nos Conquérans et nos Philosophes, c'est-à-dire, une multitude
de mauvaises choses sur un petit nombre de bonnes. Je prouverois
enfin que si l'on voit une poignée de puissans et de riches au faîte
des grandeurs et de la fortune, tandis que la foule rampe dans
l'obscurité et dans la misére, c'est que les premiers n'estiment les
choses dont ils jouissent qu'autant que les autres en sont privés,
et que, sans changer d'état, ils cesseroient d'être heureux, si le
Peuple cessoit d'être misérable[319].

Mais ces détails seroient seuls la matiére d'un ouvrage considérable dans lequel on péseroit les avantages et les inconveniens
de tout Gouvernement, rélativement aux Droits de l'état de Nature,

---

[317] Cf. dazu den berühmten „Vergleich des Lebens des Menschen mit
einem Rennen", den Hobbes in den *Elements of Law*, IX, 21 vornimmt
(Ed. Tönnies, p. 47 f).

[318] Der *amour-propre* vermag den soziablen Menschen so sehr seiner selbst
zu entfremden, er verlagert das Zentrum seines Fühlens und Denkens so sehr
in die Meinung der anderen, daß das Streben, sich zu unterscheiden, auszuzeichnen, hervorzutun, zum alles beherrschenden Antrieb wird und alles
Gegenstand dieses Strebens werden kann. Am Ende findet man noch das
Geheimnis, sich der Laster zu rühmen (S. 268 — in der *Nouvelle Heloïse*,
II, 21, p. 278, spricht Rousseau von *Paradelastern*). Da der *amour-propre* den
soziablen Menschen zu einem außengeleiteten, fremdbestimmten Wesen

mittelbarsten nützlich und am leichtesten mitzuteilen ist und man
sich seiner daher auf leichte Art bedient, um alles übrige zu kaufen:
Eine Beobachtung, die ein ziemlich exaktes Urteil über das Ausmaß erlaubt, in welchem sich jedes Volk von seiner anfänglichen
Einrichtung entfernt hat, und über die Wegstrecke, welche es zum
äußersten Stadium der Korruption hin zurückgelegt hat. Ich
würde darauf aufmerksam machen, wie sehr jenes universelle
Verlangen nach Reputation, Ehren und Auszeichnungen, das uns
alle verzehrt, die Talente und die Kräfte übt und vergleicht; wie
sehr es die Leidenschaften anstachelt und vervielfacht; und — da
es alle Menschen zu Konkurrenten, Rivalen, oder vielmehr Feinden macht — wie viele Schicksalsschläge, Erfolge und Kata-
strophen aller Art es täglich dadurch verursacht, daß es so viele
Bewerber dasselbe Rennen laufen läßt[317]. Ich würde zeigen, daß
wir diesem Eifer, von sich reden zu machen, dieser Raserei, sich zu
unterscheiden, die uns beinahe immer außerhalb unserer selbst
hält[318], verdanken, was es an Bestem und was es an Schlechtestem
unter den Menschen gibt: unsere Tugenden und unsere Laster,
unsere Wissenschaften und unsere Irrtümer, unsere Eroberer und
unsere Philosophen, das heißt eine Menge schlechter Dinge gegenüber einer geringen Zahl guter. Schließlich würde ich beweisen,
daß, wenn man eine Handvoll Mächtiger und Reicher auf dem
Gipfel der Herrlichkeit und des Glücks sieht, während die Masse
in der Dunkelheit und im Elend dahinkriecht, dies daran liegt,
daß die ersteren die Dinge, die sie genießen, nur soweit schätzen,
als die anderen sie entbehren, und sie — ohne daß sich an ihrem
Status etwas änderte — aufhören würden glücklich zu sein, wenn
das Volk aufhörte, elend zu sein[319].

Aber diese Einzelheiten wären allein der Stoff eines beträcht-
lichen Werkes, in dem man die Vorteile und die Unzuträglichkeiten
einer jeden Regierung in Relation zu den Rechten des Natur-

---

werden läßt, sind seine Auswirkungen ebenso ambivalent, wie die Meinung
ambivalent ist, an der er sich orientiert. Seine Energie kann in den Dienst
der höchsten wie in den der niedrigsten Sache gestellt werden, er kann das
Beste und das Schlechteste hervorbringen. — Cf. *Erster Discours*, p. 19,
Dernière réponse, p. 73, *Préface de Narcisse*, p. 967 f.

[319] Siehe FN 256. Cf. auch *Préface de Narcisse*, p. 969.

et où l'on dévoîleroit toutes les faces différentes sous lesquelles
l'inégalité s'est montrée jusqu'à ce jour, et pourra se montrer dans
les Siécles futurs[320], selon la Nature de ces Gouvernemens, et les
révolutions que le tems y aménera nécessairement[321]. On verroit
la multitude opprimée au dedans par une suite des précautions
mêmes qu'elle avoit prises contre ce qui la menaçoit au dehors;
On verroit l'oppression s'accroître continuellement sans que les
opprimés pussent jamais savoir quel terme elle auroit, ni quels
moyens légitimes il leur resteroit pour l'arrêter. On verroit les
Droits des Citoyens et les libertés Nationales s'éteindre peu à peu,
et les réclamations des foibles traitées de murmures séditieux. On
verroit la politique restreindre à une portion mercenaire du
Peuple l'honneur de défendre la cause commune: On verroit de là
sortir la nécessité des impôts, le Cultivateur découragé quitter son
champ même durant la Paix et laisser la charüe pour ceindre
l'épée[322]. On verroit naître les régles funestes et bisarres du point-
d'honneur[323]: On verroit les défenseurs de la Patrie en devenir
tôt ou tard les Ennemis, tenir sans cesse le poignard levé sur leurs
concitoyens, et il viendroit un tems où l'on[324] les entendroit dire
à l'oppresseur de leur Pays.

> *Pectore si fratris gladium juguloque parentis*
> *Condere me jubeas, gravidaeque in viscera partu*
> *Conjugis, invitâ peragam tamen omnia dextrâ*[325].

---

[320] Einfügung der Ed. 1782

[321] Die Revolutionen liegen in der aktuellen Natur der menschlichen Dinge
begründet (s. FN 314). Vergleiche die Betonung der Zwangsläufigkeit von
Revolutionen auf S. 120 und das Urteil über die „Jugend der Welt" auf S. 192.

[322] Das Söldnerwesen, die Ausbeutung des Bauern und die Landflucht als
Kennzeichen einer verfehlten Politik zählen zu den bevorzugten Gegenständen von Rousseaus Kritik. „Der Krieg ist manchmal eine Pflicht, er ist nicht
dazu geschaffen, ein Beruf zu sein. Jeder Mensch muß zur Verteidigung seiner
Freiheit Soldat sein, keiner, um über die anderer herzufallen; und im Dienst
fürs Vaterland zu sterben, ist eine Aufgabe, die zu schön ist, um sie Söldnern
zu übertragen" (*Dernière réponse*, p. 82). Cf. *Ec. Pol.* p. 268 f; *C.S.* III, 15;
L'état de guerre, p. 614; *Projet de constitution pour la Corse*, p. 948 f; *Considérations
sur le gouvernement de Pologne*, 1013 ff. — Zur Ausbeutung des Bauern und zur
Landflucht s. Anmerkung IX, S. 314 ff. Cf. *Erster Discours*, p. 26; *Dernière
réponse*, p. 79; *Ec. Pol.*, p. 269, 275; *Corse*, p. 904 ff; *Emile*, V, p. 851 f.

zustandes abwägen und all die verschiedenen Gesichter enthüllen
würde, unter denen die Ungleichheit sich bis zum heutigen Tag
gezeigt hat und in den kommenden[320] Jahrhunderten sich zeigen
kann, je nach der Natur dieser Regierungen und nach den Revolutionen, welche die Zeit in ihnen notwendigerweise mit sich bringen wird[321]. Man würde sehen, wie die Menge im Innern als eine
Folge ebenderselben Vorsichtsmaßnahmen unterdrückt wird,
die sie gegen das ergriffen hatte, was sie von außen bedrohte. Man
würde sehen, wie die Unterdrückung sich ständig steigert, ohne
daß die Unterdrückten jemals wissen könnten, welches Ende sie
hätte, noch welche legitimen Mittel ihnen blieben, um ihr Einhalt
zu gebieten. Man würde sehen, wie die Rechte der Bürger und die
nationalen Freiheiten nach und nach verlöschen und die Be-
schwerden der Schwachen als aufrührerisches Murren behandelt
werden. Man würde sehen, wie die Politik die Ehre, die gemeinsame
Sache zu verteidigen, auf einen um Sold dienenden Teil des Volkes
beschränkt. Man würde sehen, wie daraus die Notwendigkeit der
Steuern erwächst, wie der entmutigte Bauer selbst in Friedens-
zeiten von seinem Acker geht und den Pflug stehen läßt, um das
Schwert umzugürten[322]. Man würde sehen, wie die unheilvollen
und bizarren Regeln des Ehrenpunktes[323] entstehen. Man würde
sehen, wie die Verteidiger des Vaterlandes früher oder später zu
seinen Feinden werden und ohne Unterlaß den erhobenen Dolch
über ihre Mitbürger halten; und es würde eine Zeit kommen, da
man sie zum Unterdrücker ihres Landes sagen hörte:

> *Pectore si fratris gladium juguloque parentis*
> *Condere me jubeas, gravidaeque in viscera partu*
> *Conjugis, invita peragam tamen omnia dextra*[325].

---

[323] Der Ehrenpunkt, im 18. und 19. Jahrhundert noch ein geläufiger Begriff, den man bei Goethe wie bei Nietzsche finden kann, ist „das, worein
man seine Ehre setzt." (Moritz Heym: *Deutsches Wörterbuch*, Leipzig, 1896) —
Vergleiche zu dieser Stelle Montesquieu: *De l'ésprit des lois*, IV, 2 *De l'éducation
dans les monarchies* und die ausführliche Diskussion in Rousseaus *Lettre à
d'Alembert*, p. 90—98.

[324] Ed. 1782: où on

[325] *Wenn du mir befiehlst, das Schwert in die Brust des Bruders oder in die Kehle
des Vaters oder selbst in den schwangeren Leib der Gemahlin zu stoßen, so werde ich,*

De l'extrême inégalité des Conditions et des fortunes, de la diversité des passions et des talens, des arts inutiles, des arts pernicieux, des Sciences frivoles sortiroient des foules de préjugés, également contraires à la raison, au bonheur, et à la vertu; on verroit fomenter par les Chefs tout ce qui peut affoiblir des hommes rassemblés en les désunissant; tout ce qui peut donner à la Société un air de concorde apparente et y semer un germe de division réelle; tout ce qui peut inspirer aux différens ordres une défiance et une haîne mutuelle par l'opposition de leurs Droits et de leurs intérêts, et fortifier parconséquent le pouvoir qui les contient tous.

C'est du sein de ce désordre et de ces révolutions que le Despotisme élevant par degrés sa tête hideuse et dévorant tout ce qu'il auroit apperçu de bon et de sain dans toutes les parties de l'Etat, parviendroit enfin à fouler aux pieds les Loix et le Peuple, et à s'établir sur les ruines de la République. Les tems qui précéderoient ce dernier changement seroient des tems de troubles et de calamités: mais à la fin tout seroit englouti par le Monstre; et les Peuples n'auroient plus de Chefs ni de Loix, mais seulement des Tyrans. Dès cet instant aussi il cesseroit d'être question de mœurs et de vertu; car partout où régne le Despotisme, *cui ex honesto nulla est spes*[326], il ne souffre aucun autre maître; sitôt qu'il parle, il n'y a ni probité ni devoir à consulter, et la plus aveugle obéissance est la seule vertu qui reste aux Esclaves.

auch wenn meine Rechte unwillig ist, dennoch alles ausführen. Lukan: *Pharsalia*, I, 376—378. Laelius antwortet in der zitierten Passage auf Caesars Ruf, gegen Rom zu marschieren, und bringt mit seiner Rede die Zweifel der Soldaten zum Verstummen. Während Lukan *plenaeque* schreibt, zitiert Rousseau *gravidaeque*. Dieselbe Ersetzung findet sich in Sidneys *Discourses*, II, 19 (p. 147; frz. Ausgabe t. I, p. 431), denen Rousseau offensichtlich auch diese Stelle entnommen hat. Sie steht bei Sidney im Kontext einer längeren Erörterung, die programmatisch „That corruption and venality which is natural to courts, is seldom found in popular governments" überschrieben ist. Demokratien und „gut gemischte" Regierungssysteme beruhen auf der Tugend ihrer Bürger. Die absoluten Monarchien leben hingegen von den Lastern, die Fürsten sichern ihre Herrschaft über die Korruption des Volkes. Als Beispiel führt Sidney Caesar an: „Es ist nicht leicht, einen Monarchen zu nennen, der so viele gute Eigenschaften hatte wie Julius Caesar, bis sie durch seinen Ehrgeiz [. . .] ausgelöscht wurden: Er wußte, daß seine Stärke in der Korruption des Volkes lag und daß er seine Pläne nicht verwirklichen konnte,

Aus der extremen Ungleichheit der Stände und der Vermögen, aus der Mannigfaltigkeit der Leidenschaften und der Talente, aus den unnützen Künsten, aus den schädlichen Künsten, aus den frivolen Wissenschaften würden Unmengen von Vorurteilen hervorgehen, die der Vernunft, dem Glück und der Tugend gleichermaßen entgegengesetzt wären; man würde sehen, wie die Oberhäupter alles schüren, was versammelte Menschen schwächen kann, indem es sie entzweit; alles, was der Gesellschaft ein Aussehen scheinbarer Eintracht geben und dabei einen Keim tatsächlicher Zwietracht säen kann; alles, was den verschiedenen Ständen durch den Gegensatz ihrer Rechte und ihrer Interessen Mißtrauen und wechselseitigen Haß einflößen und folglich die Gewalt stärken kann, die sie alle im Zaume hält.

Aus dem Schoße dieser Unordnung und dieser Revolutionen würde der Despotismus nach und nach sein abscheuliches Haupt erheben, alles verschlingen, was er an Gutem und Gesundem in allen Teilen des Staates wahrgenommen hätte, und es schließlich dahin bringen, die Gesetze und das Volk mit Füßen zu treten und sich auf den Ruinen der Republik einzurichten. Die Zeiten, die dieser letzten Veränderung vorausgingen, wären Zeiten der Wirren und des Unglücks und der Not, aber am Ende würde alles von dem Ungeheuer vereinnahmt, und die Völker hätten keine Oberhäupter oder Gesetze mehr, sondern nur noch Tyrannen. Von diesem Augenblick an wäre auch von Sitten und Tugend nicht mehr die Rede; denn überall, wo der Despotismus herrscht, *cui ex honesto nulla est spes*[326], duldet er keinen anderen Herrn; sobald er spricht, gibt es weder Rechtschaffenheit noch Pflicht, die man zu Rate ziehen könnte, und der blindeste Gehorsam ist die einzige Tugend, die den Sklaven bleibt.

---

ohne jene zu vergrößern. Er suchte keine guten Männer, sondern solche, die für ihn wären, und hielt keinen für seinen Interessen hinreichend ergeben, außer jene, die bei der Ausführung keiner Ungerechtigkeit, die er befahl, beeindruckt waren: Ein Soldat nach Caesars Herz war, wer sagte: „*Pectore...*'"

[326] *dem aus ehrenhaftem Verhalten keine Hoffnung erwächst.* Bei Tacitus: *Annalen*, V, 3, findet sich die Wendung *pauci, quis nulla ex honesto spes.* Rousseau orientiert sich vermutlich nicht am Originaltext von Tacitus, sondern an der Abwandlung des Zitats, die Sidney: *Discourses*, II, 20 (p. 150, frz. Ausgabe t. I, p. 441) ohne Hinweis auf die Quelle gebraucht: *quibus ex honesto nulla est spes.*

C'est ici le dernier terme de l'inégalité, et le point extrême qui
ferme le Cercle et touche au point d'où nous sommes partis:
C'est ici que tous les particuliers redeviennent égaux parce qu'ils
ne sont rien, et que les Sujets n'ayant plus d'autre Loi que la volonté
du Maître, ni le Maître d'autre regle que ses passions, les notions
du bien, et les principes de la justice s'évanouissent de rechef.
C'est ici que tout se ramene à la seule Loi du plus fort, et par conséquent à un nouvel état de Nature différent de celui par lequel
nous avons commencé[327], en ce que l'un étoit l'état de Nature dans
sa pureté, et que ce dernier est le fruit d'un excès de corruption.
Il y a si peu de différence d'ailleurs entre ces deux états, et le Contract de Gouvernement[328] est tellement dissous par le Despotisme,
que le Despote n'est le Maître qu'aussi longtems qu'il est le plus
fort, et que sitôt qu'on peut l'expulser, il n'a point à réclamer
contre la violence. L'émeute qui finit par étrangler ou détrôner
un Sultan est un acte aussi juridique que ceux par lesquels il dis-
posoit la veille des vies et des biens de ses Sujets. La seule force
le maintenoit, la seule force le renverse; toutes choses se passent
ainsi selon l'ordre Naturel; et quelque puisse être l'événement de
ces courtes et fréquentes révolutions, nul ne peut se plaindre de
l'injustice d'autrui, mais seulement de sa propre imprudence, ou
de son malheur[329].

---

[327] Die Formulierung ist doppeldeutig. Gemeint sein kann sowohl der
Naturzustand des *bellum omnium contra omnes*, der der bürgerlichen Gesellschaft
unmittelbar vorausgeht, als auch der erste Naturzustand, mit dem die Rekonstruktion des Zweiten Teils insgesamt einsetzt. Entscheidend ist der As-
pekt, unter dem der neue Naturzustand mit jenem verglichen wird, „mit
dem wir begonnen haben". In beiden sind die Menschen *gleich* in Rücksicht
auf das „alleinige Gesetz des Stärkeren", d. h. in Rücksicht auf die Abwesen-
heit einer politisch garantierten Rechtsordnung. Keiner kann sich auf ein
menschliches Recht, eine politische Legitimation, eine gesellschaftliche Konvention stützen. Der Despotismus als der „äußerste Punkt, der den Kreis
schließt", bezeichnet eine Rückkehr zum Naturzustand in dem Sinne, daß
der Akt, durch den „das Recht die Stelle der Gewalt einnahm und die Natur
somit dem Gesetz unterworfen wurde" (S. 68), von ihm außer Kraft gesetzt
wird. Was vor der Scheidelinie jenes Aktes lag, war der Naturzustand in seiner
„Reinheit", natürlichen Unmittelbarkeit, historischen Ungebrochenheit.
Jenseits der Linie, nachdem die Gründung der politischen Gesellschaft statt-
hatte, kann das, was der Despotismus von ihm wiederaufleben läßt, nur als

Hier ist das letzte Stadium der Ungleichheit und der äußerste Punkt erreicht, der den Kreis schließt und den Punkt berührt, von dem wir ausgegangen sind. Hier werden alle Einzelnen wieder gleich, weil sie nichts sind; und da die Untertanen kein anderes Gesetz mehr haben als den Willen des Herrn und der Herr keine andere Regel als seine Leidenschaften, verschwinden die Begriffe des Guten und die Prinzipien der Gerechtigkeit aufs neue. Hier läuft alles auf das alleinige Gesetz des Stärkeren hinaus und folglich auf einen neuen Naturzustand, der sich von jenem, mit dem wir begonnen haben[327], darin unterscheidet, daß der eine der Naturzustand in seiner Reinheit war, und dieser letzte die Frucht eines Exzesses an Korruption ist. Im übrigen besteht zwischen diesen beiden Zuständen so wenig Unterschied und der Regierungsvertrag[328] ist durch den Despotismus so [vollständig] aufgelöst, daß der Despot nur so lange Herr ist, als er der Stärkste ist, und er, sobald man ihn zu vertreiben vermag, gegen die Gewalt keinen Einspruch erheben kann. Der Aufruhr, der mit der Erdrosselung oder der Entthronung eines Sultans endet, ist ein ebenso rechtlicher Akt wie jene, durch die er am Tag zuvor über das Leben und die Güter seiner Untertanen verfügte. Die Gewalt allein hielt ihn, die Gewalt allein stürzt ihn; alles geschieht so nach der natürlichen Ordnung, und wie diese kurzen und häufigen Revolutionen auch ausgehen mögen, keiner kann sich über die Ungerechtigkeit eines anderen beklagen, sondern nur über seine eigene Unvorsichtigkeit oder über sein Unglück[329].

---

die „Frucht eines Exzesses an Korruption" wiederkehren. — Vergleiche zur Art der Gleichheit der Menschen, von der hier in bezug auf die beiden Naturzustände die Rede ist, Hobbes: *De Cive*, I, 3.

[328] Die theoretische Unhaltbarkeit der Hypothese vom Regierungsvertrag hatte Rousseau bei deren erster Erörterung „für jeden aufmerksamen Leser" gezeigt. Am Ende seines historischen Entwurfs stellt er fest, daß der Despotismus den Regierungsvertrag, wenn man denn der „allgemeinen Meinung" folgen und diesen annehmen wollte, vollständig „auflöst": Es gibt keine historische Fessel für den aktuellen Willen des Volkes. Der Weg zur „legitimen Einrichtung" ist nicht ein für allemal versperrt. Cf. S. 250 und FN 272.

[329] Die natürliche Ordnung, die jeder Rechtsordnung vorausliegt, wird im Gegensatz zu dieser wesentlich durch das Gesetz des Stärkeren bestimmt. Die natürliche Ordnung ist die Ordnung des Naturzustandes schlechthin.

En découvrant et suivant ainsi les routes oubliées et perdues
qui de l'état Naturel ont dû mener l'homme à l'état Civil; en
rétablissant, avec les positions intermédiaires que je viens de
marquer, celles que le tems qui me presse m'a fait supprimer, ou
que l'imagination ne m'a point suggérées; tout Lecteur attentif[330]
ne pourra qu'être frappé de l'espace immense qui sépare ces deux
états. C'est dans cette lente succession des choses qu'il verra la
solution d'une infinité de problêmes de morale et de Politique que
les Philosophes ne peuvent résoudre[331]. Il sentira que le Genre-
humain d'un âge n'étant pas le Genre-humain d'un autre âge, la
raison pourquoi Diogéne ne trouvoit point d'homme, c'est qu'il
cherchoit parmi ses contemporains l'homme d'un tems qui
n'étoit plus[332]: Caton, dira-t-il, périt avec Rome et la liberté, parce
qu'il fut déplacé dans son siécle, et le plus grand des hommes ne fit

---

Sie gilt für den „ersten" oder „anfänglichen Naturzustand", in dem das Gesetz
des Stärkeren aufgrund der solitären Existenz der Menschen zwar weitgehend
„wirkungslos" bleibt (S. 164), aber gleichwohl prinzipielle Gültigkeit und
im Konfliktfall sehr handgreifliche Realität besitzt, wie für das „letzte Stadium
des Naturzustandes", in dem die fatalen Auswirkungen des Gesetzes des
Stärkeren die sozial gewordenen Menschen schließlich dazu veranlassen,
die natürliche Ordnung durch die Gründung der politischen Gesellschaft
zu suspendieren; und sie kehrt wieder, sobald der Despotismus die Rechtsordnung zerstört und einen neuen Naturzustand heraufbeschworen hat.
„Das unverbrüchlichste Gesetz der Natur ist das Gesetz des Stärkeren"
(*Considérations sur le gouvernement de Pologne*, XII, p. 1013). Sowenig der Despotismus in der Lage ist, als solcher Recht zu begründen (S. 222/240), sowenig
ist die Auseinandersetzung mit ihm als eine Frage des Rechts zu erörtern:
Rousseau postuliert kein Widerstandsrecht des Volkes. Im Naturzustand des
Despotismus geschieht alles nach der natürlichen Ordnung. Sie aufs neue zu
suspendieren, kann nur die Aufgabe einer neuen „politischen Einrichtung"
sein.

[330] Siehe FN 73 und 213. — Anstelle der zusammenfassenden Reflexionen,
mit denen der Abschnitt beginnt, hatte Rousseau in einem frühen Entwurf
und auch noch in der Reinschrift einer Zwischenfassung des *Discours* eine
scharfe Kritik der Priester und des „Aberglaubens" vorgesehen. Die historische Skizze des *Discours* sollte nicht in der Schilderung des Despotismus,
sondern in der Auseinandersetzung mit einer „neuen Art von Ungleichheit"
kulminieren, die Rousseau in der *Zwischenfassung* „die am wenigsten vernünftige und die am meisten gefährliche von allen" nennt (S. 396). Siehe
Seite 396—398.

Jeder aufmerksame Leser[330], der so die vergessenen und ver-
lorenen Wege entdeckt und verfolgt, die den Menschen vom natürlichen Zustand zum bürgerlichen Zustand führen mußten; der zusammen mit den dazwischenliegenden Positionen, die ich eben
markiert habe, jene wieder einfügt, die ich aus Zeitmangel übergehen mußte oder die mir die Einbildungskraft nicht eingegeben
hat, wird über den unermeßlichen Zeitraum, der diese beiden Zustände voneinander trennt, nur frappiert sein können. In dieser
langsamen Aufeinanderfolge der Dinge wird er die Lösung einer
Unzahl von Problemen der Moral und der Politik sehen, welche
die Philosophen nicht lösen können[331]. Er wird einsehen, daß —
da das Menschengeschlecht eines Zeitalters nicht das Menschengeschlecht eines anderen Zeitalters ist — der Grund, weshalb
Diogenes keinen Menschen fand, darin lag, daß er unter seinen
Zeitgenossen den Menschen einer Zeit suchte, die nicht mehr existierte[332]. Cato, wird er sagen, ging mit Rom und der Freiheit unter,
weil er in seinem Jahrhundert fehl am Platze war; und der größte
der Menschen setzte die Welt nur in Erstaunen, die er fünfhundert

---

[331] Vergleiche Rousseaus Aussage zum Fundierungsverhältnis von Anthropologie und Politischer Philosophie im Vorwort, S. 58. — Zur Bedeutung
der Größe des Zeitraums s. FN 148 und 211.

[332] Von Diogenes von Sinope wird berichtet, er habe bei Tage ein Licht
angezündet und gesagt: „Ich suche einen Menschen" (Diogenes Laertius,
VI, 41). Der Kyniker Diogenes, ein Zeitgenosse Platons, ist der letzte Philo-
soph, den Rousseau im Haupttext des *Discours* namentlich erwähnt. Seine
Gestalt steht in der Philosophenlegende vor allem für eine radikale Kritik
an aller Konvention im Verhalten der Menschen und für eine extreme äußere
Einfachheit und Bedürfnislosigkeit in der Lebensführung des Philosophen,
der eine unabhängige Existenz am Rande der Gesellschaft verwirklicht.
(Diogenes Laertius, VI, 20—81.) Vergleiche die Apologie des Diogenes in
Diderots *Encyclopédie*-Artikel *Cynique (Secte de philosophes anciens)*, Bd. IV,
597a (Okt. 1754), die Diderot heftige Kritik eintrug. Voltaire nennt Rousseau
in einer Marginalie, die er sich zu einer früheren Stelle des *Discours* notiert
hat, *singe de Diogène*, ein Epitheton, auf das er später in verschiedenen Ab-
wandlungen (*bâtard du chien de Diogène, chien de Diogène*, etc.) zurückkommt,
wenn von Rousseau die Rede ist (s. George R. Havens: *Voltaire's Marginalia
on the Pages of Rousseau*, New York, ²1971, p. 21 f). — Zur historischen bzw.
entwicklungsgeschichtlichen Verschiedenheit der Menschen cf. *Considérations
sur le gouvernement de Pologne*, II, p. 956, und s. FN 415.

qu'étonner le monde qu'il eût gouverné cinq cens ans plûtôt[333].
En un mot, il expliquera comment l'ame et les passions humaines
s'altérant[334] insensiblement, changent pour ainsi dire de Nature;
pourquoi nos besoins et nos plaisirs changent d'objets à la longue;
pourquoi l'homme originel s'évanouissant par degrés, la Société
n'offre plus aux yeux du sage qu'un assemblage d'hommes artificiels et de passions factices qui sont l'ouvrage de toutes ces nouvelles rélations, et n'ont aucun vrai fondement dans la Nature.
Ce que la réfléxion nous apprend là-dessus, l'observation le confirme parfaitement: L'homme Sauvage et l'homme policé différent
tellement par le fond du cœur et des inclinations, que ce qui fait
le bonheur suprême de l'un, réduiroit l'autre au désespoir[335].
Le premier ne respire que le repos et la liberté, il ne veut que vivre
et rester oisif, et l'ataraxie même du Stoïcien n'approche pas de
sa profonde indifférence pour tout autre objet. Au contraire, le
Citoyen toujours actif suë, s'agite, se tourmente sans cesse pour
chercher des occupations encore plus laborieuses: il travaille

---

[333] Vergleiche die Einschätzung der Unzeitgemäßheit Catos bei Montaigne:
Essais, III, 9 *(De la vanité)*, p. 969. — M. Porcius Cato Uticensis (95—46),
der Urenkel des Censoriers, war ein überzeugter, auf dem Boden der römischen Tradition stehender Republikaner und ein für seine Sittenstrenge berühmter Stoiker. Cicero nennt ihn *gravissimus atque integerrimus vir*. Im Jahre 46
verschmähte er die Begnadigung durch Caesar, dessen entschiedener Feind
er war, und wählte den Freitod durch eigene Hand. — Das Lob, das Rousseau
Cato zollt, wenn er ihn als den größten der Menschen bezeichnet, korrespondiert der Qualifizierung des römischen Volkes als „Musterbild aller freien
Völker" (S. 14). Bereits in der *Dernière réponse* hatte Rousseau Cato als den
„tugendhaftesten der Menschen" Caesar „und den anderen Räubern seiner
Zeit" gegenübergestellt und von ihm gesagt, er habe „dem Menschengeschlecht das Schauspiel und das Musterbild der reinsten Tugend gegeben,
die jemals existiert hat" (p. 87 f). Cato personifiziert in den Schriften Rousseaus die republikanische und patriotische Tugend des guten Bürgers schlechthin. Er war der „größte der Römer und der tugendhafteste der Menschen",
er ist „das Vorbild der Bürger" (*Vertu du héros*, p. 1268).

[334] Siehe FN 46 und cf. zur Aussage dieses Satzes insgesamt den ersten
Abschnitt des Vorworts.

[335] Rousseau hatte bereits in einem kurzen Hinweis des *Ersten Discours*
(p. 11, note) und danach in einer bemerkenswerten Passage des *Préface de
Narcisse* (p. 969, note) die rezenten Wilden kritisch gegen die Zivilisierten

Jahre früher regiert hätte[333]. Mit einem Wort: er wird erklären, wie die Seele und die menschlichen Leidenschaften, indem sie unmerklich entstellt werden[334], sozusagen ihre Natur verändern; warum unsere Bedürfnisse und unsere Vergnügungen auf die Dauer ihre Gegenstände wechseln; warum der ursprüngliche Mensch nach und nach verschwindet und die Gesellschaft in den Augen des Weisen nur mehr eine Ansammlung artifizieller Menschen und künstlicher Leidenschaften darstellt, die das Werk all dieser neuen Verhältnisse sind und keine wahre Grundlage in der Natur haben. Was die Reflexion uns hierüber lehrt, bestätigt die Beobachtung vollkommen: Der wilde Mensch und der zivilisierte Mensch sind im Grunde ihres Herzens und in ihren Neigungen derart verschieden, daß das, was das höchste Glück des einen ausmacht, den anderen zur Verzweiflung treiben würde[335]. Der erstere atmet nur Ruhe und Freiheit; er will nur leben und müßig bleiben; und selbst die Ataraxie des Stoikers reicht nicht an seine tiefe Gleichgültigkeit jedem anderen Objekt gegenüber heran. Der Bürger dagegen, immer aktiv, schwitzt, hetzt und quält sich unablässig, um sich noch mühsamere Beschäftigungen zu suchen; er arbeitet bis zum Tode, er läuft ihm sogar entgegen,

---

ins Feld geführt. Vergleiche Rousseaus kontrastierende Gegenüberstellung des wilden und des zivilisierten Menschen mit Montaignes Essai *Von den Kannibalen* (*Essais*, I, 31, vor allem p. 203 ff), den Rousseau an der genannten Stelle des *Ersten Discours* selbst zitiert, und beachte die Charakterisierung der Wilden und der „Jugend der Welt" auf S. 190 ff. — Als Musterbeispiel für den sozialen, aus der „Beobachtung" bekannten Wilden, den Rousseau dem zivilisierten Europäer bzw. dem Bürger polemisch entgegensetzt, dienen ihm die Kariben, „dasjenige unter allen existierenden Völkern, das sich bis jetzt am wenigsten vom Naturzustand entfernt hat" (S. 156). Der Pater Du Tertre, Rousseaus wichtigster Gewährsmann, was die Kariben anbelangt, hebt vor allem zwei Eigenschaften an dieser von ihm mit großer Sympathie beschriebenen „wilden Nation" hervor: Ihre unbändige Freiheitsliebe und ihre unbesiegbare Faulheit oder Indolenz, die sie, beide, gänzlich ungeeignet machten, sich unter das Joch der Sklaverei zwingen zu lassen, und etwa, wie die Neger der Antillen, denen gegenüber Du Tertre höchst gleichgültig bleibt, auf den Plantagen der Kolonialherren zu arbeiten. Rousseau wußte von Du Tertre auch, daß die Kariben Kannibalen waren. — Vergleiche den vorliegenden definitiven Text bis zum Ende des Abschnitts mit der früheren Version der *Zwischenfassung*, S. 398 ff.

jusqu'à la mort, il y court même pour se mettre en état de vivre, ou renonce à la vie pour acquerir l'immortalité. Il fait sa cour aux grands qu'il hait et aux riches qu'il méprise; il n'épargne rien pour obtenir l'honneur de les servir; il se vante orgueilleusement de sa bassesse et de leur protection, et fier de son esclavage, il parle avec dédain de ceux qui n'ont pas l'honneur de le partager. Quel Spectacle pour un Caraïbe que les travaux pénibles et enviés d'un Ministre Européen! Combien de morts cruelles ne préféreroit pas cet indolent Sauvage à l'horreur d'une pareille vie qui souvent n'est pas même adoucie par le plaisir de bien faire? Mais pour voir le but de tant de soins, il faudroit que ces mots, *puissance* et *réputation*, eussent un sens dans son esprit, qu'il apprît qu'il y a une sorte d'hommes qui comptent pour quelque chose les regards du reste de l'univers, qui savent être heureux et contens d'eux mêmes sur le témoignage d'autrui plûtôt que sur le leur propre. Telle est, en effet, la véritable cause de toutes ces différences: le Sauvage vit en lui-même; l'homme sociable toûjours hors de lui ne fait vivre que dans l'opinion des autres, et c'est, pour ainsi dire, de leur seul jugement qu'il tire le sentiment de sa propre éxistence[336]. Il n'est pas de mon sujet de montrer comment d'une telle disposition naît tant d'indifférence pour le bien et le mal, avec de si beaux discours de morale; comment tout se réduisant aux apparences, tout devient factice et joüé; honneur, amitié, vertu, et souvent jusqu'aux vices mêmes, dont on trouve enfin le secret de se glorifier; comment, en un mot, demandant toujours aux autres ce que nous sommes et n'osant jamais nous interroger là-dessus nous mêmes, au milieu de tant de Philosophie, d'humanité, de politesse et de maximes Sublimes, nous n'avons qu'un extérieur trompeur et frivole, de l'honneur sans vertu, de la raison sans sagesse, et du plaisir sans bonheur. Il me suffit d'avoir

---

[336] Bei der Benennung der „wahren Ursache" aller angeführten Unterschiede, bei der Beschreibung der fundamentalsten Veränderung in der historischen Entwicklung des Menschen, wechselt Rousseau von der polemischen Darstellungsebene, auf der der (solitäre wie der soziable) *Wilde* dem *Bürger* gegenüberstand, auf die Ebene der philosophischen Realanalyse: Der tiefgreifendste anthropologische Einschnitt ist das Soziabel-Werden des Menschen: Indem der Mensch *soziabel* wird, wird er *Sklave* (S. 92), wird er *böse*

um zu leben sich in den Stand zu setzen, oder er entsagt dem
Leben, um die Unsterblichkeit zu erlangen. Er macht den Großen, die er haßt, und den Reichen, die er verachtet, den Hof;
er läßt es an nichts fehlen, um die Ehre zu erlangen, ihnen zu
dienen; er rühmt sich hochmütig seiner Niedrigkeit und ihrer
Protektion; und stolz auf seine Sklaverei, spricht er mit Geringschätzung von jenen, die nicht die Ehre haben, sie mit ihm zu
teilen. Welch ein Schauspiel muß die mühevolle und begehrte
Arbeit eines europäischen Ministers für einen Kariben sein!
Wie viele grausame Tode zöge jener indolente Wilde nicht der
Entsetzlichkeit eines solchen Lebens vor, das oft nicht einmal
durch das Vergnügen, Gutes zu tun, versüßt wird! Um aber den
Zweck so vieler Mühen einsehen zu können, müßten die Wörter
Macht und *Reputation* in seinem Geist einen Sinn haben; er müßte
lernen, daß es eine Sorte von Menschen gibt, denen die Beachtung,
die ihnen der Rest der Welt entgegenbringt, etwas bedeutet, die
eher auf das Zeugnis anderer als auf ihr eigenes hin glücklich und
mit sich selbst zufrieden zu sein verstehen. Dies ist in der Tat
die wahrhafte Ursache all dieser Unterschiede: Der Wilde lebt in
sich selbst, der soziable Mensch weiß, immer außer sich, nur
in der Meinung der anderen zu leben; und sozusagen aus ihrem
Urteil allein bezieht er das Gefühl seiner eigenen Existenz[336].
Es gehört nicht zu meinem Thema zu zeigen, wie aus einer solchen
Disposition so viel Gleichgültigkeit gegenüber Gut und Böse
entsteht — bei so schönen Reden über Moral; wie, da sich alles
auf den Schein reduziert, alles künstlich und gespielt wird: Ehre,
Freundschaft, Tugend und häufig sogar die Laster selbst, deren
sich zu rühmen, man schließlich das Geheimnis findet; mit einem
Wort: wie wir, da wir immer die anderen fragen, was wir sind,
und es niemals wagen, mit uns selbst hierüber zu Rate zu gehen,
inmitten von so viel Philosophie, Humanität, Höflichkeit und
erhabenen Maximen nichts als ein trügerisches und wertloses
Äußeres haben: Ehre ohne Tugend, Vernunft ohne Weisheit und

(S. 166), weiß er nur mehr *in der Meinung der anderen zu leben*: Alle diese Bestimmungen sind untrennbar miteinander verbunden. Sie bezeichnen ein und
dieselbe Sache.

prouvé[337] que ce n'est point-là l'état originel de l'homme, et que c'est le seul esprit de la Société et l'inégalité qu'elle engendre, qui changent et altèrent ainsi toutes nos inclinations naturelles.

J'ai tâché d'exposer l'origine et le progrès de l'inégalité, l'établissement et l'abus des Sociétés politiques, autant que ces choses peuvent se déduire de la Nature de l'homme par les seules lumières de la raison, et indépendamment des Dogmes sacrés qui donnent à l'autorité Souveraine la Sanction du Droit Divin[338]. Il suit de cet exposé que l'inégalité étant presque nulle dans l'état de Nature, tire sa force et son accroissement du développement de nos facultés et des progrès de l'Esprit humain, et devient enfin stable et légitime par l'établissement de la propriété et des Loix. Il suit encore que l'inégalité morale, autorisée par le seul droit positif, est contraire au Droit Naturel, toutes les fois qu'elle ne concourt pas en même proportion avec l'inégalité Physique; distinction qui détermine suffisamment ce qu'on doit penser à cet egard de la sorte d'inégalité qui regne parmi tous les Peuples policés[339]; puisqu'il est manifestement contre la Loi de Nature, de quelque manière qu'on la définisse, qu'un enfant commande à un vieillard, qu'un imbécille conduise un homme sage, et qu'une poignée de

---

[337] S. FN 206 und cf. zum Anspruch dieses Satzes die parallele Aussage im drittletzten Abschnitt des Ersten Teils, S. 166. — In der *Zwischenfassung* (S. 400) hatte Rousseau geschrieben: „Es genügt mir, evident gezeigt zu haben . . ."

[338] Rousseau wiederholt im letzten Absatz des *Discours* den Vorbehalt, den er zu Beginn (S. 70 ff) für die gesamte weitere Darstellung formuliert hatte. Spätestens jetzt, am Ende des *Discours*, nachdem Rousseau ausdrücklich und wiederholt für sich in Anspruch genommen hat, die zentralen Ergebnisse seines anthropologischen und historischen Rekonstruktionsunternehmens bewiesen zu haben, kann der „aufmerksame Leser" den formalen Charakter dieses Vorbehalts erkennen und dessen Sinn durchschauen. Ja, er vermag das, was scheinbar als Einschränkung wiederholt wird, vor dem Hintergrund seiner Kenntnis des Ganzen als eine positive, offensiv gewendete Feststellung zu lesen: Daß sich nämlich die „Dinge", von denen der *Discours* handelt, tatsächlich „allein durch das Licht der Vernunft und unabhängig von den heiligen Dogmen aus der Natur des Menschen ableiten lassen". — Vergleiche zum Charakter der „heiligen Dogmen, die der souveränen Autorität die Sanktion des göttlichen Rechts verleihen", S. 246 und FN 302.

Vergnügen ohne Glück. Es genügt mir, bewiesen[337] zu haben, daß dies nicht der ursprüngliche Zustand des Menschen ist und daß es allein der Geist der Gesellschaft ist und die Ungleichheit, welche sie gebiert, die alle unsere natürlichen Neigungen so verändern und entstellen.

Ich habe versucht, den Ursprung und den Fortschritt der Ungleichheit, die Errichtung und den Mißbrauch der politischen Gesellschaften darzustellen, soweit sich diese Dinge allein durch das Licht der Vernunft und unabhängig von den heiligen Dogmen, die der souveränen Autorität die Sanktion des göttlichen Rechts verleihen, aus der Natur des Menschen ableiten lassen[338]. Aus dieser Darstellung folgt, daß die Ungleichheit, die im Naturzustand nahezu null ist, ihre Macht und ihr Wachstum aus der Entwicklung unserer Fähigkeiten und den Fortschritten des menschlichen Geistes bezieht und durch die Etablierung des Eigentums und der Gesetze schließlich dauerhaft und legitim wird. Weiter folgt daraus, daß die moralische Ungleichheit, die allein durch das positive Recht autorisiert wird, dem Naturrecht zuwider ist, wann immer sie mit der physischen Ungleichheit nicht im gleichen Verhältnis einhergeht: Eine Unterscheidung, die hinreichend bestimmt, was man in dieser Hinsicht von der Art von Ungleichheit zu denken hat, die unter allen zivilisierten Völkern herrscht[339]; denn es ist offensichtlich wider das Gesetz der Natur, auf welche Weise man es auch definieren mag, daß ein Kind einem Greis befiehlt, daß ein Schwachsinniger einen weisen Menschen führt und daß eine Handvoll Leute überfüllt ist mit

---

[339] Rousseau gibt eine präzise Antwort auf den zweiten Teil der Frage, die die Akademie von Dijon gestellt hatte: Die moralische oder politische Ungleichheit wird nicht durch das „natürliche Gesetz", sondern „allein durch das positive Recht" autorisiert. Sie befindet sich im Widerspruch zum „Naturrecht", wann immer sie mit der physischen oder natürlichen Ungleichheit nicht „im gleichen Verhältnis einhergeht." Das „Naturrecht" reich. nicht hin, um die konkrete gesellschaftlich eingerichtete Ungleichheit zu rechtfertigen, diese Rechtfertigung steht prinzipiell in der Kompetenz des (legitimen) Souveräns. Dagegen markiert das „Naturrecht" eine Grenze, es kann als kritische Instanz dienen, an der sich die Illegitimität der gesellschaftlich eingerichteten Ungleichheit und die Illegitimität des positiven Rechts, das sie autorisiert, ablesen läßt.

gens regorge de superfluités, tandis que la multitude affamée
manque du nécessaire[340].

---

[340] „Ist die Krone erblich, so befiehlt oft ein Kind Männern" (*C.S. M.G.*
I, 5, p. 299). „Man hat die Kronen innerhalb bestimmter Familien erblich
gemacht, und man hat eine Ordnung der Thronfolge festgelegt, die jedem
Streit beim Tode der Könige vorbeugt: Das heißt, daß man [. . .] eine scheinbare Ruhe einer weisen Verwaltung vorgezogen hat und daß man lieber Gefahr laufen wollte, Kinder, Ungeheuer, Geistesschwache als Oberhäupter
zu haben, als über die Wahl der guten Könige streiten zu müssen" (*C.S.* III,
6, p. 411). Cf. *Considérations sur le gouvernement de Pologne*, p. 1029 ff. — Montaigne erzählt gegen Ende seines Essays *Des cannibales* (*Essais*, I, 31, p. 212/213)
eine Anekdote von drei Wilden, die Frankreich besuchten und auf die Frage,
was sie bei ihrem Aufenthalt am bewundernswertesten gefunden hätten, zur
Antwort gaben, am meisten habe sie befremdet, daß ein Kind — als König
— erwachsenen Männern befahl und daß sie Menschen sahen, die überfüllt
waren mit jeglicher Art von Annehmlichkeiten, während die anderen, vor

Überflüssigem, während die ausgehungerte Menge am Notwendigsten Mangel leidet[340].

Hunger und Armut abgezehrt, vor ihren Türen bettelten und eine solche Ungerechtigkeit erduldeten, ohne jene bei der Gurgel zu fassen oder ihre Häuser in Brand zu setzen. Rousseau nimmt die Kritik, die Montaigne durch den Mund der Wilden an der politischen und sozialen Wirklichkeit der französischen Monarchie übt, auf und beschließt mit ihr seinen *Discours*. Auf der Ebene der polemischen Auseinandersetzung mit der europäischen Zivilisation macht er die Position der Wilden zu seiner eigenen. Was sie befremdet, „ist offensichtlich wider das Gesetz der Natur, auf welche Weise man es auch definieren mag." Die „Art von Ungleichheit, die unter allen zivilisierten Völkern herrscht", widerspricht dem „natürlichen Gesetz" und dem „Gesetz der Natur" zugleich. Sie verletzt die „natürliche Ordnung" ebenso, wie sie unvereinbar ist mit der politischen Ordnung des guten Gemeinwesens, die die „natürliche Ordnung" in der Geschichte abgelöst hat oder sie nach deren Wiederkehr in der Zukunft aufs neue ablösen kann und soll.

NOTES.

DÉDICACE, page 12

(Note I*.) Hérodote[341] raconte qu'après le meurtre du faux Smerdis, les sept libérateurs de la Perse s'étant assemblés pour déliberer sur la forme de Gouvernement qu'ils donneroient à l'Etat, Otanés opina fortement pour la république; avis d'autant plus extraordinaire dans la bouche d'un Satrape, qu'outre la prétention qu'il pouvoit avoir à l'Empire, les grands craignent plus que la mort une sorte de Gouvernement qui les force à respecter les hommes. Otanés, comme on peut bien croire, ne fut point écouté, et voyant qu'on alloit procéder à l'élection d'un Monarque, lui qui ne vouloit ni obéir ni commander, ceda volontairement aux autres Concurrens son droit à la couronne, demandant pour tout dédommagement d'être libre et indépendant, lui et sa postérité, ce qui lui fut accordé. Quand Hérodote ne nous apprendroit pas la restriction qui fut mise à ce Privilége, il faudroit necessairement la supposer[342]; autrement Otanés, ne reconnoissant aucune sorte de Loi et n'ayant de compte à rendre à personne, auroit été tout puissant dans l'Etat et plus puissant que le Roi-même. Mais il n'y avoit guéres d'apparence qu'un homme capable de se contenter en pareil cas d'un tel privilége, fût capable d'en abuser. En effet, on ne voit pas que ce droit ait jamais causé le moindre trouble dans le Royaume, ni par le sage Otanés, ni par aucun de ses descendans.

---

[341] Herodot: *Historien*, III, 80—83.

[342] Die Einschränkung des Freiheitsprivilegs bestand darin, daß Otanes und seine Nachkommen, die dem König nur so weit untertan sein sollten, wie sie dies aus freien Stücken sein wollten, kein Gesetz der Perser übertreten durften (*Historien*, III, 83). — Mit der ersten Anmerkung, der einzigen, die er der *Widmung* hinzufügt, macht Rousseau zweierlei deutlich: 1.) Das Gesetz muß notwendigerweise allgemein, für alle Bürger gleichermaßen verbindlich sein. Die Allgemeinheit der Gesetze, die Ausnahmslosigkeit ihrer Geltung, gehört zu den grundlegenden Bestimmungen in Rousseaus späterer systematischer Erörterung der „Prinzipien des Politischen Rechts" (cf. *C.S.* I, 7; II, 4; II, 6 und *Economie politique*, p. 249). 2.) Es besteht ein prinzipieller Unterschied zwischen den allgemeinen Gesetzen, die der Souverän

ANMERKUNGEN

WIDMUNG, *Seite* 13

(ANMERKUNG I*) Herodot[341] erzählt, daß nach der Ermordung des falschen Smerdis, als sich die Sieben Befreier von Persien versammelt hatten, um über die Regierungsform zu beraten, die sie dem Staat geben sollten, Otanes sich nachdrücklich für die Republik aussprach: eine um so außerordentlichere Ansicht aus dem Munde eines Satrapen, als — vom Anspruch, den er auf das Reich erheben konnte, einmal abgesehen — die Großen eine Regierungsart, welche sie zwingt, die Menschen zu achten, mehr fürchten als den Tod. Otanes fand, wie man sich leicht denken kann, kein Gehör, und da er sah, daß man im Begriff war, zur Wahl eines Monarchen zu schreiten, trat er, der weder gehorchen noch befehlen wollte, sein Recht auf die Krone freiwillig an die anderen Mitbewerber ab und verlangte als einzige Entschädigung, daß er und seine Nachkommenschaft frei und unabhängig wären, was man ihm zubilligte. Wenn Herodot uns über die Einschränkung, die diesem Privileg hinzugefügt wurde, nicht unterrichtete, müßte man sie notwendigerweise voraussetzen[342]; andernfalls wäre Otanes, da er keinerlei Gesetz anerkannt und niemandem Rechenschaft abzulegen gehabt hätte, im Staat allmächtig gewesen und mächtiger als der König selbst. Aber es bestand kaum die Wahrscheinlichkeit, daß ein Mann, fähig, sich in einem derartigen Fall mit solch einem Privileg zu begnügen, fähig sein würde, es zu mißbrauchen. In der Tat vermag man nicht zu sehen, daß dieses Recht jemals die geringste Mißhelligkeit im Königreich verursacht hätte, weder durch den weisen Otanes noch durch irgendeinen seiner Nachkommen.

---

gibt, und den partikularen Akten der Regierung, den Dekreten und den besonderen Anwendungen des Gesetzes, die der Magistrat verfügt (cf. *C.S.* II, 2; II, 4; III, 1). — Rousseau hatte zunächst geschrieben: *Or il falloit absolument, ce me semble, que ce privilège fut interprété, autrement Otanés ... | Nun war es absolut nötig, wie mir scheint, daß dieses Privileg interpretiert wurde, andernfalls wäre Otanes ...* Rousseau nahm die Korrektur der ursprünglichen Fassung erst während der Drucklegung in einem Brief an Rey vom 23. 2. 1755 vor (*CC* III, p. 102). *OCP* teilen den früheren Text nicht mit.

PRÉFACE, page 42

(Note II*.) Dès mon premier pas je m'appuye avec confiance
sur une de ces autorités[343] respectables pour les Philosophes,
parcequ'elles viennent d'une raison solide et sublime qu'eux seuls
savent trouver et sentir.

„ Quelque intérêt que nous ayons à nous connoître nous-mêmes,
„je ne sais si nous ne connoissons pas mieux tout ce qui n'est
„pas nous. Pourvûs par la Nature, d'organes uniquement destinés
„à notre conservation, nous ne les employons qu'à recevoir
„les impressions étrangéres, nous ne cherchons qu'à nous repandre
„au dehors, et à exister hors de nous; trop occupés à multiplier
„les fonctions de nos sens et à augmenter l'étendue extérieure de
„notre être, rarement faisons-nous usage de ce sens intérieur
„qui nous reduit à nos vrayes dimensions, et qui sépare de nous
„tout ce qui n'en est pas. C'est cependant de ce sens dont il faut
„nous servir, si nous voulons nous connoître; c'est le seul par
„lequel nous puissions nous juger; Mais comment donner à ce

---

[343] Die Rede ist von Buffon, von einem der prominentesten Naturwissenschaftler der Zeit. Die Naturwissenschaft stellt, sofern sie „von einer soliden
und erhabenen Vernunft herrührt", eine Autorität dar, die für Philosophen
respektabel ist, eine Autorität, die allein sie richtig einzuschätzen wissen;
im Gegensatz etwa zu den Theologen der Sorbonne, die Buffons Schrift
De la nature de l'homme, deren ersten Abschnitt Rousseau im folgenden ungekürzt wiedergibt, 1751 zensiert und zu mehreren Punkten darin „Richtig-
stellungen" vom Autor verlangt hatten. Die kurze Einleitung, die Rousseau
dem Buffon-Zitat vorausschickt, hat ersichtlich dieselbe Funktion, wie der in
FN 82 kommentierte Vergleich mit „unseren Naturwissenschaftlern" innerhalb des Exordiums. — Der Leser, der die in Anmerkung II zitierte Buffon-
Passage im Original nachschlägt, wird feststellen, daß Buffon der Frage nach
der Selbsterkenntnis des Menschen, die bei ihm wie bei Rousseau gleich zu Beginn aufgeworfen wird, eine ganz andere Wendung gibt, daß Rousseau der
Autorität Buffons, was seine anthropologische Grundposition anbetrifft, ge-
rade nicht folgt. Zumindest gilt dies für die „offizielle", explizit vorgetragene
Lehre Buffons: Im unmittelbaren Anschluß an den Text, den Rousseau wieder-
gibt, erklärt Buffon: „Cependant inaltérable dans sa substance, impassible par
son essence, elle [l'âme] est toujours la même"; und kurz danach heißt es:
„Der erste und der schwierigste Schritt, den wir zu machen haben, um zur
Erkenntnis unserer selbst zu gelangen, besteht darin, die Natur der zwei
Substanzen klar zu erkennen, aus denen wir zusammengesetzt sind." Damit

VORWORT, *Seite* 43

(ANMERKUNG II*) Von meinem ersten Schritt an stütze ich
mich vertrauensvoll auf eine jener Autoritäten[343], die für die
Philosophen respektabel sind, weil sie von einer soliden und erhabenen Vernunft herrühren, die allein die Philosophen zu finden
und zu würdigen wissen.

„Welches Interesse wir auch daran haben mögen, uns selbst
zu erkennen, ich weiß nicht, ob wir nicht alles das besser kennen,
was wir nicht sind. Von der Natur mit Organen ausgestattet, die
einzig zu unserer Erhaltung bestimmt sind, gebrauchen wir sie
nur dazu, fremde Eindrücke zu empfangen, streben wir nur danach,
uns nach außen auszubreiten und außer uns zu existieren; zu sehr
damit beschäftigt, die Funktionen unserer Sinne zu vermehren und
den äußeren Umfang unseres Seins zu vergrößern, machen wir
selten Gebrauch von jenem inneren Sinn, der uns auf unsere wahren
Dimensionen zurückführt und der alles von uns abtrennt, was nicht
dazu gehört. Jedoch ist es dieser Sinn, dessen wir uns bedienen
müssen, wenn wir uns erkennen wollen; er ist der einzige, durch
den wir uns beurteilen können. Aber wie können wir diesem Sinn

---

lenkt Buffon die Frage nach der Selbsterkenntnis des Menschen in die Bahnen
der Meditationen des Subjekts im Sinne Descartes', dessen Unterscheidung
zwischen der *res cogitans* und der *res extensa* auch der gesamten Erörterung, die
sich bei Buffon anschließt, zugrunde liegt. Dagegen stellt Rousseau die Frage
nach der Selbsterkenntnis des Menschen als Frage nach der Erkenntnis der
menschlichen Art und deren geschichtlicher Entwicklung. Er bringt das *Nosce
te ipsum* so zur Entfaltung, daß es nicht zur Verhandlung des metaphysischen
Dualismus von *être pensant* und *être materiel*, der Buffons *homo duplex* bestimmt, sondern zur Untersuchung der biologischen Ursprünge und der
historischen Veränderungen des Menschen hinführt. Im Unterschied zu dem,
was Buffon voraussetzt, geht Rousseau davon aus, daß die „Seele des Menschen" entstellt (altérée) ist und daher in ihrer ursprünglichen Gestalt allererst rekonstruiert werden muß. Die Differenz, die es „klar zu erkennen" gilt,
die Kluft, die die Selbsterkenntnis zu einer „dornenreichen" Aufgabe macht,
ist nicht zwischen „den zwei Substanzen" zu verorten, sie liegt nicht zwischen
der Seele einerseits und dem Körper andererseits, sondern sie betrifft die Seele
des Menschen selbst (s. S. 42 ff und cf. FN 127). — Das Buffon-Zitat, das
Rousseau anführt, findet sich in der *Histoire naturelle*, 1749, Band II, in-4⁰,
p. 429, Ed. Piveteau, p. 293. (Rousseaus Quellenangaben beziehen sich jeweils auf die Edition in-12⁰.)

„sens son activité et toute son étendue? Comment dégager notre
„Ame, dans laquelle il réside, de toutes les illusions de notre
„Esprit? Nous avons perdu l'habitude de l'employer, elle est
„demeurée sans exercice au milieu du tumulte de nos sensations
„corporelles, elle s'est desséchée par le feu de nos passions; le
„cœur, l'Esprit, le[344] sens, tout a travaillé contre elle. Hist. Nat.
„T. 4. p. 151. de la Nat. de l'homme.

DISCOURS, page 76

(NOTE III*.) Les changemens qu'un long usage de marcher sur
deux pieds a pu produire dans la conformation de l'homme, les
rapports qu'on observe encore entre ses bras et les Jambes antérieures des Quadrupédes, et l'induction tirée de leur maniére de
marcher, ont pu faire naître des doutes sur celle qui devoit nous
être la plus naturelle. Tous les enfans commencent par marcher à
quatre pieds et ont besoin de notre exemple et de nos leçons pour
apprendre à se tenir debout. Il y a même des Nations Sauvages,
telles que les Hottentots qui, négligeant beaucoup les Enfans, les
laissent marcher sur les mains si longtems qu'ils ont ensuite bien
de la peine à les redresser; autant en font les enfans des Caraïbes
des Antilles. Il y a divers exemples d'hommes Quadrupédes, et
je pourrois entre autres citer celui de cet Enfant qui fut trouvé
en 1344. auprès de Hesse où il avoit été nourri par des Loups[345],
et qui disoit depuis à la Cour du Prince Henri, que s'il n'eût tenu
qu'à lui, il eût mieux aimé retourner avec eux que de vivre parmi
les hommes. Il avoit tellement pris l'habitude de marcher comme
ces animaux, qu'il falut lui attacher des Piéces de bois qui le forçoient à se tenir debout et en équilibre sur ses deux pieds. Il en étoit
de même de l'Enfant qu'on trouva en 1694. dans les forêts de
Lithuanie et qui vivoit parmi les Ours. Il ne donnoit, dit Mr. de
Condillac[346], aucune marque de raison, marchoit sur ses pieds et

---

[344] Buffon schreibt: *les sens | die Sinne*. In der Wiedergabe Rousseaus wird
daraus aufgrund eines offensichtlichen Druckfehlers, der freilich in Ed. 1782
noch nicht korrigiert ist, *le sens | der Sinn*.
[345] Barbeyrac führt das Beispiel des Wolfskindes von Hessen in einer Anmerkung zu Pufendorfs *Droit de la nature* an (II, 2, § 2, note 1).

seine Aktivität und seinen vollen Umfang geben? Wie können wir unsere Seele, in der er seinen Sitz hat, von allen Illusionen unseres Geistes befreien? Wir haben die Gewohnheit verloren, unsere Seele zu gebrauchen, sie ist inmitten des Tumultes unserer körperlichen Empfindungen ohne Übung geblieben, sie ist durch das Feuer unserer Leidenschaften ausgetrocknet worden; das Herz, der Geist, die Sinne[344], alles hat gegen sie gearbeitet." Hist. Nat. Bd. 4, S. 151, de la Nat. de l'homme.

DISKURS, *Seite 77*

(ANMERKUNG III*) Die Veränderungen, die eine lange Gewohnheit, auf zwei Füßen zu gehen, in der Beschaffenheit des Menschen hat hervorbringen können, die Ähnlichkeiten, die man noch zwischen seinen Armen und den Vorderbeinen der Quadrupeden beobachtet, und die Folgerung, die man aus ihrer Art zu gehen zog, haben Zweifel über jene aufkommen lassen können, die uns am natürlichsten gewesen sein muß. Alle Kinder gehen zunächst auf allen Vieren und brauchen unser Beispiel und unseren Unterricht, um es zu lernen, sich aufrecht zu halten. Es gibt sogar wilde Nationen, wie die Hottentotten, welche die Kinder sehr vernachlässigen und sie so lange auf den Händen gehen lassen, daß sie danach große Mühe haben, sie aufzurichten; ebenso machen es die Kinder der Kariben von den Antillen. Es gibt verschiedene Beispiele quadruper Menschen, und ich könnte unter anderen das jenes Kindes anführen, das 1344 in der Nähe von Hessen gefunden wurde, wo es von Wölfen aufgezogen worden war[345], und das später am Hofe des Prinzen Heinrich sagte, daß es, wenn es nur von ihm abgehangen hätte, lieber zu ihnen hätte zurückkehren wollen, als unter den Menschen zu leben. Es hatte sich so daran gewöhnt, wie jene Tiere zu gehen, daß man ihm Holzstücke anlegen mußte, die es zwangen, sich auf seinen beiden Füßen aufrecht und im Gleichgewicht zu halten. Ebenso verhielt es sich mit dem Kind, das man 1694 in den Wäldern von Litauen fand und das unter den Bären lebte. Es gab kein Zeichen von Vernunft zu erkennen, sagt M. de Condillac[346],

---

[346] Condillac: *Essai sur l'origine des conoissances humaines*, I, 4, 2, § 23, Ed. Le Roy I, p. 46 f.

sur ses mains, n'avoit aucun langage et formoit des sons qui ne
ressembloient en rien à ceux d'un homme. Le petit Sauvage d'Hanovre qu'on mena il y a plusieurs années à la Cour d'Angleterre,
avoit toutes les peines du monde à s'assujetir à marcher sur deux
pieds, et l'on trouva en 1719. deux autres Sauvages dans les
Pyrénées, qui couroient par les montagnes à la maniére des quadrupédes[347]. Quant à ce qu'on pourroit objecter que c'est se priver
de l'usage des mains dont nous tirons tant d'avantages; outre que
l'exemple des singes montre que la main peut fort bien être emplo-
yée des deux maniéres, cela prouveroit seulement que l'homme
peut donner à ses membres une destination plus commode que
celle de la Nature, et non que la Nature a destiné l'homme à
marcher autrement qu'elle ne lui enseigne[348].

Mais il y a, ce me semble, de beaucoup meilleures raisons à
dire pour soutenir que l'homme est un bipéde. Premiérement quand

---

[347] Bei dem „kleinen Wilden von Hannover" handelt es sich um den berühmten Fall des „Wilden Peter", der 1724 in der Nähe von Hameln gefunden
wurde. Die „zwei anderen Wilden in den Pyrenäen" sind nicht zweifelsfrei
zu identifizieren. Möglicherweise bezieht sich Rousseaus Hinweis zum einen
auf ein verwildertes Mädchen, das als Kind während eines Schneesturms
verloren gegangen war und acht Jahre später, im Alter von etwa 16 Jahren,
ohne jede Erinnerung an seine Kindheit und ohne Sprache, im Gebiet von
Issaux aufgegriffen wurde, und zum anderen auf einen solitären Wilden
von ungefähr 30 Jahren, den Schäfer wiederholt in den Wäldern von Saint-
Jean-Pied-de-Port sichteten. Über Einzelheiten zu diesen wie zu den zuvor angeführten Beispielen Rousseaus unterrichtet Franck Tinland: *L'Homme sauvage.
Homo ferus et homo sylvestris, de l'animal à l'homme*. Paris, 1968, p. 61 ff. Vergleiche ferner Tinlands reich dokumentierte Edition der 1755 erstmals veröffentlichten *Histoire d'une jeune fille sauvage trouvée dans les bois à l'âge de 10 ans*,
Bordeaux, 1971. — Die von Rousseau genannten Fälle wild aufgewachsener
Kinder oder verwilderter Menschen spielten in der anthropologischen Diskussion des 18. Jahrhunderts eine bedeutende Rolle. Linné faßt sie in seinem
Systema naturae (Stockholm, 10. Auflage 1758, p. 20) unter der Bezeichnung
homo ferus zusammen, den er zu einer eigenen Varietät des *homo sapiens* erhebt
und in eine Reihe neben den *homo europaeus* oder den *homo americanus* stellt.
Linné charakterisiert den *homo ferus* als *tetrapus, mutus, hirsutus* (vierfüßig,
stumm, dichtbehaart) und gibt für diese Varietät sechs Beispiele an, darunter
die fünf, die sich auch bei Rousseau finden. In der 12. Auflage von 1766 fügt
er drei weitere hinzu.

[348] Da Rousseau im folgenden keineswegs den Nachweis führen will, daß
der Mensch ursprünglich ein Quadrupede ist (Linné hatte den *homo sapiens*

ging auf Händen und Füßen, hatte keine Sprache und formte
Laute, die denen eines Menschen in nichts glichen. Der kleine
Wilde von Hannover, den man vor einigen Jahren an den Hof
von England brachte, hatte alle Mühen der Welt, sich zum Gehen
auf zwei Füßen zu zwingen, und 1719 fand man zwei andere Wilde
in den Pyrenäen, die nach der Art der Quadrupeden in den Bergen
umherliefen[347]. Was den möglichen Einwand betrifft, daß man sich
damit um den Gebrauch der Hände bringe, aus dem wir so viele
Vorteile ziehen, so würde dies — abgesehen davon, daß das Beispiel der Affen zeigt, daß die Hand sehr wohl auf beide Arten verwendet werden kann — lediglich beweisen, daß der Mensch seinen
Gliedern eine bequemere Bestimmung geben kann als jene der
Natur, und nicht, daß die Natur den Menschen dazu bestimmt hat,
anders zu gehen, als sie es ihn lehrt[348].

Aber es lassen sich, wie mir scheint, weit bessere Gründe anführen, um zu behaupten, daß der Mensch ein Bipede ist. Erstens:

in seinem *Systema naturae* in die Klasse der *Quadrupedia* eingeordnet), sondern,
wie er erklärt, lediglich zeigen möchte, daß „sich weit bessere Gründe anführen lassen, um zu behaupten, daß der Mensch ein Bipede ist", liegt die
Bedeutung dieser vergleichsweise langen Anmerkung offenkundig nicht so
sehr in ihrem sachlichen Ergebnis. Denn Rousseau hatte bereits im ersten
Abschnitt des *Discours*, auf den sich Anmerkung III bezieht, festgestellt,
daß er für alles weitere annehmen werde, der Mensch „sei von jeher so beschaffen gewesen, wie ich ihn heute sehe: Er sei auf zwei Füßen gegangen . . ."
(S. 76). Anmerkung III erhält ihr Gewicht innerhalb des *Discours* als Ganzem aus der Argumentationsstruktur, die in ihr beispielhaft sichtbar wird:
Teleologische Erwägungen sind keine guten Gründe bei der Erörterung
anthropologischer und entwicklungsgeschichtlicher Fragen. „Moralische Beweise" haben wenig Überzeugungskraft in Dingen der Naturwissenschaft
(Anmerkung XII). Anatomische und ethnologische Befunde liefern „weit
bessere Gründe". Um verläßliche Aussagen über die Veränderungen „in der
inneren wie in der äußeren Beschaffenheit des Menschen" während seiner
Entwicklung machen zu können, wären allerdings weitere Fortschritte in
der „vergleichenden Anatomie" und sicherere „Beobachtungen der Naturforscher" erforderlich (S. 76). Cf. FN 92 und 94. — Anmerkung III ist noch
in einer anderen Hinsicht von Bedeutung: Sie zeigt, daß Rousseau den *homo
ferus* nicht als einen authentischen Fall des im *Discours* beschriebenen solitären
natürlichen Menschen ansieht, oder es überhaupt für angemessen hält, von
ihm Rückschlüsse auf den natürlichen Zustand der Art zu ziehen. Vergleiche
dagegen z. B. Montesquieu: *De l'ésprit des lois*, I, 2, note.

on feroit voir qu'il a pu d'abord être conformé autrement que nous[349] le voyons et cependant devenir enfin ce qu'il est, ce n'en seroit pas assés pour conclurre que cela se soit fait ainsi: Car après avoir montré la possibilité de ces changemens, il faudroit encore, avant que de les admettre, en montrer au moins la vraisemblance. De plus, si les bras de l'homme paroissent avoir pu lui servir de Jambes au besoin, c'est la seule observation favorable à ce systême, sur un grand nombre d'autres qui lui sont contraires. Les principales sont; que la maniére dont la tête de l'homme est attachée à son corps, au lieu de diriger sa vûe horisontalement, comme l'ont tous les autres animaux, et comme il l'a lui-même en marchant debout, lui eût tenu, marchant à quatre pieds, les yeux directement fichés vers la terre, situation très peu favorable à la conservation de l'individu; que la queue qui lui manque et dont il n'a que faire marchant à deux pieds, est utile aux quadrupédes, et qu'aucun d'eux n'en est privé; que le sein de la femme, très bien situé pour un bipéde qui tient son enfant dans ses bras, l'est si mal pour un quadrupéde que nul ne l'a placé de cette maniére; Que le train de derriére étant d'une excessive hauteur à proportion des jambes de devant, ce qui fait que marchant à quatre nous nous traînons sur les genoux, le tout eût fait un Animal mal proportionné et marchant peu commodément; Que s'il eût posé le pied à plat ainsi que la main, il auroit eu dans le jambe postérieure une articulation de moins que les autres animaux, savoir celle qui joint le Canon au Tibia; et qu'en ne posant que la pointe du pied, comme il auroit sans doute été contraint de faire, le tarse, sans parler de la pluralité des os qui le composent, paroît trop gros pour tenir lieu de canon, et ses Articulations avec le Métatarse et le Tibia trop rapprochées pour donner à la jambe humaine dans cette situation la même flexibilité qu'ont celles des quadrupédes. L'exemple des Enfans étant pris dans un âge où les forces naturelles ne sont point encore développées ni les membres raffermis, ne conclud rien du tout, et j'aimerois autant dire que les chiens ne sont pas destinés à marcher,

---

[349] Ed. 1782: que nous ne le voyons (*OCP* folgen dieser Lesart im Text, ohne Hinweis darauf, daß es sich um eine Variante der postumen Edition handelt.)

selbst wenn man zeigen würde, daß er anfangs anders als wir ihn
vor uns sehen beschaffen gewesen sein und dennoch schließlich
zu dem werden konnte, was er ist, wäre dies nicht genug, um daraus
zu schließen, daß es sich so zugetragen hat; denn nachdem man die
Möglichkeit dieser Veränderungen gezeigt hätte, müßte man,
ehe man sie annimmt, zumindest noch ihre Wahrscheinlichkeit
zeigen. Außerdem: wenn die Arme des Menschen ihm anscheinend
bei Bedarf als Beine haben dienen können, so ist das die einzige
Beobachtung, die für dieses System günstig ist, gegenüber einer
großen Anzahl anderer, die ihm entgegenstehen. Die hauptsächlichen sind, daß die Art, in der der Kopf des Menschen an
seinem Körper angebracht ist, ihn — statt seinen Blick horizontal
auszurichten, wie es bei allen anderen Tieren und wie es bei ihm
selbst der Fall ist, wenn er aufrecht geht — beim Gehen auf allen
Vieren mit den Augen direkt auf die Erde fixiert gehalten hätte —
eine Stellung, die für die Erhaltung des Individuums recht wenig
vorteilhaft wäre; daß der Schwanz, der ihm fehlt und den er beim
Gehen auf zwei Füßen nicht braucht, für die Quadrupeden nützlich ist und keinem von ihnen abgeht; daß die Brust der Frau, die
für einen Bipeden, der sein Kind in seinen Armen hält, sehr gut
gelegen ist, für einen Quadrupeden dort so schlecht plaziert ist,
daß keiner sie an dieser Stelle hat; daß, da das Hinterteil im Verhältnis zu den Vorderbeinen äußerst hoch ist — so daß wir, wenn
wir auf allen Vieren gehen, uns auf den Knien fortschleppen —,
das Ganze ein schlecht proportioniertes und wenig bequem gehen-
des Tier ergeben hätte; daß der Mensch, wenn er den Fuß platt
aufgesetzt hätte wie die Hand, im Hinterbein ein Gelenk weniger
gehabt hätte als die anderen Tiere, nämlich das Gelenk, das den
Kanon mit der Tibia verbindet; und daß, wenn er nur die Fuß-
spitze aufgesetzt hätte, wozu er zweifellos gezwungen gewesen
wäre, der Tarsus, gar nicht zu reden von der Vielzahl der Knochen,
aus denen er sich zusammensetzt, zu groß erscheint, um an die
Stelle des Kanon zu treten, und seine Gelenkverbindungen mit
dem Metatarsus und der Tibia zu nahe beieinander erscheinen,
um dem menschlichen Bein in dieser Stellung die gleiche Flexibilität
zu verleihen, welche die Beine der Quadrupeden haben. Da das
Beispiel der Kinder einem Lebensalter entnommen ist, in dem die

parcequ'ils ne font que ramper quelques semaines après leur
naissance. Les faits particuliers ont encore peu de force contre
la pratique universelle de tous les hommes, même des Nations
qui n'ayant eu aucune communication avec les autres, n'avoient
pû rien imiter d'elles. Un Enfant abandonné dans une forêt avant
que de pouvoir marcher, et nourri par quelque bête, aura suivi
l'exemple de sa Nourrice en s'exerçant à marcher comme elle;
l'habitude lui aura pû donner des facilités qu'il ne tenoit point
de la Nature; et comme des Manchots parviennent à force d'exercice à faire avec leurs pieds tout ce que nous faisons de nos mains,
il sera parvenu enfin à employer ses mains à l'usage des pieds.

Page 78

(NOTE IV*.) S'il se trouvoit parmi mes Lecteurs quelque assés
mauvais Physicien pour me faire des difficultés sur la supposition
de cette fertilité naturelle de la terre, je vais lui répondre par le
passage suivant.

„Comme les végétaux tirent pour leur nourriture beaucoup plus
„de substance de l'air et de l'eau qu'ils n'en tirent de la terre, il
„arrive qu'en pourrissant ils rendent à la terre plus qu'ils n'en ont
„tiré; d'ailleurs une forêt determine les eaux de la pluye en arrêtant
„les vapeurs. Ainsi dans un bois que l'on conserveroit bien long-
„tems sans y toucher, la couche de terre qui sert à la végétation
„augmenteroit considérablement; mais les Animaux rendant
„moins à la terre qu'ils n'en tirent, et les hommes faisant des con-
„sommations énormes de bois et de plantes pour le feu et pour
„d'autres usages, il s'ensuit que la couche de terre végétale d'un
„pays habité doit toûjours diminuer et devenir enfin comme le
„terrain de l'Arabie Pétrée[350], et comme celui de tant d'autres
„Provinces de l'Orient, qui est en effet le Climat le plus ancienne-
„ment habité, où l'on ne trouve que du Sel et des Sables; Car le

---

[350] Der nordwestliche Teil der Arabischen Halbinsel, in einer Erstreckung
entlang des Roten Meeres vom Golf von Akaba bis etwa zum 20. nördlichen
Breitengrad, einschließlich Mekka und Medina.

natürlichen Kräfte noch nicht entwickelt und die Glieder noch nicht gefestigt sind, beweist es überhaupt nichts; und ich könnte ebenso gut sagen, daß die Hunde nicht dazu bestimmt seien zu gehen, weil sie einige Wochen nach ihrer Geburt nur kriechen. Einzelne Tatsachen haben auch wenig Beweiskraft gegenüber der universellen Praxis aller Menschen, selbst der Nationen, die, da sie keine Verbindung mit den anderen gehabt hatten, diese in nichts haben nachahmen können. Ein Kind, das in einem Wald ausgesetzt wurde, ehe es gehen konnte, und von irgendeinem Tier genährt wurde, wird dem Beispiel seiner Pflegemutter gefolgt sein und sich darin geübt haben, wie sie zu gehen; die Gewohnheit kann ihm Fertigkeiten verliehen haben, die es nicht von der Natur hatte; und wie Armlose durch viel Übung dahin gelangen, alles das mit ihren Füßen zu machen, was wir mit unseren Händen machen, wird es ihm schließlich gelungen sein, seine Hände als Füße zu gebrauchen.

Seite 79

(ANMERKUNG IV*) Falls sich unter meinen Lesern ein so schlechter Naturwissenschaftler finden sollte, daß er mir wegen der Annahme dieser natürlichen Fruchtbarkeit der Erde Schwierigkeiten macht, so werde ich ihm mit der folgenden Stelle antworten.

„Da die Pflanzen zu ihrer Ernährung weit mehr Substanz aus der Luft und dem Wasser beziehen, als sie aus der Erde beziehen, kommt es, daß sie, wenn sie verfaulen, der Erde mehr zurückgeben, als sie ihr entzogen haben; im übrigen hält ein Wald das Regenwasser zurück, indem er die Dünste aufhält. So würde in einem Wald, den man sehr lange unberührt erhielte, die Erdschicht, die der Vegetation dient, beträchtlich zunehmen; aber da die Tiere der Erde weniger zurückgeben als sie ihr entnehmen, und da die Menschen enorme Mengen von Holz und Pflanzen zum Feuern und zu anderen Verwendungen verbrauchen, folgt, daß die pflanzliche Erdschicht in einem bewohnten Land stets abnehmen und schließlich so werden muß wie der Boden des Steinigen Arabiens[350] und wie der so vieler anderer Provinzen des Orients — der in der Tat die am ältesten bewohnte Gegend ist —, wo man nur Salz und Sand findet. Denn das feste Salz der Pflanzen und Tiere bleibt

„Sel fixe des Plantes et des Animaux reste, tandis que toutes les
„autres parties se volatilisent. Mr. de Buffon Hist. Nat.[351]

On peut ajouter à cela la preuve de fait par la quantité d'arbres et
de plantes de toute espéce, dont étoient remplies presque toutes
les Isles désertes qui ont été découvertes dans ces derniers siécles,
et par ce que l'histoire nous apprend des forêts immenses qu'il
a fallu abbatre par toute la terre à mesure qu'elle s'est peuplée ou
policée. Sur quoi je ferai encore les trois remarques suivantes.
L'une que s'il y a une sorte de végétaux qui puissent compenser
la déperdition de matiére végétale qui se fait par les animaux, selon
le raisonnement de Mr. de Buffon, ce sont surtout les bois, dont
les têtes et les feuilles rassemblent et s'approprient plus d'eaux et
de vapeurs que ne font les autres plantes. La seconde, que la de-
struction du sol, c'est-à-dire, la perte de la substance propre à la
végétation doit s'accélerer à proportion que la terre est plus cultivée, et que les habitans plus industrieux consomment en plus
grande abondance ses productions de toute espéce. Ma troisiéme
et plus importante remarque est que les fruits des Arbres fournissent à l'animal une nourriture plus abondante que ne peuvent
faire les autres végétaux, expérience que j'ay faite moi-même,
en comparant les produits de deux terrains égaux en grandeur
et en qualité, l'un couvert de chataigners et l'autre semé de bled[352].

Page 80

(Note V*.) Parmi les Quadrupédes, les deux distinctions les
plus universelles des espéces voraces se tirent, l'une de la figure des
Dents, et l'autre de la conformation des Intestins. Les Animaux
qui ne vivent que de végétaux ont tous les dents plates, comme

---

[351] Buffon: *Preuves de la théorie de la terre*, Art. 7, *H.N.* I, 1749, p. 242/243.
[352] Um die „Annahme der natürlichen Fruchtbarkeit der Erde" zu belegen,
greift Rousseau nicht auf klassische Stellen aus der langen Tradition des Topos
der „natürlichen Fülle" zurück, wie sie sich etwa in Senecas *Neunzigstem Brief
an Lucilius* finden, der Rousseau wohlbekannt war. Vielmehr zitiert er die
„für Philosophen respektable" naturwissenschaftliche Autorität Buffons, er
fügt einen „Tatsachenbeweis" hinzu und führt überdies ein eigenes „Expe-

übrig, während sich alle anderen Bestandteile verflüchtigen."
M. de Buffon, Hist. Nat.[351]

Man kann dem den Tatsachenbeweis hinzufügen durch die
Menge der Bäume und Pflanzen jeder Art, von denen fast alle
unbewohnten Inseln voll waren, die in den letzten Jahrhunderten
entdeckt worden sind, und durch das, was die Geschichte uns über
die unermeßlichen Wälder lehrt, die auf der ganzen Erde in dem
Maße abgeholzt werden mußten, in dem sie bevölkert oder zivilisiert wurde. Dazu möchte ich noch die folgenden drei Bemerkungen machen. Erstens: wenn es eine Art von Pflanzen gibt, die den
Schwund an pflanzlichen Stoffen ausgleichen können, den die
Tiere — nach der Schlußfolgerung von M. de Buffon — verursachen, so sind es vor allem die Wälder, deren Wipfel und Blätter
mehr Wasser und Dünste in sich sammeln und aufnehmen, als dies
die anderen Pflanzen tun. Zweitens: die Zerstörung des Bodens,
das heißt der Verlust an für die Vegetation geeigneter Substanz,
muß sich in dem Maße beschleunigen, in dem die Erde mehr
bebaut wird und die kunstfertigeren Bewohner deren Erzeugnisse
jeglicher Art in größerer Menge verbrauchen. Meine dritte und
wichtigste Bemerkung ist, daß die Früchte der Bäume dem Tier
eine reichere Nahrung liefern, als es die anderen Pflanzen zu tun
vermögen; ein Experiment, das ich selbst gemacht habe, indem
ich die Erträge zweier an Größe und Qualität gleicher Landstücke
verglichen habe, von denen das eine mit Kastanienbäumen bestanden und das andere mit Getreide besät war[352].

Seite 81

(ANMERKUNG V*) Unter den Quadrupeden leiten sich die
beiden universellsten Unterscheidungsmerkmale der fleischfressenden Arten zum einen von der Gestalt der Zähne und zum
anderen von der Beschaffenheit der Eingeweide her. Die Tiere,
die nur von Pflanzen leben, haben alle stumpfe Zähne, wie das

---

riment" an. — Vergleiche zu Anmerkung IV die *Observations de Charles-Georges
Le Roy*, S. 484 ff und Rousseaus *Institutions chymiques*, II, 5 *De la terre* (*AJJR*
XIII, p. 35—50).

le Cheval, le Bœuf, le Mouton, le Liévre; Mais les Voraces les ont
pointues, comme le Chat, le Chien, le Loup, le Renard. Et quant
aux Intestins, les Frugivores en ont quelques uns, tels que le Colon,
qui ne se trouvent pas dans les Animaux voraces. Il semble donc
que l'Homme, ayant les Dents et les Intestins comme les ont les
Animaux Frugivores, devroit naturellement être rangé dans cette
Classe, et non seulement les observations anatomiques confirment
cette opinion: mais les monumens de l'Antiquité y sont encore
très favorables. „Dicearque," dit St. Jerôme[353] „rapporte dans ses
„Livres des Antiquités grecques[354], que sous le régne de Saturne,
„où la Terre étoit encore fertile par elle-même, nul homme ne
„mangeoit de Chair, mais que tous vivoient des Fruits et des
„Legumes qui croissoient naturellement. (Lib. 2. Adv. Jovinian.)
[355]Cette opinion se peut encore appuyer sur les relations de plusieurs Voyageurs modernes; François Corréal[356] temoigne entr'
autres que la plupart des habitans des Lucayes que les Espagnols
transporterent aux Isles de Cuba, de St. Domingue et ailleurs,
moururent pour avoir mangé de la chair[355]. On peut voir par
là que je néglige bien des avantages que je pourrois faire valoir.
Car la proye étant presque l'unique sujet de combat entre les
Animaux Carnaciers, et les Frugivores vivant entre eux dans une
paix continuelle, si l'espéce humaine étoit de ce dernier genre, il
est clair qu'elle auroit eu beaucoup plus de facilité à subsister dans

---

[353] Hl. Hieronymus: *Adversus Jovinianum*, II, § 13. Dikaiarch, auf den sich
der Kirchenvater Hieronymus bezieht, war ein Schüler des Aristoteles aus
dem vierten vorchristlichen Jahrhundert, der sich als Historiker und Geograph einen Namen gemacht hatte. Von seinen Werken sind nur wenige
Fragmente überliefert. — Rousseau nimmt in dem Hieronymus-Zitat, das er
offenbar selbst aus dem Lateinischen übersetzt hat, eine bemerkenswerte Veränderung vor: Er streicht in seiner Wiedergabe die Gleichsetzung der
„Herrschaft des Saturn" mit dem „Goldenen Zeitalter", die das Original
enthält. Rousseau wurde auf die Stelle durch Barbeyrac aufmerksam, der in
Le droit de la guerre et de la paix, II, 2, § 2, note 13 den Hinweis auf eine Passage
von Dikaiarch, die Grotius als Beleg für seine Aussage nennt, daß die ersten
Menschen „bequem, ohne jede Arbeit von den Dingen lebten, welche die
Erde von sich aus hervorbrachte," mit dem folgenden Kommentar versieht:
„In dem *Recueil des anciens Géographes Grecs*, der von Mr. Hudson veröffentlicht
wurde, gibt es in Bd. II bezüglich des Fragmentes von Dikaiarch einen Aus-

Pferd, das Rind, das Schaf, der Hase; dagegen haben die fleischfressenden spitze Zähne, wie die Katze, der Hund, der Wolf,
der Fuchs. Und was die Eingeweide betrifft, so haben die frugivoren manche, wie z. B. den Grimmdarm, die sich bei den fleischfressenden Tieren nicht finden. Es scheint daher, daß der Mensch,
da er Zähne und Eingeweide hat, wie sie die frugivoren Tiere
haben, von Natur aus in diese Klasse eingeordnet werden muß;
und nicht nur die anatomischen Beobachtungen bestätigen diese
Meinung, sondern die Denkmäler des Altertums sind ihr ebenfalls
sehr günstig. „Dikaiarch", sagt der hl. Hieronymus[353], „berichtet
in seinen Büchern über die griechischen Altertümer[354], daß unter
der Herrschaft des Saturn, als die Erde noch aus sich selbst heraus
fruchtbar war, kein Mensch Fleisch aß, sondern alle von den
Früchten und Gemüsen lebten, die von Natur aus wuchsen."
(Lib. II. Adv. Jovinian) [355]Diese Meinung kann sich auch noch
auf die Berichte mehrerer moderner Reisender stützen. François
Coréal[356] bezeugt unter anderen, daß die meisten Einwohner der
Lukayen, welche die Spanier auf die Inseln Cuba, Santo Domingo
und anderswohin brachten, starben, weil sie Fleisch gegessen hatten[355]. Man mag daraus ersehen, daß ich viele vorteilhafte Punkte
außer acht lasse, die ich geltend machen könnte. Denn da die Beute
nahezu der einzige Gegenstand des Kampfes unter den karnivoren
Tieren ist und die frugivoren untereinander in einem fortdauernden Frieden leben, ist es klar, daß, wenn die menschliche
Art zu dieser letzteren Gattung gehörte, es ihr viel leichter gefallen

---

spruch des hl. Hieronymus, in dem die Stelle dieses antiken griechischen
Autors auf eine Art und Weise zitiert wird, welche die Tatsache, um die es
geht, ausdrücklicher enthält: Dicaearchus, *in Libris Antiquitatum et descriptionum Graeciae refert, sub* Saturno, *id est, in aureo saeculo, quum omnia humus
funderet, nullum comedisse carnes; sed universos vixisse fructibus et pomis, quae sponte
terra gignebat.* Lib. II. *adversus* Jovinian. Bd. II, Seite 78. C. *Edit. Basil.* 1537."

[354] Gemeint ist: Alte Geschichte. In diesem Sinne wird der Begriff *Altertümer* noch im 19. Jahrhundert häufig verwendet.

[355] Einfügung der Ed. 1782.

[356] „Der größte Teil der Einwohner der *Lukayen*, welche unsere Leute auf
die Inseln *Cuba, Santo Domingo* und anderswohin brachten, starben dort,
als sie Fleisch aßen." *Voyages de François Coréal aux Indes Occidentales*, I, 2, Bd. 1,
p. 40; cf. FN 108.

l'état de Nature, beaucoup moins de besoin et d'occasions d'en
sortir[357].

Page 82

(NOTE VI*.) Toutes les Connoissances qui demandent de la
réflexion, toutes celles qui ne s'acquiérent que par l'enchaînement
des idées et ne se perfectionnent que successivement, semblent
être tout-à-fait hors de la portée de l'homme Sauvage, faute de
communication avec ses semblables, c'est-à-dire, faute de l'instrument qui sert à cette communication, et des besoins qui la rendent
nécessaire. Son savoir et son industrie se bornent à sauter, courir,
se battre, lancer une pierre, escalader un arbre. Mais s'il ne sait
que ces choses, en revanche il les sait beaucoup mieux que nous
qui n'en avons pas le même besoin que lui; et comme elles dépendent uniquement de l'exercice du Corps et ne sont susceptibles
d'aucune Communication ni d'aucun progrès d'un individu à
l'autre, le premier homme a pu y être tout aussi habile que ses
derniers descendans[358].

---

[357] Buffon schreibt im IV. Band der *Histoire naturelle* (*Le Cheval*), 1753,
über die Pferde: „Da das Gras und die Pflanzen für ihre Ernährung genügen,
da sie im Überfluß haben, womit sie ihren Appetit stillen können, und da sie
keinerlei Neigung für das Fleisch der Tiere haben, bekriegen sie diese nicht,
führen sie keinen Krieg untereinander, machen sie sich ihren Lebensunterhalt
nicht streitig; sie haben niemals Gelegenheit, eine Beute zu rauben oder sich
um ein Gut zu reißen, worin die Streitereien und Kämpfe unter den anderen,
karnivoren Tieren gewöhnlich ihren Ursprung haben. Sie leben also in
Frieden, weil ihre Begierden einfach und mäßig sind und weil sie genug haben,
um einander nichts zu neiden." Im selben Band vertritt Buffon die Ansicht,
daß „der Mensch, wie das Tier, von Pflanzen leben könnte" (*Le Boeuf*), was
ihn nicht hinderte, Rousseaus Hypothese, der Mensch könnte ursprünglich
frugivor gelebt haben, fünf Jahre später im VII. Band der *Histoire naturelle*
in aller Form und mit großer Entschiedenheit zurückzuweisen(cf. Ed. Piveteau p. 375 ff). — Während Rousseau in den Anmerkungen V, VIII und XII
Argumente für die Hypothese zusammenträgt, der Mensch könnte von Natur
aus frugivor sein, geht er im *Discours* davon aus, daß der natürliche Mensch
omnivor war, was ihm gegenüber den anderen Tieren den biologischen Vorteil verschaffte, seinen Lebensunterhalt (subsistance) leichter zu finden,
„als dies irgendeines von ihnen vermag" (S. 80). Beachte die Doppeldeutigkeit von *subsistance* in der Aussage des Schlußsatzes von Anmerkung V, die
Rousseau der eben angeführten Textpassage hinzugefügt hat, und vergleiche,

wäre, sich im Naturzustand zu erhalten, und sie viel weniger
Bedürfnis und Gelegenheit gehabt hätte, aus ihm herauszutreten[357].

Seite 83

(ANMERKUNG VI*) Alle Kenntnisse, die Reflexion erfordern,
all jene, die man nur durch die Verknüpfung von Vorstellungen
erlangt und die sich nur sukzessive vervollkommnen, scheinen
ganz und gar außerhalb der Reichweite des wilden Menschen zu
sein — mangels Kommunikation mit seinen Mitmenschen, das
heißt mangels des Instrumentes, das dieser Kommunikation dient,
und mangels der Bedürfnisse, die sie notwendig machen. Sein
Wissen und seine Fertigkeit beschränken sich auf Springen,
Laufen, Kämpfen, Werfen eines Steines, Erklettern eines Baumes.
Aber wenn er auch nur diese Dinge weiß und kann, so kann er sie
dafür viel besser als wir, die wir sie nicht ebenso nötig haben wie
er; und da sie einzig und allein von der Übung des Körpers abhängen und weder irgendeiner Kommunikation noch irgendeines Fortschritts von einem Individuum zum anderen fähig sind,
hat der erste Mensch in ihnen ebenso geschickt sein können wie
seine spätesten Nachkommen[358].

---

wie in Anmerkung IX die Auseinandersetzung geschildert wird, in die der
wilde Mensch geraten kann, wenn ,,es manchmal gilt, um sein Mahl zu
streiten" (S. 304) — *obwohl* Rousseau den ,,vorteilhaften Punkt" einer ursprünglich frugivoren Lebensweise ,,außer acht" läßt. Cf. ferner *Essai sur
l'origine des langues*, IX, p. 97, 99, 105, 107 und 115; *Emile* I, p. 275/276, II,
p. 407—414 und Plutarchs Abhandlungen ,,Über das Essen von Fleisch"
in den *Moralia*, die Rousseau im *Emile*, p. 412 ff, ausführlich zitiert.

[358] Anmerkung VI, die die physischen Vermögen und Fertigkeiten des
solitären Wilden anhand von Beispielen veranschaulichen soll, die der Entwicklungsstufe der ,,barbarischen und wilden Nationen" entnommen sind,
beginnt mit einem Hinweis auf die ,,Kenntnisse", die ,,ganz und gar außerhalb
der Reichweite des wilden Menschen zu sein scheinen" (cf. FN 163). Der
erste Abschnitt unterstreicht und erläutert den statischen Charakter des
anfänglichen Naturzustandes, ehe die Perfektibilität auf der Ebene der Art
wirksam wird, und er beleuchtet die herausragende Bedeutung, die der
Sprache für die Entwicklung dieser spezifisch humanen *faculté en puissance*
und mithin für die historische Entwicklung des Menschen insgesamt zukommt. S. FN 160.

Les relations des voyageurs sont pleines d'exemples de la force
et de la vigueur des hommes chez les Nations barbares et Sauvages;
elles ne vantent guéres moins leur adresse et leur légéreté; et comme
il ne faut que des yeux pour observer ces choses, rien n'empêche
qu'on n'ajoute foi à ce que certifient là-dessus des témoins ocu-
laires[359], j'en tire au hazard quelques exemples des premiers livres
qui me tombent sous la main.

„Les Hottentots, dit Kolben[360], entendent mieux la pêche que
„les Européens du Cap. Leur habileté est égale au filet, à l'hameçon
„et au dard, dans les anses comme dans les riviéres. Ils ne prennent
„pas moins habilement le poisson avec la main. Ils sont d'une
„adresse incomparable à la nage. Leur maniére de nager a quelque
„chose de surprenant et qui leur est tout à fait propre. Ils nagent
„le corps droit et les mains étendues hors de l'eau, de sorte qu'ils
„paroissent marcher sur la terre. Dans la plus grande agitation
„de la mer et lorsque les flots forment autant de montagnes, ils
„dansent en quelque sorte sur le dos des vagues, montant et des-
„cendant comme un morceau de liége.

„Les Hottentots", dit encore le même Auteur, „sont d'une
„adresse surprenante à la chasse, et la légéreté de leur course passe
„l'imagination." Il s'étonne qu'ils ne fassent pas plus souvent un
mauvais usage de leur agilité, ce qui leur arrive pourtant quelquesfois, comme on peut juger par l'exemple qu'il en donne. „Un mate-
„lot Hollandois en débarquant au Cap chargea, dit'il, un Hotten-
„tot de le suivre à la Ville avec un rouleau de tabac d'environ vingt
„livres. Lorsqu'ils furent tous deux à quelque distance de la Troupe,

---

[359] Vergleiche dazu die kritische Auseinandersetzung mit den Reiseberichten und die Diskussion der zeitgenössischen Ethnologie in Anmerkung X.

[360] Peter Kolben (oder Pierre Kolbe): *Description du Cap de Bonne-Espérance*,
Amsterdam, Jean Catuffe, 1742, 3 Bände. Rousseau zitiert den Bericht des
holländischen Reisenden nach der Paraphrase, die die *Histoire générale des
voyages*, Paris, Didot, 1748, Bd. V von ihm gibt. Die drei Stellen Kolbens
die Rousseau anführt, finden sich in der *Histoire générale*, l. XIV, ch. III
p. 157 und 155/156 (in dieser Reihenfolge), die zugrundeliegenden Schilderungen Kolbens in dessen *Description* I, p. 396—399, I, p. 99—100 und I,
p. 195—197. Rousseau gibt den Wortlaut des als Zitat gekennzeichneten
Textes nicht exakt wieder. Er streicht einzelne Wörter und Passagen, läßt
Details beiseite oder wählt gelegentlich eine andere Formulierung. Die inhalt-

Die Berichte der Reisenden sind voll von Beispielen für die
Kraft und die Stärke der Menschen bei den barbarischen und
wilden Nationen; kaum weniger rühmen sie ihre Gewandtheit
und ihre Behendigkeit; und da nur Augen nötig sind, um diese
Dinge zu beobachten, hindert einen nichts, dem Glauben zu schenken, was Augenzeugen darüber versichern[359]. Ich entnehme den
erstbesten Büchern, die mir unter die Hände kommen, aufs Gerate-
wohl einige Beispiele.

„Die Hottentotten", sagt Kolben[360], „verstehen sich besser
auf den Fischfang als die Europäer vom Kap. Ihre Geschicklichkeit mit dem Netz, der Angel und dem Wurfspieß ist gleich groß,
in den Buchten wie in den Flüssen. Nicht weniger geschickt fangen
sie den Fisch mit der Hand. Sie sind von einer unvergleichlichen
Gewandtheit im Schwimmen. Ihre Art zu schwimmen hat etwas
Überraschendes, das ihnen ganz und gar eigentümlich ist. Sie
schwimmen mit aufrechtem Körper und die Hände aus dem
Wasser herausgestreckt, so daß sie auf dem Land zu gehen scheinen.
Beim stärksten Seegang, wenn die Wellen lauter Berge bilden,
tanzen sie gleichsam auf dem Rücken der Wogen, wobei sie steigen
und fallen wie ein Stück Kork."

„Die Hottentotten", sagt derselbe Autor weiter, „sind von einer
überraschenden Gewandtheit bei der Jagd, und die Behendigkeit
ihres Laufes übersteigt die Einbildungskraft." Er wundert sich,
daß sie mit ihrer Flinkheit nicht öfter Mißbrauch treiben, was
jedoch gelegentlich vorkommt, wie man aus dem Beispiel ersehen
kann, das er für sie gibt. „Ein holländischer Matrose", sagt er,
„gab, als er am Kap an Land ging, einem Hottentotten den Auftrag, ihm mit einer Rolle Tabak von ungefähr zwanzig Pfund in
die Stadt zu folgen. Als sie beide in einiger Entfernung von der
Mannschaft waren, fragte der Hottentotte den Matrosen, ob er

---

lichen Veränderungen gegenüber dem Original sind jedoch geringfügig.
Für das erste Zitat ergeben sich beispielsweise die folgenden Abweichungen:
Ils entendent beaucoup mieux la pêche que les Européens du Cap ... Ils
ne prennent pas moins habilement le poisson en le gratant; mais leurs tradi-
tions ne leur permettant pas de manger du poisson sans écaille, ils le vendent
aux Européens. Ils sont d'une adresse incomparable à la nâge ... Ils nagent
le col droit ... de sorte qu'ils paroissent marcher sur terre.

„le Hottentot demanda au Matelot s'il savoit courrir? Courrir!
„répond le Hollandois, oui, fort bien. Voyons, reprit l'Affriquain,
„et fuyant avec le tabac il disparut presque aussitôt. Le Matelot
„confondu de cette merveilleuse vitesse ne pensa point à le pour-
„suivre et ne revit jamais ni son tabac ni son porteur.

„Ils ont la vüe si prompte et la main si certaine que les Européens
„n'en approchent point. A cent pas, ils toucheront d'un coup de
„pierre une marque de la grandeur d'un demi sol et ce qu'il y a de
„plus étonnant, c'est qu'au lieu de fixer comme nous les yeux sur
„le but, ils font des mouvemens et des contorsions continuelles.
„Il semble que leur pierre soit portée par une main invisible.

Le P. du Tertre[361] dit à peu près sur les Sauvages des Antilles
les mêmes choses qu'on vient de lire sur les Hottentots du Cap
de Bonne Esperance. Il vante surtout leur justesse à tirer avec
leurs fléches les oiseaux au vol et les poissons à la nage, qu'ils
prennent ensuite en plongeant. Les Sauvages de l'Amérique
Septentrionale ne sont pas moins célebres par leur force et leur
adresse: et voici un exemple qui pourra faire juger de celles des
Indiens de l'Amérique Meridionale.

En l'année 1746. un Indien de Buenos Aires ayant été condamné aux Galéres à Cadix, proposa au Gouverneur[362] de racheter
sa liberté en exposant sa vie dans une fête publique. Il promit
qu'il attaqueroit seul le plus furieux Taureau sans autre arme en
main qu'une corde, qu'il le terrasseroit, qu'il le saisiroit avec
sa corde par telle partie qu'on indiqueroit, qu'il le selleroit, le
brideroit, le monteroit, et combattroit ainsi monté deux autres
Taureaux des plus furieux qu'on feroit sortir du Torillo, et qu'il
les mettroit tous à mort l'un après l'autre, dans l'instant qu'on
le lui commanderoit et sans le secours de personne; ce qui lui fut
accordé. L'Indien tint parole et réussit dans tout ce qu'il avoit
promis; sur la maniére dont il s'y prit et sur tout le détail du combat, on peut consulter le premier Tome in-12. des Observations

---

[361] Du Tertre: *Histoire générale des Antilles*, VII *Des habitans des Antilles*,
ch. I, § 5 *De l'exercice des sauvages*.
[362] Ed. 1782: au Gouvernement / der Regierung (Variante nicht in *OCP*.)

laufen könne. ‚Laufen?' antwortete der Holländer, ‚ja, sehr gut.'
‚Wir wollen sehen', erwiderte der Afrikaner; er lief mit dem Tabak
davon und verschwand beinahe augenblicklich. Der Matrose,
durch diese wundersame Geschwindigkeit verwirrt, dachte gar
nicht daran, ihn zu verfolgen, und sah weder seinen Tabak noch
seinen Träger jemals wieder."

„Sie haben einen so raschen Blick und eine so sichere Hand,
daß die Europäer nicht an sie heranreichen. Auf hundert Schritt
treffen sie mit einem Steinwurf eine Markierung von der Größe
eines halben Sous, und was erstaunlicher ist, statt wie wir das Ziel
mit den Augen zu fixieren, machen sie dabei ständige Bewegungen
und Verrenkungen. Es scheint, als werde ihr Stein von einer
unsichtbaren Hand gelenkt."

Der Pater Du Tertre[361] sagt über die Wilden von den Antillen
beinahe das gleiche, was man gerade über die Hottentotten vom
Kap der Guten Hoffnung gelesen hat. Er rühmt vor allem ihre
Genauigkeit, mit ihren Pfeilen die Vögel im Flug und die Fische
im Schwimmen zu schießen, die sie dann tauchend ergreifen. Die
Wilden von Nordamerika sind für ihre Kraft und ihre Gewandtheit
nicht weniger berühmt, und hier ein Beispiel, das es erlauben
mag, jene der Indianer von Südamerika zu beurteilen.

Im Jahre 1746 schlug ein Indianer aus Buenos Aires, der in Cadiz
zur Galeerenstrafe verurteilt worden war, dem Gouverneur[362]
vor, seine Freiheit zurückzukaufen, indem er bei einem öffentlichen
Fest sein Leben aufs Spiel setzen werde. Er versprach, daß er allein
den wütendsten Stier angreifen werde, ohne andere Waffe in der
Hand als einen Strick, daß er ihn zu Boden werfen, ihn mit seinem
Strick an dem Körperteil, den man ihm anzeigte, packen, ihn
satteln, zäumen, sich auf ihn setzen und so auf ihm sitzend mit zwei
anderen der wütendsten Stiere kämpfen werde, die man aus dem
Torillo herausließe, und daß er sie alle, einen nach dem anderen,
töten werde, in dem Augenblick, in dem man es ihm beföhle und
ohne die Hilfe von irgend jemandem. Dies wurde ihm gewährt.
Der Indianer hielt Wort und vollbrachte alles, was er versprochen
hatte; über die Art, in der er es anfing, und über alle Einzelheiten
des Kampfes kann man im ersten Band, in-12⁰, der *Observations sur*

sur l'Histoire Naturelle de Mr. Gautier, d'où ce fait est tiré,
page 262[363].

Page 86

(NOTE VII*.) „La durée de la vie des Chevaux", dit Mr. de
Buffon, „est comme dans toutes les autres espéces d'animaux
„proportionnée à la durée du tems de leur accroissement.
„L'homme, qui est quatorze ans à croître peut vivre six ou
„sept fois autant de tems, c'est-à-dire, quatre-vingt-dix ou cent ans:
„Le Cheval, dont l'accroissement se fait en quatre ans peut vivre
„six ou sept fois autant, c'est-à-dire, vingt-cinq ou trente ans.
„Les exemples qui pourroient être contraires à cette régle sont
„si rares, qu'on ne doit pas même les regarder comme une excep-
„tion dont on puisse tirer des conséquences; et comme les gros
„chevaux prennent leur accroissement en moins de tems que les
„chevaux fins, ils vivent aussi moins de tems et sont vieux dès
„l'âge de quinze ans[364]."

Page 86

(NOTE VIII*.) Je crois voir entre les animaux carnaciers et les
frugivores une autre différence encore plus générale que celle
que j'ai remarquée dans la Note (V*.) puis que celle-ci s'étend
jusqu'aux oiseaux. Cette différence consiste dans le nombre des
petits, qui n'excede jamais deux à chaque portée, pour les espéces
qui ne vivent que de végétaux, et qui va ordinairement au-delà de
ce nombre pour les animaux voraces. Il est aisé de connoître à
cet égard la destination de la Nature par le nombre des mammelles,
qui n'est que de deux dans chaque femelle de la premiére espéce,
comme la Jument, la Vache, la Chevre, la Biche, la Brebis, etc. et
qui est toujours de six ou de huit dans les autres Femelles, comme
la Chienne, la Chate, la Louve, la Tigresse, etc. La Poule, l'Oye,
la Canne, qui sont toutes des Oiseaux voraces ainsi que l'Aigle,

---

[363] Rousseau bezieht sich auf das Periodikum *Observations sur l'histoire naturelle, la physique, et la peinture,* das unter der Herausgeberschaft von Jacques
Gautier d'Agoty von 1752 bis 1758 in Paris erschien. Gautier war Mitglied
der Akademie von Dijon.

l'histoire naturelle von M. Gautier, dem diese Tatsache entnommen ist, auf Seite 262 nachschlagen[363].

Seite 87

(ANMERKUNG VII*) „Die Lebensdauer der Pferde", sagt M. de Buffon, „steht, wie bei allen anderen Tierarten, im Verhältnis zur Dauer der Zeit ihres Wachstums. Der Mensch, der vierzehn Jahre zum Wachsen braucht, kann sechs- oder siebenmal solange leben, das heißt neunzig oder hundert Jahre; das Pferd, dessen Wachstum in vier Jahren abgeschlossen ist, kann sechs- oder siebenmal solange leben, das heißt fünfundzwanzig oder dreißig Jahre. Die Beispiele, die dieser Regel widersprechen könnten, sind so selten, daß man sie nicht einmal als eine Ausnahme betrachten darf, aus der man Schlüsse ziehen könnte; und so wie die schweren Pferde in kürzerer Zeit ausgewachsen sind als die feingliedrigen Pferde, leben sie auch kürzere Zeit und sind sie von einem Alter von fünfzehn Jahren an alt[364]."

Seite 87

(ANMERKUNG VIII*) Ich glaube, zwischen den karnivoren und den frugivoren Tieren einen weiteren Unterschied zu sehen, der noch allgemeiner ist als jener, welchen ich in Anmerkung (V*) erwähnt habe, da er sich bis auf die Vögel erstreckt. Dieser Unterschied besteht in der Anzahl der Jungen, die bei den Arten, die nur von Pflanzen leben, zwei je Wurf niemals übersteigt und bei den fleischfressenden Tieren gewöhnlich über diese Zahl hinausgeht. Die Bestimmung der Natur in dieser Hinsicht ist leicht an der Zahl der Zitzen zu erkennen, die bei jedem Weibchen der ersteren Art — wie der Stute, der Kuh, der Ziege, der Hirschkuh, dem Schaf etc. — nur zwei beträgt und stets sechs oder acht bei den anderen Weibchen — wie der Hündin, der Katze, der Wölfin, der Tigerin etc. Die Henne, die Gans, die Ente, die alle fleischfressende Vögel sind wie der Adler, der Sperber, die Schleiereule, legen und brüten

---

[364] Buffon: *Le Cheval*, *H.N.* IV, 1753, p. 226/227.

l'Epervier, la Chouette pondent aussi et couvent un grand nombre
d'œufs, ce qui n'arrive jamais à la Colombe, à la Tourterelle ni aux
Oiseaux, qui ne mangent absolument que du grain, lesquels ne
pondent et ne couvent guéres que deux œufs à la fois. La raison
qu'on peut donner de cette différence est que les animaux qui ne
vivent que d'herbes et de plantes, demeurant presque tout le jour
à la pâture et étant forcés d'employer beaucoup de tems à se nourrir, ne pourroient suffire à alaiter plusieurs petits, au lieu que les
voraces faisant leur repas presque en un instant peuvent plus
aisément et plus souvent retourner à leurs petits et à leur chasse,
et reparer la dissipation d'une si grande quantité de Lait. Il y auroit
à tout ceci bien des observations particuliéres et des reflexions à
faire; mais ce n'en est pas ici le lieu, et il me suffit d'avoir montré
dans cette partie le Systême le plus général de la Nature, Systême
qui fournit une nouvelle raison de tirer l'homme de la Classe des
animaux carnaciers et de le ranger parmi les espéces frugivores[365].

Page 104

(Note IX*.) Un Auteur célébre calculant les biens et les maux
de la vie humaine et comparant les deux sommes, a trouvé que la
derniére surpassoit l'autre de beaucoup, et qu'à tout prendre la vie
étoit pour l'homme un assés mauvais présent[366]. Je ne suis point

---

[365] Cf. *Observations des Charles-Georges Le Roy*, S. 484 ff.

[366] Hinter dem „berühmten Autor" verbirgt sich der französische Mathematiker, Naturwissenschaftler und Philosoph Pierre-Louis Moreau de Maupertuis, der 1740 auf Einladung Friedrich d. Großen nach Berlin übersiedelte,
1743 in die Académie Française aufgenommen und drei Jahre später zum
Präsidenten der Berliner Akademie ernannt wurde (cf. FN 417). Das zweite
Kapitel seines *Essai de philosophie morale* (Berlin, 1749), auf das sich Rouessau
bezieht, trägt die Überschrift *Que dans la vie ordinaire la somme des maux surpasse
celle des biens.* Maupertuis schreibt darin: „Es gibt, glaube ich, wenige Menschen, die nicht einräumen, daß ihr Leben weit mehr von [unglücklichen]
als von glücklichen Augenblicken ausgefüllt gewesen ist, wenn sie in diesen
Augenblicken nur die Dauer berücksichtigen. Aber wenn sie in ihnen die
Intensität mit in Anschlag bringen, wird die Summe der Übel darin noch
um vieles größer sein; und der Satz wird wiederum wahr sein: *Daß im gewöhnlichen Leben die Summe der Übel die Summe der Güter übersteigt.*" „Wenn man sie
fragt, wird man ganz wenige finden, aus welchem Stand man sie auch her-

ebenfalls eine große Zahl von Eiern aus, was weder bei der Taube, der Turteltaube noch bei den Vögeln, die absolut nur Körner fressen, jemals vorkommt, welche kaum mehr als zwei Eier auf einmal legen und ausbrüten. Der Grund, den man für diesen Unterschied angeben kann, ist, daß die Tiere, die nur von Gräsern und Pflanzen leben, da sie fast den ganzen Tag auf der Weide bleiben und viel Zeit darauf verwenden müssen, sich zu ernähren, nicht mehrere Junge säugen könnten, während die fleischfressenden, da sie ihr Mahl beinahe in einem Augenblick zu sich nehmen, leichter und häufiger zu ihren Jungen und zu ihrer Jagd zurückkehren und die Abgabe einer so großen Milchmenge ausgleichen können. Zu all dem wären viele besondere Beobachtungen und Reflexionen anzustellen, aber dazu ist hier nicht der Ort; und es genügt mir, in diesem Teil das allgemeinste System der Natur gezeigt zu haben, ein System, das einen neuen Grund liefert, den Menschen aus der Klasse der karnivoren Tiere herauszunehmen und ihn unter die frugivoren Arten einzuordnen[365].

Seite 105

(ANMERKUNG IX*) Ein berühmter Autor, der die Güter und die Übel des menschlichen Lebens berechnete und die beiden Summen verglich, hat gefunden, daß die letztere die erstere bei weitem übersteige und daß, alles in allem genommen, das Leben für den Menschen ein ziemlich schlechtes Geschenk sei[366]. Ich

---

nehme, die ihr Leben so, wie es gewesen ist, von neuem beginnen wollten, die dieselben Zustände, in denen sie sich befunden haben, alle noch einmal durchlaufen wollten. Ist das nicht das klarste Eingeständnis, daß sie mehr Übel als Güter gehabt haben?" (*Oeuvres* I, p. 203 und 204). — Buffon kommt für die Tiere zu einem anderen Ergebnis: „Es ist nicht zweifelhaft, daß sie weit mehr angenehme als unangenehme Empfindungen haben und daß die Summe der Lust größer ist als die des Schmerzes. Wenn im Tier die Lust nichts anderes ist als das, was die Sinne angenehm berührt, und wenn im Physischen das, was die Sinne angenehm berührt, nur das ist, was der Natur zuträglich ist; wenn der Schmerz hingegen nur das ist, was die Organe verletzt und der Natur widerstrebt; wenn, mit einem Wort, die Lust das physische Wohl und der Schmerz das physische Weh sind, so kann man kaum daran zweifeln, daß jedes empfindende Wesen im allgemeinen mehr Lust als Schmerz hat: Denn alles, was seiner Natur zuträglich ist, alles, was zu seiner

surpris de sa conclusion; il a tiré tous ses raisonnemens de la constitution de l'homme Civil: s'il fût remonté jusqu'à l'homme Naturel, on peut juger qu'il eût trouvé des resultats très différens,
qu'il eût apperçû que l'homme n'a guéres de maux que ceux qu'il
s'est donnés lui-même, et que la Nature eût été justifiée. Ce n'est
pas sans peine que nous sommes parvenus à nous rendre si malheureux. Quand d'un côté l'on considére les immenses travaux des
hommes, tant de Sciences approfondies, tant d'arts inventés; tant
de forces employées; des abimes comblés, des montagnes rasées,
des rochers brisés, des fleuves rendus navigables, des terres défrichées, des lacs creusés, des marais dessechés, des batimens énormes élevés sur la terre, la mer couverte de Vaisseaux et de Matelots;
et que de l'autre on recherche avec un peu de meditation les vrais
avantages qui ont resulté de tout cela pour le bonheur de l'espéce
humaine; on ne peut qu'être frappé de l'étonnante disproportion
qui régne entre ces choses, et déplorer l'aveuglement de l'homme
qui, pour nourrir son fol orgueil et je ne sais quelle vaine admiration de lui-même, le fait courrir avec ardeur après toutes les
miséres dont il est susceptible, et que la bienfaisante Nature avoit
pris soin d'écarter de lui[367].

Les hommes sont méchans; une triste et continuelle experience
dispense de la preuve; cependant l'homme est naturellement bon,
je crois l'avoir demontré[368]; qu'est-ce donc qui peut l'avoir

---

Erhaltung beitragen kann, alles, was seine Existenz aufrechterhält, ist Lust;
alles, was hingegen auf seine Zerstörung hinzielt, alles, was seine Organisation in Unordnung bringen kann, alles, was seinen natürlichen Zustand verändert, ist Schmerz" (*Discours sur la nature des animaux*, H.N. IV, 1753, Ed.
Piveteau p. 329).

[367] S. FN 98 und 247. — Vergleiche zu diesem Abschnitt Montaigne:
Essais, I, 31 *(Des cannibales)* p. 203 und II, 12 *(Apologie)* p. 433 ff.

[368] Daß der Mensch „von Natur aus gut ist", schreibt Rousseau zum ersten
und einzigen Mal vor der hier erläuterten Stelle in der *Dernière réponse* (1752),
und zwar gleichfalls in einer Anmerkung. Ihr erster Satz lautet: „Diese Anmerkung ist für die Philosophen; ich rate den andern, sie zu übergehen"
(p. 80, note). — *Die* Menschen sind böse, aber *der* Mensch ist von Natur aus
gut (ebenso *Dialogues*, I, p. 687). Er ist in demselben Sinne gut, in dem die anderen Tiere natürlicherweise gut sind. Böse werden die Menschen erst, indem
sie *soziabel* und *Sklaven*, *schwach* und von ihresgleichen *abhängig* werden (S. 92
und 138). Der solitäre Wilde ist „präzise deshalb nicht böse", weil er nicht

bin über seinen Schluß nicht überrascht; er hat alle seine Schlußfolgerungen aus der Verfassung des bürgerlichen Menschen hergeleitet. Wenn er bis auf den natürlichen Menschen zurück-
gegangen wäre, kann man annehmen, daß er zu sehr abweichenden
Resultaten gelangt wäre, daß er wahrgenommen hätte, daß der
Mensch kaum andere Übel hat als jene, die er sich selbst gegeben
hat, und daß die Natur gerechtfertigt gewesen wäre. Nicht ohne
Mühe haben wir es fertiggebracht, uns so unglücklich zu machen.
Wenn man einerseits die unermeßlichen Anstrengungen der Menschen betrachtet, so viele ergründete Wissenschaften, so viele
erfundene Künste, so viele eingesetzte Kräfte, aufgefüllte Ab-
gründe, abgetragene Berge, gesprengte Felsen, schiffbar gemachte
Flüsse, urbar gemachte Böden, ausgegrabene Seen, trockengelegte
Sümpfe, gewaltige Bauwerke, die auf der Erde errichtet wurden,
das Meer, das voll ist von Schiffen und Matrosen, und wenn man
andererseits mit ein wenig Nachdenken nach den wahren Vorteilen sucht, die aus all dem für das Glück der menschlichen Art
erwachsen sind, so kann man über das erstaunliche Mißverhältnis,
das zwischen diesen Dingen herrscht, nur frappiert sein und die
Verblendung des Menschen beklagen, die ihn, um seinen törichten
Hochmut und ich weiß nicht welche eitle Bewunderung seiner
selbst zu nähren, mit Eifer all dem Elend und der Not nachjagen
läßt, für die er empfänglich ist und welche die wohltätige Natur
Sorge getragen hatte, von ihm fernzuhalten[367].

Die Menschen sind böse; eine traurige und fortdauernde Erfahrung erübrigt den Beweis; jedoch, der Mensch ist von Natur
aus gut, ich glaube, es nachgewiesen zu haben[368]; was also kann

---

weiß, was gut sein ist (S. 140), weil er in einer Welt der Naturereignisse lebt,
in der alles nach der natürlichen Ordnung geschieht. Solange die Menschen
nicht böse wurden, brauchten sie nicht moralisch gut zu sein (s. *Fragment 10*).
Daß sie böse geworden sind, oder genauer: daß sie böse sein können, ist auf
„verschiedene Zufälle" in der Geschichte der Art zurückzuführen, die sie
zwangen, soziabel zu werden, nicht aber auf einen Sündenfall (s. S. 166). —
Zum Charakter des Gutseins des natürlichen Menschen cf. S. 56 ff, 136 ff, 150
und Anmerkung XV (s. auch FN 65, 173, 184, 188) und vergleiche damit
die Darstellung, die Rousseau später in seiner Verteidigungsschrift gegen die
Angriffe des Erzbischofs von Paris auf den *Emile* von der „natürlichen Güte"
gibt: *Lettre à Christophe de Beaumont*, insbes. p. 935 ff und 966 ff.

dépravé à ce point sinon les changemens survenus[369] dans sa constitution, les progrès qu'il a faits, et les connoissances qu'il a acquises? Qu'on admire tant qu'on voudra la Société humaine, il n'en sera pas moins vrai qu'elle porte nécessairement les hommes à s'entre-haïr à proportion que leurs intérêts se croisent, à se rendre mutuellement des services apparens et à se faire en effet tous les maux imaginables. Que peut on penser d'un commerce où la raison de chaque particulier lui dicte des maximes directement contraires à celles que la raison publique préche au corps de la Société, et où chacun trouve son compte dans le malheur d'autrui? Il n'y a peut-être pas un homme aisé à qui des héritiers avides et souvent ses propres enfans ne souhaitent la mort en secret; pas un Vaisseau en Mer dont le naufrage ne fût une bonne nouvelle pour quelque Négociant; pas une maison qu'un débiteur [370]de mauvaise foi[370] ne voulût voir bruler avec tous les papiers qu'elle contient; pas un Peuple qui ne se réjouisse des desastres de ses voisins. C'est ainsi que nous trouvons notre avantage dans le préjudice de nos semblables, et que la perte de l'un fait presque toujours la prospérité de l'autre: mais ce qu'il y a de plus dangereux encore, c'est que les calamités publiques font l'attente et l'espoir d'une multitude de particuliers. Les uns veulent des maladies, d'autres la mortalité, d'autres la guerre, d'autres la famine; j'ai vû des hommes affreux pleurer de douleur aux apparences d'une année fertile, et le grand et funeste incendie de Londres[371] qui coûta la vie ou les biens à tant de malheureux, fit peut-être la fortune à plus de dix mille personnes. Je sais que Montagne blâme l'Athenien Démades d'avoir fait punir un Ouvrier qui vendant fort cher des cercueils gagnoit beaucoup à la mort des Citoyens:

---

[369] Karl Heinz Broecken hat darauf hingewiesen, daß sich hier bis in die Wortwahl hinein verfolgen läßt, daß das Böse für Rousseau „anthropologisch kontingent, kein eigenes, dem Menschen ursprünglich einwohnendes Prinzip ist ... Die Veränderungen, die zum Bösen geführt haben, sind *akzidentiell* zur menschlichen Konstitution hinzugekommen, denn diese Bedeutung hat ‚survenir‘: arriver inopinément ou *accidentellement*.“ (*„Homme"* und *„Citoyen"* — *Entstehung und Bedeutung der Disjunktion von natürlicher und politischer Erziehung bei Rousseau.* Dissertation Köln, 1974, p. 323 f.) — Castel schreibt zu dieser Stelle: „Die alleinige Ursache der Depravation der Menschen und der Korruption unserer zunächst unschuldigen Natur, d. h. die Sünde Adams,

ihn so sehr depraviert haben, wenn nicht die Veränderungen, die in seiner Verfassung eingetreten sind[369], die Fortschritte, die er gemacht hat, und die Kenntnisse, die er erworben hat? Man bewundere die menschliche Gesellschaft soviel man will, es wird deshalb nicht weniger wahr sein, daß sie die Menschen notwendigerweise dazu bringt, einander in dem Maße zu hassen, in dem ihre Interessen sich kreuzen, sich wechselseitig scheinbare Dienste zu erweisen und in Wirklichkeit alle vorstellbaren Übel zuzufügen. Was soll man von einem Verkehr denken, in dem die Vernunft jedes Einzelnen ihm Maximen diktiert, die jenen direkt entgegengesetzt sind, welche die öffentliche Vernunft dem Gesellschaftskörper predigt, und in dem jeder seine Rechnung im Unglück anderer findet? Es gibt vielleicht keinen wohlhabenden Menschen, dem nicht habgierige Erben, und oft seine eigenen Kinder, insgeheim den Tod wünschten; kein Schiff auf dem Meer, dessen Untergang nicht eine gute Nachricht für irgendeinen Händler wäre; kein Haus, das nicht ein unehrlicher[370] Schuldner mit allen Papieren, die es enthält, wollte brennen sehen; kein Volk, das sich nicht über die Desaster seiner Nachbarn freute. So finden wir unseren Vorteil im Schaden unserer Mitmenschen, und der Verlust des einen schafft fast immer den Wohlstand des anderen. Noch gefährlicher aber ist, daß das öffentliche Unglück und die öffentliche Not die Erwartung und die Hoffnung einer Menge von Privatleuten ausmachen. Die einen wollen Krankheiten, andere den Tod, wieder andere den Krieg, noch andere die Hungersnot; ich habe fürchterliche Menschen bei den Anzeichen eines fruchtbaren Jahres vor Schmerz weinen sehen; und die große und verheerende Feuersbrunst von London[371], die das Leben oder die Habe so vieler Unglücklicher gekostet hat, ließ vielleicht mehr als zehntausend Personen ihr Glück machen. Ich weiß, daß Montaigne den Athener Demades tadelt, weil dieser einen Arbeiter

---

scheint M. R. allenthalben absolut unbekannt zu sein" (*L'Homme moral*, Lettre XXX).

[370] Die nähere Bestimmung *de mauvaise foi* ist eine Ergänzung der Ed. 1782. (*OCP* geben keinen Hinweis auf die Einfügung.)

[371] Das Große Feuer des Jahres 1666 zerstörte in London 13 200 Häuser, 400 Straßen und 89 Kirchen, 4/5 der ganzen Stadt.

Mais la raison que Montagne allégue étant qu'il faudroit punir
tout le monde, il est évident qu'elle confirme les miennes[372].
Qu'on pénétre donc au travers de nos frivoles démonstrations de
bienveillance ce qui se passe au fond des cœurs, et qu'on refléchisse
à ce que doit être un état de choses où tous les hommes sont forcés
de se caresser et de se détruire mutuellement, et où ils naissent
ennemis par devoir et fourbes par intérêt. Si l'on me répond que la
Société est tellement constituée que chaque homme gagne à servir
les autres; je répliquerai que cela seroit fort bien s'il ne gagnoit
encore plus à leur nuire. Il n'y a point de profit si légitime qui ne
soit surpassé par celui qu'on peut faire illégitimement, et le tort
fait au prochain est toûjours plus lucratif que les services. Il ne
s'agit donc plus que de trouver les moyens de s'assurer l'impunité,
et c'est à quoi les puissans employent toutes leurs forces, et les
foibles toutes leurs ruses.

L'homme Sauvage, quand il a diné, est en paix avec toute la
Nature, et l'ami de tous ses semblables. S'agit il quelquesfois de
disputer son repas? Il n'en vient jamais aux coups sans avoir
auparavant comparé la difficulté de vaincre avec celle de trouver
ailleurs sa subsistance; et comme l'orgueil ne se mêle pas du combat, il se termine par quelques coups de poing; Le vainqueur
mange, le vaincu va chercher fortune, et tout est pacifié: mais
chez l'homme en Société, ce sont bien d'autres affaires; il s'agit
premiérement de pourvoir au nécessaire, et puis au superflu;
ensuite viennent les délices, et puis les immenses richesses, et puis
des sujets, et puis des Esclaves; il n'a pas un moment de relâche;
ce qu'il y a de plus singulier, c'est que moins les besoins sont
naturels et pressans, plus les passions augmentent, et, qui pis est,
le pouvoir de les satisfaire; de sorte qu'après de longues prospérités,
après avoir englouti bien des trésors et desolé bien des hommes,

---

[372] „Der Athener Demades verurteilte einen Mann aus seiner Stadt, der
berufsmäßig die notwendigen Dinge für die Beerdigungen verkaufte, mit der
Begründung, daß er dabei zu großen Gewinn (profit) forderte und daß dieser
Gewinn ihm nicht zufallen könnte, ohne den Tod vieler Leute. Dieses Urteil
scheint schlecht gefällt, um so mehr, als es keinen Gewinn gibt, der nicht
zum Schaden anderer gemacht würde, und man nach dieser Rechnung jede
Art von Gewinn (gain) verurteilen müßte." Montaigne: *Essais*, I, 22 *(Le
profit de l'un est dommage de l'autre)*, p. 105.

bestrafen ließ, der dadurch, daß er Särge sehr teuer verkaufte, am Tod der Bürger viel verdiente. Da aber der Grund, den Montaigne anführt, der ist, daß man dann alle Welt bestrafen müßte, ist es evident, daß er die meinen bestätigt[372]. Man möge also durch unsere oberflächlichen Bekundungen des Wohlwollens hindurch bis zu dem vordringen, was im Grunde der Herzen vorgeht, und man möge darüber nachdenken, was das für ein Zustand der Dinge sein muß, in dem alle Menschen gezwungen sind, einander zu schmeicheln und sich wechselseitig zugrunde zu richten; und in dem sie zu Feinden aus Pflicht und zu Betrügern aus Eigennutz geboren werden. Wenn man mir antwortet, die Gesellschaft sei derart verfaßt, daß jeder Mensch gewinnt, indem er den anderen dient, so werde ich erwidern, daß dies sehr gut wäre, wenn er nicht noch mehr gewänne, indem er ihnen schadet. Es gibt keinen noch so legitimen Profit, der nicht von dem, welchen man illegitim machen kann, übertroffen würde; und das Unrecht, das man dem Nächsten tut, ist stets einträglicher als die Dienste. Es handelt sich deshalb nur noch darum, Mittel zu finden, um sich der Straflosigkeit zu versichern; und das ist es, worauf die Mächtigen all ihre Kraft und die Schwachen all ihre List verwenden.

Der wilde Mensch ist, wenn er gegessen hat, mit der ganzen Natur in Frieden und der Freund aller seiner Mitmenschen. Gilt es manchmal, um sein Mahl zu streiten, so wird er niemals handgemein, ohne zuvor die Schwierigkeit zu siegen mit der, seinen Lebensunterhalt anderswo zu finden, verglichen zu haben; und da der Stolz sich nicht in den Kampf mischt, ist dieser mit einigen Fausthieben beendet; der Sieger ißt, der Besiegte versucht sein Glück woanders, und alles ist wieder in Frieden. Aber beim Menschen in der Gesellschaft verhalten sich die Dinge ganz anders: Zuerst handelt es sich darum, für das Notwendige zu sorgen, und dann für das Überflüssige; danach kommen die Genüsse, dann die unermeßlichen Reichtümer und dann Untertanen und dann Sklaven; er hat nicht einen Augenblick der Ruhe; was am eigenartigsten dabei ist: je weniger die Bedürfnisse natürlich und dringlich sind, um so mehr nehmen die Leidenschaften zu und, was schlimmer ist, die Macht, sie zu befriedigen; so daß nach langem Wohlstand, nachdem er viele Schätze verschlungen und viele Menschen

mon Héros finira par tout égorger jusqu'à ce qu'il soit l'unique maître de l'Univers. Tel est en abregé le tableau moral, sinon de la vie humaine, au moins des prétentions secrettes du cœur de tout homme Civilisé.

Comparez sans préjugés l'état de l'homme Civil avec celui de l'homme Sauvage, et recherchez, si vous le pouvez, combien, outre sa méchanceté, ses besoins et ses miséres, le premier a ouvert de nouvelles portes à la douleur et à la mort. Si vous considerez les peines d'esprit qui nous consument, les passions violentes qui nous épuisent et nous désolent, les travaux excessifs dont les pauvres sont surchargés, la molesse encore plus dangereuse à laquelle les riches s'abandonnent, et qui font mourir les uns de leurs besoins et les autres de leurs excés. Si vous songez aux monstrueux mêlanges des alimens, à leurs pernicieux assaisonnemens, aux denrées corrompues, aux drogues falsifiées, aux friponneries de ceux qui les vendent, aux erreurs de ceux qui les administrent, au poison des Vaisseaux dans lesquels on les prépare[373]; si vous faites attention aux maladies épidemiques engendrées par le mauvais air parmi des multitudes d'hommes rassemblés, à celles qu'occasionnent la delicatesse de notre manière de vivre, les passages alternatifs de l'intérieur de nos maisons au grand air, l'usage des habillemens pris ou quittés avec trop peu de précaution, et tous les soins que notre sensualité excessive a tournés en habitudes nécessaires et dont la négligence ou la privation nous coûte ensuite la vie ou la santé; Si vous mettez en ligne de compte les incendies et les tremblemens de terre qui consumant ou renversant des Villes entiéres, en font périr les habitans par milliers; en un mot, si vous réunissez les dangers que toutes ces causes assemblent continuellement sur nos têtes, vous sentirez combien la Nature nous fait payer cher le mépris que nous avons fait de ses leçons.

---

[373] Im Juni 1753 hatte Rousseau in einem Brief an den Abbé Raynal, der in der Juli-Ausgabe des *Mercure de France*, p. 5—13, veröffentlicht wurde, die Gefährlichkeit von Kupfergeschirr ausführlich darzutun versucht: „Alle Chemiker Europas weisen uns seit langem auf die tödlichen Eigenschaften des Kupfers und auf die Gefahren hin, denen man sich aussetzt, wenn man in den Küchengeschirren von diesem schädlichen Metall Gebrauch macht" (*CC* II, p. 221). Rousseau führt im weiteren verschiedene einschlägige Stellungnahmen an, die belegen, daß er mit seiner Ansicht keineswegs alleine stand.

elend gemacht hat, mein Held schließlich alles zugrunde richten wird, bis er der alleinige Herr der Welt ist. Dies ist in verkürzter Fassung das moralische Bild, wenn nicht des menschlichen Lebens, so zumindest der geheimen Ansprüche des Herzens jedes zivilisierten Menschen.

Vergleicht ohne Vorurteile den Zustand des bürgerlichen Menschen mit dem des wilden Menschen und untersucht, wenn ihr es könnt, wie viele neue Tore der erstere — über seine Bosheit, seine Bedürfnisse, sein Elend und seine Not hinaus — dem Schmerz und dem Tod geöffnet hat. Wenn ihr die geistigen Qualen betrachtet, die uns verzehren, die heftigen Leidenschaften, die uns erschöpfen und elend machen, die exzessiven Arbeiten, mit denen die Armen überlastet sind, die noch gefährlichere Weichlichkeit, der sich die Reichen hingeben, und welche die einen an ihrer Not und Bedürftigkeit und die anderen an ihren Exzessen sterben lassen. Wenn ihr an die monströsen Mischungen der Speisen denkt, an ihre schädlichen Würzungen, an die verdorbenen Lebensmittel, an die gefälschten Drogen, an die Gaunereien derer, die sie verkaufen, an die Irrtümer jener, die sie verabreichen, an das Gift der Geschirre, in denen man sie herstellt[373]; wenn ihr den epidemischen Krankheiten Aufmerksamkeit schenkt, die durch die schlechte Luft unter großen Mengen versammelter Menschen hervorgerufen werden, den Krankheiten, die durch die Schwächlichkeit unserer Lebensweise, durch das Hinundherwechseln zwischen dem Innern unserer Häuser und der frischen Luft, durch den Gebrauch der mit zu geringer Vorsicht an- oder abgelegten Kleider und durch all die Sorgen verursacht werden, die unsere exzessive Sinnlichkeit in notwendige Gewohnheiten verwandelt hat, deren Vernachlässigung oder Entbehrung uns dann das Leben oder die Gesundheit kostet; wenn ihr die Feuersbrünste und die Erdbeben mit in Rechnung stellt, die ganze Städte niederbrennen oder umstürzen und ihre Einwohner zu Tausenden umkommen lassen; mit einem Wort: wenn ihr die Gefahren zusammennehmt, die alle diese Ursachen ständig über unseren Köpfen zusammenballen, so werdet ihr gewahr werden, wie teuer die Natur uns die Geringschätzung bezahlen läßt, die wir für ihre Lehren gezeigt haben.

Je ne répéterai point ici sur la guerre ce que j'en ai dit ailleurs[374];
mais je voudrois que les gens instruits voulussent ou osassent
donner une fois au public le détail des horreurs qui se commettent
dans les armées par les Entrepreneurs des vivres et des Hôpitaux[375],
on verroit que leurs manœuvres non trop secrettes par lesquelles
les plus brillantes armées se fondent en moins de rien, font plus
périr de Soldats que n'en moissonne le fer ennemi; C'est encore
un calcul non moins étonnant que celui des hommes que la mer
engloutit tous les ans, soit par la faim, soit par le scorbut, soit par
les Pyrates, soit par le feu, soit par les naufrages. Il est clair qu'il
faut mettre aussi sur le compte de la propriété établie et par conséquent de la Société, les assassinats, les empoisonnemens, les vols
de grands chemins, et les punitions mêmes[376] de ces crimes, punitions nécessaires pour prevenir de plus grands maux, mais qui,
pour le meurtre d'un homme coutant la vie à deux ou davantage,
ne laissent pas de doubler réellement la perte de l'espéce humaine.
Combien de moyens honteux d'empêcher la naissance des hommes
et de tromper la Nature? Soit par ces goûts brutaux et dépravés
qui insultent son plus charmant ouvrage, goûts que les Sauvages
ni les animaux ne connurent jamais, et qui ne sont nés dans les
païs policés que d'une imagination corrompue; soit par ces avortemens secrets, dignes fruits de la débauche et de l'honneur vicieux;
soit par l'exposition ou le meurtre d'une multitude d'enfans,
victimes de la misére de leurs parens ou de la honte barbare de
leurs Méres; soit enfin par la mutilation de ces malheureux dont
une partie de l'existence et toute la postérité sont sacrifiées à de
vaines chansons, ou ce qui est pis encore, à la brutale jalousie de

---

[374] Siehe *Discours*, Zweiter Teil, S. 220 ff.

[375] Im 18. Jahrhundert lag die Versorgung der französischen Armee vor
allem in Kriegszeiten weitgehend in der Hand von Privatunternehmern, die
mit dem Staat über die Lieferung von Proviant, das Betreiben von Lazaretten
etc. einen förmlichen Handel abschlossen und die ihnen übertragenen Dienst-
leistungen dann in eigener Verantwortung und auf eigene Rechnung privat-
wirtschaftlich organisierten, wobei sie häufig eigene Zuständigkeiten gegen
hohen Gewinn an andere Unternehmer delegierten. Da die ,,Proviant- und
Lazarettunternehmer'' ihren Profit durch falsche Abrechnungen und minder-
wertige Leistungen auf Kosten der Armee steigern konnten, öffnete diese

Ich werde hier nicht wiederholen, was ich andernorts über den Krieg gesagt habe[374]; aber ich möchte, daß die unterrichteten Leute es wollten oder wagten, der Öffentlichkeit einmal die entsetzlichen Dinge vorzurechnen, die in den Armeen von den Proviant- und Lazarettunternehmern[375] begangen werden; man würde sehen, daß ihre nicht sonderlich geheimen Machenschaften durch die sich die glänzendsten Armeen im Nu auflösen, mehr Soldaten umkommen lassen, als das feindliche Schwert niederstreckt. Eine nicht weniger erstaunliche Zahl ergibt sich ferner, wenn man die Menschen zusammenrechnet, die das Meer alljährlich verschlingt, sei es durch Hunger oder Skorbut, sei es durch Seeräuber, Feuer oder Schiffbruch. Es ist klar, daß dem etablierten Eigentum und folglich der Gesellschaft auch die Morde, die Vergiftungen, die Straßenräubereien und selbst die Strafen für diese Verbrechen angerechnet werden müssen; Strafen, die notwendig sind, um größeren Übeln vorzubeugen, die aber, da sie der Ermordung eines Menschen wegen zwei oder mehr das Leben kosten, nichtsdestoweniger den Verlust für die menschliche Art tatsächlich verdoppeln. Wie viele schändliche Mittel gibt es, um die Geburt von Menschen zu verhindern und die Natur zu betrügen. Sei es durch jene brutalen und depravierten Neigungen des Geschmacks, die ihr bezauberndstes Werk beleidigen; Neigungen, die weder die Wilden noch die Tiere jemals kannten und die in den zivilisierten Ländern nur aus einer korrumpierten Einbildungskraft geboren worden sind; sei es durch jene geheimen Abtreibungen, die würdigen Früchte der Liederlichkeit und der lasterhaften Ehre; sei es durch die Aussetzung oder die Ermordung einer Menge von Kindern, die Opfer des Elends ihrer Eltern oder der barbarischen Schande ihrer Mütter werden; sei es schließlich durch die Verstümmelung jener Unglücklichen, bei denen ein Teil ihrer Existenz und ihre gesamte Nachkommenschaft eitlen Liedern oder — was noch schlimmer ist — der

---

Praxis der Korruption Tür und Tor. (Briefliche Mitteilung des *Service Historique* des französischen Verteidigungsministeriums in Château de Vincennes vom 27. 4. 1978 an den Herausgeber.) Cf. Anmerkung XVIII.

[376] Ed. 1782: même (Variante nicht in *OCP*.)

quelques hommes[377]: Mutilation qui dans ce dernier cas outrage doublement la Nature, et par le traitement que reçoivent ceux qui la souffrent, et par l'usage auquel ils sont destinés.

[378]Mais n'est-il pas mille cas plus fréquens et plus dangereux encore, où les droits paternels offensent ouvertement l'humanité? Combien de talens enfouis et d'inclinations forcées par l'imprudente contrainte des Peres! Combien d'hommes se seroient distingués dans un état sortable, qui meurent malheureux et déshonorés dans un autre état pour lequel ils n'avoient aucun goût! Combien de mariages heureux mais inégaux ont été rompus ou troublés, et combien de chastes épouses déshonorées par cet ordre des conditions toujours en contradiction avec celui de la nature! Combien d'autres unions bizarres formées par l'intérêt et désavouées par l'amour et par la raison! Combien même d'époux honnêtes et vertueux font mutuellement leur supplice pour avoir été mal assortis! Combien de jeunes et malheureuses victimes de l'avarice de leurs Parens, se plongent dans le vice ou passent leurs tristes jours dans les larmes, et gémissent dans des liens indissolubles que le cœur repousse et que l'or seul a formés! Heureuses quelquefois celles que leur courage et leur vertu même arrachent à la vie, avant qu'une violence barbare les force à la passer dans le crime ou dans le désespoir[379]. Pardonnez-le moi, Pere et Mere à jamais déplorables: j'aigris à regret vos douleurs; mais puissentelles servir d'exemple éternel et terrible à quiconque ose, au nom même de la nature, violer le plus sacré de ses droits!

---

[377] Zu den „Kindern, die Opfer des Elends ihrer Eltern werden", vergleiche Rousseaus Brief an Mme. de Francueil vom 20. 4. 1751 (*CC* II, p. 242 ff) und *Confessions*, VII, p. 342 ff. — Die Verstümmelung, von der Rousseau spricht, bezieht sich neben der allgemein bekannten Tatsache der Entmannung von Haremswächtern im Orient auf die Kastration von Sängerknaben, die vornehmlich in Kirchenchören — in der päpstlichen Kapelle bis um das Jahr 1900 — als Eunuchensoprane verwendet wurden.

[378] Der folgende Text, einschließlich des ersten Satzes des nächsten Abschnitts, ist eine Einfügung der Ed. 1782.

[379] Rousseau steht vermutlich der *Suicide à deux* von Marie-Thérèse Lortet und dem Fechtmeister Faldoni aus Lyon vor Augen, der 1770 großes Aufsehen erregte. Die beiden Liebenden hatten sich, als die Eltern des Mädchens die Heirat verweigerten, vor dem Altar einer Kapelle in Irigny mit

brutalen Eifersucht einiger Männer geopfert werden[377]: Eine
Verstümmelung, die in diesem letzteren Fall die Natur doppelt
beleidigt — sowohl durch die Behandlung, die jene erfahren,
welche die Verstümmelung erleiden, als auch durch den Gebrauch,
zu dem sie bestimmt sind.

[378]Aber gibt es nicht noch tausend häufigere und gefährlichere
Fälle, in denen die väterlichen Rechte offen gegen die Menschlichkeit verstoßen? Wie viele Talente werden durch den unklugen
Zwang der Väter verschüttet und wie vielen Neigungen Gewalt
angetan! Wie viele Menschen hätten sich in einer passenden
Stellung ausgezeichnet, die in einer anderen Stellung, für die sie
keine Neigung hatten, unglücklich und entehrt sterben! Wie viele
glückliche, aber ungleiche Ehen sind rückgängig gemacht oder
gestört, wie viele keusche Ehefrauen entehrt worden durch diese
Ordnung der Stände, die immer im Widerspruch steht zu jener der
Natur! Wie viele andere absonderliche Verbindungen werden vom
Interesse geschlossen und von der Liebe und der Vernunft verworfen! Wie viele selbst rechtschaffene und tugendhafte Eheleute machen sich wechselseitig das Leben zur Qual, weil sie un-
passend zusammengegeben worden sind! Wie viele junge und
unglückliche Opfer des Geizes ihrer Eltern stürzen sich in das
Laster oder bringen ihre traurigen Tage in Tränen hin und seufzen
in den unauflösbaren Banden, die das Herz zurückweist und die
das Gold allein geschlossen hat! Glücklich manchmal jene, die
ihr Mut und sogar ihre Tugend dem Leben entreißen, ehe eine
barbarische Gewalt sie zwingt, es im Verbrechen oder in der
Verzweiflung hinzubringen[379]. Vergebt mir, auf immer beklagens-
werte Eltern: Ich mache eure Schmerzen ungern noch bitterer;
aber mögen sie jedem, wer es auch sei, zum ewigen und schrecklichen Beispiel dienen, der, selbst im Namen der Natur, das
heiligste ihrer Rechte zu verletzen wagt!

---

zwei untereinander verbundenen Pistolen gleichzeitig erschossen. Rousseau,
der sich zur Zeit, als dies geschah, in Lyon aufhielt, verfaßte für die beiden
einen *Epitaph de deux amans* (s. *OCP* II, p. 1157 und die erläuternden Anmerkungen p. 1903). — Vergleiche zum Thema des Selbstmords im übrigen
Nouvelle Héloïse, III, 21 und 22, p. 377—393.

Si je n'ai parlé que de ces nœuds mal formés qui sont l'ouvrage de notre police; pense-t-on que ceux où l'amour et la sympathie ont présidé, soient eux-mêmes exempts d'inconvéniens ?[380] Que seroit-ce si j'entreprenois de montrer l'espéce humaine attaquée dans sa source même, et jusques dans le plus saint de tous les liens, où l'on n'ose plus écouter la Nature qu'après avoir consulté la fortune, et où le désordre civil confondant les vertus et les vices, la continence devient une précaution criminelle, et le refus de donner la vie à son semblable[381], un acte d'humanité? Mais sans déchirer le voile qui couvre tant d'horreurs, contentons-nous d'indiquer le mal auquel d'autres doivent apporter le reméde.

Qu'on ajoûte à tout cela cette quantité de métiers mal-sains qui abrégent les jours ou détruisent le temperament; tels que sont les travaux des mines, les diverses préparations des métaux, des mineraux, surtout du Plomb, du Cuivre, du Mercure, du Cobolt, de l'Arcenic, du Realgar[382]; ces autres métiers perilleux qui coutent tous les jours la vie à quantité d'ouvriers, les uns Couvreurs, d'autres Charpentiers, d'autres Massons, d'autres travaillant aux carriéres; qu'on reunisse, dis-je, tous ces objets, et l'on pourra voir dans l'établissement et la perfection des Sociétés les raisons de la diminution de l'espéce, observée par plus d'un Philosophe[383].

Le luxe, impossible à prevenir chez des hommes avides de leurs propres commodités et de la considération des autres, achéve bientôt le mal que les Sociétés ont commencé, et sous prétexte de faire vivre les pauvres qu'il n'eût pas fallu faire, il appauvrit tout le reste, et dépeuple l'Etat tôt-ou tard[384].

---

[380] Ende des Einschubs von Ed. 1782. In Ed. 1755 schließt sich *Que seroit-ce si j'entreprenois* ... unmittelbar an ... *et par l'usage auquel ils sont destinés* an, wobei der Text *Que seroit-ce* ... bis ... *apporter la reméde* seinerseits eine Ergänzung darstellt, die Rousseau seinen Verleger erst während der Drucklegung, in einem Brief vom 23. 2. 1755, nachträglich einzufügen bittet (*CC* III, p. 103).

[381] Rousseau hatte in seinem Brief an Rey *ses semblables / seinen Mitmenschen* geschrieben (*CC* III, p. 103).

[382] Ein giftiges Mineral von roter Farbe und gelbem Strich (Arsensulfid). „Die Goldschmiede verwenden es, um die Farbe ihres Goldes zu verstärken." (*Institutions chymiques*, IV *De l'arsenic*.)

[383] Cf. Montesquieu: *Lettres Persanes*, CXII—CXXII und *De l'ésprit des lois*, XXII, insbesondere ch. 15—28.

Wenn ich nur von jenen schlecht geknüpften Verbindungen gesprochen habe, die das Werk unserer Zivilisation sind, soll man dann glauben, daß jene, bei denen die Liebe und die Sympathie den Ausschlag gegeben haben, selbst frei sind von Unzuträglichkeiten?[380] Was wäre, wenn ich zu zeigen unternähme, daß die menschliche Art in ihrer Wurzel selbst angegriffen ist und sogar im heiligsten aller Bande, wo man auf die Natur nur noch zu hören wagt, nachdem man das Vermögen um Rat gefragt hat, und wo, da die bürgerliche Unordnung die Tugenden und die Laster durcheinanderbringt, die Enthaltsamkeit zu einer verbrecherischen Vorsicht und die Weigerung, seinem Mitmenschen[381] das Leben zu geben, zu einem Akt der Menschlichkeit wird? Aber ohne den Schleier zu zerreißen, der so viele Entsetzlichkeiten zudeckt, wollen wir uns damit begnügen, auf das Übel hinzuweisen, für das andere das Abhilfemittel beibringen müssen.

Man füge all dem jene Fülle von ungesunden Berufen hinzu, die das Leben verkürzen oder die Gesundheit zerstören — wie die Arbeiten in den Minen, die verschiedenen Aufbereitungen der Metalle und Mineralien, vor allem des Bleis, des Kupfers, des Quecksilbers, des Kobalts, des Arseniks, des Realgars[382]; jene anderen gefährlichen Berufe, die täglich viele Arbeiter das Leben kosten — die einen als Dachdecker, andere als Zimmerleute, wieder andere als Maurer, noch andere bei der Arbeit in den Steinbrüchen; man füge, sage ich, alle diese Dinge zusammen, und man wird in der Errichtung und der Vollendung der Gesellschaften die Gründe für das Abnehmen der Art zu sehen vermögen, das von mehr als einem Philosophen bemerkt worden ist[383].

Der Luxus, dem vorzubeugen bei Menschen, die auf ihre eigenen Annehmlichkeiten und die Achtung der anderen begierig sind, unmöglich ist, vollendet bald das Übel, das die Gesellschaften begonnen haben; und unter dem Vorwand, den Armen zu leben zu geben, die man nicht hätte schaffen dürfen, macht der Luxus alle übrigen arm und entvölkert er früher oder später den Staat[384].

---

[384] „Der Luxus korrumpiert alles; sowohl den Reichen, der ihn genießt, als auch den Elenden, der nach ihm begehrt" (*Réponse au roi de Pologne*, p. 51). „Der Luxus mag notwendig sein, um den Armen Brot zu geben: Aber wenn es keinen Luxus gäbe, würde es keine Armen geben. Er beschäftigt die müßi-

Le luxe est un reméde beaucoup pire que le mal qu'il prétend guerir; ou plûtôt, il est lui-même le pire de tous les maux, dans quelque Etat grand ou petit que ce puisse être, et qui, pour nourrir des foules de Valets et de misérables qu'il a faits, accable et ruine le laboureur et le Citoyen: Semblable à ces vents brulants du midi qui couvrant l'herbe et la verdure d'insectes dévorans, ôtent la subsistance aux animaux utiles, et portent la disette et la mort dans tous les lieux où ils se font sentir.

De la Société et du luxe qu'elle engendre, naissent les Arts liberaux et mécaniques, le Commerce, les Lettres; et toutes ces inutilités qui font fleurir l'industrie, enrichissent et perdent les Etats. La raison de ce dépérissement est très simple. Il est aisé de voir que par sa nature l'agriculture doit être le moins lucratif de tous les arts; parceque son produit étant de l'usage le plus indispensable pour tous les hommes, le prix en doit être proportionné aux facultés des plus pauvres. Du même principe on peut tirer cette régle, qu'en général les Arts sont lucratifs en raison inverse de leur utilité, et que les plus nécessaires doivent enfin devenir les plus négligés. Par où l'on voit ce qu'il faut penser des vrais avantages de l'industrie et de l'effet réel qui resulte de ses progrès.

Telles sont les causes sensibles de toutes les miséres où l'opulence précipite enfin les Nations les plus admirées. A mesure que l'industrie et les arts s'étendent et fleurissent, le cultivateur méprisé,

---

gen Bürger. Und weshalb gibt es müßige Bürger? Wenn der Ackerbau in Ehren stünde, gäbe es weder Elend noch Müßiggang, und es gäbe viel weniger Laster." „Der Luxus ernährt hundert Arme in unseren Städten, und er läßt hunderttausend auf unserem Lande zugrundegehen . . ." „Man glaubt, mich in große Verlegenheit zu bringen, indem man mich fragt, bis zu welchem Punkt man den Luxus begrenzen soll. Meine Ansicht ist, daß man überhaupt keinen braucht. Alles ist Quelle von Übel jenseits des physisch Notwendigen. Die Natur gibt uns nur zu viele Bedürfnisse; und es ist zumindest eine sehr große Unklugheit, sie ohne Notwendigkeit zu vermehren und unsere Seele so in eine größere Abhängigkeit zu begeben" (*Dernière réponse*, p. 79, 79 note, 95). „Zu sagen, daß es lobenswert sei, sich zu bereichern zu suchen, um jenen Gutes zu tun, die dessen bedürfen, bedeutet ungefähr soviel wie, daß es gut ist, sich des Gutes anderer zu bemächtigen, um das Vergnügen zu haben, ihnen einen Teil davon abzugeben." (*Oeuvres et correspondance inédites*, Ed. Streckeisen-Moultou, p. 361.) — Die einflußreiche und weitgefächerte zeitgenössische Argumentation zur Rechtfertigung des Luxus, mit der sich

Der Luxus ist ein Abhilfemittel, das viel schlimmer ist als das
Übel, das er zu heilen vorgibt; oder vielmehr: er ist selbst das
schlimmste aller Übel, in welchem Staat auch immer, mag dieser
groß oder klein sein; und um Massen von Knechten und Elenden
zu ernähren, die er geschaffen hat, bedrückt und ruiniert er den
Bauern und den Bürger: jenen brennendheißen Südwinden gleich,
die, da sie das Gras und das Grün mit unersättlichen Insekten über-
schwemmen, den nützlichen Tieren den Lebensunterhalt entziehen und an alle Orte, an denen sie sich fühlbar machen, Hungersnot und Tod bringen.

Aus der Gesellschaft und dem Luxus, den sie erzeugt, entstehen die freien und mechanischen Künste, der Handel, die
Literatur und all jene unnützen Dinge, die das Gewerbe blühen
lassen, die Staaten reich machen und ins Verderben führen. Der
Grund dieses Verfalls ist sehr einfach. Es ist leicht zu sehen, daß
der Ackerbau seiner Natur nach die am wenigsten einträgliche
von allen Künsten sein muß, weil der Gebrauch seines Erzeug-
nisses allen Menschen am unentbehrlichsten ist und dessen Preis
daher nach den Fähigkeiten der Ärmsten bemessen sein muß.
Aus demselben Prinzip kann man diese Regel herleiten: Im allgemeinen sind die Künste im umgekehrten Verhältnis zu ihrer
Nützlichkeit einträglich und die notwendigsten müssen schließlich
zu den am meisten vernachlässigten werden. Woraus man ersieht,
was man von den wahren Vorteilen des Gewerbes und der tatsächlichen Wirkung, die aus seinen Fortschritten resultiert, zu
halten hat.

Dies sind die wahrnehmbaren Ursachen all des Elends und der
Not, in die der Überfluß schließlich die am meisten bewunderten
Nationen stürzt. In dem Maße, in dem das Gewerbe und die Künste

Rousseau auseinandersetzt, stellt darauf ab, daß der Luxus für das Gewerbe
günstig, für die Armen vorteilhaft, für die Größe des Staates wünschenswert
und für die Entfaltung der Künste und Wissenschaften unverzichtbar sei.
Die Apologie des Luxus verbindet sich in der ersten Hälfte des 18. Jahrhunderts vor allem mit zwei Namen: Mit dem von Jean-François Melon, der
in seinem *Essai politique sur le commerce* (1734, nouv. éd. 1736) die einschlägige
ökonomische Rechtfertigung an die Hand gab, und mit dem Voltaires, der
mit *Le Mondain* (1736) und *Défense du Mondain ou l'apologie du luxe* (1737) ein
breiteres Publikum erreichte.

chargé d'impôts nécessaires à l'entretien du Luxe, et condamné à passer sa vie entre le travail et la faim, abandonne ses champs, pour aller chercher dans les Villes le pain qu'il y devroit porter. Plus les capitales frapent d'admiration les yeux stupides du Peuple; plus il faudroit gemir de voir les Campagnes abandonnées, les terres en friche, et les grands chemins inondés de malheureux Citoyens devenus mandians ou voleurs, et destinés à finir un jour leur misére sur la roüe ou sur un fumier. C'est ainsi que l'Etat s'enrichissant d'un côté, s'affoiblit et se dépeuple de l'autre, et que les plus puissantes Monarchies, après bien des travaux pour se rendre opulentes et désertes, finissent par devenir la proye des Nations pauvres qui succombent à la funeste tentation de les envahir, et qui s'enrichissent et s'affoiblissent à leur tour, jusqu'à-ce qu'elles soient elles-mêmes envahies et détruites par d'autres.

Qu'on daigne nous expliquer une fois ce qui avoit pu produire ces nuées de Barbares qui durant tant de siécles ont inondé l'Europe, l'Asie, et l'Afrique? Etoit-ce à l'industrie de leurs Arts, à la Sagesse de leurs Loix, à l'exellence de leur police, qu'ils devoient cette prodigieuse population? Que nos savans veuillent bien nous dire pourquoi, loin de multiplier à ce point, ces hommes feroces et brutaux, sans lumiéres, sans frein, sans éducation, ne s'entre-égorgeoient pas tous à chaque instant, pour se disputer leur pâture ou leur chasse? Qu'ils nous expliquent comment ces misérables ont eu seulement la hardiesse de regarder en face de si habiles gens que nous étions, avec une si belle discipline militaire, de si beaux Codes, et de si sages Loix? Enfin pourquoi, depuis que la Société s'est perfectionnée dans les païs du Nord et qu'on y a tant pris de peine pour apprendre aux hommes leurs devoirs mutuels et l'art de vivre agréablement et paisiblement ensemble, on n'en voit plus rien sortir de semblable à ces multitudes d'hommes qu'il produisoit autrefois? J'ai bien peur que quelqu'un ne s'avise à la fin de me répondre que toutes ces grandes choses, savoir les Arts, les Sçiences et les Loix, ont été très Sagement inventées par les hommes, comme une peste Salutaire pour prévenir l'excessive multiplication de l'espéce, de peur que ce monde, qui nous est destiné, ne devint à la fin trop petit pour ses habitans.

sich ausbreiten und aufblühen, läßt der verachtete Bauer, belastet mit den zur Unterhaltung des Luxus erforderlichen Steuern und dazu verdammt, sein Leben zwischen der Arbeit und dem Hunger hinzubringen, seine Felder im Stich, um in den Städten das Brot suchen zu gehen, das er dorthin tragen sollte. Je mehr die Hauptstädte die stupiden Augen des Volkes mit Bewunderung erfüllen, desto mehr müßte man wehklagen beim Anblick des verlassenen Landes, der brachliegenden Felder und der Landstraßen, welche von unglücklichen, zu Bettlern oder Dieben heruntergekommenen Bürgern überflutet werden, die dazu bestimmt sind, ihr Elend eines Tages auf dem Rad oder auf einem Misthaufen zu Ende zu bringen. So bereichert sich der Staat auf der einen Seite und schwächt und entvölkert er sich auf der anderen, und so werden die mächtigsten Monarchien nach vielen Anstrengungen, sich reich und menschenleer zu machen, schließlich die Beute der armen Nationen, die der unheilvollen Versuchung erliegen, sie zu überfallen, und die sich ihrerseits bereichern und schwächen, bis sie selbst von anderen überfallen und zerstört werden.

Man geruhe, uns einmal zu erklären, was jene Schwärme von Barbaren hatte hervorbringen können, die während so vieler Jahrhunderte Europa, Asien und Afrika überflutet haben. Verdankten sie der Fertigkeit ihrer Künste, der Weisheit ihrer Gesetze, der Vortrefflichkeit ihrer politischen Ordnung jene ungeheure Bevölkerung? Mögen unsere Gelehrten die Güte haben, uns zu sagen, warum — weit davon entfernt, sich so sehr zu vermehren — jene grimmigen und brutalen Menschen ohne Einsicht und Aufgeklärtheit, ohne Zügel, ohne Erziehung, einander nicht alle beim Streiten um ihre Weide oder ihre Jagd jeden Augenblick umbrachten. Mögen sie uns erklären, woher diese Elenden bloß die Kühnheit gehabt haben, so geschickten Leuten, wie wir es waren, mit einer so schönen militärischen Disziplin, so schönen Gesetzbüchern und so weisen Gesetzen ins Gesicht zu schauen. Warum, schließlich, sieht man, seitdem die Gesellschaft in den Ländern des Nordens sich vervollkommnet und man dort so viel Mühe darauf verwandt hat, die Menschen ihre wechselseitigen Pflichten und die Kunst des angenehmen und friedlichen Zusammenlebens zu lehren, nichts mehr von ihnen ausgehen, das jenen Menschen-

Quoi donc?[385] Faut-il détruire les Sociétés, anéantir le tien et le mien, et retourner vivre dans les forêts avec les Ours? Conséquence à la maniére de mes adversaires, que j'aime autant prévenir que de leur laisser la honte de la tirer. O vous, à qui la voix celeste ne s'est point fait entendre, et qui ne reconnoissez pour vôtre espéce d'autre destination que d'achever en paix cette courte vie; vous qui pouvez laisser au milieu des Villes vos funestes acquisitions, vos esprits inquiets, vos cœurs corrompus et vos désirs effrénez; reprenez, puisqu'il dépend de vous, vôtre antique et première innocence; allez dans les bois perdre la vûe et la mémoire des crimes de vos contemporains, et ne craignez point d'avilir vôtre espéce, en renonçant à ses lumiéres pour renoncer à ses vices[386]. Quant aux hommes semblables à moi dont les passions

---

[385] Der gesamte Absatz wurde von Rousseau erst nachträglich, als die Drucklegung bereits in vollem Gange war, an Anmerkung IX angefügt (Brief an Rey vom 23. 2. 1755, *CC* III, p. 103). Wie Rousseau zu Beginn erklärt, will er mit ihm falschen Schlußfolgerungen seiner Gegner zuvorkommen: Der *Discours* verheißt seinen Lesern keine Rückkehr zum Naturzustand. Der Wunsch, „rückwärts gehen zu können", von dem im Exordium die Rede war (S. 74), ist nicht erfüllbar. Den Menschen, die in der politischen Gesellschaft leben, bleibt der Weg zurück „in die Wälder" verwehrt. Im Alterswerk *Rousseau juge de Jean Jacques* läßt Rousseau den Dialogpartner sagen: „Die menschliche Natur geht nicht rückwärts und niemals kehrt man zu den Zeiten von Unschuld und Gleichheit zurück, wenn man sich einmal von ihnen entfernt hat; das ist [. . .] eines der Prinzipien, auf denen er [Rousseau] am meisten insistiert hat." (*Dialogues*, III, p. 935.) Vergleiche zu diesem „Prinzip" in der Zeit vor dem *Discours* u. a. *Réponse au roi de Pologne*, p. 56, *Dernière réponse*, p. 95, *Préface de Narcisse*, p. 971–973. — Der nachträglich eingefügte Abschnitt hat die Gegner nicht daran gehindert, ebenjene Schlüsse zu ziehen, die Rousseau im vorhinein von ihnen erwartet hatte. Voltaire bestätigte Rousseau den Empfang des *Discours* in einem Brief vom 30. 8. 1755, der im Oktober desselben Jahres im *Mercure de France* veröffentlicht wurde, mit den Worten: „Ich habe, mein Herr, Ihr neues Buch gegen das Menschengeschlecht erhalten; ich danke Ihnen dafür [. . .] Man hat niemals so viel Geist darauf verwendet, uns zu Tieren machen zu wollen. Es kommt einen Lust an, auf allen Vieren zu gehen, wenn man Ihr Werk liest. Da ich diese Gewohnheit jedoch seit mehr als sechzig Jahren abgelegt habe, fühle ich leider, daß es mir unmöglich ist, sie wieder aufzunehmen. Und ich überlasse diese natürliche Haltung jenen, die ihrer würdiger sind als Sie und ich. Ebensowenig kann ich mich einschiffen, um die Wilden Kanadas aufzusuchen [. . .]" (*CC* III, p. 156 f). Die berühmte Attacke Voltaires steht am Anfang einer lan-

mengen gliche, die der Norden einst hervorbrachte? Ich fürchte
sehr, daß sich am Ende einer einfallen läßt, mir zu antworten, all
diese großen Dinge, nämlich die Künste, die Wissenschaften und
die Gesetze, seien von den Menschen sehr weise erfunden worden
— als eine heilsame Pest, um der exzessiven Vermehrung der Art
vorzubeugen, aus Furcht, diese Welt, die uns bestimmt ist, könnte
am Ende zu klein werden für ihre Bewohner.

Was denn?[385] Soll man die Gesellschaften zerstören, Dein und
Mein vernichten und dazu zurückkehren, in den Wäldern mit den
Bären zu leben? Ein Schluß nach der Art meiner Gegner, dem ich
lieber zuvorkommen will, als daß ich ihnen die Schande lassen
möchte, ihn zu ziehen. O ihr, denen die himmlische Stimme sich
nicht vernehmlich gemacht hat und die ihr für eure Art keine andere
Bestimmung kennt, als dieses kurze Leben in Frieden zu beschließen; ihr, die ihr eure unheilvollen Errungenschaften, eure besorg-
ten Geister, eure korrumpierten Herzen und eure zügellosen
Begehren inmitten der Städte zurücklassen könnt; kehrt zu eurer
alten und ersten Unschuld zurück, denn es steht in eurer Macht;
geht in die Wälder, um den Anblick und die Erinnerung an die
Verbrechen eurer Zeitgenossen zu verlieren, und fürchtet nicht,
eure Art herabzuwürdigen, wenn ihr ihrer Einsicht und Aufgeklärtheit entsagt, um ihrer Laster zu entsagen[386]. Was Menschen

---

gen Reihe ihrer Substanz nach ähnlicher Stellungnahmen und Interpretationen, die sich bis zum heutigen Tag auf das „Zurück zur Natur Rousseaus"
berufen und beziehen. Cf. auch *Lettre de Philopolis*, S. 456, und Rousseaus
Erwiderung auf S. 472. — Eine sorgfältige Lektüre des letzten Absatzes von
Anmerkung IX zeigt, daß die Ergänzung, zu der sich Rousseau sehr spät
entschloß, über eine vorweggenommene Antwort an seine Kritiker, als die
sie auf den ersten Blick allein oder vornehmlich gedacht erscheint, erheblich
hinausgeht, daß Rousseau mit ihr die Brisanz der Schrift nicht etwa ab-
schwächt, sondern sie im Gegenteil, auf die ihm eigene Weise, noch erhöht.
[386] Indirekt, der äußeren Form nach an einen fernen, marginalen Adressaten gewandt, spricht Rousseau eine denkbar weitreichende Relativierung des
geschichtlichen Fortschritts der menschlichen Art und der „Bestimmung"
aus, zu der die „himmlische Stimme" die Menschen beruft, denen sie sich
„vernehmlich gemacht hat." Der Sache nach könnte die schlechthinnige Wahrheit der herangezogenen theologischen und anthropologisch-geschichtsphilo-
sophischen Konzeption vom Wesen des Menschen und dem Ziel seiner Entwicklung schwerlich nachhaltiger bestritten werden. — Vergleiche Rousseaus

ont détruit pour toujours l'originelle simplicité, qui ne peuvent plus se nourrir d'herbe et de gland[387], ni se passer de Loix et de Chefs; Ceux qui furent honorez dans leur premier Pére de leçons surnaturelles; ceux qui verront dans l'intention de donner d'abord aux actions humaines une moralité qu'elles n'eussent de longtems acquise, la raison d'un precepte indifférent par lui-même et inexplicable dans tout autre Système[388]: Ceux, en un mot, qui sont convaincus que la voix divine appella tout le Genre-humain aux lumiéres et au bonheur des celestes Intelligences[389]; tous ceux-là tâcheront, par l'exercice des vertus qu'ils s'obligent à pratiquer en apprenant à les connoître, à meriter le prix éternel qu'ils en doivent attendre; ils respecteront les sacrés liens des Sociétés dont ils sont les membres; ils aimeront leurs semblables et les serviront de tout leur pouvoir; Ils obéiront scrupuleusement aux

---

Rede an die Wilden mit der Rede des Wilden in Anmerkung XVI, auf die sich das Frontispiz des Werkes bezieht. In anderem Zusammenhang hatte Rousseau mit schneidender Schärfe geschrieben: „Wenn ich Oberhaupt irgendeines der Völker von Nigritien wäre, so erkläre ich, daß ich an der Grenze des Landes einen Galgen errichten ließe, an dem ich den ersten Europäer, der in das Land vorzudringen wagte, und den ersten Bürger, der es zu verlassen versuchte, ohne Nachsicht hängen ließe" (*Dernière réponse*, p. 90 f).

[387] Ed. 1782: glands

[388] Neben dem unwiederbringlichen Verlust der „ursprünglichen Einfachheit" ist es die Offenbarungsreligion, die die Rückkehr „in die Wälder" verwehrt. Rousseau umkreist und umschreibt diesen Komplex in vier Annäherungen. Der Hinweis auf die „übernatürlichen Lehren", mit denen Adam „beehrt wurde", benennt den Gegenstand, von dem im weiteren die Rede ist, und stellt in seinem augenfälligen Rückbezug die Verbindung zur analogen Erörterung des delikaten Themas im Exordium (S. 70) her. Danach teilt Rousseau dem Leser die Interpretation eines „an ihm selbst gleichgültigen und in jedem anderen System unerklärlichen Gebotes" mit, das sich nicht anders denn als jenes identifizieren läßt, von dem *Genesis*, II, vs. 16 und 17 berichten: „Und Gott der Herr gebot dem Menschen und sprach: Du sollst essen von allerlei Bäumen im Garten; aber vom Baum der Erkenntnis des Guten und Bösen sollst du nicht essen, denn welchen Tages du davon issest, wirst du des Todes sterben." Der „Grund" dieses Gebotes, so lautet die Erklärung, bestand „in der Absicht, den menschlichen Handlungen von Anfang an eine Moralität zu geben, welche sie auf lange Zeit nicht erworben hätten." Rousseau formuliert mit dieser Deutung des *Genesis*-Berichts die theologische Alternative der jüdisch-christlichen Überlieferung zur philosophischen Darstellung des *Discours*, die von allen „übernatürlichen Kenntnissen" absieht:

wie mich betrifft, deren Leidenschaften ihre ursprüngliche Einfachheit für immer zerstört haben, die sich nicht mehr von Gras
und Eicheln ernähren noch Gesetze und Oberhäupter entbehren
können; jene, die in ihrem Urvater mit übernatürlichen Lehren
beehrt wurden; jene, die in der Absicht, den menschlichen Handlungen von Anfang an eine Moralität zu geben, welche sie auf
lange Zeit nicht erworben hätten, den Grund eines an ihm selbst
gleichgültigen und in jedem anderen System unerklärbaren
Gebotes sehen werden[388]; jene, mit einem Wort, die davon überzeugt sind, daß die göttliche Stimme das ganze Menschengeschlecht zur Einsicht und Aufgeklärtheit und zum Glück der himmlischen Intelligenzen berief[389]; all jene werden danach trachten,
durch die Ausübung der Tugenden, die sie sich zu praktizieren
verpflichten, indem sie mit ihnen bekannt werden, den ewigen
Lohn zu verdienen, den sie von ihnen zu erwarten haben; sie
werden die heiligen Bande der Gesellschaften achten, deren Mitglieder sie sind, sie werden ihre Mitmenschen lieben und ihnen
mit all ihrer Kraft dienen; sie werden gewissenhaft den Gesetzen
gehorchen und den Menschen, die deren Urheber und Diener

Denn ihr zufolge war den menschlichen Handlungen keineswegs von Anfang
an eine Moralität eigen, vielmehr vermochten sie eine solche erst nach einer
„unermeßlichen Zeitspanne" zu erwerben. Die Charakterisierung des göttlichen Gebots als „an ihm selbst gleichgültig" läßt Rousseaus Distanz zu dem
„System", in dem jenes allein erklärbar ist, anklingen. (Vergleiche dazu die
Wendung von den „gleichgültigen oder verbrecherischen Praktiken" der
Priester, die sich in dem bei der Schlußredaktion des *Discours* unterdrückten
Fragment auf S. 388 bzw. S. 396 findet.) Wenige Sätze zuvor hatte Rousseau
die Wilden aufgefordert: „kehrt zu eurer *alten und ersten Unschuld* zurück,
denn es steht in eurer Macht." Im *Contrat social* wird er ausdrücklich und ohne
Vorbehalte im Blick auf „übernatürliche Kenntnisse" erklären, daß es der
Übergang vom Naturzustand zum bürgerlichen Zustand ist, der den Handlungen des Menschen „die Moralität gibt, die ihnen zuvor fehlte" (I, 8,
erster Satz).

[389] Die Überzeugung „jener", daß das „ganze Menschengeschlecht"
hierzu berufen sei, steht in einem offensichtlichen Widerspruch zu der Mah-
nung, die Rousseau im eigenen Namen an die Wilden gerichtet hat: „geht
in die Wälder ... und fürchtet nicht, eure Art herabzuwürdigen, wenn ihr
ihrer Einsicht und Aufgeklärtheit entsagt, um ihrer Laster zu entsagen." —
Vergleiche Rousseaus Rede von der Einsicht und Aufgeklärtheit der „himmlischen Intelligenzen" mit dem Gebrauch, den Diderot in seiner *Suite de*

Loix, et aux hommes qui en sont les Auteurs et les Ministres[390];
Ils honoreront sur-tout les bons et sages Princes qui sauront prévenir, guérir ou pallier cette foule d'abus et de maux toujours
prêts à nous accabler; Ils animeront le zéle de ces dignes Chefs,
en leur montrant sans crainte et sans flaterie la grandeur de leur
tâche et la rigueur de leur devoir: Mais ils n'en mépriseront pas
moins une constitution[391] qui ne peut se maintenir qu'à l'aide de
tant de gens respectables qu'on desire plus souvent qu'on ne les
obtient, et de laquelle, malgré tous leurs soins, naissent toujours
plus de calamités réelles que d'avantages apparens[392].

Page 104

(Note X*.) Parmi les hommes que nous connoissons, ou par nous
mêmes, ou par les Historiens, ou par les voyageurs; les uns sont
noirs, les autres blancs, les autres rouges; les uns portent de longs
cheveux, les autres n'ont que de la laine frisée; les uns sont presque
tout velus, les autres n'ont pas même de Barbe; il y a eu et il y a
peut-être encore des Nations d'hommes d'une taille gigantesque,
et laissant à part la fable des Pygmées qui peut bien n'être qu'une
éxageration, on sait que les Lappons et sur-tout les Groenlandois
sont fort au-dessous de la taille moyenne de l'homme; on prétend

---

l'apologie de M. l'abbé de Prades, 1752, an zentralem Ort von derselben Wendung
macht (Diderot fingiert, daß es sich bei seiner Verteidigungsschrift gegen
die kirchlichen Angriffe auf den Abbé de Prades, der sich der drohenden
Verhaftung wegen seiner ketzerischen Thesen im letzten Augenblick durch
Flucht außer Landes entziehen konnte, um eine Erwiderung des Abbés selbst
handele): ,,Da ich [...] den Menschen von dem Augenblick, wo er keine
Vorstellungen hat, bis zu jenem Grad an Vollkommenheit hinzuführen hatte,
wo er selbst in den Tiefen der Religion kundig ist; von jenem Punkt der
geistesschwachen Natur, wo er scheinbar unter manchen Tieren steht, bis zu
jenem Zustand der Dignität, wo er sozusagen den Kopf im Himmel hat und
wo er durch die Offenbarung bis in den Rang der himmlischen Intelligenzen
erhoben wird, konnte ich als Modell nicht den Menschen wählen, der aus
den Händen seines Schöpfers vollkommen hervorging und der für sich allein
in einem Augenblick mehr Einsicht und Aufgeklärtheit besaß, als seine ganze
Nachkommenschaft zusammengenommen in allen künftigen Jahrhunderten
erwerben wird" (*O.C.* IV, p. 333, Ed. Hermann).
[390] Siehe dazu FN 12. — Cf. Platon: *Kriton*, 50a—53a und Montaignes

sind[390]; sie werden vor allem die guten und weisen Fürsten
ehren, die es verstehen werden, jener Fülle von Mißbräuchen und
Übeln vorzubeugen, sie zu heilen oder zu lindern, die uns stets
zu erdrücken drohen; sie werden den Eifer dieser würdigen
Oberhäupter anspornen, indem sie ihnen ohne Furcht und ohne
Schmeichelei die Größe ihrer Aufgabe und die Strenge ihrer Pflicht
zeigen. Aber sie werden darum eine Verfassung[391] nicht weniger
verachten, die sich nur mit Hilfe so vieler achtbarer Leute aufrechterhalten läßt — welche man häufiger begehrt, als daß man sie
bekommt — und aus der, all ihren Bemühungen zum Trotz, stets
mehr wirkliches Unglück und wirkliche Not entstehen als scheinbare Vorteile[392].

Seite 105

(Anmerkung X*) Unter den Menschen, die wir kennen, ob aus
eigener Erfahrung, durch die Geschichtsschreiber oder durch die
Reisenden, sind die einen schwarz, die anderen weiß, wieder
andere rot; die einen tragen langes Haar, die anderen haben nur
gekräuselte Wolle; die einen sind fast ganz behaart, die anderen
haben nicht einmal einen Bart. Es hat Nationen von Menschen
von einer riesenhaften Größe gegeben und gibt sie vielleicht noch
immer; und wenn man die Fabel von den Pygmäen beiseite läßt,
die gut auch nur eine Übertreibung sein kann, so weiß man, daß
die Lappen und vor allem die Grönländer weit unter der mittleren

Ausführungen zum Gehorsam des Weisen gegenüber den Gesetzen in *Essais*,
I, 23, p. 117, wo auf das klassische Beispiel des Sokrates verwiesen wird.

[391] Offenkundig ist hier nicht von einer bestimmten Verfassung, von einer
besonderen Erscheinungsform des politisch geordneten Gemeinwesens die
Rede. Rousseau scheint vielmehr von jener allgemeinen Verfassung der
Dinge zu sprechen, die durch die Gründung der politischen Gesellschaft
überhaupt entstanden und mit deren Existenz an sich verbunden ist.

[392] Vergleiche dazu den Schlußsatz des Exordiums, S. 74. — Anmerkung
IX nimmt wesentliche Teile der Kultur- und Gesellschaftskritik wieder auf,
die Rousseau in seiner ersten Preisschrift entwickelt hatte, um sie in der Gestalt
eines eigenen, am Leitfaden der Frage nach der „Rechtfertigung der Natur"
geschriebenen Essays in die anthropologisch und historisch fundamentaler
ansetzende Darstellung des *Discours* einzubringen. Die gesamte Thematik
dieser langen Anmerkung wird fortgeführt in Rousseaus *Lettre à Voltaire*
vom 18. 8. 1756 (*CC* IV, p. 37—50).

même qu'il y a des Peuples entiers qui ont des queües comme les quadrupédes; Et sans ajoûter une foi aveugle aux relations d'Hérodote et de Ctesias[393], on en peut du moins tirer cette opinion très vraisemblable, que si l'on avoit pu faire de bonnes observations dans ces tems anciens où les peuples divers suivoient des maniéres de vivre plus différentes entre elles qu'ils ne font aujourd'hui, on y auroit aussi remarqué dans la figure et l'habitude du corps, des variétés beaucoup plus frapantes. Tous ces faits dont il est aisé de fournir des preuves incontestables, ne peuvent surprendre que ceux qui sont accoutumés à ne regarder que les objets qui les environnent, et qui ignorent les puissants effets de la diversité des Climats, de l'air, des alimens, de la maniére de vivre, des habitudes en général, et sur-tout la force étonnante des mêmes causes, quand elles agissent continuellement sur de longues suites de générations[394]. Aujourd'hui que le commerce, les Voyages, et les conquêtes, réunissent davantage les Peuples divers, et que leurs maniéres de vivre se rapprochent sans cesse par la frequente communication, on s'apperçoit que certaines différences nationales ont diminué, et par exemple, chacun peut remarquer que les François d'aujourd'hui ne sont plus ces grands corps blancs et blonds décrits par les Historiens Latins, quoique le tems joint au mélange des Francs et des Normands, blancs et blonds eux mêmes, eût dû rétablir ce que la frequentation des Romains avoit pu ôter à l'influence du Climat, dans la constitution naturelle et le teint des habitans. Toutes ces observations sur les variétés que mille causes peuvent produire et ont produit en effet dans l'Espéce humaine, me font douter si divers animaux semblables aux hommes, pris par les voyageurs pour des Bêtes sans beaucoup d'examen, ou à cause de quelques différences qu'ils remarquoient dans la conformation extérieure, ou seulement parce que ces Animaux ne parloient pas,

---

[393] Ktesias lebte, aus einer knidischen Ärztefamilie stammend, seit 405 v. Chr. als Arzt am Hofe von Arta Xerxes Mnemon. Nach der Rückkehr in seine Heimat schrieb er die *Persika*, eine romanhaft ausgeweitete, publikumswirksame Geschichte Persiens in dreiundzwanzig Bänden, die er selbst als Fortsetzung des Werkes von Herodot verstanden wissen wollte. Die *Persika* wurden u. a. von Isokrates, Platon und Aristoteles benutzt. Nur Bruchstücke sind erhalten geblieben.

Größe des Menschen liegen. Man behauptet sogar, daß es ganze Völker gibt, die Schwänze haben wie die Quadrupeden. Und ohne den Berichten von Herodot und Ktesias[393] einen blinden Glauben zu schenken, kann man aus ihnen zumindest diese sehr wahrscheinliche Meinung gewinnen: Wenn man in jenen alten Zeiten, in denen die verschiedenen Völker stärker voneinander abweichenden Lebensweisen folgten, als sie es heute tun, gute Beobachtungen hätte machen können, so hätte man auch in der Gestalt und der Haltung des Körpers viel auffälligere Varietäten bemerkt. Alle diese Tatsachen, für die sich leicht unanfechtbare Beweise beibringen lassen, können nur jene überraschen, die gewohnt sind, bloß die Gegenstände zu betrachten, die sie umgeben, und die die mächtigen Wirkungen der Verschiedenheit der Klimate, der Luft, der Nahrung, der Lebensweise, der Gewohnheiten im allgemeinen und vor allem die erstaunliche Kraft nicht kennen, welche dieselben Ursachen haben, wenn sie kontinuierlich auf lange Folgen von Generationen einwirken[394]. Heute, da der Handel, die Reisen und die Eroberungen die verschiedenen Völker stärker zusammenbringen und ihre Lebensweisen sich durch die häufigere Verbindung unablässig annähern, wird man gewahr, daß sich bestimmte nationale Unterschiede verringert haben; und jeder kann beispielsweise feststellen, daß die Franzosen von heute nicht mehr jene großen, hellen und blonden Gestalten sind, die von den lateinischen Geschichtsschreibern beschrieben wurden, obwohl die Zeit, zusammen mit der Beimischung der ihrerseits hellen und blonden Franken und Normannen, hätte wiederherstellen müssen, was der Umgang mit den Römern dem Einfluß des Klimas in der natürlichen Verfassung und der Hautfarbe der Bewohner hatte nehmen können. Alle diese Beobachtungen über die Varietäten, die tausend Ursachen in der menschlichen Art hervorbringen können und tatsächlich hervorgebracht haben, lassen mich zweifeln, ob verschiedene den Menschen ähnliche Lebewesen, die von den Reisenden ohne lange Prüfung für Tiere gehalten wurden — entweder aufgrund einiger Unterschiede, die sie in der äußeren Beschaffenheit bemerkten, oder bloß deshalb,

---

[394] Vergleiche S. 44 ff mit den FN 49 und 50, sowie S. 168 und FN 211.

ne seroient point en effet de véritables hommes Sauvages, dont la
race dispersée anciennement dans les bois n'avoit eu occasion de
développer aucune de ses facultés virtuelles, n'avoit acquis aucun
degré de perfection, et se trouvoit encore dans l'état primitif de
Nature. Donnons un exemple de ce que je veux dire.

„On trouve", dit le traducteur de l'Hist. des Voyages[395], „dans
„le Royaume de Congo quantité de ces grands Animaux qu'on
„nomme *Orang-Outang*[396] aux Indes Orientales, qui tiennent
„comme le milieu entre l'espéce humaine et les Babouins. Battel
„raconte que dans les forêts de Mayomba au royaume de Loango[397],
„on voit deux sortes de Monstres dont les plus grands se nomment
„*Pongos* et les autres *Enjokos*. Les premiers ont une ressemblance
„exacte avec l'homme; mais ils sont beaucoup plus gros, et de
„fort haute taille. Avec un visage humain, ils ont les yeux fort
„enfoncés. Leurs mains, leurs jouës, leurs oreilles sont sans poil,
„à l'exception des sourcils qu'ils ont fort longs. Quoiqu'ils ayent
„le reste du corps assés velu, le poil n'en est pas fort épais, et sa
„couleur est brune. Enfin, la seule partie qui les distingue des
„hommes est la jambe qu'ils ont sans mollet. Ils marchent droits
„en se tenant de la main le poil du Cou; leur retraite est dans les
„bois; Ils dorment sur les Arbres, et s'y font une espéce de toit
„qui les met à couvert de la pluye. Leurs alimens sont des fruits
„ou des noix Sauvages. Jamais ils ne mangent de chair. L'usage

---

[395] Die *Histoire générale des voyages*, eine großangelegte Kompilation der verschiedenartigsten Reiseberichte, erschien unter der Herausgeberschaft des Abbé Antoine François Prévost in insgesamt zwanzig voluminösen Bänden in-4° von 1746 bis 1791 bei Didot in Paris. Die ersten sieben Bände, die 1754 vorlagen, sind eine Übersetzung der 1745—1747 in London von John Green veröffentlichten *New Collection of Voyages and Travels*. Die Bände VIII—XV (1756—1759) hat Prévost selbst zusammengestellt, die Bände XVI—XX wurden von einer Gesellschaft von Geographen ediert. Der Titel des monumentalen Werkes, aus dem Rousseau einen großen Teil seiner ethnologischen Kenntnisse bezog, mag, in seinem vollen Wortlaut wiedergegeben, einen Eindruck von der Bandbreite der darin behandelten Gegenstände vermitteln: *Histoire générale des voyages, ou nouvelle collection de toutes les relations de voyages par mer et par terre, qui ont été publiés jusqu'à présent dans les différentes langues de toutes les nations connues: contenant ce qu'il y a de plus remarquable, de plus utile, et de mieux avéré, dans les pays où les voyageurs ont pénétré, touchant leur situation, leur etendue, leurs limites, leurs divisions, leur climat, leur*

weil diese Lebewesen nicht sprachen —, nicht in Wirklichkeit wahrhafte wilde Menschen waren, deren Rasse, in alten Zeiten in den Wäldern zerstreut, keine Gelegenheit gehabt hatte, irgendeine ihrer virtuellen Fähigkeiten zu entwickeln, keinerlei Grad von Vollkommenheit erlangt hatte und sich noch im anfänglichen Naturzustand befand. Geben wir ein Beispiel für das, was ich sagen will.

„Man findet", sagt der Übersetzer der *Histoire des Voyages*[395], „im Königreich Kongo eine Menge jener großen Tiere, die man in Ostindien *Orang-Utan* nennt, welche eine Art Mittelding zwischen der menschlichen Art und den Pavianen darstellen. Battel erzählt, daß man in den Wäldern von Mayomba, im Königreich Loango[397], zwei Sorten von Monstren sieht, von denen die größeren *Pongos* und die anderen *Enjokos* genannt werden. Die ersteren haben eine exakte Ähnlichkeit mit dem Menschen; aber sie sind viel dicker und von sehr hohem Wuchs. Bei einem menschlichen Gesicht haben sie sehr tiefliegende Augen. Ihre Hände, ihre Wangen und ihre Ohren sind haarlos, mit Ausnahme der Augenbrauen, die sehr lang sind. Obwohl der übrige Körper ziemlich behaart ist, ist das Haar nicht sehr dicht und seine Farbe ist braun. Der einzige Körperteil schließlich, der sie von den Menschen unterscheidet, ist das Bein, das keine Waden hat. Sie gehen aufrecht, indem sie einander mit der Hand beim Haar des Nackens festhalten; ihr Versteck liegt in den Wäldern; sie schlafen auf den Bäumen und machen sich dort eine Art Dach, das sie vor Regen schützt. Ihre Nahrung sind Früchte oder wilde Nüsse. Niemals

---

terroir, leurs productions, leurs lacs, leurs rivières, leurs montagnes, leurs mines, leurs citez et leurs principales villes, leurs ports, leurs rades, leurs edifices, etc. Avec les moeurs et les usages des habitans, leur religion, leur gouvernement, leurs arts et leurs sciences, leur commerce et leurs manufactures; pour former un système complet d'histoire et de geographie moderne, qui representera l'état actuel de toutes les nations. — Rousseau zitiert im folgenden — mit ganz geringfügigen Abweichungen — Bd. V, l. XIII, ch. 8, p. 87—89.

[396] Ed. 1782: *Orangs-Outangs* (*OCP* schreiben entgegen Ed. 1755 und Ed. 1782: Orangs-Outang.)

[397] „Ein Königreich in Unteräthiopien. Es wird nach Süden vom Königreich Kongo und nach Norden vom Königreich Gabun begrenzt" (*Dictionnaire de Trévoux*, 1721).

„des Négres qui traversent les forêts, est d'y allumer des feux
„pendant la nuit. Ils remarquent que le matin à leur départ les
„Pongos prennent leur place autour du feu, et ne se retirent
„pas qu'il ne soit éteint: car avec beaucoup d'adresse, ils n'ont
„point assés de sens pour l'entretenir en y apportant du bois.

„Ils marchent quelques fois en troupes et tuent les Négres qui
„traversent les forêts. Ils tombent même sur les élephans qui
„viennent paître dans les lieux qu'ils habitent, et les incommodent
„si fort à coups de poing ou de bâtons qu'ils les forcent à prendre
„la fuite en poussant des cris. On ne prend jamais de Pongos en
„vie; parce qu'ils sont si robustes que dix hommes ne suffiroient
„pas pour les arrêter: Mais les Négres en prennent quantité de
„Jeunes après avoir tué la Mére, au Corps de laquelle le petit
„s'attache fortement: lorsqu'un de ces Animaux meurt, les autres
„couvrent son corps d'un Amas de branches ou de feuillages.
„Purchass[398] ajoute que dans les conversations qu'il avoit eues
„avec Battel, il avoit appris de lui même qu'un Pongo lui enleva
„un petit Négre qui passa un mois entier dans la Société de ces
„Animaux; Car ils ne font aucun mal aux hommes qu'ils sur-
„prennent, du moins lorsque ceux-ci ne les regardent point,
„comme le petit Négre l'avoit observé. Battel n'a point décrit
„la seconde espéce de monstre.

„Dapper[399] confirme que le Royaume de Congo est plein de
„ces animaux qui portent aux Indes le nom d'Orang-Outang[400],
„c'est-à-dire, habitans des bois, et que les Afriquains nomment
„Quojas-Morros. Cette Bête, dit-il, est si semblable à l'homme,
„qu'il est tombé dans l'esprit à quelques voyageurs qu'elle pouvoit
„être sortie d'une femme et d'un singe: chimére que les Négres
„mêmes rejettent. Un de ces animaux fut transporté de Congo en

---

[398] Der englische Geistliche Samuel Purchas (1577—1626) kompilierte und
edierte zahlreiche Reiseberichte. In seinem Werk *Purchas, His Pilgrimage*;
or Relations of the World and the Religion observed in all ages, London, 1613, erzählt er u. a. die Abenteuer des englischen Seefahrers Andrew Battel (ca. 1565
bis ca. 1646), der 1589 in Brasilien zunächst von den Indianern, danach von
den Portugiesen gefangengenommen wurde und anschließend mehrere Jahre
unter portugiesischer Herrschaft in Angola lebte, bis es ihn schließlich in
den Kongo verschlug. Nach England zurückgekehrt, berichtete Battel
Purchas seine Erlebnisse und Beobachtungen, die dieser für ihn niederschrieb.

essen sie Fleisch. Die Neger, welche die Wälder durchqueren, haben die Gewohnheit, während der Nacht Feuer anzuzünden. Sie bemerken, daß am Morgen, wenn sie aufbrechen, die Pongos ihren Platz um das Feuer einnehmen und sich nicht eher zurückziehen, als bis es erloschen ist: denn bei aller Gewandtheit haben sie doch nicht Verstand genug, es durch das Herbeischaffen von Holz zu unterhalten.

„Sie ziehen manchmal in Trupps umher und töten die Neger, welche die Wälder durchqueren. Sie fallen sogar über die Elefanten her, die zum Weiden an die Orte kommen, welche sie bewohnen, und belästigen sie derart mit Faust- und Stockhieben, daß sie sie zwingen, unter Geschrei die Flucht zu ergreifen. Man fängt Pongos niemals lebend, da sie so kräftig sind, daß zehn Männer nicht ausreichten, um sie festzuhalten; aber die Neger fangen viele junge, nachdem sie die Mutter getötet haben, an deren Körper sich das Junge mit aller Kraft festklammert. Wenn eines dieser Tiere stirbt, bedecken die anderen seinen Körper mit einem Haufen von Zweigen oder Laubwerk. Purchas[398] fügt hinzu, daß er in den Gesprächen, die er mit Battel gehabt hatte, von ihm selbst gehört habe, daß ein Pongo ihm einen kleinen Neger entführte, der einen ganzen Monat in der Gesellschaft dieser Tiere zubrachte; denn sie fügen den Menschen, die sie überfallen, kein Leid zu — zumindest dann nicht, wenn diese sie nicht anschauen, wie der kleine Neger beobachtet hatte. Die zweite Monstrespezies hat Battel nicht beschrieben.

„Dapper[399] bestätigt, daß das Königreich Kongo voll von jenen Tieren ist, die in Indien den Namen Orang-Utan tragen, das heißt Bewohner der Wälder, und die die Afrikaner Quojas-Morros nennen. Dieses Tier, sagt er, ist dem Menschen so ähnlich, daß einigen Reisenden in den Sinn gekommen ist, es könnte von einer Frau und einem Affen stammen: Eine Chimäre, die selbst die Neger von sich weisen. Eines dieser Tiere wurde aus dem Kongo nach

---

[399] Der holländische Arzt und Geograph Olfert Dapper (gest. 1690) ist Verfasser zahlreicher Veröffentlichungen. Prévost bezieht sich hier auf seine *Description de l'afrique*, die 1668 in einer Übersetzung aus dem Flämischen in Amsterdam erschienen war.

[400] Ed. 1782: Orangs-Outangs (Variante nicht in *OCP*.)

„Hollande et présenté au Prince d'Orange Frederic Henri[401].
„Il étoit de la hauteur d'un Enfant de trois Ans et d'un embon-
„point médiocre, mais quarré et bien proportionné, fort agile
„et fort vif; les jambes charnües et robustes, tout le devant du
„corps nud, mais le derriére couvert de poils noirs. A la premiére
„vue, son visage ressembloit à celui d'un homme, mais il avoit
„le nés plat et recourbé; ses oreilles étoient aussi celles de l'Espéce
„humaine; son sein, car c'étoit une femelle, étoit potelé, son nom-
„bril enfoncé, ses épaules fort bien jointes, ses mains divisées en
„doigts et en pouces, ses mollets et ses talons gras et charnus.
„Il marchoit souvent droit sur ses jambes, il étoit capable de lever
„et porter des fardeaux assés lourds. Lorsqu'il vouloit boire, il
„prenoit d'une main le couvercle du pot, et tenoit le fond, de
„l'autre. Ensuite il s'essuyoit gracieusement les lévres. Il se
„couchoit pour dormir, la tête sur un Coussin, se couvrant avec
„tant d'adresse qu'on l'auroit pris pour un homme au lit. Les
„Négres font d'étranges recits de cet animal. Ils assurent non
„seulement qu'il force les femmes et les filles, mais qu'il ose atta-
„quer des hommes armés; En un mot il y a beaucoup d'apparence
„que c'est le Satyre des Anciens. Merolla[402] ne parle peut-être que
„de ces Animaux lorsqu'il raconte que les Négres prennent
„quelquefois dans leurs chasses des hommes et des femmes
„Sauvages.

Il est encore parlé de ces espéces d'animaux Antropoformes
dans le troisiéme tome de la même Histoire des Voyages sous le
nom de *Beggos* et de *Mandrills*[403]; mais pour nous en tenir aux rela-

---

[401] Prinz Friedrich Heinrich von Oranien (1584—1647) war von 1625—1647
Statthalter der Niederlande. Er machte seinen Hof im Haag in dieser Zeit zu
einem glänzenden kulturellen Mittelpunkt. — Die *Histoire des voyages* enthält
einen Stich, der das Tier, von dem an dieser Stelle die Rede ist, wiedergibt.
Die Unterschrift lautet: „Signe d'Angola presenté à Frederic Henri Prince
d'Orange." Das dargestellte Lebewesen wirkt ausgesprochen menschen-
ähnlich.

[402] Der italienische Kapuzinermönch und Missionar Girolamo Merolla
(geb. um 1650) berichtet über seine Reisen und seinen langjährigen Aufenthalt in Afrika (1682—1692) in der *Breve e succincta Relazione del viaggio nel
regno del Congo*, Neapel, 1692.

[403] Tatsächlich findet sich der erwähnte Bericht nicht im dritten, sondern
im vierten Band, p. 240/241. Rousseau übernimmt den falschen Hinweis

Holland gebracht und dem Prinzen Friedrich Heinrich von Oranien[401] vorgestellt. Es war so groß wie ein dreijähriges Kind und mäßig beleibt, aber breitschultrig und wohlproportioniert, sehr flink und sehr lebhaft; die Beine fleischig und kräftig, die ganze Vorderseite des Körpers nackt, die Hinterseite jedoch mit schwarzem Haar bedeckt. Auf den ersten Blick ähnelte sein Gesicht dem eines Menschen, aber es hatte eine platte und gebogene Nase, seine Ohren waren ebenfalls die der menschlichen Art. Sein Busen, denn es war ein Weibchen, war rund und voll, sein Nabel tiefliegend; seine Schultern sehr gut verbunden, seine Hände in Finger und Daumen gegliedert; seine Waden und seine Fersen dick und fleischig. Es ging oft aufrecht auf seinen Beinen; es war fähig, ziemlich schwere Lasten hochzuheben und zu tragen. Wenn es trinken wollte, nahm es mit einer Hand den Deckel des Topfes ab und hielt den Boden mit der anderen. Danach wischte es sich graziös die Lippen ab. Zum Schlafen legte es sich, den Kopf auf ein Kissen gebettet, nieder und deckte sich dabei mit solcher Gewandtheit zu, daß man es für einen Menschen im Bett gehalten hätte. Die Neger erzählen sonderbare Geschichten über dieses Tier. Sie versichern nicht nur, daß es den Frauen und den Mädchen Gewalt antut, sondern daß es bewaffnete Männer anzugreifen wagt. Mit einem Wort: es besteht große Wahrscheinlichkeit, daß es der Satyr der Alten ist. Merolla[402] spricht vielleicht von niemand anderem als von diesen Tieren, wenn er erzählt, daß die Neger auf ihren Jagdzügen manchmal wilde Männer und Frauen fangen."

Von diesen anthropoformen Tierarten wird im dritten Band derselben *Histoire des Voyages* unter den Namen *Beggos* und *Mandrills* noch einmal gesprochen[403]. Aber um es bei den vorstehenden

---

einer Fußnote der *Histoire des voyages*, die dem Satz „Eines dieser Tiere wurde aus dem Kongo nach Holland gebracht..." hinzugefügt ist: „Siehe seine Beschreibung oben in Band III unter dem Namen *Beggo* und *Mandrill*." — Die anthropoformen Tierarten, von denen Rousseau spricht, erinnern an die *Anthropomorpha*, die „menschenähnlichen Tiere" Linnés, die im *Systema naturae* die Ordnung bezeichnen, der die Gattungen *Homo* und *Simia* angehören. Für die Gattung *Homo* nennt Linné zunächst nur eine Art: den *Homo sapiens*, später stellt er dem *Homo sapiens* mit dem *Homo nocturnus* oder *sylvestris* eine weitere Art zur Seite, unter der er die Lebewesen zusammenfaßt, von denen bei Rousseau im weiteren die Rede ist, also die „Pongos", „Orang-Utans" etc.

tions précédentes on trouve dans la description de ces prétendus
monstres des conformités frapantes avec l'espéce humaine, et des
différences moindres que celles qu'on pourroit assigner d'homme à
homme. On ne voit point dans ces passages les raisons sur lesquelles les Auteurs se fondent pour refuser aux Animaux en question le nom d'hommes Sauvages, mais il est aisé de conjecturer
que c'est à cause de leur stupidité, et aussi parce qu'ils ne parloient
pas; raisons foibles pour ceux qui savent que quoique l'organe de la
parole soit naturel à l'homme, la parole elle même ne lui est pourtant
pas naturelle, et qui connoissent jusqu'à quel point sa perfectibilité
peut avoir élevé l'homme Civil au-dessus de son état originel.
Le petit nombre de lignes que contiennent ces descriptions nous
peut faire juger combien ces Animaux ont été mal observés et
avec quels préjugés ils ont été vus. Par exemple, ils sont qualifiés
de monstres, et cependant on convient qu'ils engendrent[404].
Dans un endroit Battel dit que les Pongos tuent les Négres qui
traversent les forêts, dans un autre Purchass ajoûte qu'ils ne leur
font aucun mal, même quand ils les surprennent; du moins lorsque les Négres ne s'attachent pas à les regarder. Les Pongos
s'assemblent autour des feux allumés par les Négres, quand
ceux-ci se retirent, et se retirent à leur tour quand le feu est éteint;
voilà le fait; voici maintenant le commentaire de l'observateur;
Car avec beaucoup d'adresse, ils n'ont pas assés de sens pour l'entretenir
en y apportant du bois. Je voudrois deviner comment Battel ou Purchass son compilateur a pû savoir que la retraite des Pongos étoit
un effet de leur bétise plûtôt que de leur volonté. Dans un Climat
tel que Loango, le feu n'est pas une chose fort nécessaire aux
Animaux, et si les Négres en allument, c'est moins contre le froid
que pour effrayer les bêtes feroces; il est donc très simple qu'après
avoir été quelque tems réjouis par la flamme ou s'être bien ré-
chauffés, les Pongos s'ennuyent de rester toujours à la même place,
et s'en aillent à leur pâture, qui demande plus de tems que s'ils
mangeoient de la chair. D'ailleurs, on sait que la plûpart des Animaux, sans en excepter l'homme, sont naturellement paresseux,

[404] „Die *Monstren* pflanzen sich nicht fort, das ist der Grund, weshalb einige
die Maulesel unter die Monstren einordnen" (*Dictionnaire de Trévoux*, 1721).

Berichten bewenden zu lassen, so findet man in der Beschreibung dieser vorgeblichen Monstren frappierende Übereinstimmungen mit der menschlichen Art und geringere Unterschiede als jene, die man zwischen einem Menschen und einem anderen bestimmen könnte. Man ersieht aus diesen Passagen nicht die Gründe, auf die sich die Autoren stützen, um den in Frage stehenden Tieren die Bezeichnung ‚Wilde Menschen' zu verweigern, aber es ist leicht zu vermuten, wegen deren Stupidität und auch, weil sie nicht sprechen — schwache Gründe für die, die wissen, daß, obschon das Organ der Sprache dem Menschen natürlich ist, die Sprache selbst ihm gleichwohl nicht natürlich ist, und die sich darüber im klaren sind, bis zu welchem Punkt seine Perfektibilität den bürgerlichen Menschen über seinen ursprünglichen Zustand hinausgehoben haben kann. Die wenigen Zeilen, die diese Beschreibungen enthalten, können uns beurteilen lassen, wie schlecht diese Tiere beobachtet worden sind, und mit welchen Vorurteilen man sie gesehen hat. Zum Beispiel werden sie als Monstren bezeichnet, und doch räumt man ein, daß sie sich fortpflanzen[404]. An einer Stelle sagt Battel, daß die Pongos die Neger töten, welche die Wälder durchqueren; an einer anderen setzt Purchas hinzu, daß sie ihnen kein Leid zufügen, selbst dann nicht, wenn sie sie überfallen; zumindest, wenn die Neger nicht darauf ausgehen, sie anzuschauen. Die Pongos versammeln sich um die von den Negern angezündeten Feuer, wenn jene sich zurückziehen, und sie ziehen sich ihrerseits zurück, wenn das Feuer erloschen ist; soweit die Tatsache und jetzt der Kommentar des Beobachters: *denn bei aller Gewandtheit haben sie doch nicht Verstand genug, es durch das Herbeischaffen von Holz zu unterhalten.* Ich würde gerne herausbekommen, woher Battel oder sein Kompilator Purchas hat wissen können, daß das Sichzurückziehen der Pongos eher eine Folge ihrer Dummheit als ein Ergebnis ihres Willens war. In einer Gegend wie Loango ist das Feuer keine sehr notwendige Sache für die Tiere, und wenn die Neger es anzünden, so weniger gegen die Kälte, als um die reißenden Tiere abzuschrecken; es ist daher eine sehr einfache Sache, daß es den Pongos, nachdem sie sich einige Zeit an der Flamme erfreut oder sich gut gewärmt haben, langweilig wird, immer am selben Platz zu bleiben, und daß sie weg-

et qu'ils se refusent à toutes sortes de soins qui ne sont pas d'une absolue nécessité. Enfin il paroît fort étrange que les Pongos dont on vante l'adresse et la force, les Pongos qui savent enterrer leurs morts et se faire des toits de branchages, ne sachent pas pousser des tisons dans le feu. Je me souviens d'avoir vû un singe faire cette même maneuvre qu'on ne veut pas que les Pongos puissent faire; il est vrai que mes idées n'étant pas alors tournées de ce côté, je fis moi-même la faute que je reproche à nos voyageurs, et[405] je négligeai d'examiner si l'intention du singe étoit en effet d'entretenir le feu, ou simplement, comme je crois, d'imiter l'action d'un homme. Quoiqu'il en soit, il est bien démontré que le Singe n'est pas une variété de l'homme, non seulement parcequ'il est privé de la faculté de parler, mais surtout parcequ'on est sur que son espéce n'a point celle de se perfectionner qui est le caractére spécifique de l'espéce humaine[406]. Experiences qui ne paroissent

---

[405] In Ed. 1782 fehlt *et* / *und*. (*OCP* folgen Ed. 1782 ohne Hinweis auf die Variante.)

[406] Über die Zuordnung und die Unterscheidung der Anthropoiden herrscht im 18. Jahrhundert noch erhebliche Unsicherheit, was angesichts der spärlichen verfügbaren Informationen und der weitgehenden Abhängigkeit von zweifelhaften Reiseberichten nicht verwundern kann. Die Ungewißheit beginnt schon bei der Nomenklatur. So steht die Bezeichnung *Orang-Utan* nicht für die Spezies, die heute unter diesem Namen bekannt ist, für den Pongo pygmaeus von Borneo und Sumatra, sondern faßt eine ganze Reihe von Anthropoiden asiatischer wie afrikanischer Herkunft zusammen. Der erste große, detaillierte Bericht, den der englische Anatom Edward Tyson vom *Orang-Utan* gab, hatte einen Schimpansen zum Gegenstand: *Orang-outang sive Homo Sylvestris or the anatomy of a Pygmie compared with that of a Monkey, an Ape and a Man*, London, 1699. Aber auch Gorillas wurden *Orang-Utan* genannt. Die *Mandrills*, von denen in den Reiseberichten die Rede ist, sind nach heutigem Verständnis Gorillas oder Schimpansen, und beim *Pongo*, den Battel beschreibt, handelt es sich zweifelsfrei um einen Gorilla. (Vor dem 19. Jahrhundert war noch niemals ein Gorilla, ob lebend oder tot, nach Europa gebracht worden.) Nähere Informationen gibt Franck Tinland: *L'Homme sauvage. Homo ferus et homo sylvestris, de l'animal à l'homme*. Paris, 1968, p. 89—129. — Was die Frage betrifft, ob der *Orang-Utan* als Affe bzw. als *gewöhnlicher* Affe oder aber als wilder Mensch anzusehen sei, steht Rousseau mit seinen Zweifeln und Vermutungen keineswegs alleine. Linné ordnet den *Orang-Utan* in der 10. Auflage des *Systema naturae* von 1758 nicht der Gattung *Simia*, sondern *Homo* zu. Er attestiert ihm sogar Sprache und Denken (12. A. 1766, p. 33). La Mettrie erörtert im VI. Kapitel der *Histoire de l'âme*

gehen, um sich ihr Futter zu suchen, welches mehr Zeit erfordert, als wenn sie Fleisch äßen. Im übrigen weiß man, daß die meisten Tiere, den Menschen nicht ausgenommen, von Natur aus faul sind und daß sie sich gegen alle Arten von Anstrengungen sträuben, die nicht von einer absoluten Notwendigkeit sind. Schließlich und endlich erscheint es höchst seltsam, daß die Pongos, deren Gewandtheit und Stärke man rühmt, die Pongos, die ihre Toten zu beerdigen und sich aus Zweigen Dächer zu machen verstehen, es nicht verstehen sollen, Brände ins Feuer zu schieben. Ich erinnere mich gesehen zu haben, wie ein Affe ebendieses Manöver ausführte, von dem man in Abrede stellt, daß die Pongos es ausführen können. Es ist wahr, daß ich, da meine Gedanken damals nicht hierauf gerichtet waren, selbst den Fehler beging, den ich unseren Reisenden vorwerfe, und[405] ich zu prüfen versäumte, ob es die Absicht des Affen war, tatsächlich das Feuer zu unterhalten oder bloß — wie ich glaube — die Handlung eines Menschen nachzuahmen. Wie dem auch sei, es ist gut nachgewiesen, daß der Affe keine Varietät des Menschen ist, nicht nur, weil er der Fähigkeit zu sprechen beraubt ist, sondern vor allem, weil man sicher ist, daß seine Art nicht die Fähigkeit hat, sich zu vervollkommnen, die das spezifische Charakteristikum der menschlichen Art ist[406]. Experimente, die in bezug auf den Pongo und den

---

(1745) *Des hommes sauvages, appellés Satyres* die „wilden Menschen, die in Indien und Afrika recht verbreitet sind und von den Indern *orang-outang* und von den Afrikanern *Quoias morrou* genannt werden". Die Beschreibung des Lebewesens, das an den Hof des Prinzen von Oranien gebracht worden war, kommentiert er mit der Bemerkung: „Er [der holländische Anatom Niklas Tulp, auf dessen *Observationes Medicae*, Amsterdam, 1686, L. III, C. LVI, auch Dappers Darstellung beruht, die Rousseau zitiert] beschäftigt sich nur damit, die Körperteile [des *Satyrs* oder *Orang-Utan*] zu beschreiben, ohne zu erwähnen, ob er Sprache und ob er Vorstellungen hatte. Aber diese vollkommene Ähnlichkeit, die er zwischen dem Körper des Satyrs und dem der anderen Menschen erkannte, läßt mich glauben, daß das Gehirn dieses vorgeblichen Tieres ursprünglich dazu geschaffen ist, zu fühlen und zu denken wie die unseren. Die Gründe, die sich aus der Analogie ergeben, sind bei ihnen viel stärker als bei den anderen Tieren." (*Oeuvres philosophiques*, Berlin, 1774, I, p. 178 und 180.) Vergleiche auch *L'Homme machine* (1748), Ed. Aram Vartanian, Princeton, 1960, p. 160—162. Buffon kommt in seiner *Nomenclature des singes*, *H.N.* XIV, 1766 zu dem Ergebnis, daß man den *Orang-Utan*, „wenn

pas avoir été faites sur le Pongos et l'Orang-Outang avec assés
de soin pour en pouvoir tirer la même conclusion. Il y auroit
pourtant un moyen par lequel, si l'Orang-Outang ou d'autres
étoient de l'espéce humaine, les observateurs les plus grossiers
pourroient s'en assurer même avec demonstration; mais outre
qu'une seule génération ne suffiroit pas pour cette expérience, elle
doit passer pour impraticable, parcequ'il faudroit que ce qui n'est
qu'une supposition fût démontré vrai, avant que l'épreuve qui
devroit constater le fait, pût être tentée innocemment[407].

Les Jugemens précipités, et qui ne sont point le fruit d'une
raison éclairée, sont sujets à donner dans l'excès. Nos voyageurs
font sans façon des bêtes sous les noms de *Pongos*, de *Mandrills*,
d'*Orang-Outang*, de ces mêmes êtres dont sous le nom[408] de *Satyres*,
de *Faunes*, de *Silvains*, les Anciens faisoient des Divinités. Peut-être
après des recherches plus exactes trouvera-t-on que ce ne[409] sont
[409]ni des bêtes ni des dieux, mais[409] des hommes. En attendant,

---

man nur das Aussehen beachtete, in gleicher Weise als den ersten der Affen
oder als den letzten der Menschen betrachten könnte, weil ihm, mit Ausnahme
der Seele, nichts von all dem fehlt, was wir haben, und weil er, was den
Körper angeht, sich vom Menschen weniger unterscheidet, als er sich von
den anderen Tieren unterscheidet, denen man denselben Namen *Affe* gegeben
hat." Buffon zieht aus der Sonderstellung, die der *Orang-Utan* im Vergleich
zu den (übrigen) Affen einnimmt, jedoch einen ganz anderen Schluß als
La Mettrie oder Rousseau (gegen den Buffons weitere Erörterung erkennbar
gerichtet ist): ,,Die Seele, das Denken, die Sprache hängen also nicht von der
Gestalt oder der Organisation des Körpers ab; nichts beweist besser, daß
sie eine besondere Gabe und allein für den Menschen geschaffen ist, da der
Orang-Utan, der nicht spricht und nicht denkt, nichtsdestoweniger den Körper, die Glieder, die Sinne, das Gehirn und die Zunge ganz und gar gleich
dem Menschen hat; da er alle menschlichen Bewegungen und Handlungen
vollbringen oder nachmachen (faire ou contrefaire) kann und dennoch nicht
einen einzigen Akt des Menschen vollbringt." (Ed. Piveteau, p. 389.)

[407] Vorsichtig in der Formulierung, unmißverständlich in der Sache,
deutet Rousseau an, daß das geeignete Mittel, durch das man sich darüber
,,Gewißheit verschaffen könnte", ob es sich bei den Orang-Utans, Pongos
und ähnlichen Lebewesen ,,nicht in Wirklichkeit" um ,,wahrhaftige wilde
Menschen" handelt, die sich noch im anfänglichen Naturzustand der Art
befinden (S. 326), ein Kreuzungsexperiment wäre. Er weist damit selbst auf
eine denkbare Lösung des Problems hin, vor das er die ,,Aristoteles und Plinius unseres Jahrhunderts" im Vorwort gestellt sah. Rousseaus Überlegungen

Orang-Utan nicht mit genügender Sorgfalt gemacht worden zu sein scheinen, um für sie den gleichen Schluß ziehen zu können. Es gäbe jedoch ein Mittel, durch das sich, falls der Orang-Utan oder andere der menschlichen Art zugehörten, die krudesten Beobachter sogar anhand eines augenfälligen Nachweises hierüber Gewißheit verschaffen könnten; aber abgesehen davon, daß eine einzige Generation für dieses Experiment nicht ausreichte, muß es als undurchführbar angesehen werden, weil das, was nur eine Annahme ist, als wahr nachgewiesen sein müßte, bevor der Versuch, der die Tatsache bestätigen sollte, frei von Schuld gewagt werden könnte[407].

Die voreiligen Urteile, die nicht die Frucht einer aufgeklärten Vernunft sind, unterliegen leicht der Gefahr der Übertreibung. Ohne Umstände halten unsere Reisenden unter den Bezeichnungen *Pongos, Mandrills, Orang-Utan* ebendieselben Wesen für Tiere, welche die Alten unter den Bezeichnungen *Satyre, Faune, Silvane* für Gottheiten hielten. Vielleicht wird man nach exakteren Untersuchungen finden, daß es [409]weder Tiere noch Götter, sondern[409]

---

gehen vom Artbegriff Buffons aus, der die Fähigkeit, fruchtbare Nachkommen zu erzeugen, zum Kriterium für die Zugehörigkeit zweier Individuen (bzw. Varietäten) zu ein und derselben Art erhob: „Weder die Zahl noch die Ansammlung ähnlicher Individuen macht die Art aus, die konstante Aufeinanderfolge und die nicht unterbrochene Erneuerung dieser Individuen konstituieren sie." „Das Pferd und der Esel sind sicherlich unterschiedliche Arten, da sie miteinander nur mangelhafte und unfruchtbare Individuen erzeugen." „Die Art ist also nichts anderes als eine konstante Aufeinanderfolge von ähnlichen Individuen, die sich reproduzieren." „Wenn der Neger und der Weiße keine Nachkommen miteinander hervorbringen könnten, wenn ihre Nachkommen auch nur unfruchtbar blieben [. . .] so gäbe es zwei sehr verschiedene Arten. Der Neger verhielte sich zum Menschen, wie der Esel sich zum Pferd verhält, oder vielmehr, wenn der Weiße Mensch wäre, so wäre der Neger kein Mensch mehr, er wäre ein Tier für sich wie der Affe, und wir hätten das Recht anzunehmen, daß der Weiße und der Neger keinen gemeinsamen Ursprung gehabt hätten." (*L'Asne*, *H.N.* IV, 1753, Ed. Piveteau p. 355, 356, 357.)

[408] Ed. 1782: sous les noms (*OCP* folgen Ed. 1782 ohne Hinweis auf die Variante.)

[409] Einfügung der Ed. 1782. (Der ursprüngliche Text lautete: que ce sont des hommes / daß es Menschen sind.) Vergleiche dazu Aristoteles: *Politik*, I, 2: „Derjenige, der von Natur und nicht durch zufällige Umstände außerhalb

il me paroît qu'il y a bien autant de raison de s'en rapporter là-
dessus à Merolla, Religieux lettré, témoin oculaire, et qui avec
toute sa naiveté ne laissoit pas d'être homme d'esprit, qu'au
Marchand Battel, à Dapper, à Purchass, et aux autres Compila-
teurs.

Quel jugement pense-t-on qu'eussent porté de pareils Observateurs sur l'Enfant trouvé en 1694. dont j'ai déjà[410] parlé ci-devant,
qui ne donnoit aucune marque de raison, marchoit sur ses pieds
et sur ses mains, n'avoit aucun langage et formoit des sons qui ne
ressembloient en rien à ceux d'un homme[411]. Il fut longtems,
continue le même Philosophe qui me fournit ce fait, avant de
pouvoir proferer quelques paroles, encore le fit-il d'une maniére
barbare. Aussi-tôt qu'il put parler, on l'interrogea sur son premier
état, mais il ne s'en souvint non plus que nous nous souvenons de
ce qui nous est arrivé au Berceau. Si malheureusement[412] pour lui
cet enfant fût tombé dans les mains de nos voyageurs, on ne peut
douter qu'après avoir remarqué son silence et sa stupidité, ils
n'eussent pris le parti de le renvoyer dans les bois ou de l'enfermer
dans une Ménagerie; après quoi ils en auroient savamment parlé
dans de belles rélations, comme d'une Bête fort curieuse qui
ressembloit assés à l'homme.

Depuis trois ou quatre cens ans que les habitans de l'Europe
inondent les autres parties du monde et publient sans cesse de

---

der Polis lebt, ist entweder weniger oder mehr als ein Mensch" (1253 a 3—5).
„Wer aber nicht in Gemeinschaft leben kann oder ihrer nicht bedarf, weil
er sich selbst genug ist, der ist kein Teil der Polis und muß demnach entweder
ein Tier sein oder ein Gott" (1253 a 27—29). — Rousseau stellt die Aussage,
nach exakteren Untersuchungen werde man vielleicht finden, daß die Pongos,
Mandrills, Orang-Utans Menschen sind, ins Zentrum der längsten und kühn-
sten Anmerkung des *Discours*. Er plaziert sie genau in die Mitte des sechsten
Abschnitts der elf Abschnitte umfassenden zehnten Anmerkung, die ihrerseits
die mittlere von neunzehn Anmerkungen insgesamt ist, und macht sie damit
im wörtlichen Sinne zur zentralen Aussage des ganzen Anmerkungsteils.
In der Tat wird der anthropologische Ansatz des Rekonstruktionsunternehmens, das Rousseau im *Discours* in Angriff nimmt, was seine philosophische
Radikalität und wissenschaftliche Ernsthaftigkeit anbelangt, durch nichts
mehr erhellt als durch die Tatsache, daß Rousseau es für *möglich* hält, daß
die Pongos, Orang-Utans etc. „in Wirklichkeit wahrhaftige wilde Menschen"
sein könnten, „deren Rasse, in alten Zeiten in den Wäldern zerstreut, keine

Menschen sind. In der Zwischenzeit scheint mir, daß es ebensoviel Grund gibt, sich hierüber auf Merolla, einen gebildeten
Mönch, einen Augenzeugen, zu verlassen, der bei all seiner
Naivität doch ein Mann von Geist war, wie auf den Kaufmann
Battel, auf Dapper, auf Purchas und die anderen Kompilatoren.
Welches Urteil hätten derlei Beobachter wohl über das 1694
gefundene Kind gefällt, von dem ich schon[410] weiter oben gesprochen habe, das kein Zeichen von Vernunft zu erkennen gab,
auf Händen und Füßen ging, keine Sprache hatte und Laute formte,
die denen eines Menschen in nichts glichen[411]. Es dauerte lange,
fährt derselbe Philosoph fort, der mir diese Tatsache lieferte, ehe
es einige Wörter hervorbringen konnte, und auch dann tat es dies
noch in einer barbarischen Art und Weise. Sobald es sprechen
konnte, befragte man es über seinen ersten Zustand, aber es er-
innerte sich daran nicht mehr, als wir uns an das erinnern, was
uns in der Wiege widerfahren ist. Wenn dieses Kind zu seinem
Unglück[412] in die Hände unserer Reisenden gefallen wäre, kann
man nicht daran zweifeln, daß sie sich — nachdem sie sein Schweigen und seine Stupidität bemerkt hätten — dafür entschieden hätten, es in die Wälder zurückzuschicken oder es in eine Menagerie
zu sperren; worauf sie in glänzenden Berichten von ihm gelehrt
als von einem höchst merkwürdigen Tier gesprochen hätten, das
dem Menschen ziemlich ähnlich sähe.

Seit drei- oder vierhundert Jahren überfluten die Einwohner
Europas die anderen Teile der Welt und veröffentlichen sie
unablässig neue Sammlungen von Reisebeschreibungen und Be-

Gelegenheit gehabt" hatte, „irgendeine ihrer virtuellen Fähigkeiten zu entwickeln, keinerlei Grad von Vollkommenheit erlangt hatte und sich noch im
anfänglichen Naturzustand befand", als sie von den Reisenden entdeckt wurde, die über sie berichtet haben (S. 326). Vergleiche im Lichte von Anmerkung
X Rousseaus Aussagen über den Charakter seiner Untersuchungen im
Exordium (S. 70) und siehe FN 83.

[410] Fehlt in Ed. 1782. (*OCP* folgen Ed. 1782 ohne Hinweis auf den ursprünglichen Wortlaut.)

[411] Siehe Anmerkung III, S. 278 ff.

[412] Das Exemplar, das Rousseau Davenport überließ (cf. FN 269), enthält
die autographe Einfügung: *ou peut-être heureusement | oder vielleicht zu seinem
Glück.*

nouveaux recueils de voyages et de rélations, je suis persuadé que
nous ne connoissons d'hommes que les seuls Européens; encore
paroît-il aux préjugés ridicules qui ne sont pas éteints, même
parmi les Gens de Lettres, que chacun ne fait guéres sous le nom
pompeux d'étude de l'homme, que celle des hommes de son pays.
Les particuliers ont beau aller et venir, il semble que la Philosophie
ne voyage point, aussi celle de chaque Peuple est-elle peu propre
pour un autre. La cause de ceci est manifeste, au moins pour les
contrées éloignées: Il n'y a guéres que quatre sortes d'hommes qui
fassent des voyages de long cours; les Marins, les Marchands,
les Soldats, et les Missionaires; Or on ne doit guéres s'attendre que
les trois premiéres Classes fournissent de bons Observateurs,
et quant à ceux de la quatriéme, occupés de la vocation sublime
qui les appelle, quand ils ne seroient pas sujets à des préjugés
d'état comme tous les autres, on doit croire qu'ils ne se livreroient
pas volontiers à des recherches qui paroissent de pure curiosité,
et qui les détourneroient des travaux plus importans auxquels
ils se destinent. D'ailleurs, pour prêcher utilement l'Evangile il ne
faut que du zèle et Dieu donne le reste; mais pour étudier les hommes il faut des talens que Dieu ne s'engage à donner à personne,
et qui ne sont pas toujours le partage des Saints[413]. On n'ouvre pas
un livre de voyages où l'on ne trouve des descriptions de carac-
tères et de mœurs; mais on est tout étonné d'y voir que ces gens
qui ont tant décrit de choses, n'ont dit que ce que chacun savoit
déjà, n'ont su appercevoir à l'autre bout du monde que ce qu'il
n'eût tenu qu'à eux de remarquer sans sortir de leur rüe, et que ces
traits vrais qui distinguent les Nations, et qui frapent les yeux faits
pour voir, ont presque toujours échapé aux leurs. De-là est venu
ce bel adage de morale, si rebatu par la tourbe Philosophesque[414],

___

[413] Castel bemerkt zu dieser Stelle: „Das ist eine sehr dreiste Verleumdung
der Kirche, der Apostel, der Religion und alles dessen, was die Welt an Heilig-
stem hat" (*L'Homme moral*, Lettre XXXI).

[414] Am 6. 3. 1755 schreibt Rousseau in einem Brief an seinen Verleger:
„Um einem beinahe unausbleiblichen Fehler zuvorzukommen, muß ich Sie
darauf hinweisen, daß gegen Ende von Anmerkung 8 [d. i. Anm. X] an einer
Stelle die Wörter *tourbe Philosophesque* stehen, ich bitte Sie, darauf zu achten,
daß der Drucker das setzt und nicht *troupe philosophique*" (*CC* III, p. 104 f).

richten — dennoch bin ich überzeugt, daß wir keine anderen Menschen als allein die Europäer kennen; außerdem hat es angesichts der lächerlichen Vorurteile, die selbst unter den Gelehrten nicht ausgestorben sind, den Anschein, daß jeder unter der hochtrabenden Bezeichnung ‚Studium des Menschen' kaum mehr als die Menschen seines Landes studiert. Die Einzelnen mögen noch soviel hin- und herreisen, die Philosophie scheint es, geht nicht auf Reisen, deshalb auch ist die Philosophie jedes Volkes wenig geeignet für ein anderes. Die Ursache hiervon ist offenkundig, zumindest für die fernen Länder: Es gibt kaum mehr als vier Arten von Menschen, die weite Seereisen unternehmen: die Seemänner, die Kaufleute, die Soldaten und die Missionare. Nun darf man schwerlich erwarten, daß die ersten drei Klassen gute Beobachter abgeben; und was jene der vierten angeht, die von der erhabenen Aufgabe in Anspruch genommen sind, die sie ruft, so muß man annehmen, daß sie sich, selbst wenn sie nicht wie alle anderen Standesvorurteilen unterworfen wären, nicht gerne Untersuchungen hingeben würden, die als reine Neugierde erscheinen, und die sie von den wichtigeren Arbeiten ablenken würden, zu denen sie sich bestimmen. Außerdem: um das Evangelium mit Nutzen zu predigen, ist nur Eifer erforderlich, und Gott gibt das übrige; um aber die Menschen zu studieren, sind Talente erforderlich, die Gott sich niemandem zu geben verpflichtet und die nicht immer das Erbteil der Heiligen sind[413]. Man schlägt kein Buch mit Reisebeschreibungen auf, in dem man nicht Schilderungen von Charakteren und Sitten findet; aber man ist ganz erstaunt zu sehen, daß diese Leute, die so viele Dinge beschrieben haben, nur gesagt haben, was jeder schon wußte; daß sie am anderen Ende der Welt nur wahrzunehmen gewußt haben, was sie hätten bemerken können, ohne ihre Straße zu verlassen, und daß jene wahren Charakterzüge, welche die Nationen unterscheiden und welche den Augen, die zum Sehen geschaffen sind, auffallen, den ihren fast immer entgangen sind. Daher rührt jener schöne Moral-Spruch, der vom philosophesken Haufen[414]

Philosophesque ist eine péjorative Neubildung Rousseaus nach dem Muster der Abwandlung von *soldat* in *soldatesque*. Bei der Übersetzung wurde entsprechend verfahren. Im *Emile* verwendet Rousseau mit *parti philosophiste*

que les hommes sont par tout les mêmes, qu'ayant par tout les mêmes passions et les mêmes vices, il est assés inutile de chercher à caractériser les différens Peuples; ce qui est à peu près aussi bien raisonné que si l'on disoit qu'on ne sauroit distinguer Pierre d'avec Jaques, parce qu'ils ont tous deux un nés, une bouche et des yeux[415].

Ne verra-t-on jamais renaître ces tems heureux où les Peuples ne se mêloient point de Philosopher, mais où les Platons, les Thalés et les Pythagores épris d'un ardent desir de savoir, entreprenoient les plus grands voyages uniquement pour s'instruire, et alloient au loin secouer le joug des préjugés Nationaux, apprendre à connoître les hommes par leurs conformités et par leurs différences, et acquerir ces connoissances universelles qui ne sont point celles d'un Siécle ou d'un pays exclusivement, mais qui étant de tous les tems et de tous les lieux, sont pour ainsi dire la science commune des sages?

---

eine andere, ebenfalls péjorative Neuprägung (IV, p. 632, note). — Die Neologismen dieses Satzes wurden in den frühen Kritiken des *Discours* wiederholt aufgegriffen: „Der Stil des *Discours* von M. Rousseau ist sehr ungleich. Es gibt Stücke darin, die sehr eloquent und sehr gut geschrieben, andere, die hart und holperig, einige, die matt und schleppend sind. Man findet in ihm neugebildete Ausdrücke wie *Adage, tourbe philosophesque*, niedrige und kriecherische wie *travailler à bâton rompu, battre les buissons*, etc." (Fréron in *L'Anné littéraire*, 1755, VII, p. 167). „M. R. kennt sehr gut das Niedere, Triviale, Altmodische unserer Sprache, wenn er auch nicht das Edle, Feine und Graziöse in ihr kennt. Seine *adages*, sein *tourbe philosophesque* haben in einem solchen Mund, unter einer solchen Feder etwas unendlich *Geringschätziges* seitens eines Genfers, um nicht zu sagen: eines schweizerischen Savoisien" (Castel: *L'Homme moral*, Lettre XXXI).

[415] Dem *adage de moral*, nach dem die Menschen überall die gleichen sind, widerspricht Rousseau im *Discours* von Anbeginn an: Die Menschen sind nicht nur aufgrund ihrer politischen und gesellschaftlichen Lebensumstände sehr verschieden, sondern sie sind auch ihren natürlichen Anlagen und Fähigkeiten nach ungleich (S. 66). Den natürlichen und den soziablen, den wilden und den bürgerlichen Menschen trennen im „Grunde ihres Herzens und in ihren Neigungen" Welten (S. 266 ff). Die ganze Schrift geht davon aus und versucht darzutun, daß „das Menschengeschlecht eines Zeitalters nicht das Menschengeschlecht eines anderen Zeitalters ist" (S. 264). Der ausführlichen Darstellung, die die diachronische Ungleichheit im Haupttext erfährt, läßt Rousseau in Anmerkung X einen kurzen, aber eindringlichen

so unermüdlich wiederholt wird: Daß die Menschen überall die gleichen sind, daß, da sie überall die gleichen Leidenschaften und die gleichen Laster haben, es ziemlich nutzlos ist, die unterschiedlichen Völker zu charakterisieren zu suchen — was ungefähr ebenso trefflich geschlossen ist, wie wenn man sagte, man könne Peter nicht von Jakob unterscheiden, weil sie alle beide eine Nase, einen Mund und Augen haben[415].

Wird man jene glücklichen Zeiten niemals wiedererstehen sehen, in denen sich die Völker nicht damit abgaben zu philosophieren, aber in denen ein Platon, ein Thales und ein Pythagoras, von einem glühenden Wissensdrang erfüllt, die größten Reisen unternahmen, einzig und allein, um sich zu unterrichten, und in die Ferne gingen, um das Joch der nationalen Vorurteile abzuschütteln, um die Menschen nach ihren Übereinstimmungen und nach ihren Unterschieden kennenzulernen und um jene universellen Kenntnisse zu erwerben, die nicht die eines Jahrhunderts oder eines Landes ausschließlich sind, sondern, da sie allen Zeiten und allen Orten zugehören, sozusagen die gemeinsame Wissenschaft der Weisen sind?

Hinweis auf die wenig untersuchte synchronische Ungleichheit der menschlichen Art folgen. Er entwirft ein ethnologisches Forschungsprogramm, das zu einer soliden Wissensgrundlage über die Varietäten verhelfen soll, in die sich die Art ethnisch gliedert, um so den Zustand zu beenden, daß „die ganze Erde mit Nationen übersät ist, von denen wir nur die Namen kennen", während „wir uns unterstehen, über das Menschengeschlecht zu urteilen." „Wenn man die Menschen studieren will", schreibt Rousseau im *Essai sur l'origine des langues*, „muß man sich in seiner Nähe umsehen; aber um den Menschen zu studieren, muß man lernen, seinen Blick in die Ferne zu richten; man muß zunächst die Unterschiede beobachten, um die Eigentümlichkeiten zu entdecken" (VIII, p. 89). In derselben Schrift heißt es: „Um die Handlungen der Menschen richtig einzuschätzen, muß man sie in allen ihren Beziehungen betrachten, und das ist es, was man uns nicht zu tun lehrt. Wenn wir uns an die Stelle der anderen versetzen, versetzen wir uns stets so dorthin, wie wir modifiziert sind, nicht so wie sie es sein müssen, und wenn wir sie nach der Vernunft zu beurteilen meinen, so tun wir nichts anderes, als ihre Vorurteile mit den unseren zu vergleichen" (XI, p. 137). — Cf. außerdem *Préface de Narcisse*, p. 969, wo die Aussage „die Menschen sind überall die gleichen" aus dem Zentrum von Rousseaus Politischer Philosophie heraus einer Kritik unterzogen wird.

On admire la magnificence de quelques curieux qui ont fait ou fait faire à grands frais des voyages en Orient avec des Savans et des Peintres, pour y dessiner des masures et déchiffrer ou copier des Inscriptions: mais j'ai peine à concevoir comment dans un Siécle où l'on se pique de belles connoissances il ne se trouve pas deux hommes bien unis, riches, l'un en argent, l'autre en genie, tous deux aimant la gloire et aspirant à l'immortalité, dont l'un sacrifie vingt mille écus de son bien et l'autre dix ans de sa vie à un célébre voyage autour du monde; pour y étudier, non toûjours des pierres et des plantes, mais une fois les hommes et les mœurs, et qui, après tant de siécles employés à mesurer et considerer la maison, s'avisent enfin d'en vouloir connoître les habitans.

Les Academiciens qui ont parcouru les parties Septentrionales de l'Europe et Méridionales de l'Amérique avoient plus pour objet de les visiter en Géometres qu'en Philosophes. Cependant, comme ils étoient à la fois l'un et l'autre, on ne peut pas regarder comme tout à fait inconnues les régions qui ont été vues et décrites par les La Condamine[416] et les Maupertuis[417]. Le Jouaillier Char-

[416] Der französische Mathematiker und Forschungsreisende Charles-Marie de La Condamine (1701—1774) war Teilnehmer einer Äquatorexpedition zur Gradmessung der Académie des Sciences im Jahre 1736. Über die Beobachtungen, die er in Südamerika machte, berichtet seine *Relation abrégée du voyage fait à l'intérieur de l'Amérique méridionale*, Paris, Pissot, 1745, die Rousseau, der mit dem Verfasser persönlich bekannt war, höchst wahrscheinlich vor der Niederschrift des *Discours* gelesen hatte (cf. FN 452). La Condamine schreibt darin u. a. über die Indianer aus dem Amazonasgebiet: „Die Empfindungslosigkeit macht den Grundzug ihres Charakters aus. Ich lasse die Entscheidung dahingestellt sein, ob man sie als Apathie würdigen oder als Stupidität herabsetzen soll. Sie entspringt der geringen Zahl ihrer Vorstellungen, die nicht über die Bedürfnisse hinausreichen. Eßgierig bis zur Gefräßigkeit, wenn sie etwas haben, womit sie ihre Wünsche befriedigen können, genügsam, wenn die Notwendigkeit sie dazu zwingt, bis zur Fähigkeit, auf alles zu verzichten, ohne daß sie etwas zu begehren scheinen; kleinmütig und feige bis zum Exzeß, wenn die Trunkenheit sie nicht fortreißt; Feinde der Arbeit, gleichgültig gegenüber jedem Motiv des Ruhmes, der Ehre oder der Erkenntlichkeit, einzig und allein mit dem gegenwärtigen Ziel beschäftigt und immer nur durch dieses bestimmt, ohne Beunruhigung wegen der Zukunft, unfähig zur Voraussicht und zur Reflexion, sich, wenn sie nichts hindert, einer kindischen Freude überlassend, die sie durch Sprünge und maßloses, schallendes Lachen, ohne Ziel und ohne Zweck, kundgeben,

Man bewundert die Freigebigkeit einiger Neugieriger, die unter großen Kosten mit Gelehrten und Malern Reisen in den Orient gemacht haben oder haben machen lassen, um dort alte Gemäuer abzuzeichnen und Inschriften zu entziffern oder abzuschreiben; aber es fällt mir schwer zu begreifen, wie es zugeht, daß sich in einem Jahrhundert, in dem man in glänzende Kenntnisse seinen Stolz setzt, nicht zwei eng verbundene Menschen finden — der eine reich an Geld, der andere an Genie, alle beide den Ruhm liebend und nach Unsterblichkeit strebend —, von denen der eine zwanzigtausend Taler seines Vermögens und der andere zehn Jahre seines Lebens für eine gefeierte Reise um die Welt opferte, um dabei nicht immerfort Steine und Pflanzen, sondern einmal die Menschen und die Sitten zu studieren, und die nach so vielen Jahrhunderten, die darauf verwandt wurden, das Haus auszumessen und zu betrachten, es sich endlich einfallen ließen, seine Bewohner kennenlernen zu wollen.

Die Mitglieder der Akademie, welche die nördlichen Teile Europas und die südlichen Amerikas durchquert haben, hatten eher die Absicht, sie als Geometer denn als Philosophen zu besuchen. Da sie jedoch beides zugleich waren, kann man die Gegenden, die von einem La Condamine[416] und einem Maupertuis[417]

---

bringen sie ihr Leben hin, ohne zu denken, und werden sie alt, ohne der Kindheit zu entwachsen, deren sämtliche Fehler sie bewahren [...] Man kann nicht ohne Beschämung sehen, wie wenig der Mensch, der bloßen Natur überlassen, der Erziehung und der Gesellschaft beraubt, sich vom Tier unterscheidet." Ihrer Sprache „fehlen die Wörter, um die abstrakten und universellen Vorstellungen auszudrücken; ein evidenter Beweis für den geringen Fortschritt, den die Geister dieser Völker gemacht haben. *Zeit, Dauer, Raum, Wesen (être), Substanz, Materie, Körper*, alle diese Wörter und viele andere haben kein Äquivalent in ihren Sprachen: Nicht nur die Namen der metaphysischen, sondern auch jene der moralischen Dinge (êtres), können bei ihnen nur unvollkommen und durch lange Periphrasen wiedergegeben werden. Es gibt kein eigenes Wort, das exakt den Wörtern *Tugend, Gerechtigkeit, Freiheit, Erkenntlichkeit, Undankbarkeit* entsprechen würde." (Zit. bei Jean Morel: *Recherches sur les sources du Discours de J. J. Rousseau*, Lausanne, 1910, p. 79, und bei Jean Starobinski, *OCP* III, p. 1373.)

[417] Pierre-Louis Moreau de Maupertuis (1698—1759) leitete 1736 im Auftrag Ludwig XV. eine Expedition zur genauen Gradmessung in Lappland, deren Ergebnisse er in der Schrift *Relation du voyage fait par ordre du Roi au*

din[418] qui a voyagé comme Platon, n'a rien laissé à dire sur la Perse; la Chine paroît avoir été bien observée par les Jésuites. Kempfer[419] donne une idée passable du peu qu'il a vu dans le Japon. A ces rélations prés, nous ne connoissons point les Peuples des Indes Orientales, fréquentées uniquement par des Européens plus curieux de remplir leurs bourses que leurs têtes. L'Afrique entiére et ses nombreux habitans, aussi singuliers par leur caractére que par leur couleur, sont encore à examiner; toute la terre est couverte de Nations dont nous ne connoissons que les noms, et nous nous mêlons de juger le genre-humain! Supposons un Montesquieu, un Buffon, un Diderot, un Duclos, un d'Alembert, un Condillac[420], ou des hommes de cette trempe, voyageant pour instruire leurs compatriotes, observant et décrivant comme ils savent faire, la Turquie, l'Egipte, la Barbarie, l'Empire de Maroc, la Guinée, le pays[421] des Caffres, l'intérieur de l'Afrique et ses côtes Orienta-

---

cercle polaire pour déterminer la figure de la terre, Paris, 1738 (*Oeuvres*, III, p. 69—175) veröffentlichte. Seine Messungen erbrachten den Nachweis für die von Newton postulierte Abplattung der Erde an den Polen. Über seine Beobachtungen bei den Lappen berichtet Maupertuis in der *Relation d'un voyage au fond de la Lapponie*, Berlin, 1749 (*Oeuvres*, III, p. 177—206). Cf. FN 366.

[418] Jean Chardin (1643—1713) bereiste als Diamantenhändler Persien und Indien. 1686 erschien in London eine erste Teilveröffentlichung des *Journal du voyage de Chevalier Chardin en Perse et aux Indes orientales par la mer Noire et par la Colchide*, der dann 1711 in Amsterdam eine reich illustrierte dreibändige Gesamtausgabe des Werkes folgte, das sich durch eine bemerkenswerte Genauigkeit der Beobachtung und der Beschreibung auszeichnet.

[419] Der deutsche Arzt und Forschungsreisende Engelbert Kaempfer (1651—1716) kam 1683 als Sekretär einer schwedischen Gesandtschaft über Moskau nach Persien und Arabien. In Diensten der holländischen Ostindienkompagnie bereiste er als Chirurg Indien, Java, Siam und 1690—1692 Japan. 1728 wurde aus seinem Nachlaß in London die *History of Japan and Siam* veröffentlicht, die 1729 in einer mit zahlreichen Karten und Abbildungen ausgestatteten französischen Übersetzung von Desmaisseaux unter dem Titel *Histoire naturelle, civile, et ecclesiastique de L'Empire du Japon*, Den Haag, 2 Bände und Supplement, erschien. Die erste deutsche Ausgabe datiert von 1777—1779: *Geschichte und Beschreibung von Japan. Aus den Originalhandschriften des Verfassers hrsg. von Chr. W. Dohm*, Lemgo.

[420] Fréron bemerkt in einem ironisch-anzüglichen Kommentar zu dieser Stelle, daß die Genannten „allesamt Freunde von M. Rousseau" seien (*L'Année littéraire*, 1755, VII, p. 161; cf. p. 162). Tatsächlich gehören Diderot

gesehen und beschrieben worden sind, nicht als völlig unbekannt betrachten. Der Juwelier Chardin[418], der wie Platon gereist ist, hat über Persien nichts zu sagen übrig gelassen; China scheint von den Jesuiten gut beobachtet worden zu sein. Kaempfer[419] vermittelt eine leidliche Vorstellung von dem Wenigen, das er in Japan gesehen hat. Von diesen Berichten abgesehen, kennen wir die Völker Ostindiens nicht, die einzig und allein von Europäern besucht werden, welche mehr darauf erpicht sind, ihre Geldbeutel zu füllen als ihre Köpfe. Ganz Afrika und seine zahlreichen Bewohner, die hinsichtlich ihres Charakters ebenso sonderbar sind wie hinsichtlich ihrer Hautfarbe, sind noch zu untersuchen; die gesamte Erde ist mit Nationen übersät, von denen wir nur die Namen kennen — und wir unterstehen uns, über das Menschengeschlecht zu urteilen! Nehmen wir an, ein Montesquieu, ein Buffon, ein Diderot, ein Duclos, ein d'Alembert, ein Condillac[420] oder Männer dieses Schlages gingen auf Reisen, um ihre Landsleute zu unterrichten, sie beobachteten und beschrieben, wie sie es zu tun verstehen, die Türkei, Ägypten, das Berberland, das Reich von Marokko, Guinea, das Land[421] der Kaffern, das Innere

---

und Duclos, die im Zentrum der Aufzählung stehen, zur Zeit der Niederschrift und Veröffentlichung des *Discours* Rousseaus engstem Freundeskreis an. Rousseau revanchiert sich bei Diderot für eine ähnlich ehrenvolle Erwähnung in dessen Ende 1753 erschienenen Schrift *De l'interprétation de la nature*. Diderot hatte dort in einem scharfen Angriff auf klerikale Verfolger, Zensoren und andere Widersacher unter der Überschrift *Von den Hindernissen* (LV) geschrieben: ,,Euch zum Trotz werden die Namen der Duclos, d'Alembert und Rousseau, der Voltaire, Maupertuis und Montesquieu, der Buffon und Daubenton unter uns und bei unseren Enkeln in Ehren gehalten werden, und wenn sich irgend jemand eines Tages der Euren erinnert, so wird er sagen: Sie sind die Verfolger der hervorragendsten Männer ihrer Zeit gewesen . . .`` (Ed. Vernière, p. 234). — Charles Pinot Duclos (1704—1772) war Mitglied der Académie française und Nachfolger Voltaires als Historiograph des Königs von Frankreich. Er veröffentlichte u. a. die *Considérations sur les moeurs de ce siècle* (1750) und die *Memoires pour servir à l'histoire du XVIIIᵉ siècle* (1751). Rousseau hat ihm 1752 die Oper *Le Devin du village* gewidmet, das einzige Werk Rousseaus, das eine persönliche Widmung trägt.

[421] Ed. 1782: les pays / die Länder (*OCP* folgen Ed. 1782 ohne Hinweis auf die Variante).

les, les Malabares, le Mogol, les rives du Gange, les Royaumes de
Siam, de Pegu et d'Ava, la Chine, la Tartarie, et sur tout le Japon;
puis dans l'autre Hemisphére le Méxique, le Perou, le Chili, les
Terres Magellaniques, sans oublier les Patagons vrais ou faux[422],
le Tucuman, le Paraguai s'il étoit possible, le Brezil, enfin les
Caraïbes, la Floride et toutes les contrées Sauvages, voyage le
plus important de tous et celui qu'il faudroit faire avec le plus de
soin; supposons que ces nouveaux Hercules, de retour de ces courses mémorables, fissent ensuite à loisir l'Histoire naturelle Morale
et Politique[423] de ce qu'ils auroient vu, nous verrions nous mêmes
sortir un monde nouveau de dessous leur plume, et nous appren-
drions ainsi à connoître le nôtre: Je dis que quand de pareils
Observateurs affirmeront d'un tel Animal que c'est un homme,
et d'un autre que c'est une bête, il faudra les en croire; mais
ce seroit une grande simplicité de s'en rapporter là dessus à des
voyageurs grossiers, sur lesquels on seroit quelque fois tenté de
faire la même question qu'ils se mêlent de resoudre sur d'autres
animaux[424].

---

[422] In verschiedenen Reiseberichten, angefangen bei den ersten Schilderungen Magellans aus dem Jahre 1519, war vom riesenhaften Wuchs der
Patagonier die Rede. Die Glaubwürdigkeit der verfügbaren Mitteilungen war
um die Mitte des 18. Jahrhunderts sehr umstritten. Der Name *Patagonier* selbst
(portugiesisch soviel wie „Großpfoten"), den Magellan den Eingeborenen
gegeben hatte, machte sie zu einer Art von Riesen. Daraus erklärt sich die
eigentümliche Wendung Rousseaus. Die Diskussion über die Größe der
Patagonier war ihm aus Buffons *Variétés dans l'espèce humaine, H.N.* IV,
1753, wohlvertraut. Buffon gibt die einschlägigen Passagen aus den Reiseberichten ausführlich wieder. Er meldet Zweifel an und weist auf vermutliche
Übertreibungen hin. Ein Vierteljahrhundert später spricht er in den Anmerkungen zu *Les Epoques de la nature* (1778) seinerseits davon, daß es sich
bei den Patagoniern um die „einzige Rasse von Riesen" handele, „die erhalten
geblieben ist" (Ed. Piveteau, p. 215). Maupertuis hatte in den *Lettres sur le
progrès des sciences*, Berlin, 1752, unter der Überschrift *Patagons* (§ II) geschrieben: „So viele glaubwürdige Berichte erzählen uns von diesen Riesen,
daß man kaum vernünftigerweise daran zweifeln kann, daß es in dieser
Region Menschen gibt, deren Größe von der unseren stark verschieden ist"
(*Oeuvres*, II, p. 387).
[423] Gemeint ist: Die Beschreibung und Erörterung der Natur (der Topographie, des Klimas, der Ethnien, der Flora und Fauna), der Sitten und der

von Afrika und seine östlichen Küsten, die Malabaren, den Mogul, die Ufer des Ganges, die Königreiche Siam, Pegu und Ava, China, die Tatarei und vor allem Japan; dann in der anderen Hemisphäre Mexiko, Peru, Chile, die Länder an der Magellanstraße, ohne die Patagonier — ob wahr oder falsch[422] — zu vergessen, Tukuman, Paraguay, wenn es möglich wäre, Brasilien; schließlich die Kariben, Florida und alle wilden Länder: Das wäre die wichtigste Reise von allen und diejenige, die mit der größten Sorgfalt unternommen werden müßte. Nehmen wir an, diese neuen Herkules schrieben dann, von diesen denkwürdigen Expeditionen zurückgekehrt, in aller Muße die natürliche, moralische und politische Geschichte[423] dessen, was sie gesehen hätten — wir selbst würden eine neue Welt unter ihrer Feder entstehen sehen und so die unsere kennenlernen: Ich sage, wenn solche Beobachter von einem bestimmten Lebewesen versichern werden, daß es ein Mensch ist, und von einem anderen, daß es ein Tier ist, dann wird man ihnen glauben müssen; aber es wäre eine große Leichtgläubigkeit, sich hierin auf krude Reisende zu verlassen, hinsichtlich deren man manchmal versucht wäre, die gleiche Frage zu stellen, die sie sich hinsichtlich anderer Lebewesen zu entscheiden unterstehen[424].

---

politischen Einrichtungen und Verhältnisse. Rousseau bedient sich einer Formulierung, die im 18. Jahrhundert in vielen Reisebeschreibungen anzutreffen ist (cf. z. B. den in FN 419 zitierten Titel Kaempfers). Einige Kommentatoren und Übersetzer haben, offenbar in Unkenntnis des zeitgenössischen Sprachgebrauchs, aus diesem Satz herausgelesen, Rousseau habe sich von den „neuen Herkules" eine „Naturgeschichte der Moral und der Politik" oder eine „moralisch-politische Naturgeschichte" erwartet. Möglicherweise stiftete dabei auch die unterschiedliche Großschreibung in Ed. 1755-1 Verwirrung. Sie ist hier wie in vielen anderen Fällen willkürlich und kann — von allen sachlichen Gesichtspunkten einmal ganz abgesehen — derartige Übersetzungen und Interpretationen keinesfalls stützen: Ed 1755-2 hat *Histoire naturelle Morale et politique* und von Ed. 1755-3 an schreiben die weiteren Ausgaben durchweg *histoire naturelle, morale et politique*.

[424] Der Schlußsatz verweist den Leser noch einmal auf den zentralen Gegenstand dieser langen Anmerkung (s. FN 409). — Das Thema des zweiten Teils von Anmerkung X wird im V. Buch des *Emile* unter der Überschrift „Von den Reisen" wieder aufgenommen (p. 826 ff).

Page 106

(Note XI*.) Cela me paroît de la derniére évidence, et je ne sau-
rois concevoir d'où nos Philosophes peuvent faire naître toutes les
passions qu'ils prétent à l'homme Naturel. Excepté le seul necessaire
Physique, que la Nature même demande, tous nos autres besoins
ne sont tels que par l'habitude avant laquelle ils n'étoient point
des besoins, ou par nos desirs, et l'on ne desire point çe qu'on n'est
pas en état de connoître. D'où il suit que l'homme Sauvage ne
desirant que les choses qu'il connoît et ne connoissant que celles
dont la possession est en son pouvoir ou facile à acquerir, rien ne
doit être si tranquille que son ame et rien si borné que son esprit.

Page 118

(Note XII*.) Je trouve dans le Gouvernement Civil de Locke[425]
une objection qui me paroît trop spécieuse[426] pour qu'il me soit
permis de la dissimuler. ,,La fin de la société[427] entre le Mâle et
,,la Femelle", dit ce philosophe, ,,n'étant pas simplement de
,,procréer, mais de continuer l'espéce; cette société[427] doit durer,
,,même après la procréation, du moins aussi longtems qu'il est
,,nécessaire pour la nourriture et la conservation des procréés,
,,c'est-à-dire, jusqu'à ce qu'ils soient capables de pourvoir eux-
,,mêmes à leurs besoins. Cette régle que la sagesse infinie du créa-
,,teur a établie sur les œuvres de ses mains, nous voyons que les
,,créatures inférieures à l'homme[428] l'observent constamment et
,,avec exactitude. Dans ces animaux qui vivent d'herbe, la Société[427]

---

[425] Rousseau zitiert die § 79 und 80 des Kapitels VII *Of Political or Civil
Society* aus Lockes *Second Treatise of Government* nach der anonymen, David
Mazel zugeschriebenen französischen Übersetzung *Du Gouvernement civil,
où l'on traite de l'origine, des fondemens, de la nature, du pouvoir, et des fins des societez
politiques*, die zuerst 1691 in Amsterdam veröffentlicht wurde. Rousseau greift
entweder auf die *Nouvelle Edition*, die 1724 in Genf bei Du Villard et Jaquier
erschien, zurück oder er bedient sich der *Nouvelle Edition, Revüe et Corrigée*,
Brüssel, 1749, in der Lockes Name erstmals im Titel genannt wird. In beiden
Ausgaben findet sich der zitierte Text auf den Seiten 108—112. Die deutsche
Übersetzung folgt dem französischen Wortlaut in der Wiedergabe Rousseaus.
Die wichtigsten Abweichungen vom Original Lockes werden in den Fuß-

Seite 107

(ANMERKUNG XI*) Dies erscheint mir von letzter Evidenz, und ich vermag nicht zu begreifen, woraus unsere Philosophen all die Leidenschaften entstehen lassen können, die sie dem natürlichen Menschen zuschreiben. Mit der alleinigen Ausnahme des physisch Notwendigen, das die Natur selbst verlangt, sind alle unsere anderen Bedürfnisse Bedürfnisse nur durch die Gewohnheit — vor der sie keine Bedürfnisse waren — oder durch unsere Begehren, und man begehrt nicht, was zu kennen man nicht in der Lage ist. Woraus folgt, daß — da der wilde Mensch nur die Dinge begehrt, die er kennt, und er nur jene kennt, deren Besitz in seiner Macht oder leicht zu erlangen ist — nichts so ruhig sein muß wie seine Seele und nichts so beschränkt wie sein Geist.

Seite 119

(ANMERKUNG XII*) Ich finde in der ‚Bürgerlichen Regierung‘ von Locke[425] einen Einwand, der mir zu bestechend[426] erscheint, als daß es mir erlaubt wäre, ihn zu verschweigen. „Da der Zweck der Gesellschaft[427] zwischen Männchen und Weibchen", sagt dieser Philosoph, „nicht bloß darin besteht zu zeugen, sondern die Art fortzusetzen, muß diese Gesellschaft[427] — auch nach der Zeugung — wenigstens so lange dauern, wie es für die Ernährung und die Erhaltung der Gezeugten erforderlich ist, das heißt bis sie imstande sind, selbst für ihre Bedürfnisse zu sorgen. Diese Regel, welche die unendliche Weisheit des Schöpfers für die Werke seiner Hände aufgestellt hat, sehen wir die Geschöpfe, die niedriger sind als der Mensch[428], konstant und mit Genauigkeit befolgen. Bei jenen Tieren, die von Gras leben, dauert die Gesellschaft[427]

---

noten mitgeteilt, dasselbe gilt für die Veränderungen, die Rousseau an der von ihm zugrunde gelegten Übersetzung vornimmt.

[426] *Spécieuse* hat hier den Sinn von „auf den ersten Blick bestechend". Daß der Einwand nicht stichhaltig ist, erweist sich erst bei näherer Untersuchung. Ähnlich schreibt etwa Buffon: „Cette objection, qui d'abord pouroit paroître spécieuse, s'évanouira dès qu'on l'aura examinée." (Ed. Piveteau, p. 18.)

[427] Locke: conjunction / Verbindung

[428] Locke: the inferiour Creatures / die niederen Geschöpfe

„entre le mâle et la femelle ne dure pas plus longtems que chaque
„acte de copulation, parce que les mamelles de la Mére étant
„suffisantes pour nourrir les petits jusqu'à ce qu'ils soient capables
„de paître l'herbe[428a], le mâle se contente d'engendrer et il ne se
„mêle plus après cela de la femelle ni des petits, à la subsistance
„desquels il ne peut rien contribuer. Mais au regard des bêtes
„de proye, la Société[427] dure plus longtems, à cause que la Mére
„ne pouvant pas bien pourvoir à sa[428b] subsistance propre et
„nourrir en même tems ses petits[429] par sa seule proye, qui est
„une voye de se nourrir[430] et plus laborieuse et plus dangereuse
„que n'est celle de se nourrir d'herbe, l'assistance du mâle est
„[431]tout à fait[431] necessaire pour le maintien de leur commune
„famille, [431]si l'on peut user de ce terme[431]; laquelle jusqu'à ce
„qu'elle[432] puisse aller chercher quelque proye ne sauroit subsister
„que par les soins[433] du Mâle et de la Femelle. On remarque le
„même dans tous les oiseaux, si l'on excepte quelques oiseaux
„Domestiques qui se trouvent dans des lieux où la continuelle
„abondance de nourriture exempte le mâle du soin de nourrir
„les petits; on voit que pendant que les petits dans leur nid ont
„besoin d'alimens, le mâle et la femelle y en portent, jusqu'à ce
„que ces petits-là puissent voler et pourvoir à leur subsistance[434].

„Et en cela, à mon avis, consiste la principale, si ce n'est la seule
„raison pourquoi le mâle et la femelle dans le Genre-humain sont
„obligés à une Société[427] plus longue que n'entretiennent les autres
„créatures. Cette raison est que la femme est capable de concevoir
„et est pour l'ordinaire[434a] de rechef grosse et fait un nouvel enfant,
„longtems avant que le précédent soit hors d'état de se passer du
„secours de ses parens et puisse lui-même pourvoir à ses besoins.

[428a] Rousseau weicht hier von der zitierten Übersetzung ab, in der es heißt:
de se nourir d'herbe / sich von Gras zu ernähren. (Locke: to feed on Grass).

[428b] *OCP* schreiben versehentlich: la

[429] Locke: her numerous Off-spring / ihre zahlreichen Jungen

[430] Locke: way of living / Lebensweise

[431] Zusatz der französischen Übersetzung.

[432] In der frz. Übersetzung: elle = die Familie, bei Locke: they = die
Jungen — till they are able to prey for themselves.

[433] Locke: the joynt Care / die gemeinsame Sorge

zwischen Männchen und Weibchen nicht länger als der jeweilige Akt der Begattung, denn da die Zitzen der Mutter hinreichen, um die Jungen zu ernähren, bis sie fähig sind, Gras zu fressen[428a], begnügt sich das Männchen damit zu zeugen und kümmert es sich danach weder um das Weibchen noch um die Jungen, zu deren Unterhalt es nichts beitragen kann. Bei den Raubtieren aber dauert die Gesellschaft[427] länger, denn da die Mutter von ihrer Beute allein nicht gut ihren eigenen Unterhalt bestreiten und gleichzeitig ihre Jungen[429] ernähren kann, was sowohl eine mühsamere als auch eine gefährlichere Weise, sich zu ernähren[430], ist als jene, sich von Gras zu ernähren, ist der Beistand des Männchens für die Erhaltung ihrer gemeinsamen Familie [431]— wenn man diesen Ausdruck gebrauchen kann —[431] [431]ganz und gar[431] notwendig, welche nur durch die Fürsorge[433] von Männchen und Weibchen zu bestehen vermag, bis sie[432] auf Beute ausgehen kann. Dasselbe beobachtet man bei allen Vögeln, wenn man einige domestizierte Vögel ausnimmt, die sich an Orten befinden, wo der ständige Überfluß an Nahrung das Männchen der Sorge enthebt, die Jungen zu ernähren; man sieht, daß, solange die Jungen in ihrem Nest Nahrung nötig haben, das Männchen und das Weibchen sie ihnen bringen, bis die Jungen fliegen und für ihren Unterhalt sorgen können[434].

Und hierin besteht meiner Ansicht nach der hauptsächliche, wenn nicht der einzige Grund, weshalb das Männchen und das Weibchen beim Menschengeschlecht zu einer längeren Gesellschaft[427] verpflichtet sind, als die anderen Geschöpfe sie unterhalten. Dieser Grund ist, daß die Frau fähig ist zu empfangen und für gewöhnlich[434a] von neuem schwanger ist und ein weiteres Kind gebiert, lange bevor das vorhergehende Kind imstande ist,

---

[434] Locke: whose Young needing Food in the Nest, the Cock and Hen continue Mates, till the Young are able to use their wing, and provide for themselves. / da die Jungen im Nest Nahrung benötigen, bleiben der Hahn und die Henne zusammen, bis die Jungen imstande sind, ihre Flügel zu gebrauchen und für sich selbst zu sorgen. — Die von Rousseau verwendete Übersetzung hat: pourvoir à leur propre subsistance.

[434a] Locke: and *de facto* is commonly with Child again ... Entsprechend schreibt der anonyme Übersetzer: et est, *de facto*, pour l'ordinaire ...

„Ainsi un Pére étant obligé de prendre soin de ceux qu'il a engen-
„drés, et de prendre ce soin là pendant longtems, il est aussi dans
„l'obligation de continuer à vivre dans la Société conjugale[435]
„avec la même femme de qui il les a eus, et de demeurer dans cette
„Société beaucoup plus longtems que les autres créatures, dont les
„petits pouvant subsister d'eux mêmes, avant que le tems d'une
„nouvelle procréation vienne, le lien du mâle et de la femelle[436]
„se rompt de lui-même et l'un et l'autre se trouvent dans une
„pleine liberté, jusqu'à ce que cette saison qui a coutume de solli-
„citer les animaux à se joindre ensemble, les oblige à se choisir
„de nouvelles compagnes[437]. Et ici l'on ne sauroit admirer assés
„la sagesse du créateur[438], qui ayant donné à l'homme des qualités
„propres pour pourvoir à l'avenir aussi bien qu'au présent, a
„voulu et a fait en sorte que la Société de l'homme durât beaucoup
„plus longtems[439] que celle du mâle et de la femelle parmi les
„autres créatures; afin que par-là l'industrie de l'homme et de la
„femme fût plus excitée, et que leurs intérêts fussent mieux
„unis, dans la vue de faire des provisions pour leurs enfans et de
„leur laisser du bien: rien ne pouvant être plus préjudiciable à
„des Enfans qu'une conjonction incertaine et vague ou une dis-
„solution facile et frequente de la Société conjugale[440].

Le même amour de la vérité qui m'a fait exposer sincérement

---

[435] Es ist kein Zufall, daß Locke hier nicht länger von *conjunction*, sondern von *society* spricht: Die *conjugal society* bereitet beim Menschen die *political or civil society* vor, von der das Kapitel, dem die beiden Paragraphen ent- nommen sind, insgesamt handelt. „*Conjugal Society* is made by a voluntary Compact between Man and Woman" (§ 78). — Beachte, daß Locke im Original des von Rousseau zitierten § 80 lediglich sagt, daß die Verbindung bzw. die Gesellschaft zwischen Mann und Frau aufgrund der natürlichen Erfordernisse *länger* dauern muß als die Verbindung bei den Tieren. Die beiden entsprechenden Stellen sind bei Locke kursiv gesetzt: *why the Male and Female in Mankind are tyed to a longer conjunction | Society of Man and Wife should be more lasting.*

[436] Locke: the Conjugal Bond

[437] Locke: and they are at liberty, till *Hymen*, at his usual Anniversary Season, summons them again to chuse new Mates. / und sie sind in Freiheit bis *Hymen* sie zu seiner üblichen jährlichen Brunstzeit wieder aufruft, sich neue Gefährtinnen zu wählen.

ohne die Hilfe seiner Eltern auszukommen, und es für seine Bedürfnisse selbst sorgen kann. So steht ein Vater, der verpflichtet
ist, für die zu sorgen, welche er gezeugt hat, und dieser Sorge
über längere Zeit nachzukommen, auch unter der Verpflichtung
fortzufahren, mit derselben Frau, mit der er sie gehabt hat, in der
ehelichen Gesellschaft[435] zu leben und in dieser Gesellschaft viel
länger zu bleiben als die anderen Geschöpfe, deren Junge sich
selbst ernähren können, bevor die Zeit für eine neue Zeugung
kommt, weshalb das Band zwischen Männchen und Weibchen[436]
sich von selbst löst und beide sich in völliger Freiheit befinden, bis
jene Jahreszeit, welche die Tiere gewöhnlich aufruft, sich zu paaren,
sie verpflichtet, sich neue Gefährtinnen zu wählen[437]. Und hier
kann man die Weisheit des Schöpfers[438] nicht genug bewundern,
der — da er dem Menschen Eigenschaften verliehen hat, um für
die Zukunft wie für die Gegenwart zu sorgen — gewollt hat und
es so eingerichtet hat, daß die Gesellschaft des Menschen viel länger dauert[439] als jene von Männchen und Weibchen bei den anderen
Geschöpfen, damit dadurch der Fleiß von Mann und Frau stärker
angespornt und ihre Interessen besser vereinigt würden, im Blick
darauf, für ihre Kinder Vorräte zu schaffen und ihnen Güter zu
hinterlassen: da nichts für Kinder schädlicher sein kann als eine
ungewisse und vage Verbindung oder eine leichte und häufige
Auflösung der ehelichen Gesellschaft[440]."
  Die gleiche Liebe zur Wahrheit, die mich diesen Einwand hat

---

[438] Locke: Wisdom of the great Creatour / die Weisheit des großen Schöpfers. — Rousseau ändert die von ihm benutzte frz. Übersetzung, die Locke
mit *la Sagesse du grand Createur* exakt wiedergibt.
  [439] Locke: hath made it necessary, that *Society of Man and Wife should be more
lasting* / der ... es erforderlich gemacht hat, daß *die Gesellschaft von Mann
und Frau länger dauere* — Rousseau verändert den Wortlaut der von ihm
zitierten Übersetzung ein weiteres Mal. Dort steht: la Société de l'homme et
de la femme / die Gesellschaft von Mann und Frau.
  [440] Locke: to make Provision, and lay up Goods for their common Issue,
which uncertain mixture or easie and frequent Solutions of Conjugal Society
would mightily disturb. / um für ihre gemeinsame Nachkommenschaft Vorsorge zu treffen und Güter zurückzulegen, was durch ungewisse Paarung
oder leichte und häufige Auflösungen der ehelichen Gesellschaft sehr behindert würde.

cette objection, m'excite à l'accompagner de quelques remarques, sinon pour la résoudre, au moins pour l'éclaircir.

1. J'observerai d'abord que les preuves morales n'ont pas une grande force en matiére de Physique et qu'elles servent plûtôt à rendre raison des faits existans qu'à constater l'existence réelle de ces faits[441]. Or tel est le genre de preuve que Mr. Locke employe dans le passage que je viens de rapporter; car quoiqu'il puisse être avantageux à l'espéce humaine que l'union de l'homme et de la femme soit permanente, il ne s'ensuit pas que cela ait été ainsi établi par la Nature, autrement il faudroit dire qu'elle a aussi institué la Société Civile[442], les Arts, le Commerce et tout ce qu'on prétend être utile aux hommes.

2. J'ignore où Mr. Locke a trouvé qu'entre les animaux de proye la Société du Mâle et de la Femelle dure plus longtems que parmi ceux qui vivent d'herbe, et que l'un aide à l'autre à nourrir les petits: Car on ne voit pas que le Chien, le Chat, l'Ours, ni le Loup reconnoissent leur femelle mieux que le Cheval, le Belier, le Taureau, le Cerf ni tous les autres Quadrupédes[443] ne reconnoissent la leur. Il semble au contraire que si le secours du mâle étoit nécessaire à la femelle pour conserver ses petits, ce seroit sur tout dans les espéces qui ne vivent que d'herbe[444], parce qu'il faut fort longtems à la Mére pour paître, et que durant tout cet intervalle elle est forcée de négliger sa portée, au lieu que la proye d'une Ourse ou d'une Louve est dévorée en un instant et qu'elle a, sans souffrir la faim, plus de tems pour allaîter ses petits. Ce raisonnement est confirmé par une observation sur le nombre rélatif de mamelles et de petits qui distingue les espéces carnaciéres des frugivores et dont j'ai parlé dans la Note VIII. Si cette observation est juste et

---

[441] Mit der Zurückweisung „moralischer Beweise", d. h. teleologischer Argumente „in Dingen der Naturwissenschaft (physique)" macht Rousseau um ein Stück mehr explizit, was er im Exordium über den philosophischen Charakter und die anthropologische Konzeption des *Discours* andeutete, als er seine Untersuchungen mit denen „unserer Naturwissenschaftler (physiciens)" verglich. — Cf. Buffons wiederholt geübte Kritik an teleologischen Erklärungsversuchen: „Les causes finales ne sont que des rapports arbitraires et des abstractions morales." „Une raison tirée des causes finales ne détruira ni n'établira jamais un système en physique . . ." (Ed. Piveteau, p. 360).

[442] Siehe FN 214.

offen darlegen lassen, spornt mich dazu an, ihn mit einigen Bemerkungen zu begleiten, wenn nicht, um ihn auszuräumen, so
zumindest, um ihn zu erhellen.

1. Zunächst möchte ich bemerken, daß moralische Beweise in
Dingen der Naturwissenschaft kein großes Gewicht haben und
daß sie eher dazu dienen, für existierende Tatsachen eine Begründung zu liefern, als dazu, die wirkliche Existenz dieser Tatsachen
zu bestätigen[441]. Nun, solcherart ist der Beweis, dessen sich
M. Locke in der Passage bedient, die ich eben angeführt habe,
denn wenngleich es für die menschliche Art vorteilhaft sein mag,
daß die Verbindung von Mann und Frau beständig ist, so folgt
daraus nicht, daß dies von der Natur so eingerichtet worden ist;
andernfalls müßte man sagen, daß sie auch die bürgerliche Gesellschaft[442], die Künste, den Handel und alles, wovon man behauptet, daß es für die Menschen nützlich sei, eingerichtet habe.

2. Ich weiß nicht, wo M. Locke gefunden hat, daß unter den
Raubtieren die Gesellschaft von Männchen und Weibchen länger
dauert als bei jenen Tieren, die von Gras leben, und daß das eine
dem anderen dabei hilft, die Jungen zu ernähren; denn man sieht
nicht, daß der Hund, der Kater, der Bär oder der Wolf ihr Weibchen besser wiedererkennen als der Hengst, der Widder, der Stier,
der Hirsch oder alle anderen Quadrupeden[443] das ihrige wiedererkennen. Es scheint im Gegenteil so, daß, wenn die Hilfe des
Männchens dem Weibchen notwendig wäre, um seine Jungen zu
erhalten, dies vor allem bei den Arten der Fall wäre, die nur von
Gras[444] leben, weil die Mutter zum Weiden sehr lange braucht
und sie während dieser ganzen Zeitspanne gezwungen ist, ihren
Wurf zu vernachlässigen; wohingegen die Beute einer Bärin oder
einer Wölfin in einem Augenblick verschlungen ist und diese,
ohne Hunger zu leiden, mehr Zeit hat, um ihre Jungen zu säugen.
Diese Schlußfolgerung wird durch eine Beobachtung hinsichtlich
der relativen Anzahl der Zitzen und der Jungen bestätigt, welche
die karnivoren von den frugivoren Arten unterscheidet und von
welcher ich in Anmerkung (VIII*) gesprochen habe. Wenn diese

---

[443] Ed. 1782: animaux quadrupedes / quadrupeden Tiere (*OCP* folgen
Ed. 1782 ohne Hinweis auf die Variante.)

[444] Ed. 1782: d'herbes / von Gräsern (Variante nicht in *OCP*.)

générale, la femme n'ayant que deux mamelles et ne faisant guéres
qu'un enfant à la fois, voilà une forte raison de plus pour douter
que l'espéce humaine soit naturellement Carnaciére, de sorte qu'il
semble que pour tirer la conclusion de Locke, il faudroit retourner
tout à fait son raisonnement. Il n'y a pas plus de solidité dans la
même distinction appliquée aux oiseaux. Car qui pourra se persuader que l'union du Mâle et de la Femelle soit plus durable parmi
les vautours et les Corbeaux que parmi les Tourterelles? Nous
avons deux espéces d'oiseaux domestiques, la Canne et le Pigeon,
qui nous fournissent des exemples directement contraires au
Système de cet Auteur. Le Pigeon qui ne vit que de grain reste
uni à sa femelle, et ils nourrissent leurs petits en commun. Le
Canard, dont la voracité[445] est connue, ne reconnoît ni sa femelle
ni ses petits, et n'aide en rien à leur subsistance; Et parmi les
Poules, espéce qui n'est guéres moins carnaciére, on ne voit pas
que le Coq se mette aucunement en peine de la couvée. Que si
dans d'autres espéces le Mâle partage avec la Femelle le soin de
nourrir les petits; c'est que les Oiseaux qui d'abord ne peuvent
voler et que la Mére ne peut alaiter, sont beaucoup moins en état
de se passer de l'assistance du Pére que les Quadrupédes à qui
suffit la mamelle de la Mére, au moins durant quelque tems.

3. Il y a bien de l'incertitude sur le fait principal qui sert de base
à tout le raisonnement de M. Locke: Car pour savoir si comme
il le prétend, dans le pur état de Nature la femme est pour l'ordinaire
de rechef grosse et fait un nouvel enfant longtems avant que le
précédent puisse pourvoir lui même à ses besoins, il faudroit des
expériences qu'assurément Locke n'avoit pas faites et que personne n'est à portée de faire. La cohabitation continuelle du Mari
et de la Femme est une occasion si prochaine de s'exposer à une
nouvelle grossesse qu'il est bien difficile de croire que la rencontre
fortuite ou la seule impulsion du temperament produisît des effets
aussi fréquens dans le pur état de Nature que dans celui de la
Société conjugale; lenteur qui contribueroit peut-être à rendre
les enfans plus robustes, et qui d'ailleurs pourroit être compensée
par la faculté de concevoir, prolongée dans un plus grand âge chez

---

[445] Gemeint ist, daß der Erpel Fleisch frißt.

Beobachtung zutreffend und allgemein ist, dann gibt es — da die
Frau nur zwei Brüste hat und kaum mehr als ein Kind auf einmal
gebiert — einen starken Grund mehr, daran zu zweifeln, daß die
menschliche Art von Natur aus karnivor ist; so daß es den Anschein
hat, daß man, um den Schluß von Locke zu ziehen, seine Schlußfolgerung gänzlich umkehren müßte. Wenn man dieselbe Unterscheidung auf die Vögel anwendet, ist sie nicht stichhaltiger. Denn
wer wird sich einreden lassen, daß die Verbindung von Männchen
und Weibchen bei den Geiern und den Raben dauerhafter sei als
bei den Turteltauben? Wir haben zwei domestizierte Vogelarten,
die Ente und die Taube, die uns Beispiele liefern, welche dem
System dieses Autors direkt entgegenstehen. Der Täuberich,
der nur von Körnern lebt, bleibt mit seinem Weibchen vereint,
und sie ernähren ihre Jungen gemeinsam. Der Erpel, dessen
Gefräßigkeit[445] bekannt ist, erkennt weder sein Weibchen noch
seine Jungen wieder und hilft mitnichten bei ihrem Unterhalt;
und bei den Hühnern — einer Art, die kaum weniger karnivor ist —
sieht man nicht, daß der Hahn sich in irgendeiner Weise um die
Brut kümmert. Wenn bei anderen Arten das Männchen mit dem
Weibchen die Sorge um die Ernährung der Jungen teilt, dann
deshalb, weil die Vögel, die anfangs nicht fliegen können und die
die Mutter nicht säugen kann, viel weniger in der Lage sind, ohne
den Beistand des Vaters auszukommen als die Quadrupeden,
denen — zumindest eine Zeitlang — die Zitze der Mutter genügt.

3. Über das Hauptfaktum, das der ganzen Schlußfolgerung
von M. Locke als Grundlage dient, gibt es viel Ungewißheit: Denn
um zu wissen, ob — wie er behauptet — die Frau im reinen Naturzustand für gewöhnlich von neuem schwanger ist und ein weiteres
Kind gebiert, lange bevor das vorhergehende für seine Bedürfnisse selbst sorgen kann, wären Experimente notwendig, die
Locke sicher nicht gemacht hat und die niemand zu machen vermag. Das ständige Zusammenleben von Ehemann und Ehefrau
bietet eine so naheliegende Gelegenheit, sich einer neuerlichen
Schwangerschaft auszusetzen, daß es sehr schwer zu glauben ist,
daß die zufällige Begegnung oder der bloße Antrieb des Temperaments im reinen Naturzustand ebenso häufige Folgen hervorbrachte wie im Zustand der ehelichen Gesellschaft — eine Lang-

les femmes qui en auroient moins abusé dans leur jeunesse. A
l'égard des Enfans, il y a bien des raisons de croire que leurs forces
et leurs organes se développent plus tard parmi nous qu'ils ne
faisoient dans l'état primitif dont je parle. La foiblesse originelle
qu'ils tirent de la constitution des Parens, les soins qu'on prend
d'envelopper et gêner tous leurs membres, la molesse dans laquelle ils sont élevés, peut-être l'usage d'un autre lait que celui
de leur Mére, tout contrarie et retarde en eux les premiers progrès
de la Nature. L'application qu'on les oblige de donner à mille
choses sur lesquelles on fixe continuellement leur attention tandis
qu'on ne donne aucun exercice à leurs forces corporelles, peut
encore faire une diversion considérable à leur accroissement;
desorte que, si au-lieu de surcharger et fatiguer d'abord leurs
esprits de mille maniéres, on laissoit exercer leurs Corps aux
mouvemens continuels que la Nature semble leur demander, il
est à croire qu'ils seroient beaucoup plûtôt en état de marcher,
d'agir, et de pourvoir eux-mêmes à leurs besoins[446].

4. Enfin M. Locke prouve tout au plus qu'il pourroit bien y
avoir dans l'homme un motif de demeurer attaché à la femme lorsqu'elle a un Enfant; mais il ne prouve nullement qu'il a dû s'y
attacher avant l'accouchement et pendant les neuf mois de la
grossesse. Si telle femme est indifférente à l'homme pendant ces
neuf mois, si même elle lui devient inconnüe, pourquoi la secourra-
t-il après l'accouchement? pourquoi lui aidera-t-il à élever en Enfant qu'il ne sait pas seulement lui appartenir, et dont il n'a resolu
ni prévu la naissance? Mr. Locke suppose évidemment ce qui est
en question: Car il ne s'agit pas de savoir pourquoi l'homme de-
meurera attaché à la femme après l'accouchement, mais pourquoi
il s'attachera à elle après la conception. L'appetit satisfait, l'homme
n'a plus besoin de telle femme, ni la femme de tel homme. Celui-ci
n'a pas le moindre souci ni peut-être la moindre idée des suites
de son action. L'un s'en va d'un côté, l'autre d'un autre, et il n'y

---

[446] Der hier knapp skizzierten Diskrepanz zwischen den kulturell vermittelten Erziehungsmustern der Gesellschaft einerseits und dem, was die
Natur in der Entwicklung des Kindes „zu verlangen scheint", andererseits,
versucht Rousseau im *Emile* mit dem Entwurf einer natürlichen Erziehung
zu begegnen.

samkeit, die vielleicht dazu beitragen würde, die Kinder kräftiger zu machen, und die im übrigen durch die bis in ein höheres Alter verlängerte Fähigkeit zu empfangen bei den Frauen ausgeglichen werden könnte, die sie in ihrer Jugend weniger mißbraucht hätten. Hinsichtlich der Kinder gibt es viele Gründe anzunehmen, daß ihre Kräfte und ihre Organe sich bei uns später entwickeln, als sie dies im anfänglichen Zustand, von dem ich spreche, taten. Die ursprüngliche Schwäche, die sie von der Verfassung der Eltern her haben, die Sorgfalt, die man darauf verwendet, alle ihre Glieder einzuwickeln und einzuzwängen, die Weichlichkeit, in der sie großgezogen werden, vielleicht die Verwendung einer anderen Milch als die ihrer Mutter — alles behindert und verzögert in ihnen die ersten Fortschritte der Natur. Die Konzentration, die man sie tausend Dingen gegenüber aufzubringen zwingt, auf die man ständig ihre Aufmerksamkeit lenkt, während man ihren körperlichen Kräften keine Übung zuteil werden läßt, kann ebenfalls eine beträchtliche Ablenkung für ihr Wachstum bewirken; so daß, wenn man — statt ihre Geister gleich zu Beginn auf tausend Arten zu überladen und zu ermüden — ihre Körper sich in den ständigen Bewegungen üben ließe, welche die Natur von ihnen zu verlangen scheint, anzunehmen ist, daß sie viel früher imstande wären, zu gehen, zu handeln und für ihre Bedürfnisse selbst zu sorgen[446].

4. Schließlich und endlich beweist M. Locke höchstens, daß es für den Mann wohl einen Beweggrund geben könnte, mit der Frau verbunden zu bleiben, wenn sie ein Kind hat; aber er beweist keineswegs, daß er sich vor der Niederkunft und während der neun Monate der Schwangerschaft an sie hat binden müssen. Wenn eine bestimmte Frau dem Mann während jener neun Monate gleichgültig ist, wenn sie ihm sogar unbekannt wird, weshalb wird er ihr dann nach der Niederkunft beistehen? Weshalb wird er ihr helfen, ein Kind großzuziehen, von dem er nicht einmal weiß, daß es ihm gehört, und dessen Geburt er weder geplant noch vorausgesehen hat? M. Locke setzt augenscheinlich voraus, was in Frage steht: Denn es handelt sich nicht darum zu wissen, weshalb der Mann mit der Frau nach der Niederkunft verbunden bleiben wird, sondern weshalb er sich nach der Empfängnis an sie binden wird. Ist die Begierde befriedigt, so hat der Mann eine bestimmte Frau

a pas d'apparence qu'au bout de neuf mois ils ayent la mémoire
de s'être connus: Car cette espéce de mémoire par laquelle un individu donne la préférence à un individu pour l'acte de la génération éxige, comme je le prouve dans le texte, plus de progrès ou de
corruption[447] dans l'entendement humain, qu'on ne peut lui en
supposer dans l'état d'animalité dont il s'agit ici. Une autre femme
peut donc contenter les nouveaux desirs de l'homme aussi commodément que celle qu'il a déjà connue, et un autre homme contenter de même la femme, supposé qu'elle soit pressée du même
appetit pendant l'état de grossesse, de quoi l'on peut raisonnablement douter. Que si dans l'état de Nature la femme ne ressent plus
la passion de l'amour après la conception de l'enfant, l'obstacle
à sa Société avec l'homme en devient encore beaucoup plus grand,
puisqu'alors elle n'a plus besoin ni de l'homme qui l'a fécondée
ni d'aucun autre. Il n'y a donc dans l'homme aucune raison de
rechercher la même femme, ni dans la femme aucune raison de
rechercher le même homme. Le raisonnement de Locke tombe
donc en ruine, et toute la Dialectique de ce Philosophe ne l'a pas
garanti de la faute que Hobbes et d'autres ont commise. Ils avoient
à expliquer un fait de l'état de Nature, c'est-à-dire, d'un état où
les hommes vivoient isolés, et où tel homme n'avoit aucun motif
de demeurer à côté de tel homme, ni peut-être les hommes de
demeurer à côté les uns des autres, ce qui est bien pis; et ils n'ont
pas songé à se transporter au-delà des Siécles de Société, c'est-à-
dire, de ces tems où les hommes ont toujours une raison de demeurer près les uns des autres, et où tel homme a souvent une raison
de demeurer à côté de tel homme ou de telle femme[448].

---

[447] Der ambivalente Charakter des Fortschritts und die antiteleologische
Auffassung von den menschlichen Fähigkeiten lassen sich kaum deutlicher
zum Ausdruck bringen. Ähnlich spricht Rousseau in der *Lettre à Voltaire*
vom ,,freien, vervollkommneten, *mithin* korrumpierten Menschen (l'homme
libre, perfectionné, partant corrompu — *CC* IV, p. 39). — Zur Bedeutung
der *préférence* s. S. 188 und FN 232; cf. auch S. 154 ff und FN 194.

[448] Anmerkung XII und die Stelle im *Discours*, auf die sie sich bezieht,
verneinen den natürlichen Status der Familie, oder genauer: ihre Existenz
im anfänglichen Naturzustand, in unzweideutiger Form. Um bis zum ersten,
wahren, tierischen Naturzustand zurückzugraben, muß man in der geneti-
schen Analyse nicht nur hinter die klassischen Bestimmungen der Sprache,

nicht mehr nötig, noch die Frau einen bestimmten Mann. Dieser hat nicht die mindeste Sorge wegen der Folgen seiner Handlung und vielleicht nicht die mindeste Vorstellung von ihnen. Der eine geht in die eine Richtung, der andere in eine andere, und es besteht keine Wahrscheinlichkeit, daß sie nach neun Monaten über die Erinnerung verfügen, einander gekannt zu haben; denn jene Art von Erinnerung, aufgrund deren ein Individuum einem anderen Individuum für den Zeugungsakt den Vorzug gibt, verlangt, wie ich im Text beweise, mehr Fortschritt oder Korruption[447] im menschlichen Verstand, als man bei ihm im Zustand der Animalität, um den es sich hier handelt, voraussetzen kann. Eine andere Frau kann daher die neuen Begehren des Mannes ebenso bequem befriedigen wie jene, die er schon gekannt hat, und ein anderer Mann desgleichen die Frau befriedigen — vorausgesetzt, daß sie während der Schwangerschaft von der gleichen Begierde bedrängt wird, woran man vernünftigerweise zweifeln kann. Und wenn die Frau im Naturzustand die Leidenschaft der Liebe nach der Empfängnis des Kindes nicht mehr verspürt, wird das Hindernis für ihre Gesellschaft mit dem Mann dadurch noch viel größer, da sie dann weder den Mann, der sie geschwängert, noch irgendeinen anderen mehr nötig hat. Es gibt daher für den Mann keinen Grund, dieselbe Frau zu suchen, noch für die Frau einen Grund, denselben Mann zu suchen. Die Schlußfolgerung von Locke fällt daher in sich zusammen, und die ganze Dialektik dieses Philosophen hat ihn nicht vor dem Fehler bewahrt, den Hobbes und andere begangen haben. Sie hatten eine Tatsache des Naturzustandes zu erklären, das heißt eines Zustandes, in dem die Menschen isoliert lebten und in dem ein bestimmter Mensch keinen Beweggrund hatte, einem bestimmten Menschen nahe zu bleiben, noch vielleicht die Menschen [schlechthin], einander nahe zu bleiben, was weit schlimmer ist; und sie haben nicht daran gedacht, sich über die Jahrhunderte der Gesellschaft hinweg zurückzuversetzen, das heißt über jene Zeiten hinweg, in denen die Menschen immer einen Grund haben, nahe beieinander zu bleiben, und in denen ein bestimmter Mensch oft einen Grund hat, an der Seite eines bestimmten Mannes oder einer bestimmten Frau zu bleiben[448].

Page 120

(Note XIII*.) Je me garderai bien de m'embarquer dans les réflexions philosophiques qu'il y auroit à faire sur les avantages et les inconveniens de cette institution des langues; ce n'est pas à moi qu'on permet d'attaquer les erreurs vulgaires, et le peuple lettré respecte trop ses préjugés pour supporter patiemment mes prétendus paradoxes. Laissons donc parler les Gens à qui l'on n'a point fait un Crime d'oser prendre quelquefois le parti de la raison contre l'avis de la multitude. *Nec quidquam felicitati humani generis decederet, si, pulsâ tot linguarum peste et confusione, unam artem callerent mortales, et signis, motibus, gestibusque licitum foret quidvis explicare. Nunc vero ita comparatum est, ut animalium quae vulgò bruta creduntur, melior longè quàm nostra hâc in parte videatur conditio, ut pote quae promptiùs et forsan feliciùs, sensus et cogitationes suas sine interprete significent, quàm ulli queant mortales, praesertim si peregrino utantur sermone.* Is. Vossius de Poëmat. Cant. et Viribus Rythmi p. 66[449].

---

der Vernunft und der Soziabilität zurückgehen, sondern den natürlichen Menschen auch jedes individualisierten affektiven Bezuges auf andere Menschen entkleiden. Das ist der entscheidende Grund, weshalb die Rekonstruktion der psychischen und sozialen Evolution des Menschen im *Discours* bei einem Zustand ansetzt, der der Familie als einer individualisierten, auf *préférence* oder *amour moral* gegründeten Gemeinschaft vorausliegt. Im *Essai sur l'origine des langues* läßt Rousseau seine Darstellung mit dem Familienstadium beginnen: ,,In den ersten Zeiten hatten die Menschen, über die Erde zerstreut, keine Gesellschaft als die der Familie, keine Gesetze als die der Natur, keine Sprache als die der Gebärde und einiger unartikulierter Laute" (IX, p. 91; cf. p. 97). Die Familie der ,,ersten Zeiten" wird jedoch folgendermaßen beschrieben: ,,Es gab Familien, aber es gab keine Nationen, [. . .] es gab Ehen, aber es gab keine Liebe. Jede Familie genügte sich selbst und pflanzte sich durch ihr alleiniges Blut fort. Die Kinder, die von denselben Eltern geboren wurden, kreuzten sich miteinander und fanden nach und nach Mittel und Wege, sich untereinander verständlich zu machen; die Geschlechter unterschieden sich mit dem Alter, die natürliche Neigung genügte, um sie zu vereinen, der Instinkt vertrat die Stelle der Leidenschaft, die Gewohnheit die der Bevorzugung (préférence), man wurde Ehemann und Ehefrau, ohne aufgehört zu haben, Bruder und Schwester zu sein" (IX, p. 125). In den anthropologisch zentralen Hinsichten bleibt dieser Ausgangspunkt dem des *Discours*

Seite 121

(ANMERKUNG XIII*) Ich werde mich sehr hüten, mich auf die philosophischen Reflexionen einzulassen, die über die Vorteile und die Unzuträglichkeiten dieser Einführung der Sprachen anzustellen wären; mir gestattet man es nicht, die gemeinen Irrtümer anzugreifen, und das gebildete Volk achtet seine Vorurteile zu sehr, um meine angeblichen Paradoxe geduldig zu ertragen. Lassen wir daher die Leute sprechen, denen man kein Verbrechen daraus gemacht hat, daß sie manchmal die Partei der Vernunft gegen die Ansicht der Menge zu ergreifen wagten. *Nec quidquam felicitati humani generis decederet, si, pulsa tot linguarum peste et confusione, unam artem callerent mortales, et signis, motibus, gestibusque licitum foret quidvis explicare. Nunc vero ita comparatum est, ut animalium quae vulgo bruta creduntur, melior longe quam nostra hac in parte videatur conditio, ut pote quae promptius et forsan felicius, sensus et cogitationes suas sine interprete significent, quam ulli queant mortales, praesertim si peregrino utantur sermone.* Is. Vossius de Poëmat. Cant. et Viribus Rythmi, S. 66[449].

---

außerordentlich nah: Die Familie, mit der der *Essai* einsetzt, bricht die psychische Autarkie des Individuums nicht auf, sie stellt in ihrer affektiven Indifferenz und inzestuösen Abgeschlossenheit eine andere Form von solitärer Existenz dar. Indes ist er biologischen Einwänden weniger stark ausgesetzt als der die Familie radikal negierende solitäre Naturzustand des *Discours*. Cf. *Observations de Charles-Georges Le Roy*, S. 486 ff.

[449] „Noch würde dem Glück des Menschengeschlechts irgend etwas abgehen, wenn, nachdem das Unheil und das Durcheinander so vieler Sprachen verbannt wäre, [alle] Menschen mit Eifer [diese] eine Kunst betrieben und es erlaubt wäre, alles durch Zeichen, Bewegungen und Gesten auszudrücken. Nun steht es aber so, daß die Lage der Tiere, die gemeinhin für stumpfsinnig gehalten werden, in dieser Hinsicht weit besser erscheint als die unsere, vermögen sie doch ihre Gefühle und Gedanken ohne Dolmetscher schneller und vielleicht glücklicher zu erkennen zu geben, als dies irgendwelche Menschen können, vor allem, wenn sie sich einer fremden Sprache bedienen." Isaac Vossius: *De Poematum Cantu et Viribus Rythmi*, Oxford, Theatro Sheldoniano, 1673, p. 65/66. Die in Klammern gesetzten Wörter hat Rousseau bei seiner Wiedergabe des Originals ausgelassen. Wo Rousseau *motibus* (Bewegungen) schreibt, steht bei Vossius *nutibus* (Winke).

Page 130

(NOTE XIV*.) Platon montrant combien les idées de la quantité discrette[450] et de ses rapports sont nécessaires dans les moindres arts, se moque avec raison des Auteurs de son tems qui prétendoient que Palaméde avoit inventé les nombres au siége de Troye, comme si, dit ce Philosophe, Agammemnon eût pu ignorer jusques-là combien il avoit de jambes ?[451] En effet, on sent l'impossibilité que la société et les arts fussent parvenus où ils étoient déjà du tems du siége de Troye, sans que les hommes eussent l'usage des nombres et du calcul: mais la nécessité de connoître les nombres avant que d'acquerir d'autres connoissances n'en rend pas l'invention plus aisée à imaginer; les noms des nombres une fois connus, il est aisé d'en expliquer le sens et d'exciter les idées que ces noms réprésentent, mais pour les inventer, il fallut avant que de concevoir ces mêmes idées, s'être pour ainsi dire familiarisé avec les meditations philosophiques, s'être exercé à considérer les êtres par leur seule essence et indépendamment de toute autre perception, abstraction très penible, très métaphisique, très peu naturelle et sans laquelle cependant ces idées n'eussent jamais pu se transporter d'une espéce ou d'un genre à un autre, ni les nombres devenir universels. Un sauvage pouvoit considérer séparement sa jambe droite et sa jambe gauche, ou les regarder ensemble sous l'idée indivisible d'une couple sans jamais penser qu'il en avoit deux; car autre chose est l'idée représentative qui nous peint un

[450] „Man unterscheidet in der Philosophie die stetige Quantität von der diskreten Quantität. *Discreta quantitas.* Die stetige ist jene der Linien, der Oberflächen und der festen Körper, die der Gegenstand der Geometrie ist. Die diskrete ist jene der Zahlen, die der Gegenstand der Arithmetik ist" (*Dictionnaire de Trévoux*, 1721).

[451] Platon: *Politeia*, VII, 522d. Für die weitere Argumentation Rousseaus ist der Kontext der Stelle zu beachten, in dem Platon die Bedeutung diskutiert, die der Kenntnis der Zahlen und der Rechenkunst für die philosophische Spekulation (für die „Betrachtung des Wesens, unabhängig von jeder anderen Wahrnehmung") zukommt. — Die Kritik, die Rousseau an Platon übt, verweist auf eine allgemeinere Kritik, die der Erörterung des Sprachproblems im *Discours* insgesamt zugrunde liegt und die nicht nur Platon, sondern ebenso Aristoteles oder Lukrez betrifft: Die antike Philosophie hat nach Rousseaus Ansicht keine zureichende Erklärung für die Entstehung der Sprache gegeben.

Seite 131

(ANMERKUNG XIV*) Platon zeigt, wie sehr die Vorstellungen von der diskreten Quantität[450] und ihren Verhältnissen in den geringsten Künsten notwendig sind, und macht sich dabei mit Recht über die Autoren seiner Zeit lustig, die behaupteten, Palamedes habe die Zahlen bei der Belagerung Trojas erfunden; als ob, sagt dieser Philosoph, es Agamemnon bis dahin hätte unbekannt sein können, wie viele Beine er hatte[451]. Tatsächlich sieht man die Unmöglichkeit ein, daß die Gesellschaft und die Künste bis dahin hätten gelangt sein können, wo sie sich zur Zeit der Belagerung Trojas schon befanden, ohne daß die Menschen mit den Zahlen und dem Rechnen vertraut gewesen wären. Aber die Notwendigkeit, die Zahlen zu kennen, ehe man andere Kenntnisse erwirbt, macht ihre Erfindung nicht leichter vorstellbar. Sind die Namen der Zahlen einmal bekannt, ist es leicht, ihren Sinn zu erklären und die Vorstellungen hervorzurufen, die diese Namen repräsentieren; aber um sie zu erfinden, mußte man sich, ehe man ebendiese Vorstellungen begriff, sozusagen mit den philosophischen Meditationen vertraut gemacht, sich darin geübt haben, die Dinge allein nach ihrem Wesen und unabhängig von jeder anderen Wahrnehmung zu betrachten: Eine sehr mühsame, sehr metaphysische, sehr wenig natürliche Abstraktion, ohne die sich diese Vorstellungen jedoch niemals von einer Art oder einer Gattung auf eine andere hätten übertragen lassen, noch die Zahlen hätten universell werden können. Ein Wilder konnte sein rechtes Bein und sein linkes Bein getrennt betrachten oder sie zusammen unter der unteilbaren Vorstellung eines Paares ansehen, ohne jemals zu denken, daß er zwei hatte; denn die repräsentierende Vorstellung, die uns einen Gegenstand abbildet, ist eine Sache

---

Entweder hat sie die Sprache dem Menschen als Menschen zugeschrieben, sie teleologisch mit seiner soziablen Natur zusammengedacht (cf. *Politik* 1253a), oder sie ließ sie, sofern sie die natürliche Soziabilität leugnete, gleichsam umstandslos aus den Bedürfnissen der Menschen hervorgehen, ohne die Hindernisse zu beachten, die ihrer Ausbildung entgegenstanden und denen eine angemessene, genetische Rekonstruktion der Entwicklung der menschlichen Art vor allem im Hinblick auf den zu veranschlagenden Zeitraum Rechnung zu tragen hat.

objet, et autre chose l'idée numérique qui le détermine. Moins
encore pouvoit il calculer jusqu'à cinq, et quoiqu'apliquant ses
mains l'une sur l'autre, il eût pu remarquer que les doigts se ré-
pondoient exactement, il étoit bien loin de songer à leur égalité
numérique; Il ne savoit pas plus le compte de ses doigts que de
ses cheveux; et si, après lui avoir fait entendre ce que c'est que
nombres, quelqu'un lui eût dit qu'il avoit autant de doigts aux
pieds qu'aux mains, il eut peut-être été fort surpris, en les comparant, de trouver que cela étoit vrai[452].

Page 140

(Note XV*.) Il ne faut pas confondre l'Amour propre et l'Amour
de soi-même; deux passions très différentes par leur nature et
par leurs effets. L'Amour de soi-même est un sentiment naturel
qui porte tout animal à veiller à sa propre conservation et qui,
dirigé dans l'homme par la raison et modifié par la pitié, produit
l'humanité et la vertu. L'Amour propre n'est qu'un sentiment
rélatif, factice, et né dans la société, qui porte chaque individu à
faire plus de cas de soi que de tout autre, qui inspire aux hommes
tous les maux qu'ils se font mutuellement, et qui est la véritable
source de l'honneur[453].

---

[452] Cf. *Emile*, IV, p. 572 und Rousseaus Fußnote: „Die Berichte von M. de
La Condamine erzählen uns von einem Volk, das nur bis drei zählen konnte.
Gleichwohl hatten die Menschen aus denen sich dieses Volk zusammen-
setzte, Hände, sie hatten somit oft ihre Finger wahrgenommen, ohne bis
fünf zählen zu können." Der Bericht findet sich in La Condamines *Relation
abregé d'un voyage fait dans l'intérieur de l'Amerique meridionale*, Paris , 1745,
p. 66/67.

[453] Im *Emile* und in den *Dialogues* hat Rousseau seine Konzeption des
amour de soi und des *amour-propre* weiter ausgeführt: „Die Quelle unserer
Leidenschaften, der Ursprung und das Prinzip aller anderen, die einzige,
die mit dem Menschen geboren wird und ihn nie verläßt, solange er lebt,
ist die Selbstliebe; eine anfängliche, angeborene Leidenschaft, die jeder
anderen vorausliegt und von der alle anderen in einem gewissen Sinn nur
Modifikationen sind." „Die Selbstliebe ist immer gut und immer in Übereinstimmung mit der Ordnung. Da jeder speziell mit seiner eigenen Erhaltung
beauftragt ist, ist und muß die erste und die wichtigste seiner Pflichten sein,
unablässig über seine Erhaltung zu wachen, und wie sollte er so darüber

und die numerische Vorstellung, die ihn bestimmt, eine andere. Noch weniger konnte er bis fünf zählen; und obwohl er beim Aufeinanderlegen seiner Hände hätte bemerken können, daß die Finger sich exakt entsprachen, war er sehr weit davon entfernt, an ihre numerische Gleichheit zu denken. Er kannte die Zahl seiner Finger ebenso wenig wie die seiner Haare; und wenn ihm einer, nachdem er ihm beigebracht hätte, was Zahlen sind, gesagt hätte, daß er ebenso viele Zehen an den Füßen wie Finger an den Händen habe, wäre er vielleicht sehr überrascht gewesen, bei ihrem Vergleich festzustellen, daß dies wahr war[452].

Seite 141

(ANMERKUNG XV*) Man darf die Eigenliebe und die Selbstliebe nicht durcheinanderbringen — zwei Leidenschaften, die ihrer Natur und ihren Wirkungen nach sehr verschieden sind. Die Selbstliebe ist ein natürliches Gefühl, das jedes Tier dazu veranlaßt, über seine eigene Erhaltung zu wachen, und das, im Menschen von der Vernunft geleitet und durch das Mitleid modifiziert, die Menschlichkeit und die Tugend hervorbringt. Die Eigenliebe ist nur ein relatives, künstliches und in der Gesellschaft entstandenes Gefühl, das jedes Individuum dazu veranlaßt, sich selbst höher zu schätzen als jeden anderen, das den Menschen all die Übel eingibt, die sie sich wechselseitig antun, und das die wahre Quelle der Ehre ist[453].

---

wachen, wenn er nicht das größte Interesse daran nähme? Wir müssen uns also lieben, um uns zu erhalten, und als unmittelbare Folge desselben Gefühls lieben wir das, was uns erhält." „Die Selbstliebe, die nur uns im Blick hat, ist befriedigt, wenn unsere wahren Bedürfnisse befriedigt sind; die Eigenliebe, die sich vergleicht, ist niemals befriedigt und vermag es nicht zu sein, weil dieses Gefühl, indem es uns den anderen vorzieht, überdies fordert, daß die anderen uns sich vorziehen, was unmöglich ist" (*Emile*, IV, p. 491, 492 und 493). „Es ist sehr natürlich, daß derjenige, der sich liebt, sein Sein und seine Genüsse zu erweitern und sich das, wovon er empfindet, daß es ein Gut für ihn sein muß, durch Anhänglichkeit anzueignen sucht: Dies ist eine reine Angelegenheit des Gefühls, an der die Reflexion in keiner Weise teilhat. Aber sobald diese absolute Liebe in die Eigenliebe oder die vergleichende Liebe entartet (dégénere en amour-propre et comparatif), bringt

Ceci bien entendu, je dis que dans nôtre état primitif, dans le véritable état de nature, l'Amour propre n'éxiste pas; Car chaque homme en particulier se regardant lui-même comme le seul Spectateur qui l'observe, comme le seul être dans l'univers qui prenne intérêt à lui, comme le seul juge de son propre mérite, il n'est pas possible qu'un sentiment qui prend sa source dans des comparaisons qu'il n'est pas à portée de faire, puisse germer dans son ame; par la même raison cet homme ne sauroit avoir ni haine ni desir de vengeance, passions qui ne peuvent naître que de l'opinion de quelque offense reçue; et comme c'est le mépris ou l'intention de nuire et non le mal qui constitue l'offense, des hommes qui ne savent ni s'apprecier ni se comparer, peuvent se faire beaucoup de violences mutuelles, quand il leur en revient quelque avantage, sans jamais s'offenser réciproquement. En un mot, chaque homme ne voyant guéres ses semblables que comme il verroit des Animaux d'une autre espéce, peut ravir la proye au

---

sie die negative Empfindsamkeit hervor; weil, sobald man die Gewohnheit annimmt, sich mit andern zu messen und sich außerhalb seiner selbst zu versetzen, um sich den ersten und den besten Platz zuzuweisen, es unmöglich ist, nicht eine Abneigung gegen alles das zu fassen, was uns übertrifft, alles was uns erniedrigt, alles, was uns einengt, gegen alles das, was dadurch, daß es etwas ist, uns daran hindert, alles zu sein. Die Eigenliebe ist stets gereizt oder unzufrieden, weil sie möchte, daß jeder uns allem und sich selbst vorziehe, was unmöglich ist: Sie wird gereizt durch die Bevorzugungen, von denen sie empfindet, daß andere sie verdienen, selbst wenn sie sie nicht erlangen sollten; sie wird gereizt durch die Vorteile, die ein anderer uns gegenüber hat, ohne sich durch jene besänftigen zu lassen, durch die sie sich entschädigt fühlt. Das Gefühl der Unterlegenheit in einer einzigen Hinsicht vergiftet dann das der Überlegenheit in tausend anderen, und man vergißt das, was man mehr hat, um sich einzig und allein mit dem zu beschäftigen, was man weniger hat." ,,Wenn sie mich fragen, woraus diese Disposition, sich zu vergleichen, entsteht, die eine natürliche und gute in eine andere, künstliche und schlechte Leidenschaft verwandelt, so werde ich ihnen antworten, daß sie von den gesellschaftlichen Beziehungen herrührt, vom Fortschritt der Vorstellungen und von der Bildung des Geistes. Solange man allein mit den absoluten Bedürfnissen beschäftigt ist, beschränkt man sich darauf, nur nach dem zu streben, was uns wahrhaft nützlich ist, man wirft auf andere kaum einen müßigen Blick. Aber in dem Maße, in dem die Gesellschaft durch das Band der wechselseitigen Bedürfnisse enger wird, in dem Maße, in dem der Geist sich weitet, sich übt und aufklärt, wird er aktiver, er umfaßt mehr

Dies wohl verstanden, sage ich, daß in unserem anfänglichen
Zustand, im wahrhaften Naturzustand, die Eigenliebe nicht existiert; denn da jeder einzelne Mensch sich selbst als den einzigen Zuschauer, der ihn beobachtet, als das einzige Wesen im Universum,
das Interesse an ihm nimmt, als den einzigen Richter über sein
eigenes Verdienst ansieht, ist es nicht möglich, daß ein Gefühl,
welches seine Quelle in Vergleichen hat, die er nicht anzustellen
vermag, in seiner Seele aufkommen kann; aus demselben Grund
kann dieser Mensch weder Haß noch Verlangen nach Rache
haben, Leidenschaften, die nur aus der Meinung entstehen können,
daß man irgendeine Beleidigung erlitten habe; und da die Geringschätzung oder die Absicht zu schaden und nicht der Schaden die
Beleidigung ausmacht, können Menschen, die sich weder zu
schätzen noch zu vergleichen wissen, einander viele wechselseitige
Gewalttätigkeiten zufügen, wenn es ihnen irgendeinen Vorteil
einträgt, ohne sich jemals gegenseitig zu beleidigen. Mit einem
Wort: da jeder Mensch seine Mitmenschen kaum anders ansieht,
als er die Tiere einer anderen Art ansehen würde, kann er dem
Schwächeren die Beute rauben oder die seine dem Stärkeren abtre-

---

Gegenstände, erfaßt mehr Bezüge, untersucht und vergleicht; bei diesen
häufigen Vergleichen vergißt er weder sich selbst noch seinesgleichen, noch
den Platz, den er unter ihnen beansprucht. Sobald man begonnen hat, sich so
zu messen, hört man nicht mehr auf damit, und das Herz weiß sich fortan
mit nichts anderem mehr zu beschäftigen als damit, alle Welt unter uns zu
setzen" (*Dialogues*, II, p. 805/806). — Der *amour-propre* entsteht mit der
sozialen Menschwerdung, und wie die anderen spezifisch humanen Fähigkeiten und Eigenschaften hat er einen von Grund auf ambivalenten Charakter.
Gleich der Einbildungskraft, ohne die er wirkungslos bliebe, gleich der
Reflexion, die ihn verstärkt, und gleich der Meinung, aus der er seine Nahrung
bezieht, kann er ebensowohl Gutes als Schlechtes bewirken. Er führt zum
Verlust der natürlichen Identität des solitären Menschen, er entzweit den
soziablen Menschen mit sich selbst und mit seinesgleichen, von denen er ihn
abhängig macht. Wir verdanken ihm jedoch auch, „was es an Bestem unter
den Menschen gibt" (S. 256). Die Eigenliebe kann transformiert und bewußt
kanalisiert werden und auf diesem Wege eine gesellschaftlich und politisch
positive Wirkung entfalten. In der Vaterlandsliebe vermag sie sich zu „einer
erhabenen Tugend" zu wandeln (cf. *Ec. Pol.*, p. 255 und 260; *Emile*, IV,
p. 547). Wer das Wesen der Eigenliebe erkannt hat, kann sich ihrer als eines
„nützlichen, aber gefährlichen Instrumentes" bedienen (*Emile*, IV, p. 536). —
Zur Bedeutung, die dem *amour-propre* für das Mitleid zukommt, s. FN 184.

plus foible ou ceder la sienne au plus fort, sans envisager ces rapines
que comme des évenemens naturels, sans le moindre mouvement
d'insolence ou de dépit, et sans autre passion que la douleur ou
la joye d'un bon ou mauvais succès[454].

[DISCOURS SECONDE PARTIE]

Page 192

(NOTE XVI*.) C'est une chose extrémement remarquable que
depuis tant d'années que les Européens se tourmentent pour
amener les Sauvages des diverses contrées du monde à leur maniére
de vivre, ils n'ayent pas pu encore en gagner un seul, non pas même
à la faveur du Christianisme; car nos missionnaires en font quelques fois des Chrétiens, mais jamais des hommes Civilisés. Rien
ne peut surmonter l'invincible répugnance qu'ils ont à prendre nos
mœurs et vivre à notre maniére. Si ces pauvres Sauvages sont
aussi malheureux qu'on le prétend, par quelle inconcevable dépravation de jugement refusent ils constamment de se policer à
nôtre imitation ou d'apprendre à vivre heureux parmi nous; tandis
qu'on lit en mille endroits que des François et d'autres Européens
se sont refugiés volontairement parmi ces Nations, y ont passé
leur vie entiére, sans pouvoir plus quitter une si étrange maniére
de vivre, et qu'on voit même des Missionaires sensés regreter avec
attendrissement les jours calmes et innocens qu'ils ont passés chez
ces peuples si méprisez? Si l'on répond qu'ils n'ont pas assés de
lumiéres pour juger sainement de leur état et du nôtre, je repli-
querai que l'estimation du bonheur est moins l'affaire de la raison
que du sentiment. D'ailleurs cette réponse peut se retorquer
contre nous avec plus de force encore; car il y a plus loin de nos
idées à la disposition d'esprit où il faudroit être pour concevoir

---

[454] Erst der *amour-propre* macht das Gesetz des Stärkeren zu etwas An-
stößigem, weckt das Ressentiment, gebiert den Geist der Herrschaft und der
Knechtschaft. Die allgemeine Ordnung der Natur ist gut und ebenso der
Mensch, der in ihr lebt, der sich im Einklang mit ihr befindet und keine Bevorzugung erstrebt.

ten, ohne diese Räubereien als etwas anderes denn als natürliche Ereignisse zu betrachten, ohne die mindeste Regung von Anmaßung oder Groll und ohne eine andere Leidenschaft als den Schmerz oder die Freude über einen guten oder schlechten Ausgang[454].

[DISKURS ZWEITER TEIL]

Seite 193

(ANMERKUNG XVI*) Es ist eine äußerst bemerkenswerte Sache, daß seit all den Jahren, welche die Europäer sich abmühen, die Wilden der verschiedenen Länder der Welt zu ihrer Lebensweise zu bringen, sie noch nicht einen einzigen haben gewinnen können, nicht einmal mit Hilfe des Christentums; denn unsere Missionare machen manchmal Christen aus ihnen, aber niemals zivilisierte Menschen. Nichts kann den unbesiegbaren Widerwillen überwinden, den sie dagegen haben, unsere Sitten anzunehmen und in unserer Weise zu leben. Wenn diese armen Wilden so unglücklich sind, wie man behauptet, aus welcher unbegreiflichen Depravation des Urteilsvermögens heraus weigern sie sich dann beharrlich, sich nach unserem Beispiel zu zivilisieren oder unter uns glücklich leben zu lernen; während man an tausend Stellen liest, daß Franzosen und andere Europäer sich freiwillig unter diese Nationen geflüchtet und ihr ganzes Leben dort zugebracht haben, ohne eine solch fremdartige Lebensweise mehr aufgeben zu können, und während man sieht, wie selbst verständige Missionare mit Rührung den ruhigen und unschuldigen Tagen nachtrauern, die sie bei diesen so verachteten Völkern zugebracht haben? Antwortet man, sie hätten nicht genügend Einsicht und Aufgeklärtheit, um über ihren und unseren Zustand ein gesundes Urteil zu fällen, so werde ich erwidern, daß die Einschätzung des Glücks weniger Sache der Vernunft als des Gefühls ist. Im übrigen kann diese Antwort mit noch mehr Gewicht gegen uns gewendet werden; denn von unseren Vorstellungen bis zu der Geistesverfassung, in der man sein müßte, um den Geschmack zu begreifen, den die Wilden an ihrer Lebensweise finden, ist es weiter als von den

le goût que trouvent les sauvages à leur maniére de vivre, que des idées des sauvages à celles qui peuvent leur faire concevoir la nôtre. En effet, après quelques observations il leur est aisé de voir que tous nos travaux se dirigent sur deux seuls objets; savoir, pour soi les commodités de la vie, et la considération parmi les autres. Mais le moyen pour nous d'imaginer la sorte de plaisir qu'un sauvage prend à passer sa vie seul au-milieu des bois ou à la pêche, ou à souffler dans une mauvaise flûte, sans jamais savoir en tirer un seul ton et sans se soucier de l'apprendre?

On a plusieurs fois amené des sauvages à Paris, à Londres, et dans d'autres villes; on s'est empressé de leur étaler nôtre luxe, nos richesses, et tous nos arts les plus utiles et les plus curieux; tout cela n'a jamais excité chés eux qu'une admiration stupide, sans le moindre mouvement de convoitise. Je me souviens entre autres de l'Histoire d'un chef de quelques Américains septentrionaux qu'on mena à la Cour d'Angleterre il y a une trentaine d'années. On lui fit passer mille choses devant les yeux pour chercher à lui faire quelque présent qui pût lui plaire, sans qu'on trouvât rien dont il parut se soucier. Nos armes lui sembloient lourdes et incommodes, nos souliers lui blessoient les pieds, nos habits le gênoient, il rebutoit tout; enfin on s'apperceut qu'ayant pris une couverture de laine, il sembloit prendre plaisir à s'en envelopper les épaules; vous conviendrez, au moins, lui dit-on aussi-tôt, de l'utilité de ce meuble? Oui, répondit-il, cela me paroît presque aussi bon qu'une peau de bête. Encore n'eut il pas dit cela, s'il eût porté l'une et l'autre à la pluye[455].

---

[455] Rousseau erinnert sich möglicherweise an den ausführlichen Bericht über den Besuch „einiger Indianer-Häuptlinge aus Georgia" am englischen Hof, der sich bei Antoine François Prévost: *Le Pour et Contre, ouvrage periodique d'un gout nouveau*. Bd. IV, Paris, Didot, 1734, p. 254—257, findet. In Prévosts Version der Anekdote lehnen die Häuptlinge jedes Geschenk ab, wobei die Gegenstände, anders als in Rousseaus Schilderung, nicht im einzelnen aufgezählt werden. — Vergleiche zu Rousseaus kommentierendem Schlußsatz die Äußerung des Huronen Adario in Baron de Lahontan: *Dialogues curieux entre l'auteur et un sauvage de bon sens qui a voyagé*, Ed. Gilbert Chinard, Baltimore, 1931, p. 202: „Du kritisierst unsere Kleider aus Häuten ohne Grund, denn sie sind wärmer und widerstehen dem Regen besser als euer Leinen . . ." Lahon-

Vorstellungen der Wilden bis zu jenen, die ihnen erlauben können, die unsere zu begreifen. In der Tat ist es nach einigen Beobachtungen ein Leichtes für sie zu sehen, daß sich all unsere Anstrengungen nur auf zwei Gegenstände richten: nämlich auf die Annehmlichkeiten des Lebens für einen selbst und auf das Ansehen bei den anderen. Aber wie sollten wir uns die Art von Vergnügen vorstellen, das ein Wilder darin findet, sein Leben allein, inmitten der Wälder oder beim Fischfang oder damit zuzubringen, in eine schlechte Flöte hineinzublasen, ohne sich jemals darauf zu verstehen, ihr einen einzigen Ton zu entlocken, und ohne sich darum zu kümmern, es zu lernen?

Man hat mehrmals Wilde nach Paris, London und in andere Städte gebracht; man hat sich beeilt, ihnen unseren Luxus, unseren Reichtum und alle unsere nützlichsten und kuriosesten Künste zur Schau zu stellen; all das hat bei ihnen niemals etwas anderes als eine stupide Bewunderung hervorgerufen, ohne die mindeste Regung von Begehrlichkeit. Ich entsinne mich unter anderem der Geschichte eines Häuptlings irgendwelcher Nordamerikaner, den man vor ungefähr dreißig Jahren an den englischen Hof brachte. Man führte ihm tausend Dinge vor Augen, im Bestreben, ihm ein Geschenk zu machen, das ihm gefallen könnte, ohne daß man etwas fand, das ihn zu kümmern schien. Unsere Waffen erschienen ihm schwer und unbequem; unsere Schuhe rieben ihm die Füße wund, unsere Kleider beengten ihn, er wies alles zurück; schließlich bemerkte man, daß er, nachdem er eine Wolldecke genommen hatte, Vergnügen daran zu finden schien, sie sich um die Schultern zu legen. ,Ihr werdet zumindest', sagte man sogleich zu ihm, ,die Nützlichkeit dieses Stückes zugeben.' — ,Ja', antwortete er, ,das erscheint mir fast so gut wie eine Tierhaut.' Und auch das hätte er nicht gesagt, wenn er beide im Regen getragen hätte[455].

tans Schrift, in der die europäische Zivilisation, die christliche Religion, die Monarchie und das Eigentum einer scharfen Kritik aus dem Munde eines amerikanischen Wilden unterzogen werden, der nach einem Besuch Frankreichs in seine Wälder zurückkehrt, um alles, was er in der Zivilisation erlebt hat, wie einen bösen Alptraum zu vergessen, war 1703 erstmals erschienen und hatte im 18. Jahrhundert eine weite Verbreitung gefunden.

Peut-être me dira-t-on que c'est l'habitude qui attachant chacun à sa maniére de vivre, empêche les sauvages de sentir ce qu'il y a de bon dans la nôtre: Et sur ce pied-là il doit paroître au moins fort extraordinaire que l'habitude ait plus de force pour maintenir les sauvages dans le goût de leur misére que les Européens dans la jouissance de leur felicité. Mais pour faire à cette derniére objection une réponse à laquelle il n'y ait pas un mot à repliquer, sans alleguer tous les jeunes sauvages qu'on s'est vainement efforcé de Civiliser; sans parler des Groenlandois et des habitans de l'Islande, qu'on a tenté d'élever et nourrir en Dannemarck, et que la tristesse et le desespoir ont tous fait périr, soit de langueur, soit dans la mer où ils avoient tenté de regagner leur pays à la nage; je me contenterai de citer un seul exemple bien attesté, et que je donne à examiner aux admirateurs de la Police Européenne.

„Tous les efforts des Missionaires Hollandois du Cap de Bonne „Espérance n'ont jamais été Capables de convertir un seul Hotten-„tot. Van der Stel, Gouverneur du Cap en ayant pris un dès l'en-„fance le fit élever dans les principes de la Religion Chrétienne, „et dans la pratique des usages de l'Europe. On le vêtit richement, „on lui fit apprendre plusieurs langues, et ses progrès répondirent „fort bien aux soins qu'on prit pour son éducation. Le Gouverneur „espérant beaucoup de son esprit, l'envoya aux Indes avec un Com-„missaire général qui l'employa utilement aux affaires de la Com-„pagnie. Il revint au Cap après la mort du Commissaire. Peu de „jours après son retour, dans une visite qu'il rendit à quelques „Hottentots de ses parens, il prit le parti de se dépouiller de sa „parure Européenne pour se révêtir d'une peau de Brebis. Il re-„tourna au Fort, dans ce nouvel ajustement, chargé d'un pacquet „qui contenoit ses anciens habits, et les présentant au Gouverneur „il lui tint ce discours*. *Ayez la bonté, Monsieur, de faire attention* „*que je renonce pour toûjours à cet appareil. Je renonce aussi pour toute ma* „*vie à la Religion Chretienne, ma resolution est de vivre et mourir dans* „*la Religion, les maniéres et les usages de mes Ancétres. L'unique grace* „*que je vous demande est de me laisser le Collier et le Coutelas que je porte.* „*Je les garderai pour l'amour de vous.* Aussi-tôt sans attendre la

* Voyez le Frontispice. [Note de Rousseau]

Vielleicht wird man mir sagen, daß es die Gewohnheit ist, die, da sie jeden an seine Lebensweise fesselt, die Wilden daran hindert zu empfinden, was es in der unseren an Gutem gibt. Und auf dieser Grundlage muß es zumindest höchst außerordentlich erscheinen, daß die Gewohnheit mehr Macht haben soll, die Wilden im Geschmack an ihrem Elend zu erhalten als die Europäer im Genuß ihrer Glückseligkeit. Aber um auf diesen letzten Einwand eine Antwort zu erteilen, auf die es kein Wort der Erwiderung gibt, werde ich mich — ohne all die jungen Wilden anzuführen, die man sich vergeblich zu zivilisieren bemüht hat, ohne von den Grönländern und den Bewohnern Islands zu sprechen, die man in Dänemark großzuziehen und zu ernähren versucht hat und die die Traurigkeit und die Verzweiflung haben zugrunde gehen lassen, sei es an Entkräftung, sei es im Meer, über das sie schwimmend ihre Heimat wieder zu erreichen versucht hatten — damit begnügen, ein einziges gut bezeugtes Beispiel zu zitieren, das ich den Bewunderern der europäischen Zivilisation zu erwägen gebe.

„Alle Anstrengungen der holländischen Missionare vom Kap der Guten Hoffnung haben niemals einen einzigen Hottentotten zu bekehren vermocht. Van der Stel, der Gouverneur des Kaps, hatte einen von Kindheit auf zu sich genommen und ließ ihn in den Prinzipien der christlichen Religion und in der Praxis der europäischen Gebräuche großziehen. Man kleidete ihn prächtig, man ließ ihn mehrere Sprachen lernen, und seine Fortschritte entsprachen der Sorgfalt, die man auf seine Erziehung verwandte, sehr gut. Der Gouverneur, der sich viel von seinem Geist erhoffte, schickte ihn mit einem Generalkommissar nach Indien, der ihn mit Nutzen in den Geschäften der Kompanie verwendete. Nach dem Tod des Kommissars kehrte er zum Kap zurück. Wenige Tage nach seiner Rückkehr faßte er bei einem Besuch, den er einigen seiner Hottentotten-Verwandten abstattete, den Entschluß, seinen europäischen Putz abzulegen, um sich wieder mit einem Schaffell zu bekleiden. Er kehrte in diesem neuen Aufzug zum Fort zurück, mit einem Bündel beladen, das seine alten Kleider enthielt; und während er sie dem Gouverneur übergab, hielt er ihm diese Rede*: *Haben Sie die Güte, mein Herr, Kenntnis davon*

* Siehe das Frontispiz. [Fußnote Rousseaus]

„réponse de Van der Stel, il se déroba par la fuite et jamais on ne
„le revit au Cap." *Histoire des Voyages Tome* 5. p. 175[456].

Page 210

(NOTE XVII*.) On pourroit m'objecter que dans un pareil
desordre les hommes au-lieu de s'entre-égorger opiniatrément se
seroient dispersés, s'il n'y avoit point eu de bornes à leur dispersion. Mais premiérement ces bornes eussent au moins été celles
du monde, et si l'on pense à l'excessive population qui resulte de
l'état de Nature, on jugera que la terre dans cette état n'eût pas
tardé à être couverte d'hommes ainsi forcés à se tenir rassemblés.
D'ailleurs, ils se seroient dispersés, si le mal avoit été rapide et
que c'eût été un changement fait du jour au lendemain; mais ils
naissoient sous le joug; ils avoient l'habitude de le porter quand ils
en sentoient la pesanteur, et ils se contentoient d'attendre l'occasion
de le secouer. Enfin, déja accoutumés à mille commodités qui les
forçoient à se tenir rassemblés, la dispersion n'étoit plus si facile
que dans les premiers tems où nul n'ayant besoin que de soi-même,
chacun prenoit son parti sans attendre le consentement d'un autre.

Page 218

(NOTE XVIII*.) Le Marechal de V***[457] contoit que dans une
de ses Campagnes, les excessives friponneries d'un Entrepreneur

---

[456] Rousseau gibt den Text der *Histoire des voyages* mit ganz geringfügigen
Abweichungen wieder. Die Originalquelle ist Peter Kolben: *Description du
Cap de Bonne-Espérance*, I, 12, *De la religion des Hottentots*, § 11 (Ed. 1742, I,
p. 234/235). — Vergleiche die Rede des Hottentotten mit der Stelle im Haupttext, die durch Anmerkung XVI erläutert wird, und mit Rousseaus Rede
an die Wilden in Anmerkung IX. Beachte, daß die „himmlische Stimme",
von der Rousseau dort spricht, sich dem Hottentotten offenkundig „ver-
nehmbar gemacht hat." Die Rede des Hottentotten ist der letzte *discours dans
le Discours*. Außerdem wurde sie von Rousseau als Sujet für das Frontispiz
ausgewählt, das dem *Discours* vorangestellt ist. In einem Brief vom 6. 3. 1755
mahnt Rousseau seinen Verleger, er solle nicht vergessen, die Stelle, auf die
sich das Frontispiz bezieht, „exakt zu kennzeichnen" und im Frontispiz
selbst die Seite anzugeben, auf der sich die Stelle findet (*CC* III, p. 105).
Cf. auch *Lettre à Philopolis*, S. 470 mit FN 18.

zu nehmen, daß ich diesem Gepränge für immer entsage. Ich sage mich auch für mein ganzes Leben von der christlichen Religion los; es ist mein Entschluß, in der Religion, den Sitten und Gebräuchen meiner Vorfahren zu leben und zu sterben. Die einzige Gunst, die ich von Ihnen erbitte, ist, mir die Halskette und den Hirschfänger zu lassen, die ich trage. Ich werde sie aus Liebe zu Ihnen behalten. Sogleich, ohne die Antwort Van der Stels abzuwarten, ergriff er die Flucht, und man sah ihn am Kap niemals wieder." *Histoire des Voyages*, Band 5, S. 175[456].

Seite 211

(ANMERKUNG XVII*) Man könnte mir entgegenhalten, daß sich die Menschen in einer solchen Unordnung, anstatt einander halsstarrig umzubringen, zerstreut hätten, wenn es keine Grenzen für ihre Zerstreuung gegeben hätte. Aber erstens: diese Grenzen wären zumindest jene der Welt gewesen; und wenn man an die exzessive Bevölkerung denkt, die aus dem Naturzustand resultiert, wird man ermessen, daß die Erde in jenem Zustand nicht lange gebraucht hätte, um von Menschen bedeckt zu sein, die somit gezwungen gewesen wären, beisammenzubleiben. Ferner: sie hätten sich zerstreut, wenn das Übel jäh eingetreten wäre und es eine Veränderung von einem Tag auf den anderen gewesen wäre; aber sie wurden unter dem Joch geboren; sie waren daran gewöhnt, es zu tragen, als sie seine Schwere fühlten, und sie begnügten sich damit, auf die Gelegenheit zu warten, es abzuschütteln. Schließlich und endlich: da sie sich schon an tausend Annehmlichkeiten gewöhnt hatten, die sie zwangen beisammenzubleiben, war die Zerstreuung nicht mehr so leicht wie in den ersten Zeiten, in denen keiner irgend jemanden nötig hatte außer sich selbst und daher jeder seinen Entschluß faßte, ohne auf die Zustimmung eines anderen zu warten.

Seite 219

(ANMERKUNG XVIII*) Der Marschall von V***[457] erzählte, daß, als auf einem seiner Feldzüge die exzessiven Gaunereien eines

---

[457] Louis-Hector, Herzog von Villars (1653—1734), Marschall von Frankreich.

des Vivres[458] ayant fait souffrir et murmurer l'armée, il le tança
vertement et le menaça de le faire pendre. Cette menace ne me
regarde pas, lui repondit hardiment le fripon, et je suis bien aise
de vous dire qu'on ne pend point un homme qui dispose de cent
mille écus. Je ne sais comment cela se fit, ajoûtoit naïvement le
Mareschal, mais en effet il ne fut point pendu, quoiqu'il eût cent
fois mérité de l'être.

Page 254

(NOTE XIX*.) La justice distributive s'opposeroit même à cette
égalité rigoureuse de l'état de Nature, quand elle seroit pratiquable
dans la société civile[459]; et comme tous les membres de l'Etat lui
doivent des services proportionnés à leurs talens et à leurs forces,
les Citoyens à leur tour doivent être distingués et favorisés à
proportion de leurs services. C'est en ce sens qu'il faut entendre
un passage d'Isocrate[460] dans lequel il loue les premiers Athéniens
d'avoir bien su distinguer quelle étoit la plus avantageuse des
deux sortes d'égalité, dont l'une consiste à faire part des mêmes
avantages à tous les Citoyens indifféremment, et l'autre à les
distribuer selon le mérite de chacun. Ces habiles politiques, ajoûte
l'orateur, bannissant cette injuste égalité qui ne met aucune différence entre les méchans et les gens de bien, s'attachérent inviolablement à celle qui récompense et punit chacun selon son
mérite. Mais premiérement il n'a jamais existé de société, à quelque
degré de corruption qu'elles aient pû parvenir, dans laquelle on
ne fît aucune différence des méchans et des gens de bien; et dans
les matiéres de mœurs où la Loy ne peut fixer de mesure assés

---

[458] Siehe FN 375.

[459] Siehe FN 214.

[460] Isokrates: *Areopagitikos*, 21—22. Rousseau entnimmt die Stelle einer
Fußnote Barbeyracs in Pufendorf: *Droit de la nature* (I, 7, § 11, note 2): „Der
Autor führt hier das Beispiel der ersten Führer der Republik Athen an, wie
Isokrates es uns vor Augen stellt." Barbeyrac zitiert das griechische Original
und übersetzt die Passage anschließend ins Französische: „Ce qui leur servit
le plus à bien gouverner l'Etat, c'est d'avoir sû bien distinguer quelle étoit
la plus avantageuse de deux sortes d'égalité que l'on distingue ordinairement
entre les Citoiens; dont l'une consiste à faire part des mêmes avantages à

Proviantunternehmers[458] die Armee hatten darben und murren
lassen, er diesen scharf angefahren und ihm gedroht habe, ihn
hängen zu lassen. ‚Diese Drohung kümmert mich nicht‘, antwortete ihm der Gauner dreist, ‚und es ist mir eine Freude, Ihnen zu
sagen, daß man einen Mann, der über hunderttausend Taler verfügt, nicht hängt! Ich weiß nicht, wie es geschah, fügte der Marschall naiv hinzu, aber er wurde tatsächlich nicht gehängt, obschon
er es hundertmal verdient hatte.

Seite 255

(ANMERKUNG XIX*) Die distributive Gerechtigkeit wider-
setzte sich dieser strengen Gleichheit des Naturzustandes selbst
dann, wenn sie in der bürgerlichen Gesellschaft[459] praktikabel
wäre; und da alle Glieder des Staates ihm ihren Talenten und ihren
Kräften entsprechende Dienste schulden, müssen die Bürger ihrerseits ihren Diensten entsprechend ausgezeichnet und begünstigt
werden. In diesem Sinne muß man eine Passage von Isokrates[460]
verstehen, in der er die ersten Athener lobt, gut zu unterscheiden
gewußt zu haben, welche von den beiden Arten der Gleichheit die vorteilhafteste war, deren eine darin besteht, alle Bürger
unterschiedslos an den gleichen Vorteilen teilhaben zu lassen, und
die andere darin, sie nach dem Verdienst eines jeden auszuteilen.
Diese geschickten Politiker, fügt der Redner hinzu, verbannten
jene ungerechte Gleichheit, die zwischen den Bösen und den Guten
keinen Unterschied macht, und hielten unerschütterlich an jener
fest, die jeden nach seinem Verdienst belohnt und bestraft. Aber
erstens hat niemals eine Gesellschaft existiert, welchen Grad der
Korruption die Gesellschaften auch erreicht haben mochten, in
der man zwischen den Bösen und den Guten keinen Unterschied

---

tous les Citoiens indifféremment; et l'autre à les distribuer selon le mérite de
chacun. Ces habiles Maîtres en l'Art du Gouvernement, bannissant donc cette
injuste égalité, qui ne met aucune différence entre les Gens-de-bien et les
Méchans, prirent le parti de suivre inviolablement celle qui recompense ou
punit chacun selon son mérite." Im darauffolgenden Paragraphen 12 desselben Kapitels referiert Pufendorf eingehend Aristoteles' Erörterung der
distributiven Gerechtigkeit aus dem V. Buch der *Nikomachischen Ethik*.

exacte pour servir de régle au Magistrat, c'est très sagement que,
pour ne pas laisser le sort ou le rang des Citoyens à sa discretion,
elle lui interdit le jugement des personnes pour ne lui laisser que
celui des Actions. Il n'y a que des mœurs aussi pures que celles des
Anciens Romains qui puissent supporter des Censeurs[461], et de
pareils tribunaux auroient bientôt tout bouleversé parmi nous:
C'est à l'estime publique à mettre de la différence entre les méchans et les gens de bien; le Magistrat n'est juge que du droit
rigoureux; mais le peuple est le veritable juge des mœurs[462]; juge
intégre et même éclairé sur ce point, qu'on abuse quelquesfois,
mais qu'on ne corrompt jamais. Les rangs des Citoyens doivent
donc être réglés, non sur leur mérite personnel, ce qui seroit
laisser au Magistrat le moyen de faire une application presque
arbitraire de la Loi, mais sur les services réels qu'ils rendent à
l'Etat et qui sont susceptibles d'une estimation plus exacte[463].

---

[461] Rousseau diskutiert das Institut der Zensur ausführlich im Kapitel IV, 7
(De la Censure) des Contrat social. In den Considérations sur le gouvernement de
Pologne schlägt er für eine grundlegende Reform Polens die Einrichtung von
Comités Censoriaux eines neuen Stils vor, die nicht über Straf- und Unter-
drückungsmaßnahmen, „sondern allein durch Wohltaten, Lob und Ermuti-
gungen" zur Reinerhaltung der Sitten beitragen, die Tugend der Bürger
anspornen und die Integration der Nation vorantreiben sollen (XIII,
p. 1025 ff.).

[462] Das strenge Recht verbürgt die Gleichheit aller Bürger vor dem Gesetz,
ohne jedes Ansehen der Person. Rousseau stimmt mit Hobbes darin überein,
daß das Recht in der politischen Gesellschaft allein die kommutative Gerechtigkeit zum Gegenstand haben kann (s. Leviathan, I, 15, De Cive, III, 6, und
vergleiche dazu Aristoteles: Nikomachische Ethik, V, 5—7). Die distributive
Gerechtigkeit, die jeden nach seinem Verdienst belohnt und bestraft, läßt sich
über das notwendig allgemeine, für alle Untertanen unterschiedslos geltende
Gesetz, in dem sich der Wille des Souveräns ausspricht, nicht verwirklichen.
Gleichwohl ist sie für die politische Ordnung des guten Gemeinwesens, das
auf der Tugend seiner Bürger beruht, unverzichtbar. Im legitimen Staat
wird ihr durch eine andere Art von „Gesetzen" — Rousseau nennt sie im
Contrat social „die wichtigste von allen" — Rechnung getragen: durch die
„Sitten, die Gewohnheiten und vor allem die Meinung" (C.S. II, 12). Die
„öffentliche Wertschätzung" vermag eine Ungleichheit zu autorisieren, die
den „Prinzipien des Politischen Rechts" nicht widerspricht, ohne daß sie in
ihrer Besonderheit aus diesen selbst abgeleitet werden könnte. (Cf. Préface

gemacht hätte; und im Bereich der Sitten — wo das Gesetz kein
Maß festlegen kann, das exakt genug wäre, um dem Magistrat
als Regel zu dienen — ist es sehr weise, daß, um das Schicksal oder
den Rang der Bürger nicht seinem Belieben zu überlassen, das
Gesetz dem Magistrat das Urteil über die Personen untersagt,
um ihm nur das über die Handlungen zu lassen. Nur so reine Sitten
wie jene der alten Römer können Zensoren[461] ertragen, und bei
uns hätten derartige Tribunale bald alles umgestürzt. Es ist Sache
der öffentlichen Wertschätzung, zwischen den Bösen und den
Guten zu unterscheiden; der Magistrat ist nur Richter des strengen
Rechts; das Volk aber ist der wahre Richter der Sitten[462]: Ein
redlicher und sogar erleuchteter Richter über diesen Punkt, den
man manchmal täuscht, den man aber niemals korrumpiert.
Die Ränge der Bürger müssen daher geregelt werden nicht nach
ihrem persönlichen Verdienst — was dem Magistrat die Mittel
zu einer nahezu willkürlichen Anwendung des Gesetzes zu überlassen hieße —, sondern nach den wirklichen Diensten, die sie dem
Staat erweisen und die eine exaktere Einschätzung erlauben[463].

---

de Narcisse, p. 970 ff, *Economie politique*, p. 250, *Fragments politiques*, p. 495
und 557.)

[463] Die scharfe Kritik, der Rousseau die aktuelle Wirklichkeit der ,,gesell-
schaftlich eingerichteten Ungleichheit" am Ende des *Discours* unterzog, die
polemische Auseinandersetzung mit der ,,Art von Ungleichheit, die unter
allen zivilisierten Völkern herrscht", war nicht das letzte Wort zur Ungleichheit. Anmerkung XIX, die das Buch als Ganzes beschließt, deutet an, daß die
politische und die natürliche Ungleichheit miteinander einhergehen, zusammengebracht werden können und daß die Gleichheit des Rechts und die
Ungleichheit des Rangs miteinander vereinbar sind. Die Vorstellungen, die
Rousseau in der letzten Anmerkung des *Discours* in allgemeiner Form entwickelt, nehmen in den Verfassungsentwürfen, die er 1765 für Korsika und
1770—1772 für Polen ausgearbeitet hat, konkrete Gestalt an. Eine vom
Souverän sanktionierte Ordnung *politischer* Stände oder Klassen soll das Element der distributiven Gerechtigkeit institutionell verankern, ohne daß
dadurch die fundamentale Gleichheit der Bürger als Glieder des Souveräns
beeinträchtigt wird: Der Rang jedes Bürgers innerhalb des Gemeinwesens
beruht auf seiner politischen Tugend, er bemißt sich am alleinigen Maßstab
seines Dienstes an der Nation. (*Projet des constitution pour la Corse*, p. 908 ff,
919, 930 ff; *Considérations sur le gouvernement de Pologne*, XII, XIII, XIV).

Fragment eines Entwurfs zum *Discours*

Ms. Genf, fr. 228, fol. 40 recto

II. Fragmente

FRAGMENT D'UN BROUILLON DU DISCOURS SUR L'INÉGALITÉ[1]

Première version — Manuscrit de Genève

A force de nouvelles combinaisons a force d'habitude de ⟨voir⟩ regarder et de réfléchir, la raison humaine ⟨parvint⟩ *acquit* enfin ⟨au⟩ *le* dégré de perfection dont elle étoit susceptible, et parvenue à ses limites elle ⟨voulut⟩ *chercha à* les franchir, et sortant presque d'entre les bêtes l'homme voulut *bientôt* s'élever au dessus des Anges. A peine eut-il découvert ces vérités sublimes ⟨*qu'il n'est pas permis à la raison d'ignorer toujours*[2]⟩ qui sont les vrais fondemens de la justice et de la vertu, ⟨et dont⟩ ⟨vérités qu'il n'est pas permis à la raison agissante d'ignorer⟩ et dont la connoissance fait ⟨la⟩ sa véritable grandeur, qu'il prétendit pénétrer les mistéres qui sont au dessus de son intelligence, [5]⟨et⟩ ⟨ne pouvant tout connoitre⟩ *s'accoutumant à* ⟨*juger les choses* sans les connoitre⟩[5] [6]il tomba d'erreurs en erreurs dans les plus honteux

---

[1] MANUSKRIPT: Bibliothèque publique et universitaire de Genève. Ms. fr. 228, fos. 39 recto — 40 verso, 4 Seiten. EDITIONEN: Erste (sehr unvollständige und im Detail unzuverlässige) Veröffentlichung in *Streckeisen-Moultou* (1861), p. 345/346, ohne Varianten, mit modernisierter Orthographie. Die einzige kritische Edition legte bisher Ralph A. Leigh in seinem Beitrag *Les manuscrits disparus de J. J. Rousseau* in *AJJR*, Bd. 34, 1959, p. 68—71 vor. Der Text, den die *OCP* in Band III, p. 224/225 abdrucken, folgt fast durchweg der Edition Leighs, beschränkt sich jedoch auf die wichtigsten Varianten. Die Abweichungen meiner Transkription gegenüber derjenigen von Leigh werden in den Fußnoten mitgeteilt, ausgenommen hiervon sind lediglich geringfügige Unterschiede in der Orthographie. ZEICHENERKLÄRUNG: Alle in spitzen Klammern ⟨...⟩ gesetzten Wörter sind von Rousseau gestrichen, alles kursiv Gedruckte ist von ihm zwischen den Zeilen eingefügt worden. Die Stelle im ersten Satz des Fragments: la raison humaine ⟨parvint⟩ *acquit* enfin ⟨au⟩ *le* dégré de perfection ist demnach so zu verstehen: Rousseau schrieb zunächst la raison humaine parvint enfin au dégré de perfection, um dann parvint au zu streichen und statt dessen über den gestrichenen Wörtern acquit le zu notieren.

[2] toujours ist möglich, aber nicht sicher auszumachen. Ich folge hier *Leighs* Lesart. Mit Sicherheit steht dagegen nicht raison *humaine* im Manuskript, wie *Leigh* liest und wie dies die *OCP* von ihm übernehmen.

[3] Statt des folgenden Relativsatzes von Rousseau erwogen und wieder verworfen: ⟨die beständig zu ignorieren der Vernunft nicht gestattet ist⟩

FRAGMENT EINES ENTWURFS ZUM DISKURS ÜBER DIE UNGLEICHHEIT[1]

Erste Fassung — Manuskript Genf

Durch viele neue Verbindungen, durch die lange Gewohnheit, zu betrachten und zu reflektieren, erwarb die menschliche Vernunft schließlich den Grad an Vollkommenheit, dessen sie fähig war, und an ihren Grenzen angelangt, suchte sie diese zu überschreiten; und beinahe von den Tieren ausgehend, wollte der Mensch sich bald über die Engel erheben. Kaum hatte er jene erhabenen Wahrheiten entdeckt, [3]die die wahren Grundlagen der Gerechtigkeit und der Tugend sind[4] und deren Erkenntnis seine wahrhafte Größe ausmacht, als er den Anspruch erhob, die Mysterien zu durchdringen, die seine Intelligenz übersteigen; [5]und da er sich daran gewöhnte, ⟨über die Dinge⟩ zu ⟨urteilen, ohne sie zu kennen⟩[5], [6]verfiel er, nach Irrtümern über Irrtümern,

---

[4] ⟨— Wahrheiten, die zu ignorieren der handelnden Vernunft nicht gestattet ist⟩

[5] Rousseau hatte zunächst geschrieben: et ne pouvant tout connoitre sans le connoitre (und da er nicht alles erkennen konnte, ohne sie [die Mysterien] zu erkennen). Danach hat er ne pouvant tout connoitre gestrichen und s'accoutumant à juger les choses darüber geschrieben (da er sich daran gewöhnte, über die Dinge zu urteilen, ohne sie zu kennen), um schließlich juger les choses sans le connoitre zu streichen und nach s'accoutumant à ein Verweisungszeichen anzubringen. Da uns die gegenüberliegende linke Seite, auf der Rousseau umfangreichere Korrekturen und im Manuskript markierte Einschübe notierte, nicht erhalten geblieben ist, fehlt uns die Ergänzung, auf die Rousseau im Text verweist. Der endgültige Wortlaut der Stelle läßt sich daher nicht mehr rekonstruieren. Die Version der *OCP* — s'accoutumant à juger les choses — ist nicht korrekt (und ohne sans les connoitre auch wenig sinnvoll). Zum einen wird das Verweisungszeichen und damit die Lücke, die bestehen bleibt, mit keinem Wort erwähnt, zum anderen hat Rousseau juger les choses sans les connoitre deutlich erkennbar in einem Zug, also als Ganzes gestrichen. Letzteres wird auch in *Leighs* Edition nicht sichtbar. Außerdem liest *Leigh* l'accoutumant. Diese Lesart wäre grammatikalisch nur denkbar, wenn l'accoutumant à als letzte Korrektur, völlig isoliert hinzugefügt worden wäre, während die oben vorgelegte Rekonstruktion zeigt, daß s'accoutumant Teil einer früheren sinnvollen Fassung war.

[6] Cf. von hier an die Reinschrift des Entwurfs in der *Zwischenfassung*, Ms. Neuchâtel, S. 396.

égaremens. Je *ne* m'arrêterai point à montrer combien ⟨de folies⟩
cette orgueilleuse curiosité engendra de folies et de crimes, combien
elle érigea d'idoles et inspira de fanatiques, ⟨mais de⟩ *je me*
contenterai de remarquer qu'elle produisit une nouvelle sorte
d'inégalité qui sans être établie ⟨sur⟩ *par* la nature ni même par
la convention mais seulement par des opinions chimériques,
⟨devint⟩ *fut* à la fois la moins raisonnable et la plus dangereuse
de touttes. Il s'éleva une ⟨nouvelle⟩ espéce d'hommes singuliers
qui se portant pour Interprétes des choses incompréhensibles
prétendirent assujetir tous les autres à leurs décisions[7]. Substituant adroitement leurs maximes absurdes et intéressées à celles
de la droite raison, ils detournèrent insensiblement les peuples
des devoirs de l'humanité et des régles de la morale *dont ils ne*
disposoient pas à leur gré, et les assujettirent à des ⟨menues⟩ pratiques indifférentes ou criminelles dont ils étoient seuls les dispensateurs et les ⟨arbitres⟩ juges.

Ennemis mortels des Loix et de leurs ministres ⟨ils n'épar⟩
⟨et usur⟩ ⟨ils n'épargnoient rien pour⟩ ⟨*excitoient sans cesse*⟩ toujours prets a autoriser les usurpations injustes du magistrat
suprême ⟨sur lequel ils savoient⟩ ⟨un⟩[9] *pour* usurper ⟨à leur tour
jusqu'à⟩ *plus aisément eux mémes* l'autorité légitime, ils faisoient
si bien en ⟨ne⟩ parlant ⟨jamais que d'autorité spirituelle⟩
toujours de droits purement spirituels, que les //f. 40// biens la vie
et la liberté des ⟨ho⟩ *citoyens* n'étoient en sureté qu'autant
qu'ils se mettoient à leur discrétion leur pouvoir étoit d'autant
plus redoutable ⟨n'y⟩ que[11] ⟨et⟩ ⟨se faisant effrontement⟩ ⟨*don-*
nant⟩ *s'érigeant hardiment pour* seuls juges en leur propre cause et
ne souffrant[12] ⟨n'y ayant⟩ aucune mesure commune ⟨que l'⟩ des
différences qu'ils mettoient entre eux ⟨*et s'érigeant*⟩ et les autres
hommes, ils ⟨portoient leurs attentats aux plus grands excés⟩
bouleversoient et aneantissoient tous les droits humains sans qu'on put

---

[7] *Leigh* und *OCP* setzen hier, entgegen der Interpunktion des Manuskriptes, ein Komma und fahren mit substituant fort. Cf. auch die Reinschrift der *Zwischenfassung*, S. 396.

[8] ⟨Schiedsrichter⟩

[9] *Leigh*: ⟨us⟩

[10] ⟨immer nur von spiritueller Autorität⟩

in die schändlichsten Verirrungen. Ich werde mich nicht dabei aufhalten zu zeigen, wie viele Torheiten und Verbrechen diese hochmütige Neugierde verursachte, wie viele Götzenbilder sie aufrichtete und wie viele Fanatiker sie inspirierte, ich werde mich damit begnügen zu bemerken, daß sie eine neue Art von Ungleichheit hervorbrachte, die — ohne durch die Natur begründet zu sein, ja nicht einmal durch die Konvention, sondern einzig und allein durch chimärische Meinungen — zugleich die am wenigsten vernünftige und die am meisten gefährliche von allen war. Es trat eine ⟨neue⟩ Spezies sonderbarer Menschen auf, die sich als Interpreten der unbegreiflichen Dinge ausgaben und alle anderen [Menschen] ihren Entscheidungen zu unterwerfen beanspruchten. Da sie ihre absurden und eigennützigen Maximen geschickt an die Stelle derjenigen der rechten Vernunft setzten, wandten sie die Völker unmerklich von den Pflichten der Menschlichkeit und den Regeln der Moral ab, über die sie nicht nach ihrem Belieben verfügen konnten, und unterwarfen sie gleichgültigen oder verbrecherischen Praktiken, bei denen sie allein die Austeiler und die Richter[8] waren.

Todfeinde der Gesetze und ihrer Diener, stets bereit, die unrechten Usurpationen des höchsten Magistrats zu autorisieren, um die legitime Autorität selbst leichter usurpieren zu können, brachten sie es, indem sie [10]stets von rein spirituellen Rechten[10] sprachen, so weit, daß die Güter, das Leben und die Freiheit der Bürger nur so lange in Sicherheit waren, als diese sich ihrer Willkür überantworteten; ihre Macht war um so fürchterlicher, als sie — [13]da sie sich dreist zu alleinigen Richtern in ihrer eigenen Sache aufwarfen und keinerlei gemeinsames Maß für die Unterschiede zuließen, die sie zwischen sich und den anderen Menschen machten[13] — [14]alle menschlichen Rechte umstürzten und

[11] Nach que steht ein Verweisungszeichen für einen Einschub auf der gegenüberliegenden Seite (fol. 39 verso).

[12] Ende des Einschubs

[13] Zunächst (vor der Ergänzung auf fol. 39 verso): ⟨da es keinerlei gemeinsames Maß ... gab⟩, dann: ⟨da sie sich frech zu⟩ alleinigen Richtern ... ⟨machten⟩

[14] ⟨ihre Anschläge bis zu den größten Exzessen trieben⟩

jamais leur prouver qu'ils excedoient ⟨leurs⟩[15] ⟨les⟩ ⟨droits qu'ils⟩ *les* leurs ⟨droits,⟩ ⟨et il ne faut pas douter⟩ ⟨*et enfin*⟩ ⟨*De sorte*⟩ ⟨l'on ne sait jusqu'ou de tels hommes eussent poussé⟩ ⟨porté⟩ *Enfin, à ne juger des choses que par leur cours naturel* ⟨*et sur les passions des hommes que*⟩ si le ciel n'eut parlé lui même, ⟨et que Dieu i⟩ *si* la voix *de Dieu* n'eut instruit les hommes de la ⟨veritable[15]⟩ *véritable* Réligion qu'ils avoient à suivre ⟨et des bornes des deux pouvoirs⟩ *si sa parole* n'eut fixé par la ⟨revolution⟩ révélation les bornes ⟨sacrées⟩ *sacrées* des deux pouvoirs, on ne sait jusqu'où des Prétres idolatres et ambitieux *dominant sur les peuples par la superstition et sur les magistrats par* ⟨*la crainte* et[19]⟩ la terreur[20] n'eussent point ⟨étendu⟩ *porté* leurs attentats et les miséres du genre humain ⟨en feignant de favoriser les⟩

On sent *du moins* combien *jusqu'à l'institution surnaturelle de la véritable religion* de tels hommes favorisant ⟨en apparence⟩ les entreprises ⟨des chefs⟩ *du magistrat pour* ⟨favoriser⟩ *faciliter les leurs* pour le⟨s⟩[24] rendre odieux ⟨et préparer⟩ *et préparer* les peuples à les voir un jour sans murmure s'emparer eux même du pouvoir ⟨dont leur magistrat⟩ dont il abusoit[25]

[26]D'autres causes non moins actives quoique ⟨non⟩ moins graves concouroient à fomenter de toutes parts les progrés de l'inégalté[27].

Mais c'est peut être trop en dire sur cette cause particulière tandis qu'il m'en reste tant d'autres à développer.

Rappelons-nous[28]

---

[15] Nicht bei *Leigh*

[16] ⟨und nach den Leidenschaften der Menschen⟩

[17] ⟨Revolution⟩

[18] durch ⟨die Furcht und⟩

[19] ⟨et⟩ fehlt bei *Leigh* und *OCP*. La terreur sollte also la crainte zunächst nicht ersetzen, sondern ergänzen.

[20] ⟨et⟩ la terreur ist auf der gegenüberliegenden Seite (fol. 39 verso) eingefügt.

[21] hätten, ⟨indem sie so taten, als ob sie die [Unternehmungen des Magistrats(?)] begünstigten⟩

[22] ⟨der Oberhäupter⟩ ⟨scheinbar⟩

[23] Da das Fragment abrupt abbricht, ist eine zuverlässige und einigermaßen lesbare Übersetzung kaum möglich. Die in der Klammer vorgeschlagene Ergänzung soll nicht mehr sein als eine einfache Lesehilfe. Cf. dazu die Parallelstelle weiter unten.

vernichteten[14], ohne daß man ihnen jemals hätte beweisen können, daß sie die ihren überschritten. Schließlich und endlich,
um die Dinge nur nach ihrem natürlichen Gang[16] zu beurteilen:
hätte nicht der Himmel selbst gesprochen, hätte die Stimme
Gottes die Menschen nicht in der wahrhaften Religion unterwiesen, der sie zu folgen hatten, hätte sein Wort nicht durch die
Offenbarung[17] die heiligen Schranken der beiden Gewalten festgelegt — man weiß nicht, bis wohin götzendienerische und ehrgeizige Priester, über die Völker durch den Aberglauben und
über die Magistrate durch[18] den Schrecken herrschend, ihre Anschläge und das Elend des Menschengeschlechtes noch getrieben
hätten[21].

Man ahnt zumindest, wie sehr solche Menschen, die die Unter-
nehmungen des Magistrats[22] begünstigten, um die ihrigen zu erleichtern, bis zur übernatürlichen Stiftung der wahrhaften Religion [... den Magistrat dazu anstachelten, seine Rechte zu erweitern ...][23], um ihn verhaßt zu machen und die Völker darauf
vorzubereiten, eines Tages ohne Murren zuzusehen, wie sie
[die Priester] sich der Gewalt selbst bemächtigten, die er mißbrauchte[25]

[26]Andere, nicht weniger wirksame, obwohl weniger schwer-
wiegende Ursachen trugen dazu bei, die Fortschritte der Ungleichheit von allen Seiten anzuheizen[27].

Aber vielleicht verbreite ich mich damit zu sehr über diese
besondere Ursache [der Ungleichheit] — wo mir noch so viele
andere zu erörtern bleiben.

Erinnern wir uns[28]

---

[24] *Leigh* und *OCP*: les. Das ursprüngliche les bezog sich nicht auf entreprises, sondern auf chefs. Rousseau hat nach seiner Korrektur in magistrat
auch das Personalpronomen deutlich erkennbar angeglichen.

[25] Rousseau hat diesen Bruchstück gebliebenen Absatz mit zwei schrägen
Balken durchgestrichen. Er wurde auch nicht in die spätere Reinschrift
übernommen.

[26] Die drei folgenden kleinen Fragmente finden sich parallel zum vorangegangenen Abschnitt auf der gegenüberliegenden Seite (fol. 39 verso).

[27] Rousseau hat diesen Absatz mit einem schrägen Balken durchgestrichen.

[28] In der Reinschrift der *Zwischenfassung* schließt Mais c'est ... unmittelbar
an die letzte nicht gestrichene Passage unseres Manuskriptes (... du genre

²⁹Ce furent ces hommes dangereux qui ⟨excitérent⟩ les premiers excitérent³⁰ le magistrat à étendre³¹ ⟨son³² pouvoir⟩ *ses droits pour* ⟨*le*⟩ ⟨*en*⟩ *les trouver* ⟨*de plus grands*⟩ *mieux établis*³³ *quand le tems viendroit de s'en emparer eux memes* ⟨*qui*³⁴ *les premiers travaillérent*⟩ à en abuser pour le rendre odieux aux peuples et leur faire souffrir plus aisément qu'il⟨s⟩ ⟨s'en emparassent eux mêmes⟩ en fut *un jour* dépouillé par eux, ⟨à ses³⁵⟩ ce furent eux qui ⟨de l'autre coté⟩ *quelquefois* portérent ⟨cent⟩ aussi le peuple à la rebellion pour faire l'essai de leur pouvoir, pour se faire craindre des chefs, *pour* les accoutumer à leur arbitrage et préparer de loin les révolutions ³⁶ ⟨qui⟩ par lesquels ils devoient un jour³⁷

³⁸croire sans ⟨comprendre⟩ ⟨*appercevoir*⟩ *concevoir* et à juger sans connoitre et ⟨s'i⟩ cherchant dans les chiméres de son imagination des rémédes à des³⁹ maux qui n'en avoient point et des ressources contre la foiblesse de sa nature ⟨de la⟩ ⟨telle fut⟩ ⟨Il inven⟩ ⟨telle fut⟩ de là sortirent la magie, ⟨les enchanteresses⟩ *la divination, les prestiges* ⟨l'art divinatoire⟩ l'astrologie et ⟨mille⟩ les autres révéries *surnaturelles* qui font la honte de la raison, ⟨et le

---

humain) an. Mit Rappellons-nous beginnt dann ein — auch inhaltlich — ganz neuer Abschnitt. Vermutlich hat sich Rousseau auf der linken Seite dieses ersten Entwurfs einfach eine kurze Überleitung und, als Stichwort, den Anfang eines anderen Textes notiert, mit dem er fortfahren wollte; oder aber, er hat damit umgekehrt die Stelle im bereits zusammenhängend konzipierten und weitgehend ausgearbeiteten *Discours* bezeichnet, an der die hier formulierte Auseinandersetzung mit der „Priesterreligion" eingefügt werden sollte.

²⁹ Das folgende Fragment steht wieder auf fol. 40 recto, unter dem gestrichenen Absatz (... dont il abusoit) und auch tiefer als Rappellons-nous auf der gegenüberliegenden Seite. Es ist sehr eng und kleiner als alle übrigen Texte auf fol. 40 recto und fol. 39 verso geschrieben.

³⁰ excitérent ist auf der gegenüberliegenden Seite eingefügt. *Leigh* und *OCP*: qui excitérent les premiers

³¹ étendre ist sehr wahrscheinlich. Rousseau hat das Wort über, bzw. in ein anderes hineingeschrieben. *Leigh* liest ebenfalls étendre, gibt den Ausdruck aber als gestrichen an.

³² Vor son ein gestrichenes, jedoch nicht mehr zu entzifferndes Wort. *Leigh* schreibt tout pouvoir, statt son pouvoir.

³³ Rousseau hat diese Passage in drei Anläufen formuliert: 1. à étendre ⟨son pouvoir⟩ pour ⟨le⟩ trouver ⟨plus (affirmé?)⟩ (ihre Macht zu erweitern,

[29]Es waren diese gefährlichen Menschen, die den Magistrat als erste dazu anstachelten, [33]seine Rechte zu erweitern, um diese besser etabliert vorzufinden[33], wenn die Zeit käme, um sich ihrer selbst zu bemächtigen; die ihn anstachelten, diese Rechte zu mißbrauchen, um ihn bei den Völkern verhaßt zu machen und es diese leichter hinnehmen zu lassen, wenn der Magistrat ihrer eines Tages durch sie [die Priester] beraubt würde; sie waren es, die das Volk überdies mitunter zur Rebellion antrieben, um ihre Macht zu erproben, um sich bei den Oberhäuptern gefürchtet zu machen, um sie an ihre Schiedsrichterrolle zu gewöhnen und aus der Ferne die Revolutionen vorzubereiten, durch welche sie eines Tages [. . .] sollten[37].

[38][. . . gewöhnte sich der Mensch daran . . .] zu glauben, ohne zu begreifen und zu urteilen, ohne zu erkennen, und in den Chimären seiner Einbildungskraft suchte er Abhilfemittel für Übel, für die es keine gab, und Hilfsquellen gegen die Schwäche seiner Natur; daraus gingen die Magie, die Wahrsagerei[40], die Gaukeleien[41], die Astrologie und die anderen[42] übernatürlichen Phantastereien hervor, die die Schande der Vernunft, die

---

um sie gefestigter vorzufinden) 2. à étendre ses droits pour ⟨en⟩ trouver ⟨de plus grands⟩ (ihre Rechte zu erweitern, um umfassendere Rechte vorzufinden) 3. à étendre ses droits pour les trouver mieux établis. Diese Fassungen nicht bei *Leigh*.

[34] *Leigh*: que

[35] Oder: se. *Leigh* liest: sc

[36] *Leigh*: revolution. *OCP* geben den Plural als eigene Korrektur der Herausgeber an, Rousseaus Text ist jedoch völlig korrekt und eindeutig.

[37] Rousseau bricht mitten im Satz ab (die Zeile ist noch nicht zu Ende). Zugleich Schluß von fol. 40 recto.

[38] Die folgende Passage steht auf der Rückseite von fol. 40. Sie ist mit einem Verweisungszeichen versehen und demzufolge als Einfügung auf der gegenüberliegenden Seite 41 bestimmt gewesen, die verschollen ist. In der Reinschrift hat Rousseau einige Zeilen dieses Fragments wiederverwendet. Cf. S. 396, FN 3.

[39] *Leigh*: dex

[40] ⟨die Zauberinnen⟩

[41] ⟨die Wahrsagekunst⟩

[42] ⟨tausend⟩ andere

triomphe des fourbes⟩ l'admiration des imbecilles et le triomphe des fourbes.

[43]et à des peines ⟨ou⟩ *et* des recompenses arbitraires *pour*

---

[43] Diese Zeile, die isoliert im unteren Viertel von fol. 40 verso steht, war sicherlich ebenfalls eine Ergänzung zur gegenüberliegenden Seite. Da sie sich — wie das andere Fragment von fol. 40 verso — in der *Zwischenfassung*

Bewunderung der Geistesschwachen und den Triumph der Betrüger ausmachen.

[43]und willkürlichen Strafen und Belohnungen für

---

innerhalb des ursprünglichen Haupttextes von fol. 39 recto wiederfindet (cf. S. 396, FN 3 und 6), liegt die Vermutung nahe, daß bereits fol. 41 eine korrigierte Fassung dieses ersten Entwurfs enthielt.

FRAGMENT D'UNE VERSION INTERMÉDIAIRE DU DISCOURS SUR L'INÉGALITÉ[1]

Manuscrit de Neuchâtel

[2]tomba d'erreurs en erreurs dans les plus honteux égarements. [3]De là sortirent l'astrologie, les prestiges de l'art divinatoire, la Magie, et les autres rêveries prétendues surnaturelles qui font la honte de la raison, le recours des imbécilles *mécontens*, et le triomphe des fourbes; [4]Je ne m'arêterai point à montrer combien cette orgueilleuse curiosité engendra de folies et de crimes, combien elle érigea d'idoles et inspira de fanatiques: Je me contenterai de remarquer qu'elle produisit une nouvelle sorte d'inégalité, qui, sans être établie par la Nature ni même par la convention, mais seulement par des opinions chimeriques, fut à la fois la moins raisonnable et la plus dangereuse de toutes. Il s'éleva une espece d'hommes singuliers qui se portant pour interprétes des choses incompréhensibles et pour Ministres de la ⟨vérité⟩ *divinité* sans son ordre, et sans son aveu prétendirent assujetir le Genre Humain à leurs decisions. Substituant adroitement des Dieux de leur façon au veritable qui ne convenoit pas à leurs veües, et leurs maximes absurdes et interessées à celles de la droitte raison, ils détournerent insensiblement les Peuples des devoirs de l'humanité et des régles de la morale dont ils ne disposoient pas à leur gré, pour les assujetir à des pratiques indifférentes ou criminelles, [6]et à des peines et des récompenses arbitraires[6] dont

---

[1] MANUSKRIPT: Bibliothèque de la ville de Neuchâtel. Ms. R. N. a. 9 fol. 1. 2 Seiten. Von der Hand eines Schreibers mit autographen Korrekturen und Ergänzungen Rousseaus. EDITIONEN: Die erste und bisher einzige Transkription legte Michel Launay vor in *Revue internationale de philosophie*, 82/1967, p. 423—428, wiederabgedruckt in *Launay* (1971) II, p. 264—267. Launay modernisiert die Orthographie. In *OCP* ist der Text nicht enthalten. ZEICHENERKLÄRUNG: Alle in spitzen Klammern ⟨...⟩ gesetzten Wörter sind im Manuskript gestrichen, alles im frz. Text kursiv Gedruckte ist zwischen den Zeilen eingefügt.

[2] Seite 59 der *Version intermédiaire* setzt mit Zeile 13 des ersten Entwurfs (Manuskript Genf) ein. Cf. S. 386, FN 6.

[3] Der folgende Satz steht im Ms. Genf an ganz anderer Stelle, cf. S. 392 ff, FN 38.

FRAGMENT AUS EINER ZWISCHENFASSUNG
DES DISKURSES ÜBER DIE UNGLEICHHEIT[1]
Manuskript Neuchâtel

[2]verfiel [er], nach Irrtümern über Irrtümern, in die schändlichsten Verirrungen. [3]Daraus gingen die Astrologie, die Gaukeleien der Wahrsagekunst, die Magie und die anderen vorgeblich übernatürlichen Phantastereien hervor, die die Schande der Vernunft, die Zuflucht der unzufriedenen Geistesschwachen und den Triumph der Betrüger ausmachen. [4]Ich werde mich nicht dabei aufhalten zu zeigen, wie viele Torheiten und Verbrechen diese hochmütige Neugierde verursachte, wie viele Götzenbilder sie aufrichtete und wie viele Fanatiker sie inspirierte: Ich werde mich damit begnügen zu bemerken, daß sie eine neue Art von Ungleichheit hervorbrachte, die — ohne durch die Natur begründet zu sein, ja nicht einmal durch die Konvention, sondern einzig und allein durch chimärische Meinungen — zugleich die am wenigsten vernünftige und die am meisten gefährliche von allen war. Es trat eine Spezies sonderbarer Menschen auf, die sich als Interpreten der unbegreiflichen Dinge und — ohne deren Geheiß und ohne deren Einwilligung — als Diener der Gottheit[5] ausgaben und das Menschengeschlecht ihren Entscheidungen zu unterwerfen beanspruchten. Da sie geschickt Götter nach ihrem Zuschnitt an die Stelle des wahrhaften Gottes setzten, der nicht zu ihren Absichten paßte, und ihre absurden und eigennützigen Maximen an die Stelle derjenigen der rechten Vernunft, wandten sie die Völker unmerklich von den Pflichten der Menschlichkeit und den Regeln der Moral ab, über die sie nicht nach ihrem Belieben verfügen konnten, um sie gleichgültigen oder verbrecherischen Praktiken zu unterwerfen [6]und willkürlichen Strafen und Belohnungen[6], bei denen

---

[4] Von hier an folgt die *Version intermédiaire* wieder der Anordnung des *Brouillon.*

[5] ⟨Wahrheit⟩

[6] Dieser Satzteil ist im Ms. Genf als Ergänzung zu fol. 41 auf fol. 40 verso notiert. Cf. S. 394, FN 43.

ils étoient seuls les dispensateurs et les juges. Ennemis mortels des Loix et de leurs ministres, toujours prêts à autoriser les usurpations injustes du magistrat suprême pour usurper plus aisément eux-mêmes *son* authorité légitime, ils faisoient en sorte en parlant toujours de droits spirituels, que les biens, la vie, et la liberté du Citoyen n'étoient en seüreté qu' autant qu'il se mett*oit* [mett⟨roit⟩] à leur discrétion; leur pouvoir étoit d'autant plus redoutable que s'instituant sans honte seuls juges en leur propre cause, et ne souffrant aucune mesure commune des differences qu'ils mettoient entre eux et les autres hommes, ils bouleversoient et anéantissoient tous les droits humains sans qu'on put jamais leur prouver qu'ils excédoient les leurs. Enfin, à ne juger des choses que par leur cours naturel, si le Ciel n'eut parlé lui-même, si la voix de Dieu n'eut instruit les hommes de la Réligion qu'ils avoient à suivre, si sa parole n'eut fixé par la Révélation les bornes sacrées des deux pouvoirs, on ne sçait jusqu'où des Prêtres idolâtres //60// et ambitieux dominant sur les Peuples par la superstition, et sur les Chefs par la terreur n'eussent point porté leurs attentats et les miseres du Genre humain: [7]Mais c'est assés m'arêter sur cette cause particuliere, tandis qu'il m'en reste tant d'autres à développer.

[8]Rappellons[9]-nous à quel point l'esprit de la société attire et change nos inclinations naturelles[8]. [10]L'homme sauvage et l'homme policé différent tellement à cet égard que l'état qui fait le bonheur suprême de l'un réduiroit l'autre au désespoir. Tandis que le sauvage ne respire que le repos et la liberté, qu'il ne veut que vivre et rester oisif et que l'ataraxie même du Stoïcien n'approche pas de sa profonde indifférence pour tout autre objet, ⟨le⟩ le Citoyen toujours actif, ⟨travaille,⟩ süe, s'agite, se tourmente sans cesse pour chercher des occupations encore plus

---

[7] Der folgende Satz und Rappellons-nous (Erinnern wir uns) stehen im Ms. Genf auf fol. 39 verso. Cf. S. 390, FN 28.

[8] Durch einen schrägen Balken gestrichen. Bei *Launay* nicht vermerkt.

[9] Rappellons ist vom Schreiber in dicken, erheblich größeren Lettern geschrieben. Cf. S. 405, FN 12 zum Ms. Paris.

[10] Der folgende Text ist im Ms. in eckige Klammern gesetzt. Nur das Eingeklammerte hat, mit einigen Änderungen, Aufnahme in die endgültige Fassung des *Discours* gefunden. Cf. S. 266 ff.

sie allein die Austeiler und die Richter waren. Todfeinde der
Gesetze und ihrer Diener, stets bereit, die unrechten Usurpationen des höchsten Magistrats zu autorisieren, um dessen legitime
Autorität selbst leichter usurpieren zu können, brachten sie es,
indem sie stets von spirituellen Rechten sprachen, so weit, daß
die Güter, das Leben und die Freiheit des Bürgers nur so lange
in Sicherheit waren, als er sich ihrer Willkür überantwortete;
ihre Macht war um so fürchterlicher, als sie — da sie sich selbst
schamlos als alleinige Richter in ihrer eigenen Sache einsetzten
und keinerlei gemeinsames Maß für die Unterschiede zuließen,
die sie zwischen sich und den anderen Menschen machten —
alle menschlichen Rechte umstürzten und vernichteten, ohne daß
man ihnen jemals hätte beweisen können, daß sie die ihren überschritten. Schließlich und endlich, um die Dinge nur nach ihrem
natürlichen Gang zu beurteilen: hätte nicht der Himmel selbst
gesprochen, hätte die Stimme Gottes die Menschen nicht in der
Religion unterwiesen, der sie zu folgen hatten, hätte sein Wort
nicht durch die Offenbarung die heiligen Schranken der beiden
Gewalten festgelegt — man weiß nicht, bis wohin götzendienerische und ehrgeizige Priester, über die Völker durch den
Aberglauben und über die Oberhäupter durch den Schrecken
herrschend, ihre Anschläge und das Elend des Menschengeschlechtes noch getrieben hätten. [7]Aber damit habe ich mich bei
dieser besonderen Ursache [der Ungleichheit] genug aufgehal-
ten — wo mir noch so viele andere zu erörtern bleiben.

[8]Erinnern wir uns, in welchem Maße der Geist der Gesellschaft unsere natürlichen Neigungen ködert und verändert[8].
[10]Der wilde Mensch und der zivilisierte Mensch sind in dieser
Hinsicht derart verschieden, daß der Zustand, der das höchste
Glück des einen ausmacht, den anderen zur Verzweiflung treiben würde. Während der Wilde nur Ruhe und Freiheit atmet, er
nur leben und müßig bleiben will und selbst die Ataraxie des
Stoikers nicht an seine tiefe Gleichgültigkeit jedem anderen
Objekt gegenüber heranreicht, schwitzt[11], hetzt und quält sich
der immer aktive Bürger unablässig, um sich noch mühsamere

---

[11] ⟨arbeitet,⟩ schwitzt

laborieuses: [12]*il travaille jusqu'à la mort, il y court même quelquefois pour se mettre en état de vivre, ou renonce ⟨gayment⟩ à la vie pour acquerir l'immortalité*[12] il fait sa cour aux Grands et aux Riches, il n'épargne rien pour obtenir la gloire de les servir; il se vante orgueilleusement de leur protection, et fier de son Esclavage, il parle avec dédain de ceux qui n'ont pas l'honneur de le partager. Quel spectacle pour un Caraïbe que les travaux pénibles et enviés d'un Minstre ⟨d'Etat!⟩ *Européen*![13] Combien de morts cruelles ne prefereroit pas cet indolent sauvage à l'horreur d'une pareille vie qui *souvent*[12] n'est pas même adoucie par le plaisir de bien faire. Mais pour voir le but de tant de soins il faudroit que ces mots, puissance[15] et réputation[15] eussent un sens dans ⟨son⟩ l'ésprit *du sauvage*[12]; qu'il apprît qu'il y a des hommes au monde qui comptent pour quelque chose les regards du reste de l'univers, et qui sçavent être heureux et contents d'eux-mêmes sur le temoignage d'autres plustot que sur le leur propre. Tel est en effet le vrai principe de toutes ces differences: Le sauvage vit en lui-même; l'homme sociable, toujours hors de lui, ne sçait vivre que dans l'opinion des autres, et c'est pour ainsi dire de leur *seul*[16] jugement qu'il tire le sentiment de sa propre existence. Il n'est pas de mon sujet de montrer comment d'une telle disposition naît tant d'indifference pour le bien et le mal avec de si beaux discours de morale; comment tout se reduisant aux apparences, tout devient factice et joüé, honneur⟨s⟩, amitié, vertu; souvent jusqu'aux vices même; comment, en un mot, demandant toujours aux autres, ce que nous sommes, et n'ozant jamais nous interroger là-dessus nous-mêmes, au milieu de tant de Philosophie, de politesse, et de maximes sublimes, nous n'avons qu'un extérieur trompeur et frivole, sans ame, sans principes, sans entrailles, et sans humanité. [17]Il me suffit d'avoir fait voir évidemment que ce n'est point là l'état originel de l'homme, et que

---

[12] Von Rousseau eigenhändig eingefügt.
[13] Korrektur von der Hand Rousseaus.
[14] eines ⟨Staats-⟩Ministers
[15] Im Ms. (vom Schreiber) unterstrichen.
[16] Nicht von Rousseau ergänzt wie *Launay* angibt, sondern vom Schreiber.

Beschäftigungen zu suchen: er arbeitet bis zum Tode, er läuft
ihm sogar manchmal entgegen, um zu leben sich in den Stand
zu setzen, oder er entsagt dem Leben ⟨freudig⟩, um die Unsterblichkeit zu erlangen, er macht den Großen und den Reichen
den Hof, er läßt es an nichts fehlen, um den Ruhm zu erlangen,
ihnen zu dienen; er rühmt sich hochmütig ihrer Protektion, und
stolz auf seine Sklaverei, spricht er mit Geringschätzung von
jenen, die nicht die Ehre haben, sie mit ihm zu teilen. Welch
ein Schauspiel muß die mühevolle und begehrte Arbeit eines[14]
europäischen Ministers für einen Kariben sein! Wie viele grausame Tode zöge jener indolente Wilde nicht der Entsetzlichkeit
eines solchen Lebens vor, das oft nicht einmal durch das Vergnügen, Gutes zu tun, versüßt wird. Um aber den Zweck so
vieler Mühen einsehen zu können, müßten die Wörter *Macht*
und *Reputation* im Geiste des Wilden einen Sinn haben; er müßte
lernen, daß es auf der Welt Menschen gibt, denen die Beachtung,
die ihnen der Rest der Welt entgegenbringt, etwas bedeutet und
die eher auf das Zeugnis anderer als auf ihr eigenes hin glücklich und mit sich selbst zufrieden zu sein verstehen. Dies ist in
der Tat der wahre Ursprung all dieser Unterschiede: Der Wilde
lebt in sich selbst; der soziable Mensch weiß, immer außer
sich, nur in der Meinung der anderen zu leben, und sozusagen
aus ihrem Urteil allein bezieht er das Gefühl seiner eigenen
Existenz. Es gehört nicht zu meinem Thema zu zeigen, wie aus
einer solchen Disposition so viel Gleichgültigkeit gegenüber Gut
und Böse entsteht — bei so schönen Reden über Moral; wie, da
sich alles auf den Schein reduziert, alles künstlich und gespielt
wird: Ehre, Freundschaft, Tugend; häufig sogar die Laster;
mit einem Wort: wie wir, da wir immer die anderen fragen,
was wir sind, und es niemals wagen, mit uns selbst hierüber zu
Rate zu gehen, inmitten von so viel Philosophie, Höflichkeit
und erhabenen Maximen nichts als ein trügerisches und wertloses Äußeres haben, ohne Seele, ohne Prinzipien, ohne Gemüt
und ohne Menschlichkeit. Es genügt mir, evident gezeigt zu
haben, daß dies nicht der ursprüngliche Zustand des Menschen

---

[17] Der folgende Satz ist von Rousseau eigenhändig hinzugefügt.

c'est le seul esprit de la société et l'inégalité qu'elle engendre necessairement qui changent et altérent[18] ainsi[19] nos inclinations naturelles[20].

---

[18] Rousseau hatte zunächst den Singular: change et altére und danach nt ergänzt.

[19] Fehlt bei *Launay*.

ist, und daß es allein der Geist der Gesellschaft ist und die Ungleichheit, welche sie zwangsläufig gebiert, die unsere natürlichen Neigungen so verändern und entstellen[20].

---

[20] Ende des eingeklammerten und in die veröffentlichte Fassung eingebrachten Textes. Zugleich Schluß von Seite 60, des zweiten erhalten gebliebenen Manuskriptblattes der *Zwischenfassung* des *Discours*.

FRAGMENT D'UNE VERSION INTERMÉDIAIRE DU DISCOURS SUR L'INÉGALITÉ[1]

Manuscrit de Paris

[2]d'abord[3] que les Officiers, à appeller leurs Concitoyens [4]leurs ⟨sujets⟩[4] *esclaves*[5], ⟨et⟩ à les compter comme du Bétail au nombre des choses qui leur appartenoient, [5]*et à s'appeller eux mêmes égaux aux Dieux et Rois des Rois*[5]. ⟨Alors les[7] *vieilles Phrases*[5] de Bien public, d'intérest du Peuple, et les anciennes maximes d'Etat furent conservées[8] pour servir d'Exordes aux Edits Publics, mais celles qui placeoient l'Etat dans la personne du ⟨Prince⟩[9] *Maitre*[5] et qui sacrifioient *tout*[5] le Peuple à ses moindres interests furent les seules admises dans les Conseils.⟩[11]

Si[12] nous suivons le progrés de l'inégalité dans ces differentes revolutions, nous trouverons que l'⟨origine⟩ *établissement*[5] de la Loy et du droit de proprieté fut son prémier terme, l'institution de la Magistrature le second, que le troisieme ⟨fut le⟩[14] *et*[5] dernier fut le changement du pouvoir légitime en pouvoir arbitraire,

---

[1] MANUSKRIPT: Bibilothèque Nationale, Paris, fr. 12760, fol. 615, recto und verso. 2 Seiten. Von der Hand eines Schreibers mit autographen Korrekturen und Ergänzungen Rousseaus. (Wie Ms. Neuchâtel.) EDITIONEN: Die erste und bisher einzige kritische Ausgabe besorgte Ralph A. Leigh in *Les manuscrits disparus de J. J. Rousseau, AJJR*, Bd. 34, 1959, p. 72—76. *OCP* geben die Hauptpassagen innerhalb des Apparates zum *Discours*, III, p. 1356—1358 an, wobei sie fast durchweg der Edition Leighs folgen, ohne jedoch auf die Streichungen Rousseaus und die Varianten hinzuweisen. Die Abweichungen meiner Transkription gegenüber derjenigen Leighs werden in den Fußnoten mitgeteilt, soweit sie nicht lediglich die Orthographie betreffen. ZEICHENERKLÄRUNG: Alle in spitzen Klammern ⟨. . .⟩ gesetzten Wörter sind von Rousseau gestrichen, alles kursiv Gedruckte ist zwischen den Zeilen eingefügt.

[2] Cf. die endgültige Fassung im *Discours*, S. 000.

[3] Von Rousseau auf dem linken Rand des Blattes eingefügt.

[4] Im Ms. (vom Schreiber) unterstrichen. Nicht bei *Leigh*.

[5] Von Rousseau eigenhändig korrigiert.

[6] ⟨Untertanen⟩

[7] Es folgt ein gestrichenes Wort, das nicht mehr zu entziffern ist.

[8] *es* von Rousseau angefügt.

[9] Prince ist sehr wahrscheinlich, aber nicht sicher auszumachen. *Leigh* gibt das Wort als unlesbar an.

FRAGMENT AUS EINER ZWISCHENFASSUNG DES DISKURSES ÜBER DIE UNGLEICHHEIT[1]

Manuskript Paris

[2][... und auf diese Weise gewöhnten sich die Oberhäupter, erblich geworden, daran, ihre Magistratur als einen Familienbesitz zu betrachten, sich selbst als die Eigentümer des Staates anzusehen, dessen] Beamte sie anfangs nur waren, ihre Mitbürger ihre Sklaven[6] zu nennen, sie wie Vieh unter die Zahl der Dinge zu rechnen, die ihnen gehörten, und sich selbst Göttergleiche und Könige der Könige zu nennen. ⟨Danach wurden die alten Phrasen vom Gemeinwohl, vom Interesse des Volkes und die althergebrachten Staatsmaximen beibehalten, um in den öffentlichen Edikten als Eingangsformeln ihren Dienst zu tun, aber jene Maximen, die den Staat in die Person des Herrn[10] hineinverlegten und dessen untergeordneten Interessen das ganze Volk opferten, waren die einzigen, die man in den Ratskollegien gelten ließ.⟩[11]

Wenn wir den Fortschritt der Ungleichheit in diesen verschiedenen Revolutionen verfolgen, werden wir finden, daß die Etablierung[13] des Gesetzes und des Eigentumsrechts sein erstes Stadium, die Einrichtung der Magistratur das zweite und die

---

[10] ⟨Fürsten⟩ Zur Bedeutung von maître/Herr bei Rousseau s. *Discours*, FN 17.

[11] Die politische Brisanz dieses bereits im Ms. der *Version intermédiaire* wieder gestrichenen Satzes liegt angesichts des allgemein geläufigen Ausspruchs von Ludwig XIV. „L'Etat c'est moi" auf der Hand. Vergleiche zu dieser unterdrückten Stelle *Discours*, S. 236, wo Rousseau auf *Edikte* verweist und eine einschlägig bekannte Rechtfertigungsschrift, die „im Namen und im Auftrag von Ludwig XIV. veröffentlicht wurde", zitiert, um zu belegen, daß das „hassenswerte System" des Despotismus „selbst heute weit davon entfernt ist, das der weisen und guten Monarchen und vor allem das der Könige von Frankreich zu sein". Vergleiche außerdem Rousseaus Äußerungen zum Thema *maximes d'Etat* und *mystères du cabinet* in der *Economie politique*, p. 253.

[12] *Si* ist ebenso wie das jeweils erste Wort der beiden folgenden Absätze (*Pour* und *Le*) in dickeren und erheblich größeren Lettern geschrieben.

[13] ⟨der Ursprung⟩

[14] Nicht bei *Leigh*.

ensorte que l'état de riche et de pauvre fut autorisé par la premiere époque, celui de puissant et de foible par la seconde; et
par la troisieme celui de Maitre et d'Esclave qui est le dernier
dégré de l'inégalité, et le terme auquel aboutissent enfin tous
les autres, jusqu'à ce que de nouvelles révolutions dissolvent
tout à fait le Gouvernement, ou le raprochent de l'institution
légitime.

Pour comprendre la nécessité de ce progrés, il faut moins considérer les motifs de l'établissement du Corps politique que la
forme qu'il prend dans son exécution, et les abus inevitables
qu'il entraine aprés lui. [15]Qu'y a-t-il de meilleur[16] que les Loix
pour assujetir tous les particuliers aux mêmes devoirs mutuels, et
deffendre les foibles contre la violence des ambitieux? Mais qui
ne voit avec quelle facilité ceux-cy tirant avantage des précautions mêmes que l'on prend contre eux profitent de toute la
faveur des Loix dont ils bravent l'autorité, et s'en servent en
écrasant le ⟨Peuple⟩ *foible*[5] pour[18] lui oster le droit de se deffendre? Qu'y-a-t-il de plus utile que des[19] Magistrats équitables
et attentifs qui veillent à la sureté des ⟨particuliers⟩ *citoyens*[5], et
les garantissent de l'oppression? Mais comment empêcher ⟨que⟩[7]
[5]*que ces magistrats ne*[5] deviennent oppresseurs eux mêmes, et
n'abusent du pouvoir qu'on leur confie, plus que n'en abuseroient
peut-être ceux qu'ils empêchent de l'usurper? [21]— Quis custodiet
ipsos custodes. Juven. Sat. 6[21]. Qu'y a-t-il enfin de plus nécessaire à l'Etat qu'un Chef intrépide et prudent, toujours prompt à
pénetrer les projets des voisins suspects, et à faire tête à l'ennemi

---

[15] Die folgende Textpassage (bis FN 23) hat Rousseau in der Schlußredaktion des *Discours* gestrichen. Ihrer Substanz nach ist sie jedoch in der
Skizze enthalten, die der *Discours*, im Konditional formuliert, auf den Seiten
254—262 von der weiteren Entwicklung zum Despotismus entwirft.

[16] *Leigh* und *OCP*: mieux. Das Ms. ist eindeutig.

[17] ⟨dem Volk,⟩ das

[18] *Leigh*: par. *OCP* schreiben entgegen dem Wortlaut des Manuskriptes
und auch im Gegensatz zu Leighs korrekter Transkription: *le Peuple foible*.
Rousseau hat Peuple mehrfach sorgfältig durchgestrichen und darüber zwischen den Zeilen *foible* eingefügt.

[19] *Leigh* und *OCP*: les. Das Ms. erlaubt auch hier keinen Zweifel.

[20] ⟨Einzelnen⟩

Verwandlung der legitimen Gewalt in willkürliche Gewalt das dritte und letzte war, so daß der Status von Reichen und Armen durch die erste Epoche autorisiert wurde, der von Mächtigen und Schwachen durch die zweite und durch die dritte der von Herren und Sklaven, welcher der letzte Grad der Ungleichheit ist und das Stadium, zu dem alle anderen schließlich hinführen, bis neue Revolutionen die Regierung völlig auflösen oder sie der legitimen Einrichtung näher bringen.

Um die Notwendigkeit dieses Fortschritts zu begreifen, muß man weniger die Beweggründe für die Errichtung des Politischen Körpers betrachten als die Form, die er bei seiner Ausführung annimmt und die unvermeidlichen Mißbräuche, die er nach sich zieht. [15]Was gibt es Besseres als die Gesetze, um alle Einzelnen denselben wechselseitigen Pflichten zu unterwerfen und die Schwachen vor der Gewalt der Ehrgeizigen zu schützen? Aber wer würde nicht sehen, mit welcher Leichtigkeit die letzteren, die aus ebendenselben Vorsichtsmaßnahmen, die man gegen sie ergreift, Vorteil ziehen, sich die ganze Gunst der Gesetze zunutze machen, deren Autorität sie hohnsprechen, und sich ihrer bedienen, um dem Schwachen[17], den sie zu Boden drücken, das Recht zu nehmen, sich zu verteidigen? Was gibt es Nützlicheres als gerechte und aufmerksame Magistrate, die über die Sicherheit der Bürger[20] wachen und sie vor der Unterdrückung schützen? Aber wie soll man verhindern, daß diese Magistrate selbst zu Unterdrückern werden und die Gewalt mißbrauchen, die man ihnen anvertraut — mehr als jene sie vielleicht mißbrauchen würden, die von den Magistraten daran gehindert werden, sie zu usurpieren? [21]— Quis custodiet ipsos custodes. Juven. Sat. 6[21]. Was, schließlich, gibt es Notwendigeres für den Staat als ein unerschrockenes und kluges Oberhaupt, das stets imstande ist, die Pläne der suspekten Nachbarn zu durch-

---

[21] Rousseau hat die Parenthese am unteren Rand von Seite 55 eigenhändig notiert und durch ein Verweisungszeichen im Text hinter l'usurper den genauen Ort der Einfügung gekennzeichnet. — Das Juvenalzitat „Wer soll über die Wächter selbst wachen?" findet sich in der VI. Satire, 347/348. Vergleiche den Gebrauch, den Pufendorf in *Les devoirs de l'homme*, I, 4, § 9, von der gleichen Stelle macht.

déclaré? Mais si ce Chef préferant son intérêt au nôtre est tenté
de nous //56.// opprimer lui même en parlant toujours de nous
deffendre, qui protegera l'Etat contre son Protecteur quand il en
deviendra le Tyran, et qu'aurons nous gagné qu'un ennemi de
plus, au quel il ne nous sera même pas permis de résister?
N'est-ce pas, dit le sage Locke[22], comme si, pour garantir une
Basse cour du Renard, on la mettoit sous la protection du Loup?
En vain *la Nation* liera-t-elle ses chefs par d'inutiles capitulations,
ou par ces serments toujours violés qui ne servent qu'à faire des
parjures, et dont le magistrat amuse les Peuples, comme on
amuse des Enfants avec des fausses promesses sans nulle intention
de les tenir: En vain se réservera-t-elle le droit de veiller dans
ses assemblées sur leur conduite; ils l'empêcheront tôt ou tard
de s'assembler, ou trouveront l'art d'acheter le Citoyen qu'ils ne
pourront effrayer, d'intimider celui qu'ils ne pourront corrompre, et de faire périr celui qu'ils ne pourront ni corrompre ni
intimider. Dès qu'il ne sera plus permis de se réunir, il sera aisé
de faire passer la juste indignation d'un Peuple qui réclame sa
liberté pour le murmure séditieux d'une trouppe de mutins.
Tout homme qui aimera son Pays sera traitté de sujet rébelle, et
il deviendra plus dangereux de réclamer les Loix que de les
enfreindre. [23]En un mot, les vices qui rendent nécessaires les
Etablissements Politiques sont les mêmes qui en rendent l'abus
inévitable; et comme, excepté la seule Sparte, où la Loi veilloit
principalement à l'éducation des Enfans, les Loix en general

---

[22] Locke schließt im *Second Treatise on Government* einen Paragraphen, der
ausdrücklich die Kritik der Absoluten Monarchie und ihrer theoretischen
Fürsprecher zum Gegenstand hat, mit den Sätzen: „Zu fragen, wie man vor
Schaden oder Unrecht von Seiten der stärksten Hand [selbst] geschützt
werden kann, ist sogleich die Stimme der Parteisucht und der Rebellion. Als
ob die Menschen, als sie den Naturzustand verließen und in die Gesellschaft
eintraten, übereingekommen wären, daß alle außer einem unter dem Zwang
von Gesetzen stehen sollten, daß er aber weiterhin die ganze Freiheit des
Naturzustandes behalten sollte, vermehrt um die [staatliche] Gewalt und durch
Straflosigkeit zügellos gemacht. Das heißt die Menschen für so töricht zu halten, daß sie sich Mühe geben zu verhüten, was ihnen von *Mardern* oder *Füch-
sen* an Unheil angetan werden kann, aber zufrieden sind, ja es für Sicherheit
halten, von *Löwen* verschlungen zu werden" (VII, § 93).

schauen und dem erklärten Feind die Stirn zu bieten? Wie aber, wenn dieses Oberhaupt seinem eigenen Interesse den Vorzug vor dem unsrigen gibt und so in Versuchung kommt, uns seinerseits zu unterdrücken, während es stets davon spricht, uns zu verteidigen; wer wird den Staat vor seinem Beschützer beschützen, wenn dieser zum Tyrannen über ihn wird, und was werden wir dann gewonnen haben, außer einem zusätzlichen Feind, gegen den es uns nicht einmal gestattet sein wird, Widerstand zu leisten? Ist das nicht so, sagt der weise Locke[22], als ob man einen Hühnerhof, um ihn vor dem Fuchs zu schützen, der Obhut des Wolfes unterstellte? Vergeblich wird die Nation ihre Oberhäupter durch nutzlose Zugeständnisse zu binden suchen, oder durch jene stets gebrochenen Eide, die nur dazu dienen, Eidesbrecher zu schaffen, und mit denen der Magistrat die Völker abspeist, wie man Kinder mit falschen Versprechungen abspeist, ohne jede Absicht, sie zu halten. Vergeblich wird sie sich das Recht vorbehalten, in ihren Versammlungen über die Amtsführung der Oberhäupter zu wachen; früher oder später werden sie die Nation daran hindern, sich zu versammeln, oder sie werden die Kunst herausfinden, den Bürger zu kaufen, den sie nicht in Schrecken versetzen können, denjenigen einzuschüchtern, den sie nicht korrumpieren können, und denjenigen umzubringen, den sie weder korrumpieren noch einschüchtern können. Sobald es nicht mehr gestattet sein wird, sich [zu versammeln und] zu vereinigen, wird es ein leichtes sein, die gerechte Entrüstung eines Volkes, das sich auf seine Freiheit beruft, als das aufrührerische Murren einer Bande von Aufwieglern hinzustellen. Jeder, der sein Land liebt, wird als rebellischer Untertan behandelt werden, und es wird gefährlicher werden, sich auf die Gesetze zu berufen, als sie zu übertreten. [23]Mit einem Wort: die Laster, welche die politischen Einrichtungen notwendig machen, sind ebendieselben, welche ihren Mißbrauch unvermeidlich machen; und da — Sparta allein ausgenommen, wo das Gesetz hauptsächlich über die Erziehung der Kinder wachte — die Gesetze, die im allgemeinen weniger stark sind als die Sitten, die

---

[23] Vergleiche von hier an wieder die endgültige Fassung im *Discours*, S. 250.

moins fortes que les moeurs contiennent les hommes, sans les
changer il seroit aisé de prouver qu'un[24] Gouvernement qui
sans se corrompre ni s'altérer[25], marcheroit toujours exactement
selon la fin de son institution, auroit esté institué sans nécessité,
et qu'un Pays où personne n'éluderoit les Loix et n'abuseroit de
la Magistrature, n'auroit besoin ni de Magistrat ni de Loix.

[26]Le soin de la sureté publique, et la force nécessaire pour
repousser un aggresseur injuste et ambitieux étoit encore une
autre sorte d'abus non moins dangereux et non moins inévitables[27]. Tant que les Magistrats firent cause commune avec le Peuple,
tant que le Chef et la Nation n'eurent que le même interêt,
l'Etat n'eut pas besoin d'autres deffenseurs que les habitans du
Pays; chacun combattant pour ses foyers, et pour ses autels, il y
avoit autant de soldats que de Citoyens, la guerre étoit un devoir
pour tous, sans être un métier pour personne; Les trouppes se[28]

---

[24] Diese Abweichung vom später veröffentlichten Wortlaut (tout Gouvernement) ist weder bei *Leigh* noch in *OCP* verzeichnet.

[25] Zur Übersetzung von altérer s. *Discours*, FN 46.

[26] Den folgenden Text hat Rousseau nicht in den *Discours* übernommen.

[27] Und nicht: *inévitable*, wie *OCP* schreiben.

Menschen im Zaum halten, ohne sie zu ändern, wäre es leicht zu beweisen, daß eine Regierung, die, ohne korrupt zu werden oder sich [zum Schlechteren] zu verändern[25], immer exakt dem Zweck ihrer Einrichtung gemäß arbeitete, ohne Not eingerichtet worden wäre, und daß ein Land, in dem niemand die Gesetze umginge und die Magistratur mißbrauchte, weder Magistrat noch Gesetze nötig hätte.

[26]Die Sorge für die öffentliche Sicherheit und die erforderliche Macht, um einen ungerechten und ehrgeizigen Aggressor zurückzuschlagen, war noch eine weitere Art nicht weniger gefährlicher und nicht weniger unausweichlicher Mißbräuche. Solange die Magistrate mit dem Volk gemeinsame Sache machten, solange das Oberhaupt und die Nation nur ein und dasselbe Interesse hatten, brauchte der Staat keine anderen Verteidiger als die Bewohner des Landes; da ein jeder für seinen Herd und seinen Altar kämpfte, gab es ebenso viele Soldaten wie Bürger, der Krieg war eine Pflicht für alle, ohne für irgend jemanden ein Beruf zu sein. Die Truppen[28]

---

[28] Ende von Seite 56 der *Version intermédiaire.*

FRAGMENTS PRÉPARATOIRES AU DISCOURS SUR L'INÉGALITÉ

1

La[1] voix de la Nature et celle de la raison ne se trouveroient jamais en contradiction ⟨entre elles⟩ si l'homme ne s'étoit lui même imposé des devoirs qu'il est ensuite forcé de préferer toujours à l'impulsion naturelle.

2

De[2] cette expérience (qu'il meurt plus d'h[ommes] dans les grandes villes et qu'il en naît plus dans les Campagnes) il faut conclure de deux choses l'une: ou que les ⟨Campagnes⟩ habitans de la campagne multiplient continuellement plus[3] que malgré ⟨ceux qu'elle⟩ tous ceux que la ville absorbe ⟨continuellement⟩ *sans cesse* les terres restent toujours également peuplées, ou ⟨*du moins*⟩ que le sejour de la campagne ⟨est plus favorable que celui de la ville à la vie humaine⟩ où il y a plus de naissance[s], est plus favorable à la population que celui de la ville où il y a plus de morts.

Si ⟨les⟩ *le nombre* des naissances ⟨sont⟩ est égal⟨es⟩ à celui des morts dans les Campagnes, et que celui des morts passe ⟨toujours⟩ communément celui des naissances dans les villes, la dépopulation *successive* est manifeste[7].

3

Car[8] les riches et *tous* ceux qui sont contens de leur état ont grand interest que les choses restent comme elles sont au lieu que les misérables ne peuvent que gagner aux ʀevolutions.

---

[1] Manuskript: Bibliothèque publique de la ville de Neuchâtel, Ms. R. 30. fol. 12. Editionen: *Streckeisen-Moultou* (1861) p. 250; *Vaughan* (1915) I, p. 349; *OCP*, *Fragments politiques* II, 2; *Launay* (1971) II, p. 389. Alle ohne Angabe der Variante. Zeichenerklärung: Alle in spitzen Klammern ⟨...⟩ gesetzten Wörter sind von Rousseau gestrichen, alles kursiv Gedruckte ist von ihm zwischen den Zeilen eingefügt worden.

[2] Manuskript: Neuchâtel, Ms. R. 30, fol. 13 recto. Editionen: *Vaughan* I, p. 349; *OCP*, *F.P.* IX, 3; *Launay* II, p. 263. Alle ohne Angabe der Varianten. Rousseau hat auf der Rückseite des Fragments die ersten Zeilen von Anmerkung XIV des *Discours* notiert.

VORBEREITENDE FRAGMENTE ZUM DISKURS
ÜBER DIE UNGLEICHHEIT

1

Die[1] Stimme der Natur und jene der Vernunft würden sich niemals ⟨untereinander⟩ im Widerspruch befinden, wenn der Mensch sich nicht selbst Pflichten auferlegt hätte, die er dann gezwungen ist, stets dem natürlichen Antrieb vorzuziehen.

2

Aus[2] dieser Erfahrung (daß in den großen Städten mehr Menschen sterben und auf dem Lande mehr geboren werden) muß man eines von beiden schließen: entweder vermehren sich die Landbewohner kontinuierlich stärker, so daß das Land ungeachtet all derer, welche die Stadt ohne Unterlaß verschlingt, stets gleich stark bevölkert bleibt, oder der Aufenthalt auf dem Lande, wo es mehr Geburten gibt, ist[4] der Bevölkerung[5] zuträglicher als derjenige in der Stadt, wo es mehr Todesfälle gibt.

Wenn auf dem Lande die Zahl der Geburten derjenigen der Todesfälle gleich ist und in der Stadt die Zahl der Todesfälle diejenige der Geburten gemeinhin[6] übersteigt, so liegt die allmähliche Entvölkerung auf der Hand[7].

3

Denn[8] die Reichen und all jene, die mit ihrer Lage zufrieden sind, haben großes Interesse daran, daß die Dinge bleiben wie sie sind, während die Armen und Elenden bei den Revolutionen nur gewinnen können.

---

[3] Vaughan ersetzt *plus* durch *tant*, um einen grammatikalisch einwandfreien Satz zu erhalten.

[4] ⟨zumindest⟩

[5] ⟨ist dem menschlichen Leben zuträglicher als derjenige in der Stadt.⟩

[6] ⟨stets⟩

[7] Cf. *Discours*, Anmerkung IX, S. 316. Ausführlich setzt sich Rousseau mit Fragen der Bevölkerungspolitik und mit dem Problem der Landflucht in der *Economie politique*, p. 258 f, 268, 275, und im *Projet de constitution pour la Corse*, p. 904 ff, auseinander.

[8] MANUSKRIPT: Neuchâtel, Ms. R. 30, fol. 14. EDITIONEN: *Streckeisen-Moultou*, p. 250 f; *Vaughan* I, p. 350; *Launay* II, p. 262. Offenbar nicht in *OCP*.

4

Mais[9] les devoirs de l'homme dans l'état de nature sont ⟨tous⟩ *toujours* subordonnés au soin de sa propre conservation qui ⟨en⟩ est le premier et le plus fort de tous.

5

d'où[11] il suit qu'enfreindre la Loy naturelle n'est autre chose que par une maniére d'agir extraordinaire et contraire à l'ordre de la nature faire une exception particulière à quelqu'un de ces raports généraux.

6

et[12] qu'importe à la société qu'il en perisse moins par des meurtres si l'Etat les tue avant leur naissance en rendant les enfans onéreux aux péres[13].

7

habitans[14] des Bois[15].

l'animal et l'h[omme] ayant été traittés également par la nature, ⟨tous les⟩ toutes les comodités que l'h[omme] ⟨s'accorde⟩ *se donne* de plus qu'à l'animal qu'il apprivoise ⟨sont⟩ *fournissent* autant de quantités nouvelles à ajouter à celle dont il a dégénéré[16].

8

Mais[17] les démelés étoient si rares, et les secours mutuels si fréquens qu'il dut resulter de ce commerce libre beaucoup plus

---

[9] MANUSKRIPT: Neuchâtel, Ms. R. 30, fol. 15 recto. EDITIONEN: *Streck-eisen-Moultou*, p. 251; *Vaughan* I, p. 350; *OCP*, *F.P.* II, 3; *Launay* II, p. 262. Alle ohne Angabe der Varianten.

[10] ⟨alle⟩

[11] MANUSKRIPT: Neuchâtel, Ms. R. 30, fol. 21 recto. EDITIONEN: *Vaughan* I, p. 350; *OCP*, *F.P.* II, 4; *Launay* II, p. 389 — Das Fragment beginnt in der Mitte des Blattes. Es handelt sich also nicht um den letzten Teil eines ur-sprünglich längeren Satzes, sondern um eine Passage, die sich Rousseau iso-liert notiert hat.

[12] MANUSKRIPT: Neuchâtel, Ms. R. 30, fol. 24 recto. EDITIONEN: *Vaughan* I, p. 350; *OCP*, *F.P.* IX, 4; *Launay* II, p. 262. — Wie Fragment 5 von Rous-seau isoliert niedergeschrieben.

[13] Siehe *Discours*, S. 80.

4

Aber[9] die Pflichten des Menschen im Naturzustand sind stets[10] der Sorge um seine eigene Erhaltung untergeordnet, welche die erste und die stärkste von allen ist.

5

daraus[11] folgt, daß gegen das natürliche Gesetz zu verstoßen nichts anderes ist, als durch eine außerordentliche und der Ordnung der Natur zuwiderlaufende Handlungsweise eine besondere Ausnahme hinsichtlich einer dieser allgemeinen Beziehungen zu machen.

6

und[12] welche Bedeutung hat es für die Gesellschaft, daß weniger Menschen durch Mord und Totschlag umkommen, wenn der Staat sie vor ihrer Geburt tötet, indem er die Kinder den Vätern zu einer Last macht[13].

7

Waldbewohner[14].

Da das Tier und der Mensch von der Natur gleich behandelt worden sind, liefern alle Annehmlichkeiten, die der Mensch sich mehr verschafft als dem Tier, das er zähmt, ebensoviele neue [Ursachen], die zu derjenigen hinzukommen, durch welche er degeneriert ist[16].

8

Aber[17] die Händel waren so selten und die wechselseitigen Hilfeleistungen so häufig, daß aus diesem freien Verkehr weit

---

[14] MANUSKRIPT: Sammlung Marc Eigeldinger, fol. VIII verso. EDITIONEN: Claude Pichois und René Pintard (Eds): *Jean-Jacques entre Socrate et Caton. Textes inédits de Jean-Jacques Rousseau (1750—1753)*, Paris, 1972, p. 69. (Die Wiedergabe des Textes folgt der Transkription von Pichois und Pintard.) Das Fragment, durch das ein nahezu vertikaler Strich hindurchgeht, ist mit Bleistift geschrieben und an zwei Stellen in Tinte korrigiert *(se donne, fournissent)*.

[15] Es folgt ein durch Textverlust unlesbar gewordenes Wort.

[16] Siehe *Discours*, S. 92.

[17] MANUSKRIPT: Neuchâtel, Ms. R. 48, fol. 21 recto (und nicht fol. 12 recto, *OCP*). EDITIONEN: *Vaughan* I, p. 340, *OCP*, *F.P.* II, 6; *Launay* II, p. 262. Alle ohne Angabe der Varianten.

de bienveuillance que de haine, disposition qui jointe au ⟨penchant naturel qui nous fait souffrir⟩ ⟨en⟩ ⟨en visant⟩ ⟨en voyant la douleur d'autrui⟩ *sentiment de commiseration et de pitié* que la nature a gravé dans tous les coeurs dut faire vivre les hommes assés paisiblement en troupeau[19].

9

de[20] certains.

Quoique les associations dont je viens de parler ne fussent guéres que tacites, qu'elles n'eussent qu'un objet déterminé et ne durassent qu'autant que le besoin *qui les avoit formées*, elles ne laisserent pas de lui [don]ner quelque idée grossiére [des engage]ments mutuels et [de l'avantage] de les remplir, [mais seulement] autant que[21]

10

Tant[22] que les hommes gardèrent leur première innocence, ils n'eurent pas besoin d'autre guide que la voix de la nature; tant qu'ils ne devinrent pas méchants, ils furent dispensés d'être bons; car la plupart des maux qu'ils souffrent leur viennent de la nature beaucoup moins que de leurs semblables, de sorte qu'avant qu'un homme fût tenté de nuire à un autre, la bienfaisance eût été presque un devoir superflu[23]; et l'on peut dire que la vertu même, qui fait le bonheur de celui qui ⟨l'écoute⟩ l'exerce, ne tire sa beauté et son utilité que des misères du genre humain[25].

Mais enfin il arriva un temps où le sentiment du bonheur devint relatif et où il falut regarder les autres pour savoir si l'on étoit heureux soi-même. Il en vint un plus tardif encore où le

---

[18] ⟨der natürlichen Neigung, die uns leiden läßt, wenn wir den Schmerz anderer sehen⟩

[19] Cf. *Discours*, S. 178 ff und S. 182 ff.

[20] MANUSKRIPT: Neuchâtel, Ms. R. 48, fol. 21 verso (und nicht fol. 12 verso, *OCP*). EDITIONEN: *Vaughan* I, p. 340; *OCP*, *F.P.* II, 5; *Launay* II, p. 262.

[21] Das Blatt ist an der linken Seite unten schräg abgerissen. Ich habe die fehlenden Teile des Satzes nach der endgültigen Fassung des *Discours*, S. 178 rekonstruiert.

[22] MANUSKRIPT: Sammlung Marc Eigeldinger, fol. X recto. EDITIONEN: *Streckeisen-Moultou*, p. 359 f; *OCP*, *F.P.* II, 7 / cf. *Pichois und Pintard*, p. 68;

mehr Wohlwollen als Haß hervorgehen mußte, eine Disposition, die in Verbindung mit [18]dem Gefühl des Erbarmens und des Mitleids[18], das die Natur in alle Herzen eingegraben hat, die Menschen dazu bringen mußte, hinlänglich friedlich in einer Herde zusammen zu leben[19].

9

Obgleich[20] die Assoziationen, von denen ich eben sprach, wohl nur stillschweigende waren, obgleich sie nur einen bestimmten Zweck hatten und nur so lange dauerten wie das Bedürfnis, das sie hervorgebracht hatte, gaben sie ihm [dem Menschen] doch eine rohe Vorstellung von wechselseitigen Verbindlichkeiten und von dem Vorteil, sie zu erfüllen, aber nur soweit, als ...[21]

10

Solange[22] die Menschen ihre erste Unschuld bewahrten, hatten sie keinen anderen Führer nötig als die Stimme der Natur; solange sie nicht böse wurden, waren sie davon dispensiert, gut zu sein; denn die Mehrzahl der Übel, an denen sie leiden, rühren viel weniger von der Natur als von ihren Mitmenschen her, so daß, ehe ein Mensch versucht war, einem anderen zu schaden, die Wohltätigkeit beinahe eine überflüssige Pflicht gewesen war[23], und man kann sagen, daß die Tugend selbst, die das Glück desjenigen ausmacht, der sie praktiziert[24], ihre Schönheit und ihre Nützlichkeit nur aus dem Elend und der Not des Menschengeschlechtes zieht[25].

Aber schließlich kam eine Zeit, in der das Gefühl des Glücks relativ wurde und man auf die anderen sehen mußte, um zu wissen, ob man selbst glücklich war. Es kam eine noch spätere, in der das Wohlbefinden jedes Individuums so sehr von der Mit-

---

Launay II, p. 262. — Bis zum Wiederauffinden des Originals vor einigen Jahren war *Streckeisen-Moultou* die einzige Quelle. Die ersten Auflagen der *OCP* und *Launay* folgen deshalb noch seiner Wiedergabe.

[23] Cf. *Discours*, S. 134, 136 ff, 150, 190, Anmerkung IX, S. 300.

[24] der ⟨auf sie hört⟩

[25] Cf. *Discours*, S. 166, 194, 256, Anmerkung IX, S. 318 ff und s. FN 241 und 318.

bien-être de chaque individu dépendit tellement du concours de tous les autres et où les intérêts se croisèrent à tel point, qu'il fallut nécessairement établir une barrière commune, respectée de tous, et qui bornât les efforts que chacun feroit pour s'arranger aux dépens des autres[26].

11

Quand[27] on observe la constitution naturelle des choses, l'homme semble évidemment destiné à être la plus heureuse des créatures; quand on raisonne d'après l'état actuel, l'espèce humaine paraît de toutes la plus à plaindre. Il y a donc fort grande apparence que la plupart de ses maux sont son ouvrage, et l'on dirait qu'il a plus fait pour rendre sa condition mauvaise que la nature n'a pu faire pour la rendre bonne[28].

Si l'homme vivait isolé, il aurait peu d'avantages sur les autres animaux. C'est dans la fréquentation mutuelle que se développent les plus sublimes facultés et que se montre l'excellence de sa nature[29].

En ne songeant qu'à pourvoir à ses besoins, il acquiert par le commerce de ses semblables, avec les lumières qui doivent l'éclairer, les sentiments qui doivent le rendre heureux. En un mot, ce n'est qu'en devenant sociable qu'il devient un être moral, un animal raisonnable, le roi des autres animaux, et l'image de Dieu sur la terre[30].

Mais l'homme pouvoit être un être fort raisonnable avec des lumiéres très bornées. Car ne voyant que les objets qui l'intéressoient[31], *il les considéroit avec beaucoup de soin et* les combinoit avec

---

[26] Vergleiche zu dieser anthropologischen Herleitung der Notwendigkeit einer politischen Gewalt *Discours* S. 186 ff, 206 ff, 268 und Anmerkung XV, S. 368 ff. S. FN 265.

[27] MANUSKRIPT: Für den 4. Abschnitt Sammlung Marc Eigeldinger, fol. VIII recto. EDITIONEN: *Streckeisen-Moultou,* p. 358/359; *OCP, F.P.* II, 8; *Launay* II, p. 263. — Das Original ist seit der Publikation durch Streckeisen-Moultou verschollen. Der Text kann deshalb nur in der modernisierten, nicht überprüfbaren Transkription der Erstveröffentlichung wiedergegeben werden. Lediglich zum vierten Abschnitt tauchte vor einigen Jahren ein autographer Entwurf Rousseaus auf, den *Pichois und Pintard* ediert haben (p. 66/67).

[28] Cf. *Discours,* S. 42 ff, 88, 92, Anmerkung IX, S. 300 und *Confessions,* S. 490. Siehe FN 110, 115, 129, 367.

wirkung aller anderen abhing und die Interessen sich derart
kreuzten, daß notwendigerweise eine gemeinsame, von allen
respektierte Schranke aufgerichtet werden mußte, welche den
Anstrengungen, die jeder unternehmen würde, um sich auf Kosten der anderen einzurichten, Grenzen setzte[26].

11

Wenn[27] man die natürliche Verfassung der Dinge betrachtet,
scheint der Mensch offensichtlich dazu bestimmt, das glücklichste der Geschöpfe zu sein; wenn man nach dem derzeitigen
Zustand urteilt, erscheint die menschliche Art als die bedauernswerteste von allen. Es spricht also eine sehr große Wahrscheinlichkeit dafür, daß die Mehrzahl seiner Übel sein [eigenes] Werk
sind, und man möchte fast sagen, daß er mehr getan hat, um
seine Lage schlecht zu machen, als die Natur hat tun können,
um sie gut zu machen[28].

Wenn der Mensch isoliert lebte, hätte er wenige Vorzüge
gegenüber den anderen Tieren. Im wechselseitigen Umgang
entwickeln sich die erhabensten Fähigkeiten und zeigt sich die
Vortrefflichkeit seiner Natur[29].

Nur darauf bedacht, für seine Bedürfnisse zu sorgen, erwirbt
er durch den Verkehr mit seinen Mitmenschen mit den Einsichten, die ihn erleuchten sollen, die Gefühle, die ihn glücklich
machen sollen. Mit einem Wort: erst dadurch, daß er soziabel
wird, wird er zu einem moralischen Wesen, zu einem vernünftigen
Tier, zum König der anderen Tiere und zum Ebenbild Gottes
auf Erden[30].

Aber der Mensch konnte ein höchst vernünftiges Wesen sein
bei sehr begrenzter Einsicht und Aufgeklärtheit. Denn da er nur
die Gegenstände sah, die ihn interessierten, betrachtete er sie mit

---

[29] Cf. *Discours*, S. 116 und *Fragments politiques*, p. 533: „Der isolierte Mensch
bleibt stets der gleiche, Fortschritte macht er nur in der Gesellschaft."
[30] Vergleiche zur Bedeutung des Soziabel-Werdens für die historische Entwicklung des Menschen *Discours*, S. 92, 166 und 268, zur Stellung des Menschen als „König der anderen Tiere", *Discours* S. 176 und zur Ebenbildlichkeit
des Menschen *Discours*, S. 42; zum ganzen Abschnitt außerdem *C.S.* I, 8.
[31] Rousseau hatte zunächst *intéressoit* geschrieben.

une très grande justesse relativement à ses vrais besoins. Depuis que ses vues se sont étendues et qu'il a voulu tout connoitre; il s'est dispensé de mettre la même évidence dans ses raisonnemens, il a été beaucoup plus attentif a multiplier ses jugemens qu'à ⟨eviter les⟩ se garantir de l'erreur, il est devenu beaucoup plus raisonneur et beaucoup moins raisonnable[33].

Tous ces désordres tiennent plus à la constitution des sociétés qu'à celle de l'homme; car que sont ses besoins physiques en comparaison de ceux qu'il s'est donnés, et comment peut-il espérer de rendre sa condition meilleure avec ces derniers, puisque ces nouveaux besoins n'étant à la portée que du petit nombre et même pour la plupart exclusifs, un seul n'en sauroit jouir que mille n'en soient privés et ne périssent malheureux après beaucoup de tourments et de peines inutiles[34].

12

Sitôt[35] qu'un homme se compare aux autres il devient necessairement leur ennemi, car chacun ⟨d'eux⟩ voulant ⟨ainsi que⟩ *en son cœur* être ⟨aussi bien⟩ le plus puissant, le plus heureux, le plus riche, ne peut regarder que comme un ennemi secret quiconque ayant le même projet ⟨que lui⟩ en soi-même lui devient un obstacle à l'exécuter. Voila la contradiction primitive et radicale qui fait que les affections sociales ne sont qu'apparence et ⟨que⟩ ce n'est que pour nous préférer aux autres plus à coup sur que nous feignons de les préférer à nous[36].

---

[32] als ⟨die [Irrtümer] zu vermeiden⟩

[33] Cf. *Fragment eines Entwurfs*, S. 386 ff, 392 ff.

[34] Exklusiv sind die neuen Bedürfnisse, soweit sie der inneren Logik des *amour-propre* unterliegen, die im folgenden Fragment skizziert wird.

[35] MANUSKRIPT: Neuchâtel, Ms. R. 104 fol. préliminaire, 4. Absatz. EDITIONEN: Théophile Dufour: *Recherches bibliographiques sur les œuvres imprimées de J. J. Rousseau*, Paris, 1925, Bd. II, p. 267; *OCP*, *F.P.* II, 10; *Launay* II, p. 263. Alle ohne die Varianten. — Möglicherweise entstammt das Fragment den Vorarbeiten zu den *Institutions politiques* oder zur *Economie politique*. Der letzte Absatz des unmittelbar vorangehenden Fragments, das durch einen Querstrich über die ganze Breite des Blattes abgetrennt ist, lautet: Le but du Gouvernement est l'accomplissement de la volonté générale; ⟨et⟩ ce qui

großer Sorgfalt und verknüpfte er sie mit einer sehr großen Richtigkeit in Rücksicht auf seine wahren Bedürfnisse. Seitdem sich seine Absichten erweitert haben und er alles hat erkennen wollen, hat er es unterlassen, seinen Schlußfolgerungen dieselbe Evidenz zu verleihen, er ist weit mehr darauf bedacht gewesen, seine Urteile zu vervielfachen, als sich vor dem Irrtum zu bewahren[32], er ist viel mehr vernünftelnd-rechthaberisch geworden und viel weniger vernünftig[33].

All diese Unordnungen rühren mehr von der Verfassung der Gesellschaften als von der des Menschen her, denn was sind seine physischen Bedürfnisse im Vergleich zu jenen, die er sich selbst geschaffen hat, und wie kann er hoffen, seine Lage mit diesen letzteren zu verbessern, da diese neuen Bedürfnisse nur einer kleinen Zahl erreichbar und zum größten Teil sogar [ihrer Natur nach] exklusiv sind, weshalb sie ein einziger nur genießen kann, wenn tausend sie entbehren und nach vielen unnützen Qualen und Nöten unglücklich sterben[34].

12

Sobald[35] sich ein Mensch mit den anderen vergleicht, wird er notwendigerweise ihr Feind, denn da jeder in seinem Herzen der Mächtigste, der Glücklichste, der Reichste sein will, kann er jeden, der in sich selbst das gleiche Vorhaben hegt und deshalb zu einem Hindernis für ihn wird, es auszuführen, nur als einen geheimen Feind betrachten. Das ist der uranfängliche und radikale Widerspruch, der bewirkt, daß die Äußerungen gesellschaftlichen Wohlwollens nichts als Schein sind, und nur um uns den anderen um so sicherer vorzuziehen, tun wir so, als ob wir sie uns vorzögen[36].

---

l'empêche de parvenir à ce but, est l'obstacle des volontés particulières / Der Zweck der Regierung ist die Vollziehung des allgemeinen Willens; ⟨und⟩ das, was sie daran hindert, diesen Zweck zu erfüllen, ist das Hindernis der Partikularwillen.

[36] Vergleiche im Licht dieser wichtigen Erläuterung zur Logik des *amour-propre Discours*, S. 186 ff, 208, 256, 266 ff, Anmerkung IX, S. 302 ff, Anmerkung XV, S. 368 ff. S. FN 232 und 453.

13

Au[37] milieu de tant d'industrie, d'arts, de luxe et de magnificence, nous déplorons chaque jour les misères humaines et nous
trouvons le fardeau de notre existence assez difficile à supporter
avec tous les maux qui l'appesantissent; tandis qu'il n'y a peut-
être pas un sauvage nu dans les bois, déchiré par les ronces,
payant chaque repas qu'il fait de sa sueur ou de son sang, qui ne
soit content de son sort, qui ne trouve fort doux de vivre, et qui
ne jouisse de chaque jour de sa vie avec autant de plaisir que si
les mêmes fatigues ne l'attendaient pas le lendemain. Nos plus
grands maux viennent des soins qu'on a pris pour remédier aux
petits[38].

14

Quiconque[39], renonçant de bonne foi à tous les préjugés de
la vanité humaine, réfléchira sérieusement à toutes ces choses,
trouvera enfin que tous ces grands mots de société, de justice,
de lois, de défense mutuelle, d'assistance des faibles, de philosophie et de progrès de la raison, ne sont que des leurres inventés
par des politiques adroits ou par de lâches flatteurs, pour en
imposer aux simples, et concluera, malgré tous les sophismes
des raisonneurs, que le pur état de nature est celui de tous où
les hommes seraient le moins méchants, le plus heureux, et en
plus grand nombre sur la terre[40].

[37] EDITIONEN: *Streckeisen-Moultou*, p. 360. Wie bei Fragment 11 können wir
uns auch in diesem Fall nur auf die Transkription von S. M. stützen, da das
Original verschollen ist. *OCP, F.P*. VI, 1 (*OCP* machen die Modernisierung in
der Orthographie, die S.M. durchweg vornimmt, an einer Stelle rückgängig,
ohne indes einen anderen als seinen Text zugrundelegen zu können.) *Launay*
II, p. 581. Launay ordnet das Fragment dem Entwurf einer nicht ausgeführ-
ten Schrift *Du bonheur public* von 1762 zu. Auch die *OCP* stellen es in diesen
thematischen Zusammenhang. Anhaltspunkte, die eine solche Zuordnung
nahelegten, sind nicht erkennbar. Dagegen spricht der Inhalt und — bei allen
Vorbehalten — selbst noch der Kontext, in dem es von S.M. veröffentlicht
wird, für die Zeit des *Discours*.
[38] Cf. *Discours*, S. 130 ff, Anmerkung IX, S. 300 ff und XVI, S. 372 ff.

13

Inmitten[37] von so viel Gewerbe, Künsten, Luxus und Pracht-
entfaltung beklagen wir tagtäglich das menschliche Elend und
finden wir die Last unserer Existenz mit all den Übeln, die sie
bedrücken, ziemlich schwer zu ertragen; wohingegen es vielleicht
keinen einzigen nackten Wilden in den Wäldern gibt, der — obgleich er von den Dornen zerkratzt, jedes Mahl, das er hält,
mit seinem Schweiß oder seinem Blut bezahlt — mit seinem
Schicksal nicht zufrieden wäre, der es nicht höchst süß fände zu
leben, und der nicht jeden Tag seines Lebens mit ebensoviel
Vergnügen genösse, wie wenn ihn am anderen Tag nicht dieselben Strapazen erwarteten. Unsere größten Übel rühren von
den Anstrengungen her, die man darauf verwandt hat, den
kleinen Übeln abzuhelfen[38].

14

Jeder[39], der sich guten Glaubens von allen Vorurteilen der
menschlichen Eitelkeit lossagt und über alle diese Dinge ernsthaft nachdenkt, wird am Ende finden, daß all jene großen Worte
von der Gesellschaft, der Gerechtigkeit, den Gesetzen, der
wechselseitigen Verteidigung, der Unterstützung der Schwachen,
der Philosophie und dem Fortschritt der Vernunft nichts als
Köder sind, die geschickte Politiker oder feige Schmeichler erfunden haben, um den Einfältigen etwas vorzumachen, und er
wird zu dem Schluß gelangen, daß der reine Naturzustand,
ungeachtet aller Sophismen der Vernünftler, von allen Zuständen
derjenige ist, in dem die Menschen am wenigsten böse, am
glücklichsten und am zahlreichsten auf der Erde wären[40].

---

[39] EDITIONEN: *Streckeisen-Moultou*, p. 360/361. Auch bei diesem Fragment
ist S.M. bislang der einzige Gewährsmann. *OCP*, *F.P.* II, 1; *Launay* II, p. 183.
[40] Vergleiche diese Aussage über den *reinen Naturzustand* mit der Charakterisierung des Entwicklungsstadiums der *société sauvage* in der ,,Jugend der
Welt", *Discours*, S. 192. Siehe auch S. 136 ff, 190, 268 ff, Anmerkung IX,
S. 300 ff.

... que les Officiers, à appeller leurs concitoyens leurs esclaves, à les compter comme du bétail au nombre des choses qui leur appartenoient, et à s'appeller eux-mêmes égaux aux Dieux et Rois des Rois.

[lignes biffées]

Si nous suivons le progrès de l'inégalité dans ces differentes révolutions, nous trouverons que l'établissement de la Loy et du droit de propriété fut son premier terme, l'institution de la magistrature le second, que le troisième et dernier fut le changement du pouvoir légitime en pouvoir arbitraire; en sorte que l'état de riche et de pauvre fut autorisé par la première epoque, celui de puissant et de foible par la seconde, et par la troisième celui de maître et d'esclave, qui est le dernier degré de l'inégalité, et le terme auquel aboutissent enfin tous les autres, jusqu'à ce que de nouvelles révolutions dissolvent tout à fait le gouvernement, ou le rapprochent de l'institution légitime.

Pour comprendre la necessité de ce progrès, il faut moins considerer les motifs de l'établissement du corps politique que la forme qu'il prend dans son execution, et les abus inevitables qui l'enchaînent après lui. Qu'y a-t-il de meilleur que les loix pour assujettir tous les particuliers aux mêmes devoirs mutuels, et deffendre les foibles contre la violence des ambitieux; mais qui ne voit avec quelle facilité ceux-cy, grand avantage ces précautions mêmes que l'on prend contre eux, profitent de toute la faveur des Loix dont ils brisent l'autorité, et s'en servent en écrasant le foible pour lui ôter le droit de se deffendre. Qu'y a-t-il de plus utile que des magistrats equitables et attentifs qui veillent à la sûreté des citoyens, et les garantissent de l'oppression? Mais comment empêcher que ces magistrats ne deviennent oppresseurs eux-mêmes et n'abusent du pouvoir qu'on leur confie, plus que n'en abuseroient peut-être ceux qu'ils empêchent de l'usurper? Qu'y a-t-il enfin de plus necessaire à l'état qu'un Chef intrepide et prudent, toujours prompt à pénétrer les projets des voisins suspects, et à faire tête à l'ennemi déclaré? Mais si ce Chef préférant son intérêt au nôtre est tenté de nous...

Quis custodiet ipsos Custodes

Seite 55 der „Zwischenfassung" des *Discours*,
Bibl. Nat., Paris, fr. 12760, fol. 615 recto.

III. Materialien —
Briefe, Kritiken, Antikritiken

LETTRE AU PASTEUR JEAN PERDRIAU[1a]

A Paris, le 28. 9bre 1754

En répondant avec franchise à vôtre derniére Lettre[2a], en [3]déposant mon cœur et mon sort entre vos mains[3], je crois, Monsieur, vous donner une marque d'estime et de confiance moins équivoque que des louanges et des complimens prodigués par la flatterie plus souvent que par l'amitié.

Oui, Monsieur, frappé des conformités [4]que je trouve[4] entre la Constitution de gouvernement[5a] qui découle de mes principes et celle qui éxiste reellement[6a] dans nôtre Rép[e], [7]je me suis pro-

---

[1a] MANUSKRIPTE: I) Bibliothèque de la Sorbonne (Bibliothèque Victor Cousin), Paris, Ms. V. 42. 4 Seiten. Originalbrief Rousseaus. II) Bibliothèque de la ville de Neuchâtel. Ms. R. 89, p. 24—29. 6 Seiten. Reinschrift eines Entwurfs von der Hand Rousseaus.

EDITIONEN: Ed. 1782 *Collection complète*, Bd. XXIII, p. 350—361 (Erstdruck ohne Nennung des Empfängers). *CC* III, p. 55—60. (Erste kritische Ausgabe). Meine Transkription folgt in allen Einzelheiten den Handschriften Rousseaus. Korrekturen gegenüber der Edition der *CC* werden in den Fußnoten vermerkt, soweit sie nicht lediglich Orthographie oder Interpunktion betreffen.

ABKÜRZUNGEN: B = Brief (Ms. I), E = Entwurf (Ms. II). Fußnoten, die inhaltliche Erläuterungen enthalten, sind aus Gründen der Übersichtlichkeit mit dem Zusatz [a] versehen ([1a], [5a] etc).

Der Adressat des Briefes, Jean Perdriau (1712—1786), war Pastor in Genf und von 1756 an Professor der Schönen Literatur an der dortigen Akademie. Er hatte Rousseau während seines Genfer Aufenthalts im Sommer 1754 kennengelernt und maßgeblich dazu beigetragen, ihm die Formalitäten für die Wiederaufnahme in die protestantische Kirche zu erleichtern, ohne die Rousseau seine Rechte als *Citoyen de Genève* nicht zurückerlangen konnte. Im Herbst 1754 schrieb er Rousseau einen (uns nicht überlieferten) Brief nach Paris, in dem er starke Bedenken gegen die geplante Widmung des *Discours* erhob, die, wie sich Rousseaus Antwort entnehmen läßt, vor allem zwei Punkte betrafen: Zum einen, daß sich die *Widmung* an die Republik und nicht an den *Petit Conseil*, also an das Gemeinwesen als Ganzes und nicht an die Regierung richtete, zum anderen, daß Rousseau darauf verzichtete, vor der Veröffentlichung die offizielle Genehmigung des Rates einzuholen. Der Inhalt der Widmungsschrift selbst war Perdriau zum Zeitpunkt des Briefwechsels sehr wahrscheinlich nicht bekannt, aber das, was er aus zweiter Hand über Rousseaus Vorhaben erfahren hatte, genügte offenbar, um eine Parteinahme zugunsten der Bürger, Indigniertheit auf Seiten des Rates und eine mögliche Verschärfung der latenten Spannungen zwischen Magistrat und Bürgerschaft zu

BRIEF AN DEN PASTOR JEAN PERDRIAU[1a]

Paris, den 28. November 1754

Indem ich Ihnen auf Ihren letzten Brief[2a] mit Freimut antworte, [3]indem ich mein Herz und mein Schicksal in Ihre Hände lege[3], glaube ich, mein Herr, Ihnen einen Achtungs- und Vertrauensbeweis zu geben, der weniger zweideutig ist als Lobeserhebungen und Komplimente, welche häufiger von der Schmeichelei als von der Freundschaft gespendet und ausgeteilt werden.

Ja, mein Herr, frappiert von den Übereinstimmungen, welche[4] ich zwischen der Regierungsverfassung[5a] finde, die aus meinen Prinzipien folgt, und jener, die in unserer Republik wirklich existiert[6a], [7]habe ich mir vorgenommen[7], ihr meinen Diskurs

---

befürchten. Rousseau hat seine Erwiderung mit großer Sorgfalt verfaßt. Ein Vergleich des Briefes, den er Perdriau sandte, mit dem früheren Entwurf, den er unter seinen Papieren aufbewahrte und dem ohne Frage eine noch frühere Fassung zugrunde gelegen haben muß, zeigt, wie behutsam Rousseau seine Formulierungen gewählt, wie gründlich er Abschnitt für Abschnitt, Satz für Satz überarbeitet hat. An einer der bemerkenswertesten Stellen des Entwurfs erklärt Rousseau, er sei ganz sicher, daß keines seiner Werke die Zensur in Genf ohne Verstümmelung hätte passieren können. Im Brief, den Perdriau tatsächlich erhielt, fällt dieses Urteil Rousseaus Selbstzensur zum Opfer. Rousseau schreibt Perdriau keineswegs ,,rückhaltlos", sondern, bei aller Betonung der Vertraulichkeit, immer noch sehr vorsichtig und in jedem Falle, dem heiklen Gegenstand angemessen, sehr *politisch*. Der Genfer Pastor war für Rousseau kein politischer Vertrauter wie etwa der Wortführer der *Citoyens* und *Bourgeois* Jacques-François Deluc, dem Rousseau die *Dédicace* vor ihrer Veröffentlichung im Sommer in Genf vorgelesen oder zu lesen gegeben hatte (cf. *Discours*, FN 41).

[2a] Der Brief ist verschollen.

[3] E: épanchant mon cœur dans le vôtre / indem ich mein Herz vor dem Ihrigen ausschütte

[4] E: qui se trouvent / welche sich ... finden

[5a] Zur Bedeutung von *Gouvernement* s. *Discours*, FN 10. Im heutigen Sprachgebrauch ließe sich Rousseaus *constitution de gouvernement* am ehesten mit dem Begriff *Politisches System* wiedergeben.

[6a] Auch in dem betont vertraulich gehaltenen Brief an Perdriau, in dem er die Widmung gegen die Einwände seines Genfer Bekannten mit patriotischen Argumenten zu rechtfertigen sucht, formuliert Rousseau das Lob auf die Vaterstadt so, daß es auf den ersten Blick außerordentlich schmeichelhaft erscheint, tatsächlich jedoch sehr auslegungsfähig bleibt. Der Aufforderungs-

posé[7] de lui dédier mon Discours sur l'origine et les fondemens de l'inégalité, et j'ai saisi cette occasion [8]comme un heureux moyen[8] d'honorer ma Patrie [9]et ses chefs[9] par de justes éloges, d'y[10] porter s'il se peut dans le fond des cœurs l'olive[11a] que je ne vois encore que sur des médailles, et d'exciter en même tems les hommes à se rendre heureux par[12] l'éxemple d'un Peuple qui l'est ou qui pourroit l'être [13]sans rien changer à son[13] institution[14a]. Je cherche en cela, selon ma coutume, moins à plaire qu'à me rendre utile: Je ne compte pas, en particulier sur le suffrage de quiconque est de quelque parti; car n'adoptant pour moi que celui de la justice et de la raison, je ne dois guére esperer que tout homme qui suit d'autres régles puisse être l'approbateur des [15]miennes, et si cette considération ne m'a point retenu c'est qu'en toute chose le blâme de l'univers entier me touche beaucoup moins que l'aveu[16] de ma conscience[15]. Mais, dites vous, dédier un Livre à la Rép[e], cela ne s'est jamais fait. Tant mieux, Monsieur; dans[17] les choses louables il vaut mieux donner l'éxemple que le recevoir [9]et je crois n'avoir que de trop justes raisons pour n'être l'imitateur de personne; ainsi, vôtre objection n'est au fond qu'un préjugé de plus en ma faveur, car de-

charakter von Rousseaus Eloge wurde in Genf durchaus verstanden: Nach der Lektüre der *Widmung* schreibt der frühere Erste Syndikus Jean-Louis Dupan in einem Brief vom 20. Juni 1755 an Rousseau: „Man sieht in ihr allenthalben die Gefühle eines tugendhaften Mannes und eines eifrigen Patrioten strahlend zum Ausdruck kommen. [...] Sie sind in der Widmungs-schrift den Regungen Ihres Herzens gefolgt, und ich fürchte, daß man finden wird, daß Sie uns zu sehr schmeicheln. Sie stellen uns so dar, wie wir sein sollen und nicht so wie wir sind. Wir müssen uns die weisen Lehren (pre-ceptes), die sie enthält, alle zunutze machen und mit vereinten Kräften darauf hinarbeiten, das Glück unseres Vaterlandes zu sichern. Sie werden von M. Choüet davon unterrichtet werden, daß der Rat sie mit großer Freude angenommen hat" (*CC* III, p. 136/137).

[7] E: j'ai résolu / habe ich beschlossen

[8] B: ⟨comme une heureuse occasion⟩ / ⟨als eine glückliche Gelegenheit⟩. E enthält weder die gestrichene Stelle noch die endgültige Fassung.

[9] Alle Wörter und Passagen, die durch diese Anmerkungsziffer gekenn-zeichnet sind, fehlen im Entwurf.

[10] E: de — B: ⟨de⟩ — Nicht in *CC*.

[11a] Vergleiche dazu den Ölzweig in der Vignette auf der ersten Seite der *Widmung* des *Discours*.

über den Ursprung und die Grundlagen der Ungleichheit zu widmen, und ich habe diese Gelegenheit [8]als eine glückliche Möglichkeit[8] ergriffen, mein Vaterland [9]und seine Oberhäupter[9] durch gerechtes Lob zu ehren, dort den Ölzweig[11a], den ich nur noch auf Medaillen sehe, wenn möglich ins Innerste der Herzen zu tragen und gleichzeitig die Menschen anzuspornen, sich nach dem Beispiel eines Volkes glücklich zu machen, das glücklich ist, oder [13]es sein könnte, ohne etwas an seiner [politischen] Einrichtung[14a] zu ändern[13]. Ich suche dabei, nach meiner Gewohnheit, weniger zu gefallen, als mich nützlich zu machen: Ich zähle insbesondere nicht auf den Beifall von jemandem, der einer Partei zugehört; denn da ich, für meine Person, mir nur die Partei der Gerechtigkeit und der Vernunft zu eigen mache, darf ich kaum darauf hoffen, daß jeder, der anderen Regeln folgt, den meinen Beifall spenden kann, [15]und wenn mich diese Überlegung nicht zurückgehalten hat, so deshalb, weil mich der Tadel der ganzen Welt in allen Dingen viel weniger berührt als die Zustimmung[16] meines Gewissens[15]. Aber, sagen Sie, ein Buch der Republik widmen, das hat es noch nie gegeben. Um so besser, mein Herr; in[17] lobenswerten Dingen ist es besser, das Beispiel zu geben, als es zu empfangen, [9]und ich glaube, nur zu treffliche Gründe dafür zu haben, niemandes Nachahmer zu sein; so ist Ihr Einwand im Grunde nur eine Vermutung mehr zu meinen Gunsten, denn seit langem schon

---

[12] B: ⟨pour⟩ — Nicht in *CC*.

[13] B: ⟨par la faveur de son⟩ / es durch die Gunst seiner politischen Einrichtung sein könnte. E hat bereits die endgültige Fassung. Nicht in *CC*.

[14a] *Institution* wird von Rousseau häufig als Synonym für *constitution* verwendet. Ebensooft hat das Wort die aktive Bedeutung von *Gründung* und Verfassung*gebung*. *Einrichtung* kann im Deutschen beiden Bedeutungsinhalten gerecht werden. Die *Einrichtung* bezeichnet bei Rousseau die politische und institutionelle Ordnung im umfassenden Sinn. Der Akt der Gründung bezeugt seine fortdauernde Wirksamkeit in der konkreten politischen Gestalt des Gemeinwesens.

[15] E: miennes. Mais que m'importe? je me passe des suffrages de gens qui veulent se tromper ou tromper les autres; c'est assez pour moi de ceux des amis de la vérité. / Aber was liegt mir daran? Ich kann ohne den Beifall von Leuten auskommen, die sich betrügen wollen oder die anderen betrügen möchten; mir genügt der Beifall der Freunde der Wahrheit.

[16] B: ⟨le Suffrage⟩ / ⟨der Beifall⟩

[17] E: car dans B: ⟨car⟩ dans / ⟨denn⟩ in — Nicht in *CC*.

puis longtems il ne reste plus de mauvaise action à tenter, et
quoiqu'on en put dire, il s'agiroit moins de savoir si la chose
s'est faite ou non, que si elle est bien ou mal en soi, dequoi je
vous laisse le juge[9]. Quant à ce que vous ajoûtez qu'après ce qui
s'est passé[18a] de telles nouveautés peuvent être dangereuses,
[9]c'est là une grande vérité à d'autres égards, mais à celui-ci[9], je
trouve, au contraire [19]ma démarche d'autant plus à sa place après
ce qui s'est passé, que[19] mes éloges étant pour les Magistrats et
mes exhortations pour les Citoyens, il convient[20] que le tout
s'addresse à la Rép[e] [9]pour avoir occasion de parler à ses divers
membres et pour ôter à ma Dédicace toute apparence de parti-
alité[9]/[21a]. Je sais qu'il y a des choses qu'il ne faut point rappeller,
et [22]j'espére que vous me croyez assés de jugement pour n'en
user à cet égard qu'avec une réserve dans laquelle j'ai plus consulté le gout des autres que le mien: Car je ne pense pas qu'il
soit d'une adroite[22] politique de pousser cette maxime jusqu'au
scrupule. [23]La mémoire d'Erostrate[24a] nous apprend que c'est un

---

[18a] Gemeint sind die blutigen Auseinandersetzungen zwischen dem Magistrat bzw. dem Patriziat und den Bürgern von 1707 und 1737, die auf das
politische Klima 1754 immer noch nachwirken; s. *Discours*, FN 25.

[19] E: qu'elles peuvent être nécessaires. / daß sie notwendig sein können. Da

[20] E: convient après ce qui s'est passé / gebührt es sich nachdem, was geschehen ist

[21a] Tatsächlich konnte gerade der Umstand, daß Rousseau die Widmung
an die Republik und nicht an den *Petit Conseil* richtete, als politische Parteinahme verstanden werden angesichts seiner im Text wie in der förmlichen
Anrede der Bürger zum Ausdruck gebrachten Betonung der Souveränität
des Volkes bzw. des *Conseil Général*. Dessen ungeachtet ist gewiß richtig,
daß Rousseau seine *Widmung* nicht als Mann einer Partei geschrieben hat.
Er hat das Gemeinwesen als Ganzes im Auge, nicht die Partikularinteressen
der einen oder der anderen (früheren) Bürgerkriegspartei, gegenüber deren
Forderungen er im übrigen eine erkennbar unabhängige Position einnimmt
(cf. *Discours*, FN 23, 30, 32, 33, 35). Der wichtigste Grund, weshalb Rousseau
die *Dédicace* an die Republik adressiert, dürfte freilich in der Funktion beschlossen liegen, die der Republik Genf innerhalb des *Discours* als kontra-
stierendem Beispiel und politischem Entwurf zukommt. Eine Funktion, die
allen Erwägungen der Einflußnahme auf die aktuellen Genfer Verhältnisse
und Auseinandersetzungen übergeordnet ist und aus der die *Widmung* in der
Form, die Rousseau gewählt hat, ihren theoretischen, für die Schrift insgesamt
entscheidenden Sinn bezieht.

bleibt keine schlechte Handlung mehr [neu] auszuprobieren, und was immer man darüber sagen könnte, es handelte sich weniger um die Frage, ob die Sache üblich ist oder nicht, als darum, ob sie an sich gut oder schlecht ist, worüber ich Sie Richter sein lasse[9]. Was Ihre Hinzufügung angeht, daß nach dem, was geschehen ist[18a], derartige Neuerungen gefährlich sein können, so [9]ist dies in anderer Hinsicht eine große Wahrheit, aber in bezug auf diese hier[9] finde ich im Gegenteil [19]meinen Schritt nach dem, was geschehen ist, um so mehr an seinem Platze, als[19] meine Lobreden den Magistraten und meine Ermahnungen den Bürgern gelten [20]und es sich daher gebührt[20], daß sich das Ganze an die Republik richtet, [9]um die Gelegenheit zu haben, zu ihren verschiedenen Gliedern zu sprechen und meiner Widmung jeden Anschein von Parteilichkeit zu nehmen[9/21a]. Ich weiß, daß es Dinge gibt, an die man nicht erinnern darf, und [22]ich hoffe, Sie trauen mir genügend Urteilsvermögen zu, in dieser Hinsicht nicht anders denn mit einer Zurückhaltung zu Werke zu gehen, bei der ich mehr den Geschmack der anderen als den meinen zu Rate gezogen habe: Denn ich glaube nicht, daß es von einer geschickten[22] Politik zeugt, diese Maxime bis zur Ängstlichkeit zu treiben. [23]Die Erinnerung an Herostratos[24a] lehrt uns, daß es ein schlechtes Mittel

---

[22] E: je tâcherai d'user sur ce point de tous les menagemens convenables sans croire toutefois qu'il soit d'une bonne / ich werde mich bemühen, in diesem Punkt mit aller gebotenen Behutsamkeit zu Werke zu gehen, ohne indessen zu glauben, daß es von einer guten

[23] E: Pour éteindre le souvenir des evenémens qui nous déplaisent il ne suffit pas de défendre d'en parler. Mais faites qu'on n'en parle qu'avec répugnance, et bientôt on n'en parlera plus. / Um die Erinnerung an die Ereignisse auszulöschen, die uns mißfallen, genügt es nicht zu verbieten, daß man über sie spricht. Aber sorgen Sie dafür, daß man nur mit Widerwillen über sie spricht, und man wird bald nicht mehr über sie sprechen.

[24a] Herostratos zerstörte im Jahre 356 v. Chr. den Tempel der Artemis in Ephesos durch Brandstiftung, um sich mit dieser Tat, wie er später unter der Folter aussagte, berühmt zu machen. Die Ephesier beschlossen daraufhin, daß sein Name niemals genannt werden dürfe. Rousseau spielt auf die Erfolglosigkeit dieses Verbots angesichts des „Ruhmes" von Herostratos an. Im Gefolge der Auseinandersetzungen zwischen dem Genfer Rat und Rousseau nach dem Verbot des *Contrat social* und des *Emile* 1762 wurde Rousseau später von seinen politischen Gegnern selbst häufig als „Erostrate" apostrophiert.

mauvais moyen de faire oublier les choses que d'ôter la liberté
d'en parler: Mais si vous faites qu'on n'en parle qu'avec douleur, vous ferez bientôt qu'on n'en parlera plus. Il y a je ne sais
quelle circonspection pusillanime fort goutée en ce siécle et qui[25]
voyant par tout des inconveniens se borne par sagesse à ne faire
ni bien ni mal; j'aime mieux une hardiesse généreuse qui pour
bien faire secoue quelquefois le puerile joug de la bienseance[23].

　　Qu'un Zéle indiscret m'abuse peut être, que prenant mes
erreurs pour des vérités utiles, avec les meilleures intentions du
monde je puisse faire plus de mal que de bien; je n'ai rien à
répondre à cela si ce n'est qu'une semblable raison devroit retenir
tout homme droit[26a] et laisser [27]l'univers à la discretion du
méchant et de l'étourdi, parce que les objections tirées de la
seule foiblesse de la nature ont force contre quelque homme
que ce soit, et qu'il n'y a personne qui ne dût être suspect à
soi-même, s'il ne se reposoit de la justesse de ses lumieres sur la
droiture de son cœur[28]; C'est ce que je dois pouvoir faire sans
témérité, parce qu'isolé parmi[29a] les hommes, ne tenant à rien
dans la société, dépouillé de toute espéce de prétention, et ne
cherchant mon bonheur même que dans celui des autres[27], je
crois, du moins, être éxempt de ces préjugés d'état qui font
plier [30]le jugement[30] des plus sages aux maximes qui leur sont
avantageuses. Je pourrois, il est vrai, consulter des gens plus
habiles[31] que moi, et je le ferois volontiers si je ne savois que

---

[25] B: qui ⟨se borne⟩

[26a] E: juste / gerechten, rechtlich denkenden. Die Korrektur von *juste*
in *droit*, die eine exakte Übereinstimmung mit *droiture* am Ende des Satzes
herstellt, ist eines von zahlreichen Beispielen, an denen sich ablesen läßt,
wie sorgfältig die Formulierungen Rousseaus gewählt sind.

[27] E: le monde en proye aux méchans; car où est celui qui ne dût être suspect
à lui-même s'il ne se reposoit de la justesse de ses lumiéres sur la droiture de
ses intentions. J'ai, Monsieur, cette confiance aux miennes parce que je les
sens, parce qu'isolé dans la societé, ne tenant à rien, dépourvu de toute espéce
de prétention, et n'ayant nul intérêt à tromper les autres / die Welt den
Bösen preisgeben müßte; denn wo ist der, der sich nicht selbst suspekt sein
müßte, wenn er sich nicht ob der Richtigkeit seiner Einsicht bei der Redlichkeit seiner Absichten beruhigte? Ich habe, mein Herr, dieses Vertrauen in
die meinen, weil ich sie fühle, weil ich — in der Gesellschaft isoliert, an nichts
gebunden, ohne jede Art von Prätention und ohne irgendein Interesse, die

ist, die Dinge vergessen zu machen, wenn man [den Menschen] die Freiheit nimmt, über sie zu sprechen: Wenn Sie aber dafür sorgen, daß man nur mit Schmerz über sie spricht, werden Sie bald erreichen, daß man nicht mehr über sie spricht. Es gibt eine gewisse, in diesem Jahrhundert sehr beliebte, kleinmütige Vorsicht, die überall Unzuträglichkeiten erblickt und sich deshalb aus Weisheit darauf beschränkt, weder gut noch schlecht zu handeln; ich ziehe eine großzügige Beherztheit vor, die, um gut zu handeln, das kindische Joch der Schicklichkeit zuweilen abschüttelt[23].

Daß mich vielleicht ein indiskreter Eifer irreleite, daß ich, meine Irrtümer für nützliche Wahrheiten haltend, mit den besten Absichten von der Welt mehr Schlechtes als Gutes bewirken könne — darauf habe ich nichts zu erwidern als, daß ein solcher Grund jeden redlichen[26a] Menschen zurückhalten und [27]die Welt der Willkür des Bösen und des Leichtfertigen überantworten müßte, da die Einwände, die von der bloßen Schwäche der Natur hergenommen sind, gegen jeden Menschen, wer immer es sei, Kraft haben und es niemanden gibt, der sich nicht selbst suspekt sein müßte, wenn er sich nicht ob der Richtigkeit seiner Einsicht bei der Redlichkeit seines Herzens[28] beruhigte. Dies muß ich wohl ohne Vermessenheit tun dürfen, da ich — unter[29a] den Menschen isoliert, an nichts in der Gesellschaft gebunden, jeder Art von Prätention ledig und mein Glück selbst nur in dem der anderen suchend[27] — glaube, zumindest von jenen Standesvorurteilen frei zu sein, die dazu führen, daß das Urteil[30] der Weisesten den Maximem nachgibt und gehorcht, die ihnen von Vorteil sind. Freilich könnte ich Leute, die gewitzter[31] sind als ich, zu Rate ziehen, und ich würde es gerne

---

anderen zu täuschen — Auch hier sind die Präzisierungen zu beachten (,,an nichts gebunden" / ,,an nichts in der Gesellschaft gebunden" etc.).

[28] B: de ⟨ses intentions⟩ / ⟨seiner Absichten⟩. Nicht in *CC*.

[29a] *CC* schreiben *par* statt *parmi*. Für Rousseaus Selbstverständnis wie für seine philosophische Konzeption der geglückten Existenz des ‚guten Menschen' unter den Bedingungen einer depravierten Gesellschaft ist die Formulierung ,,isoliert *unter* den Menschen" sehr charakteristisch. Sie wird von Rousseau später wiederholt und in verschiedenen Variationen abgewandelt verwendet.

[30] E: la raison / die Vernunft   B: ⟨la⟩

[31] E: éclairés / aufgeklärter

leur intérest me conseillera toujours avant leur raison. En un
mot, pour parler[32] ici sans détour, je me fie encore plus à mon
desintéressement, qu'aux lumiéres de qui que ce puisse[33] être.

⁹/[34]Quoi qu'en general je fasse très peu de cas des étiquetes
de procedés, et que j'en aye depuis longtems secoüe le joug plus
pesant qu'utile⁹, Je pense avec vous qu'il auroit convenu d'obtenir l'agrément ⁹de la Rép^e ou⁹ du Conseil comme c'est assés
l'usage en pareil cas, et j'étois si bien de cet avis que mon voyage
fut fait en partie dans l'intention[35] de solliciter cet agrément[36a];
mais il me fallut peu de tems ⁹et d'observations⁹ pour reconnoître l'impossibilité de l'obtenir; je[37] sentis que demander [38]une
telle permission[38] c'étoit vouloir[39] un refus, et qu'alors[40] ma
démarche qui péche tout au plus contre une certaine bienseance
dont plusieurs se sont dispensés, seroit par là devenue une
desobeissance condannable[41] si j'avois persisté, ou l'étourderie
d'un sot, si j'eusse abandonné mon dessein: ⁹car ayant appris
que dés le mois de May dernier il s'étoit fait à mon insceu des

---

[32] E: vous parler / Ihnen gegenüber

[33] B: ce ⟨soit⟩ / wer es auch ⟨sei⟩. Nicht in *CC*.

[34] B: ⟨Je pense avec vous⟩ / Ich bin mit Ihnen der Meinung — Nicht
in *CC*.

[35] B: dans ⟨le dessein⟩ — Nicht in *CC*.

[36a] Am 1. 9. 1754 schreibt Rousseau aus Genf an Duclos, daß „der Hauptzweck meiner Reise nicht hat statthaben können, wie Sie von unseren Freunden werden erfahren haben können" (*CC* III, p. 26). Er spielt damit vermutlich auf die Annahme der Widmung durch den Rat an, möglicherweise auch
auf die Absicht, das Werk noch während seines Aufenthalts in Genf selbst
offiziell präsentieren zu können, was neben dem Einverständnis des *Petit
Conseil* die Einhaltung des ursprünglich geplanten Erscheinungsdatums durch
den Pariser Verleger vorausgesetzt hätte. (Cf. *Discours*, FN 5). Perdriau gegenüber spricht Rousseau nur davon, daß die Reise „zum Teil in der Absicht
unternommen wurde", die Erlaubnis des Rates für die Widmung einzuholen.
In der Tat war ihr erstes und vorrangigstes Ziel die Wiedererlangung der
Genfer Staatsbürgerschaft gewesen, und in dieser Hinsicht fiel sie zu Rousseaus voller Zufriedenheit aus. In einer ungewöhnlich großzügigen Weise,
für die es bis dahin kein Beispiel gegeben hatte, ebnete man dem inzwischen
berühmten Sohn der Stadt den Weg bei seinem Bemühen, wieder zu einem
Citoyen de Genève zu werden. Für die Wiederaufnahme in die protestantische
Kirche blieben Rousseau sowohl das Erscheinen vor dem Konsistorium als
auch der obligatorische Kniefall und das öffentliche Schuldbekenntnis er-

tun, wüßte ich nicht, daß mir ihr Eigennutz stets vor ihrer Vernunft raten wird. Mit einem Wort: um[32] hier ohne Umschweife zu reden, ich setze noch mehr Vertrauen in meine Uneigennützigkeit als in die Einsicht von irgend jemandem, wer es auch sein mag[33].

[9]Obwohl ich auf die Etikette des Verfahrens im allgemeinen sehr wenig Wert lege und ich ihr mehr drückendes als nützliches Joch seit langem abgeschüttelt habe[9], bin ich mit Ihnen der Meinung, daß es sich gebührt hätte, die Einwilligung [9]der Republik oder[9] des Rates einzuholen, wie es in einem solchen Falle hinlänglich Brauch ist, und ich war so sehr dieser Ansicht, daß meine Reise zum Teil in der Absicht unternommen wurde, um diese Einwilligung nachzusuchen[36a]; aber ich brauchte wenig Zeit [9]und Beobachtungen[9], um mir über die Unmöglichkeit, sie zu erlangen, klarzuwerden; ich[37] sah ein, daß um [38]eine derartige Erlaubnis[38] zu bitten hieße, eine Absage erhalten zu wollen, und daß mein Schritt — der höchstens gegen eine gewisse Schicklichkeit verstößt, über die sich manche hinweggesetzt haben — hierdurch dann zu einem sträflichen[41] Ungehorsam geworden wäre, wenn ich [auf der Widmung] beharrt hätte, oder aber zur Leichtfertigkeit eines Narren, wenn ich meinen Plan aufgegeben hätte: [9]denn da ich erfahren hatte, daß seit dem letzten Mai ohne mein Wissen Kopien des Werkes und der Widmung angefertigt worden

---

lassen, die die Kirchenordnung nach einem „Abfall an den Papismus" vorsah. Rousseau brauchte lediglich vor einer sechsköpfigen Kommission aus drei Pastoren und drei Laien zu erscheinen, die das Konsistorium ernannt hatte. Am 29. 7. 1754 wurde er von ihr examiniert. Rousseau legte das Glaubensbekenntnis ab und konnte danach am Abendmahl teilnehmen. Von einem Erscheinen vor dem Rat und von der Verbüßung der sonst üblichen zwei- bis dreitägigen Haftstrafe sah man ebenfalls ab. Die Steuer, die Rousseau zu entrichten hatte, wurde auf 18 Gulden pro Jahr, die niedrigste Taxe für *Citoyens* in Genf festgesetzt. Für die Vergangenheit verlangte man nichts von ihm (Cf. *CC*, III, p. 34).

[37] B: ⟨et⟩ je / ⟨und⟩ ich — Nicht in *CC*.
[38] E: un consentement / eine Zustimmung
[39] E: chercher
[40] E: que — Nicht in *CC*.
[41] E: formelle / förmlichen

copies de l'ouvrage et de la Dédicace[42a], dont je n'étois plus le
maitre de prevenir l'abus, je vis que je ne l'étois pas non plus
de renoncer à mon projet sans m'exposer à le voir executer par
d'autres[9].

Vôtre Lettre m'apprend elle même que vous ne sentez pas
moins que moi [43]toutes les difficultés que j'avois prévues[43]; or
vous savez qu'à force de se rendre difficile sur des permissions
indifférentes on [44]invite les hommes[44] à s'en passer[45]: C'est ainsi
[46]que l'excessive circonspection[46] du feu Chancelier sur l'impression des meilleurs[9] Livres fit enfin qu'on ne lui présentoit plus
les Manuscrits et que les Livres ne s'imprimoient pas moins,
[47]quoique cette impression faite contre les Loix fut reellement
criminelle[47], au lieu qu'une Dédicace non communiquée n'est
tout au plus qu'une impolitesse, et[9] loin qu'un tel procédé soit
blamable [48]par sa nature[48], il est au fond plus [49]conforme à
l'honnêteté[49] que l'usage établi; car il y a je ne sais quoi de lâche
à demander aux Gens la permission de les louer et d'indécent à
l'accorder. Ne croyez pas, non plus[50], qu'une telle conduite soit

---

[42a] In den *Confessions* hat Rousseau später geschrieben: „Vor meiner Abreise
aus Paris hatte ich die Widmung meines *Diskurses über die Ungleichheit* entworfen. Ich vollendete sie in Chambéry und datierte sie vom selben Ort aus,
da ich es für besser hielt, sie, um jede Schikane zu vermeiden, weder von
Frankreich noch von Genf aus zu datieren" (p. 392). Die abweichende
Darstellung, die Rousseau Perdriau gegenüber gibt, stimmt mit dem Umstand
überein, daß Rousseau das Manuskript des *Discours* noch vor seiner Abreise
aus Dijon an Pissot übermitteln ließ, der das Buch bis zum 25. August 1754
herausbringen sollte (s. *CC* II, 267 f). Nachdem sich dieses Vorhaben zer-
schlagen hatte und Rousseau die Schrift bei Rey in Amsterdam erscheinen
ließ, konnte er im Herbst 1754, ehe das Manuskript an Rey ging, den Text
überarbeiten und so etwa die Anspielung auf den Vertrag von Turin, der
erst am 3. Juni geschlossen worden war, in die *Widmung* einfügen (cf. *Discours*,
FN 26). Auch der Eröffnungssatz der *Dédicace*, der darauf Bezug nimmt, daß
die Widmung an Genf ohne förmliche Genehmigung erfolgt, macht eine
spätere Redaktion wahrscheinlich. In welchem Umfang Rousseau die *Widmung* überarbeitet hat, läßt sich nicht mehr feststellen. Das Manuskript ist
verschollen. Da er jedoch, wie aus dem Briefwechsel mit Rey hervorgeht,
an anderen Stellen selbst während der Drucklegung im Winter 1754/55 noch
zahlreiche Korrekturen und Ergänzungen vorgenommen hat, ist gewiß, daß
das Bild, das die *Widmung* von Genf zeichnet, nicht mit einer vermeintlichen
„Überschwenglichkeit" oder „Wirklichkeitsfremdheit" Rousseaus erklärt

waren[42a], deren Mißbrauch zu verhindern nicht mehr in meiner
Macht stand, sah ich, daß ich auf mein Vorhaben auch nicht mehr
verzichten konnte, ohne mich der Gefahr auszusetzen, andere es
ausführen zu sehen[9].

Ihr Brief selbst lehrt mich, daß Sie [43]all die Schwierigkeiten,
die ich vorhergesehen hatte[43], nicht weniger fühlen als ich; nun
wissen Sie, daß man dadurch, daß man bei unbedeutenden Genehmigungen Schwierigkeiten macht, [44]die Menschen dazu einlädt[44],
[ganz] auf sie zu verzichten[45]: So hat [46]die übertriebene Vorsicht[46]
des verstorbenen Kanzlers in bezug auf den Druck der besten[9]
Bücher schließlich bewirkt, daß man ihm die Manuskripte nicht
mehr vorlegte und die Bücher nichtsdestoweniger gedruckt
wurden, [47]obwohl dieser wider die Gesetze erfolgte Druck wirklich verbrecherisch war[47], wohingegen eine nicht mitgeteilte
Widmung allenfalls eine Unhöflichkeit ist; und[9] weit davon entfernt, daß ein solches Verfahren [48]seiner Natur nach[48] tadelnswert
wäre, [49]entspricht es im Grunde mehr der Ehrbarkeit[49] als der
hergebrachte Brauch, denn es liegt etwas Feiges darin, Leute um
die Erlaubnis zu bitten, sie loben zu dürfen, und etwas Unziemliches, sie zu erteilen. Glauben Sie auch nicht[50], daß ein solches

werden kann, die dann während seines Genfer Aufenthalts einer spürbaren
Ernüchterung gewichen wäre. Die *Widmung* hat die Gestalt, die Rousseau ihr
nach seiner Rückkehr aus Genf definitiv geben wollte und gegeben hat. —
Die Kopien, die Rousseau im Brief erwähnt, könnten entstanden sein, als er
das Manuskript aus der Hand gab, um von einem professionellen Schreiber
eine Reinschrift des *Discours* anfertigen zu lassen. (Vergleiche dazu die beiden
Fragmente aus einer *Version intermédiaire* des *Discours*, S. 396 ff)

[43] E: ces difficultés / diese Schwierigkeiten

[44] E: apprend aux ⟨hommes⟩ gens / die ⟨Menschen⟩ Leute lehrt

[45] E: passer, et qu'il ne faut pas ⟨attendre⟩ demander celle de dire la vérité
à qui ne permet pas même qu'on parle / und daß man denjenigen nicht um die
Erlaubnis zu bitten braucht, die Wahrheit zu sagen, der nicht einmal erlaubt,
daß man spricht. *CC* schreiben irrtümlich: qu'on en parle.

[46] E: qu'avec les meilleures intentions du monde la circonspection / trotz
der besten Absichten von der Welt die Vorsicht

[47] E: mais cette impression furtive étoit vraiment punissable / aber dieser
heimliche Druck war wirklich strafbar

[48] E: en lui-même / an ihm selbst

[49] E: décent / ist es im Grunde geziemender

[50] E: plus, Monsieur / nicht, mein Herr,

sans éxemple: je puis vous faire voir des Livres dédiés à la
Nation Françoise, d'autres au Peuple Anglois sans qu'on ait fait
un crime aux Auteurs de n'avoir eu pour cela ni le consentement
de la Nation, ni celui du Prince qui surement leur eut été refusé,
parce que[51] dans toute monarchie le Roy [52]veut être l'Etat lui
tout seul et ne prétend pas que le Peuple soit quelque chose[52].

Au reste, si j'avois eu à m'ouvrir à quelqu'un sur cette affaire,
ç'auroit été à M. le Prémier moins qu'à qui que ce soit au monde.
J'honore et j'aime trop ce digne [9]et respectable[9] Magistrat pour
avoir voulu le compromettre en la moindre chose et l'exposer
au chagrin de déplaire [9]peut être[9] à beaucoup de Gens[53] en
favorisant mon projet, ou d'être forcé, peut être, à le blâmer[54]
contre son propre sentiment. [55]Vous pouvez croire qu'ayant réfléchi longtems[55] sur les matiéres de Gouvernement [56]je n'ignore
pas[56] la force de ces petites maximes d'Etat qu'un sage Magistrat
est[57] obligé de suivre quoiqu'il en sente [58]lui-même toute la
frivolité[58].

Vous conviendrez que je ne pouvois obtenir l'aveu du Conseil sans que mon ouvrage fut éxaminé[59]; or pensez vous[60] que
j'ignore ce que c'est que ces éxamens, et[9] combien l'amour-
propre des Censeurs les mieux intentionnés et les préjugés des
plus éclairés leur font mettre d'opiniâtreté et de hauteur à la
place de la raison et leur font rayer d'excellentes choses, uniquement parce qu'elles ne sont pas dans [61]leur maniére[61] de penser
[9]et qu'ils ne les ont pas méditées aussi profondément que l'auteur[9]. N'ai-je pas eu ici mille altercations avec les miens?[62a]

---

[51] E: car vous n'ignorez pas que / denn es ist Ihnen nicht unbekannt, daß
[52] E: die beiden Satzglieder sind umgestellt: ne prétend ... et veut ... /
nicht will ... und er ganz alleine
[53] E: Monde
[54] E: l'improuver / mißbilligen
[55] E: J'ai trop réfléchi / Ich habe über ... zuviel nachgedacht
[56] E: pour ignorer / um ... nicht zu wissen
[57] E: est souvent / oft gehalten ist — Nicht in CC.
[58] E: la futilité / ihre Nichtswürdigkeit
[59] E: éxaminé par les Scholarques / von den Scholarchen geprüft worden
wäre — Die Scholarchen waren in Genf für die Überwachung des Buch-
wesens zuständig.

Verhalten ohne Beispiel sei: Ich kann Ihnen Bücher zeigen, die der Französischen Nation und andere, die dem Englischen Volk gewidmet sind, ohne daß man den Autoren ein Verbrechen daraus gemacht hätte, hierfür weder die Zustimmung der Nation noch diejenige des Fürsten gehabt zu haben, die ihnen sicherlich verweigert worden wäre, weil[51] in jeder Monarchie der König [52]ganz alleine der Staat sein möchte und er nicht will, daß das Volk etwas sei[52].

Im übrigen, wenn ich mich in dieser Angelegenheit jemandem zu eröffnen gehabt hätte, so dem Herrn Premier weniger als irgend jemandem auf der Welt. Ich verehre und ich liebe diesen würdigen [9]und achtbaren[9] Magistrat zu sehr, als daß ich ihn im mindesten kompromittieren und ihn dem Kummer hätte aussetzen wollen, durch die Unterstützung meines Vorhabens vielleicht[9] bei vielen Leuten Mißfallen zu erregen, oder vielleicht gezwungen zu sein, es gegen seine eigene Überzeugung tadeln[54] zu müssen. Sie dürfen glauben, daß mir, da ich über die Materie der Regierung lange nachgedacht habe, die Macht jener kleinen Staatsmaximen nicht unbekannt ist, denen zu folgen ein weiser Magistrat gehalten ist[57], wenngleich er [58]selbst ihre ganze Nichtigkeit[58] empfindet.

Sie werden einräumen, daß ich die Zustimmung des Rates nicht erhalten konnte, ohne daß mein Werk geprüft worden wäre[59]; nun, meinen Sie, ich weiß nicht, was es mit diesen Prüfungen auf sich hat und[9] wie sehr die Eigenliebe der wohlmeinendsten und die Vorurteile der aufgeklärtesten Zensoren sie Halsstarrigkeit und Hochmut an die Stelle der Vernunft setzen lassen und sie dazu bringen, vortreffliche Dinge zu streichen — einzig und allein deshalb, weil diese nicht ihrer Denkweise entsprechen [9]und sie nicht ebenso gründlich über sie nachgedacht haben wie der Autor[9]. Habe ich hier nicht tausend heftige Auseinandersetzungen mit den

---

[60] E: ⟨vous⟩, Monsieur

[61] E: leurs maniéres

[62a] Die „heftigen Auseinandersetzungen", von denen Rousseau spricht, waren harmlos verglichen mit dem, was ihm noch bevorstand: Am 9. Juni 1762 verbietet das *Parlement de Paris*, der Pariser Gerichtshof, Rousseaus *Emile* und ordnet die öffentliche Verbrennung des Buches an. Gegen den Verfasser ergeht Haftbefehl. Rousseau, vom Marschall de Louxembourg und dessen

Quoique gens d'esprit et [63]d'honneur[63], ils m'ont toujours désolé par [64]de misérables[64] chicanes qui n'avoient ni le sens commun, ni d'autre[65] cause qu'une vile[66] pusillanimité ou la [67]vanité de vouloir tout savoir mieux qu'un autre[67]. Je n'ai jamais cédé parceque je ne céde qu'à la raison; le Magistrat[68a] a [69]été nôtre juge et il s'est toujours trouvé que les Censeurs avoient tort[69]. Quand je répondis au Roy de Pologne, je devois [70]selon eux[70] lui envoyer mon Manuscrit et ne le publier qu'avec son agrément: C'étoit, [9]prétendoient-ils[9], manquer de respect[71] au Pére de la Reine que de l'attaquer publiquement, surtout avec

---

Frau rechtzeitig gewarnt, kann im letzten Augenblick fliehen. Wenige Tage später verurteilt der *Petit Conseil* in Genf nicht nur den *Emile*, sondern auch den *Contrat social* „als vermessen, skandalös, gottlos, darauf angelegt, die christliche Religion und alle Regierungen zu zerstören." Am 19. Juni werden beide Bücher vor dem Rathaus der Stadt durch den Scharfrichter öffentlich verbrannt, gegen Rousseau wird ein Haftbefehl erlassen. Im Gefolge der Auseinandersetzungen mit dem Genfer Magistrat verzichtet Rousseau am 12. Mai 1763 auf sein Genfer Bürgerrecht. Der *Citoyen de Genève* war am 16. April des gleichen Jahres im damals preußischen Neuenburg naturalisiert worden. Der Wortlaut der aufschlußreichen Begründungen für die Verbote in Paris und Genf ist nachzulesen in der Dokumentation von Marc Viridet: *Documents officiels et contemporains sur quelques-unes des condamnations dont l'Emile et le Contrat social ont été l'objet en 1762.* Genf, Vaney, 1850, 72 S.

[63] E: bien disposés / gut gesinnt
[64] E: des / Schikanen
[65] E: nul autre
[66] E: lâche / feige
[67] E: la petite vanité de corriger / die kleinliche Eitelkeit des Korrigierens
[68a] Die Genehmigung für den Druck und den Vertrieb der Bücher innerhalb Frankreichs erteilte zu der Zeit, zu der Rousseau seine politischen Schriften veröffentlichte, Chrétien-Guillaume de Lamoignon de Malesherbes (1721—1794), ein wohlwollender Magistrat, in dem Rousseau einen wichtigen Fürsprecher fand. Die Großzügigkeit Malesherbes' erleichterte Rousseau vieles. Gegen das Parlement de Paris und die Macht des Pariser Erzbischofs vermochte dann freilich auch er nichts mehr auszurichten. In seinem *Mémoire sur la Liberté de la Presse* schildert Malesherbes 1790 rückblickend die Reaktion des Zensors auf Rousseaus *Discours* (M. spricht vom *Ersten Discours*, was er berichtet, macht es indes wahrscheinlicher, daß sich seine Schilderung auf den *Zweiten Discours* bezieht.): „Der Zensor, an den diese Broschüre gesandt wurde, war ein Gelehrter, er galt als ein vernünftiger Mann. Nicht nur, daß er diesem Werk der Sünde seine Genehmigung nicht geben wollte, sondern er suchte mich mit einem seiner Freunde und seiner Kollegen auf, der ebenfalls

meinen gehabt?[62a] Obwohl Leute von Geist und Ehre[63], haben sie mich stets mit [64]elenden Schikanen[64] belästigt, die weder Sinn noch Verstand hatten und keine andere Ursache als eine niedrige[66] Kleinmütigkeit oder die [67]Eitelkeit, alles besser wissen zu wollen als ein anderer[67]. Ich habe niemals nachgegeben, da ich nur der Vernunft nachgebe; der Magistrat[68a] [69]ist unser Richter gewesen und es stellte sich immer heraus, daß die Zensoren Unrecht hatten[69]. Als ich dem König von Polen antwortete, sollte ich ihm, [70]ihnen zufolge[70], mein Manuskript schicken und es nur mit seiner Einwilligung veröffentlichen: Ihn öffentlich anzugreifen, [9]so behaupteten sie[9], hieße, es[71] dem Vater der Königin gegenüber am gebührenden Respekt fehlen zu lassen, vor allem bei dem Stolz,

---

ein in Rücksicht auf die Wissenschaft und die Sitten angesehener Mann war, und alle beide sagten mir, daß sie untröstlich seien, das häßliche Geschäft von Denunzianten zu betreiben, aber die Angelegenheit, über die sie mit mir zu sprechen hätten, sei so wichtig, daß sie nicht umhin könnten, mich davon zu unterrichten; ich hätte dem einen von ihnen eine Broschüre gesandt, die gewiß keine Genehmigung erhalten könne, aber dabei dürfe man es nicht bewenden lassen; die Regierung müsse Maßnahmen ergreifen, um diese fürchterliche Lehre in ihrem Ursprung zu ersticken; der Verfasser wolle uns auf den Zustand der rohen Menschen zurückführen, die weder Religion noch Moral gekannt hätten, und unglücklicherweise sei dieser Verfasser mit einer unheilvollen Eloquenz begabt, die ihm Anhänger verschaffen würde" (zit. in *CC* II, p. 140).

[69] E: décidé, les observations des Censeurs ont été jettées au feu et mon ouvrage a toujours été imprimé tel que je l'avois fait. Vous sentez bien que ce seroit toute autre chose à Genève où les Censeurs, Magistrats eux-mêmes, jugent sans appel. Je suis très sur qu'aucun de mes écrits ⟨qui ont été permis où imprimés⟩ n'y eût passé comme à Paris sans mutilation, et j'aurois été réduit à donner sous mon nom le sentiment d'autrui pour le mien, ce que je n'ai jamais fait et ne veux jamais faire. / hat entschieden, die Bemerkungen der Zensoren sind ins Feuer gewandert und mein Werk ist stets so gedruckt worden, wie ich es verfaßt hatte. Sie sehen wohl ein, daß die Sache in Genf ganz anders stünde, wo die Zensoren selbst Magistrate sind und inappellabel urteilen. Ich bin ganz sicher, daß keine meiner Schriften ⟨die genehmigt oder gedruckt worden sind⟩ dort ohne Verstümmelung durchgegangen wäre wie in Paris, und ich wäre gezwungen gewesen, unter meinem Namen die Ansicht anderer für die meine auszugeben, was ich niemals getan habe und niemals tun will. [Siehe das Faksimile auf S. 449.]

[70] E: disoit-on / sagte man

[71] E: respect à une tête couronnée / es einem gekrönten Haupt,

la fierté [72]qu'ils trouvoient[72] dans ma réponse, et [73]ils ajoûtoient[73] même que ma sureté éxigeoit des précautions; je n'en ai pris aucune; je n'ai point envoyé mon Manuscrit au Prince[74]; je me suis fié à l'honnéteté publique, comme je fais encore [75]aujourdui et l'événement a prouvé que j'avois raison[76a]. Mais à Genéve il n'en iroit pas comme ici, la décision de mes Censeurs seroit sans appel, je[77] me verrois réduit à me taire ou à donner sous mon nom le sentiment d'autrui et je ne veux faire ni l'un ni l'autre. Mon expérience m'a donc fait prendre la ferme résolution d'être desormais mon unique Censeur; je n'en aurois jamais de plus sévére et mes principes n'en ont pas besoin d'autres non plus que mes mœurs: Puisque tous ces Gens là regardent toujours à mille choses étrangéres dont je ne me soucie point, j'aime mieux m'en rapporter à ce juge intérieur et incorruptible qui ne passe rien de mauvais et ne condanne rien de bon, et qui ne trompe jamais quand on le consulte de bonne foi. J'espére que vous trouverez qu'il n'a pas mal fait son devoir dans l'ouvrage en question dont tout le monde sera content et qui n'auroit pourtant obtenu l'approbation de personne[75].

[78]Vous devez sentir encore[78] que l'irrégularité qu'on peut trouver dans [79]mon procédé[79] est toute à mon préjudice et à l'avantage du Gouvernement. [80]S'il y a quelque chose de bon dans mon Ouvrage on pourra s'en prévaloir; s'il y a quelque chose de mauvais on pourra le desavoüer[80]; on pourra m'approuver ou me blamer selon les intérets particuliers ou le jugement

---

[72] E: qu'on trouvoit / den man in meiner Antwort fand

[73] E: l'on ajoûtoit / man fügte

[74] E: ⟨Roi de Pologne⟩ / ⟨König von Polen⟩ — Nicht in *CC*.

[75] E: à présent. L'évenement a prouvé que j'avois raison à Paris; j'espére n'avoir pas tort à Genevè. / Der Ausgang der Sache hat bewiesen, daß ich in Paris Recht hatte; ich hoffe, in Genf nicht Unrecht zu haben.

[76a] „Meine Freunde, die sich um mich ängstigten, glaubten mich schon in der Bastille zu sehen. Ich hatte diese Furcht nicht einen Augenblick, und ich hatte recht. Dieser gute Fürst sagte, nachdem er meine Antwort gelesen hatte: Ich habe mein Teil, ich werde mich nicht mehr daran reiben. Seit jener Zeit habe ich verschiedene Zeichen der Wertschätzung und des Wohlwollens von ihm erhalten" (*Confessions*, VIII, p. 366). König Stanislas von Polen, der Vater der französischen Königin, hatte im September 1751 eine

[72]den sie in meiner Antwort fanden[72], und [73]sie fügten[73] sogar
hinzu, daß meine Sicherheit Vorsichtsmaßnahmen erforderte; ich
habe keine ergriffen; ich habe dem Fürsten[74] mein Manuskript
nicht geschickt; ich habe auf die öffentliche Rechtlichkeit vertraut, wie ich dies noch heute tue, [75]und der Ausgang der Sache hat
bewiesen, daß ich Recht hatte[76a]. Aber in Genf lägen die Dinge
anders als hier; die Entscheidung meiner Zensoren wäre inappellabel, ich[77] würde mich gezwungen sehen, zu schweigen oder unter
meinem Namen die Ansicht anderer wiederzugeben, und ich will
weder das eine noch das andere tun. Meine Erfahrung hat mich daher zu dem festen Entschluß gelangen lassen, fortan mein einziger
Zensor zu sein; ich könnte niemals einen strengeren haben, und
meine Prinzipien haben andere Zensoren sowenig nötig wie meine
Sitten: Da alle diese Leute stets auf tausend äußere Dinge achten,
nach denen ich nichts frage, verlasse ich mich lieber auf jenen
inneren und unbestechlichen Richter, der nichts Schlechtes durchgehen läßt und nichts Gutes verwirft, und der einen niemals
irreleitet, wenn man ihn guten Glaubens befragt. Ich hofe, Sie
werden zu dem Ergebnis gelangen, daß er seine Pflicht in dem in
Frage stehenden Werk nicht schlecht getan hat, mit dem alle Welt
zufrieden sein wird und das dennoch von niemandem die förmliche
Genehmigung erhalten hätte[75].

[78]Sie müssen auch sehen[78], daß die Regelwidrigkeit, die man in
meinem Verfahren[79] finden mag, ganz zu meinem Schaden und
zum Vorteil der Regierung ist. [80]Wenn etwas Gutes in meinem
Werk enthalten ist, wird man es sich zunutze machen können;
wenn es etwas Schlechtes darin gibt, wird man es mißbilligen
können[80]; man wird mir zustimmen oder mich tadeln können, je
nach den besonderen Interessen oder dem Urteil der Öffentlichkeit:

Erwiderung auf Rousseaus *Ersten Discours* im *Mercure de France* veröffentlicht.
[77] B: ⟨et⟩ je / ⟨und⟩ ich — Nicht in *CC*.
[78] E: Ne sentez-vous pas, Monsieur / Sehen Sie nicht, mein Herr
[79] E: ma conduite / Verhalten
[80] E: On pourra se prévaloir de ce qu'il y aura de bon dans mon ouvrage
et desavouer ce qu'il y aura de mauvais; / Man wird sich das zunutze machen
können, was es in meinem Werk Gutes geben wird, und das mißbilligen
können, was Schlechtes darin sein wird.

du public: On pourroit même proscrire mon Livre, si l'Auteur et l'Etat avoient ce malheur que le Conseil n'en fut pas content; Toutes choses qu'on ne pourroit plus faire après [81]en avoir approuvé la Dédicace[81]. En un mot, si j'ai bien [82]dit en l'honneur de ma Patrie, la gloire[82] en sera pour elle, si j'ai mal dit, le blâme en retombera sur moi seul. Un bon Citoyen [83]peut-il se faire un scrupule d'avoir à courrir[83] de tels risques.

Je supprime toutes les considérations personnelles qui peuvent me [84]regarder, parce qu'elles ne doivent jamais entrer dans les motifs d'un homme de bien qui travaille pour l'utilité publique[84]. Si le détachement d'un cœur qui ne tient ni à la gloire[85], ni à la fortune, [86]ni même à la vie peut le rendre[86] digne d'annoncer la vérité, j'ose me croire appellé à cette vocation sublime: C'est pour[87] faire aux hommes du bien selon mon pouvoir que je m'abstiens d'en recevoir d'eux et [88]que je chéris ma pauvreté et mon indépendance[88]. Je ne veux [89]point supposer[89] que de tels sentimens puissent jamais me nuire auprès de mes Concitoyens, et c'est sans le prévoir ni le craindre que je prépare mon ame à cette derniére épreuve, la seule à laquelle je puisse être sensible. Croyez que je veux être jusqu'au tombeau, [90]honnête, vrai, et[90] Citoyen zélé; et que, s'il faloit me priver à cette occasion du doux séjour de la Patrie, je couronnerois ainsi les sacrifices que j'ai faits [91]à l'amour des hommes et de la vérité[91], par celui de tous qui coûte le plus à mon cœur et qui par consequent m'honore le plus.

[9]Vous comprendrez aisément que cette Lettre est pour vous seul, j'aurois pu vous en écrire une pour être vüe, dans un stile

---

[81] E: ⟨en avoir agréé la déd⟩ l'avoir agréé / ⟨seine Widmung angenommen⟩ es angenommen hätte.

[82] E: parlé de la Patrie, l'honneur / habe ich über das Vaterland gut gesprochen, so wird die Ehre

[83] E: doit-il craindre / Muß ein guter Bürger solche Risiken fürchten?

[84] E: regarder de plus près. / näher betreffen können.

[85] E: l'opinion / an der Meinung [anderer]

[86] E: le rend / hängt, es würdig macht

[87] E: pour pouvoir / tun zu können

[88] E: je chéris la pauvreté pour l'indépendance. / liebe ich die Armut um der Unabhängigkeit willen.

Man könnte mein Buch sogar verbieten, wenn der Autor und der Staat das Unglück haben sollten, daß der Rat nicht mit ihm zufrieden wäre. Alles Dinge, die man nicht mehr tun könnte, nachdem man [81]seine Widmung genehmigt hätte[81]. Mit einem Wort: [82]habe ich zur Ehre meines Vaterlandes gut gesprochen, so wird der Ruhm[82] ihm gehören; habe ich schlecht gesprochen, wird der Tadel auf mich allein zurückfallen. [83]Kann sich ein guter Bürger ein Gewissen daraus machen, solche Risiken eingehen zu müssen?[83]

Ich unterdrücke alle persönlichen Erwägungen, die mich [84]betreffen können, weil sie niemals in die Beweggründe eines guten Menschen Eingang finden dürfen, der für den öffentlichen Nutzen arbeitet[84]. Wenn die Entsagung eines Herzens, das weder am Ruhm[85] noch am Reichtum, [86]ja nicht einmal am Leben hängt, es würdig machen kann[86], die Wahrheit zu verkünden, so wage ich, mich zu dieser erhabenen Bestimmung für berufen zu halten: Um den Menschen nach meinem Vermögen Gutes [87]zu tun[87], verzichte ich darauf, solches von ihnen zu empfangen, und [88]liebe ich meine Armut und meine Unabhängigkeit[88]. Ich will [89]nicht annehmen[89], daß mir derartige Gefühle bei meinen Mitbürgern jemals schaden könnten, und ohne es vorauszusehen oder zu befürchten, bereite ich meine Seele auf diese letzte Prüfung vor — die einzige, die mich empfindlich treffen könnte. Glauben Sie, daß ich bis zum Grabe [90]rechtschaffen, wahrhaftig und[90] ein eifriger Bürger sein möchte; und daß ich, wenn ich aus diesem Anlaß dem süßen Aufenthalt im Vaterland entsagen müßte, damit die Opfer, die ich [91]der Liebe zu den Menschen und zur Wahrheit[91] gebracht habe, durch dasjenige krönen würde, welches meinem Herzen von allen Opfern am meisten abverlangt und das mich folglich am meisten ehrt.

[9]Sie werden unschwer begreifen, daß dieser Brief für Sie allein bestimmt ist, ich hätte Ihnen einen schreiben können, um andere

---

[89] E: pas même imaginer / mir nicht einmal vorstellen

[90] E: homme vrai / ein wahrhaftiger Mensch

[91] E: ⟨à la justice, à la vérité⟩ à l'amour de la vérité, de la liberté, de la justice / ⟨der Gerechtigkeit, der Wahrheit⟩ der Liebe zur Wahrheit, Freiheit, Gerechtigkeit

fort différent; mais outre que ces petites addresses répugnent à mon caractére, elles[92] ne répugneroient pas moins à ce que je connois du vôtre; et je me saurai gré toute ma vie d'avoir profité de cette occasion de m'ouvrir à vous sans reserve et de me confier à la discretion d'un homme de bien qui a de l'amitié pour moi. Bon jour, Monsieur, je vous embrasse de tout mon cœur avec attendrissement et respect.

                                                              JJRousseau[9]

---

[92] B: ⟨je songe⟩ elles / ⟨denke ich, daß⟩ sie — Nicht in *CC*.

ihn sehen zu lassen, [allerdings] in einem ganz anderen Stil; aber abgesehen davon, daß diese kleinen Kunstgriffe meinem Charakter widerstreben, widerstrebten sie dem, was ich von dem Ihrigen weiß, nicht weniger; und ich werde es mir mein ganzes Leben lang zu danken wissen, diese Gelegenheit genutzt zu haben, mich Ihnen rückhaltlos zu eröffnen und mich der Diskretion eines guten Menschen anzuvertrauen, der Freundschaft für mich hegt. Guten Tag, mein Herr! Ich umarme Sie von ganzem Herzen mit Rührung und Respekt.

J. J. Rousseau.[9]

ANHANG: Die Aufnahme der *Widmung* durch den Genfer Rat.

Um nach der nicht eingeholten Genehmigung für die Widmung des *Discours* jede zusätzliche Brüskierung der Genfer Regierung zu vermeiden, dringt Rousseau im Frühjahr 1755 in mehreren Briefen an seinen Verleger Rey darauf, mit der Auslieferung des Buches erst zu beginnen, nachdem der *Petit Conseil* offiziell ein Exemplar von ihm erhalten hat. Anfang Juni verfügt Rousseau über ein ungebundenes Vorausexemplar, das Rey an Malesherbes geschickt hatte, um die Erlaubnis für den Vertrieb in Frankreich zu bekommen. Er entnimmt dem Konvolut der Druckbogen offenbar lediglich die *Dédicace* und läßt sie, mit einem Begleitschreiben an den *Petit Conseil* versehen, durch den früheren Syndikus Saladin nach Genf übermitteln. Im Register des *Petit Conseil* findet sich unter dem 18. Juni 1755 der folgende Eintrag: „Der Herr Premier hat berichtet, daß N[ble] Saladin, Früherer Syndikus, ihm bei seiner Rückkehr aus Paris von Seiten des Herrn Jean Jaques Rousseau, Citoyen, den Beginn eines gedruckten Werkes mit dem Titel Discours sur L'origine et les Causes de l'Inégalité des Conditions [Diskurs über den Ursprung und die Ursachen der Ungleichheit der Stände] übergeben hat, dem eine Widmungsschrift vorangestellt ist, die an die Republik adressiert ist, und daß er einen Brief vom genannten Herrn Rousseau erhalten hat, geschrieben zu Paris, unter dem Datum des 4. des laufenden Monats, durch welchen er darum bittet, einen Blick auf die besagte Widmungsschrift zu werfen und dem Rat darüber zu berichten. Bei der Aussprache über den genannten Bericht war man der Ansicht, daß, da die besagte Widmungsschrift gedruckt ist, es sich nicht darum handeln kann, über ihren Inhalt zu beraten. Aber der Herr Premier kann ihm antworten, daß der Rat mit Befriedigung sieht, daß einer ihrer [!] Mitbürger sich durch Werke berühmt macht, die ein ausgezeichnetes Genie und ausgezeichnete Talente zu erkennen geben." (*CC* III, p. 132. Namen und Titel in der Orthographie des Originals, die Besonderheiten des Stils sind beibehalten.)

Der Erste Syndikus Jean-Louis Chouet schreibt Rousseau am 18. Juni 1755: „Mein Herr. Der Herr Syndikus Saladin hat mir, Ihrer Absicht entsprechend, das neue Werk übergeben, das Sie haben drucken lassen. Ich habe dem Magnifique Conseil über die Widmungsschrift Bericht erstattet, wie Sie dies gewünscht haben. Er hat die Gefühle der Tugend und des Eifers für das Vaterland, die Sie mit so viel Eleganz ausdrücken, mit Freude gesehen. Die Väter des Vaterlandes vernehmen stets mit großer Befriedigung, daß sich ihre Mitbürger so, wie Sie dies tun, durch Werke berühmt machen, die nur die Frucht eines seltenen Verdienstes und ausgezeichneter Talente sein können. Lassen Sie mich Ihnen, mein Herr, für meine eigene Person bezeugen, wie sehr ich von der Schönheit dieses Stückes gerührt worden bin, und nehmen Sie die Versicherung entgegen, daß ich mit der ganzen Wertschätzung, die Sie verdienen, mein Herr, Ihr sehr ergebener und sehr gehorsamer Diener bin. Chouet." (*CC* III, p. 133/134)

Rousseau antwortet am 20. Juli 1755: „Mein Herr, Geruhen Sie, meinen sehr ergebenen Dank dafür entgegenzunehmen, daß Sie die Widmung meines Werkes dem Magnifique Conseil vorgestellt und von ihm haben annehmen lassen, daß Sie, ebenso wie die Herren Syndizi, Ihre Kollegen, die Exemplare angenommen haben, die Ihnen von meiner Seite zugegangen sind; schließlich für die dem Herrn Du Villard vorbehaltlich meiner Zustimmung eingeräumte Erlaubnis [den *Discours* in Genf zu vertreiben]. Ich betrachte alle diese Zeichen der Güte als die glücklichsten Ereignisse meines Lebens; es sind zumindest jene, deren Erinnerung in meinem Herzen am besten eingeprägt bleiben wird, und ich fühle, wie süß es für mich ist, das Gefühl der Dankbarkeit jenen hinzuzufügen, die mir die Pflicht Ihnen, mein Herr, und dem Magnifique Conseil gegenüber auferlegt. Ich bin mit dem tiefsten Respekt, mein Herr, Ihr sehr ergebener und sehr gehorsamer Diener Jean Jaques Rousseau." (*CC* III, p. 143)

In diesem Briefwechsel ist auf beiden Seiten viel Politesse im Spiel. In den *Confessions* zeichnet Rousseau ein anderes Bild: „Jene Widmung, die mir der reinste Patriotismus diktiert hatte, zog mir nur Feinde im Rat und Neider in der Bürgerschaft zu. M. Chouet, damals Erster Syndikus, schrieb mir einen honetten aber kühlen Brief [. . .] Von Privatpersonen, unter anderen von De Luc und Jalabert, erhielt ich einige Komplimente, und das war alles. Ich sah nicht, daß mir irgendein Genfer einen wahren Dank für den Eifer des Herzens gewußt hätte, den man in diesem Werk spürte. Diese Gleichgültigkeit empörte alle, die sie bemerkten" (VIII, p. 395). Im XI. Buch heißt es noch deutlicher: „Ich wußte, daß der *Diskurs über die Ungleichheit* im Rat einen Haß gegen mich erregt hatte, der um so gefährlicher war, als er diesen nicht offen zu erkennen zu geben wagte" (p. 581). Auch wenn man in Rechnung stellt, daß diese rückblickende Einschätzung unter dem Eindruck der Verfolgung durch die Genfer Behörden in den Sechziger Jahren niedergeschrieben ist, bleibt wohl richtig, daß der Rat über die Widmungsschrift wenig glücklich war und jedenfalls nichts tun wollte, was sie in der Öffentlichkeit hätte aufwerten oder ihr zu noch mehr Beachtung hätte verhelfen können.

où la petite vanité de corriger : je n'ai jamais cédé parce que je ne cède qu'à la raison ; le magistrat a décidé ; les observations des Censeurs ont été jettés au feu et mon ouvrage a toujours été imprimé tel que je l'avois fait : Vous sentez bien que ce seroit toute autre chose à Genève où les Censeurs, Magistrats eux-mêmes, jugent sans appel. Je suis très sur qu'aucun de mes écrits ~~qui n'a jamais été~~ passé comme ~~il est~~ à Paris sans mutilation, et j'aurois été réduit à donner sous mon nom le sentiment d'autrui pour le mien, ce que je n'ai jamais fait et ne veux jamais faire.

Quand je répondis au Roy de Pologne, je devois, disoit-on, lui envoyer mon Manuscrit et ne le publier qu'avec Son agrément. C'étoit manquer de respect à une tête couronnée, au pere de la Reine que de l'attaquer publiquement, surtout avec la fierté qu'on trouvoit dans ma réponse, et l'on ajoutoit même que ma sureté exigeoit des précautions. Je n'en ai pris aucune ; je n'ai point envoyé mon manuscrit au ~~Prince~~ ~~Roy de Pologne~~ Prince : je me suis fié à l'honnêté publique comme je fais encore à présent. L'évenement a prouvé que j'avois raison à Paris ; j'espere n'avoir pas tort à Genève.

Ne sentez-vous pas, Monsieur, que l'irrégularité qu'on peut ~~trouver~~ trouver dans ma conduite en toute à mon préjudice et à l'avantage du Gouvernement? On pourra se prévaloir de ce qu'il y aura de bon dans mon ouvrage et desavouer ce qu'il y aura de mauvais ; on pourra m'approuver ou me blâmer selon les intérets particuliers ou le jugement du public : on pourroit même proscrire mon Livre si l'Auteur et l'Etat avoient ce malheur que le Conseil n'en fut pas content ; toutes choses qu'on ne pourroit plus faire après ~~en~~ l'avoir ~~vagiée~~ ~~vadé~~. En un mot, si j'ai bien parlé de la Patrie, l'honneur en sera pour elle ; si j'ai mal dit, le blâme en retombera sur moi seul. Un bon citoyen doit-il craindre de tels risques?

LETTRE DE M. PHILOPOLIS[1]

Au sujet du Discours de M. J. J. ROUSSEAU *de* Genève, *sur l'origine et les fondemens de l'inégalité parmi les Hommes.*

Je viens, Monsieur, de lire le Discours de M. JEAN-JACQUES ROUSSEAU de Genève, *sur l'origine et les fondemens de l'inégalité parmi les hommes.* J'ai admiré le coloris de cet étrange tableau; mais je n'ai pu en[2] admirer de même le dessein et la représentation. Je fais grand cas du mérite et des talens de M. ROUSSEAU, et je félicite *Genève* qui est aussi ma patrie, de le compter parmi les hommes célébres ausquels elle a donné le jour: mais je regrette qu'il ait adopté des idées qui me paroissent si opposées au vrai, et si peu propres à faire des heureux.

On écrira sans doute beaucoup contre ce nouveau Discours, comme on a beaucoup écrit contre celui qui a remporté le Prix de l'Académie de Dijon: et parce qu'on a beaucoup écrit et qu'on écrira beaucoup encore contre M. ROUSSEAU, on lui rendra plus cher un paradoxe qu'il n'a que trop caressé. Pour moi, qui n'ai nulle

---

[1] Hinter dem Pseudonym *Philopolis* verbirgt sich der Genfer Naturwissenschaftler und Philosoph Charles Bonnet (1720—1793). Bonnet, der einer Patrizierfamilie der Oberstadt entstammte, war orthodoxer Protestant und gehörte seit 1752 dem *Conseil des Deux Cents* an. Im März 1768 legte er sein Amt nieder, da das *Edit de conciliation,* zu dem sich die Regierung nach heftigen Auseinandersetzungen mit den Bürgern genötigt sah, seiner Ansicht nach den Forderungen der *Citoyens* und *Bourgeois* zu weit entgegenkam. Nach der Veröffentlichung des *Contrat social* und des *Emile* begegnete Bonnet Rousseau mit entschiedener Feindschaft. In einem Brief an seinen Freund Albrecht von Haller, den er zuvor in wenig verhüllter Form dazu gedrängt hatte, die Genfer Maßnahmen gegen Rousseau für den Kanton Bern zu übernehmen, schreibt Bonnet am 17. 7. 1762: „Vor kaum zweihundert Jahren hätten wir Rousseau verbrennen lassen. Wir haben uns darauf beschränkt, seine Bücher verbrennen zu lassen." (*CC* XII, p. 50; cf. *CC* XI, p. 85 f, 115, 157 f und *Confessions,* XII, p. 632.) Charles Bonnet hat sich in der Naturwissenschaft des 18. Jahrhunderts u. a. als Begründer der Fibernpsychologie einen Namen gemacht. Sein weitgespanntes Œuvre reicht vom *Traité d'insectologie* (1745) über einen *Essai de psychologie ou considérations sur les opérations de l'âme* (1754) bis zu metaphysisch-spekulativen Schriften wie der *Contemplation de la Nature* (1764) oder der *Palingénésie philosophique* (1769). Cf. Georges Bonnet: *Charles*

BRIEF VON M. PHILOPOLIS[1]

Anläßlich des Diskurses von M. J. J. ROUSSEAU *aus* Genf *über den Ursprung und die Grundlagen der Ungleichheit unter den Menschen.*

Soeben, mein Herr, habe ich den *Diskurs* von M. JEAN-JACQUES ROUSSEAU aus Genf *über den Ursprung und die Grundlagen der Ungleichheit unter den Menschen* gelesen. Ich habe das Kolorit dieses sonderbaren Gemäldes bewundert; aber den Entwurf und die Darstellung habe ich nicht in gleicher Weise bewundern können. Ich halte große Stücke auf das Verdienst und die Talente von M. ROUSSEAU, und ich beglückwünsche *Genf*, das auch mein Vaterland ist, daß es ihn unter die berühmten Männer rechnen kann, denen es das Licht der Welt geschenkt hat: aber ich bedauere, daß er Ideen angenommen hat, die mir der Wahrheit so entgegengesetzt und so wenig geeignet erscheinen, irgend jemanden glücklich zu machen.

Ohne Zweifel wird man viel gegen diesen neuen Diskurs schreiben, wie man viel gegen jenen geschrieben hat, der den Preis der Akademie von Dijon gewonnen hat: und da man viel gegen M. ROUSSEAU geschrieben hat und noch viel gegen ihn schreiben wird, wird man ihm ein Paradox immer teurer machen, das er nur zu sehr gehätschelt hat. Was mich betrifft, der ich keineswegs beabsichtige, ein Buch gegen M. ROUSSEAU zu

---

Bonnet, 1720—1793, Paris, 1930 und Jacques Marx: *Charles Bonnet contre les lumières*, Banbury, 1976 (*Studies on Voltaire and the eighteenth century*, 156—157). — Die *Lettre de Philopolis* wurde im Oktober 1755 im *Mercure de France* veröffentlicht (p. 71—77). Die Wiedergabe des Textes folgt, bis zur äußeren Druckgestalt (Kursivsetzungen und Kapitälchen), exakt der Erstpublikation, durch die der Brief bekannt wurde und auf deren Wortlaut sich Rousseau bei seiner Erwiderung bezieht. Die Editionen, die *OCP* (III, p. 1383—1386) und *CC* (III, p. 151—154) vorlegen, weichen vom Text des *Mercure* an mehreren Stellen ab. Während Ralph A. Leigh für seine Edition in Anspruch nimmt, den Wortlaut des *Mercure* wiederzugeben, orientieren sich die *OCP* ohne Angabe von Gründen und ohne Hinweis auf die Abweichungen gegenüber dem *Mercure* an einem Nachdruck des Briefes, der 1755 an vergleichsweise entlegenem Ort erschien.

[2] Nicht in *OCP* und *CC*.

envie de faire un livre contre M. Rousseau, et qui suis très-convaincu que la dispute est de tous les moyens celui qui peut le moins sur ce génie hardi et indépendant, je me borne à lui proposer d'approfondir un raisonnement tout simple, et qui me semble renfermer ce qu'il y a de plus essentiel dans la question.

Voici ce raisonnement.

Tout ce qui résulte immédiatement des *facultés* de l'homme ne doit-il pas être dit résulter de sa *nature*? Or, je crois que l'on démontre fort bien que l'*état de société* résulte immédiatement des facultés de l'homme: je n'en veux point alléguer d'autres preuves à notre sçavant[3] Auteur que ses propres idées sur l'établissement des sociétés; idées ingénieuses et qu'il a si élégamment exprimées dans la seconde partie de son Discours. Si donc l'*état de société* découle des facultés de l'homme, il est *naturel* à l'homme. Il seroit donc aussi déraisonnable de se plaindre de ce que ces facultés en se développant ont donné naissance à cet état, qu'il le seroit de se plaindre de ce que Dieu a donné à l'homme de telles facultés.

L'homme est tel que l'exigeoit la place qu'il devoit occuper dans l'Univers. Il y falloit apparemment des hommes qui bâtissent des villes, comme il y falloit des castors qui construisissent des cabannes. Cette *perfectibilité* dans laquelle M. Rousseau fait consister le caractere qui distingue éternellement[4] l'homme de la brute, devoit du propre aveu de l'Auteur, conduire l'homme au point où nous le voyons aujourd'hui. Vouloir que cela ne fut point, ce seroit vouloir que l'homme ne fut point homme. L'aigle qui se perd dans la nue, rampera-t-il[5] dans la poussiere comme le serpent?

L'*Homme sauvage* de M. Rousseau, cet homme qu'il chérit avec tant de complaisance, n'est point du tout l'homme que Dieu a voulu faire: mais Dieu a fait des *Orangoutangs* et des *singes* qui ne sont pas hommes.

---

[3] Nicht in *OCP*.

[4] Im Wiederabdruck des Textes innerhalb von Bonnets *Oeuvres d'histoire naturelle et de philosophie*, Neuchâtel, 1779—1783, Bd. XVIII, p. 136 und im *Supplément* zur Ed. 1782 der *Collection complète*, Bd. XXVI, p. 461, steht: essentiellement / essentiell. *OCP* schreiben essentiellement, ohne Hinweis auf den Wortlaut der Erstveröffentlichung.

[5] *OCP* und *CC*: rampe-t-il / kriecht er im Staube. Beide Editionen folgen damit den späteren Ausgaben.

schreiben, und fest davon überzeugt bin, daß der Disput von allen Mitteln dasjenige ist, das über dieses kühne und unabhängige Genie am wenigsten vermag, so beschränke ich mich darauf, ihm eine ganz einfache Schlußfolgerung zur Prüfung vorzulegen, die mir das zu enthalten scheint, was in der Frage das Wesentlichste ist.

Hier nun diese Schlußfolgerung.

Muß nicht von allem, was unmittelbar aus den *Fähigkeiten* des Menschen resultiert, gesagt werden, daß es aus seiner *Natur* resultiere? Nun glaube ich, daß sich sehr gut nachweisen läßt, daß der *Gesellschaftszustand* unmittelbar aus den Fähigkeiten des Menschen resultiert: ich möchte mich hierzu gegenüber unserem gelehrten[3] Autor auf keine anderen Beweise stützen als auf seine eigenen Vorstellungen über die Errichtung der Gesellschaften — geistreiche Vorstellungen, die er im zweiten Teil seines Diskurses so elegant ausgedrückt hat. Wenn sich der *Gesellschaftszustand* also aus den Fähigkeiten des Menschen ergibt, so ist er dem Menschen *natürlich*. Es wäre daher ebenso unvernünftig, sich darüber zu beklagen, daß diese Fähigkeiten, indem sie sich entwickelten, diesen Zustand ins Leben gerufen haben, wie es dies wäre, wenn man sich darüber beklagte, daß GOTT dem Menschen solche Fähigkeiten gegeben hat.

Der Mensch ist so beschaffen, wie ihn die Stellung, die er im Universum einnehmen sollte, verlangte. Offenbar waren darin Menschen nötig, die Städte bauten, wie Biber darin nötig waren, die Hütten errichteten. Jene *Perfektibilität*, in der nach M. ROUSSEAU das Charakteristikum besteht, das den Menschen auf ewig[4] vom Vieh unterscheidet, mußte den Menschen, nach dem eigenen Eingeständnis des Autors, zu dem Punkte führen, an dem wir ihn heute sehen. Zu wollen, daß dem nicht so wäre, hieße zu wollen, daß der Mensch nicht Mensch wäre. Der Adler, der sich in den Wolken verliert, soll er im Staube kriechen[5] wie die Schlange?

Der *wilde Mensch* von M. ROUSSEAU, dieser Mensch, an dem er mit so viel Wohlgefallen hängt, ist ganz und gar nicht der Mensch, den GOTT hat schaffen wollen: aber GOTT hat *Orang-Utans* und *Affen* geschaffen, die keine Menschen sind.

Quand donc M. Rousseau déclame avec tant de véhémence et d'obstination contre l'*état de société*, il s'élève *sans y penser* contre la volonté de celui qui a fait l'homme, et qui a ordonné cet état. Les *faits* sont-ils autre chose que l'expression de cette[6] volonté adorable?

Lorsqu'avec le pinceau d'un Le Brun[7], l'Auteur trace à nos yeux l'effroyable peinture des maux que l'*Etat civil* a enfantés, il oublie que la planette où l'on voit ces choses, fait partie d'un Tout immense que nous ne connoissons point; mais que nous sçavons être l'ouvrage d'une Sagesse Parfaite.

Ainsi, reconçons pour toujours à la chimérique entreprise de prouver que l'homme seroit mieux s'il étoit autrement: l'abeille qui construit des cellules si régulieres voudra-t-elle juger de la façade du Louvre? Au nom du Bon sens et de la Raison, prenons l'homme tel qu'il est, avec toutes ses dépendances: laissons aller le monde comme il va; et soyons sûrs qu'il va aussi bien qu'il pouvoit aller.

S'il s'agissoit de justifier la Providence aux yeux des hommes, *Leibnits* et *Pope* l'ont fait; et les ouvrages immortels de ces génies sublimes sont des monumens élevés à la gloire de la Raison[8]. Le Discours de M. Rousseau est un monument élevé à l'esprit, mais à l'esprit chagrin et mécontent de lui-même et des autres.

Lorsque notre Philosophe voudra consacrer ses lumieres et ses talens à nous découvrir les origines des choses; à nous montrer les développemens plus ou moins lents des biens et des maux; en un mot, à suivre l'humanité dans la courbe tortueuse qu'elle décrit; les tentatives de ce génie original et fécond, pourront nous valoir des connoissances précieuses sur ces sujets[9] intéressans.

---

[6] *OCP* und *CC*: sa / seines. S. FN 5.

[7] Der französische Maler Charles Le Brun (1619—1690) wurde durch seine politischen Allegorien und theatralischen Ausgestaltungen im Louvre und im Spiegelsaal von Versailles bekannt. Er übte prägenden Einfluß auf den Louis-Quatorze-Stil aus.

[8] Gottfried Wilhelm Leibniz: *Essai de Théodicée sur la Bonté de Dieu, la Liberté de l'Homme et l'Origine du Mal.* Amsterdam, 1710. Alexander Pope: *Essay on Man*, London, 1733.

Wenn M. Rousseau daher mit so großer Heftigkeit und Halsstarrigkeit gegen den *Gesellschaftszustand* eifert, erhebt er sich, *ohne daran zu denken*, gegen den Willen dessen, der den Menschen geschaffen und diesen Zustand angeordnet hat. Sind die *Tatsachen* etwas anderes als der Ausdruck jenes[6] Anbetungswürdigen Willens?

Wenn der Autor mit dem Pinsel eines Le Brun[7] vor unseren Augen das entsetzliche Bild der Übel entwirft, die der *bürgerliche Zustand* aus sich geboren hat, so vergißt er, daß der Planet, auf dem man diese Dinge sieht, Teil eines unermeßlichen Ganzen ist, das wir nicht kennen; von dem wir aber wissen, daß es das Werk einer vollkommenen Weisheit ist.

Entsagen wir also für alle Zeiten dem chimärischen Unterfangen zu beweisen, daß der Mensch besser wäre, wenn er anders wäre: wird die Biene, die so regelmäßige Zellen baut, ein Urteil über die Fassade des Louvre fällen? Im Namen des gesunden Menschenverstandes und der Vernunft, nehmen wir den Menschen so wie er ist, mit allem, was zu ihm dazugehört. Lassen wir der Welt ihren Lauf, und seien wir versichert, daß er so gut ist, wie er es zu sein vermag.

Wenn es sich darum handelte, die Vorsehung in den Augen der Menschen zu rechtfertigen, so haben *Leibniz* und *Pope* es getan; und die unsterblichen Werke dieser erhabenen Genies sind Monumente, die zum Ruhme der Vernunft errichtet wurden.[8] Der Diskurs von M. Rousseau ist ein Monument, das dem Geiste errichtet wurde, aber dem Geist, der verdrossen und mit sich selbst und den anderen unzufrieden ist.

Wenn unser Philosoph seine Einsicht und seine Talente darauf verwenden möchte, uns die Ursprünge der Dinge zu entdecken; uns die mehr oder weniger langsamen Entwicklungen der Güter und der Übel zu zeigen; mit einem Wort, darauf, der Menschheit auf der verschlungenen gekrümmten Linie zu folgen, die sie [in ihrer Geschichte] beschreibt, so werden uns die Bemühungen dieses originellen und fruchtbaren Genies wert-

---

[9] *OCP* und *CC*: objets. S. FN 5. *CC* geben sujets als Variante des Manuskripts von Bonnet an. Tatsächlich steht sujets jedoch bereits im gedruckten Text des *Mercure*.

Nous nous empresserons alors à recueillir ces connoissances; et à
offrir à l'Auteur le tribut de reconnoissance et d'éloges qu'elles
lui auront mérité, et qui n'aura pas été, je m'assure, la principale
fin de ses recherches.

Il y a lieu, Monsieur, de s'étonner, et je m'en étonnerois davantage, si j'avois moins été appellé à réfléchir sur les sources de la
diversité des opinions des hommes; il y a, dis-je, lieu de s'étonner
qu'un écrivain qui a si bien connu les avantages d'un bon gouvernement, et qui les a si bien peints dans sa belle dédicace à notre
République, où il a cru voir tous ces avantages réunis, les ait
si-tôt et si parfaitement perdus de vûe dans son Discours[10]. On
fait des efforts inutiles pour se persuader qu'un écrivain qui seroit,
sans doute, fâché que l'on ne le crut pas judicieux, préférât sérieusement d'aller passer sa vie dans les bois[11], si sa santé le lui permettoit,
à vivre au milieu de concitoyens chéris et dignes de l'être. Eut-on
jamais présumé qu'un écrivain qui pense avanceroit dans un siécle
tel que le nôtre cet étrange paradoxe qui renferme seul une si
grande foule d'inconséquences, pour ne rien dire de plus fort?
*Si la nature nous a destinés à etre saints[12], j'ose presque assurer que l'état
de réflexion est un état contre nature, et que l'homme qui médite est un animal dépravé.* Disc. pag. 22.

Je l'ai insinué en commençant cette Lettre; mon dessein n'est
point de prouver à Monsieur Rousseau par des argumens, qu'assez
d'autres feront sans moi, et qu'il seroit peut-être mieux que l'on
ne fit point, la supériorité de l'état du *Citoyen* sur l'état de l'*homme
sauvage*; qui eût jamais imaginé que cela seroit mis en question!

---

[10] Am 19. August 1755 hatte Bonnet an Albrecht von Haller geschrieben:
„Die Widmung an unsere Republik ist voll von hohen Gesinnungen und edlen
Ideen, welche die Freiheit eingibt. Aber es ist höchst eigenartig, daß ein
Mensch, der die Vorzüge einer guten Regierung mit solcher Lebhaftigkeit
empfindet, behauptet, der glücklichste Zustand der Menschen sei der Zustand,
in dem sie sich am meisten jenem des Viehs annähern" (*CC* III, p. 148). Auf
denselben vermeintlichen Widerspruch weist der Redakteur der *Bibliothèque
des Sciences et des Beaux-Arts* in einer frühen Besprechung des *Discours* hin:
„Die Widmung dieses Diskurses trägt alle Merkmale eines soziablen Menschen, und der Diskurs selbst ist dazu bestimmt, die Gesellschaft als die
Schande und die Depravation der menschlichen Natur ins Auge zu fassen."
(Okt.-Dez. 1755, p. 407, zit. in *CC* III, p. 407)

[11] Cf. *Discours*, Anmerkung IX, S. 318 ff.

volle Erkenntnisse über diese interessanten Gegenstände eintragen können. Wir werden uns dann eifrig bemühen, diese Erkenntnisse aufzunehmen und dem Autor den Tribut an Anerkennung und Lobreden zu zollen, den er sich mit ihnen verdient haben wird, und der — dessen bin ich gewiß — nicht der Hauptzweck seiner Untersuchungen gewesen sein wird.

Es besteht Grund, mein Herr, sich zu wundern, und ich würde mich noch mehr darüber wundern, wenn ich weniger dazu berufen worden wäre, über die Ursachen der Mannigfaltigkeit der Meinungen unter den Menschen nachzudenken; es besteht Grund, sage ich, sich darüber zu wundern, daß ein Schriftsteller, der die Vorzüge einer guten Regierung so trefflich erkannt und sie in seiner schönen Widmungsschrift an unsere Republik so gut beschrieben hat, wo er alle diese Vorzüge vereinigt zu sehen glaubte, sie in seinem Diskurs so schnell und so vollständig aus den Augen verloren hat.[10] Man müht sich vergeblich, sich davon zu überzeugen, daß ein Schriftsteller, der ohne Zweifel aufgebracht wäre, wenn man ihn nicht für urteilsfähig hielte, es ernsthaft vorziehen sollte, in die Wälder zu gehen, um dort sein Leben zu fristen[11], wenn seine Gesundheit es ihm erlaubte, statt inmitten der Mitbürger zu leben, die er liebt und die es wert sind, von ihm geliebt zu werden. Hätte man jemals vermutet, daß ein Schriftsteller, der denkt, in einem Jahrhundert wie dem unsrigen dieses absonderliche Paradox vorbringen würde, das allein schon eine solche Unmenge von Inkonsequenzen enthält — um keinen stärkeren Ausdruck zu gebrauchen? *Wenn die Natur uns dazu bestimmt hat, heilig[12] zu sein, so wage ich beinahe zu versichern, daß der Zustand der Reflexion ein Zustand wider die Natur ist, und daß der Mensch, der nachsinnt, ein depraviertes Tier ist.* Disc. p. 22 [S. 88].

Ich habe es zu Beginn dieses Briefes zu verstehen gegeben; meine Absicht ist keineswegs, M. ROUSSEAU mit Argumenten zu beweisen — was genügend andere ohne mich tun werden und was man vielleicht besser nicht tun würde —, daß der Zustand des *Bürgers* dem Zustand des *wilden Menschen* überlegen ist; wer

---

[12] Rousseau schreibt im *Discours* sains (gesund) und nicht saints (heilig), ein Druckfehler des *Mercure*, aus dem Rousseau in seiner Erwiderung Kapital schlägt.

mon but est uniquement d'essayer de faire sentir à notre Auteur combien ses plaintes continuelles sont superflues et déplacées: et combien il est évident que la *société* entroit dans la destination de notre être.

J'ai parlé à M. Rousseau avec toute la franchise que la relation de compatriote authorise. J'ai une si grande idée des qualités de son cœur, que je n'ai pas songé un instant qu'il put ne pas prendre en bonne part ces réflexions. L'amour seul de la vérité me les a dictées. Si pourtant en les faisant, il m'étoit échappé quelque chose qui pût déplaire à M. Rousseau, je le prie de me le pardonner, et d'être persuadé de la pureté des mes intentions.

Je ne dis plus qu'un mot; c'est sur la *pitié*, cette vertu si[13] célébrée par notre Auteur, et qui fut selon lui, le plus bel appanage de l'homme dans l'enfance du monde. Je prie M. Rousseau de vouloir bien réfléchir sur les questions suivantes.

Un homme, ou tout autre[14] être *sensible*, qui n'auroit jamais connu la douleur, auroit-il de la *pitié*, et seroit-il ému à la vûe d'un enfant qu'on égorgeroit?

Pourquoi la populace, à qui M. Rousseau accorde une si grande dose de pitié, se repaît-elle avec tant d'avidité du spectacle d'un malheureux expirant sur la roue?

L'*affection* que les femelles des animaux témoignent pour leurs petits, a-t-elle ces petits pour objet, ou la mere? Si par hasard c'étoit celle-ci, le bien être des petits n'en auroit été que mieux assuré.

J'ai l'honneur d'être, etc.

Philopolis, Citoyen de Genève[15].

A Genève, le 25 Août 1755.

---

[13] Nicht in *CC*.

[14] Nicht in *OCP*.

[15] Charles Bonnet hat sein Pseudonym erst 1783, fünf Jahre nach Rousseaus Tod, gelüftet, als er den Brief von 1755 in den letzten Band seiner Gesammelten Werke aufnahm (cf. FN 4). In einer Anmerkung, die er dem Wiederabdruck hinzufügt, schreibt er: „Dieser Brief war im *Mercure de France* des Monats Oktober 1755 veröffentlicht worden. Der Verfasser hatte die Anonymität nur gewahrt und sich unter dem Namen *Philopolis Bürger von Genf* verkleidet, um Mr. Rousseau eine größere Freiheit zu lassen, ihm alles zu erwidern, was er für angebracht hielte. Er wußte damals nicht, daß dieser berühmte Schriftsteller es nicht ertragen konnte, daß man bei ihm die Anony-

hätte sich jemals einfallen lassen, daß das in Frage gestellt würde! Mein Ziel liegt einzig und allein darin, den Versuch zu unternehmen, unserem Autor deutlich zu machen, wie überflüssig und deplaziert seine fortwährenden Klagen sind: und wie evident es ist, daß die *Gesellschaft* in der Bestimmung unseres Seins einbegriffen war.

Ich habe zu M. Rousseau mit der ganzen Freimütigkeit gesprochen, zu der das Verhältnis des Landsmannes autorisiert. Ich habe eine so hohe Meinung von den Qualitäten seines Herzens, daß ich nicht einen Augenblick daran gedacht habe, er könnte diese Reflexionen nicht in gutem Sinne aufnehmen. Allein die Liebe zur Wahrheit hat sie mir diktiert. Wenn mir, als ich sie niederschrieb, dennoch irgend etwas durchgegangen sein sollte, das M. Rousseau mißfallen könnte, bitte ich ihn, es mir zu verzeihen und von der Lauterkeit meiner Absichten überzeugt zu sein.

Ich sage nur noch ein Wort, und zwar über das *Mitleid*, diese Tugend, die von unserem Autor so[13] gefeiert wird und die ihm zufolge das schönste Erbteil des Menschen im Kindesalter der Welt war. Ich bitte M. Rousseau, über die folgenden Fragen nachdenken zu wollen.

Hätte ein Mensch, oder jedes andere[14] *empfindende* Wesen, das den Schmerz niemals kennengelernt hätte, *Mitleid*, und wäre er beim Anblick eines Kindes, das man erwürgte, erschüttert?

Warum weidet sich der Pöbel, dem M. Rousseau eine so große Dosis Mitleid zuspricht, mit solcher Gier am Schauspiel eines Unglücklichen, der auf dem Rad stirbt?

Hat die *Zuneigung*, welche die Weibchen der Tiere für ihre Jungen bezeugen, diese Jungen zum Gegenstand oder die Mutter? Wenn es zufällig die letztere wäre, wäre das Wohlergehen der Jungen damit nur noch besser sichergestellt worden.

Ich habe die Ehre, etc.

Philopolis, Bürger von Genf[15]

Zu Genf, den 25. August 1755

---

mität wahrte: So erklärte er im darauffolgenden *Mercure*, daß er nicht glauben könne, daß jener Brief von einem Bürger von Genf war, da ein Bürger von Genf sich nicht so vor den Augen seines Landsmannes verkleidet hätte..." (p. 133/134). Cf. dazu Rousseaus *Lettre au Mercure de France*, S. 478.

LETTRE DE J. J. ROUSSEAU
A MONSIEUR PHILOPOLIS[1]

Vous voulez, Monsieur, que je vous réponde, puisque vous
me faites des questions. Il s'agit, d'ailleurs, d'un ouvrage dédié
à mes Concitoyens[2]; je dois en le deffendant justifier l'honneur
qu'ils m'ont fait de l'accepter. Je laisse à part dans vôtre Lettre
ce qui me regarde en bien et en mal, parce que l'un compense
l'autre à peu près, que j'y prends peu d'intérêt, le public encore
moins, et que tout cela ne fait rien à la recherche[3] de la vérité.
Je commence donc par le raisonnement que vous me proposez
comme essentiel à la question que j'ai tâché de resoudre[4].

L'état de société, me dites vous, résulte immédiatement des
facultés de l'homme et par conséquent de sa nature. Vouloir que
l'homme ne devint point sociable, ce seroit donc vouloir qu'il
ne fut point homme, et c'est attaquer l'ouvrage de Dieu que de
s'élever contre la société humaine. Permettez-moi, Monsieur, de
vous proposer à mon tour une difficulté avant de résoudre la
vôtre. Je vous épargnerois ce détour, si je connoissois un chemin
plus sur pour aller au but.

Supposons que quelques savans trouvassent un jour le secret
d'accélérer la vieillesse, et l'art d'engager les hommes à faire

---

[1] MANUSKRIPTE: I) Bibliothèque de la ville de Neuchâtel, Ms. R. 283,
fol. 11—14. 8 Seiten. Reinschrift von der Hand Rousseaus. II) Ms. R. 48,
fol. 15 verso. Kleiner Ausriß, der die ersten Zeilen eines Entwurfs mit dem
Titel *Reponse de J. J. Rousseau à M. Philopolis* enthält. Das Blatt ist an beiden
Seiten so stark beschädigt, daß kein Satz vollständig erhalten geblieben ist.
III) Ms. R. 16 fol. 70 verso (nicht recto, *CC*). Fragment einer Passage, die
sich Rousseau mit Bleistift notiert hat. (S. FN 18) EDITIONEN: Rousseau hat
die *Lettre à Monsieur Philopolis* selbst nicht publiziert. Offenbar wollte er sich
nicht noch einmal auf eine ähnlich ausgedehnte öffentliche Auseinandersetzung
mit seinen Kritikern einlassen, wie er sie im Anschluß an den *Ersten Discours*
geführt hatte. In einem Brief an den *Mercure de France* vom 29. 11. 1755 erklärt
Rousseau, daß seine „Widersacher freies Feld" haben sollten (s. S. 480). Die
Reinschrift des Briefes an Philopolis muß demnach vor diesem Datum abgeschlossen gewesen sein. Die *Lettre* wurde erstmals in der postumen Ed. 1782
der *Collection complète*, Bd. 1, p. 244—258 veröffentlicht. Die einzige kritische
Edition legte bisher Ralph A. Leigh in *CC* III, p. 185—191, vor. Meine Transkription folgt in allen Einzelheiten der Handschrift. Die Varianten beziehen
sich, soweit nicht ausdrücklich anders angegeben, auf Ms. I.

BRIEF VON J. J. ROUSSEAU
AN HERRN PHILOPOLIS[1]

Sie wollen, mein Herr, daß ich Ihnen antworte, denn Sie stellen mir Fragen. Es handelt sich überdies um ein Werk, das meinen Mitbürgern gewidmet ist; ich muß, indem ich es verteidige, die Ehre rechtfertigen, die sie mir damit erwiesen haben, daß sie es angenommen haben.[2] Ich lasse in Ihrem Brief beiseite, was — im Guten wie im Bösen — mich betrifft, weil das eine das andere ungefähr aufwiegt, weil es mich wenig interessiert, die Öffentlichkeit noch weniger, und weil all dies für die Erforschung[3] der Wahrheit ohne Belang ist. Ich beginne also mit der Schlußfolgerung, die Sie mir als wesentlich vorlegen für die Frage, welche ich zu lösen versucht habe.[4]

Der Gesellschaftszustand, sagen Sie mir, resultiere unmittelbar aus den Fähigkeiten des Menschen und folglich aus seiner Natur. Zu wollen, daß der Mensch nicht soziabel werde, hieße daher zu wollen, daß er nicht Mensch wäre; und sich gegen die menschliche Gesellschaft zu erheben, heiße das Werk Gottes anzugreifen. Gestatten Sie mir, mein Herr, daß ich Ihnen meinerseits ein Problem vorlege, bevor ich das Ihre löse. Ich würde Ihnen diesen Umweg ersparen, wenn ich einen sichereren Weg wüßte, um zum Ziel zu gelangen.

Nehmen wir an, irgendwelche Gelehrte fänden eines Tages das Geheimnis, das Altern zu beschleunigen, und die Kunst, die

---

[2] Im Entwurf von Ms. II findet sich der Satz *Il s'agit . . . l'accepter.* noch nicht. Rousseau scheint dort geschrieben zu haben, daß er antworten wolle [avec la complais]sance qu'on doit à tout le monde et que je crois devoir sur[tout à un co]mpatriote ou du moins à quelqu' [un qui veut pas]ser pour tel. Je laisse à part . . . / mit dem Entgegenkommen, das man jedermann schuldet und das ich vor allem einem Landsmann zu schulden glaube, oder zumindest jemandem, der als solcher gelten will. — Auch im Brief an den *Mercure* vom 29. 11. 1755 äußert Rousseau Zweifel daran, daß sich hinter dem Pseudonym Philopolis tatsächlich ein *Citoyen de Genève* verbirgt; s. S. 478 und S. 458 f, FN 15.
[3] Ms. II: ⟨cause⟩ / ⟨Sache⟩ — Nicht in *CC*.
[4] Ms. II: comme essentiel à la [question] ⟨de sociabilité⟩ / für die Frage ⟨der Soziabilität⟩. Mit dieser Zeile endet Ms. II. — Nicht in *CC*.

usage de cette rare découverte. Persuasion qui ne seroit peut
être pas si difficile à produire qu'elle paroit au premier aspect.
Car la raison, ce grand véhicule de toutes nos sottises, n'auroit
garde de nous manquer à celle-ci. Les Philosophes, surtout, et
les gens sensés, pour secoüer le joug des passions et goûter le
précieux repos de l'ame, gagneroient à grands pas l'âge de
Nestor, et renonceroient volontiers aux desirs qu'on peut satisfaire afin de se garantir de ceux qu'il faut étouffer. Il n'y auroit
que quelques étourdis qui, rougissant même de leur foiblesse,
voudroient follement rester jeunes et heureux, au lieu de vieillir pour être sages.

Supposons qu'un esprit singulier, bizarre, et pour tout dire, un
homme à paradoxes, s'avisât alors de reprocher aux autres
l'absurdité de leurs maximes, de leur prouver qu'ils courent à
la mort en cherchant la tranquillité, qu'ils ne font que radotter
à force d'être raisonnables, et que s'il faut qu'ils soient vieux
un jour, ils devroient tâcher au moins de l'être le plus tard qu'il
seroit possible.

Il ne faut pas demander si nos sophistes craignant le décri de
leur Arcane se hâteroient d'interrompre [5]ce discoureur[5] importun.
'Sages vieillards', diroient ils à leurs sectateurs, 'remerciez le
Ciel des graces qu'il vous accorde, et félicitez-vous sans cesse
d'avoir si bien suivi ses volontés. Vous étes décrepits, il est
vrai, languissans, cacochymes; tel est le sort inévitable de
l'homme, mais vôtre entendement est sain; vous étes perclus de
tous les membres, mais vôtre tête en est plus libre; vous ne
sauriez agir, mais vous parlez comme des oracles; et si vos
douleurs augmentent de jour en jour, vôtre Philosophie augmente avec elles. Plaignez cette jeunesse impétueuse que sa brutale santé prive des biens attachés à vôtre foiblesse. Heureuses
infirmités qui rassemblent autour de vous tant d'habiles Pharma-
ciens fournis de plus de drogues que vous n'avez de maux, tant
de savans Médecins qui connoissent à fond vôtre poux, qui
savent [6]en grec[6] les noms de tous vos rhumatismes, tant de

---

[5] ⟨cet⟩ importun — discoureur ist am Rand eingefügt.
[6] Zwischen den Zeilen eingefügt.

Menschen dazu zu bewegen, Gebrauch von dieser ungemeinen Entdeckung zu machen. Eine Überredung, die vielleicht nicht so schwierig zu bewerkstelligen wäre, wie sie auf den ersten Blick erscheint. Denn die Vernunft, dieses große Vehikel all unserer Dummheiten, würde sich wohl hüten, uns diese hier versäumen zu lassen. Vor allem die Philosophen und die verständigen Leute würden, um das Joch der Leidenschaften abzuschütteln und die kostbare Seelenruhe zu genießen, mit großen Schritten auf das Alter Nestors zugehen und den Begehren gerne entsagen, die man befriedigen kann, um sich vor jenen zu schützen, die man unterdrücken muß. Nur ein paar Unbesonnene, die über ihre Schwachheit selbst erröteten, würden törichterweise jung und glücklich bleiben wollen, statt alt zu werden, um weise zu sein.

Nehmen wir an, ein sonderbarer, bizarrer Geist, kurz und gut: ein Mensch der Paradoxe, ließe es sich dann einfallen, den anderen die Absurdität ihrer Maximen vorzuhalten, ihnen zu beweisen, daß sie dem Tode entgegenlaufen, während sie die Ruhe suchen, daß sie nichts weiter tun, als dummes Zeug zu reden vor lauter Vernünftig-Sein, und daß sie, wenn sie denn eines Tages alt sein müßten, zumindest versuchen sollten, es so spät zu sein als nur möglich.

Man braucht nicht zu fragen, ob sich unsere Sophisten, aus Furcht, ihr Arkanum könnte in Verruf geraten, beeilen würden, diesen ungebetenen Redner zu unterbrechen. „Weise Alte", würden sie zu ihren Anhängern sagen, „dankt dem Himmel für die Gnade, die er euch gewährt, und schätzt euch glücklich ohne Unterlaß, daß ihr seinem Willen so gut gefolgt seid. Es ist wahr, ihr seid gebrechlich, entkräftet, siech; das ist das unausweichliche Los des Menschen, aber euer Verstand ist gesund; ihr seid lahm an allen Gliedern, aber euer Kopf ist dafür freier; ihr könnt nicht handeln, aber ihr sprecht wie Orakel; und wenn eure Schmerzen von Tag zu Tag zunehmen, so nimmt eure Philosophie mit ihnen zu. Bedauert jene ungestüme Jugend, der ihre viehische Gesundheit die Güter vorenthält, die an eure Schwäche gebunden sind. Glückliche Gebrechen, die so viele geschickte Apotheker um euch versammeln, welche mit mehr Drogen versehen sind, als ihr Leiden habt; so viele gelehrte Ärzte, die euren

zélés consolateurs et d'héritiers fidèles qui vous conduisent
agréablement à vôtre dernière heure. Que de secours perdus
pour vous si vous n'aviez sû vous donner les maux qui les ont
rendus nécessaires'.

Ne pouvons-nous pas imaginer[7] qu'apostrophant ensuite notre
imprudent avertisseur, ils lui parleroient à peu près ainsi[8]:
'Cessez, déclamateur téméraire, de tenir ces discours impies.
Osez-vous blâmer ainsi la volonté de celui qui a fait le genre
humain? L'état de vieillesse ne découle-t-il pas de la constitution
de l'homme? N'est-il pas naturel à l'homme de vieillir? Que
faites-vous donc dans vos discours séditieux que d'attaquer une
Loy de la nature et par conséquent la volonté de son Créateur?
Puisque l'homme vieillit, Dieu veut qu'il vieillisse. Les faits
sont-ils autre chose que l'expression de sa volonté? Aprenez
que l'homme jeune n'est point celui que Dieu a voulu faire, et
que pour s'empresser d'obeir à ses ordres il faut se hâter de
vieillir'.

Tout cela supposé, je vous demande, Monsieur, si l'homme
aux paradoxes doit se taire ou répondre, et dans ce dernier cas,
de vouloir bien m'indiquer ce qu'il doit dire, je tâcherai de
résoudre alors vôtre objection.

Puisque vous prétendez m'attaquer par mon propre sistême,
n'oubliez pas, je vous prie, que selon moi la société est naturelle
à[9] l'espéce humaine comme la décrepitude[10] à l'individu, et
qu'il faut des arts, des Loix, des Gouvernemens aux Peuples
comme il faut des béquilles aux vieillards. Toute la différence est
que l'état de vieillesse découle de la seule nature de l'homme, et
que celui de société découle de la nature du genre humain, non
pas immédiatement comme vous le dites, mais seulement, comme
je l'ai prouvé, à l'aide de certaines circonstances extérieures qui

---

[7] imaginer ⟨encore⟩ / ⟨weiter⟩ vorstellen
[8] ⟨en ces termes⟩ / ⟨mit diesen Worten⟩
[9] à ⟨l'homme⟩ / dem ⟨Menschen⟩
[10] *Décrépitude* kann sowohl *Vergreisung* und *Altersschwäche* als auch, abstrakt gebraucht, *Verfall* im weiteren Sinn bedeuten. Vergleiche diese Stelle
mit *Discours*, S. 194, wo Rousseau die Vollendung (perfection) des Individuums mit dem Verfall (décrépitude) der Art kontrastiert.

Puls durch und durch kennen, die die Namen aller eurer Rheumatismen auf griechisch wissen; so viele eifrige Tröster und getreue Erben, die euch angenehm zu eurer letzten Stunde geleiten. Wie viele Hilfeleistungen, die euch entgangen wären, hättet ihr es nicht verstanden, euch die Leiden zu verschaffen, welche sie erforderlich gemacht haben."

Können wir uns nicht vorstellen[7], daß sie sich dann barsch an unseren unvorsichtigen Warner wendeten und ungefähr so[8] zu ihm sprächen:

„Hören sie auf, vermessener Eiferer, diese gottlosen Reden zu halten. Wagen sie den Willen desjenigen so zu tadeln, der das Menschengeschlecht geschaffen hat? Ergibt sich der Zustand des Alters nicht aus der Verfassung des Menschen? Ist es dem Menschen nicht natürlich zu altern? Was machen sie in ihren aufrührerischen Reden also anderes, als ein Gesetz der Natur und folglich den Willen seines Schöpfers anzugreifen? Da der Mensch altert, will Gott, daß er altere. Sind die Tatsachen etwas anderes als der Ausdruck seines Willens? Begreifen sie, daß der junge Mensch nicht der Mensch ist, den Gott hat schaffen wollen, und daß man, will man sich eifrig bemühen, seinen Befehlen zu gehorchen, sich beeilen muß, alt zu werden."

All das angenommen, frage ich Sie, mein Herr, ob der Mensch der Paradoxe schweigen oder antworten soll, und im letzteren Falle bitte ich Sie, mir verraten zu wollen, was er sagen soll, alsdann werde ich versuchen, Ihren Einwand zu entkräften.

Da Sie behaupten, mich mit meinem eigenen System anzugreifen, vergessen Sie nicht, wenn ich bitten darf, daß meiner Ansicht zufolge die Gesellschaft der menschlichen Art[9] natürlich ist, wie der Verfall des Alters[10] dem Individuum natürlich ist, und daß die Völker die Künste, die Gesetze, die Regierungen brauchen, wie die Greise die Krücken brauchen. Der ganze Unterschied besteht darin, daß sich der Zustand des Alters aus der bloßen Natur des Menschen ergibt und daß sich derjenige der Gesellschaft aus der Natur des Menschengeschlechtes ergibt, nicht unmittelbar, wie Sie sagen, sondern — wie ich bewiesen habe — nur mit Hilfe gewisser äußerer Umstände, die sein oder nicht sein konnten, oder die zumindest früher oder später ein-

pouvoient être ou n'être pas, ou du moins arriver plustôt ou plustard, et par conséquent accélerer ou ralentir le progrès[11]. Plusieurs même, de ces circonstances dépendent de la volonté des hommes, j'ai été obligé pour établir une parité parfaite, de supposer dans l'individu le pouvoir d'accelerer sa vieillesse comme l'espéce a celui de retarder la sienne. L'état de société ayant donc un terme extréme auquel les hommes sont les maîtres d'arriver plustot ou plustard il n'est pas inutile de leur montrer le danger d'aller si vîte, et les miséres d'une condition qu'ils prennent pour la perfection de l'espéce.

A l'énumération des maux dont les hommes sont accablés et que je soutiens être leur propre ouvrage, vous m'assurez, Leibniz et vous que tout est bien et qu'ainsi la providence est justifiée[12]. J'étois éloigné de croire qu'elle eut besoin pour sa justification du secours de la Philosophie Leibnizienne ni d'aucune autre. Pensez-vous sérieusement, vous même, qu'un Sistême de Philosophie, quel qu'il soit[13], puisse être plus irréprehensible que l'Univers, et que pour disculper la providence, les argumens d'un Philosophe soient plus convaincans que les ouvrages de Dieu? Au reste, nier que le mal existe est un moyen[14] fort commode d'excuser l'auteur du mal[15]; Les stoiciens se sont autrefois rendus ridicules à meilleur marché.

Selon Leibniz et Pope, tout ce[16] qui est, est bien[17]. S'il y a des sociétés, c'est que le bien général veut qu'il y en ait; s'il n'y en a point, le bien général veut qu'il n'y en ait pas, et si quelqu'un

---

[11] Cf. *Discours*, S. 94, 134, 166 und FN 128.

[12] Vergleiche hierzu und zum Folgenden die eingehende Erörterung der ganzen Thematik in Rousseaus *Lettre à Voltaire* vom 18. 8. 1756 in *CC* IV, p. 37—50. S. ferner *Confessions*, unten S. 491, FN 4.

[13] ⟨puisse⟩ soit

[14] moyen ⟨d'excuser⟩

[15] mal; ⟨mais⟩ — zwischen den Zeilen eingefügt, dann wieder gestrichen.

[16] ce⟨la⟩

[17] „All nature is but art unknown to thee; / All chance direction, which thou canst not see; / All discord, harmony not understood; / All partial evil, universal good: / And spite of pride, in erring reason's spite, / One truth is clear, WHATEVER IS, IS RIGHT." Alexander Pope, *Essay on Man*, Epistel I, 289—294 (Schluß). In der *Lettre à Voltaire* schreibt Rousseau u. a.: „Die

treten und folglich den Fortschritt beschleunigen oder verlangsamen konnten[11]. Manche sogar dieser Umstände hängen vom
Willen der Menschen ab; um eine vollkommene Parität herzu-
stellen, mußte ich daher im Individuum das Vermögen, sein
Altern zu beschleunigen, annehmen, so wie die Art das Vermögen besitzt, das ihre zu verlangsamen. Da der Gesellschaftszustand also ein äußerstes Ende hat, bei dem früher oder später
anzugelangen, in der Macht der Menschen steht, ist es nicht
überflüssig, ihnen die Gefahr aufzuzeigen, die darin liegt, so
schnell voranzugehen, und das Elend eines Zustands, den sie für
die Vollendung der Art halten.

Auf die Aufzählung der Übel, von denen die Menschen bedrückt werden, und von denen ich behaupte, daß sie deren eigenes Werk sind, versichern Sie mir, Leibniz und Sie, daß alles gut
sei und daß somit die Vorsehung gerechtfertigt sei[12]. Ich war weit
davon entfernt zu glauben, daß sie zu ihrer Rechtfertigung den
Beistand der Leibnizschen oder irgendeiner anderen Philosophie
nötig hätte. Glauben Sie selbst etwa im Ernst, daß ein System
der Philosophie, welches es auch sei, untadeliger sein kann als
das Universum und daß, um die Vorsehung zu rechtfertigen,
die Argumente eines Philosophen überzeugender sind als die
Werke Gottes? Zu leugnen, daß das Übel existiert, ist im übrigen ein sehr bequemes Mittel, den Urheber des Übels zu entschuldigen; die Stoiker haben sich einst auf billigere Weise
lächerlich gemacht.

Nach Leibniz und Pope ist alles, was ist, gut[17]. Wenn es Gesellschaften gibt, so deshalb, weil das allgemeine Beste will, daß
es welche gebe; wenn es keine gibt, will das allgemeine Beste,

Hinzufügung eines Artikels, so scheint es, würde den Satz genauer machen
und statt *tout est bien* (alles ist gut) wäre es vielleicht besser *Le tout est bien*
(das Ganze ist gut) oder *tout est bien pour le tout* (alles ist gut für das Ganze)
zu sagen. Nun ist es ganz evident, daß kein Mensch direkte Beweise weder
dafür noch dawider zu geben vermag; denn diese Beweise hängen von einer
vollkommenen Kenntnis der Konstitution der Welt ab und vom Ziel ihres
Urhebers, und diese Kenntnis übersteigt unbestreitbar die menschliche
Intelligenz" (*CC* IV, p. 45). — Eine erste, sehr ausführliche Auseinandersetzung Rousseaus mit Popes *Essay on Man* findet sich bereits in einem Brief
an François-Joseph de Conzié vom 17. 1. 1742, s. *CC* I, p. 132—139.

persuadoit aux hommes de retourner vivre dans les forets, il
seroit bon qu'ils y retournassent vivre. On ne doit pas appliquer
à la nature des choses une idée de bien ou de mal qu'on ne tire
que de leurs raports, car elles peuvent être bonnes relativement
au tout, quoique mauvaises en elles mêmes. Ce qui concourt au
bien général peut être un mal particulier dont il est permis de se
délivrer quand il est possible. Car si ce mal, tandis qu'on le
supporte est utile au tout, le bien contraire qu'on s'efforce de lui
substituer ne lui sera pas moins utile sitôt qu'il aura lieu. Par la
même raison que tout est bien comme il est si quelqu'un
s'efforce de changer l'état des choses, il est bon qu'il s'efforce
de les changer; et s'il est bien ou mal qu'il reussisse, c'est ce
qu'on peut apprendre de l'événement seul et non de la raison.
Rien n'empêche en cela que le mal particulier ne soit un mal
réel pour celui qui le souffre. Il étoit bon pour le tout que nous
fussions civilisés puisque nous le sommes, mais il eut certaine-
ment été mieux pour nous de ne pas l'être. Leibniz n'eût
jamais rien tiré de son sistême qui put combattre cette proposition; et il est clair que l'optimisme bien entendu ne fait
rien ni pour ni contre moi.

Aussi n'est-ce ni à Leibniz ni à Pope que j'ai à répondre, mais
à vous seul qui sans distinguer le mal universel qu'ils nient, du
mal particulier qu'ils ne nient pas prétendez que c'est assés qu'une
chose existe pour qu'il ne soit pas permis de desirer qu'elle
existât autrement. Mais, Monsieur, [18]si tout est bien comme il

---

[18] Im Entwurf von Ms. III lautet diese Passage (die kursiv gesetzten Wörter sind jeweils zwischen den Zeilen eingefügt): Si tout est bien comme il est
tout étoit bien comme il étoit avant qu'il y eut des gouvernemens et des
Loix ⟨il ne les faloit donc pas⟩ ⟨l'on fit donc mal⟩ ce n'étoit donc pas la peine de les
établir. Si tout est ⟨bien comme il est⟩ aussi bien qu'il peut être, on ⟨n'y⟩
ne peut ⟨donc rien changer⟩ toucher à rien sans mal faire ⟨nul ne sauroit agir⟩
et le quietisme le plus parfait e[s]t la seule vertu qui reste à l'h[omme]. Si
tout est bien comme il est, il ne faut ni corriger nos ⟨abus⟩ vices, ni guerir nos
maux ni redresser nos erreurs, de quoi ⟨il faut donc⟩ servent donc nos chaires
nos Tribunaux nos Academies, ⟨que ne⟩ laissons ⟨nous⟩ tout aller ⟨comme
il va⟩ comme il pourra et tout ⟨n'⟩ira⟨-t'il pas⟩ toujours bien. Si tout est bien
comme il est il est bon qu'il y ait des Esquimaux, des Algonquins, des Chicacas, des Caraïbes des Hotentots qui ⟨meprisent⟩ rejettent nôtre merveilleuse

daß es keine gebe; und wenn irgendeiner die Menschen dazu
überredete, zum Leben in den Wäldern zurückzukehren, so wäre
es gut, daß sie zum Leben dorthin zurückkehrten. Man darf auf
die Natur der Dinge nicht eine Vorstellung von Gut oder Übel
anwenden, die man nur aus ihren Beziehungen herleitet, denn sie
können gut sein in Rücksicht auf das Ganze, obschon schlecht
an ihnen selbst. Das, was zum allgemeinen Besten beiträgt, kann
ein besonderes Übel sein, dessen man sich entledigen darf, wenn
es möglich ist. Denn wenn dieses Übel, solange man es erträgt,
dem Ganzen nützlich ist, so wird das entgegengesetzte Gute, das
man sich bemüht, an seine Stelle zu setzen, ihm nicht weniger
nützlich sein, sobald es statthat. Aus demselben Grund, aus dem
alles gut ist, wie es ist, ist es, wenn sich einer bemüht, den Zustand der Dinge zu verändern, gut, daß er sich bemüht, sie zu
verändern; und ob es gut ist oder übel, daß es ihm gelinge, das
kann man allein vom Ausgang des Unternehmens erfahren und
nicht von der Vernunft. Nichts hindert dabei, daß das besondere
Übel ein wirkliches Übel ist für denjenigen, der es erleidet. Es
war für das Ganze gut, daß wir zivilisiert wurden, da wir es sind,
aber es wäre für uns gewiß besser gewesen, es nicht zu sein.
Leibniz hätte niemals etwas aus seinem System hergeleitet, das
gegen diesen Satz ins Feld geführt werden könnte; und es ist
klar, daß der recht verstandene Optimismus weder etwas für
noch gegen mich besagt.

Deshalb auch habe ich weder Leibniz noch Pope, sondern
allein Ihnen zu erwidern, der Sie — ohne das universelle Übel,
das jene leugnen, vom besonderen Übel zu unterscheiden, das
sie nicht leugnen — behaupten, es genüge, daß ein Ding existiere,
damit es nicht gestattet sei zu begehren, daß es anders existiere.
Jedoch, mein Herr, [18]wenn alles gut ist, wie es ist, so war alles

---

police et un Jean Jaques Rousseau qui s'en moque. / Wenn alles gut ist, wie
es ist, so war alles gut, wie es war, ehe es Regierungen und Gesetze gab; es
war also nicht der Mühe wert, sie einzurichten. Wenn alles so gut ist, wie es
sein kann, so kann man an nichts rühren, ohne übelzutun, und der vollkommenste Quietismus ist die einzige Tugend, die dem Menschen bleibt.
Wenn alles gut ist, wie es ist, ist es weder nötig, unsere Laster zu bessern,
noch unsere Leiden zu kurieren, noch unsere Irrtümer zu berichtigen, wofür

est, tout étoit bien comme il étoit avant qu'il y eût des
Gouvernemens et des Loix; il fut donc au moins superflu de les
établir, et Jean Jaques alors avec vôtre sistême eut eu beau jeu
contre Philopolis. Si tout est bien comme il est de la maniére
que vous l'entendez, à quoi bon corriger nos vices, guérir nos
maux, redresser nos erreurs? Que servent nos chaires, nos Tribunaux, nos Academies? Pourquoi faire appeller un Médecin
quand vous avez la fiévre? Que savez-vous si le bien du plus
grand tout que vous ne connoissez pas n'éxige point que vous
ayez le transport, et si la santé des habitans de Saturne ou de
Sirius ne souffriroit point du rétablissement de la vôtre? Laissez
aller tout comme il pourra, afin que tout aille toujours bien. Si
tout est le mieux qu'il peut être vous devez blâmer toute action
quelconque. Car toute action produit nécessairement quelque
changement dans l'état où sont les choses, au moment qu'elle
se fait, on ne peut donc toucher à rien sans mal faire, et le
quiétisme le plus parfait est la seule vertu qui reste à l'homme.
Enfin si tout est bien comme il est, il est bon qu'il y ait des
Lapons, des Esquimaux, des Algonquins, des Chicacas[19], des
Caraïbes, qui se passent de nôtre police, des Hottentots qui
s'en moquent, et un Genevois qui les approuve[18]. Leibniz lui
même conviendroit de ceci.

L'homme, dites-vous, est tel que l'éxigeoit la place qu'il devoit
occuper dans l'univers. Mais les hommes différent tellement
selon les tems et les lieux, qu'avec une pareille logique on seroit

---

dienen also unsere Kanzeln, unsere Gerichte, unsere Akademien, lassen wir
alles gehen, wie es gehen mag, und alles wird stets gut gehen. Wenn alles gut
ist, wie es ist, so ist es gut, daß es Eskimos, Algonkin, Chickasaw, Hottentotten gibt, die unsere wunderbare Zivilisation ⟨verachten⟩ zurückweisen,
und einen Jean-Jacques Rousseau, der sich darüber mokiert. — In der Reinschrift mokieren sich dann die Hottentotten über unsere Zivilisation und
Jean-Jacques Rousseau „pflichtet ihnen bei". Vergleiche dazu die Rede des
Hottentotten im *Discours*, Anmerkung XVI, S. 376.

[19] „*Algonquins*: Nordamerikanisches Volk in Kanada; sie wohnen zwischen
dem Ontonac und dem Ontario-See" (*Encyclopédie*, Bd. I). „*Chicachas*: Nordamerikanisches Volk in Louisiana. Diese Indianer betrachten es als große
Schönheit, ein plattes Gesicht zu haben" (*Encyclopédie*, Bd. III). — Die *Algonkin* standen bei der Besiedlung Kanadas in enger Verbindung mit den Franzosen; sie waren vorwiegend seßhaft und Ackerbauern. „Es scheint in ihrem

gut, wie es war, ehe es Regierungen und Gesetze gab; es war
also zumindest überflüssig, sie einzurichten, und Jean-Jacques
hätte mit Ihrem System dann leichtes Spiel gehabt gegen Philopolis. Wenn, in der Art wie Sie es verstehen, alles gut ist, wie es
ist, wozu dann noch unsere Laster bessern, unsere Leiden kurieren, unsere Irrtümer berichtigen? Wofür dienen dann unsere
Kanzeln, unsere Gerichte, unsere Akademien? Weshalb einen
Arzt rufen lassen, wenn Sie Fieber haben? Wissen Sie denn, ob
nicht das Wohl des größeren Ganzen, das Sie nicht kennen, verlangt, daß Sie den Fieberkrampf haben, und ob nicht die Gesundheit der Bewohner des Saturn oder des Sirius unter der Wieder-
herstellung der Ihrigen leiden würde? Lassen Sie alles gehen, wie
es gehen mag, auf daß alles stets gut gehe. Wenn alles aufs best-
mögliche eingerichtet ist, müssen Sie jedwedes Handeln tadeln,
denn alles Handeln bringt notwendigerweise irgendeine Veränderung in dem Zustand hervor, in welchem sich die Dinge befinden, sobald es geschieht, man kann daher an nichts rühren,
ohne übelzutun, und der vollkommenste Quietismus ist die einzige Tugend, die dem Menschen bleibt. Schließlich und endlich:
wenn alles gut ist, wie es ist, so ist es gut, daß es Lappen, Eskimos, Algonkin, Chickasaw[19], Kariben gibt, die ohne unsere Zivilisation auskommen, Hottentotten, die sich über sie mokieren,
und einen Genfer, der ihnen beipflichtet[18]. Leibniz selbst würde
dies zugestehen.

Der Mensch, sagen Sie, ist so beschaffen, wie ihn die Stellung
verlangte, die er im Universum einnehmen sollte. Aber die Menschen sind derart nach Zeit und Ort verschieden, daß man bei
einer solchen Logik Gefahr liefe, sehr widersprechende und sehr

Charakter ein Element gegeben zu haben, das sie unfähig machte, sich zu
großen Gruppierungen zusammenzuschließen, selbst gegen den gemeinsamen Feind." (Frederick Webb Hodge (Ed.): *Handbook of American Indians.
North of Mexico.* Washington, 1902, 2 Bde, Bd. 1, p. 41.) Die *Chickasaw*
(Chicaça, Chicachas, Chicachos), ein bedeutender Indianerstamm im Missis-
sippi-Gebiet (Gegend von Memphis), „waren von den entferntesten Zeiten an
für ihre Tapferkeit, Unabhängigkeit und kriegerische Veranlagung bekannt".
„Sie waren beharrliche Feinde der Franzosen . . . Sie schlugen die Franzosen
1736 bei Amalahta, Long House und an anderen Orten und vereitelten deren
Eroberungsversuche im Krieg von 1739—40" (Hodge, Bd. 1, p. 261).

sujet à tirer du particulier à l'Universel des consequences fort
contradictoires et fort peu concluantes. Il ne faut qu'une erreur
de Geographie pour bouleverser toute cette prétendue doctrine
qui déduit ce qui doit être de ce qu'on voit. C'est à faire aux
Castors, dira l'Indien, de s'enfoüir dans des taniéres, l'homme
doit dormir à l'air dans un Hamac suspendu à des arbres. Non,
non, dira le Tartare, l'homme est fait pour coucher dans un
Chariot. Pauvres gens, s'ecrieront nos Philopolis d'un air de
pitié, ne voyez vous pas que l'homme est fait pour bâtir des
villes! Quand il est question de raisonner sur la nature humaine,
le vrai Philosophe n'est ni Indien, ni Tartare, ni de Genêve, ni
de Paris, mais il est homme[20].

Que le singe soit une Bête, je le crois, et j'en ai dit la raison;
que l'Orang-Outang en soit une aussi, voilà ce que vous avez
la bonté de m'apprendre, et j'avoüe qu'après les faits que j'ai
cités, le preuve[21] de celui là me sembloit difficile[22]. Vous
philosophez trop bien pour prononcer là dessus aussi légerement
que nos voyageurs qui s'exposent quelquefois sans beaucoup
de façons à mettre[23] leurs semblables [24]au rang des[24] bêtes. Vous
obligerez donc surement le public, et vous instruirez même les
naturalistes en nous apprenant les moyens que vous avez
employés pour decider cette question.

Dans mon Epitre dédicatoire j'ai félicité ma Patrie d'avoir un
des meilleurs gouvernemens qui pussent exister[25]. J'ai trouvé
dans le Discours qu'il devoit y avoir très peu de bons Gouvernemens: je ne vois pas où est la contradiction que vous remarquez
en cela. Mais comment savez vous, Monsieur, que j'irois vivre
dans les bois si ma santé me le permettoit, plustôt que parmi
mes Concitoyens pour lesquels vous connoissez ma tendresse?
Loin de rien dire de semblable dans mon ouvrage, vous y avez
dû voir des raisons très fortes de ne point choisir ce genre de vie.

---

[20] Cf. *Discours*, Exordium, S. 72, Anmerkung X, S. 346 und *Observations*,
S. 484, FN 8.

[21] preuve ⟨m'en paroissoit⟩

[22] Cf. *Discours*, Anmerkung X, S. 334 ff.

[23] ⟨releguer⟩ / ⟨zu verweisen⟩

[24] ⟨parmi les⟩

wenig zwingende Schlüsse vom Besonderen aufs Universelle zu machen. Es bedarf nur eines geographischen Irrtums, um diese ganze vorgebliche Doktrin umzustoßen, die das, was sein soll, aus dem ableitet, was man sieht. ‚Den Bibern kommt es zu, sich in Höhlen zu verkriechen‘, wird der Indianer sagen, ‚der Mensch soll im Freien in einer zwischen Bäumen aufgespannten Hängematte schlafen.‘ ‚Nein, nein‘, wird der Tatar sagen, ‚der Mensch ist dazu geschaffen, in einem Nomadenwagen zu übernachten.‘ ‚Arme Leute‘, werden unsere Philopolis mit mitleidiger Miene ausrufen, ‚seht ihr denn nicht, daß der Mensch dazu geschaffen ist, Städte zu bauen?‘ Wenn es darum geht, über die menschliche Natur vernünftig zu urteilen, ist der wahre Philosoph weder Indianer noch Tatar, weder aus Genf noch aus Paris, sondern er ist Mensch[20].

Daß der Affe ein Tier ist, das glaube ich, und ich habe den Grund dafür genannt; daß der Orang-Utan ebenfalls eines ist, das haben Sie die Güte, mir auseinanderzusetzen, und ich gestehe, daß mir der Beweis des letzteren nach den Tatsachen, die ich angeführt habe, schwierig schien[22]. Sie philosophieren zu gut, um hierüber ebenso leichtfertig zu urteilen wie unsere Reisenden, die sich manchmal der Gefahr aussetzen, ohne viele Umstände ihre Mitmenschen unter die Tiere einzureihen[23]. Sie werden sich daher sicherlich die Öffentlichkeit zu Dank verpflichten, und Sie werden selbst die Naturforscher belehren, wenn Sie uns die Mittel und Wege wissen lassen, deren Sie sich bedient haben, um diese Frage zu entscheiden.

In meiner Widmungsschrift habe ich mein Vaterland dazu beglückwünscht, eine der besten Regierungen zu haben, die existieren konnten[25]. Ich habe im Diskurs gefunden, daß es sehr wenige gute Regierungen gegeben haben muß: Ich sehe nicht, wo der Widerspruch ist, den Sie hierin bemerken. Woher aber wissen Sie, mein Herr, daß ich, wenn meine Gesundheit es mir erlaubte, lieber ginge, in den Wäldern zu leben als unter meinen Mitbürgern, wo Sie doch meine zärtliche Liebe für sie kennen? Weit davon entfernt, daß ich irgend etwas derartiges in meinem

---

[25] Zum Begriff der *Regierung* s. *Discours*, FN 10. Zur Seltenheit guter *Regierungen* und fähiger *Regierender* cf. *Economie politique*, p. 244 und 247.

Je sens trop en mon particulier combien peu je puis me passer
de vivre avec des hommes aussi corrompus que moi, et le sage
même, s'il en est, n'ira pas aujourdui chercher le bonheur au fond
d'un désert[26]. Il faut fixer, quand on le peut, son séjour dans
sa Patrie pour l'aimer et la servir. Heureux celui qui, privé de
cet avantage, peut au moins vivre au sein de l'amitié dans la
Patrie commune du Genre humain, dans cet azyle immense
ouvert à tous les hommes, où se plaisent également l'austére
sagesse et la jeunesse folâtre; où regnent l'humanité, l'hospitalité,
la douceur, et tous les charmes d'une société facile; où le Pauvre
trouve encore des Amis, la vertu des exemples qui l'animent,
et la raison des guides qui l'éclairent. C'est sur ce grand Théatre
de la fortune, du vice, et quelquefois des vertus qu'on peut
observer avec fruit le spectacle de la vie; Mais c'est dans son
païs que chacun devroit en paix achever la sienne.

Il me semble, Monsieur, que vous me censurez bien gravement, sur une refléxion qui me paroit très juste, et qui, juste ou
non, n'a point dans mon écrit le sens qu'il vous plait de lui
donner par l'addition d'une seule Lettre. *Si la nature nous a
destinés à être saints*[27], me faites-vous dire, *j'ose presque assurer que
l'état de réflexion est un état contre Nature, et que l'homme*[28] *qui médite
est un Animal dépravé.* Je vous avoüe que si j'avois ainsi confondu
la santé avec la sainteté, et que la proposition fut vraie, je me
croirois très propre à devenir un grand saint moi même dans
l'autre monde ou du moins à me porter toujours bien dans
celui-ci.

Je finis, Monsieur, en répondant à vos trois derniéres questions.
Je n'abuserai pas du tems que vous me donnez pour y réfléchir;
c'est un soin que j'avois pris d'avance.

*Un homme ou tout autre Etre sensible qui n'auroit jamais connu la
douleur, auroit-il de la pitié, et seroit-il ému à la vüe d'un enfant qu'on
égorgeroit?* Je réponds que non.

---

[26] Cf. *Discours*, Anmerkung IX, S. 318 ff.

[27] *saints* (heilig) statt *sains* (gesund), s. *Lettre de Philopolis*, FN 12.

[28] ⟨tout⟩ homme / ⟨jeder⟩ Mensch. Rousseau hat das Zitat korrigiert und
den Artikel vor *homme* nachträglich eingefügt. *CC* schreiben versehentlich:
tout ⟨homme⟩.

Werk sage, hätten Sie in ihm sehr starke Gründe dafür finden müssen, diese Lebensweise nicht zu wählen. Ich fühle, was mich betrifft, zu sehr, wie wenig ich darauf verzichten kann, mit Menschen zu leben, die ebenso korrumpiert sind wie ich, und selbst der Weise, so es ihn gibt, wird heute das Glück nicht im tiefsten Innern einer Wüste suchen gehen[26]. Man muß, wenn man es kann, seinen Wohnsitz in seinem Vaterland nehmen, um es zu lieben und ihm zu dienen. Glücklich derjenige, der dieses Vorzuges beraubt, wenigstens im Schoße der Freundschaft im gemeinsamen Vaterland des Menschengeschlechts leben kann, in jenem unermeßlichen Asyl, das allen Menschen offensteht, in dem sich die strenge Weisheit und die ausgelassene Jugend gleichermaßen gerne aufhalten; in dem Menschlichkeit, Gastfreundschaft, Milde und der ganze Charme einer ungezwungenen Gesellschaft herrschen; in dem der Arme noch Freunde findet, die Tugend Vorbilder, die sie beflügeln, und die Vernunft Führer, die sie erleuchten. In diesem großen Theater des Glücks, des Lasters und zuweilen der Tugenden, kann man das Schauspiel des Lebens mit Nutzen beobachten; das seinige aber sollte ein jeder in Frieden in seinem Vaterland beschließen.

Mir scheint, mein Herr, Sie rügen mich recht streng wegen einer Reflexion, die mir sehr richtig erscheint und die, richtig oder nicht, in meiner Schrift keineswegs den Sinn hat, den es Ihnen beliebt, ihr durch das Hinzusetzen eines einzigen Buchstabens zu geben: *Wenn die Natur uns dazu bestimmt hat, heilig[27] zu sein*, lassen Sie mich sagen, *so wage ich beinahe zu versichern, daß der Zustand der Reflexion ein Zustand wider die Natur ist und daß der Mensch[28], der nachsinnt, ein depraviertes Tier ist*. Ich gestehe Ihnen, daß ich mich, wenn ich die Gesundheit und die Heiligkeit derart durcheinandergebracht hätte und der Satz wahr wäre, für sehr geeignet hielte, selbst ein großer Heiliger in der anderen Welt zu werden, oder zumindest, in dieser hier stets bei guter Gesundheit zu sein.

Ich schließe damit, mein Herr, daß ich auf Ihre drei letzten Fragen antworte. Ich werde die Zeit, die Sie mir geben, um darüber nachzudenken, nicht verschwenden; das ist eine Sorge, der ich vorher nachgekommen war.

Pourquoi la Populace à qui M. Rousseau accorde une si grande dose de pitié, se repait-elle avec tant d'avidité du spectacle d'un malheureux expirant sur la roüe? Par la même raison que vous allez pleurer au Théâtre et voir Seide[29] égorger son Pére, ou Thyeste[30] boire le sang de son fils. La pitié est un sentiment si délicieux[31] qu'il n'est pas étonnant qu'on cherche à l'éprouver. D'ailleurs, chacun a une curiosité secrette[32] d'étudier les mouvemens de la Nature aux approches de ce moment redoutable que nul ne peut éviter. Ajoûtez à cela le plaisir d'être pendant deux mois l'orateur du quartier et de raconter pathetiquement aux voisins la belle mort du dernier roüé.

L'affection que les femelles des animaux témoignent pour leurs petits, a-t-elle ces petits pour objet, ou la mere? D'abord la mére pour son besoin, puis les petits par habitude. Je l'avois dit dans le Discours[33]. *Si par hazard c'étoit celle-ci, le bien être des petits n'en seroit que plus assuré.* Je le croirois ainsi. Cependant cette maxime demande moins à être étendüe que resserrée car, dés que les Poussins sont éclos on ne voit pas que la Poule ait aucun besoin d'eux, et sa tendresse maternelle ne le céde pourtant à nulle autre.

Voila, Monsieur, mes réponses. Remarquez au reste que dans cette affaire comme dans celle du premier discours, je suis toujours le monstre qui soutient que l'homme est naturellement bon, et que mes[34] adversaires sont toujours les honnêtes gens qui, à l'édification publique, s'efforcent de prouver que la nature n'a fait que des scelerats.

Je suis, autant qu'on peut l'être de quelqu'un qu'on ne connoit point,

Monsieur. etc.

---

[29] In Voltaires Tragödie *Le Fanatisme ou Mahomet le Prophète* (1741) erschlägt Séide den Scheich Zopire, ohne zu wissen, daß dieser sein Vater ist.

[30] Atrée, König von Argos, reicht in Crebillons Tragödie *Atrée et Thyeste* (1707) seinem Bruder Thyeste, König von Mykene, einen Becher, der statt Wein das Blut von dessen Sohn Plisthène enthält. Thyeste nimmt sich das Leben, ohne das Blut getrunken zu haben.

[31] ⟨doux⟩ / ⟨süßes⟩. Cf. *Discours*, FN 184.

[32] ⟨naturelle⟩ / ⟨natürliche⟩

[33] *Discours*, S. 118.

[34] Zwischen den Zeilen eingefügt.

Hätte ein Mensch, oder jedes andere empfindende Wesen, das den Schmerz niemals kennengelernt hätte, Mitleid, und wäre er beim Anblick eines Kindes, das man erwürgte, erschüttert? Ich antworte: nein.

Warum weidet sich der Pöbel, dem M. Rousseau eine so große Dosis Mitleid zuspricht, mit solcher Gier am Schauspiel eines Unglücklichen, der auf dem Rad stirbt? Aus demselben Grunde, aus dem Sie ins Theater gehen, um zu weinen und Séide[29] seinen Vater umbringen oder Thyeste[30] das Blut seines Sohnes trinken zu sehen. Das Mitleid ist ein solch köstliches[31] Gefühl, daß es nicht erstaunlich ist, daß man es zu empfinden sucht. Im übrigen hat ein jeder eine geheime[32] Neugierde, die Regungen der Natur beim Herannahen jenes furchtbaren Augenblickes zu studieren, dem keiner entgehen kann. Fügen Sie dem noch das Vergnügen hinzu, zwei Monate lang der Redner des Viertels zu sein und den Nachbarn pathetisch den schönen Tod des zuletzt Geräderten zu erzählen.

Hat die Zuneigung, welche die Weibchen der Tiere für ihre Jungen bezeugen, diese Jungen zum Gegenstand oder die Mutter? Zunächst die Mutter ihres Bedürfnisses wegen, danach, aus Gewohnheit, die Jungen. Ich hatte es im Diskurs gesagt[33]. *Wenn es zufällig die letztere wäre, wäre das Wohlergehen der Jungen damit nur noch mehr sichergestellt.* So würde ich annehmen. Jedoch verlangt diese Maxime weniger, ausgeweitet als vielmehr eingeschränkt zu werden, denn sobald die Küken geschlüpft sind, sieht man nicht, daß die Henne irgendein Bedürfnis nach ihnen hätte, und ihre mütterliche Zärtlichkeit steht dennoch keiner anderen nach.

Das, mein Herr, sind meine Antworten. Beachten Sie übrigens, daß ich in dieser Angelegenheit wie in jener des ersten Diskurses stets das Ungeheuer bin, das behauptet, daß der Mensch von Natur aus gut sei, und daß meine Gegner stets die ehrenwerten Leute sind, die sich, zur öffentlichen Erbauung, zu beweisen bemühen, daß die Natur nichts als Schurken geschaffen habe.

Ich bin, soweit man es für jemanden sein kann, den man nicht kennt,

mein Herr, etc.

LETTRE DE JEAN-JACQUES ROUSSEAU
AU MERCURE DE FRANCE[1]

J'ai reçu, le 26 de ce mois, une lettre anonyme[2] datée du 28 Octobre dernier, qui, mal adressée, après avoir été à Genève, m'est revenue à Paris, franche de port. A cette lettre était joint un écrit pour ma défense que je ne puis donner au Mercure comme l'auteur le desire, par des raisons qu'il doit sentir, s'il a réellement pour moi l'estime qu'il m'y témoigne. Il peut donc le faire retirer de mes mains au moyen d'un billet de la même écriture, sans quoi sa pièce restera supprimée.

L'Auteur ne devoit pas croire si facilement, que celui qu'il refute fût citoyen de Genève, quoiqu'il se donne pour tel; car il est aisé de dater de ce pays-là: mais tel se vante d'en être qui dit le contraire sans y penser[3]. Je n'ai ni la vanité ni la consolation de croire que tous mes concitoyens pensent comme moi; mais je connois la candeur de leurs procédés; si quelqu'un d'eux m'attaque, ce sera hautement et sans se cacher; ils m'estimeront assez en me combattant ou du moins s'estimeront assez eux-mêmes pour me rendre la franchise dont j'use envers tout le monde. D'ailleurs, eux pour qui cet ouvrage est écrit, eux à qui il est dédié, eux qui l'ont honoré de leur approbation ne me demanderont point à quoi il est utile: ils ne m'objecteront point, avec beaucoup d'autres, que, quand tout cela seroit vrai, je n'aurois pas dû le dire, comme si le bonheur de la société étoit fondé sur les erreurs des hommes. Ils y verront, j'ose le croire, de fortes raisons d'aimer leur Gouvernement[4], des moyens de le conserver, et s'ils y trouvent les maximes qui conviennent au bon et vertueux citoyen, ils ne mépriseront point un écrit qui respire partout l'humanité, la liberté, l'amour de la patrie, et l'obéissance aux loix.

---

[1] MANUSKRIPT: verschollen. EDITIONEN: *Mercure de France*, Januar 1756, I, p. 42—45. *CC* III, p. 213/214.

[2] Der anonyme Brief ist ebenso unbekannt wie die Schrift, die ihm nach Rousseaus Angaben beigefügt gewesen sein soll.

[3] Cf. *Lettre de Philopolis*, FN 15 und *Lettre à Philopolis*, FN 2.

[4] S. *Discours*, FN 10.

BRIEF VON JEAN-JACQUES ROUSSEAU
AN DEN MERCURE DE FRANCE[1]

Ich habe am 26. dieses Monats einen vom 28. Oktober datierten anonymen Brief[2] erhalten, der, schlecht adressiert, nachdem er in Genf gewesen war, mir in Paris portofrei zugegangen ist. Diesem Brief war eine Schrift zu meiner Verteidigung beigefügt, die ich nicht dem *Mercure* übergeben kann, wie der Verfasser es begehrt, aus Gründen, die er empfinden muß, wenn er für mich wirklich die Wertschätzung hegt, die er mir darin bezeugt. Er kann sie also mittels eines Briefes von derselben Handschrift aus meinen Händen zurückbekommen, andernfalls wird sein Schriftstück vernichtet werden.

Der Verfasser sollte nicht so leichthin glauben, daß derjenige, den er widerlegt, ein Bürger von Genf war, wiewohl er sich für einen solchen ausgibt; denn es ist einfach, sich von diesem Land herzuschreiben, aber manch einer rühmt sich damit, von dort zu sein, der, ohne daran zu denken, das Gegenteil sagt[3]. Ich habe weder die Eitelkeit noch den Trost zu glauben, daß alle meine Mitbürger denken wie ich; aber ich kenne die Aufrichtigkeit ihres Benehmens; wenn einer von ihnen mich angreift, so wird er es frei heraus tun und ohne sich zu verstecken; sie werden mich hoch genug schätzen, wenn sie mich bekämpfen, oder zumindest werden sie sich selbst hoch genug schätzen, um mir mit der Freimütigkeit zu begegnen, die ich gegenüber jedermann übe. Im übrigen werden sie, für die jenes Werk geschrieben ist, sie, denen es gewidmet ist, sie, welche es mit ihrer Annahme geehrt haben, mich nicht fragen, wozu es nützlich sei: Sie werden mir nicht mit vielen anderen entgegenhalten, daß, selbst wenn all jenes wahr wäre, ich es nicht hätte sagen dürfen, als ob das Glück der Gesellschaft auf die Irrtümer der Menschen gebaut wäre. Sie werden in ihm, so wage ich zu glauben, starke Gründe sehen, ihre Regierung[4] zu lieben, Mittel, sie zu bewahren, und wenn sie die Maximen darin finden, die dem guten und tugendhaften Bürger geziemen, so werden sie eine Schrift, die allenthalben Menschlichkeit, Freiheit, Vaterlandsliebe und Gehorsam gegenüber den Gesetzen atmet, nicht geringschätzen.

Quant aux habitans des autres pays, s'ils ne trouvent dans cet ouvrage rien d'utile ni d'amusant, il seroit mieux, ce me semble, de leur demander pourquoi ils le lisent que de leur expliquer pourquoi il est écrit. Qu'un bel esprit de Bordeaux[5] m'exhorte gravement à laisser les discussions politiques pour faire des Opéra, attendu que lui, bel esprit, s'amuse beaucoup plus à la représentation du Devin du village qu'à la lecture du Discours sur l'inégalité, il a raison sans doute, s'il est vrai qu'en écrivant aux Citoyens de Genève je sois obligé d'amuser les Bourgeois de Bordeaux.

Quoi qu'il en soit, en témoignant ma reconnoissance à mon défenseur, je le prie de laisser le champ libre à mes Adversaires, et j'ai bien du regret moi-même au tems que je perdois autrefois à leur répondre. Quand la recherche de la vérité dégénere en disputes et querelles personnelles, elle ne tarde pas à prendre les armes du mensonge; craignons de l'avilir ainsi. De quelque prix que soit la science, la paix de l'ame vaut encore mieux. Je ne veux point d'autre défense pour mes écrits que la raison et la vérité, ni pour ma personne que ma conduite et mes mœurs : si ces appuis me manquent, rien ne me soutiendra; s'ils me soutiennent, qu'ai-je à craindre?[6]

A Paris, le 29 Novembre 1755

---

[5] Rousseau bezieht sich auf den Brief eines ungenannten Bürgers aus Bordeaux, der in derselben Ausgabe des *Mercure* unmittelbar vor Rousseaus eigenem Beitrag abgedruckt wurde. Der Brief ist vom 15. November 1755 datiert, die Redaktion des *Mercure*, der er mit der Bitte um Weiterleitung zugegangen war, muß ihn Rousseau demnach unverzüglich übermittelt haben. Der Bordelese schreibt u. a.: „Haben Sie etwa um die Menschen glücklicher zu machen, ein neues Bild ihres Elends vor ihnen ausgebreitet? Ein Bild, das um so mehr kränkt, als es von Meisterhand gezeichnet ist? Ich erkenne in Ihrem Verhalten nur ganz entgegengesetzte Beweggründe. Da die Gesellschaft kein anderes Gesicht bekommen kann, sind die Künste für sie notwendig und ist die Ungleichheit der Stände unvermeidlich. Weshalb also ihre Ordnung stören, indem man in ihre Mitglieder die Entmutigung und den Geist der Unabhängigkeit hineinträgt? Da der Mensch nicht zu seinem anfänglichen (Ihnen zufolge: glücklicheren) Zustand zurückkehren kann, weshalb die Zahl seiner bekannten Übel um jene vermehren, die ihm unbekannt waren? Sie haben die Menschen also weniger glücklich gemacht, ohne sie besser zu machen. Ein Mensch wie Sie darf, wenn er für die anderen schreibt, dies nur tun, um zu unterhalten oder zu belehren. Wenn Sie deshalb,

Was die Bewohner der anderen Länder angeht, so wäre es, wenn sie in jenem Werk nichts Nützliches noch Unterhaltsames finden, besser, wie mir scheint, sie zu fragen, weshalb sie es lesen, als ihnen zu erklären, weshalb es geschrieben worden ist. Wenn ein Schöngeist aus Bordeaux[5] mich gravitätisch ermahnt, die politischen Diskussionen sein zu lassen, um Opern zu schreiben, in Erwägung, daß er, der Schöngeist, sich weit mehr bei der Aufführung des *Dorfwahrsagers* als bei der Lektüre des *Diskurses über die Ungleichheit* unterhält, so hat er ohne Zweifel recht, falls es wahr ist, daß ich, wenn ich an die Bürger von Genf schreibe, verpflichtet bin, die Bourgeois von Bordeaux zu unterhalten.

Wie dem auch sei, indem ich meinem Verteidiger meine Dankbarkeit bezeuge, bitte ich ihn, meinen Widersachern freies Feld zu lassen, und ich bedaure selbst sehr die Zeit, die ich früher damit verlor, ihnen zu antworten. Wenn die Erforschung der Wahrheit in persönliche Dispute und Streitereien ausartet, so greift sie bald zu den Waffen der Lüge; scheuen wir uns davor, sie so herabzuwürdigen. Von welchem Wert die Wissenschaft auch sei, der Friede der Seele ist noch mehr wert. Ich will für meine Schriften keine andere Verteidigung als die Vernunft und die Wahrheit, und für meine Person keine andere als meine Lebensführung und meine Sitten: Wenn diese Stützen mir abgehen, wird mich nichts stützen; wenn sie mich stützen, was habe ich zu fürchten?[6]

Zu Paris, den 29. November 1755

statt Ihre Zeit damit zu verlieren, zwei Diskurse zu schreiben (welche Ihnen Bewunderer eintragen, ohne Ihnen Parteigänger einzutragen), eine Oper wie den *Dorfwahrsager* geschrieben hätten, so hätte Ihnen das ein zweites Mal die Herzen all derer gewonnen, die sie gekannt hätten. Wenn Sie Ihre Eloquenz und Ihre Untersuchungen nützlicher hätten verwenden wollen, so hätten Sie die Künste ermutigt, statt sie zu zerstören" (*CC* III, p. 203/204). Derselbe Verfasser hat auf Rousseaus *Lettre au Mercure de France* nochmals eine Erwiderung geschrieben, die in der März-Ausgabe des *Mercure* veröffentlicht wurde. Cf. *CC* III, p. 261—265.

[6] Dem letzten Absatz lassen sich die Gründe entnehmen, die Rousseau bewogen haben dürften, die bereits in Reinschrift abgefaßte *Lettre à Monsieur Philopolis* schließlich doch nicht zu publizieren und auf die zahlreichen Rezensionen, Bücher und Broschüren, die sich in der Folgezeit mit dem *Discours* auseinandersetzten, nicht mehr zu erwidern.

OBSERVATIONS DE CHARLES-GEORGES LE ROY SUR LES NOTES DU DISCOURS SUR L'INEGALITE[1].

[Observation:]

Note (IV*) p. 284[2]. Il est vray que la terre abbandonnée à elle même est très feitile; mais qu'en conclure? Il n'en est pas moins certain que l'homme s'il étoit frugivore et errant mourroit de faim pendant cinq où six mois de l'année. Les fruits farineux, comme le gland, la chataigne etc sont ceux qui se conservent le plus longtemps; mais tout cela est pourri [3]où germé[3] au mois d'avril, à moins qu'on n'en ait eû un grand soin. Alors il faudroit admettre des amas et une habitation fixe. Il n'y a d'animaux uniquement frugivores que ceux qui peuvent paître et se nourrir de boutons où d'écorce d'arbre. Les sangliers qui vivent ordinairement de racines, de gland etc. sont contraints au primtemps de dévorer de jeunes animaux, lapins etc. Il faut convenir que nous ressemblons aux sangliers à beaucoup d'égards.

[Réponse de Rousseau:]

Je ne Sais ce qu'il en est de cette ressemblance, et je ne sais pas non plus pourquoi l'homme faute de fruits ne brouteroit

---

[1] MANUSKRIPT: Bibliothèque de la ville de Neuchâtel, Ms. R. 51, fol. 26—27. 4 Seiten. Autographes Original Le Roys. Rousseau hat seine Antworten in kleiner Schrift am unteren Rand der beiden ersten Seiten notiert. EDITIONEN: *Vaughan* (1915) I, p. 512/513. *OCP* veröffentlichen lediglich die Antworten Rousseaus ohne die Bemerkungen, die sie zum Gegenstand haben, und ohne Varianten (III, p. 237). Erste kritische Edition in *CC* IV, p. 423—25. Meine Transkription folgt in allen Einzelheiten dem Original, in den *Observations* von Le Roy wurde lediglich die Groß- und Kleinschreibung der Wörter, die mit s und l beginnen, einheitlich modernisiert, da Le Roy in diesen beiden Fällen unterschiedslos Großbuchstaben verwendet. Leigh hat die Irrtümer Vaughans vollständig und korrekt verzeichnet, sie werden deshalb nicht nochmals angegeben.

Der Verfasser der *Bemerkungen*, Charles-Georges Le Roy (1723—1789), war Jagdaufseher des Parkes von Versailles und Mitarbeiter der *Encyclopédie*, für die er neben Beiträgen zu den Stichworten *Forest*, *Garde-chasse*, *Gibier* und anderen Gegenständen aus seinem unmittelbaren Fachbereich auch die Artikel *L'Homme*, *s. m. (morale)* und *L'Instinct*, *s. m. (Métaph. et Hist. nat.)* (Bd. VIII, p. 264—278 und 795—799) schrieb. Rousseau erhielt Le Roys Bemerkungen zum *Discours* in der Anlage eines Briefes von Condillac über-

BEMERKUNGEN VON CHARLES-GEORGES LE ROY ZU DEN ANMERKUNGEN DES DISKURSES ÜBER DIE UNGLEICHHEIT[1]

[Bemerkung:]

Anmerkung (IV*) S. 285[2]. Es ist wahr, daß die Erde, sich selbst überlassen, sehr fruchtbar ist; aber was soll man daraus schließen? Nicht weniger gewiß ist, daß der Mensch, wäre er frugivor und zöge er unstet umher, während fünf oder sechs Monaten des Jahres Hungers stürbe. Die mehlhaltigen Früchte, wie die Eichel, die Kastanie etc., lassen sich am längsten aufbewahren; aber im April sind sie alle verfault oder sie haben zu keimen begonnen, sofern man nicht eine große Sorgfalt darauf verwandt hat. Dann müßte man Vorratslager und eine feste Wohnung annehmen. Es gibt keine ausschließlich frugivoren Tiere außer jenen, die zu weiden und sich von Knospen oder Baumrinde zu ernähren vermögen. Die Wildschweine, die gewöhnlich von Wurzeln, Eicheln etc. leben, sind im Frühjahr gezwungen, Jungtiere, Kaninchen etc. zu fressen. Man muß zugeben, daß wir den Wildschweinen in vielerlei Hinsicht ähneln.

[Antwort Rousseaus:]

Ich weiß nicht, wie es sich mit dieser Ähnlichkeit verhält, und ich weiß auch nicht, weshalb der Mensch in Ermangelung von

---

mittelt, in dem Condillac unter dem 7. 9. 1756 zu den beigefügten Blättern erläuternd mitteilt: „Sie erinnern sich vielleicht, mein Herr, daß Sie mir gesagt haben, daß M. de Buffon behauptet, daß Sie Irrtümer hinsichtlich der Naturgeschichte (histoire naturelle) begangen hätten. Vor einigen Tagen sprach ich mit M. Leroi darüber, und er sagte mir, daß er wisse, welches diese Irrtümer seien, und daß er es gewesen sei, der als erster mit M. de B. darüber gesprochen habe. Ich bat ihn, mir seine Bemerkungen zu geben und mir zu gestatten, sie Ihnen zukommen zu lassen, wobei ich ihm versicherte, daß Sie sie ihm keineswegs verargen würden. Von Wertschätzung für Sie und Ihre Werke erfüllt, hat er dieses Zutrauen gehabt. Hier sind sie, lesen Sie und urteilen Sie selbst" (*CC* IV, p. 98).

[2] Le Roy schreibt: Note (*a) p. 192. Le Roys Angaben beziehen sich auf die Erstausgabe des *Discours*. Sie wurden hier wie an den beiden entsprechenden Stellen zu Beginn von Bemerkung II und III der korrigierten Numerierung angeglichen.

[3] Zwischen den Zeilen eingefügt.

pas l'herbe, les bourgeons, et ne se serviroit pas de ses mains ou de ses griffes pour déterrer des racines, comme ont fait [3]souvent même[3] plusieurs [4]des nôtres[4] dans des lieux deserts[5]. De plus, on me cite toujours les longs hivers et l'on ne veut pas faire attention que sur[6] [3]plus de[3] la moitié de la terre, il n'y a presque point d'hiver, que les arbres ne se dépouillent point et qu'il y a des fruits toute l'année. Les raisons qu'on m'oppose sont toujours tirées de[7] Paris de Londres ou de quelque autre[3] petit coin du monde, je tâche de ne tirer les miennes que du monde même[8].

[Observation:]

Note (VIII*). Les lievres, les lapins et beaucoup d'autres animaux frugivores font jusqu'à sept ou huit petits, et les carnassiers qui les mangent comme belettes etc., n'en font pas davantage. Parmy les oiseaux les perdrix en font beaucoup plus que les éperviers. Le crapaut volant qui ne vit que de mouches et ne mange aucune graine ne fait que deux petits comme la tourterelle.

Il n'est pas vray qu'il faille plus de temps aux frugivores qu'aux carnassiers pour chercher leur nourriture. Les bêtes sauvages qui paissent sortent [3](pour la pluspart)[3] tous les soirs à la même heure, et rentrent avant le jour. Les bêtes carnassieres employent le même temps à chercher, mais la chasse est journaliere. Quelque fois c'est l'affaire d'un instant; plus souvent c'est celle de toute la nuit. On s'assure aisément de tout le chemin qu'un loup a été obligé de faire. Il arrive même que le

---

[4] ⟨hommes⟩ / ⟨Menschen⟩

[5] deserts ⟨où ils⟩ ⟨ont vécu⟩ vivoient de racines pendant très longtems⟩ / ⟨wo sie sehr lange Zeit von Wurzeln ⟨gelebt haben⟩ lebten⟩.

[6] *OCP*: pour, entgegen dem Manuskript.

[7] de ⟨quelque⟩ / von ⟨irgendeiner⟩

[8] „Der große Fehler der Europäer ist, über die Ursprünge der Dinge immer nach dem zu philosophieren, was um sie herum geschieht: Sie versäumen nicht, uns die ersten Menschen als Bewohner einer unfruchtbaren und rauhen Erde darzustellen, die vor Kälte und Hunger starben und eifrig bemüht waren, sich ein Obdach und Kleider zu verschaffen; sie sehen überall

Früchten nicht das Gras und die Knospen abfressen und sich seiner Hände oder seiner Klauen bedienen sollte, um Wurzeln auszugraben, wie es verschiedene [4]der Unsrigen[4] an öde-verlassenen Orten [3]sogar häufig[3] getan haben[5]. Außerdem: stets führt man mir die langen Winter an, und man will nicht zur Kenntnis nehmen, daß auf [3]mehr als[3] der Hälfte der Erde es fast gar keinen Winter gibt, daß die Bäume die Blätter nicht verlieren und es das ganze Jahr Früchte gibt. Die Gründe, die man mir entgegenhält, sind stets von[7] Paris, London oder irgendeiner anderen[3] kleinen Ecke der Welt hergenommen, ich bemühe mich, die meinen nur von der Welt selbst herzunehmen[8].

[Bemerkung:]

Anmerkung (VIII*). Die Hasen, die Kaninchen und viele andere frugivore Tiere werfen bis zu sieben oder acht Junge, und die karnivoren, die sie fressen, wie die Wiesel etc., werfen nicht mehr. Bei den Vögeln haben die Rebhühner viel mehr Junge als die Sperber. Der Ziegenmelker, der nur von Mücken lebt und keinerlei Samenkörner frißt, hat nur zwei Junge wie die Turteltaube.

Es ist nicht wahr, daß die Frugivoren mehr Zeit benötigen als die Karnivoren, um ihre Nahrung zu suchen. Die wilden Tiere, die auf die Weide gehen, brechen (größtenteils) allabendlich zur selben Stunde auf und kehren vor Tagesanbruch zurück. Die karnivoren Tiere wenden die gleiche Zeit für die Nahrungssuche auf, aber die Jagd ist wechselhaft. Manchmal ist sie Sache eines Augenblicks, häufiger der ganzen Nacht. Man kann sich des ganzen Weges, den ein Wolf hat zurücklegen müssen, leicht vergewissern. Es kommt sogar vor, daß der Tag sie noch mit nüch-

---

nur den Schnee und das Eis Europas, ohne daran zu denken, daß die menschliche Art wie alle anderen Arten in den warmen Ländern entstanden ist und daß auf zwei Dritteln des Erdballs der Winter kaum bekannt ist. Wenn man die Menschen studieren will, muß man sich in seiner Nähe umsehen; aber um den Menschen zu studieren, muß man lernen, seinen Blick in die Ferne zu richten; man muß zunächst die Unterschiede beobachten, um die Eigentümlichkeiten zu entdecken." *Essai sur l'origine des langues*, VIII, p. 87/89. Cf. *Discours*, S. 72, 340 ff und *Lettre à Philopolis*, S. 472.

jour les surprend encore à jeun. C'est dans ce cas là que les
louves attaquent les enfans. Ce n'est donc pas la facilité de vivre
qui détermine le nombre d'enfans. On suppose toujours que
tout est bien reglé dans la nature. Assurés vous des faits, et vous
verrés peutêtre que tout n'est pas bien réglé*.

[Réponse de Rousseau:]

*La difficulté[9] qu'ont les bêtes carnaciéres de trouver leur
proye dans les pays défrichés et cultivés par les hommes [10]ne
seroit[10] peut-être pas la même si toute la terre étoit en friche;
il est certain que vous pouvez mettre un chat ou un loup
[3]dans telle position[3] que le soin de sa nourriture ne lui coûtera
pas vingt minutes dans les vingt quatre heures; mais quelque
supposition que vous fassiez il faudra toujours qu'un cheval
ou un bœuf employent[11] plusieurs heures à paître, ainsi le
desavantage [3]en général[3] sera toujours pour ceux-ci. Au reste
quelque observation qu'on puisse faire sur les faits particuliers,
la preuve que tout est bien réglé se tire d'un fait général et
incontestable, c'est que toutes[3] les espéces subsistent: Mais je
comprends que nous pouvons souvent nous tromper, et moi
surtout, sur [12]le choix et l'application des régles[12].

[Observation:]

Note (XII*). Le fait que cite Mr Locke est vray, et on ne
peut pas le luy contester. La societé entre le mâle et la femelle
du loup subsiste d'une maniere très constante jusqu'à ce que
les petits n'ayent plus besoin de secours. La famille ne se sépare
même, naturellement, qu'au temps de l'amour. Pour les cerfs
ils se meslent indifferemment, et le seul choix que fasse la biche,
c'est celuy du plus jeune pendant que les vieux se battent. Il est
réel que, malgré leur réputation, les louves sont asséz fideles; au

---

[9] ⟨manière⟩ / ⟨Art und Weise⟩
[10] ⟨n'est⟩ / ⟨ist . . . nicht⟩
[11] ⟨passent⟩ / ⟨damit zubringen . . .⟩
[12] Rousseau hatte zunächst geschrieben: sur l'application de la régle /
in der Anwendung der Regel — um dann zwischen den Zeilen *le choix et*
einzufügen und de la régle in des régles zu korrigieren.

ternem Magen überrascht. In ebendiesem Fall greifen die Wölfinnen die Kinder an. Die Leichtigkeit zu leben, bestimmt die Zahl der Kinder also nicht. Man nimmt immer an, daß in der Natur alles gut geregelt sei. Überzeugen Sie sich von den Tatsachen, und Sie werden vielleicht sehen, daß nicht alles gut geregelt ist*.

[Antwort Rousseaus:]

*Die Schwierigkeit[9], welche die karnivoren Tiere haben, in den von den Menschen urbar gemachten und kultivierten Ländern ihre Beute zu finden, wäre vielleicht nicht die gleiche, wenn die ganze Erde brachläge; es ist gewiß, daß Sie eine Katze oder einen Wolf in eine solche Lage versetzen können, daß die Sorge um ihre Ernährung sie keine zwanzig Minuten von den vierundzwanzig Stunden kosten wird; aber welche Annahme Sie auch machen, ein Pferd oder ein Rind wird stets mehrere Stunden für das Weiden aufwenden müssen, folglich werden [3]im allgemeinen[3] stets die letzteren benachteiligt sein. Im übrigen: welche Bemerkung man zu den einzelnen Tatsachen auch machen kann, der Beweis, daß alles gut geregelt ist, leitet sich aus einer allgemeinen und unbezweifelbaren Tatsache her, daß nämlich alle[3] Arten fortbestehen. Aber ich bin mir darüber im klaren, daß wir uns — und vor allem ich mich — in der Wahl und der Anwendung der Regeln häufig täuschen können[12].

[Bemerkung:]

Anmerkung (XII*). Die Tatsache, die M. Locke anführt, ist wahr, und man kann sie ihm nicht in Abrede stellen. Die Gesellschaft zwischen Männchen und Weibchen besteht beim Wolf in einer sehr konstanten Art und Weise so lange fort, bis die Jungen keine Unterstützung mehr nötig haben. Die Familie trennt sich natürlicherweise sogar erst zur Zeit der Brunst. Was die Hirsche angeht, so vereinigen sie sich unterschiedslos, und die einzige Wahl, die die Hirschkuh trifft, ist die Wahl des jüngsten, während die alten miteinander kämpfen. Es ist tatsächlich so, daß die Wölfinnen — entgegen ihrem Ruf — ziemlich treu sind; während die Hirschkühe die größten Huren auf Erden sind, was

lieu que les biches sont les plus grandes putains de la terre, ce qui pourroit faire croire qu'en effet nous sommes frugivores. Parmy les oiseaux, ceux de proye, et nommément les corbeaux ont une societé qui dure jusqu'à l'entiere éducation de la famille, et j'ay vû une tourterelle sauvage faire deux heureux de suite sur le même arbre. Il y a sur la durée de la societé bien des varietés dans d'autres especes. Les deux perdrix grises restent avec la famille jusqu'au temps de l'amour. Le masle de la perdrix rouge abbandonne sa femelle au moment où elle commence à couver. Cependant, leur nourriture est la même. Il ne paroît pas que tous ces détails de mœurs ayent aucune relation avec la manniére de se nourrir[13].

---

[13] Auf die dritte und letzte Bemerkung Le Roys antwortet Rousseau nicht. Cf. *Discours*, FN 448.

glauben machen könnte, daß wir in der Tat frugivor sind. Unter den Vögeln haben die Raubvögel, und namentlich die Raben, eine Gesellschaft, die bis zur völligen Aufzucht der Familie andauert, und ich habe eine wilde Turteltaube zwei [Täuberiche] nacheinander auf demselben Baum glücklich machen sehen. Hinsichtlich der Dauer der Gesellschaft gibt es in anderen Arten viele Varietäten. Die beiden Feldhühner bleiben bis zur Brunstzeit bei ihrer Familie. Das Männchen des Rothuhns verläßt sein Weibchen in dem Augenblick, in dem dieses zu brüten beginnt. Ihre Ernährung jedoch ist die gleiche. Es hat nicht den Anschein, als ob all diese Details der Lebensweise in irgendeiner Beziehung zur Art der Ernährung stünden[13].

LE DISCOURS SUR L'INEGALITE
DANS „LES CONFESSIONS"[1]

J'eus bientôt occasion de les [mes principes] developper tout à fait dans un ouvrage de plus grande importance; car ce fut, je pense, en cette année 1753 que parut le Programme de l'Academie de Dijon sur l'origine de l'inégalité parmi les hommes. Frappé de cette grande question, je fus surpris que cette Academie eut osé la proposer; mais puisqu'elle avoit eu ce courage, je pouvois bien avoir celui de la traiter, et je l'entrepris.

Pour méditer à mon aise ce grand sujet je fis à St. Germain un voyage de sept ou huit jours avec Therese[2], nôtre hotesse, qui étoit une bonne femme, et une de ses amies. Je compte cette promenade pour une des plus agréables de ma vie. Il faisoit très beau; ces bonnes femmes se chargérent des soins et de la dépense; Therese s'amusoit avec elles, et moi, sans souci de rien, je venois m'égayer sans gêne aux heures des repas. Tout le reste du jour, enfoncé dans la forest, j'y cherchois, j'y trouvois l'image des prémiers tems dont je traçois fiérement l'histoire; je faisois main basse sur les petits mensonges des hommes, j'osois dévoiler à nud leur nature, suivre le progrès du tems et des choses qui l'ont défigurée, et comparant l'homme de l'homme[3] avec l'homme naturel, leur montrer dans son perfectionnement prétendu la véritable source de ses miséres. Mon ame exaltée par ces contemplations sublimes s'élevoit auprès de la divinité, et voyant de là mes semblables suivre dans l'aveugle route de leurs préjugés, celle de leurs erreurs, de leurs malheurs, de leurs crimes, je leur criois d'une foible voix qu'ils ne pouvoient entendre: Insensés, qui vous plaignez sans cesse de la nature, aprenez que tous vos maux vous viennent de vous[4].

---

[1] *Les Confessions*, Livre VIII, *OCP* I, p. 388/89.

[2] Marie-Thérèse Le Vasseur (1721—1801), über dreiunddreißig Jahre, von 1745 bis zu seinem Tode, Rousseaus Lebensgefährtin.

[3] Der *homme de l'homme* bezeichnet im Unterschied zum *homme naturel* den Menschen, dessen Existenz wesentlich durch die Gesellschaft bestimmt, der in einem prägnanten Sinne vom Menschen gemacht ist. Rousseau gebraucht den Ausdruck in seinen späteren Schriften, insbesondere im *Emile*, wiederholt.

DER DISKURS ÜBER DIE UNGLEICHHEIT
IN DEN „BEKENNTNISSEN"[1]

Ich hatte bald Gelegenheit, sie [meine Prinzipien] in einem Werk von größerer Wichtigkeit vollständig zu entwickeln; denn es war, glaube ich, in jenem Jahre 1753, daß das Programm der Akademie von Dijon über den Ursprung der Ungleichheit unter den Menschen erschien. Frappiert von dieser großen Frage, war ich überrascht, daß diese Akademie sie zu stellen gewagt hatte; aber da sie diesen Mut gehabt hatte, konnte ich wohl jenen haben, sie zu behandeln, und ich unternahm es.

Um über diesen großen Gegenstand in Ruhe zu meditieren, machte ich mit Thérèse[2], unserer Wirtin, die eine gute Frau war, und einer ihrer Freundinnen eine Reise von sieben oder acht Tagen nach St. Germain. Ich zähle diesen Ausflug zu den angenehmsten meines Lebens. Es war schönes Wetter; jene guten Frauen übernahmen die Besorgungen und die Kosten; Thérèse vertrieb sich mit ihnen die Zeit, und ich, der ich jeder Sorge ledig war, ich kam, um mich zu den Essensstunden zwanglos zu erheitern. Den ganzen übrigen Tag tief im Walde weilend, suchte und fand ich dort das Bild der ersten Zeiten, deren Geschichte ich stolz umriß; ich deckte die kleinen Lügen der Menschen auf, ich wagte, ihre Natur nackt und bloß zu enthüllen, dem Fortschritt der Zeit und der Dinge zu folgen, die sie verunstaltet haben, und, indem ich den Menschen des Menschen[3] mit dem natürlichen Menschen verglich, ihnen in seiner vorgeblichen Vervollkommnung die wahrhafte Quelle seines Elends und seiner Not zu zeigen. Meine durch diese erhabenen Kontemplationen beflügelte Seele erhob sich neben die Gottheit, und da ich von dort meine Mitmenschen in der verblendeten Bahn ihrer Vorurteile dem Weg ihrer Irrtümer, ihres Unglücks, ihrer Verbrechen folgen sah, rief ich ihnen mit einer schwachen Stimme, die sie nicht vernehmen konnten, zu: Wahnsinnige, die ihr ohne Unterlaß über die Natur klagt, lernt, daß all eure Übel euch von euch selbst kommen[4].

[4] Cf. *Discours*, S. 88, 92, 130 ff, Anmerkung IX, S. 300, *Fragment 11*, S. 418, *Lettre à Philopolis*, S. 466. In der *Lettre à Voltaire* vom 18. 8. 1756 nennt Rousseau den *Discours* „eine Schrift, in der ich die Sache des Menschen-

De ces méditations resulta le *Discours sur l'inégalité*, ouvrage qui fut plus du gout de Diderot que tous mes autres Ecrits, et pour lequel ses conseils me furent le plus utiles[5], mais qui ne trouva dans toute l'Europe que peu de lecteurs qui l'entendissent, et aucun de ceux-là qui voulut en parler[6]. Il avoit été fait pour concourir au prix, je l'envoyai donc, mais sûr d'avance qu'il ne l'auroit pas, et sachant bien que ce n'est pas pour des piéces de cette étoffe que sont fondés les prix des Academies.

---

geschlechts gegen es selbst vertrat"; erläuternd setzt er hinzu: „als ich das menschliche Elend darstellte, war mein Ziel entschuldbar und sogar lobenswert, wie ich glaube; denn ich zeigte den Menschen, wie sie ihr Unglück (malheurs) selbst schufen, und folglich, wie sie es vermeiden konnten" (*CC* IV, p. 38 f).

[5] Rousseau hat dieser Stelle später die folgende Fußnote hinzugefügt: Dans le tems que j'écrivois ceci je n'avois encore aucun soupçon du grand complot de Diderot et de Grimm, sans quoi j'aurois aisément reconnu combien le prémier abusoit de ma confiance pour donner à mes écrits ce ton dur et cet air noir qu'ils n'eurent plus quand il cessa de me diriger. Le morceau du philosophe qui s'argumente en se bouchant les oreilles pour s'endurcir aux plaintes d'un malheureux est de sa façon, et il m'en avoit fourni d'autres plus forts encore que je ne pus me resoudre à employer. Mais attribuant cette humeur noire à celle que lui avoit donnée le Donjon de Vincennes, et dont on retrouve dans son Clairval une assez forte dose, il ne me vint jamais à l'esprit d'y soupçonner la moindre méchanceté. / Zu der Zeit, als ich dies schrieb, hatte ich noch keinerlei Ahnung von dem großen Komplott Diderots und Grimms, sonst hätte ich leicht erkannt, wie sehr der erstere mein Vertrauen mißbrauchte, um meinen Schriften jenen harten Ton und jenes düstere Aussehen zu geben, die sie nicht mehr hatten, als er aufhörte, mich zu leiten. Die Stelle des Philosophen, der sich Argumente zurechtlegt, während er sich die Ohren zuhält, um sich gegen die Klagerufe eines Unglücklichen zu verhärten, ist von ihm, und er hatte mir weitere, noch stärkere geliefert, die zu verwenden ich mich nicht entschließen konnte. Aber da ich diese düstere Gemütsverfassung jener zuschrieb, die ihm der Zwinger von Vincennes beigebracht

Aus diesen Meditationen ging der *Diskurs über die Ungleichheit* hervor, ein Werk, das mehr nach dem Geschmack Diderots war als alle meine anderen Schriften und für welches mir seine Ratschläge am nützlichsten waren[5], das aber in ganz Europa nur wenige Leser fand, die es verstanden, und keinen unter diesen, der darüber sprechen wollte[6]. Es war verfaßt worden, um am Wettbewerb um den Preis teilzunehmen, ich sandte es daher ein, jedoch im voraus sicher, daß es ihn nicht erhalten würde, und wohl wissend, daß für Schriften dieses Schlages die Preise der Akademien nicht gestiftet sind.

---

hatte und von der man in seinem Clairval eine ziemlich starke Dosis wiederfindet, kam es mir niemals in den Sinn, darin die mindeste Bosheit zu vermuten. — Rousseau hat diesen Nachtrag, der sich in seiner Tonlage deutlich von dem abhebt, was er im Haupttext über Diderot gesagt hatte, vermutlich erst nach 1770 niedergeschrieben, als es für ihn außer Zweifel stand, daß sein engster Freund der Pariser Jahre am Komplott seiner Feinde gegen ihn beteiligt war. In einem Brief an Claude Aglancier de Saint-Germain vom 26. 2. 1770 behauptet Rousseau noch weiter gehend, der *Discours* enthalte „einige Stellen von Diderot, die er mich beinahe gegen meinen Willen einfügen ließ. Er hatte noch härtere hinzugetan, aber ich konnte mich nicht entschließen, sie zu verwenden." (*CC* XXXVII, p. 282, s. auch p. 281 und 286.) Die biographische Situation, aus der heraus Rousseau diese Anschuldigungen erhebt, beleuchtet Jean Fabre: *Deux frères ennemis*: *Diderot et Jean-Jacques* in: *Diderot-Studies* III, Genf, 1961, p. 188 ff. — Charles de Brosses, der zu der Zeit, als der *Discours* entstand, rege Beziehungen zu Diderot und den Enzyklopädisten unterhielt (cf. *Discours*, FN 74), schreibt am 24. 4. 1754 an seinen Bruder, daß Rousseau, wie er von dessen Freunden erfahren habe, eine Schrift „über die Ungleichheit der Stände" für den Preis der Academie de Dijon verfaßte, die „die Scheiben einwarf und nach dem, was sie mir gesagt haben, obwohl durch seine Freunde sehr abgemildert, noch immer schrecklich ist" (*CC* II, p. 259).

[6] Vergleiche dazu *Discours* FN 73 und den einleitenden Essay des Herausgebers.

Register der Personen

Die Namen der Personen, die Rousseau im *Discours* erwähnt, sind kursiv gesetzt, dasselbe gilt für die Seitenzahlen, die sich auf den Text des *Discours* beziehen. Stellen aus Teil II und Teil III sind in normaler Schrift verzeichnet, danach folgen, durch einen Schrägstrich abgetrennt, die Angaben zu den Texten des Herausgebers. Ein Sternchen * hinter einer Seitenzahl weist darauf hin, daß der Name von Rousseau mehrfach genannt wird.

Adam XVII, 118, 199, 232, 234, 302, 320

Adario 374

Agamemnon 366

d'Alembert 344 | XXXVIII, XXXIX, 84, 223, 347

Alexander 37

Alexander von Pherae 144 | 144

Andromache 144 | 144, 145

d'Argenson, René Louis Marquis de LV, LXXIII, 64

Aristoteles 3, 48, 76 | XXIX, 6, 19, 73, 74, 76—78, 92, 134, 228, 229, 235, 288, 324, 336, 337, 366, 381, 382

Arta Xerxes Mnemon 324

Atrée 476

Augustin 116

Augustus 231

Barbeyrac, Jean 238 | XXXVII, XC, 6, 51, 52, 54, 55, 57, 68, 83, 95, 98, 136, 141, 150, 172, 192, 198, 202—204, 217, 223, 233, 236, 238, 240, 278, 288, 380

Battel, Andrew 326, 328, 332*, 338* | 328, 334

Beaumont, Christophe de LXXXIII

Bernard, Susanne 31

Beyer, Charles J. XXVII

Bilain, Antoine XXXVII

Bitterli, Urs 97

Bloom, Allan XV

Bodin 18

Bonnet, Charles 90, 450, 452, 455, 456, 458 (s. Philopolis)

Bonnet, Georges 450

Bossuet 233

Brasidas 230 | 230

Broecken, Karl-Heinz XV, XIX, 302

Broglie, Mme de XLI

Brosses, Charles de LXXXV, 65, 493

Buffon 286, 296*, 346* | XXVI, XXVII, XXIX, LXXXIII bis LXXXV, XC, 46, 56, 72, 93, 94, 96, 98, 100, 110, 154, 155, 166, 168, 177, 186, 276—278, 286, 290, 297, 299, 335—337, 347, 348, 351, 356, 483

Bulis 230

Burlamaqui, Jean-Jacques 50 | XC, 50, 52, 54, 57, 68, 133, 164

Butterworth, Charles E. XV

Caesar 260, 261, 266

Calvin 36

Casini, Paolo XXVIII

Castel, Louis Bertrand XXXIV, XXXV, XL, XLI, XCII, 13, 73, 95, 151, 218, 302, 340, 342

Castillon, Jean de XXXV, XLVII, XCII, 78, 79, 102

Cato 264 | LXXVI, 266

Caylus, Bischof v. Auxerre LXXXIII

Celsus, A. Cornelius 90 | 91

Chaperlain, Jean XXXVII

Chardin, Jean 344 | 346

Charron, Pierre 101

Chinard, Gilbert 111

Chouet, Jean-Louis 428, 448

Cicero 111, 266

Civilis 231

Colbert XXXVII

Condillac 116, 278, 346 / XXXIV, XCI, 56, 101, 118, 120, 126, 279, 482, 483
Coréal, Francisco 86, 94, 288 / 86, 105
Coste, Pierre 98, 192
Crebillon 476
Créqui, Marquise de 11, 65
Cumberland, Richard 82 / XCI, 52—54, 57, 68, 83, 111, 150, 159, 172
Cyrus 37

Dapper, Olfert 328, 338 / 328, 335
Daubenton 347
Davenport, Richard 220, 339
Deluc, Jacques-François 41, 427, 448
Demades 302 / 304
Descartes XCI, 4, 100—102, 277
Diderot 346, 492 / XXVI–XXIX, XXXVIII, XXXIX, XLV, LVI, LXXX–LXXXIV, XCI, 44, 45, 65, 90, 106, 110, 168, 237, 242, 265, 321, 322, 346, 347, 492, 493
Dikaiarch 288 / 288, 289
Diogenes Laertius 265
Diogenes v. Sinope 264 / LXXVI, 265
Duchet, Michèle 97
Duclos, Charles Pinot 346 / 347, 434
Dufour, Théophile 420
Dupan, Jean-Louis 428
Du Peyrou, Pierre-Alexandre X, LXXVI, LXXXVII
Du Tertre, Jean-Baptiste 294 / 111, 267, 294
Du Villard, Emmanuel 448

Euklid 191
Eva 118

Fabre, Jean 493
Faldoni 310
Fatio, Pierre 21
Fenier, Jean-Pierre 23
Filmer, Sir Robert 231—234
Fréron, Elie XCII, 48, 125, 342, 346
Friedrich der Große LXXXIII, 298
Friedrich Heinrich v. Oranien 330 / 330

Gautier, Pierre 32
Gautier d'Agoty, Jacques 296 / 296
Gelot, Claude 64
Goethe 259
Goldschmidt, Victor XIX, XXXIII, 175, 202
Green, John 326
Grimm, Melchior XCII, 492
Grotius 30, 202 / XCI, 6, 32, 52, 55, 56, 68, 83, 140, 172, 202—204, 229, 239, 241, 250, 288

Haller, Albrecht von 450, 456
Havens, George R. 265
Hegel 173
Heinrich II, Landgraf von Hessen 278
Hekuba 144
Hemsterhuis, François XXIX
Herodot 274*, 324 / 199, 230, 274, 324
Herostratos 430 / 431
Hesiod 196
Hieronymus (Hl.) 288 / 288, 289
Hippokrates 90
Hobbes 82, 136*, 138, 140, 362 / XCI, 42, 53, 69, 82, 83, 106, 107, 111, 133, 136—139, 150, 152, 164, 200, 208, 209, 213, 223, 228, 229, 240, 245, 250, 253, 256, 263, 382
Homer 91
Hydarnes 230

Isokrates 380 / 324, 380
Iustinus 140

Jallabert, Jean 448
Jaucourt, Chevalier de XXXVIII, XXXIX
Joly, Guy XXXVII
Jovinian 288 / 289
Justinian 52
Juvenal 404 / 144, 145, 407

Kaempfer, Engelbert 346 / 346, 349
Kain 199
Karl Gustav von Schweden 233
Koch, Eckhardt XV
Kolben, Peter 292 / 292, 378

Krafft, Olivier 23
Ktesias 324 | 324

Labat, Pater 157
La Boétie, Etienne de 230
La Condamine, Charles-Marie de 344 |
    344, 368
Laelius 260
Laët, Jean 94
La Fontaine 228
Lahontan, Baron de 374
La Mettrie, Julien Offroy de 334, 336
Launay, Léo XVII
Launay, Michel XVII, 23, 396
Le Brun, Charles 454 / 454
Leibniz 454, 466, 468, 470 / 454
Leigh, Ralph A. XI, 386, 404, 451
Leube, Dietrich XV
Le Roy, Charles Georges 482, 483, 488
Le Vasseur, Marie-Thérèse 490 / 490
Linné 280, 331, 334
Locke 190, 232, 238, 350, 356, 358*,*
    360, 362*, 408, 486 | XXIX, XCI,
    68, 79, 98, 100, 101, 126—128,
    172, 191—193, 204, 211, 212, 217,
    218, 228, 233, 234, 238, 242, 250,
    350—355, 408
Lortet, Marie-Thérèse 310
Lough, John LXXXII
Ludwig XIV. 236 | XXXV bis
    XXXVIII, XL, XLI, 236, 405
Ludwig XV. XXXVIII, 345
Lukan 260
Lukrez LXXI, 64, 79, 91, 92, 109,
    119, 122, 123, 126, 127, 180, 183,
    185, 189, 194, 195, 198, 204, 218,
    247, 366
Lykurg 226, 252 | LXXV, CXXVI,
    60, 61, 226, 252

Machaon 90
Machiavelli 15
Magellan 348
Malesherbes, Chrétien-Guillaume de
    Lamoignon de LVIII, LXXVIII,
    LXXIX, 440, 447

Mandeville, Bernard 146 | XCI,
    141—144
Marx, Jacques 451
Marx 172
Masters, Roger D. XIV, XV, XIX,
    LVII, 76, 180, 192
Maupertuis, Pierre Louis Moreau de 344 |
    XXXV, XCI, 48, 298, 345—348
Melon, Jean François 315
Mendelssohn, Moses XV
Merolla, Girolamo 330, 338 | 330
Midas 213
Montaigne 302, 304 | XCI, 19, 78, 79,
    90, 101, 144, 157, 237, 266, 267,
    272, 273, 300, 304, 322
Montesquieu 346 | XXIV, XXVI,
    XXVII, 82, 83, 165, 182, 197, 210,
    235, 241, 259, 281, 312, 347
Morel, Jean XIX, 97, 345
Moses 70 | XXXII, XXXIV, XXXV,
    LXXXV, 72, 74, 199
Moultou, Paul X, LXXXVI,
    CXXXVII

Nestor 462
Newton 346
Nietzsche XXI, 259
Nimrod 223
Noah 232, 234

d'Ormesson LXXXIII
Otanes 274 | 274, 275*
Ovid 78, 196, 213

Palamedes 366
Pangle, Thomas XXVII
Perdriau, Jean XIII, 426, 427, 434, 436
Perrault, Charles XXXVII
Persius 61, 62
Philopolis 450, 458, 460, 470, 472 /
    460, 461 (s. Ch. Bonnet)
Pissot 6, 65, 436
Platon 74, 90, 236, 342, 346, 366 |
    XXIV, LVII, 4, 19, 37, 43, 74,
    171, 228, 265, 322, 324, 366
Plattner, Marc F. XIX, 61, 102
Plinius d. Ä. 48 | 336

Plinius d. J. 228 | 228
Plutarch 30 | LIII, 32, 101, 144, 230, 291
Podaleirios 90
Pope, Alexander 454, 466, 468 | 454, 466, 467
Prades, Abbé de LXXXII–LXXXIV, 322
Prévost, Antoine François 326, 329, 374
Priamos 144 | 145
Prometheus LI–LIII
Protagoras 73
Proust, Jacques LXXXII
Pufendorf 82, 238 | XXXVII, XCI, 51—57, 62, 68, 79, 83, 88, 95, 99, 132, 133, 135, 136, 140, 141, 150, 152, 158, 159, 172, 192, 196, 199, 202—204, 209, 217, 223, 229, 233, 234, 236, 238—240, 242, 244, 246, 278, 380, 381, 407
Purchas, Samuel 328, 332*, 338 | 328
Pythagoras 342

Raynal, Guillaume-Thomas 306
Rey, Marc-Michel 3 | XXXIX, LXXIX, LXXXVIII, 6, 8, 12, 41, 63, 66, 91, 275, 312, 318, 436, 447
Ritter, Eugène 32
Ritter, Henning XV
Rochedieu, C. A. 221
Roger, Jacques LXXXV
Rousseau, Isaac 31, 32
Rousseau, Jean Baptiste 4

Saladin 447, 448
Scipio 37
Séide 476 | 476
Seneca 286
Servet, Michael 36
Servius 202, 203
Shaftesbury 44
Shaw, Edward P. LXXVIII
Sidney, Algernon 232 | XXXVII, XCI, XCII, 229, 231, 233, 234, 236, 260, 261

Smerdis 274
Sokrates 150 | LXXIII, LXXVI, 42, 322
Sperthias 230
Spink, John Stephenson XXVIII, 23
Spinoza XCII, 53, 133, 136
Stanislas, König von Polen 442
Starobinski, Jean X, XIX, 228, 345
Strauss, Leo IX, XIX, XXIII, XXIV, XXVIII, L, LV
Streckeisen-Moultou, M. G. XIII
Sulla, Lucius Cornelius 144 | 144, 145

Tacitus, 30 | 32, 231, 261
Talbert, Abbé LXXI, LXXII, 64, 73
Tarquinier 14
Thales 342
Thyeste 476 | 476
Tiberius 91
Tindal, Matthew XXIX
Tinland, Franck 280, 334
Tisserand, Roger LXXII, 64
Toland, John XXIX
Trajan 228
Tronchin, Jean-Robert XLV
Tulp, Niklas 335
Tyson, Edward 334

Ulpian 52

Vallette, Gaspard 33
Van der Stel 376, 378
Vergil 203
Villars, Louis-Hector Herzog von 379
Viridet, Marc 440
Voltaire XXIX, LV, 265, 315, 318, 347, 476
Vossius, Isaac 364 | 365

Weigand, Kurt IX
Wilson, Arthur M. 45

Xenokrates 74 | XXIV, 4, 74, 171
Xenophon 42
Xerxes 230

Zopire 476

Register der Begriffe und Sachen

Zu Rousseaus Text des Discours sur l'inégalité

Der Index ^{0} kennzeichnet Begriffe, deren Verwendung durch Rousseau lediglich in einer Auswahl erfaßt ist. Ein Sternchen * hinter einer Seitenzahl weist darauf hin, daß Rousseau den Begriff auf der entsprechenden Seite mehrfach gebraucht.

abstraction / Abstraktion 124, 366

absurde / absurd 16

abus / Mißbrauch 10, 218, 238, 246, 252, 270, 322
~ inévitables / unvermeidliche ~e 242
~ des facultés / ~ der Fähigkeiten 212
~ des richesses / ~ der Reichtümer 204

académiciens / Mitglieder der Akademie 344

académie / Akademie 64, 120

accidentel / zufällig 196

accidents / akzidentielle Umstände 102

acquisition / Errungenschaft 106. Erwerb 44
~s funestes / unheilvolle ~en 318
~s malheureuses / unglückselige ~en 212

acte purement animal / rein animalischer Akt 174

actes purement spirituels / rein geistige Akte 102

acte de copulation / Akt der Begattung 352
~ de la génération / Zeugungsakt 362
~ d'humanité / Akt der Menschlichkeit 312
~ de liberté / Akt der Freiheit 98

action / Handlung 28, 122, 206, 334, 360, 382
~ humaine / menschl. ~ 178, 192, 320

activité / Aktivität 106, 150, 158, 192, 278

adage de morale / Moralspruch 340

administration / Verwaltung 18, 242
~ suprême / höchste ~ 248

admiration / Bewunderung 38, 154, 316, 374
~ de lui-même / ~ seiner selbst 300

adresse / Gewandtheit 84*, 178, 206, 292*, 294, 328, 330, 332, 334

adversaire / Widersacher 214, 318

affection / Zuneigung 24, 40

Africain / Afrikaner 294, 328

Afrique / Afrika 316, 346*

âge / Alter, Lebensalter 66, 74*, 86, 248*, 282, 296, 358. Zeitalter 160, 264*. Generation 172*

agent libre / frei Handelnder 98, 100

agilité / Flinkheit 80, 292

agitation / Gemütsbewegung 142

agriculture / Ackerbau 112, 196, 198, 200*, 314

aïeux premiers / erste Ahnen 74

aiguillon de la nécessité / Stachel der Notwendigkeit 112

aliment / Speise, Nahrung 14, 88, 98, 306, 324, 326, 352. Nahrungsmittel 76, 80, 86, 112, 162, 186

altération / Veränderung 192

altérer / entstellen 44, 46, 270.
s'altérer / sich [zum Schlechteren] verändern 252, entstellt werden 266

amants / Liebende 160

ambitieux / Ehrgeizige 214, 218

ambition / Ehrgeiz 16, 208, 248, 252. Ehrsucht 216

âme / Seele 14, 24, 30, 34, 56, 66, 88, 100, 106, 110, 132, 188, 254, 266, 278, 350, 370

~s cosmopolites / kosmopolitische ~n 220

~ humaine / menschl. ~ 42

Américains septentrionaux / Nordamerikaner 374

Amérique / Amerika 98, 196

~ méridionale / Südamerika 294, 344

~ septentrionale / Nordamerika 294

ami / Freund 304

amitié / Freundschaft 22, 146, 268

amour / Liebe 10, 34, 140, 152, 154*, 156*, 158, 162, 188*, 310, 312, 362, 376

~ propre / Eigenliebe 140, 148, 192, 206, 368*, 370

~ de soi (même) / Selbstliebe 150, 368*

~ conjugal / Gatten~ 182

~ paternel / Eltern~ 182

~ du bien-être / ~ zum Wohlbefinden 178

~ des conquêtes / Sucht nach Eroberungen 16

~ de la liberté / Freiheits~ 228

~ des lois / ~ zu den Gesetzen 38

~ de l'ordre / ~ zur Ordnung 114

~ de la patrie / ~ zum Vaterland 10, 16

~ de la vérité / ~ zur Wahrheit 354

Amsterdam 3

amusement / Vergnügen 188

anarchie / Anarchie 248

anatomie comparée / vergleichende Anatomie 76

anatomique / anatomisch 288

ancêtre / Vorfahr 26, 376

ancien, anciennement[0] / alt 18, 50, 58, 284, 382. in alten Zeiten 326

~ temps / alte Zeiten 324

ancienneté / Alter 16

anciens / die Alten 202, 330, 336

~ des Hébreux / die Ältesten der Hebräer 248

anéantir / vernichten 240, 318

Angleterre / England 280, 374

angoisse / Angst 142

animal / Tier 28, 44, 50, 52, 58, 76, 78*, 80, 84*, 86*, 90, 92*, 94*, 96*, 98, 100*, 102*, 106*, 116, 126, 142*, 146*, 158*, 174*, 176, 178, 232, 282*, 284, 286*, 296, 298, 308, 326, 328*, 330*, 332*, 350, 354, 368, 370. Lebewesen 100, 324*, 348*

~ carnassier / karnivores ~ 288, 296, 298

~ dépravé / depraviertes ~ 88

~ frugivore / frugivores ~ 288, 296

~ utile / nützliches ~ 314

~ vorace / fleischfressendes ~ 288, 296

~ de proye / Raub~ 356

animal / tierisch 104, 106, 162. animalisch 174

animalité / Animalität 362

anthropoforme / anthropoform 330

Antilles / Antillen 278, 294

antipathie / Antipathie 84

antique / alt 318

antiquité / Altertum 288

~ des lois / Alter der Gesetze 18

apparence / Schein 268

appétit / Begierde 88, 174, 360, 362

apprécier (s') / sich schätzen 188, 370

apprivoiser / zähmen 92. zahm werden 188

Arabie petrée / Steiniges Arabien 284

archétype / Archetyp 126

ardeur / Eifer 140, 208, 300. Hitze 156

~ commune / allgemeine Hitze 158

~ guerrière / kriegerisches Feuer 16

~ du temperament / Hitze des Temperaments 156

~ de faire parler de soi / Eifer, von
sich reden zu machen 256

argent / Geld 344. Silber 196

argumenter (s') / sich Argumente
zurechtlegen 148

arguments subtiles / subtile Argumente 150

aristocratie / Aristokratie 246

arme / Waffe 16, 80, 294, 374

~s naturelles / natürliche Waffen
174

armée / Armee 308, 380

art / Kunst 88, 108, 112*, 114, 120*,
160, 194, 196*, 200, 204, 300,
314*, 316*, 356, 366*, 374

~ humain / menschl. ~ 60

~s inutiles / unnütze Künste 260

~s liberaux et mécaniques / freie
und mechanische Künste 314

~s pernicieux / schädliche Künste
260

~ de la chaire / ~ der Predigt 34

~ de parole / ~ der Sprache 120

~ de penser / ~ des Denkens 114

~ de travailler les métaux / ~, die
Metalle zu bearbeiten 200

artificiel / künstlich 46, 78. artifiziell
266. hinterlistig 208

ascendant naturelle / natürlicher Einfluß 248

Asie / Asien 316

asservir / knechten 164, 210, 228, 230.
verknechten 164

association / Assoziation 216

~ libre / freie ~ 178

assujetissement tranquille / ruhige
Unterwerfung 230

ataraxie / Ataraxie 266

Athènes / Athen 20, 72

Athénien / Athener 18, 302 / ~s premiers / erste ~ 380

attachement / Zuneigung 182

attaque / Angriff 96

Attique / Attika 108

auditeur / Zuhörer 74

auteur / Autor 50, 136, 142, 292, 332,
358, 366. Urheber 44, 236, 322

~ célèbre / berühmter Autor 298

autoriser / autorisieren 8, 34, 64, 66,
250, 270

autorité / Autorität 12, 28, 68*, 232,
238, 246, 254, 276

~ paternel / väterl. ~ 232

~ précaire / prekäre ~ 18

~ public / öffentl. ~ 226

~ souveraine / souveräne ~ 246,
270

Ava 348

avantage / Vorteil 78, 82, 84, 94,
112, 150, 162*, 178*, 198, 206,
216, 232, 246, 256, 280, 288, 302,
364, 370, 380. Vorzug 10, 22, 38,
54, 92

~s apparens / scheinbare Vorteile
322

~s vrais / wahre Vorteile 300, 314

~s de l'industrie / Vorteile des Gewerbes 314

avarice / Geiz 216, 310

avenir / Zukunft 110, 178, 200, 354

aveuglement de l'homme / Verblendung des Menschen 300

avidité / Habsucht 68

avilir (s') / erniedrigen 14, 238, 318

avilissement / Erniedrigung 230

avis de la multitude / Ansicht der
Menge 364

avortement / Abtreibung 160, 308

axiome / Axiom 190

babouin / Pavian 326

barbare (le) / Barbar 196, 316

barbare / barbarisch 34, 36, 98, 230,
292, 308, 310, 338

Barbarie / Berberland 346

base / Basis 246. Grundlage 358

bassesse / Niedrigkeit 268

batailles / Schlachten 220

beauté / Schönheit 36*, 154, 162,
186, 206

beggo / Beggo 330

bénir / segnen 60

besoin / Bedürfnis 24, 26, 68, 78, 90, 94*, 106, 108*, 110*, 114, 116, 118*, 120*, 122, 130*, 136, 138, 156, 160, 166, 170, 174, 178, 182, 190, 194*, 200*, 204*, 206, 208*, 210, 214*, 228, 246, 252, 266, 278, 290*, 304, 306, 350*, 352, 358, 360*, 362, 378. ~s / Not und Bedürftigkeit 306
  ~s nouveaux / neue ~se 206
  ~s physiques / physische ~se 106
  ~s réciproques / gegenseitige ~se 164
  ~ véritable / wahrhaftes ~ 208
  ~s vrais / wahre ~se 58, 160, 184
  ~ d'alimens / Bedarf an Nahrung 86, 352
  au besoin / im Bedarfsfall, im Fall der Not, wenn nötig 16, 28, 134, 174, 176, 282

bestiaux / Vieh 210

bétail / Vieh 142, 250

bête / Tier 58, 78, 86, 92*, 94, 98*, 100*, 102, 104, 114, 142, 176, 236, 284, 324, 328, 336*, 338, 348, 374
  ~ féroce / grimmiges ~ 42, 80, 84, 142. reißendes ~ 86, 332
  ~ sauvage / wildes ~ 182
  ~ de proye / Raubtier 352

bêtise / Dummheit 332

bien / Gut, Güter 22, 24, 106, 200, 206, 212, 224*, 226, 228, 230, 234*, 238*, 240*, 248, 262, 298, 354. Hab und Gut, Vermögen 224, 302, 344. das Gute 136*, 246, 262, 268. Wohl 54, 150
  ~ physique / physisches Wohl 82
  ~ public / Gemeinwohl 236
  ~s réels / wirkliche Güter 210
  ~ temporel / zeitliches Gut 240
  ~ de l'Etat / Wohl des Staates 24
  ~ de famille / Familienbesitz 250

bien-être / Wohlbefinden 54, 140, 178, 256

bienveillance / Wohlwollen 146, 208, 220, 304

bipede / Bipede 280, 282

blé / Getreide 196*, 200*, 204, 286. Korn 114

blessures / Verwundungen 90*

bois / Wald 86*, 116, 186, 284, 286, 318, 326*, 328, 338, 374. Holz 284

bon⁰ / gut 48, 134, 140, 194, 236, 268, 300, 322
  ~ sens / gesunder Menschenverstand 8, 228

bonheur / Glück 8*, 22, 24, 26*, 30, 34, 36, 38, 40, 60, 188, 248, 260, 268, 300, 320, 372
  ~ commun / gemeinschaftl. ~ 10, 38
  ~ originel / ursprüngl. ~ 104
  ~ public / öffentl. ~ 36
  ~ suprême / höchstes ~ 266
  ~ vrai / wahres ~ 26
  ~ d'Etat / ~ des Staates 248

bonté / Güte 38, 136, 192, 376
  ~ naturelle / natürliche ~ 150

Brésil / Brasilien 348

brutal / brutal 152, 308*, 316

brutalité / Brutalität 156

brute / Vieh 190

Buenos Aires 294

Cafres / Kaffern 346

calamités / Unglück und Not 212
  ~ publiques / öffentl. Unglück 302
  ~ réelles / wirkliches Unglück 322

calme des passions / Ruhe der Leidenschaften 140

campagne / Feld 194. Land 316

canaille / Kanaille 148

cap de Bonne-Espérance / Kap der Guten Hoffnung 98, 292*, 294, 376*

capitale / Hauptstadt 316

caprices de la fortune / Launen des Glücks 214

captivité / Gefangenschaft 232

caractère / Charakter 76, 186, 210, 340, 346
~ sacré / unverletzlicher ~ 246
~ spécifique de l'espèce humaine / spezif. Charakteristikum der menschlichen Art 334

Caraïbes / Kariben 86, 110, 156, 268, 278, 348

carnassier / karnivor 288, 296, 298, 356, 358*

cause⁰ / Ursache 44, 92, 138, 150, 158*, 166, 222, 254, 268, 306, 324*, 340
~ commune / gemeinsame Sache 258
~s particulières / besondere ~en 184
~s physiques / physische ~en 44
~s sensibles / wahrnehmbare ~en 314
~s très légères / sehr geringfügige ~en 168
~s véritables / wahre ~en 46
~ de l'humanité / Sache der Menschheit 66

céleste / himmlisch 44, 318, 320

censeur / Zensor 382

Cères / Ceres 202

certain, certainement⁰ / sicher, gewiß 44, 92, 148, 168, 240

certitude / Gewißheit 168

chaînes / Ketten 14
~ de la dépendance / ~ der Abhängigkeit 164

Chambéry 40

changement / Veränderung 42, 44*, 76, 84, 250, 260, 278, 282, 302, 378
~ premier / erste ~ 44
~s successifs / sukzessive ~en 44

changer / verändern 42, 44, 74, 186, 194, 210*, 240, 242, 252, 256, 266, 270. wechseln 18, 266

chansons vaines / eitle Lieder 308

chant / Gesang 188

chasse / Jagd 198, 292, 298, 316. Jagdzüge 330

chasseur / Jäger 90, 176

chaste / keusch 36, 38, 310

chef / Oberhaupt 20, 28, 34, 222, 226, 228*, 242, 246, 250, 252, 260*, 320, 322. Häuptling 374
~ étranger / fremdes ~ 12
~ national / nationales ~ 12
~ de l'Etat / ~ des Staates 16

Chili / Chile 348

Chine / China 346, 348

choc continuel des passions / ständiger Anprall der Leidenschaften 44

choix / Wahl 26, 28, 84, 156, 166, 242

chrétien / christlich 70, 376*

chrétiens / Christen 372

christianisme / Christentum 34, 372

ciel / Himmel 22, 32, 78, 108, 112*

circonstance / Umstand 42, 84, 94, 102, 108, 140, 178, 204, 248
~ extraordinaire / außerordentlicher ~ 198
~s nouvelles / neue Umstände 106

citoyen / Bürger 3, 10, 14*, 16*, 26, 32, 34, 38*, 80, 144, 220, 248*, 252, 258, 266, 302, 314, 316, 380*, 382*
~ vertueux / tugendhafter ~ 8, 30, 36

civil / bürgerlich 18, 24, 34, 70, 90, 132, 146, 162, 172, 190, 218, 234, 248, 252, 264, 300, 306, 312, 332, 356, 380

civilisé / zivilisiert 82, 136, 196, 230, 306, 372, 376

civilité / geselliges Betragen 190

clair, clairement ⁰ / klar 58, 94, 288, 308

clémence / Milde 146

climat / Klima 22, 158, 174, 186, 324*, Gegend 284, 332. Himmelsgegend 24

codes / Gesetzbücher 316

cœur / Herz 24, 26, 28, 30*, 34, 38, 40, 108, 132, 154, 174, 182, 188, 266, 278, 304, 306, 310
~s corrompus / korrumpierte ~en 318

~ humain / menschl. ~ 242

~s sauvages / wilde ~en 156

~ de l'homme / ~ des Menschen 152

combat / Kampf 82, 84, 158*, 176, 180, 182, 210, 222, 288, 294, 304

~s des coqs / Hahnenkämpfe 158

~s des mâles / ~e der Männchen 158

combattants / Kämpfende 148

commander / befehlen 68, 100, 232, 254, 270, 274, 294. gebieten 36*

commencement / Beginn 76. ~s / Anfänge 180

commerce / Verkehr 152, 178, 180, 186, 194, 220, 302. Handel 314, 324, 356

~ domestique / häuslicher Verkehr 118

~ entre les esprits / ~ zwischen den Geistern 120

commisération / Mitleid 56, 146*

~ naturelle / natürliches ~ 220

commodités / Annehmlichkeiten 92, 312, 378. Bequemlichkeiten 182, 184

~ de la vie / Bequemlichkeiten des Lebens 248, 374

communauté / Gemeinschaft 226

communication / Kommunikation 112, 122, 284, 290*. Verbindung 324

comparaison / Vergleich 84, 154, 186, 370

compatissant / mitleidvoll 142

compatriotes / Landsleute 346

conception / Empfängnis 360, 362

concitoyen / Mitbürger 20, 22, 24*, 30, 32, 40, 250, 258

concorde / Eintracht 38

~ apparente / scheinbare ~ 260

~ éternelle / ewige ~ 216

~ publique / öffentliche ~ 20

concours / Zusammenwirken 48

~ fortuit / zufälliges Zusammentreffen 94, 166

~ singulier / singuläres Zusammentreffen 94

concurrence / Konkurrenz 178, 208

~ des animaux / Konkurrenz der Tiere 174

concurrent / Konkurrent 256. Mitbewerber 274

condition / Lage 90. ~s / Stände 260, 310. Bedingungen 16, 130, 226, 244

~ animale / tierischer Zustand 106

~ domestique / domestizierter Zustand 92

~ originaire / ursprünglicher Zustand 104

~ primitive / anfänglicher Zustand 160, 166

~ sauvage / wilder Zustand 92

~ de l'homme naissant / Zustand des entstehenden Menschen 174

conditionnel / bedingungsweise geltend 70

conducteur / Führer 254

conduite / Verhalten 32*, 178

confédération / Konföderation 226

confiance / Vertrauen 28*, 66, 276

conflit perpetuel / fortwährender Konflikt 210

conformation

~ extérieure / äußere Beschaffenheit 76, 324

~ intérieure / innere ~ 76

~ de l'homme / ~ des Menschen 278

~ des intestins / ~ der Eingeweide 286

conformité / Übereinstimmung 178, 342

Congo / Kongo 326, 328*

conjectural / mutmaßlich 168

conjecture / Vermutung 46, 72, 76, 120, 166*

conjecturer / vermuten 184, 196, 332

connaissance / Kenntnis 44*, 48, 54, 106, 108, 112, 124, 130, 136, 172, 290, 302, 344, 366. Bewußtsein 54

~s humaines / menschl. ~se 42

~s surnaturelles / übernatürl. ~se 76

~s universelles / universelle ~se 342

~ du cœur humain / ~ des menschl. Herzens 242

~ de la mort / ~ des Todes 106

conquérant / Eroberer 26, 222, 256

conquête / Eroberung 16*, 222, 248, 324

~s du plus puissant / ~en des Mächtigsten 222

conscience / Gewissen 26. Bewußtsein 100

conseil / Rat 28

conservation ⁰ / Erhaltung 16, 26, 56, 94, 136, 138, 150*, 172, 230, 276, 350

~ commune / gemeinsame ~ 52

~ propre / eigene ~ 96, 134, 368

~ de l'individu / ~ des Individuums 282

~ de soi / Selbst- 56

considération / Achtung 188, 206, 312. Ansehen 152, 374

constituer / verfassen 14, 26, 78, 80, 132, 304. ausmachen 244. einsetzen 28

constitutif / konstitutiv 124, 228

constitution / Verfassung 8, 12, 18, 24, 28, 50, 54, 92, 224, 226, 242*, 302, 322

~ humaine / menschl. ~ 44

~ naturelle / natürl. ~ 324

~ originelle / ursprüngl. ~ 42

~ primitive / anfängl. ~ 192

~ primitive des corps / anfängl. ~ der Körper 162

~ robuste / robuste ~ 92

~ des choses / ~ der Dinge 60

~ des corps / ~ der Körper 44

~ des prémiers gouvernements / ~ der ersten Regierungen 20

~ de l'homme civil / ~ des bürgerlichen Menschen 300

~ des parents / ~ der Eltern 360

~ de leurs pères / ~ ihrer Väter 80

~ des sauvages / ~ der Wilden 90

contemporain / Zeitgenosse 74, 264, 318

continence / Enthaltsamkeit 160, 312

contradiction / Widerspruch 140

~ perpetuelle / fortwährender ~ 52

contractants / die Vertragschließenden 244

contrat / Vertrag 236, 238, 242*, 244*, 246

~ de gouvernement / Regierungs~ 262

contrées sauvages / wilde Länder 348

convenances arbitraires / willkürl. Zweckdienlichkeiten 54

convention / Konvention 66, 120, 238, 240

~s générales / allgemeine ~en 226

~s tacites / stillschweigende ~en 220

conventionnel / konventionell 120, 180

convertir / bekehren 376

convoitise / Begehrlichkeit 374

corporel / körperlich 278, 360

corps / Körper 44, 66, 68, 80, 122, 132*, 142, 162, 174, 184, 194, 218, 220, 250, 282, 290, 292, 324, 326, 328, 330, 360. Körperschaft 26, 34. Gestalt 324

~ politique / politischer ~ 58, 220, 224, 242, 250

~ de la société / Gesellschafts~ 302

en corps / in corpore 20

corrompre / korrumpieren 308, 318, 382. korrupt werden 252. verderben 306

corruption / Korruption 240, 256, 262, 362, 380

cosmopolite / kosmopolitisch 220

courage / Mut 14, 16*, 62, 92*, 198

couronne / Krone 274

coutume paresseuse / träge Gewohnheit 62

crainte / Furcht 16, 66, 238, 322.
    Besorgnis 106
créateur / Schöpfer 114, 350, 354
création / Erschaffung 72
créature / Geschöpf 350, 352, 354*.
    Kreatur 252
crédit / Ansehen 246, 254
créer / schaffen 220
cri inarticulé / unartikulierter Schrei
    180
cri de la nature / Schrei der Natur 122
crime / Verbrechen 152, 172, 236,
    238, 308, 310, 318, 364
critique / Kritik 74
croire / glauben 8, 10, 18, 44, 48, 56,
    72, 74, 90, 116, 132, 136, 140, 160,
    172, 178, 216, 226, 296, 300, 334,
    348, 358. annehmen 182, 200, 224,
    340, 360*. denken 274. halten für
    94
croyable / glaubhaft 196
Cuba / Kuba 288
cultivateur / Bauer 202, 258, 314
cultivé / gepflegt 32, 34, 88. gebildet
    134, 162
cultiver / bebauen, anbauen 200*, 286
    ~ la terre / die Erde bebauen 114*
culture / Bebauung 114. Anbau 200.
    Bildung 162
    ~ des terres / Bebauung von Grund
    und Boden 200
curiosité / Neugierde 108

Danemark / Dänemark 376
danger / Gefahr 82, 86, 96, 122, 148,
    152, 218, 306
danse / Tanz 188
décrépitude de l'espèce / Verfall der
    Art 194
dédain / Geringschätzung 268
défense / Verteidigung 16, 84, 94, 96
défenseur / Beschützer 28. Verteidi-
    ger 214
    ~s de la patrie / Verteidiger des
    Vaterlandes 258

défiance / Mißtrauen 26, 260
défigurer / verunstalten 42
définition / Definition 50, 52, 54*,
    68, 124, 128, 136
dégénérer / degenerieren 92. aus-
    arten 184
dégrader / erniedrigen 240
délibération / Beratung 16
    ~s du peuple / Beschlüsse des Vol-
    kes 226
délicatesse / Feinheit 96
délire / Delirium 44
Delphes / Delphi 42
déluge / Sintflut 70
démocratie / Demokratie 248
démocratique / demokratisch 10
démonstration / augenfälliger Nach-
    weis 336
    frivoles ~s de bienveillance / ober-
    flächl. Bekundungen des Wohl-
    wollens 304
démontrer / nachweisen 46, 130, 300,
    334, 336
dépendance / Abhängigkeit 164, 234,
    246, 248
    ~ mutuelle / gegenseitige ~ 164
    ~ universelle / universelle ~ 136
dépendant / abhängig 138*
dépit / Groll 372
déplorer / beklagen 300
De Poematum Cantu et Viribus Rythmi
    364
dépositaires zélés / eifrige Treuhän-
    der 34
dépôt dangereux / gefährliche Treu-
    handschaft 226
dépravation de jugement / Deprava-
    tion des Urteilsvermögens 372
dépraver, dépravé / depravieren, de-
    praviert 74, 88, 100, 144, 164, 302,
    308
déscendant / Nachkomme 184, 254,
    274, 290
désespoir / Verzweiflung 266, 310,
    376

désir / Begehren, Verlangen 106, 118, 132, 154*, 156, 160, 208, 256, 362
~ de se conserver / Verlangen nach Selbsterhaltung 140
~ de savoir / Wissensdrang 342
~ de vengeance / Verlangen nach Rache 370
désirs / Begierden, Begehren 68, 106, 350
~ effrénés / zügellose Begehren 318
désordre / Unordnung 60, 134, 152*, 158, 210, 226, 246, 260, 378
~ civil / bürgerliche ~ 312
despote / Despot 234, 262
despotisme / Despotismus 232, 260*, 262
destination / Bestimmung 318
~ de la nature / ~ der Natur 280, 296
destiner / bestimmen 84, 88, 152, 276, 280, 282, 310, 316*, 340
Deus / Gott 60
développement / Entwicklung 140, 176, 270
~s nouveaux / neue ~en 106
~ successif / sukzessive ~ 56, 60, 76, 166
~s premiers du cœur / erste ~en des Herzens 182
~ des facultés humaines / ~ der menschl. Fähigkeiten 192
développer / entwickeln 54, 102, 116, 124, 134, 146, 166, 204, 206, 282, 326, 360
devoir / Pflicht 28, 34, 38, 56, 58*, 134, 160, 222, 232, 260, 304, 322.
~s / Referenz 30
~s mutuels / wechselseitige ~en 216, 316
~s de la civilité / ~en des geselligen Betragens 190
dialectique / Dialektik 178, 362
Dieu / Gott 36, 42, 70, 72, 114, 250, 336, 340*
différence / Unterschied 92, 124, 128,

162*, 174, 182, 240, 246, 254*, 262, 268, 296*, 298, 324, 332, 342, 380*, 382. Verschiedenheit 44, 98, 100
~s nationales / nationale ~e 324
~ des âges / ~ der Lebensalter 66
~ de l'homme et de l'animal / Unterschied zwischen Mensch u. Tier 102
~s des hommes / ~e zwischen den Menschen 204
difficulté / Schwierigkeit 48, 58, 102, 116*, 120*, 130, 156, 174, 284, 304
dignité / Würde 28
diminution de l'espèce / Abnehmen der Art 312
discipline militaire / militärische Disziplin 316
discorde / Zwietracht 188
discours / Diskurs 3, 42, 62, 66, 68, 72
discours / Rede 24, 28, 124, 128*, 130, 216, 376
~ de morale / Reden über Moral 268
discussion / Diskussion 130
dispersion / Zerstreuung 378*
disposition / Disposition 142, 268
~s naturelles / natürl. ~en 230
~ d'esprit / Geistesverfassung 372
disputes / Streitigkeiten 152, 156
~ anciennes / alte Dispute 58
dissensions affreuses / fürchterliche Zwiste 246
distinction / Unterscheidung 60, 270, 358. Unterscheidungsmerkmal 286. Unterschied 206
~s civiles / bürgerliche ~en 252
~s politiques / politische ~en 252
~ principale / Haupt~ 254
~ spécifique de l'homme / spezifische ~ des Menschen 100
~ des familles / ~ der Familien 180
divin / göttlich 60, 134, 246, 270, 320
divinité / Gottheit 336
~ tutélaire / schützende ~ 236

division / Zwietracht 260

dogmes sacrés / heilige Dogmen 270
~ ~ autorisés par les lois / durch
die Gesetze autorisierte heilige
Dogmen 34

domestique / domestiziert 92*, 352,
358. häuslich 118

domination / Herrschaft 164, 210, 252

dominer / herrschen 164, 210, 254.
dominieren 154

dons / Gaben 162, 236, 240
~ essentiels de la nature / essentielle ~ der Natur 240
~ surnaturels / übernatürl. ~ 78

douceur / Freundlichkeit 32. Milde
34, 232. Sanftheit 36. Süße 38, 194

douleur / Schmerz 106*, 302, 306,
310, 372

doute / Zweifel 278
sans doute / zweifellos 30, 86, 94,
126, 282

douter / zweifeln 70, 82*, 180, 324,
338, 358, 362

douteux / zweifelhaft 240

droit / Recht 8, 16, 18, 24, 34, 50,
58*, 68, 92, 136, 188, 202*, 210,
218, 222, 228, 234*, 238, 240*,
244*, 246*, 260, 274*, 310
~ abusif / mißbräuchliches ~ 214
~ civil / bürgerliches ~ 218
~ divin / göttliches ~ 270
~ funeste / unheilvolles ~ 246
~ naturel / Naturrecht 50*, 56,
58, 68, 136, 214, 270
~ paternel / väterliches ~ 310
~ politique / politisches ~ 228
~ positif / positives ~ 270
~ précaire / prekäres ~ 214
~ rigoureux / strenges ~ 382
~ d'abdiquer / ~ zur Abdankung
246
~ de citoyen / ~ des Bürgers 258
~ du cœur / ~ des Herzens 38
~ de conquête / ~ der Eroberung
222

~s de Dieu / ~e Gottes 36
~ de l'état de nature / ~ des Naturzustandes 256
~ du plus fort / ~ des Stärkeren 210
~ des gens / Völker~ 220, 236
~ de législation / ~ der Gesetzgebung 16
~ de la nature / ~ der Natur 38, 310
~s de la nature et de la naissance /
~e der Natur und der Geburt 32
~ de premier occupant / ~ des
ersten Besitznehmers 210, 224
~ de propriété / Eigentums- 202,
224, 240, 250

droit / recht 236

duels / Duelle 160

durée de la vie / Lebensdauer 296

dureté / Härte 58

éclaircir / erhellen 46, 70, 356. klären
58

éclairer, éclairé / aufklären 116, 180.
aufgeklärt 26, 28*, 336. erleuchtet
382

écrit célèbre / berühmte Schrift 236

écrits de Moïse / Schriften Moses' 70

écrivains / Schriftsteller 50, 162

édits / Edikte 236

éducation / Erziehung 30, 32, 74,
150, 160, 162*, 316, 376
~ des enfants / ~ der Kinder 252

égal, également⁰ / gleich 44, 92, 204*,
216, 232, 246, 262. euresgleichen 32

égaux aux Dieu / Göttergleiche 250

égaliser / ausgleichen 108

égalité / Gleichheit 8, 194, 210, 380
~ injuste / ungerechte ~ 380
~ numérique / numerische ~ 368
~ rigoureuse / strenge ~ 380

égarements / Verirrungen 30

Egypte / Ägypten 108, 346

élection / Wahl 248, 274

éloge / Lobrede 74

éloquence douce / süße Beredsamkeit 34

embryon de l'espèce / Embryo der Art 76

émotion / Bewegung 144. ~ la plus douce / süßeste Rührung 30

empire / Herrschaft 154. Reich 274
~ innocent / unschuldige H. 38

emploi[0] / Amt 10

enfance / Kindheit 30, 80, 86*, 96, 376

enfant / Kind 80*, 86*, 94, 104, 118*, 120*, 142*, 150, 160*, 174, 182*, 188, 232, 234, 240*, 252, 270, 278*, 282*, 284, 302, 308, 330, 338*, 352, 354*, 358*, 360*, 362
~ robuste / kräftiges ~ 138*

engagements mutuels / wechselseitige Verbindlichkeiten 178.
~ réciproques / gegenseitige Verbindlichkeiten 244

enjoko / Enjoko 326

ennemi / Feind 38, 86, 144, 214, 216, 228, 256, 258, 304

entendement / Verstand 44, 100, 126
~ humain / menschlicher ~ 106, 362

envie / Neid 188

époque / Epoche 180, 250
~ la plus heureuse / glücklichste Epoche 192

épouse / Gemahlin 36. ~ chaste / keusche Ehefrau 310

époux / Ehegatten 160. ~ honnêtes et vertueux / rechtschaffene und tugendhafte Eheleute 310

épreuve / Versuch 336

équité / Billigkeit 28

erreur / Irrtum 20, 44, 104, 160, 256, 306
~s vulgaires / gemeine ~er 364

esclavage / Sklaverei 14, 196, 226, 240, 268

esclave / Sklave 68, 92, 206, 210, 232, 240*, 250*, 260, 304
~s de l'instinct / ~n des Instinkts 236

espace immense / unermeßliche Spanne 120. unermeßlicher Zeitraum 264

Espagnol / Spanier 98, 228

espèce / Art 44, 46, 74*, 76, 78, 80, 84*, 86, 94, 102*, 114, 124, 128*, 142, 150, 158*, 160, 166, 174, 176, 194, 296*, 312, 316, 318*, 334, 350, 356, 358*, 366, 370
~s carnassières / karnivore ~en 356
~s frugivores / frugivore ~en 298, 356
~ humaine / menschliche ~ 44, 66, 80, 90, 112, 146, 158*, 162, 288, 300, 308, 312, 324, 326, 330, 332, 334, 336, 356, 358
~s voraces / fleischfressende ~en 286
~s d'animaux / Tierarten 158, 296

espoir / Hoffnung 34, 38, 46, 214, 302

esprit / Geist 56, 58, 66, 68, 88, 100, 108*, 114, 116, 124*, 126, 128*, 154, 162, 180, 184, 188*, 198, 200, 206*, 268, 278*, 306, 338, 350, 372.
~s / Geister 108, 120, 150, 318*, 360. Esprit 38, 162, 178. Sinn 70, 328
~s cultivés / gebildete Geister 162
~ féroce du despotisme / grimmiger Geist des Despotismus 232
~ humain / menschlicher Geist 116, 166, 172, 214, 270
~ du christianisme / Geist des Christentums 34
~ de l'homme / Geist des Menschen 176
~ de la société / Geist der Gesellschaft 270

essence / Wesen 366
~ d'Etat / Wesen des Staates 244

essentiel / essentiell 68, 240

estimation / Einschätzung 382.
~ du bonheur / ~ des Glücks 372

estime / Wertschätzung 20, 32, 152
~ publique / öffentliche ~ 188, 382

établissement / Errichtung 130, 270, 312

~s humains / menschl. Einrichtungen 60

~ politique / politische Einrichtung 216

~ du corps politique / Errichtung des polit. Körpers 242, 250

~ du droit de propriété / Einführung des Eigentumsrechts 224

~ des familles / Gründung der Familien 180

~ de la loi / Etablierung des Gesetzes 250, 270

~ de la propriété / Etablierung des Eigentums 270

~ de la société / Errichtung der Gesellschaft 54, 218

~ de la tyrannie / Errichtung der Tyrannei 234

état / Zustand 46, 50, 68, 70, 88, 132, 134*, 138, 160, 162, 182, 192, 194, 204, 220, 262, 264, 362, 372, 378. Stand 340. Status 250. Stellung 310*

~ animal / tierischer ~ 96

~ civil / bürgerlicher ~ 162, 264

~ naturel / natürlicher ~ 76, 264

~ originel / ursprünglicher ~ 46, 332

~ originel de l'homme / ursprüngl. ~ des Menschen 270

~ politique / politischer ~ 224

~ premier / erster ~ 104, 338

~ présent / gegenwärtiger ~ 48, 74

~ primitif / anfänglicher ~ 42, 44, 102, 118, 130, 190, 192, 360, 370

~ contre nature / ~ wider die Natur 88

~ d'animalité / ~ der Animalität 362

~ de choses / ~ der Dinge 162, 304

~ de grossesse / Schwangerschaft 362

~ de grossièreté / ~ der Rohigkeit 96

~ de guerre / Kriegszustand 210, 222

~ de l'homme civil / ~ des bürgerlichen Menschen 306

~ de nature / Naturzustand 20, 54, 68*, 70, 72, 82, 84, 90, 114, 118, 134, 136, 138, 148, 150, 156, 158, 162, 164, 166, 172, 220, 222, 228, 248, 256, 262, 270, 290, 362*, 378, 380. nouvel ~ ~ / neuer Naturzustand 262. premier ~ ~ / erster ~ 190. primitif ~ ~ / anfänglicher ~ 326. pur ~ ~ / reiner ~ 70, 120, 192, 358*. véritable ~ ~ / wahrhafter ~ 160, 370

~ de raisonnement / ~ der Vernunfterwägung 148

~ de réflexion / ~ der Reflexion 88

~ de société / Gesellschafts~ 162

Etat / Staat 8, 10, 12*, 14, 16*, 20, 24*, 26, 30, 32, 34, 36, 38, 80, 236*, 242, 244, 246, 248, 250, 260, 274*, 312, 314*, 316, 380, 382

~ bien ou mal constitué / gut oder schlecht verfaßter ~ 254

éternel, éternellement / ewig 160, 166, 216, 310, 320. immerwährend 34

être / Wesen 44, 52, 72, 78, 142, 166, 176, 370. Ding 124, 128, 366. Sein 228, 236, 240, 276

~s purement abstraits / rein abstrakte Dinge 126

~s animés / lebende Wesen 52

~ bien-faisant / wohltätiges Wesen 104

~ compatissant / mitleidvolles Wesen 142

~ libre / freies Wesen 132

~ moral / moralisches Wesen 52

~ raisonnable / vernünftiges Wesen 58

~ sensible / empfindendes Wesen 56*, 58, 142

~ souverain / souveränes Wesen 220

être et paraître / Sein und Scheinen 206

étude de l'homme / Studium des Menschen 60, 340

~ de l'homme originel / Studium des ursprüngl. Menschen 58

Europe / Europa 196, 316, 338, 344, 376

Européen / Europäer 292, 294, 340, 346, 372*, 376

européen / europäisch 98, 232, 268, 376*

évangile / Evangelium 34, 340

événement / Ereignis 38, 82, 142, 166, 168*, 172, 180

~ extraordinaire / außerordentliches ~ 70

~s malheureux / unglückselige ~se 32

~s naturels / natürliche ~se 372

évidence / Evidenz 350

évident, évidemment / evident 70, 146. augenscheinlich 360. offensichtlich 112

excès / Exzeß 88, 100, 138, 306. Übertreibung 336

~ de corruption / Exzeß an Korruption 262

~ d'oisiveté / Übermaß an Müßiggang 88

~ de travail / Übermaß an Arbeit 88

exemple / Beispiel 22, 26, 28, 30, 34, 36, 94, 114, 128, 142, 194, 204, 220, 278*, 280, 282, 284, 292*, 294, 296, 310, 324, 326, 332, 358, 376. Musterbeispiel 26

existence / Existenz 110, 134, 172, 268, 308, 356

expérience / Erfahrung 84, 128, 156, 178, 216, 224, 226, 242, 248, 300. Experiment 48*, 286, 334, 336, 358

expression / Ausdruck 52

extérieur trompeur et frivole / trügerisches und wertloses Äußeres 268

extraordinaire / außerordentlich 70, 198, 274, 376

Fable des abeilles / Bienenfabel 142

factice / künstlich 154, 266, 268, 368

faculté / Fähigkeit 86, 96, 102, 104, 140, 206, 212, 270, 314

~s artificielles / künstliche ~en 78

~ distinctive / unterscheidende ~ 104

~s humaines / menschl. ~en 10, 192

~s naturelles / natürl. ~en 60

~s virtuelles / virtuelle ~en 326

~ de concevoir / ~ zu empfangen 358

~s de l'homme / ~en des Menschen 236

~ de parler / ~ zu sprechen 334

~ de se perfectionner / ~, sich zu vervollkommnen 102, 334,

~s en puissance / ~en, der Möglichkeit nach 134, 166

faible (le) / der Schwache 14, 58, 68, 146, 164, 182, 214, 216, 218, 222, 250, 258, 304. le plus ~ / der Schwächere 68, 178, 372

faiblesse / Schwäche 58, 86, 162, 210, 360

faim / Hunger 84, 98, 106, 174, 232, 308, 316, 356

fait / Tatsache 70, 108, 168*, 224, 234, 284, 286, 296, 324, 332, 336, 338, 356*, 358, 362

famille / Familie 38, 118, 180, 182*, 184, 186, 248, 250, 254, 352

famine / Hungersnot 302

fanatisme / Fanatismus 246

fantaisie / Gutdünken 18, 238

fatal / verhängnisvoll 198

faunes / Faune 336

félicité / Glückseligkeit 68, 236, 376

femelle / Weibchen 86, 94, 106, 118, 158*, 178, 296*, 330, 350, 352*, 354*, 356*, 358*

femme / Frau 36, 86, 154*, 182, 188,

282, 328, 330*, 352, 354*, 356, 358*, 360*, 362*. Ehefrau 182, 358
~s perdues / verkommene ~en 38
~s des halles / Marktweiber 148
fer⁰ / Eisen 196*, 200*, 204*. Schwert 232
féroce / grimmig 16, 42, 80, 84*, 142, 164, 232, 236, 316. reißend 86, 332
férocité / Grimmigkeit 140, 174, 182
fers / Ketten 164, 216, 230, 248, 252
fertilité / Fruchtbarkeit 108. ~ naturelle / natürliche ~ 78, 284
fête / Fest 202, 294
feu / Feuer 112, 176, 232, 308, 328, 332*, 334*
fidélité / Treue 244. ~ éternelle / ewige Treue 160
fierté de courage / stolzer Mut 14, 16
figure / Gestalt 128
  ~ du corps / ~ des Körpers 324
  ~ des dents / ~ der Zähne 286
fin / Ende 110, 256, 260, 316*. Zweck 252, 350
flatterie / Schmeichelei 236, 322
Floride / Florida 348
foi / Glaube 70, 292, 324. de mauvaise foi / unehrlich 302
folie / Torheit 224
fonction / Funktion 10, 276
  ~s purement animales / rein tierische ~en 104
fondateur, vrai ~ / wahrer Gründer 172
fondement / Grundlage 3, 48, 56, 58, 66, 240, 266. ~s / Fundamente 60, 76
  ~s de la société / ~n der Gesellschaft 68
force / Kraft 82*, 112, 118, 146, 214*, 216, 218*, 220, 254, 256, 292, 294, 300, 304, 324, 360, 372, 380. Beweiskraft 284, 356. Gewalt 178, 214*, 262*. Macht 144, 234, 270, 376. Stärke 80, 84*, 92*, 162, 164, 176, 206, 210, 334

~s corporelles / körperliche Kräfte 360
~s naturelles / natürliche Kräfte 282
~ du corps / ~ des Körpers 66, 68
~ de l'esprit / Stärke des Geistes 162
forêt / Wald 92, 160, 174, 186, 194, 278, 284*, 318, 326, 328*, 332
  ~s immenses / unermeßliche Wälder 78, 286
forgeron / Schmied 204
formation
  ~ des idées / Bildung der Vorstellungen 100
  ~ du monde / Entstehung der Welt 70
forme de gouvernement / Regierungsform 246, 274
fort (le) / der Starke 68. le plus ~ / der Stärkere 68, 164*, 174, 182, 204, 210, 224, 240, 262, 372. der Stärkste 188, 262
fortuit, fortuitement / zufällig 94, 118, 166, 358
fortune / Glück 216, 254, 256, 302. Vermögen 204, 208, 246, 260, 312
foule / Masse 256
Français / Franzosen 324, 372
France / Frankreich 236
Francs / Franken 324
frein de la loi / Zaum des Gesetzes 140, 192
frugivore / frugivor 288*, 296, 298, 356
fruits / Früchte 164, 172, 288, 326
fuite / Flucht 84, 328
funeste / unheilvoll 20, 26, 28, 38, 88, 136, 156, 158, 188, 190, 192, 220, 246, 258, 316, 318. verheerend 302
fureur / Raserei 152, 156, 188
  ~ de se distinguer / ~, sich zu unterscheiden 256

génération / Generation 160, 324, 336
générosité / Großmut 146

Genève / Genf 3, 8, 34*, 36, 38

génie / Genie 124, 344

genre / Gattung 124, 128*, 288, 366
~ humain / Menschengeschlecht 72, 74, 116, 138, 150, 152, 172, 174, 188, 194, 196, 200, 206, 212, 214, 218, 220, 222, 264*, 320, 346, 352
~ de vie / Lebensweise, Art des Lebens 96, 162*, 186

gens
~ honnêtes / rechtschaffene Leute 32, 148, 220
~ jeunes / junge Leute 38
~ de bien / die Guten 380*, 382
~ de goût / Leute mit Geschmack 38
~ de lettres / Gelehrte 34, 340

géomètres / Geometer 344

gerontes de Sparte / Geronten Spartas 248

geste / Gebärde 120, 122*, 180

Glaucus / Glaukos 42

gloire / Ruhm 28, 34, 344
~ de l'Etat / ~ des Staates 36
~ de la république / ~ der Republik 38

goût / Geschmack 16, 26, 38, 98, 112, 126, 154, 230, 374, 376. Geschmackssinn 96. Hochschätzung 38. ~s / Neigungen des Geschmacks 308, 310.
~s brutaux et depravés / brutale und depravierte Neigungen des Geschmacks 308

gouvernement / Regierung 10, 12, 14*, 20, 24, 60, 68*, 240, 242, 246, 248, 250, 252, 254, 256, 258, 262, 274*
~ absolu / absolute ~ 232
~ démocratique / demokratische ~ 10
~s humains / menschl. ~en 246
~ naissant / entstehende ~ 224
~s politiques / politische ~en 224

Gouvernement civil 350

gouverner / regieren 14, 20, 30*, 32, 36, 216, 266. se ~ / sich ~ 14. bien gouverner / gut ~ 10, 12. mal gouverner / schlecht ~ 18

grâce / Gnade 234.

grâce au ciel / dem Himmel sei Dank 32

grammaire / Grammatik 116

grandeur / Größe 10, 38, 294, 322. Herrlichkeit 38, 256

grands, les / die Großen 268, 274

grand, le plus des hommes / der größte der Menschen 264

Grecs / Griechen 108

Groenlandais / Grönländer 322, 376

grossesse / Schwangerschaft 358, 360, 362

grossièreté / Rohigkeit 96. ~ de premiers âges / ~ der ersten Zeiten 160

guerre / Krieg 26, 84, 160, 172, 210, 212, 222, 302, 308
~s civiles / Bürgerkriege 248
~s nationales / ~e zwischen den Nationen 220
~ perpétuelle / fortwährender ~ 212

guerriers / Krieger 176

Guinée / Guinea 346

habileté / Geschick 154. Geschicklichkeit 292

habitude / Gewohnheit 10, 14, 74, 118, 162, 182, 184, 278*, 284, 306, 324, 350, 376*, 378
~ du corps / Haltung des Körpers 324

haine / Haß 122, 260, 370

hasard / Zufall 58, 112, 118, 160, 166, 224, 292
~ heureux / glücklicher ~ 176
~ funeste / unheilvoller ~ 192

Hébreux / Hebräer 248

Hercules nouveaux / neue Herkules' 348

héréditaire / erblich 250

héritages / Erbteile 210
héros / Held 306
heureux, heureusement / glücklich
    8*, 16*, 22, 24*, 26, 38, 40, 136,
    146, 156, 176, 184, 192, 194, 256,
    268, 310*, 342, 372
histoire / Geschichte 34, 74, 90, 108,
    168, 286
    ~ hypothétique des gouverne-
        ments / hypothetische ~ der
        Regierungen 60
    ~ naturelle / Naturgeschichte 124
    ~ naturelle, morale et politique /
        natürliche, moralische und poli-
        tische ~ 348
Histoire naturelle 278, 286
Histoire de voyages 326, 330, 378
historiens / Geschichtsschreiber 322
    ~ latins / lateinische ~ 324
historique / historisch 70
Hollandais / Holländer 98, 294
hollandais / holländisch 292, 376
Hollande / Holland 330
homme / Mensch 3, 8, 12, 30, 32*,
    34, 38, 42*, 44*, 46*, 50*, 52,
    54*, 56*, 58*, 60*, 64, 66*, 68*,
    70, 72*, 74, 76*, 78, 80*, 82*,
    84*, 86, 88*, 90*, 92*, 94, 96,
    98*, 100*, 102*, 104, 106, 110,
    112*, 114, 116, 118, 120*, 122*,
    124*, 128, 130*, 134, 136, 138*,
    140*, 142*, 146*, 148*, 150*,
    152*, 156*, 158, 160, 162*, 164*,
    166, 172, 174*, 176, 178, 180,
    182*, 186, 188, 190, 192*, 194*,
    196*, 198, 200*, 202, 204, 206*,
    208, 210*, 212, 218, 220*, 222,
    228*, 230, 236, 240*, 246, 248,
    252, 254*, 256*, 260, 264*, 268,
    270*, 274, 278*, 280*, 282*, 284*,
    288*, 292, 296, 298*, 300*, 302*,
    304*, 306, 308*, 310, 312, 314,
    316*, 318, 322*, 324, 326*, 328*,
    330*, 332*, 334*, 336, 338*, 340*,
    342*, 344*, 348, 350, 354*, 356,

362*, 368*, 370*, 378*. Mann 40,
    52, 182, 188, 248, 274, 310, 328,
    330*, 346, 354, 356, 360*, 362*
~s affreux / fürchterliche ~en 302
~s artificiels / artifizielle ~en 266
~ barbare / barbarischer Mann 36.
    ~ Mensch 230
~ civil / bürgerlicher ~ 70, 146,
    190, 300, 306, 332
~ civilisé / zivilisierter ~ 82, 136,
    230, 306, 372
~s errants / umherschweifende ~en
    186
~s féroces et brutaux / grimmige
    und brutale ~en 316
~s fiers / stolze ~en 226
~s grossiers / krude ~en 216
~ individuel / individueller ~ 74
~s indomptés / unbezähmte ~en 226
~s libres / freie ~en 68
~ naissant / entstehender ~ 174
~ naturel / natürlicher ~ 48, 54,
    166, 300, 350
~ originel / ursprünglicher ~ 58,
    266
~ physique / physischer ~ 98
~ policé / zivilisierter ~ 266
~ premier / erster ~ 70, 94, 290
~ prudent / kluger ~ 148
~s quadrupedes / quadrupede ~en
    278
~s raisonnables / vernünftige ~en
    68
~s sacrés et barbares / geweihte und
    barbarische Männer 34
~ sage / weiser ~ 270
~s sanguinaires et cruels / blut-
    gierige und grausame ~en 190
~ sauvage / wilder ~ 70, 80, 82,
    84, 92, 96, 100, 106, 108, 114,
    134, 138*, 146, 148, 160, 164,
    200, 266, 290, 304, 306, 326,
    332, 350
~ sociable / soziabler ~ 268
~ de bien / guter ~ 22

~ d'esprit / Mann von Geist 338
~ (vivant) en société / in Gesellschaft lebender ~ 86, 304
honneur / Ehre 8, 28, 30, 36, 160, 202, 220, 242, 256, 258, 268*, 368. point d'honneur / Ehrenpunkt 258
~vicieux / lasterhafte ~ 308
honte / Schande 212, 308, 318. Scham 188
horreur / Entsetzlichkeit 214, 268, 308, 312. ~s / Schrecken 172. Greuel 222
hors de lui / außerhalb seiner selbst 268
hors de nous mêmes / außerhalb unserer selbst 256, 276
Hottentot / Hottentotte 98, 278, 292*, 294*, 376*
humain / menschlich 10*, 24, 36, 42, 44*, 48, 56, 58, 60*, 66, 72, 74, 80, 86, 90, 98, 106, 112, 116*, 134, 138, 140, 146, 150, 152, 158*, 162, 166*, 172*, 174, 178, 188*, 192*, 194, 196, 200, 206, 210, 212, 214*, 218, 220*, 222, 240, 242, 246*, 264*, 266, 270, 282, 288, 298, 300, 302, 306, 308, 312, 320*, 324, 326*, 330, 332, 334, 336, 346, 352, 356, 358, 362. purement ~ 130
humanité / Menschlichkeit 22, 146, 148, 310, 312, 368. Menschheit 66. Humanität 268.
hypothèse / Hypothese 168, 224, 246
hypothétique / hypothetisch 60, 70

ichtyophages / Fischesser 174
idée / Vorstellung 24, 32, 50, 54, 68*, 76, 100*, 106, 116, 118, 120*, 122*, 124, 126*, 128*, 136, 146, 154, 172, 186, 188, 198, 290, 346, 360, 366*, 372, 374. Gedanke 334. Idee 116, 190, 198
~s abstraites / abstrakte Vorstellungen 154

~s générales / Allgemein ~en 126*, 128
~ grossière / rohe ~ 178
~ numérique / numerische ~ 368
~ représentative / repräsentierende ~ 366
~ véritable / wahrhafte ~ 128
~ véritable de la justice / wahrhafte ~ von der Gerechtigkeit 152
~ de l'avenir / Gedanken an die Zukunft 110
~ de la considération / Vorstellung der Achtung 188
~ du droit / Idee des Rechts 50
~ de propriété / Vorstellung des Eigentums 172, 202
identification / Identifikation 148
identifier / identifizieren 146, 148
ignorance / Unkenntnis 48, 128
~ du vice / ~ des Lasters 140
île / Insel 186*, 286
illégitime, illégitimement / illegitim 240, 252, 304
imagination / Einbildungskraft 108, 126, 128, 156, 206, 264, 292
~ corrompue / korrumpierte ~ 308
imbécile / Schwachsinniger 270
imbécillité / Geistesschwäche 104
immédiatement / unmittelbar 20, 54, 70, 72, 256
immortalité / Unsterblichkeit 268, 344
imposteur / Betrüger 172
impôts / Steuern 26, 258, 316
impression / Eindruck 100, 142
imprudence / Unvorsichtigkeit 262
imprudent, imprudemment / unklug, unklugerweise 18, 310. unbesonnen 24
impuissance / Machtlosigkeit 16
impulsion
~ intérieure / innerer Antrieb 56
~ de la nature / Antrieb der Natur 106, 134, 156
~ du tempérament / Antrieb des Temperaments 358

inaltérable / unverwüstlich 80

incendie accidentel / zufälliger Brand 196

incertain / ungewiß 108, 254, 354. unsicher 76

incertitude / Ungewißheit 358. Unsicherheit 50

inclination / Neigung 266, 310

  ~s naturelles / natürliche ~en 270

inconvénient / Unzuträglichkeit 220, 224,[!] 226, 250, 256, 312, 364. Ungemach 86

indépendance / Unabhängigkeit 16, 232, 252

indépendant / unabhängig 194, 206, 232, 274

Indes / Indien 328, 376

  ~ orientales / Ostindien 326, 346

Indien / Indianer 294*

indifférence / Gleichgültigkeit 266, 268

individu / Individuum 46, 68, 102, 116, 120, 124, 126, 128, 134, 150, 176, 194, 220, 234, 282, 290, 362*, 368

individuel, individuellement / individuell 74, 160

indolence / Indolenz 192, 210

indolent / indolent 268

indompté / unbezähmt 226

industrie / (Kunst-)Fertigkeit 78, 80, 172, 174, 180, 198, 290, 316. Gewerbe 26, 314*. Kunstfleiß 160, 214, 354

industrieux / kunstfertig 108, 200, 286

inégal / ungleich 72, 82, 310

inégalité / Ungleichheit 3, 8, 42, 46, 64, 66*, 68, 162, 166, 188, 218, 250*, 252, 254*, 258, 270*

  ~ extrême / extreme ~ 88

  ~ morale / moralische ~ 58, 66, 270

  ~ naissante / entstehende ~ 208

  ~ naturelle / natürliche ~ 66, 162, 204

  ~ physique / physische ~ 66, 270

  ~ politique / politische ~ 66

  ~ de combinaison / ~ der Verbindung 204

  ~ des conditions / ~ der Stände 260

  ~ de crédit et d'autorité / ~ des Ansehens und der Autorität 254

  ~ des fortunes / ~ des Vermögens 204, 260

  ~ d'institution / [gesellschaftl.] eingerichtete ~ 162, 240

  dernier dégré de l' ~ / letzter Grad der ~ 250

  dernier terme de l' ~ / letztes Stadium der ~ 262

inhérent / inhärent 46

injure / Unrecht 152, 190*

injuste / das Ungerechte 68

injustice / Ungerechtigkeit 262

inné / angeboren

innocence / Unschuld 188, 230

  ~ antique et première / alte und erste ~ 318

innocent, innocemment / unschuldig 38, 104, 372. frei von Schuld 336

innovations dangereuses / gefährl. Neuerungen 18

inondations / Überschwemmungen 184

insensible, insensiblement / unmerklich 178, 180, 184, 186, 204, 266

instinct / Instinkt 98, 102, 104, 122, 134, 174, 190, 236

  ~ des bêtes / Instinkt der Tiere 78

institution / Einrichtung 14, 60, 162, 222, 240, 246, 252. Einführung 180. Institution 214

  ~ humaine / menschliche ~ 240, 246

  ~ légitime / legitime ~ 250

  ~ primitive / anfängliche ~ 256

  ~s sociales / gesellschaftl. Institutionen 250

  ~ des langues / Einführung der Sprachen 130, 364

  ~ de la magistrature / Einrichtung der Magistratur 250

instrument / Werkzeug 30, 80, 182, 238. Instrument 290
~s du labourage / Ackergeräte 112
~s de musique / Musikinstrumente 194
intellectuell / intellektuell 126
intelligence / Intelligenz 114, 160
~s célestes / himmlische ~en 320
intelligent / intelligent 52
intention / Absicht 46, 242, 320, 334
~ de nuire / Absicht, zu schaden 370
intérêt / Interesse 10, 16*, 36, 40, 160, 178, 208, 260, 276, 302, 310, 354, 370. Eigennutz 304. Vorteil 208
~ commun / gemeinsames ~ 118, 178
~ personnel / persönliches ~ 142
~ propre / eigenes ~ 242
~ véritable / wahrhaftes Eigen~ 28
inutilités / unnütze Dinge 314
inventeur / Erfinder 128, 160
~s premiers / erste ~ 128
~s du langage / ~ der Sprache 116
invention / Erfindung 118, 120, 130, 196, 200, 204, 366. la première ~ des langues / erste ~ der Sprachen 116
Islande / Island 376

jalousie / Eifersucht 156, 188, 214
~ brutale / brutale ~ 308
~ secrète / geheime ~ 208
~ des amants / ~ der Liebenden 160
Japon / Japan 346, 348
je (Rousseau) / ich (Rousseau) 8*, 10*, 12*, 14*, 16*, 18*, 20, 22*, 24*, 26, 30*, 34*, 36, 38*, 40*, 42*, 46*, 48, 58, 60, 62*, 66*, 72*, 74*, 76*, 78*, 82, 86, 88*, 94, 98*, 106, 108*, 116*, 118, 128, 130*, 132*, 134, 140*, 146,
152, 160*, 164*, 166*, 168*, 180*, 200, 204, 206, 220*, 230*, 232*, 236, 238*, 242, 254*, 256*, 264, 270, 276, 278, 282, 284, 286*, 288*, 292, 296*, 298, 300*, 302*, 304, 308*, 310, 312*, 316, 318, 326, 332, 334*, 338, 340, 344, 348, 350, 356*, 360, 362, 364, 370, 372, 374, 376*
jésuites / Jesuiten 346
jeunesse / Jugend 30, 38, 360
jeunesse du monde, véritable / wahrhafte Jugend der Welt 194
joie / Freude 32, 372
joug / Joch 14, 164, 182, 218, 230, 378
~ honorable / ehrenvolles ~ 12
~ salutaire et doux / heilsames und süßes ~ 12
~ des préjugés nationaux / ~ der nationalen Vorurteile 342
jouissance / Genuß 242, 376
juge / Richter 66, 74, 192, 226, 244, 370, 382*. mes juges / meine Richter 130, 170
jugement / Urteil 136, 268, 336, 338, 382. Urteilsvermögen 372
~ du public / ~ der Öffentlichkeit 10
juridique / rechtlich 262
jurisconsultes / Rechtsgelehrte 50, 138, 240
~ romains / römische ~ 50
juste (le) / das Gerechte 68
juste / berechtigt 28. zutreffend 46
juste milieu / rechte Mitte 192
justice / Gerechtigkeit 32, 114, 152, 200, 210, 214, 234, 262. Justiz 20
~ distributive / distributive ~ 380
~ raisonnée / durch Vernunft erschlossene ~ 150
justifier / rechtfertigen 28, 214, 300

labourage / Feldbestellung 112, 200
laboureur / Bauer 204, 314

langage / Sprache 72, 116, 122*, 180, 184, 280, 338
~ premier de l'homme / erste ~ des Menschen 122
langue / Sprache 116*, 118, 120*, 124, 130*, 186, 204, 364, 376
~s inventées / erfundene ~n 130
~s particulières / besondere ~n 180
~ universelle / universelle ~ 180
Lapons / Lappen 322
leçon / Lektion 60. ~s / Belehrungen 38. Lehren 74. Unterricht 278
~s sages / weise Lehren 30
~s surnaturelles / übernatürliche Lehren 320
~s de la nature / Lehren der Natur 306
~s de la sagesse / Lehren der Weisheit 56
lecteur / Leser 46, 284
~ attentif / aufmerksamer ~ 264
~s vulgaires / gemeine ~ 170
lecture / Lektüre 70, 130
législateurs sages / weise Gesetzgeber 224
législatrice / Gesetzgeberin 202
législation / Gesetzgebung 16
légitime / legitim 40, 56, 236, 244, 250*, 258, 270, 304
lettres / Literatur 314
libéral / frei 314
libéralité / Freigebigkeit 238
liberté / Freiheit 14*, 16, 28*, 38, 58, 98, 100, 134, 182, 216, 218, 222, 224, 228*, 230, 232, 236, 238*, 240*, 248, 264, 266, 294, 354
~ auguste / hehre ~ 38
~s nationales / nationale ~en 258
~ naturelle / natürliche ~ 218, 244
~ précieuse / kostbare ~ 26
libre, librement / frei 12, 14, 16*, 30*, 52, 68, 98, 100*, 132, 164, 178, 186, 194, 206, 230, 232, 254, 274
licence effrénée / grenzenlose Zügellosigkeit 14

lien, / Band 130, 182, 188, 234, 242 310, 312, 354
~s sacrés des sociétés / heilige ~e der Gesellschaften 320
~s de la paix / ~e des Friedens 38
~s du sang / ~e des Blutes 24
~s de la servitude / ~e der Knechtschaft 164
Lithuanie / Litauen 278
livre / Buch 42, 54, 74, 288, 292
~s sacrés / Heilige Schrift 70
~s scientifiques / wissenschaftliche Bücher 56
~ de voyages / ~ mit Reisebeschreibungen 340
Loango 326, 332
logique du discours / Logik der Rede 130
loi / Gesetz 12*, 14, 18*, 20*, 24, 26, 28, 32, 34, 38, 50*, 52*, 54*, 58, 68, 140, 150, 152*, 154, 160, 186, 192*, 218, 224*, 226*, 236*, 242*, 244, 248, 250, 252*, 260*, 262, 270, 316*, 320, 322, 380, 382
~ divine / göttliches ~ 134
~ fondamentale / Grund~ 242, 244
~ humaine / menschl. ~ 134
~ naturelle / natürl. ~ 8, 50, 52, 54*, 58, 64, 202
~s nécessaires / notwendige ~e 138
~s nouvelles / neue ~e 18
~ sage / weises ~ 26, 216, 316
~ du plus fort / ~ des Stärkeren 164, 240, 262
~ de l'inégalité / ~ der Ungleichheit 218
~s de la mécanique / ~ der Mechanik 102
~ de nature / ~ der Natur 52, 220, 232, 270
~ de la propriété / ~ des Eigentums 218
~ de Sparte / ~ Spartas 80
Londres / London 302, 374
loups[0] / Wölfe 210

Lucayes / Lukayen 288

lumière / Einsicht 128

lumières / Einsicht und Aufgeklärtheit 106, 140, 316, 318, 320, 372.
~ u. Aufklärung 70. Einsicht 30, 48, 58, 114, 160. Einsichten 54, 104, 172, 176. Aufklärung 134
~ funestes / unheilvolle Einsicht und Aufgeklärtheit 190
~ de la raison / Licht der Vernunft 270

luxe / Luxus 36, 38, 312, 314*, 316, 374

lycée d'Athènes / Lyzeum von Athen 72

machinal, machinalement / mechanisch 152, 176

machine / Maschine 10, 82
~ humaine / menschl. ~ 98
~ ingenieuse / kunstvolle ~ 98

magistrat / Magistrat 16, 18*, 20, 26, 30*, 34, 226, 242, 244*, 246*, 252*, 382*

magistrature / Magistratur 26, 244, 248, 250*, 252

main d'œuvre / Handarbeit 202

maître / Herr 14, 26, 34, 68, 176, 206, 216, 228, 232, 234, 238, 248, 250, 260, 262*. Meister 74
~ absolu / absoluter ~ 226
~ féroce ou insensé / grimmiger oder wahnsinniger ~ 236
~ de l'univers / ~ der Welt 306

mal (le) / Übel 18, 56, 86, 90, 106, 136*, 142, 154, 184, 208, 298, 300, 302, 308, 312*, 314*, 322, 368, 378. das Böse 238, 268. Krankheit 92. Leid 58, 88*, 144, 332. Schaden 62, 150*, 152, 190*, 370
~ faire / Böses tun 140, 150, 224, 328
~ physique / das physische Weh 82
~s violents / heftige Schmerzen 122

Malabares / Malabaren 348

maladie / Krankheit 86, 88, 90*, 302, 306

mâle / Männchen 118, 158*, 350, 352*, 354*, 356*, 358*

malheur / Unglück 26, 74, 94, 262, 302. ~s / Leid und Unheil 144
~s de l'homme / ~ des Menschen 104

malheureux (le) / der Unglückliche 302, 308

malheureux / unglücklich 74, 184, 300, 310*, 316, 338, 372. unglückselig 32, 40, 42, 212

mandrill / Mandrill 330, 336

manière de penser et de sentir / Art zu denken und zu fühlen 178

manière de vivre / Lebensweise 88*, 92, 112, 174, 182, 306, 324*, 372*, 374, 376

manières / Sitten 376
~ d'exister / Existenzweisen 174

marchand / Kaufmann 338, 340

mari / Ehemann 182, 358

mariages heureux / glückliche Eheschließungen 38, 310
~ inégaux / ungleiche Ehen 310

marins / Seemänner 340

Maroc / Marokko 346

masque de la bienveillance / Maske des Wohlwollens 208

matière⁰ / Materie 128

maxime / Maxime 8, 34, 114, 150*, 214, 228, 302
~ sublime / erhabene ~ 150, 268
~s de l'évangile / ~n des Evangeliums 34

Mayomba 326

mécanique / Mechanik 102

mécanisme des sens / Mechanismus der Sinne 100

méchanceté / Bosheit 306

méchant / der Böse 138, 380*, 382

méchant / böse 134, 136, 140, 150, 166, 210, 300

mécontentements / Unzufriedenheit 74

médecine / Medizin 88*, 92
médecins / Ärzte 90
méditation / Nachdenken 300
~s philosophiques / philosophische Meditationen 366
méditer / nachdenken 8, 48, 54, 112. nachsinnen 88
mémoire / Erinnerung 32, 318, 362*. Gedächtnis 30, 126, 206. Andenken 22
menteurs / Lügner 74
mépris / Geringschätzung 152, 188, 190*, 306, 370
mercenaire / um Sold dienend 258
mère / Mutter 86, 94*, 118*, 120*, 138, 142*, 174, 308, 310, 328, 352*, 356, 358*, 360
mérite / Verdienst 30, 32, 154, 186, 206, 248, 370, 380*
~ personnel / persönliches ~ 254, 382
merveilles / Wunder 108
merveilleux / wundersam 294
métallurgie / Metallurgie 196
métaphysicien / Metaphysiker 54
métaphysique (la) / Metaphysik 114, 124
métaphysique / metaphysisch 52, 98, 128, 366
méthode / Methode 128
métier / Handwerk 30
~s malsains / ungesunde Berufe 312
~s périlleux / gefährliche Berufe 312
meurtre / Mord, Ermordung 160, 172, 308*. ~s / Mordtaten 220, 222. Mord und Totschlag 210
Mexique / Mexiko 94, 348
ministre / Diener 26, 242, 322. ~s / Geistlichkeit 34
~ européen / europäischer Minister 268
~s des lois / Diener der Gesetze 32, 226
misérables / die Elenden 314, 316. les plus ~ / die Elendesten 210.

misère / Elend 60, 132, 134, 196, 218, 256, 308, 314, 316, 376. ~s / Not und Elend 172, 306
missionaires / Missionare 340, 372*, 376
mobile des actions humains / Triebfeder der menschl. Handlungen 178
mode[0] / Modus 128
modèle / Musterbild 14. Vorbild 128
modération / Mäßigung 20, 26, 28, 34
modernes (les) / die Modernen 52
modestie / Bescheidenheit 10
modification / Modifikation 126
mœurs / Sitten 14, 26, 34, 36, 38, 144, 150, 160, 186, 252, 260, 340, 344, 372, 380, 382*
Mogol / Mogul 348
mollesse / Weichlichkeit 26, 38, 96, 306, 360
monarchie / Monarchie 316
monarchique / monarchisch 246
monarque / Monarch 236, 274
monstre / Monstrum 326, 328, 332*. Ungeheuer 146, 260
monuments de l'antiquité / Denkmäler des Altertums 288
moral (le) / das Geistig-Seelische 154*
~ d'amour / ~ in der Liebe 154
moral / moralisch 52, 58, 60, 66, 98, 134, 270, 306, 348, 356
morale (la) / die Moral 146, 264, 268, 340
moraliste / Moralist 42, 106
moralité / Moralität 192, 320
mort / Tod 100, 106*, 134, 232, 268*, 274, 294, 302*, 306, 314, 376. ~s / die Toten 334
mortalité / Tod 302
mots[0]
~ abstraits / abstrakte Wörter 130
~ premiers / erste Wörter 124
mouvement / Bewegung 10, 82, 128, 294, 360. Regung 176, 372*, 374. le pur mouvement de la nature / die reine Regung der Natur 144

multiplication de l'espèce, excessive / exzessive Vermehrung der Art 316

multitude affamée / ausgehungerte Menge 272

multitude opprimée / unterdrückte Menge 258

musique / Musik 194

naissance / Geburt 10, 32, 80, 284, 308, 360. Entstehung 14, 120, 140, 186

naïveté / Naivität 338

nation / Nation 26, 32, 72, 108, 186, 222, 284, 314, 322, 340, 346, 372
~s barbares / barbarische ~en 98, 292
~s pauvres / arme ~en 316
~s sauvages / wilde Nationen 180, 278, 292

national / national 12, 220, 258, 324, 342

naturalistes / Naturforscher 76

nature / Natur 8, 20, 32, 38, 42, 46*, 50, 52*, 54*, 56, 58, 66, 68*, 70*, 74, 78*, 80, 82, 84*, 88*, 90, 92*, 98*, 100*, 104*, 106, 108*, 114, 118, 120, 122*, 124, 128, 130, 132, 134*, 136, 138, 144, 146, 148*, 150, 154, 156*, 158*, 160, 162*, 164, 166, 172, 174*, 186, 190*, 192, 194, 198*, 206, 220*, 222, 228, 232, 236, 240*, 242, 248, 256, 262*, 266*, 270*, 276, 280*, 284, 290, 296, 298, 300, 304, 306, 308, 310*, 312, 314, 326, 350, 356, 358*, 360*, 362*, 368, 370, 380.
~ actuelle de l'homme / aktuelle ~ des Menschen 46
~ bienfaisante / wohltätige ~ 300
~ des choses / ~ der Dinge 70, 166
~ des choses humaines / ~ der menschl. Dinge 24
~ du contrat / ~ des Vertrages 244

~ des gouvernements / ~ der Regierungen 258
~ de l'homme / ~ des Menschen 50*, 72, 270

naturel, naturellement / natürlich, natürlicherweise 8, 48, 50*, 52, 54*, 56*, 58*, 60, 64, 66*, 76, 78, 86, 112, 124*, 132, 136, 140, 142, 144, 148, 150*, 162*, 166, 172, 174, 176, 190, 192, 202, 204, 206, 210, 214, 218, 220, 222, 228, 230, 244, 248, 262, 264, 270*, 278, 282, 284, 300, 304, 324, 332*, 348, 350, 366, 368, 372. von Natur aus 34, 44, 48, 54, 68, 82, 84, 136, 190, 288*, 300, 332, 358

nécessaire, nécessairement / notwendig, notwendigerweise, erforderlich 12, 18, 28*, 32, 46, 48*, 56, 68, 90, 94, 96, 108*, 114, 118*, 120*, 122, 130, 138, 152*, 160, 174, 176, 184, 194, 196, 200*, 232, 246*, 250, 252, 272, 274, 290, 302, 304, 306, 308, 314, 316, 332, 350, 352, 356, 366
~ physique (le) / das physisch Notwendige 350

nécessité / Notwendigkeit 16, 68, 80, 112, 118, 208, 214, 250, 258, 366. Not 252
~ absolue / absolute ~ 334

nègre / Neger 86, 328*, 330*, 332*

Nicaragua 94

noblesse / Adel 254

nombres⁰ / Zahlen 130, 366*

Normands / Normannen 324

notes / Anmerkungen 62*

notion / Begriff 46, 68, 124, 128, 152, 154
~ du bien / ~ des Guten 262
~ du juste et de l'injuste / ~ des Gerechten und Ungerechten 68

nourriture / Nahrung 86, 88, 106, 200, 210, 286, 352. Ernährung 284, 350

nudité / Nacktheit 94, 98

obéir / gehorchen 12, 40, 54, 66, 68, 100, 154, 164, 232, 236*, 244, 248, 274, 320

obéissance / Gehorsam 32, 232, 252, 260

~ aux lois / ~ gegenüber den Gesetzen 26

objection / Einwand 118, 350, 356, 376

obligation / Verpflichtung 354

obscurité / Dunkelheit 50, 122, 256

observateur / Beobachter 198, 332, 336, 338, 340, 348

Observation sur l'histoire naturelle 296

observation / Beobachtung 48, 76, 88, 124, 128, 178, 256, 266, 282, 298, 324*, 356*, 374

~s anatomiques / anatomische ~en 288

~ des lois / Befolgung der Gesetze 242

obstacle / Hindernis 94, 152, 362

~s de la nature / Hindernisse der Natur 174

occasion / Gelegenheit 8, 88, 118, 132, 134, 178, 192, 242, 290, 326, 358, 378. ~s / Fälle 122

occupant, premier ~ / erster Besitznehmer 210, 224

occurences / zufällige Umstände 252

odorat / Geruchssinn 96

offense / Beleidigung 192, 370*

officiers / Beamte 250

oisiveté / Müßiggang 88

opération / ~s / Operationen 116

~s peu naturelles / wenig natürliche ~en 124

~s pénibles / mühsame ~en 124

~s de l'âme (humaine) / ~en der (menschl.) Seele 56, 106

~s de la bête / ~en des Tieres 98

~s de l'esprit / ~en des Geistes 116

~ de la nature / Verfahren der Natur 198

opinion / Meinung 74, 156, 288*, 324, 370

~ commune / allgemeine ~ 242

~ des autres / ~ der anderen 268

opposition d'intérêts / Gegensatz der Interessen 208

oppresseur / Unterdrücker 258

oppression / Unterdrückung 14, 58, 68, 164, 214, 228, 230, 258

opprimer / unterdrücken 164, 252, 258

opprimés (les) / die Unterdrückten 258

or / Gold 196, 310

orang-outang / Orang-Utan 326, 328, 336*

orateur / Redner 380

ordinaire, ordinairement / gewöhnlich 90, 136, 296. alltäglich 122. pour l' ~ / für gewöhnlich 352, 358

ordonner / befehlen 72

ordre / Ordnung 108, 114. Stand 162, 260. ~s / Befehle 144

~ naturel / natürliche Ordnung 262

~ public / öffentliche ~ 8

~ de choses / ~ der Dinge 206

~ des conditions / ~ der Stände 310

~ de la nature / ~ der Natur 310

~ le plus naturel / natürlichste ~ 172

organe / Organ 96, 276, 360

~s grossiers / krude ~e 122

~ de la parole / ~ der Sprache 332

organisation / Organisation 76

orgueil / Hochmut 134, 176, 300. Stolz 68, 304

Orient 284, 344

originaire / ursprünglich 46, 104

origine / Ursprung 3, 66, 70, 76, 106, 120, 130, 166, 202, 222, 246, 254, 270

~ des différences, première / erster ~ der Verschiedenheiten 44

~ de l'inégalité / ~ der Ungleichheit 64

~ de l'inégalité morale / ~ der moralischen Ungleichheit 58

~ des langues / ~ der Sprachen 116

~ des lois / ~ der Gesetze 218

~ des signes institués / ~ der eingeführten Zeichen 116

~ de la société / ~ der Gesellschaft 218

originel / ursprünglich 42, 46, 58, 104, 266, 270, 320, 332, 360

ouïe / Gehörsinn 96

outrage / Beleidigung 190

ouvrier / Arbeiter 32, 200, 302, 312

~ sublime / erhabener Werkmeister 236

pacte fondamental / Grundvertrag 242

paix / Frieden 24, 36, 38, 132, 138, 214, 230, 258, 288, 304, 318

paradoxe / Paradoxon 70, 364

Paraguay 348

parents / Eltern 240, 308, 310, 352, 360

paresseux / faul 164, 332. träge 62

Paris 374

parole / Sprache 116, 118, 120*, 122*, 130, 160, 184, 186, 332*

partage des terres / Aufteilung des Grund und Bodens 200, 202

parti de la raison / Partei der Vernunft 364

partis / Parteien 242, 244

particulier / Einzelner 8, 10, 20, 204, 214, 220, 226, 246, 252, 254, 262, 302, 340. ~s / Privatleute, ~personen 226, 302

parure europeénne / europäischer Putz 376

passion / Leidenschaft 44*, 84, 88, 106*, 108, 134, 138, 140, 150, 152*, 156, 158, 160, 188, 210, 252*, 256, 260, 262, 266, 278,

304, 306, 318, 342, 350, 362, 368, 370, 372

~s factices / künstliche ~en 266

pasteurs des âmes / Seelenhirten 34

Patagons / Patagonier 348

patrie / Vaterland 8, 10, 14, 16*, 22*, 34, 258

~ terrestre / irdisches ~ 34

patriote

~ honnête et vertueux / rechtschaffener und tugendhafter Patriot 22

~ vrai / wahrer Patriot 40

pâture / Futter 84, 86, 118, 152, 332. Weide 298, 316

pauvre (le) / der Arme 88, 210, 224, 250, 306, 312. le plus ~ der Ärmste 314

pauvreté / Armut 58, 214

pays

~ chauds / warme Länder 94

~ froids / kalte ~ 94, 176

~ policés / zivilisierte ~ 308

~ des caffres / Land der Kaffern 346

~ du nord / ~ des Nordens 316

pêche / Fischfang 198, 292, 374

pêcheurs et ichtyophages / Fischer und Fischesser 174

Pegu 348

penchant / Neigung 30

~ aveugle / blinder Hang 174

~ naturel / natürlicher Hang 228

~ noir de nuire / finsterer Hang zu schaden 208

pensées / Gedanken 120, 130

penser / denken 8, 24*, 48, 96*, 114, 116, 120*, 128, 178, 270, 302, 366, 378. glauben 126, 312. halten für 314. meinen 76, 82. annehmen 158, 338

perception / Wahrnehmung 366

père / Vater 30, 32, 80*, 118, 182*, 232*, 234*, 240, 310*, 354, 358.

~ premier / Urvater 320

perfectibilité / Perfektibilität 102, 126, 166, 332

perfection / Vollkommenheit 120, 206, 326

~ de l'individu / Vollendung des Individuums 194

~ des sociétés / Vollendung der Gesellschaften 312

perfectionner / vervollkommnen 166, 180, 184, 194. se ~ / sich ~ 46, 96, 102, 106, 116, 186, 290, 316, 334

péril / Gefahr 84, 142

permanent / anhaltend 204. beständig 186, 356. permanent 118

Pérou / Peru 348

perpétuel, perpétuellement / fortwährend 20, 26, 52, 88, 210, 218

Perse / Persien 274, 346

Persepolis 230

personne / Person 10, 190, 214, 382

petit (le) / Junges 86*, 94*, 142, 296, 298*, 328, 352*, 354, 356*, 358*

peuple / Volk 10*, 14*, 16, 18*, 20, 26, 28, 32, 68, 84, 108, 156, 190, 196, 220, 222, 226*, 228, 242*, 244, 246, 248, 252, 254, 256*, 258, 260*, 302, 316, 324*, 340, 342*, 346, 372, 382

~s asservis / geknechtete Völker 230

~ équitable / gerechtes ~ 34

~ lettré / gebildetes ~ 364

~ libre / freies ~ 14, 30*, 230

~s policés / zivilisierte Völker 270

~ romain / römisches ~ 14

~s sauvages / wilde Völker 96, 190

~s du midi / Völker des Südens 108

~s du nord / Völker des Nordens 108

peur / Furcht 14, 144, 164, 316*

philosophe / Philosoph 42, 48, 56, 68, 82, 100, 114*, 116, 120, 128, 148, 196, 228, 256, 264, 276, 312, 338, 344, 350*, 362

~s anciens / die alten ~en 50

~ chrétien / christlicher ~ 70

philosopher / philosophieren 342

philosophesque / philosophesk 340

philosophie / Philosophie 42, 48, 110, 148, 168, 224, 268, 340

philosophique / philosophisch 364, 366

physicien / Naturwissenschaftler 70, 284

physique (la) / Physik 100. Naturwissenschaft 356

physique (le) / das Physische 154*

~ de l'amour / das Physische in der Liebe 156

physique / physisch 66, 82, 98, 106, 130, 134, 270, 350

pitié / Mitleid 140, 146*, 148, 368

~ naturelle / natürliches ~ 144, 190, 192, 210

plaisir / Vergnügen 34*, 142, 156, 268, 374*. ~s / Vergnügungen 38, 230, 266. Freuden 230

~ de bien faire / ~, Gutes zu tun 268

~ de dominer / Lust zu herrschen 210

plébiscites / Plebiszite 16

poète / Dichter 196

police / politische Ordnung 316. Zivilisation 190, 312

~ européenne / europäische Zivilisation 376

policer, policé / zivilisieren, zivilisiert 196, 266, 270, 286, 308, 372

politesse / Höflichkeit 268

Politique 3

politique (la) / die Politik 258, 264

politique (le) / der Politiker 228, 254, 380

politique / politisch 24, 58, 60, 66, 216, 220, 222, 224, 228, 242, 250, 252, 270, 348

pongo / Pongo 326, 328*, 332*, 334*, 336*

populace / Pöbel 14, 30, 148

population excessive / exzessive Bevölkerung 378. ~ prodigieuse / ungeheure ~ 316

possession / Besitz 184, 214*, 350
~ continue / ununterbrochener ~ 202
~ des femelles / ~ der Weibchen 158

postérité / Nachkommenschaft 74, 238

pouvoir / Gewalt 234, 242*, 246, 260. Kraft 320. Macht 18, 246, 304, 350
~ arbitraire / willkürliche Gewalt 240, 250
~ chaste / keusche ~ 36
~ dangereux / gefährliche ~ 246
~ illégitime / illegitime ~ 252
~ légitime / legitime ~ 250
~ paternel / väterliche ~ 234
~ supérieur / höhere ~ 244
~ suprême / höchste ~ 216
~ des magistrats / ~ der Magistrate 242
~ de nuire / Macht zu schaden 206
~ de servir / Macht zu nützen 206

précepte / Gebot 42, 70, 320

prêcher / predigen 302, 340

prédilection / Vorliebe 92

préférence / Auszeichnung 256. Bevorzugung 186. Präferenz 162. Vorliebe 112, 156. Vorrang 32. Vorzug 56, 248, 362. premiers ~s / erste Bevorzugungen 188

préférer / vorziehen 154, 230, 268

préjugé / Vorurteil 120, 136, 160, 220, 260, 306, 332, 364
~s nationaux / nationale ~e 342
~s ridicules / lächerliche ~e 340
~s d'état / Standes~e 340

premiers âges, temps / erste Zeiten 160, 378

prérogatives / Prärogative 242

preuve / Beweis 54, 232, 300, 356
~s incontestables / unanfechtbare ~e 324

~s morales / moralische ~e 356
~ de fait / Tatsachen~ 286

prévoyance / Voraussicht 108, 110, 112, 178, 198, 200

primitif / anfänglich 42, 44, 102, 118, 130, 160, 162, 166, 190, 192*, 256, 326, 360, 370

prince / Fürst 228, 236*
~s bons et sages / gute und weise ~en 322

principe / Prinzip 44, 50*, 52*, 56*, 58, 136, 140, 168, 198, 244, 376
~s de la justice / Prinzipien der Gerechtigkeit 262

privilège / Privileg 66, 274*

prix éternel / ewiger Lohn 320

probable, probablement / wahrscheinlich 46, 166, 198

probité / Rechtschaffenheit 260

problème / Problem 48*, 130, 264

procès / Prozeß 132

productions / Erzeugnisse 146, 286
~ naturelles / natürliche ~ 112
~ de la terre / ~ der Erde 172

prodiges / Wunder 68. Wunderdinge 230

prodigieux / ungeheuer 120, 162, 316

profit / Profit 208*, 218, 304. au profit / zum Besten 38

progrès / Fortschritt 42, 76, 78, 106, 108, 116, 136, 160*, 166, 172, 180, 184, 194, 250, 270*, 290, 302, 314, 362, 376
~ presque insensible / nahezu unmerklicher ~ 180
~ des choses / ~ der Dinge 68
~ de l'espèce humaine / ~e der menschl. Art 44
~ de l'esprit / ~e des Geistes 108
~ de l'inégalité / ~ der Ungleichheit 250
~ des langues / ~ der Sprachen 204
~ de la nature / ~e der Natur 360

proie / Beute 80, 96, 180, 288, 352*, 356*, 370

projets / Pläne 110. Vorhaben 18
~ en idée / nur in der Vorstellung existierende Projekte 24
projet le plus réfléchi / der durchdachteste Plan 214
propriétaire / Eigentümer 136
~s de l'Etat / ~ des Staates 250
propriété / Eigentum 118, 172, 180, 190, 194, 200, 202*, 208, 210, 214, 218, 224, 240, 250, 270, 308
propriétés / Eigentümlichkeiten 124
prospérité / Wohlergehen 40. Wohlstand 302, 304
~ de l'Etat / Wohlergehen des Staates 34
protection / Protektion 268
prouver / beweisen 70, 132, 166, 252, 254, 256, 270, 280, 360*, 362
providence / Vorsehung 22, 134
prudence machinale / mechanische Klugheit 176
prudent / klug 148
public (le) / Öffentlichkeit 10, 130, 226, 308
public / öffentlich 8*, 20, 28, 36, 188, 226, 236, 242, 246, 294, 302*, 382
pudeur / Scham 152
puissance / Macht 24, 58*, 68, 168, 230, 254, 268. Vermögen 102.
en puissance / der Möglichkeit nach 134, 166
~ arbitraire / willkürliche ~ 238
~ relative des sexes / relative Stärke der Geschlechter 158
~ de choisir / Vermögen zu wählen 102
~ de vouloir / Vermögen zu wollen 102
puissant (le) / der Mächtige 216, 250, 256, 304. le plus ~ / der Mächtigste 210, 222
punitions / Strafen 192, 308*
Pygmées / Pygmäen 322

quadrupède / Quadrupede 278*, 280, 282*, 286, 324, 356, 358
qualité / Eigenschaft 46, 58, 74, 98, 100, 102, 134, 146, 192, 206, 354
~s naturelles / natürliche ~en 206
~s personelles / persönliche ~en 254
~s de l'âme / ~en der Seele 66
~s de l'esprit / ~en des Geistes 66
en ~ d'hommes / in ihrer ~ als Menschen 240
quojas-morros / Quojas-Morros 328

race / Geschlecht 254. Rasse 326
raison / Vernunft 28*, 30, 36, 52, 56*, 106, 114, 138, 146, 148*, 150, 190, 216, 220, 222, 240, 246, 260, 268, 270, 276, 278, 302, 310, 338, 364, 368, 372. Grund 74, 86, 126, 136, 166, 196, 214*, 244, 246, 264, 280, 298, 304, 312, 314, 320, 332*, 338, 352*, 358, 360, 362*, 366, 370. Begründung 356
~ cultivée / gebildete Vernunft 134
~ éclairée / aufgeklärte ~ 336
~ humaine / menschliche ~ 166
~ publique / öffentliche ~ 302
~ rendue active / die ~ aktiviert 206
~s spécieuses / Scheingründe 214
~ la plus sublime / erhabenste Vernunft 24
raisonnable, raisonnablement / vernünftig, vernünftigerweise 16, 48, 58, 68, 224, 226, 362
raisonné / durch Vernunft erschlossen 150, 342
raisonnement / Schlußfolgerung 46, 76, 130, 238, 286, 300, 356, 358*, 362. Vernunfterwägung 148, 150
~s très abstraits / höchst abstrakte Schlußfolgerungen 114
~s conditionnels / bedingungsweise geltende ~en 70
~s hypothétiques / hypothetische ~en 70

raisonner / nachdenken 106, 118, 136.
     räsonieren 134, 232. urteilen 44
raisonneur / Räsoneur 54
rang / Rang 30, 34, 206, 254. ~s /
     Rangverhältnisse 176
     ~ des citoyens / ~ der Bürger 382*
rapines / Räubereien 210
rapport des voyagers / Bericht der
     Reisenden 96
réalité / Realität 162
recherche / Untersuchung 70, 116,
     128, 242, 336, 340
     ~s morales / moralische ~en 60
     ~s politiques / politische ~en 60
reconnaissance / Dankbarkeit 232.
     Erkenntlichkeit 32
réfléchir / nachdenken 24, 130, 192,
     214, 244, 304
réflexion / Reflexion 88, 116*, 142,
     144, 148, 150, 168, 176, 212, 266,
     290, 298
     ~s philosophiques / philosophische
     Reflexionen 364
règle / Regel 52, 54*, 56, 86, 98, 262,
     296, 314, 350, 382
     ~ commune / gemeinsame Regel
     218
     ~s funestes / unheilvolle ~n 258
     ~s premières de justice / erste ~n
     der Gerechtigkeit 200
     ~s de conduite / Verhaltens~n 178
     ~s du droit naturel / ~n des Natur-
     rechts 56
règlements / Vorschriften 186
     ~s de justice et de paix / ~ der
     Gerechtigkeit und des Friedens
     214
règne / Herrschaft 288
rélation morale / moralische Bezie-
     hung 134
     ~s sociales / gesellschaftliche Be-
     ziehungen 242
rélations⁰ / Berichte 324, 340
     ~s des voyageurs / Berichte der
     Reisenden 288, 292

religieux lettré / gebildeter Mönch
     338
religion / Religion 70, 246, 376
     ~ chrétienne / christliche ~ 376*
remède / Abhilfemittel 224, 240, 312,
     314. Heilmittel 88, 90*
rencontre fortuite / zufällige Begeg-
     nung 358
repos / Ruhe 24*, 34, 68, 106, 230*,
     248, 266
     ~ public / öffentliche ~ 28, 246
représsaille / Repressalie 202, 220
république / Republik 14, 16*, 18,
     26, 36, 38, 260, 274
     ~ d'Athènes / ~ Athen 20
     ~ de Genève / ~ Genf 8
répugnance / Widerwillen 142, 150,
     372
     ~ innée / angeborener ~ 140
     ~ naturelle / natürlicher ~ 56
réputation / Reputation 256, 268
respect / Respekt 26*, 30, 32, 34, 40,
     232
     ~ commun / gemeinsamer ~ 20
rétrograder / rückwärtsgehen 74
révolution / Revolution 14, 108, 120,
     192, 250*, 258, 260, 262
     ~ grande / große ~ 196
     ~ première / erste ~ 180
     ~s du globe / ~en des Erdballs 184
riche (le) / der Reiche 88, 210*, 212,
     214, 218, 224, 250, 256, 268, 306
richesse / Reichtum 58, 68, 204, 208,
     214, 230, 246, 248*, 254*, 304, 374
ridicule / lächerlich 38, 156, 340
rigueur / Strenge 322
rivalité / Rivalität 208
rivaux / Rivalen 256
roi / König 274
     ~s de France / ~e von Frankreich
     236
     ~s des rois / ~e der Könige 250
romain / römisch 14, 50
Romains (les) / die Römer 16, 324. ~
     anciens / die alten ~ 382

Rome / Rom 248, 264
ruine / Ruin 212
  ~ de l'Etat / Ruin des Staates 26
  ~s de la république / Ruinen der Republik 260
ruse / List 162, 206, 304

sacré / heilig 34, 70, 270, 310, 320. geweiht 34. unverletzlich 246
sage (le) / der Weise 66, 218, 266, 342
sage, sagement / weise 10, 16, 24, 26*, 28, 30, 134, 190, 216, 224, 236*, 270, 274, 316*, 322, 382
sagesse / Weisheit 8, 14, 24, 26, 32, 34, 36, 56, 58, 68, 148, 268, 316, 350
  ~ du createur / ~ des Schöpfers 354
  ~ du peuple / ~ des Volkes 20
saine, sainement / gesund 88, 194, 260, 372
saint / heilig 18, 34, 312
saints / die Heiligen 340
Saint Domingue / St. Domingo 288
sainteté des mœurs / Heiligkeit der Sitten 34
salut / Wohl und Wehe 16
salutaire / heilsam 12, 14, 28, 150, 316
sanction / Sanktion 20, 270
santé / Gesundheit 66, 88, 132, 306
satyre / Satyr 330, 336
sauvage (le) / der Wilde 84, 86, 90, 92, 98, 112, 134, 138, 140, 150, 154, 156, 158, 190, 194, 232, 268*, 308, 366, 372*, 374*, 376*
  ~s de l'Amérique / Wilde Amerikas 196
  ~s de l'Amérique septentrionale / ~ Nordamerikas 294
  ~s des Antilles / ~ der Antillen 294
  ~ de Hanovre / der Wilde von Hannover 280
  ~s dans les Pyrenées / ~ in den Pyrenäen 280
sauvage / wild 70, 80, 82, 84, 86, 92*, 96*, 104, 106, 108, 114, 134, 138*, 146, 148, 156, 160, 162, 164, 180,

182, 190, 200, 266, 278, 290, 292, 304, 306, 326*, 330, 332, 348, 350
savants / Gelehrte 316, 344
savoir / das Wissen 290
science / Wissenschaft 50, 256, 300, 316
  ~ commune des sages / gemeinsame ~ der Weisen 342
  ~s frivoles / frivole ~en 260
scientifique / wissenschaftlich 56
secret (le) / Geheimnis 112, 148, 200, 268
  ~ fatal / verhängnisvolles ~ 198
sécurité / Sicherheit 86
séducteurs / Verführer 14
sénat de Rome / Senat Roms 248
sens / Sinn 8, 68, 96, 98, 100*, 122, 124, 132, 136, 206, 224, 268, 276*, 278*, 366, 380. Verstand 328
  ~ intérieur / innerer ~ 276
  ~ ordinaire / gewöhnlicher ~ 136
  ~ physique / physischer ~ 134
sensations / Empfindungen 112. Sinneseindrücke 126. Sinnesempfindungen 174
sensibilité / Empfindungsfähigkeit 58
sensible, sensiblement / empfindend 56, 58, 92, 142. empfindlich 144, 152. fühlbar 166, 204. sinnlichwahrnehmbar 120, 142, 178, 314. sichtbar 128. verletzlich 224
sensualité / Sinnlichkeit 88, 96. ~ excessive / exzessive ~ 306
sentiment / Gefühl 24, 74, 102, 122, 146, 154*, 156, 160, 188, 370, 372. Ansicht 108, 116
  ~ doux / süßes ~ 186. les plus doux sentiments / die süßesten Gefühle 182
  ~ factice / künstliches ~ 154, 368
  ~ naturel / natürliches ~ 148, 150, 368
  ~ premier / erstes ~ 172
  ~ relatif / relatives ~ 368
  ~ tendre / zärtliches ~ 186

~ d'amour / ~ der Liebe 154

~ du cœur / ~ des Herzens 174

~ de l'éxistence / ~ der Existenz 110, 172, 268

~ de l'humanité / ~ der Menschlichkeit 148

~s de préférence / ~e der Bevorzugung 186

sentir / fühlen 36, 68, 74, 84, 160, 178*, 182, 212, 230, 232, 248, 252, 314, 378. ahnen 216. einsehen 264, 366. empfinden 156, 376. erfassen 146. ermessen 24. gewahren 306. sichten 98. spüren 212. würdigen 276

service / Dienst 136, 206, 304, 380*

~s apparents / scheinbare ~e 302

~s réels / wirkliche ~e 382

serviteur / Diener 40

servitude / Knechtschaft 38, 164*, 210, 218, 228, 230, 250

sévérité de mœurs / Sittenstrenge 14

sexe / Geschlecht 36, 152, 154*, 158, 174, 182*, 186

Siam 348

siècle / Jahrhundert 24, 104, 112, 122, 132, 160, 180, 222, 264, 286, 316, 342, 344*, 362

~s futurs / kommende ~e 258

~ nôtre / unser ~ 48

milliers de siècles / Tausende von ~en 116

signe / Zeichen 86, 122, 142, 208

~s institués / eingeführte ~ 116, 122

signification / Bedeutung 124

silvains / Silvane 336

simplicité / Einfachheit 162. Leichtgläubigkeit 348

~ céleste et majestueuse / himmlische und majestätische ~ 44

~ originelle / ursprüngliche ~ 320

~ de mœurs / ~ der Sitten 26

singe / Affe 126, 130, 180, 280, 328, 334*

situation / Lage 22, 114, 136*, 212. Situation 92, 164, 182, 214. Stellung 282*

~ politique et civile / politische u. bürgerliche Situation 24

sociabilité / Soziabilität 56, 130

sociable / soziabel 92, 166, 268

social / gesellschaftlich 146, 166, 242, 250

société / Gesellschaft 8, 10, 16, 22, 32, 34, 44, 48, 54*, 68*, 80, 86, 112, 116, 118, 130*, 134, 138, 148, 154, 156, 158, 162*, 182, 186, 192, 218*, 220*, 222, 226, 232, 240, 254*, 260, 266, 270, 302, 304*, 308, 312*, 314, 316, 318, 320, 328, 350*, 352*, 354*, 362*, 366, 368, 380

~ civile / bürgerl. ~ 34, 90, 172, 234, 356, 380

~ conjugale / ehel. ~ 354*, 358

~ humaine / menschl. ~ 10, 48, 58, 302

~ naissante / entstehende ~ 192, 210

~s politiques / politische ~en 222, 270

~ véritable / wahrhafte ~ 224

~ du mâle et de la femelle / ~ von Männchen und Weibchen 356

soin / Sorge 26, 92*, 96, 226, 300, 306, 352, 354*, 358. Sorgfalt 20, 88, 154, 164, 336, 348, 360, 376. Fürsorge 352. Mühe 130, 268. Pflege 200. ~s / Anstrengungen 334. Bemühungen 322

~ premier / erste ~ 172

~ de conservation / ~ um die Erhaltung 136, 138

soldat / Soldat 308, 340

solitaire / solitär 88, 182

sommeil / Schlaf 96. ~ tranquille du philosophe / ruhiger ~ des Philosophen 148

sophismes / Sophismen 228

sort / Schicksal 204, 206, 208, 382. Los 36
souffrance / Leiden 132
soumettre / unterwerfen 210, 216, 248
source / Wurzel 312, 370
~ de l'honneur / Quelle der Ehre 368
~ de l'inégalité (première) / (erste) Quelle der Ungleichheit 42, 46
~ de l'inégalité naturelle / Quelle der natürl. Ungleichheit 66
~ de tous les malheurs de l'homme / Quelle allen Unglücks des Menschen 104
~ de maux / Quelle der Übel 184
~s de maux / Krankheitsquellen 90
souverain (le) / Souverän 10*, 48, 236
souverain / souverän 8, 22, 38, 40, 220, 246, 270
souveraineté / Souveränität 24
Sparte / Sparta 36, 80, 226, 230, 248, 252
spectacle / Schauspiel 38*, 82, 142, 268. ~s / Theater 144
~ de la nature / ~ der Natur 108
spiritualité / Geistigkeit 100
spirituel / geistig 102
stoïcien / Stoiker 266
stupidité / Stupidität 114, 332, 338
~ des brutes / ~ des Viehs 190
subjuguer / überwältigen 96. unterjochen 210
sublime / erhaben 24, 30, 34, 114, 120, 150, 236, 268, 276, 340
subsistance / Lebensunterhalt, Unterhalt 80, 150, 164, 174, 182, 198, 200, 210, 214, 304, 314, 352*, 358
substance⁰ / Substanz 128
subtilité / Subtilität 96. List 178
succès / Erfolg 34, 48. Ausgang 372
successif, successivement / sukzessiv 44, 56, 60, 76, 102, 116, 166, 204, 290. nach und nach 172
succession / Aufeinanderfolge 48
~ lente / langsame ~ 172, 264

~ des temps et des choses / Folge der Zeiten und der Dinge 42
suffisant à lui même (se) / sich selbst genug 160
sujet (le) / der Untertan 234, 236, 246, 248, 262*, 304
sultan / Sultan 262
supérieurs (les) / die Oberen 228
supériorité / Überlegenheit 176
supposer / annehmen 94, 112*, 114*, 120*, 198, 346, 348. voraussetzen 116, 130, 274, 360, 362*
supposition / Annahme 112, 138, 226, 284, 336. Voraussetzung 160
sûreté / Sicherheit 28, 148, 176, 178, 208, 214
~ commune / allgemeine ~ 226
surnaturel / übernatürlich 76, 78, 320
survenir / eintreten 76, 302
sympathie / Sympathie 312
système / System 168, 282, 298, 320, 358
~ animal / Tiersystem 76
~ odieux / hassenswertes ~ 236
~ le plus général de la nature / das allgemeinste ~ der Natur 298

talent / Talent 30, 148, 204*, 206, 246, 252, 256, 260, 310, 340, 380
Tartarie / Tatarei 348
tempérament / Temperament 154, 156, 358. Gesundheit 312
~ inaltérable / unverwüstliches ~80
~ robuste / robustes ~ 14, 80, 162
temple de Delphes / Tempel von Delphi 42
temps⁰ / Zeit 16, 42, 72, 74, 104, 116, 120, 124, 128, 130, 168, 176, 178, 180, 248, 258, 324*, 342, 366, 378. Cf. zur Bedeutung der Zeit auch: 112, 132, 160, 172, 264, 320, 362
tentation / Versuchung 108, 316
terrain / Land 172
terre⁰ / Erde 78, 84, 112, 114*, 172*, 180, 184, 218, 222, 284*, 286*,

288, 300, 306, 378. Boden 10, 108.
Feld 202
terres⁰ / Grund und Boden, Felder
200*, 202, 210, 300, 316
Terres magellaniques / Länder an
der Magellanstraße 348
texte / Text 362
théologiens / Theologen 34
tien et mien / Dein und Mein 152, 318
tonnerre / Blitz 176
tort / Unrecht 202, 304. Schaden 224
~ volontaire / vorsätzliches ~ 190
toucher (le) / Tastsinn 96
tragédie / Tragödie 144
tranquillité / Ruhe 34, 250
travail / Arbeit 14, 30, 88, 112*,
114, 128, 194, 198, 200, 202*,
204, 214*, 218, 242, 268, 306, 312,
316, 340. ~s / Anstrengungen 224,
300, 316, 374
tremblements de terre / Erdbeben
184, 306
trésors / Schätze 304
triangle / Dreieck 128
tribunaux / Gerichte 20. Tribunale 382
tristesse / Traurigkeit 376
troupeau / Herde 178
troupes / Trupps 186, 328
Troie / Troja 90
Tucuman / Tukuman 348
Turquie / Türkei 346
tyran / Tyrann 144, 260
~ de lui-même / ~ seiner selbst 104
~ de la nature / ~ der Natur 104
tyrannie / Tyrannei 14, 234, 236

uniforme / gleichförmig 84, 88
uniformité / Gleichförmigkeit 162
union / Einigkeit 34. Verbindung
310. Vereinigung 242
~ conjugale / eheliche Verbind. 36
~ permanente / permanente Verbindung 118
~ perpétuelle / fortwährende
Einigkeit 26

~ des faibles / Vereinigung der
Schwachen 222
~ de l'homme et de la femme /
Verbindung von Mann und Frau
356
~ du mâle et de la femelle / Verbindung von Männchen und
Weibchen 358
univers / Welt 26, 28, 106, 218, 268,
306. Universum 136, 370
usage / Gebrauch 24, 94, 104, 122,
124, 142, 174, 200, 254, 276, 280,
284, 292, 306, 310, 314, 376*. Anwendung 122. Gewohnheit 154,
278, 326. Verwendung 76, 80, 112,
284, 360
~s anciens / alte Gebräuche 18
~ du blé / Gebrauch des Getreides
200
~ des nombres et du calcul, avoir
l'~ / mit den Zahlen und dem
Rechnen vertraut sein 366
~ de la parole / ~ der Sprache 116,
122, 130, 184, 186
~ des richesses / ~ der Reichtümer
204
usurpation / Usurpation 212, 218
~s des riches / ~en der Reichen 210
usurper / usurpieren 252
utilité / Nutzen 114, 232. Nützlichkeit 314, 374
~ commune / allgemeiner Nutzen
54, 192
~ publique / öffentlicher ~ 242

vaincu / Besiegter 304
vainqueur / Bezwinger 222. Sieger 304
valets / Knechte 314
valeur / Tapferkeit 24
vanité / Eitelkeit 152, 160, 188
variété / Varietät 44, 324*, 334
Venezuela 86
vengeance / Rache 152, 180, 192, 370.
~s / Racheakte 190
vengeur / Rächer 192

vérité / Wahrheit 30, 66, 68, 146, 166, 178, 234, 236, 354
~s historiques / historische ~en 70
~s les plus sublimes / erhabenste ~en 114
vertu / Tugend 10, 22, 26, 28, 30, 38, 68, 104, 134*, 136*, 142, 150*, 220, 230, 246, 248, 256, 260*, 268*, 310, 312, 320, 368
~s humaines / menschl. ~en 140
~ naturelle / natürliche ~ 140
~s sociales / gesellschaftl. ~en 146, 166
~ des magistrats / ~ der Magistrate 20
vertueux / tugendhaft 8, 22, 30, 36, 134, 310
vice / Laster 10, 20, 30, 104, 134*, 136*, 140, 188, 206, 250, 256, 268, 310, 312, 318, 342
~s de la constitution / die Fehler der Verfassung 224
vicieux / lasterhaft 136, 308
vie / Leben 74, 80, 86, 96, 102, 114, 116, 122, 134, 162*, 164, 174*, 182, 186, 228, 230, 238*, 240, 248, 262, 268*, 294, 296, 298, 302, 306, 308, 310, 312*, 316, 318, 328, 344, 372, 374*, 376
~ animale / tierisches ~ 162
~ civile / bürgerliches ~ 132
~ errante et vagabonde / umherschweifendes und vagabundierendes ~ 120
~ humaine / menschl. ~ 298, 306
~ moyenne de l'homme / mittlere Lebensdauer des Menschen 88
~ naturelle / natürliches ~ 132
~ ordinaire / gewöhnliches ~ 90
~ sauvage / wildes ~ 86, 162
~ simple et solitaire / einfaches und solitäres ~ 182
~ de Sparte / Leben von Sparta 230

vieillard / Greis 86, 150, 270
vieillesse / Alter 86*, 90, 102, 248
vigueur / Kraft 80, 92, 182. Stärke 292
ville / Stadt 34, 222, 292, 306, 316, 318, 374
~ libre / freie ~ 16
violence / Gewalt 68, 164, 210, 224, 262. Gewalttätigkeit 58, 152
~ barbare / barbarische ~ 310
~s mutuelles / wechselseitige Gewalttätigkeiten 370
faire ~ à la nature / der Natur Gewalt antun 240
vivre en lui-même / in sich selbst leben 268
vocation sublime / erhabene Aufgabe 340
voix[0]
~ céleste / himmlische Stimme 318
~ divine / göttliche Stimme 320
~ de la nature / Stimme der Natur 54
volonté / Wille 32, 54, 100, 114, 242*, 332. ~s / Wünsche 234
~ bonne / guter ~ 48
~ divine / göttlicher ~ 60, 246
~ du maître / ~ des Herrn 262
voluptés européennes / europäische Schwelgerei 232
voyage / Reise 324, 340*, 342, 344*, 348
voyageur / Reisender 96, 288, 292, 322, 324, 328, 334, 336, 338, 348
vraisemblable, vraisemblablement / wahrscheinlich 182, 186, 324
vraisemblance / Wahrscheinlichkeit 168, 282
vue[0] / Gesichtssinn 96
vulcan / Vulkan 176, 198
vulgaire / gemein 170, 364

zèle / Eifer 8, 34, 40, 322, 340